Hans Fehr

Staat und Kirche im Kanton St. Gallen

Hans Fehr

Staat und Kirche im Kanton St. Gallen

ISBN/EAN: 9783742893260

Hergestellt in Europa, USA, Kanada, Australien, Japan

Cover: Foto ©ninafisch / pixelio.de

Manufactured and distributed by brebook publishing software
(www.brebook.com)

Hans Fehr

Staat und Kirche im Kanton St. Gallen

Staat und Kirche

im

Kanton St. Gallen.

———•———

Inaugural-Dissertation

zur

Erlangung der juristischen Doktorwürde

einer

hohen juristischen Fakultät der Hochschule zu Bern

eingereicht von

Hans Fehr aus St. Gallen.

Inhaltsübersicht.

Abkürzungen.

B.-V. = Bundesverfassung.   Org. = Organisationsgesetz.
K.-V. = Kantonsverfassung.   K.-O. = Kirchenordnung (evangel.)
Reg.-Rat = Regierungsrat.   St.-G.-B. = Strafgesetzbuch.

Verzeichnis der häufig zitierten Werke.

Baumgartner, Geschichte des schweizerischen Freistaates und Kantons St. Gallen 3 Bände.

Blumer-Morel, Handbuch des schweizerischen Bundesstaatsrechtes.

Dierauer, Müller-Friedberg. St. Gallen 1884.

Fleiner, Staat- und Bischofswahl im Bistum Basel.

Friedberg, die Grenzen zwischen Staat und Kirche. 3 Bände.

Gareis und Zorn, Staat und Kirche in der Schweiz. 2 Bände.

Henne-Amrhyn, Geschichte des Kantons St. Gallen. 2 Bände.

Henne, Verhandlungen des Verfassungsrates von 1831. St. Gallen, 1831.

Hilty, Die Bundesverfassungen der schweizerischen Eidgenossenschaft. Bern, 1891.

Hinschius, Staat und Kirche. Aus Marquardsen's Handbuch des öffentlichen Rechts.

Hübler, Kirchenrechtsquellen. Berlin, 1898.

Kaiser, Die Bundesverfassung von 1848. Aus: Statistik der Schweiz von Max Wirth II.

Rothing, Die Bistumsverhandlungen der schweizerisch-konstanzischen Diözesanstände. Schwyz 1863.

Müller, Die Gemeindesteuern. Aus Statistik des Kantons St. Gallen. Heft VIII.

Müller-Friedberg, Schweizerische Annalen Band III.

Salis, Schweizerisches Bundesrecht.

Snell, Handbuch des schweizerischen Staatsrechtes. 2 Bände.

Wartmann, Das Gemeindewesen des Kantons St. Gallen. Aus: Statistik der Schweiz von Max Wirth II.

Weibel, Das Rechtssubjekt der Pfarrkirchen und des Kirchengutes in der katholischen Schweiz.

Weidmann, Geschichte des ehemaligen Stiftes und der Landschaft St. Gallen. St. Gallen, 1834.

Zeerleber, Das Kirchenrecht des Kantons Bern. Bern 1896.

Zingg, Amtskreis der Geistlichkeit, der Kirchen- und Matrimonialbehörden des Kantons St. Gallen.

Zorn, Lehrbuch des Kirchenrechtes. Stuttgart 1888.

Protokolle des Großen Rates, des Regierungsrates und des Verfassungsrates im Staatsarchiv.

Botschaften, Kantons- und Amtsblätter im Staatsarchiv.

Urkunden seit 1803 im Staatsarchiv.

Protokolle des katholischen Kollegiums und des Administrationsrates im Archiv des Administrationsrates.

Konfessionelles Gesetz von 1859 als Beilage 1.

Kantonsverfassung von 1890 als Beilage 2. (Auszüge.)

Einleitende Bemerkungen.

Die politische Entwicklung des schweizerischen Standes St. Gallen beruht zum großen Teil auf den staatskirchenrechtlichen Verhältnissen, welche nach der Gründung des Kantons geschaffen und in eigenartiger Weise weiter ausgebildet wurden. Mit der Zusammensetzung des st. gallischen Staatswesens aus den verschiedenartigen, in konfessioneller Hinsicht streng geschiedenen Landesteilen, besonders aber mit der Ausscheidung des Klostergutes von St. Gallen und der Uebertragung desselben zu Eigentum und (unter Oberaufsicht des Staates) freier Verwaltung an die katholische Korporation, sind die Elemente gegeben, welche zu der eigentümlichen Gestaltung des st. gallischen Staatskirchenrechtes führten. Der durch die angegebenen Motive hervorgerufene Gedanke der abgeschlossenen, korporativen Zusammengehörigkeit der katholischen, gegenüber der evangelischen Religionsgenossenschaft, und die daraus resultierende Tendenz, alle mit dem konfessionellen Gebiete in Berührung stehenden Angelegenheiten gesondert zu besorgen, haben eine so energische Verwirklichung gefunden, daß es den beiden Korporationen bisweilen gelungen ist, dem kantonalen Organismus wie eine zweite Staatsgewalt erfolgreich gegenüber zu treten. Auf katholischer Seite bildete sich ein ökonomisches Uebergewicht in der Art eines katholischen Staatsvermögens aus; die prinzipiellen Grenzen zwischen Staat und Kirche wurden verwischt und der ganze Kreis der Angelegenheiten gemischter Natur der Autonomie der konfessionellen Korporationen übergeben.

Dazu kam der Organisationsfehler, daß die Vertreter des katholischen und evangelischen Konfessionsteils bis 1862 mit den Mitgliedern der obersten gesetzgebenden Behörde (dem Großen Rate) zusammenfielen, daher naturgemäß auch rein staatliche Verhältnisse unter dem Gesichtspunkte der Wahrung der Interessen ihrer Konfessionsgenossen behandelten und damit den

1

ganzen kantonalen Organismus in mancher Beziehung auf konfessionelle Grundlagen stellten.

Durch die Geschichte des Kantons St. Gallen zieht sich das mühsame Ringen zweier Parteien, das einer fortschrittlichen, staatsrechtlich konformen Entfaltung des Staatswesens vielfach entgegentrat und sich auf der einen Seite in dem Bestreben äußerte, die verfassungsmäßig gewährleistete Gesetzgebungsgewalt der Konfessionen zurückzudrängen und alle Angelegenheiten, welche sich auf das staatliche Gebiet erstreckten, auf dem Wege der einseitig staatlichen Gesetzgebung oder der direkten Vereinbarung zwischen Staat und Kirche zu ordnen, während die Gegenpartei einer Politik Geltung zu verschaffen suchte, nach welcher die konfessionelle Autonomie in ihren Grenzen fortbestehen, sogar erweitert und die zwischen Staat und Kirche aufgestellten Behörden mit den weitgehendsten Machtbefugnissen ausgestattet werden sollten.

Mit diesen kurzen Ausführungen ist die Aufgabe der vorliegenden Arbeit umschrieben. Sie besteht darin, in historischer Entwicklung nachzuweisen, welche Rechtsgründe im Kanton St. Gallen zu einer derartigen Gestaltung des Staatskirchenrechtes führten; dabei jeweilen das Gebiet zu bezeichnen, innerhalb welchem die konfessionelle Autonomie sich äußern durfte und sich faktisch betätigt hat, die staatlich fixierten Grenzen anzugeben, sowie die präventiven und repressiven Maßregeln darzustellen, welche die staatlichen Behörden auf Grund ihrer Hoheitsrechte gegenüber der kirchlichen und konfessionellen Gewalt zu wirksamer Durchführung brachten. Das Nachfolgende beschäftigt sich daher in erster Linie mit den für den ganzen Kanton bestehenden staatlichen und konfessionellen Normen, während die Darstellung der Einrichtungen einzelner Gemeinden und diejenige der rein kirchlichen Angelegenheiten nur soweit berücksichtigt ist, als dies zum Verständnis absolut notwendig erscheint. Ebenso haben aus der Bundesgesetzgebung nur diejenigen Bestimmungen in die Arbeit Aufnahme gefunden, welche für die kantonale Gesetzgebung in konfessioneller Hinsicht maßgebend geworden sind.

Erster Abschnitt.

Von der Gründung des Kantons St. Gallen bis zur Kantonsverfassung von 1814.

Erstes Kapitel.

Die eidgenössischen und kantonalen Grundlagen.

§ 1.

Die Mediation.

Die Mediationsakte, welche die Schweiz am 19. Februar 1803 zu einem Staatenbunde[1]) organisierte, schuf den Kanton St. Gallen mit dem territorialen Umfange, in dem er sich heute befindet. Die Kantonssouveränität wurde nicht völlig wieder hergestellt, sondern in Art. 12 Med. den Kantonen nur diejenige Gewalt zugesichert, welche nicht ausdrücklich der föderativen Gewalt übertragen worden war.

Die Bundesverfassung setzte keine Bestimmungen fest über das Verhältnis der Eidgenossenschaft oder der Kantone zur Kirche, überließ somit nach Art. 12 Med. die Regelung der konfessionellen Angelegenheiten den Kantonen. Nur Art. 13,1 des Uebergangsgesetzes stellte den Vorbehalt auf, daß die den

---

[1]) Vergl. Gustav Vogt. Zur Charakteristik der schweizerischen Mediationsakte. Zürich, 1884 S. 20. Dagegen: Hilty, Bundesverfassungen S. 372, „der Charakter der Verfassung war ein bundesstaatlicher . . .“

Klöstern ehemals zugehörigen Güter denselben wieder ersetzt
werden sollen, sei es, daß diese Güter in dem nämlichen oder
in einem andern Kanton liegen, ein Artikel, auf welchen sich
vornehmlich der st. gallische Klosterstreit stützte.

Die freie Niederlassung der Schweizerbürger in der Eidgenossenschaft wurde durch Art. 4 Med.[1]) gewährleistet, konnte
demnach nicht durch kantonale (konfessionelle) Schranken eingeengt werden, wie dies nach Aufstellung des Bundesvertrages
von 1815 der Fall war. Ein aus Art. 4 Med. hervorgegangener
Bundesbeschluß vom 6. Juli 1805 setzte fest: Die Ausübung
der verfassungsmäßigen Rechte ist unabhängig von der Religion,
welcher der sich niederlassende Schweizer angehört.

Von Konkordaten fallen aus dieser Periode folgende zwei
in Betracht. Einmal das Kantonskonkordat[2]) vom 11. Juni
1812, welches den Ständen untersagte, Ehen zwischen schweizerischen Angehörigen katholischer und reformierter Kirche zu verbieten oder mit dem Verlust des Bürger- und Heimatrechtes
zu bestrafen und ferner das Kantonskonkordat[3]) vom 8. Juli
1808, welches bestimmte, daß eine nach den Landesgesetzen geschlossene und eingesegnete Ehe die Frau zur Angehörigen desjenigen Kantons mache, in welchem der Mann das Heimatrecht
besitze. Der Kanton St. Gallen trat beiden Konkordaten bei.

Die, durch die Mediationsakte und die tatsächlichen Verhältnisse hervorgerufene Abhängigkeit von Frankreich, machte sich
im Kanton St. Gallen in verschiedenen entscheidenden Momenten
geltend.

---

[1]) Art. 4 Med.: „Jeder Schweizerbürger kann seine Wohnung in einem
andern Kanton aufschlagen und allda seine Industrie nach Gutdünken ausüben.
Er wird der politischen Rechte den Gesetzen desjenigen Kantons gemäß, teilhaftig,
wo er sich niedergelassen hat. Allein er kann diese politischen Rechte nicht in
zwei Kantonen zu gleicher Zeit ausüben.“

[2]) Konkordat betreffend die Ehe zwischen Katholiken und Reformierten vom
11. Juni 1812, bestätigt am 7. Juli 1819; offizielle Sammlung der das schweizerische Staatsrecht betreffenden Aktenstücke 1820. B. I. S. 287.

[3]) Konkordat betreffend das Heimatrecht der in einem andern Kanton ein-
heiratenden Schweizerin vom 8. Juli 1808, bestätigt am 9. Juli 1818; offizielle
Sammlung 1820. B. I. S. 287.

§ 2.

Die kantonale Gesetzgebung.

Die K.-V. vom 15. April 1803 teilte den Kanton in 8 Bezirke (Distrikte) ein,[1]) welche in 44 Kreise zerfielen, die wiederum je aus einer größern oder mehreren Gemeinden zusammen gebildet wurden. In jeder politischen Gemeinde (in der Regel eine Pfarre oder Kirchhöre von ungefähr 1000 Seelen) besorgte ein Gemeinderat[2]) die örtliche Polizei, die Verteilung der Auflagen und die Verwaltung der Gemeindegüter und Armenkassen. Die höchste (gesetzgebende) Gewalt im Kanton wurde einem Großen Rate[3]) von 150 Mitgliedern übertragen, welcher mittelst eines komplizierten Wahlmodus, teils mittelbar, teils unmittelbar[4]) vom Volke gewählt wurde. Ein Kleiner Rat[5]) von 9 Mitgliedern, die aus jenen des Großen Rats gewählt werden mußten, war die vollziehende Behörde, welche durch ihre weitgehenden Kompetenzen den Großen Rat faktisch von sich abhängig machte und im neu gegründeten Kanton einen überwiegenden Einfluß ausübte.[6]) Wiewohl in den gemischten Landesteilen des Kantons die Wahlen in die staatlichen Behörden früher nach bestimmten Paritätsvorschriften erfolgt waren, enthielt die neue Verfassung darüber keinerlei Vorschriften[7]) und machte demnach die Besetzung der Amtsstellen von keinem besondern Glaubensbekenntnis abhängig.

Auch setzte sie das Verhältnis des Staates zur Kirche durch den einzigen Artikel (24 K.-V.) fest: Die volle und uneingeschränkte Freiheit des katholischen und evangelischen Gottesdienstes ist garantiert, welche Gewährleistung der Kultusfreiheit

---

[1]) Art. 1. K.-V.
[2]) Art. 4. K.-V.
[3]) Art. 6. K.-V.
[4]) Bei der ersten Wahl des Großen Rates ergab es sich, daß in allen Kreisen von konfessionell gemischter Bevölkerung das unmittelbare Mitglied aus jenem Religionsteil genommen wurde, welcher die Mehrheit hatte. Das erste Wahlergebnis waren 64 Katholiken und 32 Protestanten.
[5]) Art. 7. K.-V.
[6]) Vergl. Dierauer a. a. O. S. 209. Namentlich durch das Recht der Initiative zu den Gesetzesvorschlägen lag die tatsächliche Macht in den Händen des Kleinen Rates.
[7]) Titel III. K.-V.

die Garantie des katholischen und evangelischen Glaubensbekennt=
nisses demnach präsumierte. Besondere Hoheitsrechte gegenüber
diesen anerkannten Kirchen wahrte sich der Staat in der K.=V.
nicht, so daß die über die Organisation der Konfessionen später
aufgestellten Vorschriften nicht auf nomineller verfassungsmäßiger
Grundlage ruhten. Gegenüber andern Religionsgenossenschaften
traf die K.=V. keine Bestimmungen, weil solche im Kanton
offiziell nicht bestanden. Das einzige in der K.=V.[1]) den an=
erkannten Konfessionen eingeräumte Privileg (außer in Art. 24)
bestand darin, daß ihren Geistlichen in den Bedingungen, welche
zur Ausübung der Rechte eines Bürgers in einer Gemeinde=
oder Kreisversammlung erfüllt werden mußten, ein ökonomischer
Vorteil eingeräumt wurde.

Die Besorgung der Angelegenheiten gemischter Natur fand
tatsächlich in der Weise statt, daß der Staat seine jura circa
sacra teils in Vereinbarungen mit der Kirche, teils durch ein=
seitige staatliche Gesetzgebung regelte. Da sich der Staat im
Vollbesitz aller Hoheitsrechte befand, so war diese Auffassung
eine vollständig gerechtfertigte, wiewohl sie die K.=V. nicht aus=
drücklich statuierte, denn es war ein aus der Souveränität des
Staates fließendes Recht, sich zu den Kirchen in dasjenige
Verhältnis zu setzen, das dem Kanton zu seiner Entwicklung
am vorteilhaftesten erschien, ohne dadurch in das Wesen der
anerkannten konfessionellen Korporationen einzugreifen. Diese
K.=V., welche von 1803—1814 in Kraft bestand, ist das einzige
Grundgesetz[2]) des Kantons St. Gallen, welches dem Staate alle
Hoheitsrechte, wenn auch nur stillschweigend, wahrte und die
Gesetzgebung befähigte, ein klares Verhältnis zwischen Staat

---

[1]) Art. 2.

[2]) Nach einem Gesetz vom 26. Oktober 1803 hatten sämmtliche Kantons=
und die im Kanton niedergelassenen Schweizerbürger (über 18 Jahre) einen
Bürgereid auf die K.=V. körperlich zu beschwören, wobei nach einem Beschluß
des Kleinen Rates vom 10. November 1803 die Geistlichen als mitinbegriffen
erklärt wurde. Auch von auswärts auf Pfründen berufene Geistliche hatten den
Eid zu leisten. Der Eid ging auf „Treue der Verfassung des Kantons St Gallen.“
Gegen diese Maßregel fand von Seite der Bischöfe von Chur und Konstanz
keine Opposition statt. Ueber den Widerstand gegen die Eidesleistung in der
Helvetik vergl. Henne a. a. O. I. S. 91.

und Kirche zu schaffen, wie es nach 1814 nicht wieder erreicht worden ist.

Die aus der K.=V. hervorgegangene kantonale Gesetzgebung führte die Scheidung der bürgerlichen und kirchlichen Sphäre nicht in so scharfer Weise durch, wie die K.=V., sondern zeigte viel= fach eine Verquickung staatlicher und konfessioneller Elemente. Nach dem Gemeindegesetz[1]) vom 21. Juni 1803 bildete jede Pfarrei oder Kirchhöre von ungefähr 1000 Seelen eine politische Ge= meinde, während bis jetzt Pfarrei und (Kirch=[2]) Gemeinde identisch gewesen war: wo die Bevölkerung geringer, trat die Zuteilung noch anderer Ortschaften oder Pfarreien ein. Diese zusammenge= stoßenen Ortsgemeinden oder Kirchhören bildeten in Ansehung des Politischen nur eine Gemeinde. In paritätischen Gemeinden sollte bei Ernennung der Mitglieder in den Gemeinderat das billige Verhältnis der Bevölkerung eingehalten werden. Zur Besorgung der Gemeinde=, Kirchen=, Schul= und Armengüter, erhielt jede Pfarrei=, Heimats= oder Gemeindegenossenschaft ihre eigene Verwaltungsbehörde[3]) und Gemeindsversammlung. Bei konfessionell getrennten Gütern sollte auch eine gesönderte Verwal= tung eintreten. Die Ortsgemeinden wurden neben der politischen Gemeinde als bloße Korporationen ohne besondern politischen Charakter anerkannt. Sie waren die alten Markgenossenschaften und erhielten durch das Gesetz keine genaue Scheidung von der politischen Gemeinde.[4]) Dieses Gemeindegesetz ist die Grund= lage für die spätern Bestimmungen auf diesem Gebiete ge= blieben und hat durch seine Gewährleistung der gesönderten Verwaltung von Korporationsgütern nicht kirchlicher Natur,

---

[1]) Gesetz vom 21. Juni 1803 über Organisation der Gemeinderäte und Gemeindsgüterverwaltung.

[2]) Die Einteilung in Kirchgemeinden ruht insofern auf althistorischem Boden, als sie großenteils an die alte kirchliche Einteilung des Landes in Pfarreien, (Kirchhören) anknüpft. Wo daher nicht veränderte Bevölkerungsver= hältnisse die Gründung neuer Kirchgemeinden veranlaßten, entsprach die Kirch= gemeinde in territorialer Beziehung einer alten Pfarrei und wies in den meisten Fällen seit Jahrhunderten den gleichen Umfang auf. Aus: „Wartmann, das Gemeindewesen des Kantons St. Gallen" S. 341. Abgedr. in „Beschreibung und Statistik der Schweiz II B."

[3]) Im Kanton St. Gallen ist die einzelne Kirchgemeinde Eigentümerin des Ortskirchengutes. Vergl. die Ausführungen von Weibel a. a. O. S. 454.

[4]) Wartmann a. a. O. S. 343.

wie Schul- und Armengüter, zum Teil zu der heute noch im
Kanton bestehenden konfessionellen Trennung im Schul- und
Armenwesen geführt.

Das Eigentum von Kirchen,[1] geistlichen Pfründen, Schul-
und Armenanstalten wurde durch ein Gesetz[2] vom 23. Juni 1803
von der Vermögenssteuer befreit.

Diejenigen Kantonsbürger, welche durch Religionsänderung
oder Nichterneuerung ihres Landes- oder Gemeinderechtes desselben verlustig gegangen und kein anderes Bürger- oder Land-
recht angenommen hatten, wurden durch ein Gesetz[3] vom
19. Mai 1804 wieder in ihr ehvoriges Land- und Gemeind-
gutsanteilhaberrecht eingesetzt, wenn sie die Hälfte der Einzugs-
taxe bezahlten, welche für die Kantonsbürger bestimmt wurde.

Die aus der Landesherrlichkeit des Staates fließenden Rechte
machte der Kanton St. Gallen in weitgehendster Weise durch
das Gesetz[4] vom 29. Juni 1803 geltend. „In Beherzigung,
daß die religiöse und sittliche Bildung des Volkes das Glück
des Staates befestige, daß es daher die heiligste Pflicht jeder
Regierung sei, die Verbesserung dieses wohltätigen Zustandes
mit bestrebendem Eifer zu bewirken", gab das Gesetz der Geistlichkeit beider Religionsbekenntnisse die Befugnis, zur Beratung
ihrer kirchlichen Angelegenheiten, sich in Kapitel oder Synoden
unter Aufsicht des Kleinen Rates zu versammeln. Die weitern
Bestimmungen zeigen insofern eine unparitätische Behandlung
der beiden Kirchen, als den Katholiken gestattet wurde, die
bisherigen innern Einrichtungen und Befugnisse der Kapitel
bis zur endlichen Festsetzung von Seite der obern geistlichen
Behörden beizubehalten, während für die Protestanten einläßliche Vorschriften aufgestellt wurden, nach welchen sie ihre
Kirchenverfassung zu gestalten hatten. Für die Protestanten
wurde ein Ehegericht mit einem Mitglied des Kleinen Rates
als Präsident, fünf weltlichen und drei geistlichen Beisitzern (alle

---

[1] Ueber das Kirchengut der Kirchgemeinde siehe Wartmann a. a. O. S. 351.
[2] Gesetz vom 23. Juni 1803 über Bestimmung und Bezug von Abgaben.
[3] Gesetz vom 19. Mai 1804 über Niederlassungs- und Bürgerrechtser-
werbung.
[4] Kantonsblatt des Jahres 1803. Heft 1, Organisationsgesetz vom
29. Juni 1803.

vom Kleinen Rate gewählt) organifiert, während das katholiſche
Konſiſtorialweſen einer Uebereinkunft mit den Biſchöfen von
Chur und Konſtanz vorbehalten wurde.

Das Geſetz teilte die proteſtantiſche Geiſtlichkeit in 3 Kapitel
ein, die ſich wiederum zur Synode vereinigten, welcher zwei
evangeliſche Beiſitzer aus dem Kleinen und zwei aus dem Großen
Rate, letztere vom Kleinen Rat gewählt, beiwohnten. Sie be-
ſtellte einen Kirchenrat aus zwei Mitgliedern des Kleinen Rates,
vier von der Synode gewählten Geiſtlichen und einem Antiſtes.
Alle Verordnungen, die vom Kirchenrat über das Kirchenweſen
ausgingen und von der Synode genehmigt waren, hatten die
Beſtätigung der Regierung nachzuſuchen, ſo: Kapitularſtatuten,
die innere Einrichtung der Synode,[1] die Verordnungen über den
Religionsunterricht, den äußern Kultus, die Kirchendisziplin,
Liturgie und Parochialverrichtungen. Auf dieſer geſetzlichen
Grundlage erließ die evangeliſche Synode am 19. September
1804 die Verfaſſung der evangeliſchen Kirche des Kantons
St. Gallen. Durch dieſe Geltendmachung des landesherrlichen
Regimentes war die kirchliche Selbſtändigkeit in mancher Hin-
ſicht geſchmälert und mußte teilweiſe mit der im Jahre 1814
ausgeſprochenen Autonomie der Konfeſſionen dahinfallen.

Eine evangeliſche Predigerordnung[2] mit einem Auszug als
Proklamation an alle evangeliſchen Gemeinden vom 1. Mai
1806 gab genaue Vorſchriften über Kinderlehre und Kindertaufe
und beſtimmte, daß Eheeinſegnungen[3] nur ſolchen Volljährigen
zuteil würden, die bei dem Abendmahl in die Gemeinde aufgenommen worden ſeien. Nicht Gemeindeangehörige bedurften
eines beſondern Kopulationsſcheines vom Pfarrer ihres Ortes.
Alle Eheſtreitigkeiten ſollten zuerſt vor Pfarrer und Kirchenvor-
ſteher gelangen, doch ſtand dieſen keine ſelbſtändige Strafkompetenz zu.

---

[1] Die Synode wurde nach dem Muſter der zürcheriſchen errichtet.
Finsler, das Kirchenweſen. Abgedr. in „Beſchreibung und Statiſtik
der Schweiz", II. S. 673.

[2] Kantonsblatt Heft 7, S. 173.

[3] Die vom evangeliſchen Kirchenrat am 20. Jan. 1806 (ſanktioniert am
25. Jan. 1806) erlaſſene Weiſung, betreffend die Ehekopulationen der Brautleute
von verſchiedenen Glaubensbekenntniſſen, ſtimmt mit der S. 11 erwähnten Beſtimmungen der konſtanziſchen Verordnung überein. (G. S. 1803—1839 S. 532.

Die Beziehungen [1]) der Katholiken des Kantons St. Gallen zu den Bischöfen von Konstanz (Dalberg mit seinem Generalvikar Wessenberg) und Chur (Buol-Schauenstein) blieben in früherer Weise fortbestehen. Außer diesen beiden Ordinariaten übte der Abt von St. Gallen eine quasi-episcopale Gewalt aus, welche aber im Jahre 1800 auf Einladung [2]) der helvetischen Regierung an Karl Theodor v. Dalberg provisorisch überging und durch „Zirkulare des Bischofs von Konstanz an das katholische Volk der alt-st. gallischen Lande vom 24. Oktober 1800" offiziell verkündet wurde. Soweit sich demnach die Verfügungen des Bischofs von Konstanz über die dem Abte früher zugehörigen Gebiete erstreckte (die alte Landschaft Toggenburg, ein Teil des Rheintals und die thurgauischen Grenzbezirke) müssen diese vorderhand als Provisorien aufgefaßt werden.

In einer Verordnung vom 3. Januar 1803 (Zirkulare und Regulativ für die zweckmäßige Abhaltung von KapitelKonferenzen) empfahl Wessenberg die öftere Abhaltung von Kapitel- und Ruralkonferenzen, jährlich in jedem Distrikte drei, mit nachfolgender Konferenz aller Distrikte, und in einem Regulativ [3]) vom 17. Februar 1804 erhöhte er die Zahl der abzuhaltenden Konferenzen auf vier und bestimmte, daß „jeder Gegenstand der Konferenz eine praktische Beziehung auf die Seelsorge haben solle, welche einen unerschöpflichen reichhaltigen Stoff zu nützlichen Beratungen darbiete." Ferner erließ er durch Hirtenbrief vom 17. März 1808 Vorschriften über Bittgänge und Prozessionen, sowie eine Pastoralverordnung und setzte durch Uebereinkunft [4]) mit dem Kleinen Rate besondere Normen betreffend die Eheversprechen fest. Nach diesen wurde kein gegebenes Eheversprechen als bindend anerkannt, als

[1]) Gareis und Zorn a. a. O. S. 185 II.
[2]) Am 24. September 1800 erklärte die helvetische Regierung die zwischen dem Abt und dem Bischof von Konstanz bestandenen Konkordate als erloschen. Siehe Strickler Aktensammlung der Helvetik B. III. S. 175.
[3]) Kantonsblatt von 1804.
[4]) Dekret des Großen Rates, enthaltend die Gutheißung einer Uebereinkunft zwischen dem Kleinen Rate und der bischöflichen Curia zu Konstanz, betreffend die Eheversprechungen vom 7. Mai 1808. G. S. 1803—1839 S. 347. Das Datum der Uebereinkunft zwischen dem Kleinen Rat und der bischöflichen Curia ist der 31. März 1808 G. S. 1803—1839 S. 347.

welches bei den feierlichen Sponsalien vor der Verheiratung, im Pfarrhause, in Gegenwart des rechtmäßigen Pfarrers und wenigstens zwei Zeugen gemacht worden war. Minderjährige, die ein förmliches Eheversprechen eingehen wollten, mußten ihre Eltern, oder in Ermanglung derselben die Großeltern, in beider Abgang aber die Vormünder vorher begrüßen. Bei Verweigerung wurde ihnen gestattet, sich an jene weltliche Behörde, welche von der Regierung des Kantons St. Gallen hiezu bezeichnet würde, zu wenden und die Untersuchung der Sache zu ver= langen. Auch konnte der Schutz der weltlichen Obrigkeit dann angerufen werden, wenn Minderjährige zu einer Heirat genötigt werden sollten. Eine Klage über ein Eheverlöbnis durch das bischöfl. Kommissariat bei dem bischöflichen Ordinariate wurde dann zugelassen, wenn nach gemachten feierlichen Sponsalien beim Pfarrer, ein Teil zurückgehen wollte. Bei bischöflicher Aufhebung eines Eheversprechens stand wegen Genugtuung und Entschädigung Rekurs an die Zivilbehörde offen. Das Eheversprechen[1]) hatte der dreimaligen Verkündung jedesmal voranzugehen.

Durch eine bischöflich = konstanzische Verordnung[2]) vom 4. November 1806, plaziert vom Kleinen Rate am 13. November 1806, wurde auf Ansuchen der st. gallischen Regierung die Zahl der Feiertage wesentlich vermindert und die Seelsorger ange= wiesen, darüber zu wachen, daß an den abgestellten Feiertagen die gewöhnlichen Schulen wie an Werktagen gehalten und von den Kindern fleißig besucht würden, und es wurde betont, daß „die Verrichtung standes= und berufsmäßiger Arbeiten die wür= digste Gottesverehrung an solchen abgestellten Feiertagen und die Enthaltung von der Arbeit an solchen Tagen ein verwerflicher Müßigang sei". Im gleichen Jahre, 23. Januar 1806, erließ die bischöflich-konstanzische Curia eine Weisung[3]) an die Dekanate St. Gallen, Wyl und Rapperswyl betreffend die Ehe = Kopu= lationen der Brautleute von verschiedenen Glaubensbekenntnissen,

---

[1]) Ueber die frühere Unterscheidung von sponsalia de futuro und sponsalia de præsenti, vergl. die Eheschließung v. Fr. v. Wyß sen., in Zeitschrift f. schw. R. Band XX. S. 85 ff. Ebenso Huber, Privatrecht B. IV.
[2]) G. S. 1803—1839 S. 340.
[3]) G. S. 1803—1839 S. 531.

fanktioniert vom Kleinen Rat am 5. Februar 1806. Darnach konnte die Verkündung einer gemischten Ehe erst dann erfolgen, wenn sich jeder Brautteil mit einem schriftlichen Zeugnis des Pfarrers der Braut über die gemachten Sponsalien (Sponsalia de futuro) und seines Seelsorgers über den genommenen religiösen Unterricht ausweisen konnte. Die Einsegnung gemischter Ehen sollte jedesmal von dem Pfarrer der Konfession des Bräutigams vorgenommen und darauf eine wiederholte Bezeugung des Ehe-Konsenses vor dem Pfarrer der Braut geäußert werden. Die Taufe der aus solcher Ehe erzeugten Kinder hatte für Knaben von dem Pfarrer oder einem andern Geistlichen von der Konfession des Vaters, für Mädchen von dem Pfarrer oder einem Geistlichen der Konfession der Mutter zu geschehen.

Für die dem Bistum Chur zugehörigen Landesteile des Kantons St. Gallen, blieben bei dessen Gründung die Ehe-Verordnungen unverändert fortbestehen, dagegen beschränkte auch der Bischof von Chur auf Ansuchen der Regierung durch Dekret[1]) vom 12. Januar 1808, plazetiert vom Kleinen Rat am 8. Februar 1808, die Zahl der Feiertage und dispensierte an den nun aufgehobenen von dem Verbot der werktäglichen Arbeit und dem Gebot des Meßhörens. Doch sollten die ververmöglicheren Bewohner und jene, welchen keine nötigen Arbeiten oblagen, oder diesen sich leichter entziehen konnten, an den abgestellten Feiertagen und vorzüglich an jenen der hl. Apostel, dem hl. Meßopfer, (jedoch ohne Gewissensverbindlichkeit und blos aus freiwilliger Andacht) beiwohnen.

Für diese beiden Feiertagsordnungen[2]) wies der Kleine Rat die Geistlichen an, die bischöflichen Verordnungen ihrem ganzen Inhalte nach zu vollziehen und die Vollziehungsbeamten, Friedensrichter und Gemeindsvorgesetzten hatten zu wachen, daß keine der darin enthaltenen Vorschriften übertreten werde. Zuwiderhandelnde geistliche und weltliche Vorsteher

---

[1]) G. S. 1803—1839 S. 342.
[2]) Die von der evangel. Synode erlassene Verordnung über Fest- und Kommunionstage vom 17. Juli 1810, sanktioniert am 20. Juli 1810, siehe G. S. 1803—1839 S. 484.

sollten den Distriktsgerichten zur Bestrafung verzeigt werden. Das in diesen Bestimmungen enthaltene jus advocatiæ des Staates erhielt eine um so größere Ausdehnung, als in der churischen Verordnung auch Vorschriften über die Fasttage und in der konstanzischen über Kirchenfeste, Prozessionen und Fasttage enthalten waren.

Das Verhältnis von Staat und Kirche fand außer dem bereits erwähnten Gesetz vom 29. Juni 1803 durch die nachfolgende einseitig staatliche Gesetzgebung eine nähere Umgrenzung. Am 28. Juni 1803 bestimmte ein Gesetz,[1]) daß Ehestreitigkeiten zwischen Eheleuten ungleicher Religion der Behörde desjenigen Religionsteils zugeschieden werden sollten, bei dessen Geistlichkeit die eheliche Einsegnung vor sich gegangen wäre. Das Ehegericht hatte über anverlangte Ehescheidungen und die zur Erziehung und Verpflegung nötigen Anordnungen, sowie auch über die allfälligen Entschädigungen, die bei Scheidung zu Tisch und Bett gefordert wurden, zu erkennen; ebenso nach den bestehenden Gesetzen und Vorschriften, bis zu deren Abänderung, über Ehelichkeit und Erbrechtlichkeit der unter Eheversprechen erzeugten Kinder. Alle nicht ausdrücklich im Gesetz genannten Gegenstände, blieben der Zivilgerichtsbarkeit unterworfen; dagegen war eine Weiterziehung der Verfügungen des Ehegerichts ausgeschlossen.

Auch gab der Kleine Rat Vorschriften über Eheeinsegnungen (vom 25. Juni 1808), in welchen für die Geistlichen genaue Regeln über die Ausfertigung der Verkündungs- und Kopulationsscheine, sowie über Einsegnung von Kantons- und Landesfremden aufgestellt wurden. Kantonsangehörige, welche der katholischen Religion zugetan waren und zum Bistum Konstanz gehörten, hatten dabei die S. 10 zitierte bischöfliche Verordnung, die dem Bistum Chur unterstellten, einstweilen die bisherige Uebung zu befolgen. Für die Evangelischen galten die Bedingnisse der S. 9 erwähnten Predigerordnung. Alle Kantonsangehörigen hatten sich vor der ehelichen Einsegnung über gehörige Versehung mit Uniform und Waffen und die

---

[1]) Gesetz über Aufstellung eines besondern Gerichtes für Ehestreitigkeiten vom 28. Juni 1803.

vorgeschriebenen Entrichtungen an die Ortsarmenkassen auszuweisen. Geistliche, welche sich an diese Vorschriften nicht
hielten, wurden für alle Folgen verantwortlich gemacht und
konnten zu angemessener Strafe zugezogen werden. Das Strafgesetzbuch[1]) über Vergehen vom 10. Dezember 1808 bestimmte
dazu in § 187: Ein Geistlicher, der eine Ehe einsegnet, ohne
den diesfälligen gesetzlichen Forderungen ein Genüge getan zu
haben, hat den vierten Teil eines jährlichen Pfrundeinkommens
zur Strafe verwirkt.

Besonders auf dem Gebiete des Schulwesens gelang es
dem Staate, sich einen weitgehenden Einfluß gegenüber den
Konfessionen zu sichern und das Gesetz[2]) vom 23. Juni 1803
und der Regierungsbeschluß[3]) vom 7. Oktober 1803 zeigen im
Allgemeinen eine treffliche Scheidung kirchlicher und staatlicher
Momente. Das im Kanton St. Gallen durch konfessionelle
Schulverbände getragene Schulwesen, wurde unter die einheit-
liche Leitung eines gemeinsamen[4]) Erziehungsrates gestellt, der
sich aus Männern geistlichen und weltlichen Standes beider
Konfessionen zusammensetzte. Bei deren Wahl[5]) war auf beide
Konfessionen unparteiische Rücksicht zu nehmen, so daß aus
jedem Bezirk zwei, in gemischten Bezirken je einer von jeder
Konfession, abgeordnet wurde; Präsident und Vizepräsident
mußten dabei in Parität stehen. Die Verfügung über die Lehrbücher der Religion und den Religionsunterricht blieben jedem
Religionsteil allein überlassen, so daß sich für Behandlung
dessen, was in das Religiöse einschlug, zwei konfessionelle
Ausschüsse bildeten: diese waren auch bevollmächtigt, mit den
kirchlichen Behörden das Nähere festzusetzen. Der Erziehungsrat
wurde als Organ der Landesregierung angesehen, dessen Versammlungen vom Regierungsrat überwacht werden konnten

---

[1] G. S. 1803—1839. S. 746.
[2] Gesetz vom 23. Juni 1803 über Aufstellung eines gemeinsamen Erziehungsrates.
[3] Beschluß vom 7. Okt. 1803 über Organisation des Erziehungsrates.
[4] Die Idee eines gemeinsamen Erziehungsrates war schon durch die
Helvetik geschaffen worden.
[5] Die erste Wahl des Erziehungsrates erfolgte durch den Kleinen Rat;
die folgenden nach einem Dreiervorschlag des Erziehungsrates.

und dessen Bekanntmachungen dem Visum des jeweiligen Regierungspräsidenten unterbreitet werden mußten. Ueber= haupt waren alle allgemeinen Verordnungen im Schulwesen der Genehmigung des Kleinen Rates unterworfen. Einzelne Mitglieder des Erziehungsrates wurden mit der Schulinspektion in den Distrikten beauftragt und die Pfarrer und Schulvögte der Gemeinden als ihre Gehülfen erklärt. Durch einen Be= schluß des Kleinen Rates vom 7. August 1805 wurde in jeder Gemeinde ein Ortsschulrat ernannt aus dem Pfarrer, einigen weltlichen Mitgliedern und dem Schulpfleger. In paritätischen Gemeinden bildete sich für jede Religionspartei ein eigener Schulrat und die Schulfonde unterstanden einer gesönderten Verwaltung.¹) Die neu eintretenden Gemeindeglieder hatten sich betreff des religiösen und bürgerlichen Unterrichts an diejenige Gemeinde zu halten, in welcher sie als Pfarrgenossen aufge= nommen wurden.²) Außer der staatlichen Erziehungsbehörde mit ihren Organen beruhten die Schuleinrichtungen durchaus auf konfessioneller Grundlage und selbst eine Vereinigung ge= sönderter Schulen war stillschweigend ausgeschlossen, indem ein Gesetz³) vom 13. September 1804 vorschrieb: „Da, wo sich in einer politischen Gemeinde mehrere Schulgemeinden befinden, die nicht wegen der großen Anzahl der Kinder oder durch die lokale Entfernung einer eigenen Schule bedürfen, zwo Schulen gleicher Religion in eine sich vereinigen können."

Aus diesen Ausführungen ergiebt sich, daß der Staat auf denjenigen Gebieten, welche am wenigsten geeignet sind, als Angelegenheiten gemischter Natur betrachtet zu werden, im Schul= und Ehewesen, seine Hoheitsrechte kräftig zu wahren mußte und den konfessionellen Einfluß in einer Weise zurück= drängte, wie es ihm nach 1814 bis zur K.=V. von 1861 nicht wieder gelungen ist.

---

¹) Die Schulfonde wurden als unantastbares Eigentum der Schulgemeinde erklärt. Vergl. das Gemeindegesetz S. 7.

²) Beschluß des Kleinen Rates vom 17. Mai 1809. .G. S. 1803—1839 S. 273.

³) Gesetz über Verbesserung des Zustandes der Primarschulen vom 13. Sep= tember 1804.

Aber auch in anderer Hinsicht machte der Staat seine Kirchenhoheit geltend.

1. Im Klosterwesen. Nach dem Tagsatzungsbeschluß[1]) vom 27. August 1803 (nach Art 13,₁ Med.), welcher den Kantonen unter- sagte, die Rückerstattung der Klostergüter zu verweigern und mit den Gütern selbst deren Genuß und Selbstverwaltung den Klöstern (unter Aufsicht des Staates) vorzuenthalten, enthob ein Beschluß des Kleinen Rates vom 16. August 1803 die Abteien Pfäfers, Magdenau und Wurmspach, samt den Frauenklöstern in Notkersegg, St. Georgen, Rorschach, Altstätten, Wyl, Wattwyl, Weesen, Sion und Glattburg auf den 1. Oktober 1803 der bisherigen staatlichen Vermögensverwaltung mit der Verpflich- tung, sich ohne Genehmigung des Kleinen Rates jeder Ver- mögensveräußerung zu enthalten und dem Staate jährlich Rechnungsablage einzusenden. Die Aufnahme von Novizen blieb einem künftigen Gesetz zu bestimmen, vorbehalten.

Dem Frauenstift Schänis und den Kapuzinerklöstern[2]) (Wyl, Rapperswyl und Mels) wurde der Fortbestand gewährleistet. Ueber die Garantie, welche der Kanton St. Gallen seinen Klöstern zu ihrem Fortbestand einräumte, findet sich eine Aeußerung des Kleinen Rates an den Nuntius, welche unter dem 25. August 1804 in das Kantonsblatt eingetragen wurde:

1. Er (der Kleine Rat) habe seit seiner übernommenen Verwaltung die Maxime angenommen, daß kein Kloster anders als im Einverständnis mit dem päpstlichen Stuhl aufgehoben werden solle.

2. Die Noviziatsbedingnisse nicht so zu erschweren, daß die Existenz beibehaltener Klöster gefährdet werde.

3. Diese Maxime auf jene Klöster auszudehnen, deren Unterhalt gesichert sei, und welche in seine Absichten eintreten

---

[1]) Der st. gallische Gesandte verwahrte sich auf Grund Art. 12 Med. gegen jede Verletzung der Kantonalsouveränität und erklärte, daß das Kloster St. Gallen wegen erheblicher politischer Umstände nicht unter den Tagsatzungsbeschluß fallen könne. Siehe Gesandtschaftsbericht vom 27. August 1803. Staatsarchiv. Kasten I. Zelle 5, Fasc. 1.

[2]) Protokoll des Kleinen Rates vom 7 November 1803: Es wird be- schlossen, dem Landammann der Schweiz über bemerkte Einfrage anzuzeigen, daß die Regierung dem Wunsche des Provinzials, die in diesem Kanton sich befind- lichen Kapuzinerklöster betreffend, bereits wirklich schon entsprochen habe.

würden, um sich dem Staate und der Gesellschaft auf eine mit
dem Geist solcher Stiftungen verträgliche Weise nützlich zu
machen.

Durch diese (in 3) angefügte Klausel, hatte sich der
Staat indirekt ein selbständiges Aufhebungsrecht[1]) vorbehalten.
Auf das Kloster St. Gallen fand sie unmittelbar keine Anwendung, da der Staat dieses Kloster bereits als aufgehoben
betrachtete (Siehe Beschluß vom 8. Mai 1805).

Das S. 16 vorgesehene Gesetz wurde in Form eines
Dekretes vom 21. Mai 1804 erlassen, in Betrachtung, daß es
allgemein in den Grundsätzen der Eidgenossenschaft liege, Klöster
und Korporationen so viel wie möglich für die übrigen Mit-
bürger nützlich zu machen und es auf die Gerechtigkeit selbst
gegründet sei, daß sie nach Maßgabe ihrer Kräfte zu dem Wohl
des Staates das ihrige beitragen, wenn sie den Schutz der
Gesetze genießen. Die Klöster wurden in zwei Klassen eingeteilt und für die erste Klasse die Zahl der aufzunehmenden
Profeſſinnen, die einzubringende Aussteuer und den zu leistenden
Staatsbeitrag (200—800 Fr.) festgesetzt. Das Ordensgelübde
durfte nicht vor vollendetem 20. Altersjahre abgenommen werden.
In der zweiten Klasse sollte der Zustand einstweilen unverändert bleiben, bis die Regierung dem Großen Rat Vorschläge unterbreitet hätte, in wie weit die Klöster dem Kanton
als weibliche Erziehungs- oder vorzüglich als Waisen- oder
Krankenanstalten nützlich werden könnten. Die Visitation der
Frauenklöster sollte einem Kleriker des Kantons übertragen
und die Beichtiger aus der kantonalen Geistlichkeit gewählt
werden. Vermögensveräußerungen ohne regierungsrätliche Genehmigung wurden untersagt und die Klöster angewiesen, dem
Kleinen Rat jährlich Rechnung abzulegen.

---

[1]) Ein Dekret des Großen Rates vom 3. Mai 1809 gab dem Kleinen Rat
die Befugnis, bei ökonomischer Not des Klosters die Aufnahme von Profeſſinnen
einstweilen zu verbieten. Infolge der Einräumung der Autonomie auf kon-
feſſionellem Gebiete an die katholische und evangelische Korporation, ging dieses
indirekt gewahrte Aufhebungsrecht auf das katholische Großrats-Kollegium über
welches demselben durch Auflösung des Klosters Wiboraba im Jahre 1834
Geltung verschaffte G. S. 1803—39 S. 334.

2. Im Kollaturwesen.

Bis zum Jahre 1813 übte der Kleine Rat das Kollaturrecht bei katholischen und evangelischen Pfrundbesetzungen aus,
soweit das Wahlrecht nicht auf dem Patronat oder besondern
Rechtstiteln beruhte. Ein Regierungsbeschluß vom 1. September
1803 verordnete, daß jeder Kollator verpflichtet sei, die vorgenommene Wahl sogleich dem Kleinen Rat schriftlich anzuzeigen.
Alle Pfrundvakaturen und der Wiederbesetzungstag mußten im
Kantonsblatt bekannt gemacht werden.

Dagegen bestimmte das Kollaturgesetz vom 30. Januar
1813: Die bisher von den Privaten und Gemeinden geübten
Kollaturrechte bleiben bei Privaten und Gemeinden. Von den
Kollaturrechten, die bis dahin der Kleine Rat geübt, werden
die katholischen dem neu geschaffenen katholischen Admini-
strations-Rate,[1]) die evangelischen den betreffenden Gemeinden
übergeben, wobei die bisherigen staatlichen Pflichten bestehen
bleiben. Die Kollatoren haben die landesherrliche Genehmigung[2])
des Kleinen Rates nachzusuchen. Wie der Staat einerseits
eines der wirksamsten landesherrlichen Rechte aus der Hand
gab, führte er andererseits das hoheitliche Plazetierungsrecht
im Kanton St. Gallen ein, von dem die Botschaft[3]) des Regierungsrates vom 1. Juni 1874 sagt, daß es unter den Hoheitsrechten des Staates als das folgenreichste, wichtigste und bedeutsamste hervorrage. Die Einführung des Plazets gab dem
Staate das Recht, einem Geistlichen unter gewissen Voraussetzungen, den Antritt auf seine Pfründe zu versagen und die
vom Kollator getroffene Wahl nichtig zu erklären. Unter
welchen Bedingungen die Verweigerung der hoheitlichen Anerkennung erfolgen konnte, sagt das Gesetz nicht. Auch finden

---

[1]) Es entstand später viel Streit, ob dieses Gesetz die Kollaturrechte der
katholischen Korporation zu Eigentum übertragen, oder den Administrationsrat
nur delegationsweise mit deren Ausübung betraut habe. Die Analogie mit der
Uebertragung der Kollaturrechte an die evangelischen Gemeinden spricht für die
Hingabe zu Eigentum.

[2]) Für die Bischofswahl bestand bis zum Jahre 1817 das Plazet nicht.
Dagegen mußte für alle Verordnungen der kirchlichen Oberbehörde die landesherrliche Genehmigung eingeholt werden. Durch ein Großrats-Dekret vom 13. Mai
1808 wurde der Kleine Rat mit Ausübung dieses Rechtes delegiert.

[3]) Botschaft S. 417 im Amtsblatt von 1874.

sich keine nominellen Anhaltspunkte, daß sich der Staat ein Deplazetierungsrecht vindizierte.

Es muß jedoch angenommen werden, daß, wenn sich der Staat das Recht 'einräumt, einem Geistlichen unter bestimmten Verhältnissen die Uebernahme seines Amtes zu verweigern, er auch befugt ist, einen Kirchdiener von seiner Stelle abzuberufen, wenn jene „bestimmten Verhältnisse" eingetreten sind. Der zeitliche Eintritt der Bedingnisse, welche nach Anschauung des Staates den Geistlichen zur Versehung des Amtes untauglich machen, kann nicht als ausschlaggebend in Betracht fallen. Daraus folgt, daß das Kollaturgesetz von 1813 dem Staate neben dem Plazetierungsrecht, das Abberufungsrecht[1]) gegenüber den Geistlichen stillschweigend in die Hand gegeben hat.

3. Im Begräbniswesen.

Die Regelung dieses Gebietes blieb ausschließlich den Konfessionen vorbehalten. Die Begräbnisplätze standen im Eigentum der Kirchgemeinden, welche vollkommen frei darüber verfügten und selbständig lokale Verordnungen über das Beerdigungswesen erlassen konnten. Nur der § 126 des Strafgesetzbuches über Vergehen vom 10. Dezember 1808 zeigte eine Beschränkung[2]) indem er bestimmte: Vor vollem Ablauf von 48 Stunden, von dem Augenblick des Todes an gerechnet, ist jede Beerdigung eines Menschenleichnams, ohne Bewilligung des Bezirksarztes oder seines Vertreters verboten. Vernachlässigte Handhabung dieser Verordnung hat für die betreffenden Geistlichen und Beamten eine Geldstrafe von 5—15 Fr. zur Folge.

4. In der Feiertagsordnung.

Wir haben bereits S. 11 und S. 12 angeführt, daß sich die Konfessionen unter Sanktion des Staates ihre Feiertagsordnungen selbst gegeben hatten, wobei sich der Staat verpflichtete, zu ihrer Durchführung sein Brachium sæculare zu leihen. Er bedrohte im Strafgesetzbuch über Vergehen vom 10. Dezember 1808 die einzelnen Uebertretungen mit Kriminal-

---

[1]) Daß die Regierung schon vor Einführung des Plazets Pfrundentsetzungen vornahm, zeigt Baumgartner a. a. C. II. S. 183.

[2]) Ein Beschluß des Kleinen Rates vom 16. Februar 1810 gab Vorschriften über die Tiefe der Gräber und verbot das Begraben von Leichen in den Kirchen. (G. S. 1803—39 S. 998.)

strafe und stellte zur wirksamen Heilighaltung der Feiertage
selbständige Verfügungen auf. So verbot er in § 167 die
Abhaltung von Schauspielen 8 Tage vor und während den
allgemeinen hl. Festtagen bei Strafe von 50 bis 100 Fr. und
bestimmte in § 168 die Zeitumstände, unter welchen Tanzbelustigungen erlaubt sein sollten. Er verbot das Jagen an
Sonn- und allgemeinen Festtagen (§ 171) und an den Sonn-
und Feiertagen alle lärmenden Spiel- und Trinkgesellschaften
sowie die öffentlichen Belustigungen während dem vor- und
nachmittägigen Gottesdienste bei Strafe von 4 bis 48 Fr., sowohl
für den Wirt als sonst für jede schuldige Person (§ 188). Er
verbot unter Bußen die Ausübung eines Handwerks an Sonn-
und allgemeinen Festtagen, sowie an Feiertagen für denjenigen
Religionsteil, für den sie verpflichtend waren und untersagte
das Feilbieten von Waren während des Gottesdienstes an
Sonntagen und an ganz katholischen Orten auch an den
Feiertagen, (§ 189 und 190). Dem Gemeinderat wurde die
Pflicht auferlegt, für Ruhe, Ordnung und geziemenden Anstand
in der Kirche oder in der Nähe derselben durch zweckmäßige
Verordnungen zu sorgen. (§ 192.) Solche Polizeiverordnungen
waren der Genehmigung des Kleinen Rates unterworfen (§ 194).

Dieses sind die Grundzüge des st. gallischen Staatskirchenrechtes unter der K.-V. von 1803. Es zeigt einerseits die
Tendenz die staatliche Sphäre von jedem konfessionellen Einfluß zu befreien (konfessionslose Wahlen für die meisten bürgerlichen Amtsstellen, Aufstellung eines gemeinsamen Erziehungsrates u. s. f.), andererseits ein intimes Zusammenwirken der
beiden Gewalten. (Ehewesen, Kollaturwesen u. s. f.) Eine
zwischen Staat und Kirche stehende Behörde, wie sie das Jahr
1814 schuf, bestand nicht und die Regelung der konfessionellen
Angelegenheiten fand in einer klaren, den Anschauungen jener
Zeit entsprechenden Weise in direktem Verkehr zwischen Staat
und Kirche statt. Eine mit der Souveränität des Staates in
Konkurrenz tretende Autonomie der Konfessionen existierte nicht
und so konnte sich auch keine konfessionelle[1] Trennung, wie sie

---

[1] Ueber die konfessionellen Gegensätze des Kantons St. Gallen vergl.
Baumgartner St. Gallerspiegel 1851 S. 36—54.

1814 statuiert wurde, geltend machen. Daher ist die so oft ausgesprochene Behauptung, die Scheidung der Konfessionen, wie sie die spätere Zeit hervorbrachte, ruhe allein in der historischen Vergangenheit der einzelnen Landesteile des Kantons St. Gallen, durch die Verfassungsperiode von 1803 bis 1814 deutlich widerlegt.

Zweites Kapitel.

Die Vorstufen der konfessionellen Trennung.

§ 1[1])
Die Säkularisation des Klosters St. Gallen

„Das st. gallische Land neigte sich zur zufriedendsten Ruhe und hielt sich an die Grundlagen eines mit den größten Feierlichkeiten bestätigten Landes Vergleichs,[2]) als Pankraz Vorster 1796 zum Abt des Klosters St. Gallen erwählt ward. Mit Anfang des Jahres 1798 leisteten die Souveränen aller Kantone, durch die Zeitumstände bewogen, Verzicht auf ihre Landeshoheit. Das gleiche geschah ohne große Bewegungen auch in den st. gallischen Landen: aber kaum geschehen, reiste der Abt ab und als er bei dem mit seiner Auflösung ringenden Schweizerbunde keine Handbietung mehr fand, suchte er fremde Höfe in seine Absichten zu ziehen und erklärte alles Geschehene für nicht geschehen. In einer von Wien aus abgegebenen Publikation[3]) erklärte er, das fürstliche Stift bleibe ein exempter

---

[1]) Die Ausführungen dieses § folgen in der Hauptsache der Botschaft des Kleinen Rates an den Großen Rat vom 6. Mai 1805. Staatsarchiv, Klosterakten Rubrik 1, Nr. 8.

[2]) Gütlicher Vertrag des fürstlichen Stifts St. Gallen mit desselben Angehörigen und Gotteshausleuten der alten Landschaft; am 23. November 1795 von Abt Beda und dem Volke feierlich beschworen.

[3]) Publikation vom 9. Juni 1798 abgedruckt in Müller Friedberg III B. S. 92.

Reichsstand in Verbindung mit dem römischen Reiche und
müsse daher von der Schweiz, solange diese nicht in ihre Verfassung eingesetzt sei, als fremd, oder als ein Teil eines auswärtigen Staates angesehen und behandelt werden; das Bündnis
des Stifts mit den vier Kantonen (Zürich, Luzern, Schwyz
und Glarus) sei als aufgehoben zu betrachten. Als die
österreichische Waffengewalt in die Schweiz eindrang, beeilte
sich das Stift St. Gallen, der erteilten Befreiung ungetreu, die
landesherrliche Gewalt wieder an sich zu reißen. Schon im
Jahre 1798 hatte das Gesetz[1]) vom 17. Herbstmonat jene Mannsklöster, welche ihre Kostbarkeiten entführt oder deren Vorsteher
und Mitglieder das Kloster verlassen hatten, als aufgehoben
und ihre Besitzungen als Staatseigentum erklärt. Für die
Zurückgebliebenen war nicht die Fortsetzung der Korporation
sondern der bloße Eintritt in andere Klöster gestattet. Das
mit der Vollziehung dieses Gesetzes beladene Direktorium,[2])
nachdem es durch Beschluß vom 18. Oktober 1798 einen allgemeinen peremptorischen Termin zur Zurückbringung der ent-
führten Effekten festgesetzt hatte, ließ darüberhin dem Abt und
den Konventualen Fristen auf Fristen zur Erfüllung der ge-

---

[1]) Gesetz vom 17. September 1798.

Art. 15. Ganze Korporationen oder einzelne Glieder, auf die erweislich
gemacht würde, daß sie Barschaft oder andere Kostbarkeiten außer die Schweiz
geflüchtet hätten, sollen so lange des Schutzes der Gesetze, mithin auch des Unter-
haltes, beraubt sein, bis sie alles Geflüchtete wieder zurückgestellt haben werden.

Art. 16. Diejenigen Klöster, Stifte, Kapitel und Abteien männlichen Geschlechts, welche während der Revolution von ihren Korporationsgliedern verlassen
worden sind, und namentlich das Kloster Einsiedeln, sind als wirklich aufgehoben und ihr Vermögen als unmittelbares Staatseigentum erklärt. Daher
soll ein solches unmittelbares Nationaleigentum von der Verwaltungskammer
desjenigen Kantons, in dessen Bezirk die Güter oder Kapitalien liegen, nach Anleitung des Art. 6 zu Handen des Staates verwaltet werden.

[2]) Direktorialbeschluß vom 18. Oktober 1798. II. Abschnitt. 3. Die Mitglieder der Klöster u. s. w., welche dieser Einladung (die Effekten zurückzubringen)
nicht in der bestimmten Zeit ein Genüge leisten, sollen angesehen sein, als hätten
sie der Wohltat des Gesetzes vom 17. September 1798 entsagt und mit der in
Art. 15—18 desselben festgesetzten Strafen belegt werden.

7. Diejenigen im Gegenteil, die sich darnach (Wiedererstattung aller ent-
wendeten Effekten und des Ertrags aller Besitzungen) zu richten unterlassen würden,
sollen gehalten sein, augenblicklich ihren Wohnort zu verlassen und ihre Güter
sollen von Stund an wie alle andern Nationalgüter verwaltet werden. Stridler,
Aktensammlung der Helvetik. B. III. S. 175.

feßlichen Vorschriften setzen. Nicht nur verstrichen alle unbe=
nützt, sondern der Abt betrieb die Wiedereroberung seiner hoheit=
lichen Rechte mit desto heißerem Eifer. Endlich ward das Ge=
setz vollzogen und die Güter des Stiftes als unmittelbares
Staatseigentum anerkannt. Der helvetische Vollziehungsrat
erklärte das Stift durch Beschluß[1]) vom 24. Herbstmonat 1800
noch einmal als gänzlich aufgelöst und seine Güter und Rechte
zu Eigentum des Staates, die zu fernerm Aufenthalt unbe=
rechtigt gewordenen Religiosen wurden hierauf fortgeschafft.[2])

Der Friede von Lüneville hatte der Schweiz Gebiet und
Verfassung gewährleistet, alle Mächte anerkannten sie; nur der
Abt und die Konventualen von St. Gallen nicht. Er trotzte
selbst dem Frieden des ganzen festen Landes, verdoppelte seine
Manifeste[3]) und ließ sie im öffentlichen Druck erscheinen. Die
von dem Volke gewählten Repräsentanten bedrohte er, „als
Rebellen zur Verantwortung zu ziehen, wenn sie nicht seinen
Befehlen zufolge, entweder zurücktreten, oder selbst auf Her=
stellung der alten Ordnung und Untertanschaft andringen
würden."[4]) Von der Tagsatzung selbst forderte er, daß sie die
Repräsentanten seiner Landschaften zurückschicke und zum Ge=
horsam gegen ihren Landesherrn verweise[5])

---

[1]) Beschluß vom 24. September 1800: „Dem Fiskal Germann wird von
nun an alle Ausübung einer Ordinariatsgewalt im Namen des gewesenen Fürst=
abts von St. Gallen in Helvetien gemeinst untersagt." — Der Beschluß war
erlassen in Erwägung, daß die Abtei St. Gallen mit allen ihren Gütern und
Rechten Staatseigentum geworden sei und daß seitdem für Helvetien kein Fürstabt
also auch kein Ordinarius von St. Gallen mehr existiere. Strickler a. a. O B. VI.
S. 20.

[2]) Vergl. Franz Weidmann S. 135.

[3]) Protestation des Abtes vom 20. Mai 1801. „Er (Abt) habe seinen
Rechten und Gerichtsbarkeiten nie entsagt; er behalte sich vor, dieselben früher
oder später, so wie er es gut finden werde, geltend zu machen; er sei ein un=
abhängiger Reichsfürst und sein Land ein von dem Schweizerbund ganz un=
abhängiger Staat; er sei dem deutschen Reich durch Lehenschaft einverleibt,
seine Untertanen seien nicht als Schweizer und Eidgenossen zu betrachten, die
Gränzen der Schweiz seien noch nicht bestimmt, der Lüneviller Friede gehe sein
Land nichts an und sein Volk sei untertan wie vorhin."

[4]) Schreiben an die Deputierten des Kantons Säntis vom 7. September
1801. Abgedruckt bei Weidmann a. a. O. S 178.

[5]) Schreiben an die Tagsatzung vom 7 September 1801. Abgedruckt bei
Weidmann a. a. O. S. 176.

Im Herbstmonat 1802, als es einige Wochen den Anschein gewann, die st. gallischen Landschaften würden wieder ihrer eigenen Kraft überlassen werden, meldete sich das Stift St. Gallen mit Bescheidenheit um sein bloßes Eigentum. Es wurde ihm auch mit mißtrauensloser Güte entsprochen.[1] Jedoch in den Papieren eines Religiosen von St. Gallen, der der Vertraute des Abtes war, hat sich eine bereits gedruckte, auskündungsfertige und vom gleichen Monat September datierte Proklamation[2] vorgefunden, durch welche die Angehörigen der alten Landschaft, Toggenburg Rheintal und Thurgau aufgemahnt und mit auswärtiger Gewalt bedroht wurden, um sich wieder in die alte Unterwürfigkeit zu begeben.

Der Abt hatte auch einen Bevollmächtigten (Hofrat Müller) in Paris, der den Gang der Sachen sah und richtig beurteilte. In einer Denkschrift an den glorreichen Vermittler drang der Abt auf eine besondere Verfassung für St. Gallen, — „nach welcher er (Pankraz) der Oberherr, er, der Stand der Eidgenossenschaft und das Land für ewig dem deutschen Reich lehenbar und untertänig sein sollte.“

Die Forderungen, welche der Abt in der Mediationszeit[3] stellte, beschränken sich in der Hauptsache auf die Eigentumsrechte des Klosters, ohne dabei auf die Souveränitätsrechte ausdrücklichen Verzicht zu leisten. Zur Unterhandlung mit der st. gallischen Regierung ernannte er auch Kommissarien, die er aber ohne bestimmte Vollmachten ließ und wobei er sich über jede Auslassung des Kleinen Rates erst noch die eigenwillige Verwerfung vorbehielt. Zwischen der Regierung und den be

---

[1] Das Eigentum wurde dem Stifte zugesichert durch den Beschluß der Landgemeinden zu Altstätten im Rheintal (23. September 1802), zu Bruggen (30. September 1802) und zu Lichtensteig (6. Oktober 1802). Weidmann a. a. O. S. 182.

[2] Proklamation vom September 1802. Müller Friedberg a. a. O. III. S. 95.

[3] In einem Schreiben an den Kleinen Rat vom 17 Juni 1803 betonte der Abt, „daß er seine landesherrlichen Rechte, ungeachtet der Mediationsakte, noch nicht als rechtmäßig verloren achte; er beschränke sich aber für einmal darauf, daß die Zurückstellung aller Besitzungen, Gefälle u. s. w. und Nutzbarkeiten, wie sie immer heißen mögen, und wie sein fürstliches Stift selbe vor den Revolutionszeiten besessen und zugleich den so ungebührenden, als für das Land unerschwinglichen Ersatz aller seiner gekränkten Rechte, vorenthaltenen Einkünfte und durch die Revolution erlittenen Schaden, fordere“.

vollmächtigten Kapitularen kam am 23. Dezember 1803 eine Uebereinkunft zu stande, die statuta conventa[1]) welche der Kleine Rat unter dem Vorbehalt genehmigte, daß dem Staat alle Titel und Effekten (außer den rein kirchlichen) extradiert würden, wogegen dann die Regierung die Liquidation an die Hand nehmen sollte. Die Konvention wurde jedoch vom Papste und dem Abt verworfen. Die Freunde des Abtes, welche nicht nur für das Stift, sondern auch für seine Person das Möglichste tun wollten, gleichwohl aber sich nicht verbergen konnten, daß die verfassungswidrige Stellung desselben alle Verwendungen vereiteln müßte, hatten indessen Pankraz durch Abgeordnete aufgefordert, endlich einmal wenigstens seiner politischen Rechte förmlich zu entsagen, aber auch diese kehrten zurück, ohne gegen seine „absichtenvolle Verhärtung" etwas ausgerichtet zu haben." — Die Botschaft vom 6. Mai 1805 kommt auf Grund dieses historischen Exkurses zu der Ueberzeugung (S. 15): Das Stift habe nicht nur seine gesetzliche Auflösung eigenem Verschulden beizumessen, sondern es habe zugleich die gegenwärtige, wie alle vergangenen Regierungen in die absolute Unmöglichkeit

---

[1]) Die statuta conventa enthielten folgende Hauptpunkte: Anstellung eines bischöflichen, dem ganzen Kanton gemeinen Kapitels. Errichtung eines bischöflichen Seminars und eines allgemeinen Kantonalinstitute unter unmittelbarer Direktion der Regierung. Die erste Wahl des Bischofs geschieht durch vertrautes Verkommnis mit dem Kleinen Rat, nachher durch Designation des Kleinen Rates auf vierer Vorschlag des Kapitels und unter Sanktion des Großen Rates. Das Kapitel besteht aus Canonici Regulares und Canonici forenses und die dermal existierenden Mitglieder des Stifts St. Gallen werden von der Regierung in dem bischöflichen Kapitel, dem Kantonal-Institut oder auf Pfründen anständig versorgt, oder auf eine sichere und zureichende Weise pensioniert. Der Bischof ernennt einen Vicarium generalem, welcher zugleich Weihbischof ist. Bischof und Kapitel hangen in allem, wo die Regierung nicht selbst den Gang der gesetzlichen Tribunalien befolgen muß, unmittelbar von der Jurisdiktion der Regierung ab. Sie leisten den Bürgereid. Ueber die Versprechungen vor der wirklichen sakramentalischen Ehe entscheidet das weltliche Gesetz und es darf keine Kopulation verhindert werden, welche den Gesetzen des Kantons nicht zuwider ist. Die Kollaturrechte der ehevorigen Landesherren gehen auf den Kleinen Rat über.
Diese Konvention war ein Mißgriff, denn ein solch unkanonisches Institut konnte nie den Beifall der Curie finden. Bezeichnend für die Machtstellung der Regierung ist die Tatsache, daß die Uebereinkunft von dem Kleinen Rat dem Papste zur Genehmigung übersandt wurde, ohne vorher die Sanktion des Großen Rates einzuholen. Staatsarchiv Zelle 24 Kasten VII.

verſetzt, ſich mit irgend einem Gedanken zu Rückrufung des
Aufhebungsgeſetzes und ſeiner Wiederherſtellung abzugeben."

Wir haben dieſe kurzen geſchichtlichen Bemerkungen haupt=
ſächlich deshalb angeführt, um den hiſtoriſchen Beweis zu er=
bringen, daß im Jahre 1805 dem Kanton St. Gallen das Recht
zuſtand, zu behaupten, daß das Kloſter ſeit dem Jahre 1798
(S. 22) nicht mehr zu Recht beſtehe und es ſich nur noch um
die Liquidation des Kloſtergutes handeln könne. Dieſer Nach=
weis ſcheint deshalb um ſo wichtiger, weil ein formeller Auf=
löſungsbeſchluß durch eine kantonale ſt. galliſche Behörde nie
erfolgt iſt. Es konnte daher auch nicht Art. 13,₁ Med. (S. 3)
in Anwendung kommen, da ſich dieſer Artikel nur auf die 1803
wirklich beſtehenden Klöſter bezog und eine in dieſer Richtung
die helvetiſchen Beſchlüſſe derogierende Kraft, dieſer Verfügung
nicht zugeſprochen werden kann. In dieſem Sinne äußerte
ſich auch der Geſandte des franzöſiſchen Hofes in der Schweiz,
General Ney, am 12. November 1803 durch die Erklärung:[1]
„Das Stift St. Gallen iſt aufgehoben; die zerſtreuten Religioſen
bilden keine Korporation mehr; die Vermittlungsakte wirkt
nicht zurück und Frankreich wird diesfalls nie den Sinn ändern.
Es wäre gefährlich, den alten Souverän mit dem neuen in
Gegenwart zu ſtellen; es iſt aber hohe Zeit, den Schulden=
ſtand desſelben zu liquidieren und den Religioſen, welche ſich
ergeben werden, Penſionen zu verſichern." Ebenſo gab der
Geſandte Napoleons in der Schweiz, General Vial, am 8. April
1805 in Bern der Deputation der ſt. galliſchen Regierung
folgende Eröffnung Bonapartes[2] ab: 1. Das Kloſter St. Gallen
ſei mit den andern Klöſtern der Schweiz nicht in Parallele
zu ſetzen, weil es auch eine politiſche Inſtitution geweſen;
2. ſeine Wiederherſtellung ſei auch deshalb unzuläſſig, weil es
nur zum Herde der Unzufriedenheit und der Rivalität gegen
die Regierung würde; 3. der Kaiſer erachte, daß die Güter der
Abtei nicht zurückgeſtellt werden ſollen, und daß der betreffende
Artikel der Mediationsakte auf dieſelbe nicht anwendbar ſei."

---

[1] Botſchaft des Kleinen Rates vom 6. Mai 1805. S. 18.
[2] Baumgartner a. a. O. II. S. 192. Die Deputation beſtand aus den
Regierungsräten Müller, Friedberg und Bott. Dazu Tierauer a. a. O. S. 252.

Durch diese Interpretationen ist jede Berufung auf Art. 13,₁ Med. ausgeschlossen. Aber selbst wenn dieser Bestimmung rückwirkende Kraft innegewohnt, das Kloster seit 1803 rechtlich wieder bestanden hätte, so wäre der Kanton St. Gallen dennoch staatsrechtlich legitimiert gewesen, den Art. 13,₁ Med. nicht zu vollziehen. Denn durch Rückerstattung der enormen Klostergüter wären die in Art. 1 Med. dem Kanton St. Gallen gewähr=leistete Verfassung, Territorium, Freiheit und Unabhängigkeit direkt gefährdet worden. Der Beweis dafür findet sich in der historischen Darstellung, vornehmlich in der Tatsache, daß der Abt nie ausdrücklich auf seine Souveränitätsrechte verzichtet hat, die Wiedererlangung derselben vielmehr seine stete Mentalreser=vation geblieben ist. Unter diesen Umständen hätte die Voll=ziehung einer Nebenbestimmung der Mediation (des Art. 13,₁) gegenüber der Durchführung eines Hauptpunktes (Art 1) zurück=treten müssen.

Schließlich ist noch die Frage zu beleuchten, ob, wenn die Abtei 1803 wiederaufgelebt wäre, dem Staat St. Gallen die Berechtigung zugestanden hätte, die klösterliche Korporation als solche aufzuheben. Dieses Recht kann dem Staate nicht ohne weiteres beigelegt werden, da Art. 13,₁ Med.[1]) mit der Auf=forderung der Rückerstattung der Klostergüter auch den Fort=bestand der Klöster indirekt gewährleistet. Dagegen muß es als eine aus der Souveränität des Staates fließende Befugnis angesehen werden (Art. 12 Med.), daß einer Korporation, von welcher mit Gewißheit zu erwarten ist, daß sie dem Staate von Anfang an mit feindlichen[2]) Tendenzen erfolgreich gegenüber tritt und nur auf einen günstigen Augenblick[3]) wartet, die ver=

---

[1]) Dazu Tagsatzungsbeschluß vom 27. August 1803 (S. 18).

[2]) In einer Proklamation des Kleinen Rates an das Volk wurde der Abt der „unversöhnlichste und erklärteste Feind des Vaterlandes" genannt. Prokla-mation vom 27. Dezember 1804. Kantonsblatt IV. S. 435.

[3]) Anspruch des Abtes vom Jahre 1803: „Er könnte nach Wiedereinsetzung des Stiftes das „Uebrige" von der Zeit der Entweihung und seinen weitern Unternehmungen erwarten, wenn er einmal im Lande selbst Einfluß gewonnen und unmittelbar durch sich und seine Kapitularen wirke." Müller-Friedberg a. a. O. III. S. 97.

faſſungsmäßigen Grundlagen umzuſtürzen, der Fortbeſtand unter-
ſagt und der Schutz der Geſetze entzogen werden kann.

Wie mächtig der althiſtoriſche Einfluß[1]) des ſt. galliſchen
Kloſters in Wirklichkeit war, zeigt ſich in der Länge der Unterhandlungen, welche bis zur Säkulariſation des Kloſtergutes
geführt wurden und in dem Faktum, daß es die ſt. galliſche
Regierung nicht wagte, ohne die Zuſtimmung Frankreichs einen
entſcheidenden Schritt zu tun, ſondern vorerſt den endgültigen
Machtſpruch des „hohen Vermittlers" abwartete.[2]) In Umgehung der Tagſatzung nahm der Kanton St. Gallen eine der
wichtigſten Verfügungen zur Umgeſtaltung ſeiner Verhältniſſe
aus der Hand einer auswärtigen Landesregierung.

Am 8. Mai 1805 trat der Große Rat des Kantons
St. Gallen, nach Anhören der erwähnten regierungsrätlichen
Botſchaft, auf den Gegenſtand ein. Der Antrag des Kleinen
Rates ging nicht auf Aufhebung des Kloſters, da dieſelbe als
ſchon zu Recht beſtehend, angeſehen wurde, ſondern auf Liquidation des Stiftsvermögens und Anwendung der geeigneten
Mittel zu ihrer Durchführung. Der regierungsrätliche Vor-
ſchlag, ſofort auf Beratung eines in dieſem Sinne abgefaßten
Geſetzesvorſchlages einzutreten, wurde im Großen Rate mit 36
gegen 33 Stimmen und das Geſetz[3]) ſelbſt: „über Sönderung
des Staatsguts von dem ſt. galliſchen Kloſtergut und Verwendung
des letztern", mit 36 (höchſtens 38) gegen 33 Stimmen[4]) angenommen. Durch dieſe Liquidationsverfügung waren die Auf-
hebungsbeſchlüſſe vom 17. September 1798 und 18. Oktober
gleichen Jahres durch die kompetente ſt. galliſche Behörde formell
anerkannt worden. Das ſt. galliſche Ordinariat war definitiv
erloſchen.

---

[1]) Ein Beweis, wie ſehr das Kloſter noch die Macht über die Gemüter
beſaß, liegt darin, daß neben den Religioſen des Stifts und der kantonalen
Weltgeiſtlichkeit eine Anzahl von Mitgliedern der oberſten Landesbehörden, des
Großen Rates und des Appellationsgerichtes in drei Memorialien an den Papſt
um Erhaltung des Stiftes gelangten. Weidmann a. a. O. S. 207.

[2]) Siehe die Erklärung Frankreichs vom 8. April 1805 (S. 31). Ueber die
diplomatiſchen Verhandlungen mit Frankreich vergleiche Tierauer a. a. O. S. 232.

[3]) Siehe § 2.

[4]) Das Protokoll des Großen Rates vom 8. Mai 1805 gibt keine Stimmen-
zahl an. Die Angabe iſt aus Baumgartner a. a. O. II. S. 200.

§ 2.

Das Gesetz[1]) vom 8. Mai 1805 und seine Folgen.

Dieses Gesetz, als eine Hauptgrundlage der st. gallischen Verhältnisse, wurde erlassen in Erwägung, daß das Stift bereits unter der helvetischen Regierung als gesetzlich aufgehoben angesehen und als unmittelbares Staatsgut behandelt worden; in Erwägung, daß Abt und Konvent die Souveränität über ihre ehemaligen Landschaften in sich vereiniget und also eben so sehr ein politisches als religiöses Institut waren: in Erwägung daß das Stift St. Gallen die Rückrufung des Gesetzes und seine Wiederherstellung selbst unmöglich gemacht und in der vollständigsten Gewißheit, daß die Vermittlungs-Akte nicht nur keine rückgreifende Kraft auf ein damals nicht existierendes Kloster hatte, sondern daß die Herstellung des Klosters St. Gallen den wesentlichen Grundlagen derselben und den Gesinnungen des glorreichen Vermittlers entgegengesetzt gewesen wäre und noch sei: endlich in Erwägung, daß bei Verwendung seines übrigbleibenden Guts nach Grundsätzen von Gerechtigkeit und Frömmigkeit einzuschreiten, und daß es der Billigkeit und dem im Kanton herrschenden brüderlichen Sinne angemessen sei, hiebei die kirchlichen und moralischen Bedürfnisse des katholischen Teils[2]) zu berücksichtigen. Das Gesetz[3]) bestimmte:

1. Es solle vorläufig eine auf alle Zukunft gültige Trennung des souveränen[4]) und klösterlichen Guts vorgenommen, das erste

---

[1]) Kantonsblatt V. S. 168.

[2]) Die Politik Müller Friedbergs ging in erster Linie dahin, das Kloster aufzuheben. Um dies zu erreichen, glaubte er einen Teil des säkularisierten Gutes der katholischen Korporation zusprechen zu müssen. Vergleiche Dieraner a. a. O. S. 280.

[3]) Wir haben das Gesetz als eine der wichtigsten Bestimmungen auf konfessionellem Gebiete in extenso wiedergegeben. Auch handelt es sich im Verlaufe der Darstellung häufig um den Wortlaut der einzelnen Artikel.

[4]) Ein Gesetz vom 3. April 1799 hatte bereits bestimmt: Art. 1. Diejenigen Güter, welche von den vormaligen Regierungen als die Landeshoheit vorstellend, erworben wurden, sind Nationalgüter. Art. 4. Insbesondere sind auch Nationalgüter die geistlichen Güter, welcher sich die protestantischen Stände in dem Zeitpunkte der Reformation bemächtigten und die nicht veräußert worden sind. Art. 5. Diejenigen Stiftungen, Anstalten und Güter, die erweislich aus dem Ertrag von verkauften Klostergütern herkommen, sind Nationalgüter. Tagblatt der Gesetze und Dekrete der Helvetik. S. 484.

dem Staats-Vermögen einverleibt und mit dem zweiten nach=
stehendermaßen verfahren werden.

2. Die Schulden des ehemaligen Stifts sollen unaufge=
schoben liquidiert und in billig und möglichen Terminen be=
zahlt[1] werden: ihnen sämtlich ist das vollständige Gut des
Stifts, doch ohne Abbruch der Spezialhypotheken zur allge=
meinen Pfandbarkeit versichert.

3. Die Stiftskirche bleibt die katholische Hauptkirche des
Kantons: der Kirchenschatz derselben darf ihren gottesdienstlichen
Zwecken nicht entzogen werden; der Gottesdienst selbst soll in
der Hauptkirche zu religiöser Verherrlichung dauerhaft und
hinlänglich fundiert und mit einem Seminario oder Anstalt
zur Bildung von Pfarrgeistlichen verbunden werden, in welchem
junge Priester teils den Anstand des Gottesdienstes vermehren,
teils zur Pfarrhilfe auf dem Lande dienen, teils in den Wissen=
schaften und Pflichten ihres Berufes von erfahrenen Geistlichen
unterrichtet werden, welche nebst der Aufsicht über dieses Institut
ebenfalls zur Pfarrhilfe in der Hauptkirche beitragen, und sowohl
den Seminaristen als andern angehenden Geistlichen einen
theologischen Kurs beibringen sollen.

4. Alle katholischen Pfarrpfründen sollen nach gesetzlich
aufzustellenden Grundsätzen auf eine angemessene Congruam
erhoben und andere von dem Staat abhangende Benefizien
mit Rücksicht auf ihre Dienste oder Beschwernisse unterstützt
werden.

5. Alle dermaligen Konventualen des Stifts, welche sich
den Gesetzen[2] unterziehen, werden durch anständige Anstellungen
oder nach einer gleichmäßigen Vorschrift durch zureichende
Pensionen für ihren standesmäßigen Unterhalt gesichert, sie seien
dann Schweizer oder Angehörige solcher auswärtiger Staaten,
in welchen das stiftische Gut unangetastet verbleibt. Das für

---

[1] Im Jahre 1813 wurden aus einem Aktivbestand von 3,540,353 fl. die
Schulden des Stiftes mit 1,250,418 fl. bezahlt.

[2] Ein Groß-Rats-Dekret vom 18. Mai 1805 setzte für diejenigen Konven=
tualen, welche ihre Unterwerfung unter die Gesetze des Kantons schriftlich ver=
sicherten und den Kantons-Bürgereid leisteten, angemessene Pensionsbestimmungen
fest. Kantonsblatt V. S. 197.

diese Pensionierung notwendige Kapital wird besonders verwaltet und über dasselbe kann bei vermindert oder aufhörendem
Bedürfnis nicht anders als gesetzlich und abermals zu religiösen
und moralischen Bedürfnissen aller Katholiken des Kantons
verfügt werden.

6. Alles übrige Gut wird nach ebenfalls aufzustellenden
Grundsätzen zum Teil zu Unterrichts-Anstalten für die Katholiken, oder als Anteil derselben an solchen allgemeinen Anstalten, zum Teil aber für Aeufnung und Behelfung des Schul-
und Armenwesens in allen katholischen Gemeinden des Kantons
verwendet werden.

7. Fürohin soll jährlich über die Verwendung des Ganzen
nach obigen Bestimmungen dem Großen Rat Rechenschaft erteilt werden.

Durch dieses Gesetz wurde das Stiftsgut nach zwei Grundsätzen geschieden:

a) als reines Staatsgut,

b) als konfessionelles Gut, welches wiederum zerfiel in

α) kirchliches Gut,

β) konfessionelles Gut im engern Sinn, als Eigentum
des st. gallischen katholischen Konfessionsteils.

Ueber die Verwendung des konfessionellen Gutes waren
dabei bestimmte staatliche Vorschriften aufgestellt und dem
Großen Rate das Oberaufsichtsrecht vorbehalten worden.

Die folgenden Ausführungen sollen den juristischen Nachweis bringen, wie sich der katholische Konfessionsteil auf
Grund des Gesetzes vom 8. Mai 1805 eine überwiegende ökonomische Macht in der Art eines katholischen Staatsvermögens
zusicherte und wie sich auf Grund dieser gesönderten Eigentums-
verwaltung allmählig die konfessionelle Trennung im Kanton
St. Gallen entwickelte.[1])

---

[1]) Die Ursache der konfessionellen Trennung lag also keineswegs unmittelbar
in der konfessionellen Verschiedenheit der Bürger, sondern in dem mehr zufälligen
Umstande, daß sich die Katholiken vermöge des ihnen vom Staate zugeschiedenen
Anteils am Klostergut nach und nach zu einer Korporation aufstiegen, welche
dem Staate gegenüber eine sehr einflußreiche Stellung einzunehmen und zu behaupten wußte. Aus: Die st. gallische Erziehungsfrage und ihre Lösung. Broschüre. St. Gallen 1860. S. 9. Staatsarchiv.

Das Dekret vom 11. Mai 1805 führte die Sönderung des Staats- und Stiftsgutes durch, wobei als Staatsgut erklärt wurde: die dem Staate durch die Mediationsakte zugefallenen Rechte und Gefälle nebst gewissen Gebäulichkeiten und Waldungen, sowie die Kammergüter und Kapitalien, und alles übrige, welches erweislich durch Konfiskation an das Stift gefallen war. Auch sollten die nach dem 10. März 1803 gemachten Einnahmen und Ausgaben nach den Grundsätzen dieses Dekretes gesöndert werden. [1]

In Ausführung des Art. 6 des Gesetzes vom 8. Mai 1805 wurde das Dekret vom 18. Mai 1805 über: Verwendung des von dem Kloster St. Gallen liquid übrig bleibenden Vermögens, erlassen. Der eine Teil (Art. 2) dieses Vermögens sollte zu öffentlichen Unterrichtsanstalten für die Katholiken, oder als Anteil derselben zu allgemeinen verwendet und der Entwurf derselben von dem Kleinen Rat an die Genehmigung des Großen

---

[1] Ein Dekret vom 22. Mai 1805 bestimmte, daß die Liquidation des Schuldenwesens des ehemaligen Stiftes St. Gallen in einem Zeitraum von höchstens acht Jahren beendigt werden sollte; auch gab das Dekret über die Liquidierung selbst nähere Vorschriften. Kantonsblatt V. S. 233.

Als eine Hauptschwierigkeit in der Liquidationsarbeit ergab sich die wirksame Durchführung der Inkammeration, d. h. der Einziehung der auf ausländischen Gebieten gelegenen Besitzungen des aufgehobenen Stiftes, indem diese teils mit Sequester bedroht oder belegt waren. Die im Breisgau gelegenen Herrschaften Ebringen und Norsingen wurden an die Markgrafen Friedrich und Ludwig von Baden verkauft (1807). Mit Württemberg endeten die Verhandlungen im Jahre 1813 mit Rückerstattung der Hälfte der Klosterbesitzungen.

Im Fürstentum Lichtenstein wurde die Herausgabe anfänglich unter der Begründung verweigert, daß der Abt ein deutscher Reichsstand sei. Im Jahre 1807 wurde aber das stiftische Eigentum nebst verfallenen Einkünften frei gegeben. Die Regelung der Verhältnisse mit Oesterreich und Thurgau gelangte vor das Forum der Tagsatzung. Dieselbe beschloß 1816, allgemeine Rückforderung von allem zu stellen, was St. Gallen und andere Kantone aus angeführtem Titel von Oesterreich zu fordern hatten. Es gelang jedoch nicht, das gesamte Eigentum zurückzuerhalten. Bei Anlaß der Verhandlungen mit Thurgau verlangte St. Gallen eine definitive Festsetzung des Gpavenrechtes, worüber die Tagsatzung jedoch keinen entscheidenden Beschluß faßte. Thurgau verzichtete aber freiwillig und die klösterlichen Liegenschaften konnten liquidiert werden.

In Bezug auf die vom Abte geflüchteten Effekten des Klosters meldet das st. gallische Kantonsblatt vom Jahre 1804, S. 192: „Es ist die angenehme Nachricht eingegangen, daß die übrigen noch in Deutschland unter Sequester gelegenen „Effekti" des Stifts St. Gallen auf allerhöchsten k. k. Hofbefehl ebenfalls den Wünschen der Regierung gemäß zu freier Disposition überlassen werden."

Rates gebracht werden. Der (Art. 3) andere Teil war zur
Hälfte zur Verbesserung der Primarschulen in den katholischen
Gemeinden, wo solche nicht hinlänglich fundiert, nach Bedürfnis
und auf den Vorschlag des Erziehungsrates, und zur Hälfte
für die Unterstützung der Armen in „den bedürftigeren derselben“
nach Verhältnis des Bedürfnisses bestimmt. Der Kleine Rat
hatte den ganzen Fond durch eigene katholische Pflegschaft unter
seiner Aufsicht und Leitung verwalten zu lassen und über die
Verwendung dem Großen Rate jährlich Rechnung abzulegen.
(Art. 4).

In dieser Verfügung liegt noch kein staatsrechtlicher Fehler,
der die spätern unheilvollen Konsequenzen ergab. Denn wenn
die damaligen st. gallischen Behörden sich auf die Theorie stützten,
daß das Gut säkularisierter Klöster zum Teil für die Bedürfnisse des katholischen Volkes allein verwendet werden müsse,[1]
so erscheint es auch gerechtfertigt, bis zur endgültigen gesetzlichen Verwendung dieser Fonde, eine katholische staatliche
Verwaltungsbehörde einzusetzen. Der Mißgriff lag vielmehr in
der Art und Weise, wie das Gesetz und Dekret vollzogen wurden.

I. Einmal war es die Durchführung des Art. 6 des Gesetzes vom 8. Mai 1805 und Art. 2 des Dekretes vom 18. Mai
1805, indem nämlich durch Großratsbeschluß vom 10. Dezember
1808 eine Gymnasialanstalt für die katholischen Kantonsbürger
errichtet und zugleich Bestimmungen über die Gründung eines
katholischen Pensionats, über das Lehrpersonal, die Lehrgegen-
stände 2c. getroffen wurden. Anstatt nun aber diese Schule
dem gesetzlichen Erziehungsorganismus einzuverleiben und dieselbe unter die Direktion des Erziehungsrates, resp. des Staates
zu stellen, wurde für dieselbe eine besondere „Kuratel“[2] aus drei

---

[1] In den Großratsverhandlungen vom 8. Mai 1805 machte sich freilich
auch die Ansicht geltend, daß das gesamte Vermögen des Klosters als Staatsgut
behandelt werden müsse. Vergl. Tieraner a. a. O. S. 257.

Vergl. Weibel. Das Rechtssubjekt der Pfarrkirchen und des Ortskirchengutes
in der katholischen Schweiz. S. 432. Abgedruckt in Zeitschrift für schweiz. Gesetzgebung und Rechtspflege. B. II. 1875.

[2] In diese Kuratel wurden natürlich Regierungsräte katholischer Konfession
gewählt. Hungerbühler nennt die Kuratel den Vater des Erziehungsrates katholischer Konfession. Siehe Hungerbühler: Entstehung und Bedeutung des Art. 22
der K.-V. 1881. Abgedruckt in Snell, Staatsrecht S. 519.

Mitgliedern des Kleinen Rates errichtet und der Regierung die Wahl derselben, sowie diejenige des Lehrpersonals zugesprochen. Diese Kuratel, welche vom Erziehungsrat interpelliert wurde, erteilte am 20. November 1809 die Antwort:[1] sie repräsentiere die gesamte katholische Korporation als Eigentümerin der Anstalt und sei nicht als bloße Kommission der Regierung zu betrachten. Deshalb sei es unmöglich, über oder neben der Kuratel oder zwischen dieser und dem Professorenkollegium, dem Erziehungsrate eine Stellung anzuweisen." Daraus geht hervor, daß diese Schule als eine der katholischen Korporation[2] zugehörige Stiftung angesehen wurde, deren exzeptionelle Stellung von jedem staatlichen Einfluß möglichst losgelöst werden sollte. Damit war der erste Versuch zur konfessionellen Absönderung auf dem Gebiete des Schulwesens vollzogen. Im Jahre 1810 wurde durch Beschluß des Großen Rates vom 10. Mai dieser Schritt vervollständigt. Die bestehende Kuratel wurde gewährleistet, jedoch so, daß sie unter die Leitung eines aus sieben Mitgliedern bestehenden „Gymnasial- und Kirchenrates"[3] gestellt und von diesem aus seiner Mitte dergestalt gewählt wurde, daß der Präsident der Kuratel ein katholisches Mitglied des Kleinen Rates sein mußte. Die Kuratel hatte die gesamte Verwaltung der Gymnasial- und Erziehungsanstalt und verfügte stiftungsmäßig über die Zinse der Fundationskapitalien. Ihr war das gesamte Personale untergeordnet, sie bestellte die „äußern Lehrer" und andern Angestellten, und konnte die Entlassung der Professoren annehmen oder bei dem

---

[1] Schreiben der Kuratel an den Erziehungsrat vom 20. November 1809. Baumgartner a. a. O. II. S. 245.

[2] Ein vom Kleinen Rate vorgebrachter Dekretsvorschlag vom 2. Dezember 1808, über Errichtung einer gemeinsamen höhern Lehranstalt, fand keine Realisierung. Das in der Stadt St. Gallen bestehende Gymnasium stand unter Aufsicht und Leitung des kantonalen Erziehungsrates.

[3] Botschaft des Kleinen Rates vom 9 Mai 1810: Der Gymnasial- und Kirchenrat wird aus sieben Mitgliedern bestehen und, damit wir in die Verfügungsrechte der Korporation nicht eingreifen, sich in Zukunft mit Rücksicht auf die verwandtschaftliche Ausschließung selbst ergänzen, da er eine bloß beaufsichtigende Behörde ist und es besonders dem Wesen und dem Wohl einer wissenschaftlichen Anstalt angemessen ist, daß ein steter und gleichförmiger Geist in derselben unterhalten werde

Gymnasial= und Kirchenrat auf ihre Entfernung antragen. Die Wahl der Professoren und des Gymnasialverwalters stand dem Gymnasial= und Kirchenrate auf Bericht der Kuratel zu, auch hatte er saumselige Angestellte dem Kleinen Rat zur Zurecht= weisung oder Bestrafung anzuweisen und die oberste Kontrolle über die Rechnungen zu führen.

Durch diese Verfügung war das staatliche Aufsichtsrecht auf ein Minimum beschränkt und bereits eine unklare Ver= mengung staatlicher und kirchlicher Interessen (Gymnasial= und Kirchenrat als eine Behörde) statuiert worden.

II. Der Hauptfehler ergab sich auf dem Gebiet des Ver= waltungswesens. Die Botschaft des Kleinen Rates vom 9. Mai 1810 bemerkt: „Durch die Fundation der katholischen Haupt= kirche und durch die Aufstellung einer Gymnasial= und Er= ziehungsanstalt, sind die Fonds bereits von so beträchtlichem Belang, daß wir es dieser uns gesetzlich auferlegten Obliegen= heit und den Eigentumsrechten der katholischen Korporation angemessen halten mußten, mit Aufstellung dieser Pflegschaft (Dekret vom 18. Mai 1805) nicht länger zu zögern. Da alles seinen Anfang hat, so werden wir für Ernennung dieser Pfleg= schaft das bereits für die Wahl der Kirchen=Administration be= stellte Wahlkolleg von 11 Mitgliedern bis auf die Zahl von neunzehn erweitern, in Zukunft aber demselben seine eigene Er= gänzung überlassen, damit wir den Eigentumsrechten dieser Korporation die gleiche Rechnung tragen, welche wir allem Eigentum zu tragen schuldig sind." Die Botschaft schließt: „Wir bezweckten, uns auszuweisen, daß wir, indem wir die katholische Korporation in die freie, doch immer den Fundations= zwecken entsprechende Verfügung über ihr Eigentum eingesetzt haben, doch zugleich einer künftigen, wohlgeordneten und ge= segneten Administration ihrer Anstalten unter der Oberaufsicht der Landesregierung möglichste Fürsehung taten." Auf Grund dieser Botschaft wurde der Beschluß des Kleinen Rates vom 10. Mai 1810 erlassen, beabsichtigend, „die katholische Korporation je nach den Fortschritten der Liquidation auch zum Dispositions= recht über ihr Eigentum, doch in den Schranken seiner Be= stimmung gelangen zu lassen." Er stellte für alle der katho=

lischen Korporation bereits ausgeschiedenen oder noch auszu-
scheidenden Kapital-Fonds eine aus neun Mitgliedern bestehende
katholische Pflegschaft auf, welche aus Kantonsbürgern katholischer Religion, die nicht Mitglieder des Kleinen Rates oder
des Gymnasial- und Kirchenrates sein durften, durch ein Wahlkollegium (19) ernannt wurden. Die Wahl des letztern stand
dem Kleinen Rate zu, wogegen sich das Kollegium bei Ab-
sterben oder Resignation eines Mitgliedes selbst zu ergänzen
hatte. Die Aufgabe der Pflegschaft war:

a) Die derselben übergebenen katholischen Korporations-
Fonds zu besorgen und gegen Entziehung oder Schmälerung
derselben zu wachen, ohne jedoch ein Dispositionsrecht weder
über die Kapitalien noch die davon abfallenden Zinse auszuüben.

b) Die aufgekündeten Kapitalien und die von den Anstalten an sie überantworteten vorgeschlagenen Gelder zu beziehen und ohne Versäumnis wieder auf doppelte Unterpfande
zinsbar anzulegen.

c) Die Rechnungen der Rechnungspflichtigen (Kuratel- und
Kirchenkommission) zu prüfen, zu genehmigen oder zurückzuweisen.

Sie wurde für verschuldeten Schaden verantwortlich gemacht und hatte jährlich dem Kleinen Rate Rechnung abzulegen, welche wiederum dem Großen Rat nebst Bericht über den
Bestand der Kapital-Fonds vorgelegt werden mußte. Diese
katholische Pflegschaft hatte demnach nur Verwaltungs- und
Aufsichts-, nicht aber Verfügungsrecht. Denn das Dispositionsrecht über die neu geschaffenen katholischen Schulfonde stand,
wie bereits erwähnt (S. 34) der Kuratel unter Aufsicht des
Gymnasial- und Kirchenrates zu, während es einer durch den
Beschluß vom 10. Mai 1810 geschaffenen, vom Gymnasial
und Kirchenrat ernannten Kirchenkommission oblag, für die
kirchlichen Bedürfnisse, für jene der Pfründen und des Alumnats
stiftungsgemäß über die Zinse der Fundationskapitalien zu verfügen, wobei sich der Gymnasial- und Kirchenrat ebenfalls zu
überzeugen hatte, ob die Ausgaben den Zwecken der Fundation
und den jederzeit bestehenden Anordnungen entsprachen.

Aus der Aufstellung dieses komplizierten Verwaltungsorganismus ist ersichtlich, daß es sich nicht um vorübergehende

Organisierung einer Administrationsbehörde handelte, etwa bis
zu dem Zeitpunkt, bis zu welchem „die katholischen oder gemeinsamen Schulanstalten errichtet oder die Verteilung der
Fonde an Primarschulen und Armenkassen vor sich gegangen
wären,"[1] sondern es tritt die deutliche Absicht zu Tage, das
Vermögen der katholischen Korporation als katholisches Zentral-
vermögen durch feststehende Verwaltungsbehörden administrieren
zu lassen. Diese Interpretation des Gesetzes vom 8. Mai 1805
und Dekretes vom 18. Mai 1805 ist nicht gerechtfertigt: denn
wenn darin auch von einer „katholischen Pflegschaft, die den
ganzen Fond verwalten soll" gesprochen wird, (S. 33) so lag
es deshalb nicht in der Tendenz des Staates, sich eine solche
stabile ökonomische Macht gegenüberzustellen. Eine erschöpfende
Verteilung der Hälfte des Korporationsvermögens an die
Schulen und Armen der Gemeinden ist nie erfolgt, der Art. 3
des Dekretes vom 18. Mai 1805 in diesem Sinne nie vollzogen[2] worden. Weit unrichtiger aber als die Ansamm-
lung der Vermögensteile ruhig mitanzusehen und staatlich
zu genehmigen, war die Art und Weise, wie dieselben verwaltet wurden. Anstatt eine katholische Pflegschaft zu organisieren, die als Staatsbehörde unter Aufsicht und Leitung des
Kleinen Rates die Verwaltungsangelegenheiten besorgte, wurde
eine konfessionelle Behörde geschaffen, die durch ein katholisches,
sich selbst ergänzendes Wahlkollegium ernannt werden sollte.
Wenn sich auch der Kleine Rat durch Beschluß vom 10. Mai

---

[1] Siehe das Dekret vom 18. Mai 1805 (S. 38).

[2] Die Bestimmungen des Gesetzes vom 8. Mai 1805 und Dekretes vom
18. Mai 1805 fanden im Jahre 1834 teilweise eine gesetzliche Erledigung, indem
durch Beschluß des katholischen Großrats-Kollegiums vom 5. September 1834
250,000 fl für bessere Fondierung der katholischen Primarschulen aus dem allgemeinen katholischen Fond verabfolgt wurden. Vergl. Beschluß des katholischen
Großrats-Kollegiums vom 16. Februar 1835. G. S. 1803—1839 S. 404 und
Beschluß des katholischen Großrats-Kollegiums vom 27. Februar 1835. G. S.
1803—1839. S. 406.
Ferner wurden durch Beschluß des katholischen Großrats-Kollegiums vom
14. Februar 1834 50,000 fl zur bessern Dotierung der zu gering fundierten
geistlichen Pfründen aus dem katholischen Korporationsvermögen ausgeschieden.
Vergl. Verordnung des katholischen Großrats-Kollegiums vom 6. November 1834.
G. S. 1803—1839. S. 326.

1810 (Art. 7) die unmittelbare Aufsicht, sowohl über die Pflege und Verwaltung der Fonde, als über die fundationsmäßige Administration der Anstalten von landesregierungswegen, vorbehalten hatte, so war die tatsächliche Gewalt doch aus der Hand und bei einer Kollision der staatlichen und konfessionellen Interessen die Wahrscheinlichkeit gegeben, daß eine solche katholische Behörde in erster Linie die Vorteile ihrer Konfession selbst auf Kosten des Staates, nachsuchen werde. Zudem lag durch diese Neubildung die Gefahr vor, das korporative Gefühl der Katholiken durch engherzige Abgeschlossenheit zu vermehren und dahin zu trachten, diesen katholischen Verwaltungsbehörden eine möglichst große Selbständigkeit zu verleihen und den staatlichen Einfluß bis zur gänzlichen Unwirksamkeit zurückzudrängen.

Die in der Botschaft des Kleinen Rates (S. 35) ausgesprochene Ansicht, den Eigentumsrechten der katholischen Korporation die gleiche Rechnung zu tragen, welche zu tragen man allem Eigentum schuldig sei, war eben eine unrichtige, da es sich um eine ökonomische Macht handelte, welche geeignet erschien, mit derjenigen des Staates zu konkurrieren, und weil diese ökonomische Macht den Angehörigen einer Kirche zustand, welche sich gemäß ihrer Verfassung über das rein kirchliche Gebiet hinauszubewegen sucht und die ihr vom Staate gezogenen Grenzen prinzipiell negiert.

III. Schließlich zeigte der Beschluß vom 10. Mai 1810 die ersten Spuren von Behörden, welchen Rechte übertragen wurden, die zum Teil den rein kirchlichen, zum Teil ausschließlich den staatlichen Behörden anheimgegeben werden sollten.

Durch den Beschluß vom 10. Mai 1810 wurde ein Gymnasial- und Kirchenrat aufgestellt, welcher aus vier vom Kleinen Rat ernannten katholischen Kantonsbürgern und den drei Kuratoren (Siehe S. 33.) bestehen und sich in der Folge selbst ergänzen sollte, doch so, daß zwei katholische Mitglieder des Kleinen Rates auch notwendig Mitglieder dieses Rates sein mußten. Der Gymnasial- und Kirchenrat wählte die Kuratel und eine aus drei Mitgliedern zusammengesetzte Kirchenkommission so aus seiner Mitte, daß der Präsident der Kuratel und jener der Kirchenkommission Mitglieder des Kleinen Rates waren. Er hatte die Rechnungen der beiden Kommissionen zu prüfen Kirchenpolizeiverordnungen[1]) zu erlassen und die ihm als saumselig verzeigten geistlichen und weltlichen[2]) Angestellten zur Ordnung zu weisen oder dem Kleinen Rat zur Zurechtweisung oder Bestrafung zu verzeigen. Er wachte, daß die Ausgaben der Kuratel- und Kirchenkommission den Zwecken der Fundation und den jederzeit bestehenden Anordnungen entsprachen, untersuchte zu diesem Ende die Rechnungen der Verwalter, bevor dieselben der Pflegschaft vorgelegt wurden und beurteilte dieselben abschließlich in Hinsicht auf die Befugnis der in denselben vorkommenden Verfügungen.

Die Kirchenkommission handhabte die aufgestellte Kirchenpolizei- und Gottesdienstordnung, besorgte und beaufsichtigte die Kirchen- und Pfrundgebäude und verfügte für die kirchlichen Bedürfnisse, für jene der Pfründen und des Alumnats stiftungsmäßig über die Zinse der Fundationskapitalien. Ueberstiegen die außerordentlichen Ausgaben 200 fl., so hatte sie sich um Ermächtigung oder Verfügung zu dieser Ausgabe an den Gymnasial- und Kirchenrat zu wenden. Der Kirchenkommission waren die bei der Kirche und dem Alumnat angestellten Geistlichen, der Verwalter und das gesamte zur kirchlichen Anstalt gehörige Personale unmittelbar unterworfen; eine Strafkompetenz wurde ihr nicht zugesprochen, sondern sie hatte die Saumseligen dem Gymnasial- und Kirchenrat zu verzeigen; sie bestellte die Kirchendiener und die Kirchenmusik, wobei die Professur der Tonkunst und die Organistenstelle in einer Person vereinigt werden konnten. Aus diesen Bestimmungen geht eine innige Verschmelzung der Interessen von Schule und Kirche und eine unklare Verquickung staatlicher und konfessioneller Rechte hervor.

Den definitiven Abschluß erreichten die Verhältnisse, welche sich aus der Liquidation des Stiftsgutes ergaben, durch das Dekret vom 30. Januar 1813.

---

[1]) Der Erlaß von Kirchenpolizeiverordnungen ist ein der Staatsgewalt inhärierendes Recht.

[2]) Die speziellen Befugnisse gegenüber der Gymnasialanstalt sind S. 34 erwähnt.

Das Dekret wurde vom Kleinen Rat erlassen, in Erwägung, daß auf die bereits vollendete Vereinigung der stiftisch st. gallischen Massa entschieden und bestimmt werden müsse, wer künftighin über das katholische Eigentum verfügen und wie dasselbe, sowie die katholischen Angelegenheiten besorgt werden sollten.

Als katholisches Eigentum und Angelegenheiten[1] wurden bezeichnet:

a) die st. gallische Stifts- und Hauptkirche,
b) das damit verbundene Alumnat,
c) das Seminarium und das theologische Studium,
d) die Gymnasial- und Lyzealanstalten,
e) die stiftisch st. gallische Bibliothek,
f) die Fonds obiger Anstalten,
g) der Stiftsfond von Schänis,[2]
h) der katholisch geistliche Pensionsfond,
i) die zugeteilten Waldungen und die freie Benutzung der Steinbrüche, nach dem Dekret vom 9. Dezember 1808,
k) jeder andere Fond, welcher in Zukunft der Katholizität anheimfiel.

Diese Fonde durften unter sich nicht vermischt oder geschmälert und nur zu den vorgeschriebenen stiftungsgemäßen Zwecken verwendet werden. Für Verwaltung und Sicherung derselben blieb die im Jahre 1810 geschaffene katholische Pflegschaft mit den nämlichen Kompetenzen bestehen; jedoch wurde sie zu einer jährlichen Rechnungsablage an den Kleinen Rat nominell nicht mehr verpflichtet. Das Wahlkollegium, das ebenfalls in gleicher Weise wie 1810 beibehalten wurde, hatte aber neben der Pflegschaft einen Administrationsrat von dreizehn Mitgliedern katholischer Religion zu ernennen, wovon der

---

[1] Es ist sehr kennzeichnend für die vorgeschrittene Trennung, daß bereits von besondern „katholischen Angelegenheiten" im Dekret die Rede ist.

[2] Das Frauenstift Schänis war durch Beschluß des Großen Rates vom 8. Mai 1811 aufgehoben worden. Sein Vermögen wurde nach Abzug von 33,000 fl zu Gunsten des Staates als Eigentum der katholischen Religionspartei erklärt. Dieses Vermögen sollte: a) zur Pensionierung der Stiftsdamen, b) zur Errichtung eines theologischen Studiums, c) zur Unterstützung unvermögender und verdienter Kuratgeistlicher verwendet werden. Siehe G. S. 1803—1839. S. 1319.

Präsident immer ein katholisches Mitglied des Kleinen Rates
sein mußte. Dieser Administrationsrat übte über alle vorbe
merkte Anstalten und Fonds[1] das Einrichtungs-, Leitungs-
und Verfügungsrecht aus. Er ernannte sich seinen Präsidenten
und gab sich selbst seine innere Organisation.

Alle frühern, über Verwaltung der Fonde und Anstalten
aufgestellten Normen wurden mit diesem Dekret zurückgezogen.
Durch die Organisierung dieses Administrationsrates, welche
in erster Linie dem Bedürfnis entsprungen war, eine einheitliche ökonomische Verwaltungsbehörde mit Dispositionsrecht
zu erhalten, trat zum erstenmal der Gedanke auf, eine zwischen
Staat und Kirche stehende Behörde zu schaffen, welcher neben
diesen Verwaltungsbefugnissen auch andere Angelegenheiten des
katholischen Konfessionsteils übertragen werden sollten. Diese
Idee fand sofort ihre Verwirklichung in dem Kollaturgesetz vom
30. Januar 1813, dessen Art. 2 lautete: die Ausübung der
katholischen Kollaturrechte, welche bis anhin der Kleine Rat
besorgte, wird für die Zukunft dem durch das heutige Dekret
aufgestellten Administrationsrate übertragen. Durch diese Uebergabe einer landesherrlichen Befugnis hatte der Staat selbst den
Charakter des Administrationsrates geändert und ihm die
Besorgung einer gemischten Angelegenheit übertragen, welche
geeignet erschien, seine Selbständigkeit noch bedeutend zu erhöhen. In dem Dekrete vom 30. Januar 1813 war es der
katholischen Korporation bereits gelungen, eine weitgehende
Ordnungsgewalt über ihre Verhältnisse zu erzielen, denn das
Kontrollierungsrecht des Staates war in dem einzigen Satz
enthalten: „Dem Kleinen Rat bleibt jene unmittelbare Auf
sicht über vorbemeldete Anstalten vorbehalten, welche ihm von
landesregierungswegen zukommt,“ eine Befugnis, die bei restrik
tiver Interpretation zu einer unwirksamen Formalität werden
mußte.

Durch diese Entwicklung haben wir nachgewiesen, daß die
katholische Korporation innerhalb 8 Jahren (1805—13) ein

---

[1] Im Jahre 1813 ergab sich ein Aktivsaldo an Kapitalien und Liegenschaften von 837,590 fl. zu Handen des katholischen Administrationsrates Baumgartner a. a. O. II. S. 256.

autonomisches Verfügungsrecht über die aus der Stiftsliquidation hervorgegangenen Fonds und Anstalten errungen hatte und auch die aus der Verwaltung dieser Fonde und Anstalten sich ergebenden Angelegenheiten gemischter Natur nebst den Kollatur- rechten einer durch Konfessionsgenossen gewählten Behörde zum größten Teil übertragen worden waren. Als staatliche Schranken waren die aus der Landesherrlichkeit fließenden Rechte allge- mein vorbehalten. Es ist einleuchtend, daß in einem Lande, dessen historische Vergangenheit die konfessionellen Gegensätze in solcher Schärfe aufweist, wie dies im Kanton St. Gallen der Fall ist, ein Konfessionsteil sein ökonomisches Uebergewicht nicht zu Gunsten einer andern Religionsgenossenschaft geltend machen will, sondern vielmehr bestrebt sein wird, auf allen Gebieten, welche mit diesen Verwaltungsbefugnissen in Be- rührung treten, seine Selbständigkeit zu wahren und die Sphäre seiner Ordnungsgewalt mit aller Energie auszudehnen. Dieses hätte nur dann vollständig erreicht werden können, wenn der Konfession innerhalb des ganzen Bereichs der gemischten An- gelegenheiten ein autonomisches Gesetzgebungsrecht eingeräumt und die Kirchenhoheit des Staates in dieser Weise zurückge- drängt worden wäre. Diesen Zustand hat das Jahr 1814 geschaffen.

Zweiter Abschnitt.

Von der Kantonsverfassung von 1814 bis zur Kantonsverfassung von 1831.

Erstes Kapitel.

Kantonale und eidgenöss. Konstitutionen.

§ 1.

Die Kantonsverfassung von 1814.

Die großen politischen Ereignisse des Jahres 1814, welche die Loslösung der Schweiz vom französischen Drucke zur Folge hatten, und zur Aufhebung der Mediationsakte führten, der drohende staatliche Zerfall des Kantons St. Gallen und das stets wachsende Begehren der Religionsparteien nach konfessioneller Selbständigkeit, waren die Grundelemente, welche eine Verfassungsrevision wünschbar machten. Auch lag es in der Politik der noch im Kanton bestehenden Klosterpartei, auf diese Weise etwas zu Gunsten des Stifts bewirken zu können. Die am 16. Juni 1814 vom Großen Rate gewählte Verfassungskommission arbeitete einen Entwurf aus, über welchen das Gutachten der fremden Gesandten in Zürich eingeholt[1]) und nach mehrfachen Abänderungen in ihrem Sinne, am 31. August 1814 vom Großen Rate mit gänzlichem Ausschluß des Volkes die Genehmigung ausgesprochen wurde. Von 73 Anwesenden stimmten 12 Katholiken dagegen.

Der erste Artikel der K.-B. sicherte die freie und uneingeschränkte Ausübung des katholischen und evangelischen Glaubensbekenntnisses und Gottesdienstes und Art. 2 bestimmte: „Jede Religions Partei besorgt gesöndert unter der höhern Aufsicht

---

[1]) Vergl. Dierauer a. a. O. S. 328.

und Sanktion des Staates, ihre religiösen, matrimoniellen, kirchlichen und klösterlichen Verwaltungs- und Erziehungsange legenheiten.[1]) Das Gesetz wird diese Aufsicht[2]) bestimmen und die Fälle für die Sanktion festsetzen.

Staatsrechtlich ausgedrückt normierte dieser Art. 2: die religiösen, matrimoniellen, kirchlichen und klösterlichen Ver waltungs- und Erziehungsangelegenheiten werden nicht mehr, wie in der Mediationszeit, durch einseitige staatliche Maßnahmen und Vereinbarungen zwischen Kirche (bezw. Konfession) und Staat geregelt, sondern es wird den beiden Religionsparteien auf diesen Gebieten eine selbständige Autonomie eingeräumt und in dieser Sphäre üben die katholische und evangelische Korporation ein der Staatsgewalt ähnliches, selbständiges Gesetzgebungsrecht aus. Dagegen ist der Staat befugt, die Grenzen dieser Ordnungsgewalt zu umschreiben, innerhalb welcher die konfessionellen und kirchlichen Verfügungen verbind liche Rechtsgültigkeit erlangen können und ebenso ist der Staat berechtigt, das aus der Landesherrlichkeit fließende Oberauf sichtsrecht[3]) durch gesetzliche Normen näher festzustellen. Sind diese gesetzlichen Bestimmungen erlassen und die Grenzen zwischen Staat und Kirche (resp. Konfession) angegeben, soweit über haupt eine definitive Grenze zwischen Staat und Kirche ge zogen werden kann, so sind Staat und Konfession verpflichtet, diese Limiten einzuhalten und der Staat ist nicht befugt, die

---

[1]) Der gemeinsame Erziehungsrat der Mediationszeit löste sich im Jahre 1816 auf. Ein Bericht des gemischten Erziehungsrates vom 3. Juli 1816 hob das treffliche Zusammenwirken der Konfessionen hervor

[2]) In dem von der Revisionskommission vorgeschlagenen Artikel war sogar dieses staatliche Aufsichtsrecht fallen gelassen. Er lautete: Jede Religionspartei besorgt gesondert ihre religiösen, matrimoniellen, kirchlichen und klösterlichen Ver waltungs- und Erziehungsangelegenheiten nach den Vorschriften der bereits be stehenden und noch zu errichtenden Gesetze. — Nach der von den fremden Ministern beantragten Fassung sollte diese Besorgung unter die Aufsicht und Sanktion der Regierung gestellt werden. Baumgartner a. a. O. II. S. 339

[3]) Die Botschaft des Regierungsrates vom 1. Juni 1874 (S. 403) sagt darüber: Das Aufsichts- und Sanktionsrecht des Staates ist das Hoheitsrecht der Kenntnisnahme, des Einspruchs und der Verhinderung gegen solche Akte des Kirchen- und konfessionellen Regimentes, welche die Ruhe, die Sicherheit, das Gemeinwohl, die Verfassung und Gesetze des Staates und dessen wesentliche Zwecke gefährden

den Korporationen verliehenen Hoheitsrechte[1]) in irgend einer
Weise zu schmälern, so lange diese Hoheitsrechte verfassungsmäßig auf die Religionsparteien übertragen bleiben. Damit
ist die von der katholischen Konfession angestrebte und durch
die unkorrekte Ausführung[2]) des Gesetzes vom 8. Mai 1805
und Dekretes vom 18. Mai 1805 begründete, konfessionelle
Trennung im Kanton St. Gallen ausgesprochen. Diese Scheidung,
nebst der Uebertragung der Autonomie suchte man 1814 rechtlich dahin zu begründen, daß die Konfessionen nicht verpflichtet werden könnten, ihre Organisationen und die Regelung
der Angelegenheiten gemischter Natur aus der Hand einer paritätischen Behörde zu empfangen. Die damalige Zeit sah eben
im Kleinen Rate nicht eine rein staatliche Institution, sondern
eine aus Katholiken und Protestanten gemischte Oberbehörde.
Den großen staatsrechtlichen Fehler, den man dabei beging,
daß der Staat überhaupt Hoheitsrechte aus der Hand gab, deren
Ausübung allein ihm zugestanden hätte, und daß damit gleichsam ein Staat im Staate geschaffen wurde, der den Kanton in
seiner freien Aktion hindern mußte, wollten damals die Wenigsten
einsehen. Er hat sich denn auch so tief in das st. gallische Volk
hineingewachsen, daß selbst die K.-V. von 1890 sich seiner nicht
völlig erwehren konnte.

Wie die K.-V. von 1803, so setzte sich auch die K.-V.
von 1814 zu andern Religionsgenossenschaften[3]) in kein Ver-

---

[1]) So standen von nun an die Hauptinstitutionen des Staates in keinem
unmittelbaren Verhältnis mehr zu den Staatsbehörden. Die Volkserziehung,
die höhern Schulen, das Klosterwesen, die Matrimonialgesetzgebung, die Präbenden
und ihre Admissionen, das Kollatur- und Abberufungsrecht und was damit zusammen-
hängt, fiel nun außer dem Bereich der Landesregierung. Hungerbühler a. a. O. S. 519.

[2]) Siehe 1. Abschnitt, 2. Kapitel.

[3]) Gegen die Angehörigen der jüdischen Religion wurden durch eine Ver-
ordnung des Kleinen Rates vom 15. Mai 1818 besondere einschränkende Be-
stimmungen erlassen. Die Niederlassung wurde ihnen nicht gewährt und selbst
bei zeitweisem Aufenthalte hatten sie die Bewilligung der Polizei nachzusuchen.
Ohne Genehmigung der Ortspolizeibehörden war ihnen verboten, Magazine oder
Zimmer zu Warenlager zu mieten oder in Privathäusern Herberge zu nehmen.
Sie wurden bei Strafe von 32 Fr. auf die Tavernenwirtshäuser angewiesen.
G. S. 1803—1839. S. 1200. Vergleiche dazu: Offizielle Note des französischen
Botschafters betreffend die Niederlassung französischer Juden in der Schweiz vom
7. August 1826. Offizielle Sammlung der das schweiz. Staatsrecht betreffenden
Aktenstücke (1838 B. II. S. 574).

hältnis und gewährleistete weder die allgemeine Glaubens= noch
Gewissensfreiheit. Die territoriale und politische Einteilung
des Kantons blieb dieselbe wie unter der frühern Verfassung.
Für jede Ortsgemeinde[1] und in derselben für jeden Religions=
teil, der ein besonderes Eigentum besaß, wurde ein eigener
Verwaltungsrat aufgestellt, welcher von den Anteilhabern der
Genossenschaft gewählt wurde. Ganz im Gegensatz zu der 1803
vorherrschenden Tendenz, die staatlichen und kirchlichen Interessen
auseinander zu halten, führte die K. V. von 1814 detaillierte
Bestimmungen[2] über die Paritätsverhältnisse der staatlichen
Behörden ein. Die Gerichtsbestimmungen verlangten, daß in
den gemischten Bezirken (Obertoggenburg, Untertoggenburg,
Rheintal und Sargans) die Bezirksgerichte aus derjenigen „Reli=
gionspartei“, welche die Mehrzahl hatte, ein Mitglied mehr erhal=
ten sollten, als aus der andern. In den paritätischen Gemeinden
und Kreisen der vier obigen Bezirke, sollte die Besetzung der Kreis=
gerichte, der Gemeinderäte und gemeinsamen Verwaltungsräte
zur Hälfte von jedem Religionsteil stattfinden; das der Zahl
nach ungerade Mitglied fiel dem stärkern Religionsteil zu.
In den paritätischen Gemeinde= und Verwaltungsbehörden
mußte die Präsidentenstelle unter den beiden Religionsbekennt=
nissen wechseln und in den Bezirks= und Kreisgerichten, in
den Gemeinde= und Verwaltungsräten sollten die Sekretäre in
Parität mit den Präsidenten gestellt werden. Der Große Rat,
dessen Stellung zu der Regierung dahin verändert wurde, daß
er ein beschränktes Initiativrecht erhielt, wählte nach K.=V.[3]
zwei Standeshäupter, welche den beiden Konfessionen ange=
hören und den Titel Landammann führen sollten. Sie blieben
zwei Jahre im Amte, wobei jeder für ein Jahr die Präsidenten=
stelle im Großen und Kleinen Rate zugleich bekleidete. Die
Mitglieder des Großen Rates, welche durch ein unnatürliches
Wahlsystem in drei Reihenfolgen,[4] teils mittelbar, teils un=
mittelbar vom Volke ernannt wurden, zerfielen in 88 Katho=

---

[1] Art. 15.
[2] Titel V. Grundsätze über Religions=Parität. Art. 28—32.
[3] Art. 22.
[4] Art. 37.

liken und 66 Protestanten, welche Ziffern nach der K.=V. unab=
änderlich festgehalten werden mußten. Im Kleinen Rat und im
Appellationsgericht erhielt die stärkere Religionspartei (katholische) ein Mitglied mehr als die andere[1])

Es ist außerordentlich auffallend, wie sehr sich in einem
Zeitraum von elf Jahren (1803—1814) die Anschauungen im
Kanton St. Gallen geändert haben, indem die neue K.=V. den
ganzen staatlichen Organismus auf eine konfessionelle Basis
stellte. Eine Erklärung läßt sich nur darin finden, daß sich der
katholische Religionsteil mit dem erwachten Ringen nach konfessioneller Selbständigkeit zu deren wirksameren Durchführung
einen direkten Einfluß im Staatskörper zu verschaffen suchte,
um damit sein Uebergewicht am vorteilhaftesten gegenüber den
Protestanten geltend machen zu können. Der junge, aus so
verschiedenartigen Elementen zusammengeschweißte Kanton, hatte
nicht die Kraft, diesem Ansinnen erfolgreich entgegenzutreten.
Das Volk nahm die neue K. V. größtenteils mit Widerwillen
entgegen, welcher sich äußerlich in Trennungsgelüsten einiger
Bezirke vom Kanton St. Gallen zeigte, so daß die schweizerische
Tagsatzung angerufen werden mußte und sich in der Versagung
der Wahlen äußerte, so daß ein verfassungsmäßiger Großer Rat
erst am 22. März 1815 zusammentreten konnte.

§ 2.

Das konfessionelle Gesetz vom 3. April 1816.

Am 3. April 1816 wurde vom Großen Rate auf Grund
des Art. 2 K.=V. das erste konfessionelle Gesetz[2]) des Kantons
St. Gallen erlassen. Dasselbe bestimmte:

Jeder Religionsteil entwirft seine besondere Organisation
zur Besorgung jener Gegenstände, welche demselben durch den
zweiten Artikel der K.=V. angewiesen sind. Zur Entwerfung
der Organisation söndern sich die Mitglieder des Großen Rates

---

[1]) Art. 30.
[2]) Gesetz vom 3. April 1816 über die Besorgung der gesönderten Angelegenheiten beider Konfessionen.

nach den Bekenntnissen. Diese bilden auch die Wahlkorps der in der Organisation zu bezeichnenden Behörden ihres Bekenntnisses. Die Rechnungen dieser Behörden müssen ihnen zur Ratifikation vorgelegt werden. Einseitig können sie aber keine dem Staate reservierte hoheitliche Rechte ausüben. Den Behörden beider Religionsteile ist jede unmittelbare Verbindung mit auswärtigen Behörden untersagt, mit Ausnahme der ökonomischen und Konsistorial-Gegenstände, welche sie auch mit auswärtigem und der religiösen und kirchlichen Angelegenheiten, welche sie mit jeden geistlichen Behörden unmittelbar behandeln mögen. In der Verpflichtung der Behörden eines jeden Religionsteiles liegt die Fürsorge, daß die Kirchen-, Pfrund- und Schulgüter erhalten und ihrem Zwecke gemäß verwendet werden. Die Matrimonial-Sachen, und alle von daher rührenden Forderungen und Entschädigungen, sowie die Entscheidung über Gültigkeit der Eheversprechen, sind jedem Religionsteil nach seinen kirchlichen Grundsätzen zu besorgen überlassen. Die Leitung des Schul- und Erziehungswesens für den ganzen Kanton wird jeglichem Religionsteil gesondert übertragen, der durch Aufstellung eines Erziehungsrates dieselbe ausüben wird. Zur Unterstützung des Erziehungswesens werden jeglichem Religionsteil alljährlich 2000 fl. aus der Staatskasse beigetragen und der bestehende Erziehungsfond soll unter beide Religionsteile zu gleichen Teilen geteilt werden.

Die gesönderten Großrats-Versammlungen werden von dem Landammann ihrer Konfession präsidiert und von diesem so oft zusammengerufen, als dies in der Organisation vorgesehen ist.

In diesen Sätzen war die Autonomie der Konfessionen nach Art. 2 K.-V. näher fixiert und eine Behörde organisiert, welche die konfessionelle Gesetzgebung betätigen sollte, nämlich die durch itio in partes des Großen Rates sich ergebende Versammlung der katholischen und evangelischen Mitglieder. Damit war eine zwischen Staat und Kirche stehende, konstituierende Behörde geschaffen, welche wir weder als eine staatliche, noch als eine kirchliche bezeichnen können. Staatlichen Charakter trug sie nicht, weil sie im Sinne des Gesetzes in erster Linie keine staatlichen Funktionen[1]) ausübte, sondern Funktionen, die eben nach Art. 2 K.-V. der Ordnungsgewalt der Konfessionen anheimgegeben worden waren. Als kirchliche Behörde läßt sie sich nicht darstellen, weil sie nicht von den Kirchgenossen der Religionsteile ernannt wurde, vielmehr aus dem Wahlergebnis der Gesamtbevölkerung (also zum Teil der Vertreter des andern Religionsbekenntnisses) hervorging und weil ihr durch das Gesetz vom 3. April 1816 durchaus keine rein kirchlichen Gegenstände zur Besorgung übergeben wurden. Letztere dem Groß rats-Kollegium zu übertragen, wäre der Staat gegenüber der katholischen Kirche nicht befugt gewesen, weil dies ihrer Kirchenverfassung widersprochen hätte, dagegen wäre dem Staat die Berechtigung zugestanden, das evangelische Großrats Kollegium mit der Aufstellung einer Kirchenverfassung (also auch für die jura in sacra) zu betrauen. Hieraus ergibt sich sofort der grundlegende Unterschied im Charakter der beiden Großrats-Kollegien. Beide repräsentieren in erster Linie ihre Korporation, weil sie berufen sind, die der katholischen, resp. evangelischen Konfession zugeschiedenen Rechte zu betätigen und sind demnach am richtigsten als konfessionelle Behörden zu bezeichnen. Während sich aber das katholische Großrats Kollegium darauf beschränken mußte, sich eine Organisation zu geben, welche nur Angelegenheiten nicht rein kirchlicher[2]) Natur (keine jura in sacra) umfaßte, so konnte das evangelische Großrats Kollegium gemäß der evangelischen Kirchenverfassung auch die jura in sacra (neben den jura circa sacra) ordnen und mußte sich somit, trotz des interkonfessionellen Wahlmodus als konfessionelle und

---

[1]) In Wirklichkeit übte sie freilich auch staatliche Funktionen, weil ihr der Staat die Ausübung einer Anzahl seiner Hoheitsrechte übertragen hatte.

[2]) Die Botschaft des Regierungsrates vom 1. Juni 1874 bezeichnet als Angelegenheiten gemischter Natur: Gegenstände, welche zwar kirchlich sind, aber die Religion und das Glaubensbekenntnis und den Kultus nicht wesentlich betreffen und zugleich irgend eine Beziehung auf den Staat und das weltliche Wohl der Einwohner desselben haben; z. B. Circumscription von Kirchenbezirken (Diözesen, Parochien), bistümliche Einrichtungen, die Vorbildung der Geistlichen, die Beaufsichtigung der Lehranstalten derselben, die Pfründbesetzungen und Entsetzungen, das Kollaturwesen, kirchliche Taxen und Gebühren, Klöster und klösterliche Angelegenheiten u. dergl. Amtsblatt 1874 S. 403.

kirchliche Behörde in einer Person qualifizieren. Wie diese
Frage tatsächlich gelöst wurde, wird die „Organisation des
evangelischen Konfessionsteils" (S. 58 ff.) zeigen.

Die Aufstellung von „Mittelbehörden" überhaupt war also
nur eine klare Vollziehung des Art. 2 K.-V. und in ihr kann
kein zweiter staatsrechtlicher Fehler erblickt werden. Denn wenn
der Staat den Konfessionen ein selbständiges Gesetzgebungsrecht
einräumt, so muß er auch die Behörde[1]) bezeichnen, welche zur
Festsetzung dieser Normen befugt ist oder dieselbe einer von der
Konfession frei gewählten Versammlung überlassen. Die Un-
richtigkeit lag vielmehr darin, einer staatlichen Behörde (dem
geteilten Großen Rat) zugleich konfessionellen Charakter zu
verleihen und das einzelne Mitglied zugleich zum Vertreter
seiner Konfession und des Staates zu stempeln und es ist ein
staatsrechtliches Unding, diejenigen Personen, welche beauftragt
sind, als Vertreter ihrer Konfession die konfessionellen und
kirchlichen Interessen zu wahren, auch als Delegierte des Staates
mit der Ausübung der Kirchenhoheit und der Aufrechthaltung
der Grenzen zwischen Staat und Kirche zu betrauen[2]) Das
Gesetz vom 3. April 1816 kann demnach nicht als eine Norm
aufgefaßt werden, welche die Verhältnisse zwischen Staat und
Kirche regelte, sondern vielmehr dasjenige, zwischen dem Staat

---

[1]) Die Botschaft des Regierungsrates vom 1. Juni 1874 sagt über Art. 2
K.-V. und die Aufstellung der konfessionellen Behörden: Der Kardinalfehler, den
man hier beging, lag darin, daß man das wirkliche Recht der evangelischen
Kirche, sich selbst die Kirchenverfassung zu geben und die rein kirchlichen Dinge,
wie die Katholiken, ausschließlich zu besorgen, mit einem vermeintlichen Recht des
corpus catholicum, die konfessionellen Angelegenheiten gemischter Natur an der
Stelle der Landesregierung zu verwalten, parallel behandelt, das letztere mit dem
erstern auf gleiche Stufe gestellt, dieselben gegeneinander zum Nachteil der Staatshoheit verwertet und zum Gegenstand des Kompromisses gemacht hat. Amtsblatt
1874 S. 413   Dabei übersieht die Botschaft, daß es dem corpus evangelicum
nicht nur zustand, sich eine Kirchenverfassung zu geben, sondern ebenfalls die Angelegenheiten gemischter Natur selbständig zu ordnen. In dieser Beziehung war
die Behandlung der beiden Kirchen nicht nur scheinbar eine parallele.

[2]) Die Unkorrektheit gipfelte in der Tatsache, daß in der vollziehenden konfessionellen Behörde, dem katholischen Administrationsrate, zuweilen vier Mitglieder des Kleinen Rates saßen. Eine gewissenhafte, objektive Verwaltung ihres
staatlichen Amtes mußte dadurch zur Unmöglichkeit werden. Dieser staatsrechtliche Fehler ist durch Art 126 der K.-V. von 1831 gehoben worden

und diesen konfessionellen Korporationen und wir haben seit diesem Jahre im Kanton St. Gallen staatsrechtlich drei Gewalten zu unterscheiden: Staat, Konfession und Kirche, eine Dreiteilung, die bei der evangelischen Kirche in Wirklichkeit verschwindet.

Die Hoheitsrechte des Staates gegenüber den Konfessionen und der Kirche sind im Gesetz vom 3. April 1816 durch folgende Bestimmungen statuiert:

1. Durch das Sanktionsrecht:

a) Für die konfessionellen Organisationen.

Diese waren so zu entwerfen, daß jeder Religionsteil eine Kommission ernannte, welche sich mit dem Entwurfe derselben befaßte und diesen, nachdem ihn der Kleine Rat eingesehen und erklärt hatte, daß er keine Schmälerung der dem Staate vorbehaltenen Rechte in demselben vorfinde, dem konfessionellen Großrats-Kollegium des betreffenden Religionsteils vorlegte. Dieses bereinigte und genehmigte den Entwurf, übergab ihn abermals dem Kleinen Rat, welcher ihn ohne Abänderung dem Großen Rat zu Erteilung der hoheitlichen Sanktion übergeben sollte. Es ist im Gesetz nicht näher ausgedrückt, unter welchen Verhältnissen der Große Rat seine Genehmigung zu erteilen hatte und es kann nur nach Analogie gefolgert werden, daß dieselbe dann erfolgen mußte, wenn keine Schmälerung staatlicher Rechte nachgewiesen werden konnte; auch durfte nach Art. 1 K.-V. die freie und uneingeschränkte Ausübung des katholischen und evangelischen Glaubensbekenntnisses und Gottesdienstes nicht beeinträchtigt sein. Die Revision und alle Abänderungen der Organisation unterlagen ebenfalls der Sanktion des Großen Rates.

b) Für allgemeine Verordnungen und dergl.

Art. 4 des Gesetzes bestimmte: der gesetzlichen Sanktion des Staates unterliegen alle allgemeinen Verordnungen eines Religionsteils und auf dem gleichen Pfade erteilt der Große Rat den Konsens zu Einführung[1]) bischöflicher und geistlicher

---

[1]) Nach einem Gesetz vom 21. Juni 1816 wurden die Bistumsunterhandlungen zum Gegenstand gemeinsamen Einschreitens gemacht, indem sich der Staat dabei durch einen Deputierten vertreten lassen konnte. Diesem stand bei Schmälerung hoheitlicher Rechte ein negatives Gutheißungsrecht zu

Jurisdiktionaleinrichtungen beider Konfessionen und zu jeder
in dem Klosterwesen vorzunehmenden Veränderung, jedoch der
Ausübung rein bischöflicher, synodalisch und kirchenrätlichen
Rechte uneingegriffen. Insofern letztere Erlasse der staatlichen
Genehmigung unterlagen, konnte der Große Rat die Ausübung
dieses Plazetierungsrechtes dem Kleinen Rat übertragen.

Auch die Verordnungen und Gesetze in Matrimonialsachen
(wenn sie nicht ausschließlich in bischöflicher Kompetenz lagen)
waren dem Kleinen Rat zur Prüfung mitzuteilen und nach
dessen Zustimmung unabgeändert dem Großen Rat zur Sanktion
vorzulegen. Schließlich unterlagen alle Anordnungen auf dem
Gebiete des Erziehungswesens der Gutheißung des Staates.

c) Für Pfrundbesetzungen.

In Art. 8 des Gesetzes wahrte sich der Staat „die Konfirmation in Kollaturfachen." Unter welchen Umständen das
Plazet zu erteilen oder zu verfagen war, drückt das Gesetz
nicht aus.

2. Durch das Rekursrecht.

Alle Klagen der besondern Religionsteile über Mißbrauch
oder Ueberschreitung der Gewalten konnten beim Kleinen Rate
eingeleitet werden, welcher das Geschäft in das verfassungsmäßige Geleise zurückweisen sollte und an den Richter, „was
in fein Amt einschlug." Damit war der recursus ab abusu
nominell festgestellt und für Jedermann der staatliche Rechtsschutz gewährt. Auch wurde aus dem Titel der „höchsten Aufsicht über Verwaltungsgegenstände" dem Staat ein Einschreiten
dann ermöglicht, wenn begründete Klagen über stiftungswidrige
Verwendung oder über Abnahme der Korporationsfonds ein-
gebracht wurden.

Ein, die Ziele und das Wesen des Staates durchaus ver-
kennender Artikel (10), gebot dem Kleinen Rat, sein brachium
seculare dann zur Verfügung zu stellen, wenn Streitigkeiten
zwischen Korporationen beider Religionsteile über religiöse und
kirchliche Gegenstände herrschten. Ein Gesetz[1]) vom 20. Juni

---

[1]) Gesetz vom 20. Juni 1816 über Behandlung der Streitigkeiten zwischen
Korporationen beider Religionsteile über religiöse und kirchliche Gegenstände.

1816 bestimmte des Nähern, daß, wenn die versuchte Vermitt=
lung des Kleinen Rates nicht zur Befriedigung der Parteien
ausgefallen sei, ebensowenig wie diejenige eines von den Par=
teien bestellten Schiedsgerichtes, die Regierung zur Ernennung
eines Obmannes schreiten solle, der ein Mitglied des Kleinen
oder Großen Rates oder des Appellationsgerichtes sein mußte.
Das durch das Schiedsgericht und den Obmann gefällte Urteil
war dem Kleinen Rat zur Vollziehung zu übersenden.[1] —

3. Durch das Aufsichtsrecht.

Das aus der Kirchenhoheit des Staates fließende Aufsichts=
recht wurde im Gesetz vom 3. April 1816 durch zwei Artikel
ausdrücklich statuirt. Einmal bestimmte Art. 8, daß der Landes=
regierung die Aufsicht über das Betragen der Kirchendiener in
bürgerlicher Hinsicht vorbehalten bleibe, wodurch alle Immuni=
tätsprivilegien ausgeschlossen wurden und Art. 12 setzte fest,
daß die gesönderten Erziehungsräte der Oberaufsicht des Kleinen
Rates unterstellt werden sollten.

Das konfessionelle Gesetz zeigte demnach in mancher Hin=
sicht sehr beengende Schranken, innerhalb welcher sich die Auto=
nomie der Korporationen bewegen mußte und suchte die Kon=
trolle des Staates bis in die entferntesten Details auszudehnen.
Ein Aequivalent des Staates für Verschleuderung seiner
Hoheitsrechte kann aber darin nicht gefunden werden; denn es
ist unmöglich, mit Anwendung präventiver und repressiver
Maßregeln denselben Erfolg zu erzielen, welcher erreicht werden
kann, wenn der Staat die Ausübung aller Hoheitsrechte in
eigener Hand behält. Was bis 1816 durch Gesetze und Dekrete
des Großen Rates oder einseitige Beschlüsse des Kleinen Rates
auf konfessionellem Gebiete seine Regelung gefunden hatte,
das war von nun an unter den durch das Gesetz aufgestellten

---

[1] Es beruht auf einer bedenklichen Unkenntnis der verschiedenen Standpunkte
der katholischen und evangelischen Kirche, zur Beilegung religiöser und kirchlicher
Streitigkeiten überhaupt ein Schiedsgericht aufzustellen. Es ist aber durchaus
falsch, die Aufgabe des Staates so weit auszudehnen, daß er verpflichtet wird,
sich in religiöse und dogmatische Streitigkeiten einzumischen und seinen weltlichen
Arm zur Vollstreckung der über solche Streitigkeiten gefällten Urteile zur Ver=
fügung zu stellen.

Bedingungen der Besorgung der katholischen und evangelischen
Behörden überlassen. Die Geschichte zeigt, daß dieselben selbst
Staatsgesetze unter Gutheißung des Großes Rates beseitigt
haben.

§ 3.
Die Organisation des katholischen Konfessionsteils.

In Vollziehung des Gesetzes vom 3. April 1816 gab sich
der katholische Konfessionsteil seine Organisation durch Beschluß[1]) vom 21. Juni 1816. Darnach hatte das katholische
Großratskollegium frei aus allen katholischen Kantonsbürgern
einen Administrationsrat als vollziehendes Organ zu wählen,
dessen 15 Mitglieder über alle Gegenstände, welche nach Art. 2
K.-V. und Gesetz vom 3. April 1816 zur Besorgung der katholischen Konfession zugewiesen worden waren, die Anordnungen
und Verfügungen, „welche die Umstände erforderten“, zu treffen
hatten.

Diese Generalvollmacht wurde insofern beschränkt, als der
Administrationsrat alle Entwürfe zu allgemeinen Verordnungen
und Gesetzen,[2]) sowie die Einführung von bischöflichen und
geistlichen Jurisdiktionaleinrichtungen vor Einholung der Staats-
sanktion der Genehmigung des katholischen Großrats-Kollegium
zu unterstellen verpflichtet war. Auch mußte er seine Jahresrechnung[3]) den Mitgliedern des katholischen Großen Rates zur
Ratifikation vorlegen und einen Bericht über seine Amtsverwaltung abgeben.

Er sorgte für Aufrechterhaltung und Betätigung der mit
dem katholischen Konfessionsteil bestehenden Verträge, übte das
Kollaturrecht über die ihm zustehenden Pfründen (beinahe 90)
aus, unterstützte die Geistlichen in ihren Amtsverrichtungen,

---

[1]) Beschluß des katholischen Großen Rates vom 19. Juni 1816. Organisation zur Besorgung der Angelegenheiten des katholischen Religionsteils vom
Kanton St. Gallen, sanktioniert vom Großen Rate am 21. Juni 1816.

[2]) Der Ausdruck „Gesetz“ ist bezeichnend, wie weit sich die Konfession eine
Ordnungsgewalt anmaßte.

[3]) Käufe, Verkäufe, Austauschungen und Beschwerungen von Liegenschaften
waren jeweils der Genehmigung des katholischen Großen Rates zu unterbreiten.

besorgte die klösterlichen Verwaltungsangelegenheiten und wachte über die Kirchen-, Pfrund- und Schulgüter, sowie über Stipendien und fromme Stiftungen, wenn solche mit den erstern in Verbindung standen. Klagen über stiftungswidrige Verwendung oder Abnahme der Fonde untersuchte er oder wies sie zu weiterm Einschreiten an den Kleinen Rat. Er war befugt, Vorschriften über das Kollaturwesen im Allgemeinen zu entwerfen und Kirchenpolizeiverordnungen zu erlassen, in denen er bis 11 fl. Bußen verhängen konnte.

Er war der Erziehungsrat und konnte für die Leitung der täglichen und laufenden Geschäfte eine Zentralkommission aus seiner Mitte aufstellen.

Für die Bistums-Angelegenheiten, die Konkordate bei eidgenössischen und diplomatischen Verhandlungen oder Absendungen an souveräne Stände galt das S. 51, Anm. 1, erwähnte Gesetz vom 21. Juni 1816.

Die Organisation konnte nur auf Antrag des Administrationsrates oder Beschluß von ⅔ der Mitglieder des katholischen Großrats-Kollegiums abgeändert werden. —

Wir haben schon im Kapitel über die Liquidation des st. gallischen Klostergutes nachgewiesen, daß es in der Tendenz der katholischen Korporation lag, für die Verwaltung der sich immer mehr anhäufenden Vermögensteile eine ständige, katholische Behörde einzusetzen, ihr eine möglichst große Gewalt und Selbstständigkeit zu übertragen und zu diesem Ende die Ordnung aller Angelegenheiten gemischter Natur in ihre Machtsphäre einzubeziehen. Wir haben bereits im Jahre 1813 einen Administrationsrat mit einem „Einrichtungs-, Leitungs- und Verfügungsrecht" getroffen und erblicken in der Behörde gleichen Namens vom Jahre 1816 eine Fortsetzung desselben und in den ihr eingeräumten, weitgehenden Kompetenzen die Erreichung des damals angestrebten Zieles. Es ist klar, daß es vor allem die ökonomische Kraft war, welche der katholischen Korporation ein so bedeutendes Uebergewicht verschaffte und es mußte die konfessionellen Behörden unangenehm berühren, wenn sie sich erinnerten, daß der Staat eines Tages die Vollziehung des Gesetzes vom 8. Mai 1805 und Dekretes vom 18. Mai 1805

(Vergabungen zu Schul- und Armenbedürfnissen) verlangen könnte. Daher suchten sie diese gesetzlichen Bestimmungen zu derogieren und dies gelang ihnen durch diesen Beschluß vom 21. Juni 1816, in dem Art. 22 normierte: „Die der katholischen Korporation des Kantons St. Gallen zugehörigen Fonds dürfen zu keinen Zeiten und Umständen weder verteilt, noch den bestimmten religiösen Zwecken entzogen werden." Im Momente, als die katholische Organisation durch die Sanktions erteilung des Großen Rates gesetzliche Kraft erhielt, mußte die spätere Verfügung die frühere aufheben. — Aus den Befugnissen, welche der Beschluß vom 21. Juni 1816 dem Administrationsrate einräumte, geht hervor, daß das katholische Großrats Kollegium ihm gegenüber in machtlose Abhängigkeit geraten und er zur eigentlichen konfessionellen Regierung werden mußte, was sich in der Folge bewahrheitete.

In der Aufstellung dieser katholischen, stabilen Konfessions behörde, lag für den Staat eine große Gefahr. Denn bei der Unmöglichkeit, eine feststehende Grenze zwischen Staat und Kirche zu ziehen und die Kompetenzen des Administrationsrates genau abzugrenzen und bei den prinzipiellen Gegensätzen, in welchen sich der Staat und die katholische Kirche befinden, war dieser Behörde[1] vom Anfang an eine Zwitterstellung angewiesen. Standen ihre Mitglieder auf Seite der Kirche und übten sie die ihnen vom Staate verliehenen Hoheitsrechte zu ihren Gunsten aus, so schwächten sie den Staat und gaben der kirchlichen Sphäre eine gefahrvolle Ausdehnung, so daß ein fortwährender Kriegszustand herrschen mußte, der jede ruhige Entwicklung störte. Neigte sich aber die Behörde gegen das Episkopat und suchte sie vor allem die Rechte des Staates zu wahren, so wurde dieser dadurch verpflichtet, ihre Vertreter

---

[1] Diese Bemerkungen gelten auch gegenüber dem katholischen Großrats Kollegium: doch ist sein Einfluß im Kanton St. Gallen nie zu demjenigen des Administrationsrates gelangt. In den Verhandlungen über Einführung des st. gallischen Bistums sagt einer der hervorragendsten st. gallischen Staatsmänner: Der katholische Große Rat wäre entweder der untergebene Knecht des Bischofs oder sein Gegner; in jenem Falle das Werkzeug schädlicher Umtriebe von Außen, in diesem der Mitverbreiter ärgerlicher Störungen. Baumgartner, die Bistümelei. Broschüre 1839. S. 15. Staatsarchiv.

vor den Ausflüssen der kirchlichen Jurisdiktionsgewalt zu schützen und es entstand wiederum ein Oppositionsverhältnis.[1] Daher war weder dem Staate noch der Kirche Garantie geboten, daß der Administrationsrat die einen oder anderen Interessen befolgte. Die Geschichte zeigt freilich, daß er im Zweifel meistens gegen den Staat handelte.[2]

Im Jahre 1817 erließ das katholische Großrats Kollegium eine ausführliche Schulordnung,[3] welche dem Administrationsrat, als Erziehungsbehörde, die Ernennung einer besondern Erziehungskommission übertrug, die seine Aufträge auszuführen hatte. Er ernannte auch die Schulinspektoren zur Beaufsichtigung der Schulen in den Bezirken, und die Schulräte für die Gemeinden. Letztere wurden in denjenigen Pfarrgemeinden, deren Schulanstalten nicht über die Primarklassen hinausreichten, aus dem Pfarrer (als Präsident), aus 2 Mitgliedern, welche der Verwaltungsrat bezeichnete, und dem Schulpfleger bestellt. Ein Schulgesetz[4] für die katholischen Gemeinden des Kantons St. Gallen vom 18. Juni 1818 führte die Organisation weiter aus und bestimmte, daß kein Schullehrer gewählt werden dürfe, der nicht vom Erziehungsrat für wahlfähig erklärt worden sei. Wie langsam sich die Schule aus ihrem privatrechtlichen Charakter zum öffentlich rechtlichen empor gearbeitet hat, beweist die Tatsache, daß auch 1818 den Familien, welche bisher den Schullehrer gewählt hatten, dieses Recht verblieb und das Gesetz es an Orten, wo Behörden oder Gemeinden dasselbe ausübten, den Hausvätern übertrug. Für die gewissenhafte Verwaltung der Schulfonde wurde der ein zelne Verwaltungsrat der Schulgemeinde verantwortlich gemacht.

---

[1] Vergl. Friedberg a. a. O. S. 707.

[2] Vergl. Müller-Friedberg a. a. O. III. S. 273.

[3] Organisation zur Besorgung des katholischen Schulwesens des Kantons St. Gallen; verordnet vom Großrats-Kolleg katholischer Religion auf Antrag des Administrationsrates vom 10. Februar 1817. Sanktioniert vom Großen Rate am 14. Februar 1817.

[4] Schulordnung für die katholischen Gemeinden des Kantons St. Gallen vom 18. Juni 1818, sanktioniert vom Großen Rate am 19. Juni 1818.

Auch im Kollaturwesen[1]) suchten die konfessionellen Behörden ihren Einfluß zu verstärken, indem nach einer Verordnung des katholischen Großrats-Kollegiums vom 24. Juni 1824 über Anstellung katholischer Priester, kein Priester auf eine Pfründe gewählt werden konnte, der nicht mit einem Wahlfähigkeits-schein des Administrationsrates oder seiner Kommission ver-sehen war. Aus dem Rechte, solche Anstellungsbedingnisse für Pfrundwahlen aufstellen zu können, leitete sich der Admini-strationsrat auch ein Deplazierungsrecht gegenüber den Geist-lichen ab und übte dasselbe in Umgehung des Staates mit bloßer Anzeige an das bischöfliche Vikariat mehrfach aus (z. B. 1824). —

Innerhalb weniger Jahre steigerte sich das Ansehen und der Einfluß des Administrationsrates in einer Weise, daß ein zeitgenössischer Schriftsteller und Staatsmann bemerkt[2]): „Die Oberaufsicht der Regierung ist bald (nach Erlaß des Art. 2 K.-V.) zu einem bloßen Nimbus geworden." Die überwiegende Stellung der konfessionellen Behörden sollte sich vornehmlich in den Bistumsunterhandlungen geltend machen. —

§ 4.

Die Organisation des evangelischen Konfessionsteils.

Auf Grund des Gesetzes vom 3. April 1816 stellte das evangelische Großrats-Kollegium durch Beschluß[3]) vom 21. Juni 1816 einen Zentralrat auf als vollziehende Behörde und erteilte diesem in der Hauptsache folgende Vollmachten: Ihm stand die oberste Aufsicht und Leitung des Kirchen- und Erziehungswesens zu; er verwaltete die evangelischen Fonds

---

[1]) Eine Verordnung des Administrationsrates über die Vorbildung der Geistlichen vom Jahre 1817 bestimmt, daß die anzustellenden Priester alle Fächer der Theologie auf öffentlichen Schulen hören und vor Einholung der Weihungen ein Jahr unerläßlich im Seminar weilen sollten, Dispense wegen dringlicher Pfründenbesetzung vorbehalten.

[2]) Müller Friedberg a. a. O. III S. 179.

[3]) Beschluß vom 21. Juni 1816. Organisation zur Besorgung der Ange-legenheiten des evangelischen Religionsteils vom Kanton St. Gallen. (Erlassen vom evangelischen Großrats Kollegium am 20. Juni 1816, genehmigt vom Großen Rate am 21 Juni 1816.

(exklusive den Erziehungsfond), ernannte die weltlichen Mitglieder in den Kirchenrat, zur jährlichen Synode, die Kommittierten zu den Versammlungen des Erziehungsrates und auf den dreifachen Vorschlag des letzteren die Schulinspektoren und wachte über die ungeschmälerte Erhaltung der evangelischen Kirchen-, Pfrund und Schulgüter und die zweckmäßige Verwendung derselben. Klagen über stiftungswidrige Verwendung solcher Fonde waren bei ihm anzubringen und zu erledigen, oder durch ihn an den Kleinen Rat zu leiten. Es lag in seiner Kompetenz über die Entsetzung eines Pfarrers von seiner Pfründe zu entscheiden nach Einholen eines Gutachtens des Kirchenrates und die Streitfälle zu erledigen, welche auf dem Rekurswege von dem Erziehungsrat an ihn gelangten. Schließlich war er diejenige Behörde, durch welche beim Kleinen Rat das landesherrliche Plazet für Verordnungen eingeholt wurde.

Beschränkt war die Selbstständigkeit des Zentralrates durch die Bestimmungen, daß er über Verwaltung der evangelischen Fonde zu jährlicher Rechnungsablage an das evangelische Großrats-Kollegium verpflichtet wurde und alle allgemeinen, auf den evangelischen Teil des Kantons bezüglichen Verordnungen, die der gesetzlichen Sanktion des Staates bedurften und von ihm entworfen waren, an die vorläufige Genehmigung des evangelischen Großen Rates zu bringen hatte. Von plazetierten Verfügungen gab er dem Großrats Kollegium einfache Kenntnis; dagegen war die Bewilligung zur Erhebung von evangelischen Steuern in den Gemeinden beim großrätlichen Kollegium einzuholen. Letzterem stand auch die Wahl des Zentralrates zu, der aus 7 weltlichen Protestanten mit dem jeweiligen evangelischen Landammann als Präsidium bestehen mußte.

In Vergleichung mit der katholischen Organisation vom 21. Juni 1816 sehen wir in diesem evangelischen Zentralrat ungefähr das Gegenstück zum katholischen Administrationsrate mit dem großen Unterschiede, daß ersterer auch befugt war, über rein kirchliche Gegenstände Bestimmungen zu erlassen (so nähere Organisationen des Kirchenrates, der Synode und der Kapitel) und ihm auch Anteil an der Leitung des Kirchenregimentes selbst gegeben wurde. Seine veränderte Stellung

geht also aus der Verschiedenartigkeit der evangelischen Kirchen=
verfassung im Vergleich mit der katholischen hervor, da ja die
evangelische Kirche die Obrigkeit[1]) und die von ihr berufenen
Behörden als oberste Inhaberin der Kirchengewalt betrachtet.
Immerhin qualifiziert sich der Zentralrat insofern als eine
zwischen Staat und Kirche stehende Behörde, als er ein Binde=
glied zwischen den eigentlichen staatlichen Organen (Regierungsrat,
beziehungsweise Großer Rat) und den eigentlichen kirchlichen
Organen (Kirchenrat, Synode- und Kirchenvorsteherschaften)
bildete. Da aber die evangelische Kirche die Kirchenhoheit des
Staates vollkommen anerkennt, in ihr eine Hierarchie nicht
besteht und sie keine exzeptionelle Stellung der Kirchendiener
beansprucht; da somit jeder Streit mit dem Staat nur ein
Kompetenz-Konflikt ist, der sich innerhalb des Staatsorganismus
vollzieht, so war durch diesen Zentralrat keine dem Staat
gefahrbringende, oppositionelle Behörde geschaffen, wie durch
den Administrationsrat, sondern vielmehr ein bedeutungsloses,
überflüssiges Mittelglied, dessen Aufstellung (trotz der nach
Art. 2 R.-V. dem Religionsteil eingeräumten Autonomie) es
überhaupt nicht bedurft hätte. Das evangelische Großrats=
Kollegium und dessen vollziehendes Organ, der Zentralrat,
repräsentieren nicht ihre Korporation im Sinne des katholischen
Großen Rates und des Administrationsrates. Das evangelische
Volk, die Laienschaft, braucht keine Behörde, um ihre Interessen
einerseits gegenüber der Hierarchie, andererseits gegenüber dem
Staate zu wahren. In der evangelischen Kirche fallen die
Begriffe Konfession und Kirche zusammen und das Laienelement
ist dazu berufen, eine Kirchenverfassung aufzustellen und dieselbe
zu handhaben. In der Mediationszeit waren diese Rechte
teilweise von der Obrigkeit, dem Regierungsrate, selbst aus=
geübt worden, durch den Art. 2 R.-V. aber an die Konfession
allein übergegangen. Das evangelische Großrats-Kollegium
war daher die Behörde, in welcher sich die höchste Kirchengewalt
vereinigte mit der Befugnis, die vom Staate der Korporation

---

[1] Die Obrigkeit erscheint als die oberste Inhaberin der Kirchengewalt.
Zwingli betrachtete die Gemeinde als Inhaberin und Trägerin der Kirchengewalt und zwar zunächst die Einzelgemeinde. Finsler a. a. O. S. 665.

verliehenen Hoheitsrechte zu betätigen. Es trug daher einen doppelten Charakter und ließe sich durch juristische Konstruktion dann als konfessionelle Behörde ansehen, so oft es Gegenstände behandelte, welche nicht in das rein kirchliche Gebiet einschlugen (z. B. im Erziehungs= und Verwaltungswesen), als kirchliche Behörde aber, so oft über rein kirchliche Angelegenheiten beraten wurde. Doch ist dieser Unterschied künstlich und praktisch bedeutungslos.

Es leuchtet nun ein, daß bei den wenigen res mixtæ, welche die evangelische Kirche kennt; ferner nach Aufstellung eines Kirchenrates, einer Synode, eines Erziehungsrates und Ehegerichtes, und im Hinblick der Tatsache, daß es sich nicht um Verwaltung eines bedeutenden evangelischen Zentralvermögens handelte, die Organisierung einer vollziehenden Behörde des evangelischen Großrats Kollegiums, des Centralrates, vollständig überflüssig erscheinen muß und nur geeignet war, den allgemeinen Mechanismus komplizierter zu gestalten. Im Jahre 1859 hat man sich denn auch dieses Institutes entledigt.

Durch den Beschluß vom 21. Juni 1816 erhielt die evangelische Kirche ihre Organisation, welche in der Hauptsache auf den 1803 geschaffenen Grundlagen beruhte. Für die evangelische Geistlichkeit wurden zur Beratung ihrer Angelegenheiten eine Synode und 3 Kapitel eingerichtet, wobei ersterer 2 Mitglieder des Kleinen und 3 Mitglieder des Großen Rates beigeordnet waren. Die landesherrliche Gewalt des Staates suchte sich also trotz der Uebertragung der Autonomie einen direkten Einfluß zu verschaffen, indem diesen Vertretern sogar Stimmrecht eingeräumt wurde. Einem Kirchenrat stand die nächste Aufsicht über das ganze Kirchenwesen zu, er hatte die Verordnungen über die inneren Einrichtungen der Synode, des Kirchenrates, der Kapitularstatuten, Religionsunterricht, Kultus, Liturgie und Pastoralverrichtungen ꝛc. zu entwerfen und dieselben der Genehmigung der Synode zu unterbreiten. Insoweit das Plazet des Kleinen Rates dafür erforderlich war, wurde dieses durch den Zentralrat nachgesucht. Bei Besetzung der evangelischen Pfarrstellen entschied der Kirchenrat über die Wahlfähigkeit der Aspiranten, eine Befugnis, welche durch die

Examinations-[1]) und Ordinationsordnung näher geregelt wurde. Eine Strafgewalt stand ihm insofern zu, als er fehlbare Geistliche in ihren Amtsverrichtungen suspendieren konnte. Sollte aber auf die Suspension Entsetzung folgen, so mußte zuvor der Entscheid des Zentralrates eingeholt werden. Der Rekursus an den Kleinen Rat war im Beschluß nicht ausdrücklich gewahrt. Bei Wiederbesetzung einer Pfarrpfründe hatte jeweils der Verwaltungsrat über die von den majorennen Gemeinds- bürgern vorgenommene Wahl dem Antistes und Zentralrat Mitteilung zu machen und letzterer die Sanktion des Kleinen Rates einzuholen.[2])

Der Kirchenrat bestand aus dem von der Synode gewählten Antistes, 2 vom Zentralrat ernannten weltlichen Mitgliedern dieses Rates und 6 von der Synode dazu bestimmten Geist- lichen. — Die Organisation war also weit entfernt, eine reine Synodalverfassung zu schaffen: denn einmal war der Geistlich- keit ein überwiegender Einfluß in mancher Beziehung eingeräumt und zweitens fehlte jeder weitere Aufbau der Pfarrgenossen Versammlung in den Gemeinden zu einer Bezirks oder Kantonalsynode. Eine Gesamtvereinigung im Kanton bestand nur für die evangelische Geistlichkeit. Auch ruhte die Wahl und Zusammensetzung des Kirchenrates nicht auf synodaler Grundlage. —

Der zweite Abschnitt des Beschlusses vom 21. Juni 1816 ordnete das Matrimonialwesen. Das evangelische Ehegericht setzte sich zusammen[3]) aus 3 Geistlichen, einem Regierungsrate als Präsident und 5 weltlichen Mitgliedern des Großen Rates. Es beurteilte nach fruchtlosem Vergleichsversuch des Ortspfarrers und der Kirchenvorsteher die Matrimonialsachen und alle von daher rührenden Forderungen und Entschädigungen, die Gültig-

---

[1]) Examinations- und Ordinationsordnung für den Eintritt in das Predigt- amt. Von der Synode erlassen am 7. Juli 1818. Vom Zentralrat genehmigt am 2. Dezember 1818.
[2]) Dekret vom 24. Juni 1819 über Erledigung und Wiederbesetzung evangelischer Pfarrpfründen.
[3]) Der Antistes war ex officio Mitglied des Ehegerichtes. Die übrigen Beisitzer und aus ihnen den Präsidenten wählten die evangelischen Mitglieder des Großen Rates.

keit der Eheversprechen und die Ehe- und Erbrechtlichkeits-Erklärung der unter Eheversprechen erzeugten Kinder. Dem Gerichte stand volle Strafkompetenz zu und es war jede Weiter-ziehung der Streitsachen untersagt. Bei Matrimonialstreitig-keiten zwischen Personen ungleicher Konfession war für Eheleute dasjenige Gericht zuständig, bei deren Konfession die eheliche Einsegnung erfolgt war. Die Vorschriften über Eheeinsegnungen vom Jahre 1806 (S. 11) wurden durch die Ehegerichtssatzungen vom 13. Juni 1818 teilweise modifizirt.[1]) Darin wurde die Gültigkeit eines Eheversprechens von den nötigen Religions-kenntnissen und dem Zutritt zum hl. Abendmahl abhängig gemacht und die Verkündung jeder Ehe verboten, welcher ge-setzliche (siehe S. 13) Hindernisse im Wege standen. Landes-fremde durften nur mit Bewilligung des Kleinen Rates ein gesegnet werden. Besonders genaue Regelung erfuhr die Ehe-scheidung und eine Beschränkung „auf dringende Fälle". Unter-stützt wurde das Ehegericht durch die Kirchenvorsteherschaft,[2]) die in jeder Gemeinde aus dem Ortspfarrer und dem Vor-gesetzten der Kirchgemeinde bestand.

Das Erziehungswesen fand im dritten Abschnitt des Be-schlusses vom 21. Juni 1816 seine Organisierung. Analog den katholischen Bestimmungen wäre dasselbe unter die Leitung des evangelischen Zentralrates gestellt worden. Die Organisa-tion errichtete jedoch eine besondere Erziehungsbehörde in Gestalt eines Erziehungsrates, dessen 5 Mitglieder vom evangelischen Großrats-Kollegium aus Geistlichen und Weltlichen gewählt wurden. Er wurde (Art. 74) als Organ bezeichnet, durch welches das evangelische Großrats-Kollegium die Verwaltung des Schulwesens besorgen lasse. Vom Erziehungsrate gingen alle Publikationen und Schulverordnungen aus, deren hoheitliche

---

[1]) Ehegerichtssatzungen für den evangelischen Teil des Kantons St. Gallen vom 13. Juni 1818. Sanktioniert vom Großen Rate am 18. Juni 1818.

[2]) Dazu: Organisation und Befugnisse der Kirchenvorsteherschaften in den evangelischen Gemeinden vom 7. März 1818. Nach dieser Bestimmung besorgte die Kirchenvorsteherschaft auch alle Einrichtungen, welche auf den Kultus und die Kirchendisziplin Bezug hatten, unter der Oberaufsicht des Kirchenrates. Sanktioniert vom Kleinen Rate am 10. März 1818.

Genehmigung durch den Zentralrat[1] eingeholt wurde. Er wachte auch über die Schulfonde als unantastbares Eigentum der Gemeinden.

In jedem Bezirk wurde zur Beaufsichtigung der Schulen ein Schul-Inspektor aufgestellt, der auf dreifachen Vorschlag des Erziehungsrates vom Zentralrat gewählt und als besonderer Gehülfe der Erziehungsbehörde betrachtet wurde. Daneben besorgte das Schul- und Erziehungswesen in jeder evangelischen Gemeinde eine Schulverwaltung,[2] der der Ortspfarrer angehören mußte. In Pfarrgemeinden, wo nur ein gemeinsamer Schulfond bestand, wurde eine Schulverwaltung aufgestellt; wo aber mehrere Schulbezirke mit abgesondertem Schulgut in einer Pfarrgemeinde vorhanden waren, hatte jeder Schulbezirk eine eigene Schulverwaltung, in der immer der Pfarrer, zu dessen Seelsorge sie gehörte, Mitglied war. Nach dem Beschluß vom 21. Juni 1816 war dem Erziehungsrate bei Besetzung erledigter Schullehrerstellen die Verfügung über das Examen der Aspiranten zugesprochen. Nach bestandener Prüfung stellte er ihnen ein Wahlfähigkeitszeugnis aus, ohne welches kein Lehrer von den Schulgenossen gewählt werden konnte. Er war der zuständige Richter bei Streitigkeiten, die alle Gegenstände betrafen, welche in den Schulgesetzen enthalten waren, unter Vorbehalt des Rekurses an den Zentralrat. Er verwaltete den evangelischen Schulfond und erstattete einen jährlichen

---

[1] Eine auffallende Bestimmung enthielt Art. 75 des Beschlusses vom 21. Juni 1816: Er (der Erziehungsrat) steht aber unter der Oberaufsicht und dem Schutze des Staates. Und damit er in unmittelbare Verbindung mit der Regierung komme, wird der Zentralrat für immer oder abwechselnd, eines seiner Mitglieder beauftragen, mit dem Erziehungsrat in nähere Relation zu treten.

Man sah demnach die im Zentralrat sitzenden Mitglieder des Kleinen Rates nicht ausschließlich als Vertreter der Konfession an, sondern betrachtete sie nebenbei als Deputierte des Staates, denn nur in dieser Eigenschaft konnte Art. 75 auf sie Anwendung finden.

[2] Dies nach einer Verordnung vom 7. März 1818 über Organisation und Befugnisse der Schulverwaltungen in den evangelischen Gemeinden. Genehmigt vom Kleinen Rate am 10. März 1818.

Bericht über die gesamte Amtsverwaltung. Als bloßes Organ hatte er keine Strafkompetenz. [1] —

Neben diesen ausführlichen Organisationsbestimmungen, welche nur auf Antrag des Zentralrates nach Entscheid des evangelischen Großrats-Kollegiums abgeändert werden konnten, gab sich der evangelische Konfessionsteil am 1. Juli 1817 eine neue Verfassung der evangelischen Kirche des Kantons St. Gallen.

Damit ist die für uns in Betracht fallende, konfessionelle, gesetzgeberische Tätigkeit dieser Periode (1814—31) erschöpft und auf diesen Grundlagen war dem evangelischen Religionsteil im allgemeinen eine ruhige Entwickelung vergönnt.

§ 5.
Die staatlichen Gesetze und Gesetzesvorschläge der Periode 1814—1831.

Dieser Paragraph behandelt die wichtigsten, staatlichen Verfügungen, welche in irgend einer Beziehung in Berührung zu den beiden Konfessionen treten. Aber auch die bemerkenswertesten Vorschläge zu staatlichen Gesetzen haben hier Aufnahme gefunden, um den Beweis zu liefern, wie sehr die religiösen Korporationen bemüht waren, ihre Autonomie auszudehnen und die konfessionelle Trennung auf allen Gebieten durchzuführen.

Trotz dem in Art. 2 K.-V. den Konfessionen eingeräumten Gesetzgebungsrecht,[2] war es dem Staat gelungen, die Organisation der Gemeinde-, Verwaltungs-, Kreis-, Bezirks- und Gerichtsbehörden durch einseitig staatliche Normirung festzustellen, eine Befugnis, die ihm später ebenfalls entrissen wurde.

---

[1] Nach einem Dekret vom 6. März 1818 wurde der Zentralrat aber bevollmächtigt, den Behörden in den evangelischen Gemeinden, welche mit der Sittenaufsicht und Besorgung der kirchlichen Angelegenheiten und mit der Leitung des Schulunterrichts beauftragt waren, eine Strafkompetenz bis auf Fr. 16 einzuräumen.

[2] Hungerbühler a. a. O. S. 522: „Nur das Recht der Staatshoheit, die Verfassung der Kirch- und Schulgemeinden gesetzlich zu regulieren und deren Organismus zu überwachen, hatten die K.-V. und die Organisationsverordnungen von 1816, noch nicht an die Konfessionen veräußert."

Das Gesetz[1] bestimmte, daß jede Pfarrei, Ortsgemeinde oder Genossenschaft, die ein besonderes Eigentum besaß, zur Besorgung desselben, oder ihrer Gemeinde-, Kirchen-, Schul- und Armengüter einen eigenen Verwaltungsrat[2] aufstellen soll. Wo unter Bürgern verschiedener Religion dergleichen Güter unter gesönderter Verwaltung standen, mußten solche fernerhin gesöndert verwaltet werden. Die Anteilhaber jeder Pfarr- oder Ortsgemeinde oder Genossenschaft[3] vereinigten sich in eine Generalversammlung und wählten ihren Verwaltungsrat, welcher die Kirchen-, Pfrund-, Schul- und Armengüter zu administriren hatte. Für diese Güter bestand das ausdrückliche Verbot, sie mit andern Fonden zu vermischen oder gemeinsam, d. h. durch eine gemischte Behörde verwalten zu lassen. — Der in jeder Gemeinde aufgestellte Gemeinderat hatte, nach dem Gesetz, über Ruhe und Ordnung in der Nähe der Kirchen während der gottesdienstlichen Uebungen und gegen Störung der kirchlichen Feier zu wachen. Er sorgte in polizeilicher Hinsicht für den fleißigen Besuch der Schulen und des Religionsunterrichts, übte die Polizei über die Kirchhöfe und die Begräbnisordnung und besorgte das Armenwesen „unvorgegriffen der künftigen, gesetzlichen Organisation desselben" (Art. 37). — Auf Grund dieses Vorbehaltes wurden im Jahre 1818 dem Großen Rate zwei Gesetzesvorlagen über das Armenwesen unterbreitet. Die eine stellte dasselbe auf konfessionelle Grundlage, sowohl in Bezug auf die ökonomischen Verhältnisse, als auch mit Rücksicht

---

[1] Gesetz vom 4. Mai 1816, über die Organisation der Gemeinde-, Verwaltungs-, Kreis-, Bezirks- und Gerichtsbehörden.

[2] Nach einem Großrats-Dekret vom 22. Juni 1820, neuerdings in Kraft erklärt am 18. Juni 1830, konnte der Verwaltungsrat der Ortsgemeinde die Eingehung einer Ehe aus ökonomischen Gründen verbieten; dagegen stand der Rekurs an den Kleinen Rat offen. Dekret über die Beschränkung der Heiraten vom 22. Juni 1820. (G. S. 1803-39 S. 522.

[3] Ein Gesetz vom 22. Dezember 1824 bestimmte dazu, daß in paritätischen Gemeinden die von der gemeinschaftlichen Genossenversammlung Aufgenommenen, sich in die besondern Anstalten und Stiftungen ihrer Konfession einzukaufen hatten. Durch dieses Gesetz wurde das Recht der freien Einkaufung ins Ortsbürgerrecht aufgehoben und dessen Verleihung von der Bewilligung der Genossenversammlung abhängig gemacht.

Dadurch konnte für die Ortsgemeinde leichter der einseitig konfessionelle Charakter beibehalten werden.

auf die ausübenden Behörden. Die Oberaufsicht war dem evangelischen Zentralrat bezw. dem katholischen Administrations= rate übergeben. Der andere Entwurf ordnete die Armenpflege nach staatlichen Gesichtspunkten, als Gemeinde=, Bezirks= und Kantonalarmenpflege mit geringer Berücksichtigung konfessio= neller Interessen. Die zur Beratung eingesetzte, großrätliche Kommission stellte den Antrag, daß dieses Gebiet der Autono= mie der Konfessionen allein überlassen bleibe, welche Ansicht im Großen[1]) Rate Beifall fand. —

Ein Gesetz vom 23. Dezember 1825 über das Steuerwesen[2]) erklärte das Vermögen der Kirchen, geistlichen Pfründen, Schul= und Armenanstalten als steuerfrei und gab ausführliche Be= stimmungen über die Verteilung der Steuern in den Pfarrge= meinden auf die Ortsbürger und Niedergelassenen.[3]) Zur Scho= nung einer Pfarrgemeinde vor unberechneten Kosten, sollte jede Gemeinde, Ortschaft oder Verwaltung, welche eine neue Pfarr=, Kaplanei=, Frühmesser= oder Helferpfründe aufstellen wollte, vorerst sich bei der „Kantonalbehörde ihrer Konfession" ausweisen, daß für den künftigen Bestand und Unterhalt einer solchen der nötige Fond vorhanden sei. Zur Erhebung von besondern Steuern zu kostspieligen Unternehmungen war die Genehmigung des Kleinen Rates erforderlich. Zur Erbauung und zum Unterhalt von Schulhäusern waren die Niedergelassenen nur dann, und zwar wie die Ortsbürger, beizutragen verpflichtet, wenn sie auch, gleich den Ortsbürgern, Mitgenossen an der Freischule waren.

Am 1. April 1816 wurde ein Gesetz, die Organisation der Stadt St. Gallen betreffend, aufgestellt, welches insofern charak= teristisch ist, als die in dem ehemaligen Stifts=Einfange wohnen= den Katholiken zur Ausübung des Aktiv=Bürgerrechtes und für

---

[1]) Großratsitzung vom 19. Juni 1818. Protokoll des Großen Rates vom Jahre 1818 S. 141.

[2]) Gesetz vom 23. Dezember 1825 über die Ausgaben und das Steuerwesen in den Gemeinden, Pfarreien und Schulgenossenschaften. (G. S. 1803—39) S. 1349. Das Gesetz wurde am 9. August 1832 bestätigt. (G. S. 1803—39 S. 1353.

[3]) Die Willkür in der Steuererhebung war soweit gegangen, daß eine katholische Kirchgemeinde ihre Kirchensteuer auf die Kommunikanten verlegte. Vergl. Müller a. a. O. S 4.

die Rechtspflege dem Kreise Tablat und dem Bezirk Rorschach, die Evangelischen aber der Stadt St. Gallen einverleibt wurden. Im Polizeilichen und Administrativen standen aber sämtliche Gebäude und Bewohner unmittelbar unter der Regierung. Eine Verwaltungsbehörde, welche sich aus denjenigen Mitgliedern des Stadtrates zusammensetzte, welche Anteilhaber am Gemeinde=gut waren, übte die Verwaltung der Gemeinde, Kirchen=, Schul= und Armenanstalten, sowie das Kollaturrecht aus. = Wie sehr sich die Bewohner St. Gallens von jedem katholischen Einfluß fern halten wollten, beweist die Tatsache, daß die Stadt St. Gallen bis zum Jahre 1873 keinen Katholiken in ihr Bürgerrecht aufnahm. [1] —

Auf dem Gebiete des Begräbniswesens wurde am 6. März 1818 ein Gesetz [2] erlassen, welches bestimmte, daß ein Toter, der sein Leben mit Gewißheit oder hoher Wahrscheinlichkeit durch vorsätzlichen Mord geendet habe, in der Gemeinde, in welcher sein Leichnam gefunden werde, des morgens früh oder Abends spät und in der Stille durch den gewöhnlichen Toten=gräber begraben werden solle. Jede Gemeinde war pflichtig, in oder an ihrem Kirchhofe einen abgesonderten Platz für die Leichname solcher Selbstmörder anzuweisen. Alle andern Leichen tot gefundener Menschen mußten nach dem christlichen Gebrauche und in dem nächst gelegenen Kirchhofe derjenigen Konfession, zu der sich der Entseelte bekannt hatte, beerdigt werden. Der Beerdigung solcher tot gefundenen Menschen ging eine amtliche Besichtigung voraus. Diese Norm richtete sich vornehmlich gegen die scharfen Bestimmungen, [3] welche die katholische Kirche

---

[1] Henne a. a. O. II S. 54.

[2] Gesetz vom 6. März 1818, betreffend die amtliche Besichtigung und Be=erdigung der tot gefundenen Menschen und der Selbstmörder. G S. 1803—39 S. 1108.

[3] Tazu: Gesetz über das rechtliche Verfahren bei Verbrechen vom 28. April 1820. Art. 24: Wo Anzeichen gewaltsamen Todes obwalten, soll die Leichen-Beschau angeordnet, allfällig schon Beerdigte zu dem Zweck wieder ausgegraben werden, wenn noch Erreichung des Zwecks zu hoffen ist. Bei Unbekannten ist der Leichnam, dessen Geschlecht, Alter, Kennzeichen rc. zu beschreiben und zur Erkennung womöglich einen Tag lang öffentlich auszusetzen. (G S. 1803 39 S. 816.

gegenüber solchen Unglücklichen zu befolgen hatte. Sie blieb bis zum Jahre 1873 in Kraft.

Sehr interessant ist in dieser Periode die Auffassung des Staates über den Rechtsschutz, den er der Kirche gewährte, und die ethischen Verpflichtungen, die er auf sich zu nehmen für nötig erachtete. Unter dem Titel „mittelbare Verletzungen des Staates" in dem Strafgesetzbuch[1]) über Verbrechen vom 25. Juni 1819, findet sich die Ansicht ausgedrückt, daß ein Staat nur in dem Verhältnis wahrhaft glücklich sei, in welchem die Tugend seiner Bürger die Zwangsmittel entbehrlich mache: darum nehme er Religion und Sittlichkeit in seine Verpflichtungen auf. (§ 22). Damit ist der Satz ausgesprochen, daß der Staat zur Erreichung seines Zieles der Religion bedürfe und aus dieser teilweisen Identifizierung der Endzwecke von Staat und Kirche leitet der Staat sein jus advocatiæ als Schutzrecht und Schutzpflicht[2]) ab. Darnach bestimmt das St.G.B. § 23:

„In Hinsicht der Religion erstreckt sich seine (des Staates) Zwangsgewalt auf den besondern Schutz, den er den durch K.V. gewährleisteten Kirchen, als moralischen, seiner Obhut vorzüglich empfohlenen Personen angedeihen läßt. Beleidigungen, diesen angetan, bezieht er auf sich selber. Die erste Art mittelbarer Verletzungen des Staates sind demnach:

§ 24. F. Läsionen der Kirche oder jede Gewalttat und Beschimpfung, die gegen eine durch den Staat geschützte Religionsgesellschaft, ihre vorzüglichen Diener, einzelne Religionsgenossen als solche, oder endlich gegen die Gegenstände religiöser Verehrung verübt wird." —

Nähere Spezialisierung fanden die Verbrechen gegen die Kirche im 14. Titel des St.G.B. Art. 138—142. Art. 138: Wer, durch was immer für ein gewalttätiges Unternehmen, den Zusammentritt einer durch den Staat gewährleisteten Religionsgesellschaft behindert, oder die freie Ausübung ihrer gottesdienstlichen Verrichtungen stört oder aufhebt, macht sich des Verbrechens der Störung des öffentlichen Gottesdienstes schuldig.

---

[1]) Strafgesetzbuch über Verbrechen vom 25. Juni 1819. G. S. 1803—39 S 783.

[2]) Vergl. Hinschius a. a. O. S. 269.

Art. 139. Einem solchen wird, nach Maß der verübten Gewalt und Bosheit, Kettenstrafe von 1—4 Jahren zugemessen.

Art. 140. Das Verbrechen der Beschimpfung der Kirche begeht, wer eine der gesetzlich bestehenden Religionsgesellschaften als solche, oder wer die Gegenstäude ihrer Anbetung und Verehrung durch lästernde Reden und Schriften oder entehrende Handlungen, beschimpft.

Art. 141. Die Strafe eines solchen Verbrechens ist, je nach der Größe der Beschimpfung, Zuchthaus von 6 Monaten bis auf 3 Jahre.

Art. 142. Wenn einem Religionsdiener, in Ausübung des Amtes mit gefährlicher Drohung oder gewaltsamer Handanlegung, Widerstand getan würde, so finden die Strafbestimmungen des Art. 101 Anwendung. (Verbrechen des Widerstandes gegen die Obrigkeit).

Damit war die befriedete Stellung der Kirche und ihrer Diener garantirt.

In einem der wichtigsten bürgerlichen Momente sollte die konfessionelle Herrschaft dem Staate hinderlich werden und ihn um eine Errungenschaft bringen, die zur geordneten Entwicklung des Kantons wesentlich beigetragen hätte. Wir folgen den Ausführungen[1] eines damals lebenden Staatsmannes: Der Kleine Rat, dem rühmlichen Vorbilde der Kantone Bern, Aargau und Waadt nacheifernd, wollte dem Kanton ein wissenschaftlich geordnetes, auf seine Bedürfnisse berechnetes, echt praktisches Zivilgesetzbuch angedeihen lassen. Der beauftragte Verfasser betrachtete den ehelichen Vertrag als das Fundament des Personenrechtes und stellte daher die Vorfrage: „ob man über das Ehewesen, sofern es bürgerlichen Belangs sei, durch ein allgemeines Kantonalgesetz verfügen wolle?" Auf beifällige Aeußerungen des Kleinen Rates und der Konfessionsbehörden, skizzierte er die Hauptmomente[2]

---

[1] Müller-Friedberg a. a. O. S. 185 III.

[2] Der Verfasser hatte ausdrücklich die Zusicherung gegeben, daß den Katholiken das Sakramentalische in der Unauflöslichkeit des Ehebundes verbleibe, wie auch den Evangelischen das Recht, über Trennung und Scheidung der Ehe frei zu bestimmen. Auch die Matrimonialgerichtsbarkeit sollten die Konfessionen gesöndert weiter besorgen, unter Sanktion des Großen Rates.

seiner Arbeit in sechs artikulierten Punkten, welche der Kleine
Rat durch eine Botschaft den Großrats-Kollegien beider Konfessionen mitteilte. Beide erklärten sich am 21. Juni 1827
entsprechend für die Aufnahme dieser genehmigten Hauptmomente
in das bürgerliche Gesetzbuch, sich einzig die Prüfung vorbe-
haltend, ob keine Abweichungen von denselben eingeflossen
seien. So ermutigt bearbeitete der Beauftragte sein Thema,
das der Kleine Rat wieder beiden Großrats-Kollegien zur Einsicht gab. Der katholische Administrationsrat eröffnete nun am
4. Dezember 1828, nach vielen Abschweifungen über die kirchliche Gültigkeit einer Ehe, sein Befinden dahin, daß er unüber-
steigliche Hindernisse finde, dem Ehewesen bei getrennten Reli-
gionsverhältnissen jene Einheit und Vollkommenheit zu geben,
die demselben in dem bürgerlichen Gesetzbuche eigen sein solle.
Der evangelische Zentralrat verglich den Entwurf mit seinen
jetzigen Ehesatzungen und fand in Beziehung auf die Bedingnisse zur Ehe, auf Eheverkündung ꝛc. nicht wünschbare Diver-
genzen und zog vor, daß das Eherecht sich auf allgemeine
Grundzüge beschränke und das Spezielle, in die Verrichtungen
der Matrimonialbehörden Eingreifende, jedem Konfessionsteil
überlassen bleiben. Daraufhin legte der Verfasser seine Arbeit
nieder und die Bearbeitung des bürgerlichen Gesetzbuches
unterblieb.

Auch ein zweiter Versuch, zivile Verhältnisse auf einseitig
staatlichem Gesetzeswege zu ordnen, mißglückte. Am 11. Mai
1827 erließ der Kleine Rat eine Verordnung, welche bestimmte:

Die Führung der Ehe-, Geburts-, Tauf- und Sterberegister
bleibt Obliegenheit der Pfarrer. Vom 1. Januar 1828 an
werden sie die Ehe-, Geburts-, Tauf- und Sterbefälle in diejenigen tabellarischen Registerbände eintragen, welche auf Unsere
(des Kleinen Rates) Anordnung hin gefertigt werden. Die
Register sollen durchswegs in deutscher Sprache geführt werden;
desgleichen die Auszüge aus denselben. Gegen diese Verfügung erhoben beide konfessionellen Behörden sofort Einsprache
und verlangten, die Führung der Kirchenbücher allein nach
ihren kirchlichen Satzungen zu handhaben. Die Regierung gab
nach und stellte den Vollzug der Verordnung ein.

Diese beiden Beispiele liefern einen vorzüglichen Beweis
für die Tatsache, daß auf dem ganzen Gebiete der gemischten
Angelegenheiten die Konfessionen bestimmten, wie weit staat
liche Gesetze Rechtsgültigkeit erlangen konnten, und daß bei dem
dehnbaren Begriff der res mixtae, die durch Art. 2 K.-V. den
religiösen Korporationen eingeräumte Autonomie bereits einen
mit dem staatlichen Gesetzgebungsrecht konkurrierenden Charakter
angenommen hatte. Die Verschleuderung jener staatlichen
Hoheitsrechte an die katholische und evangelische Konfession,
hatten dem Staate die Kraft genommen, dieser verderblichen
Politik erfolgreich entgegenzutreten.

§ 6.

Der Bundesvertrag von 1815 und die eidgenössischen Konkordate.

Am 27. Dezember 1813 wurde durch die eidgenössische Ver
sammlung die Mediationsverfassung tatsächlich aufgegeben, so
daß in der Schweiz bis zum Bundesvertrag vom 7. August
1815 ein Provisorium bestand. Die st. gallische Kantonalver=
fassung war also in einer Zeit erlassen worden, in welcher das
schweizerische Bundesverhältnis noch keine definitive Regelung
erfahren hatte. Der Bundesvertrag[1] erhöhte die souveräne
Gewalt der Kantone und stattete die Bundesgewalt nur mit
schwachen Kräften aus, so daß sich die Sonderinteressen der
Kantone in überwiegendem Maße geltend machen konnten, was
sich in dieser Periode vorzüglich gegenüber der curialistischen
Politik[2] bewies. Die Kantone garantierten sich gegenseitig
Gebiet und Souveränität und jeder derselben erhielt wieder
eine Standesstimme, so daß St. Gallen von seiner bedeutenden
Stellung unter der Mediationsakte in dieser Hinsicht (zwei
Standesstimmen) zurücktrat.

---

[1] Dazu Hilty, Bundesverfassungen S. 377 „Der Bundesvertrag war ein
absichtlich in der Form eines Vertrages gehaltenes Aktenstück, durch welches die
Eidgenossenschaft sich vollständig auf den Standpunkt einer bloßen Verbindung
von souveränen Staaten, ohne jede Zentralgewalt zurückbegab."

[2] Vergl. Fleiner a. a. O. 15.

Die Souveränität der Kantone auf kirchlichem Gebiete wurde indirekt dadurch ausgesprochen, daß die Verfassung die konfessionellen Verhältnisse vollständig unberührt ließ. Einzig im Klosterwesen setzte sie, wie die Mediationsverfassung (S. 31), in Art. 12 eine Bestimmung fest, welche den Klöstern und Kapiteln ihren Fortbestand und die Sicherheit ihres Eigentums gewährleistete, soweit es von den Kantonsregierungen abhing und ihr Vermögen gleich dem übrigen Privatgut den Steuern und Abgaben unterwarf. Dieser Artikel muß als das Resultat der vielverzweigten Unterhandlungen der schweizerischen Tagsatzung angesehen werden und sollte im Jahre 1838 in spezielle Berührung mit dem Kanton St. Gallen treten.

Das freie Niederlassungsrecht fand im Bundesvertrage keine Garantie und so konnten die engherzigen Ansichten einzelner Kantone[1] über diese Frage bald freien Spielraum gewinnen.

Zu den Konkordaten der Mediationszeit kamen unter der neuen Verfassung verschiedene hinzu. Am 8. Juli 1819 trat St. Gallen dem Kantons Konkordate[2] bei, nach welchem der Uebergang von einer christlichen Konfession zur andern nicht mit dem Verlust des Land- und Heimatrechtes bestraft werden durfte. Die Angehörigen derjenigen Kantone, welche diesem Konkordate nicht beistimmten, konnten, wenn sie der Religionsänderung wegen heimatlos wurden, von dem Gebiete der übrigen Kantone zurück in ihre vorige Heimat gewiesen werden. Am 5. Juli 1820 wurde von den siebzehn Konkordatsständen (auch St. Gallen) ein Zusatzartikel[3] zu obigem Konkordate angenommen. Derselbe setzte fest: „Wenn ein Schweizerbürger (worunter auch

---

[1] Ein Vorschlag zu allgemeiner Niederlassungs- und Gewerbefreiheit mit gegenrechtlicher Behandlung anderer Kantone wurde vom Großen Rat des Kantons St. Gallen verworfen. Baumgartner a. a. C. II S. 458 schreibt diese Verwerfung dem Umstande zu, daß man die „gewerbliche Konkurrenz der „Fremden" fernhalten, dann aber auch katholische und protestantische Gemeinden nicht zu gemischten werden lassen wollte." Wir beobachten wiederum ein vorzüglich konfessionelles Moment.

[2] Konkordat wegen der Folgen der Religionsänderung in Bezug auf Land und Heimatrecht. Offiz. Sammlung 1820 B. I S. 288.

[3] Zusatzartikel zum Konkordat vom 5. Juli 1820. Offiz. Sammlung 1838 B. II. S. 28.

Personen weiblichen Geschlechts verstanden werden) in einem
andern Kanton konvertieren will, als in demjenigen, wo er
das Heimatrecht besitzt, so soll die Glaubensänderung nicht ohne
Vorwissen der Regierung, in deren Gebiet sie vorgenommen
werden will, geschehen dürfen, und diese zugleich verpflichtet
sein, die heimatliche Regierung des zu einer andern Kirche über-
tretenden Schweizerbürgers von dieser Voranzeige allsogleich
in Kenntnis zu setzen". [1] Ein Beschluß des Kleinen Rates vom
30. April 1823, welcher auf Grund dieses Konkordates erlassen
wurde, verlangt vor jeder Konversion eines Nichtkantonsbürgers
oder Ausländers Anzeige an die Regierung, um zu prüfen,
ob von der Gestattung der Glaubensänderung im Kanton
St. Gallen nachteilige Folgen für diesen zu befürchten seien
oder nicht, und gestützt darauf zu entscheiden über die Zu-
oder Unzulässigkeit der Konversion, nach Gründen der höhern
Polizei. [2]

Der Stand St. Gallen beteiligte sich auch an einem Konkor-
date [3] über die Eheeinsegnungen und Kopulationsscheine vom
4. Juli 1820. Dasselbe stellte zur Verhütung ungesetzlicher
Kopulationen und daraus entstehender Heimatlosigkeit besondere
Vorschriften zur genauen Kontrollierung der Verkündungs- und
Kopulationsscheine auf und machte die konkordierenden Kantone für alle Folgen unrechtmäßig zu stande gekommener
Ehen verantwortlich. Ein Regierungsbeschluß vom 30. Juni [4]
1831 führte das Konkordat weiter aus und bestimmte, daß
Kantonsbürger, welche sich ehelich verbinden wollten, sich bei
ihrem Pfarrer anzumelden hätten, wobei für die Katholischen

---

[1] Vergl. Rieser, das Schweizerbürgerrecht. Bern 1892 S. 51: Man wurde
in der ganzen Schweiz sehr vorsichtig mit der Gewährung der Glaubensänderung
und man wollte eine genaue Kontrolle über alle diese Fälle schaffen und neue
Fälle von Heimatlosigkeit verhüten. Siehe auch: Konkordat über die Erteilung
von Heimatrechten an die Heimatlosen. Offiz. Sammlung 1838 B. II S. 30.

[2] Beschluß des Kleinen Rates über die Religionsänderung von Nicht-
kantonsbürgern vom 30. April 1823. (G. S. 1803—39 S. 512.

[3] Konkordat über die Eheeinsegnungen und Kopulationsscheine vom 4. Juli
1820. Offiz. Sammlung 1839 B. II S. 24. Dazu: Nachtragskonkordat vom
15. Juli 1842.

[4] Beschluß des Kleinen Rates über die Ehe-Einsegnungen vom 30. Juni
1831. (G. S. 1803—39 S. 529)

die bischöfliche Verordnung vom 31. März 1808 und der Beschluß des Kleinen Rates vom 25. September 1827, für die
Evangelischen aber die in ihren Ehesatzungen festgesetzten Bedingnisse (S. 63) maßgebend sein sollten. Jmübrigen wurde
auf die durch die kantonale Gesetzgebung aufgestellten Erfordernisse (Einheiratungstaxen, Dekret über Beschränkung der
Heiraten (S. 66 Anm. 2) u. s. w. und die durch das Konkordat verlangte Kontrollierung aufmerksam gemacht. Zuwiderhandelnde Geistliche wurden mit Verantwortlichkeit für
eventuellen Schaden und krimineller Strafe bedroht.

Einem andern Konkordate aber, vom 14. August 1821,
nach welchem die Verkündung gemischter Ehen nötigenfalls
entweder durch den reformierten Pfarrer oder einen Zivilbe-
amten, die Einsegnung nach Erfüllung aller gesetzlichen Vorschriften durch den erstern vorgenommen werden konnte, hinderte
der katholische Administrationsrat [1], die st. gallische Regierung
beizutreten, als eine Vereinbarung, welche mit den Gesetzen [2]
der katholischen Kirche unverträglich sei.

Am 6. Mai 1822 meldete der Kleine Rat dem eidgenössischen Vorort, daß der Kanton dem Konkordate nicht beitrete, [3] womit übrigens die Zulässigkeit gemischter Ehen [4]
st. gallischerseits nicht angefochten werde.

Der Bundesvertrag von 1815 mit seiner lockern Verbindung der Kantone, schien nicht geeignet, dem mächtigen Ein-

---

[1] Schreiben des katholischen Administrationsrates vom 30. April 1822 an
den Kleinen Rat: „Wenn nun das mehrmal angezogene Konkordat nicht von uns
ausgegangen ist, und dasselbe den Gesetzen der katholischen Kirche widerspricht, so
sollen und können wir demselben unsere Zustimmung nicht erteilen, obschon es uns
Mühe macht, uns in dieser Sache von unsern Mitleidgenossen zu trennen und
ersuchen sie Titl. an die betreffende Behörde diesen unsern Abschlag gelangen zu
lassen". Protokoll des Administrationsrates vom 30. April 1822. Archiv des
Administrationsrates.

[2] Conc. Trid. Sess. XXIV. C. 1.

[3] Auch einem Konkordat vom 6. Heumonat 1821 über gleichmäßige Behandlung der Ehescheidungsfälle, schloß sich der Stand St. Gallen nicht an.

[4] Die Einsegnung gemischter Ehen war indirekt gewährleistet durch
das Gesetz vom 30. April 1819 betreffend die Konfession der Kinder aus gemischten Ehen. Es verordnete: Kinder, welche von Eltern ungleicher Religionsbekenntnisse ehelich erzeugt worden sind, werden in Zukunft in der Konfession
des Vaters erzogen. (G. S. 1803—19 S. 539.)

fluß, den die römische Curie in dieser Periode geltend machte, eine starke Einheit entgegenzusetzen. Ein Kanton, in dem die konfessionelle Herrschaft der staatlichen Regierungsgewalt beinahe das Gegengewicht hielt, mußte daher zu einem gefügigen Werkzeug der kurialistischen Tendenzen herabsinken.

Zweites Kapitel.

Die Versuche zur Wiederherstellung des Klosters St. Gallen.

In einem Schreiben des st. gallischen Abtes Pankratius vom 19. April 1805 verlangte derselbe von der Tagsatzung[1] die mediationsmäßige (Art. 13₁₁) Einsetzung des Klosters in seine Rechte und die Anwendung der Tagsatzungsbeschlüsse von 1803 und 1804 (1. Abschn. 1. Kap.) auch auf sein Stift. Nachdem ihm der Großratsbeschluß vom 8. Mai 1805 bekannt gegeben worden war, gelangte er sofort an die Tagsatzung, als Rekursinstanz gegen die kantonalen Verfügungen, mit dem Rechtsgesuch, dieselben aufzuheben und dem Stift sein Eigentum zurückzuerstatten. Eine definitive Beschlußfassung der eidgenössischen Behörde erfolgte aber nicht; dagegen erließ der Landammann der Schweiz ein Antwortschreiben[2] an den Abt, des Inhalts, daß zwar die Schweizerkantone für das Stift günstige Gesinnungen gehabt, dieselben aber wegen Frankreichs Aeußerungen nicht hätten an den Tag legen können; nur Verwendung des Papstes beim französischen Kaiser könne noch helfen.

---

[1] Die Anrufung der Tagsatzung erfolgte also in einer Zeit, in welcher ein definitiver, kantonaler Aufhebungsbeschluß über das Kloster noch nicht gefaßt worden war. Siehe das Gesetz vom 8. Mai 1805. Das Schreiben ist abgedruckt bei Weidmann a. a. O. S. 206.

[2] Siehe Baumgartner a. a. O. II S. 210.

Die weitern persönlichen Bestrebungen des Abtes um
Wiederherstellung seines Klosters beruhen hauptsächlich in einer
Reise nach Rom und in dem Anrufen auswärtiger Mächte,
namentlich Rußlands und Oesterreichs um eingreifende, diplo=
matische Interventionen. Bei allen Versuchen blieb die Rückgabe
der Souveränitätsrechte die Mentalreservation des Fürstabts
und im Jahre 1814 antwortete[1]) er auf die Frage, ob die
Rechte des Stiftes mit der Fortexistenz des Kantons verein
barlich wären: Das Stift könnte selbst in die Regierung des
Kantons eintreten. Nachdem ein Schreiben Pankratius' vom
11. Februar 1814 an die vorörtliche Behörde, um Wieder
einsetzung des Klosters, unberücksichtigt geblieben war, wandte
er sich am 30. März 1814[2]) an die XIII Kantone, seine Schirm
herrn, Eid- und Bundesgenossen, worin er sie bat, das Stift,
ihren alten, getreuen Bundesgenossen nicht zu verlassen und
mit Rücksicht auf die günstigen Umstände, welche den löblichen
Ständen ihre Unabhängigkeit wieder gegeben hätten, dasselbe
wieder in seine Rechte einzusetzen, besonders da dies der Wunsch
des weit größern Teils des Stift st. gallischen Volkes[3]) und
der alliierten Mächte sei. "Sollte der Kanton St. Gallen," fährt
das Schreiben fort, "die dermalige Größe und Ausdehnung
beibehalten, hindert dieses im Geringsten nicht, die Rechtsame
des Stifts unverletzt zu bewahren. Wie in einigen andern
Kantonen zwei abgesönderte Regierungen statthaben, so könnte
dieses im Kanton St. Gallen zwischen der Abtei und der Stadt
St. Gallen geschehen, und die Einteilung nach dem Unterschied
der Religionsverwandten, oder nach gewissen Bezirken und

---

[1]) Siehe Baumgartner a. a. O. II S. 309.

[2]) Das Schreiben ist abgedruckt bei Müller-Friedberg a. a. O. III S. 122.

[3]) Bei Anlaß der kantonalen Verfassungsrevision im Jahre 1814 wurde
in gewissen Landschaften die Stimmung für die Wiederherstellung des Klosters
ohne Souveränität laut und ein im Kanton St. Gallen verbreitetes Flugblatt
zeigte den Titel: "Das Stift St. Gallen in dem neu erstandenen Kanton St. Gallen,
1814", welches sogleich vom Kleinen Rate konfisziert wurde.

Der Abt suchte auch persönlich dieses Uebergangsstadium des Kantons zu
benutzen und nachdem eine Uebereinkunft mit 2 Mitgliedern des Administrations
rates gescheitert war, gelangte er in einem Schreiben vom 10. Juni 1814 direkt
an den Großen Rat und an die Verfassungskommission. Der Erfolg blieb aus.
Vergl. Baumgartner a. a. O. II S. 331 ff.

Ländereien vorgenommen werden." Schließlich spricht er die
Geneigtheit aus, „eventuell dem Wohl des Vaterlandes ein
Opfer zu bringen" und gibt sich der Hoffnung hin, daß die
Kantone einen Mitstand der Eidgenossenschaft und treuen
Verbündeten nicht werden vernichten lassen, da sie obendrein
feierlich beschlossen hätten, keine Aufhebung eines Stiftes ohne
Einwilligung des päpstlichen Stuhles zu gestatten. —

Der Abt bediente sich also fortwährend der juristischen
Fiktion, daß sein Kloster bestehe und nur in seine Rechte ein
gesetzt zu werden brauche: während er aber einerseits die
Souveränitätsrechte zurückfordert, spricht er andererseits von
eintretender „Vernichtung eines Mitstandes der Eidgenossenschaft," fingiert also ebenfalls den Besitz der Landeshoheit:
während er an andern Orten behauptete, die Mediationsakte
und die st. gallische Kantonalverfassung anzuerkennen, sucht er
den Staat in zwei Teile zu zerreißen und der Regierung die
Hälfte ihrer Machtsphäre zu entwinden.

Das Gesuch des Abtes gelangte an den Vorort Zürich
und dieser antwortete[1] am 2. April 1814, daß weder die Lage
der Eidgenossenschaft überhaupt, noch die Verhältnisse gegen
die löblichen Mitstände insbesondere gestatteten, über das in
der Zuschrift gestellte Begehren tiefer einzutreten. — Auch
weitere Reklamationen an die st. gallische Kantonsregierung[2]
und die eidgenössische Tagsatzung,[3] in denen er seine Souveräni
tätsrechte zurückforderte und mit Berufung an den Wiener
Kongreß drohte, fanden keine Berücksichtigung. Wiewohl er in
Wien persönlich zu wirken suchte, namentlich durch den Kardinal
Consalvi, faßte der damals versammelte Kongreß in Wien
einen Beschluß, der die letzten Aussichten vernichten mußte.
Er lautete: Die dazwischenkommenden Mächte, anerkennend,

---

[1] Schreiben des Standes und Vororts Zürich an den Hochwürdigen
Herrn Pankratius, gewesenen Abt des ehemaligen Fürstlichen Stifts St Gallen
vom 2 April 1814   Abgedruckt bei Müller-Friedberg a. a. O. III S. 123.

[2] Schreiben des Abtes an den Kleinen Rat des Kantons St. Gallen vom
14 Juni 1814   In der Hauptsache abgedruckt bei Müller Friedberg a. a. O.
S. 124 III.

[3] Schreiben des Abtes an die Tagsatzung vom 10. September 1814;
durch Beschluß der Tagsatzung vom 17. September 1814 ad acta gelegt.

daß die Gerechtigkeit erheische, dem Fürstabt von St. Gallen
ein ehrenvolles und unabhängiges Dasein zu sichern, verordnen[1]):
„Der Kanton St. Gallen wird ihm einen lebenslänglichen Jahr
gehalt von 6000 Reichsgulden und seinen Beamten einen
lebenslänglichen Jahrgehalt von 2000 Reichsgulden bezahlen.
Diese Jahrgehalte sollen vom 1. Januar 1815 an gerechnet,
vierteljährlich dem Direktorialkanton zugestellt werden, welcher
dieselben nach obigem Verhältnisse an die Verfügung des
Fürstabts von St. Gallen und seiner Beamten wird auszahlen
lassen."

Am 27. Mai 1815 sprach die Tagsatzung die Anerkennung
der Wiener Beschlüsse aus: der Abt aber legte Verwahrung[2])
dagegen ein und wies seine Pensionsgehalte zurück, um damit
nicht die Gutheißung der Klostersäkularisation indirekt aus
zusprechen.

Der Abt von St. Gallen erwartete nun seine letzte Hülfe
von Rom und wirklich erließ Pius VII. am 12. Juni 1816 drei
päpstliche Breven, nämlich: an die schweizerische Tagsatzung,
an die katholischen Kantone der Schweiz und an die katholischen
Mitglieder des Kleinen[3]) und Großen Rates des Kantons
St. Gallen. In diesen Erlassen sprach der Papst die Ungültigkeit
der st. gallischen Klosterbeschlüsse von 1805 aus, als im Wider
spruch stehend zum Bundesrecht von 1803 und den Tagsatzungs
beschlüssen von 1803 und 1804. Die Aufhebung des Klosters
sei 1798 nur angedroht, nicht vollzogen worden und die
beschlossene Dotation des Wiener Kongresses sei nur als Ent
schädigung für den Verlust der landesherrlichen Rechte anzu
sehen. Beantragt wurde die Wiederherstellung des Stiftes mit

---

[1]) Beschluß des Wiener Kongresses vom 20. März 1815. Art. 9. (G. S.
1803—39. S. 15.

[2]) Der Abt Pankratius anerkannte erst am 9. Juli 1820 gegenüber dem
Vorort Luzern den 9. Art. dieses Wiener Kongreßbeschlusses in seiner vollständigen
Verfügung und damit die rechtskräftige Aufhebung seines Klosters. Nach mehr
fachen Unterhandlungen erhielt er vom Kanton St. Gallen die von ihm nachträglich
geforderte Pensionierungssumme nebst Rückständen ausbezahlt.

[3]) Breve Pius VII vom 12. Juni 1816 an die katholischen Mitglieder des
Kleinen und Großen Rates des Kantons St. Gallen. Archiv des Administrations
rates. Das Breve beginnt: Inter tot et tantas acerbissimi doloris causas.

voller bischöflicher Gerichtsbarkeit im ganzen ehemaligen konstanzischen Gebiete St. Gallens, eventuelle Erhebung des Abtes zum Bischof mit Beibehaltung der klösterlichen Regular ordnung. Das für uns Wichtige dieser Breven besteht einzig darin, daß der Papst schon damals die Möglichkeit äußerte, ein für den Kanton St. Gallen selbständiges Bistum zu errichten.[1]

Am 16. Juli 1816 trat die Tagsatzung auf den Gegenstand ein, wobei die Verhandlungen[2] die Verschiedenartigkeit der kantonalen Standpunkte in dieser Frage deutlich erkennen lassen. Während die einen Kantone das Kloster nur de facto, nicht de jure, als aufgehoben ansahen, anerkannten die andern die volle Rechtsgültigkeit der Aufhebungs und Liquidations beschlüsse; während die Gesandten der Kantone Bern, Tessin, St. Gallen, Solothurn ꝛc. die Angelegenheit als eine durchaus kantonale[3] betrachteten, sahen Andere in der Säkularisation eine Verletzung der Mediationsakte und des Bundesvertrages und daher in der Tagsatzung das kompetente Forum, zur rechtlichen Geltendmachung der verfassungsmäßigen Ansprüche; während von Basel dem Papste jede Berechtigung „zur Ein mischung in bischöfliche Angelegenheiten" der Schweiz abge sprochen wurde, begrüßten andere Stände die päpstliche Inter vention und verlangten, daß in erster Linie eine Verständigung zwischen der Curie und St. Gallen erzielt werde; während die

---

[1] Siehe das Breve an die katholischen Mitglieder des Kleinen und Großen Rates im Archiv des Administrationsrates: „Præter enim quam quod jura cuique servari sua æquitas et justitia postulat, valde præterea utile Sangalensi populo esse judicamus, quod proprium ut antea semper pastorem et ordinarium habeat."

[2] Siehe den Auszug aus dem Protokoll der eidgenössischen Tagsatzung und den Gesandtschaftsbericht über die Verhandlungen vom 16. Juli 1816 Staats archiv. Rahen I Zelle 12 Fasc. 53.

[3] Aus dem Votum von St. Gallen: „Der Gesandte schließt mit dem Be gehren, daß die Tagsatzung sich alles Eingreifens in die Rechte des Kantons enthalte und die Intervention obigen staatsrechtlichen Verhältnissen gemäß, ablehne." Der st. gallische Gesandte hatte die Rechtsgültigkeit der Klosterbeschlüsse der Mediationszeit hervorgehoben und betont, daß Art. 12 des Bundesvertrages nur die bestehenden Klöster schütze und Art. 9 des Wiener Kongreßbeschlusses die Aufhebung des Klosters indirekt anerkenne. Ganz besonders wies er auf die be drohte Souveränität des Kantons hin.

Einen in der Wiederherstellung des Klosters einen der katholischen Konfession Genüge leistenden, religiösen Akt erblickten,
glaubten die Andern mit dem Abt und seinen Kapitularen
einen der Souveränität des Kantons St. Gallen gefährlichen
Prätendenten einzusetzen.[1] In der Abstimmung ergaben sich
11½ Stimmen für Ablehnung des päpstlichen Gesuches, nämlich:
St. Gallen, Basel, Zürich, Luzern, Schaffhausen, Aargau, Thurgau,
Waadt, Genf, Tessin, Graubünden (mit Vorbehalt der Ratifikation) und Appenzell A.-Rh. Am 16. August ratifizierte
Graubünden, und Glarus und Neuenburg traten dem Beschlusse
bei. Das am 25. September gleichen Jahres an den Papst
erlassene Rückschreiben[2] lautete: „Daß, in Betrachtung aller
Ereignisse, welche sich seit 1798 in Betreff des Klosters St. Gallen
zugetragen haben und gegründet auf die Bundesverfassung
und den Entscheid des Wiener Kongresses, die vom römischen
Hof gegen den Kanton St. Gallen verlangte Intervention
abgelehnt werde."

Die beiden andern Breven des Papstes fanden daraufhin
keine Beantwortung: doch erhielt der Administrationsrat vom
st. gallischen Kleinen Rate die Weisung, „daß er ihn bezüglich
der bischöflichen Angelegenheiten so weit unterstützen wolle,
als es mit dem allgemeinen Wohl des Kantons vereinbarlich
wäre."

Die Hartnäckigkeit der Kurie gieng mit derjenigen des
Abtes Hand in Hand. Da nämlich ein dem Stift St. Gallen
wohlwollend gesinnter Nuntius nach der Schweiz gekommen
war (Karl Zen) und man von dem preußischen Gesandten
(Justus von Gruner) und dem nunmehr Vorort gewordenen
Stande Bern Günstiges für das Kloster erwarten konnte,
erließ der Papst 1817 wiederum zwei Breven, das eine[3] an

---

[1] Aus dem Votum von Luzern: „Die Tagsatzung solle ihre Würde fühlen,
den jetzigen Bestand des Kantons St. Gallen schützen und die Sache als abgetan
behandeln."

[2] Auszug aus dem Abschied der ordentlichen eidgenössischen Tagsatzung
der 22 Kantone der Schweiz, gehalten in Zürich im Jahre 1816; abgedruckt
bei Müller-Friedberg a. a. O. III S. 126.

[3] Breve vom 5 April 1817.

sämtliche eidgenössische Stände gerichtet, das andere speziell an den eidgenössischen Vorort, mit der Begründung, daß seine vorhergehenden Erlasse nicht an die Kantonsbehörden selbst gelangt seien, daher die Standesgesandten mehr nach eigenem Ermessen als nach den Ansichten ihrer Auftraggeber gestimmt hätten und das Votum St. Gallens zu einer falschen Auffassung geführt habe. Die Breven wiederholten in der Hauptsache die Forderungen des Jahres 1816. Aber auch dieses zweite päpstliche Gesuch wurde durch den Tagsatzungsbeschluß[1] vom 21. Juli 1817 von 13 Kantonen abgewiesen. Es wurde beschlossen: „daß, in Betrachtung aller Ereignisse, welche sich seit 1798 in Betreff des Klosters St. Gallen zugetragen haben und gegründet auf die Bundesverfassung und auf den Entscheid des Wiener Kongresses, die vom römischen Hof gegen den Stand St. Gallen zu Wiederherstellung dieses Klosters verlangte Eidgenössische Verwendung, zwar mit aller Ehrerbietung Seiner päpstlichen Heiligkeit, aber ebenso bestimmt abgelehnt und dieser Beschluß durch den löblichen Vorort dem römischen Hof eröffnet werden solle." Bei den Verhandlungen machten sich im Allgemeinen die nämlichen Gesichtspunkte[2] wie im Jahre 1816 geltend. Als die Rechtsgültigkeit des Tagsatzungsbeschlusses vom 16. Juli 1816 angefochten wurde, da die meisten Gesandten ohne Instruktion gestimmt hätten, gab Zürich folgendes Votum[3] ab: „Was nun das Prozedere betrifft, so steht das vorjährige nicht einzig da, indem im Jahre 1815 die Tagsatzung auch ohne Instruktion Truppen ins Feld stellte und ebenfalls wegen der Belagerung von Hüningen Maßregeln traf, ohne instruiert zu sein; solche und ähnliche Ereignisse könnten sich aber wieder zutragen. Im gewohnten Gang der Geschäfte aber (das fühle es auch) wäre diese Methode nicht ersprießlich."

---

[1] Auszug aus dem Abschied der ordentlichen Tagsatzung der 22 Kantone der Schweiz, gehalten in Bern im Jahre 1817. Abgedruckt bei Müller-Friedberg a. a. O. S. 127 Vergl. den Gesandtschaftsbericht vom 23. Juli 1817 Staatsarchiv Kanten I Zelle 12, Fasc. 54

[2] Originell ist die Auffassung des Standes Nidwalden, über das in dieser Sache zuständige Forum: „Ob die Klosterangelegenheit Kantonalsache sei, müsse zwischen dem Papst und dem Kanton St. Gallen behandelt werden." Gesandtschaftsbericht von 1817. Staatsarchiv.

[3] Siehe den oben erwähnten Gesandtschaftsbericht.

Damit waren die rechtlichen Unterhandlungen über die Wiederherstellung des Klosters St. Gallen zu bleibendem Abschluß gelangt und die katholische Landesbehörde St. Gallens trat zur definitiven Regelung der kirchlichen Verhältnisse des Kantons selbstständig mit der römischen Kurie in Verbindung. Die persönlichen Versuche für Rekonstitution des Stiftes setzte der Abt nichtsdestoweniger fort[1]) und ebenso machten sich die Bestrebungen für Wiedereinsetzung des Klosters in seine Rechte bei den Bistumsunterhandlungen von curialistischer Seite hin und wieder geltend. Die kanonische Aufhebung der Abtei erfolgte erst durch die päpstliche Bulle[2]): Ecclesias quæ antiquitate vom 2. Juli 1823, welche das Kloster bei Einführung des Doppelbistums Chur St. Gallen mit allen seinen Rechten als aufgehoben und erloschen erklärte, nachdem sich der Papst überzeugt hatte, daß alle Aussicht auf Erfüllung seiner Wünsche betreff der Wiederherstellung des Stiftes St. Gallen zunichte geworden war. —

Dieses Kapitel zeigt den mächtigen, weit ausgedehnten Einfluß des st. gallischen Klosters, unterstützt durch den eisernen Willen einer unbeugsamen Persönlichkeit und die energischen Bestrebungen der römischen Kurie. Bei den tief eingewurzelten Sympathien, welche dem Stifte noch im Jahre 1817 vonseite der Kantone entgegengebracht wurden, scheint die Annahme berechtigt, daß bis zu diesem Zeitpunkte die Wiederherstellung der rein klösterlichen Korporation möglich gewesen wäre, wenn der Abt jemals ausdrücklich auf alle Souveränitätsrechte verzichtet hätte. — Die Lösung der staatsrechtlichen Frage, inwiefern die Tagsatzung das kompetente Forum zur Erledigung dieses Klosterstreites gewesen, liegt einzig in der Verschiedenartigkeit der Auffassung über die vorangegangene Säkularisation Diejenigen Kantone, welche die Aufhebungsbeschlüsse unter der Helvetik und die Bestätigung derselben durch das kantonale

---

[1]) Vergl. Müller-Friedberg a. a. O. III. S. 128 und Dierauer a. a. O. S. 359.

[2]) Stelle aus der Bulle Ecclesias quae antiquitate: . . . ac omnimode suppresso et extincto priori statu et quocumque jure abbatiali eidem pridem competenti ecclesiam sub invocatione sti. St. Gallische G. S. Jahrgang 1823.

Liquidationsgeſetz vom 8. Mai 1805 als rechtsgültig, das
Kloſter demnach als definitiv ſäkulariſiert anerkannten, mußten
eine Wiedererrichtung der Abtei als Kantonalſache betrachten
und der Tagſatzung die Kompetenz dazu abſprechen. Diejenigen
Stände dagegen, welche mit Einführung der Mediationsakte
(durch deren Art. 13,₄) das Wiederaufleben des Stiftes ſahen,
die ſt. galliſchen Maibeſchlüſſe als im Widerſpruch ſtehend zur
Bundesverfaſſung alſo für nichtig hielten, erklärten die Tag
ſatzung als legitime Behörde, dieſen verfaſſungswidrigen Zuſtand
beiſeite zu ſchaffen und die Mediation, beziehungsweiſe den
Bundesvertrag (Art. 12), zur vollen Durchführung zu bringen.

Auffallend in juriſtiſcher Beziehung iſt freilich die Tatſache,
daß die päpſtlichen Breven im Jahre 1816 und 1817 von der
Tagſatzung berückſichtigt wurden, während die nämliche Ver
ſammlung ein Geſuch des Abtes, der zur Klageerhebung weit
eher legitimiert erſchien, im Jahre 1814 einfach zu den Akten
legte. (S. S. 78, Anm. 3.)

Drittes Kapitel.

Die proviſoriſchen Verfügungen der Curie bis zur Errichtung des Doppelbistums Chur-St. Gallen.

§ 1.
Die Trennung vom Bistum Konstanz.

In der Geſchichte der katholiſchen Kirche beobachten wir
von dem Zeitpunkte des Wachſens der päpſtlichen Gewalt einen
nie ruhenden Streit[1] zwiſchen Biſchof und Papſt, wiewohl
nach kanoniſcher Auffaſſung ein rechtlicher Grenzkonflikt gar
nicht entſtehen kann, da der Papſt durch ſeinen primatus

---

[1] Siehe die articuli de reformatione supremi status ecclesiastici von
1418, wo ſich ſchon Reklamationen gegen Anmaßungen päpſtlicher Gewalt vorfinden

jurisdictionis der bischöflichen Macht übergeordnet ist und
derselben eine jurisdictio propria [1]) abspricht. Endgültig ent
schieden wurde diese Frage freilich erst durch das vatikanische
Konzil von 1870, welches mit dem Anathem bestraft [2]): si
quis dixerit. Romanum Pontificem habere tantummodo
officium inspectionis vel directionis, non autem plenam et
supremam potestatem jurisdictionis in universam ecclesiam ...
Aber schon viel früher galt der Rechtssatz, daß der Bischof von
dem jus ad rem zu dem jus in re d. h. zu dem Recht, sein
Bischofsamt faktisch ausüben zu können erst durch die päpstliche
Confirmatio gelangte, wodurch sich der oberste Kirchenherr die
episcopale Abhängigkeit tatsächlich sicherte. Trotz dieser recht
lichen Ueberordnung lag es von jeher in der Tendenz der
Päpste, die bischöfliche Gewalt einzuschränken, was sie vor
nehmlich auf dem Wege zu erreichen suchten, daß sie Bistümer
und Abteien als exempt erklärten, erstere also keinem Metro
politanverbande einverleibten und dieselben durch ihre Agenten,
Nuntien, überwachen ließen. Indem so die Zwischenstufe eines
Erzbischofes umgangen wurde, gerieten Diözesen und Klöster
in unmittelbare Abhängigkeit vom römischen Stuhl und konnten
leichter in päpstlichem Sinn und Geiste geleitet werden.
Von diesen Gesichtspunkten aus sind die Entwicklungen der
Diözesanverhältnisse der Schweiz zu Anfang dieses Jahr
hunderts zu betrachten und es ist ein außerordentlich kluger
Gedanke [3]) der Curie gewesen, dieses Uebergangsland von
Italien nach den europäischen Großstaaten durch die Gründung
verschiedener exempter Bistümer dem römischen Einflusse mög
lichst direkt zu sichern. Bemerken wir demnach in der Aufhebung

---

[1]) Vergl. Zorn a. a. O. S. 262.

[2]) Const. dogm. 1 de Eccl. Chr. C. III.

[3]) Diese Politik findet sich in den folgenden päpstlichen Erlassen angedeutet:
1. Breve Pius VII. vom 7. Oktober 1814: Profecto quantum ex hactenus
allatis cognovimus, Nobis e re Christiana visum est. vestros Episcopatus
Helvetiorum pagorum terminis circumscribere aut finire. 2. Bulle, Ecclesias
quae antiquitate vom 2. Juli 1823: ... in animo simul habentes, novas
deinde in iis (Helvetiæ) regionibus episcopales sedes erigere, ut spirituali
christi fidelium bono stabili modo perpetuis futuris temporibus con-
suleretur. Wie die curialistische Politik bei Errichtung des Bistums Lugano
wenigstens faktisch siegte, siehe Fleiner a. a. O. S. 133. Anm. 3.

des Klosters St. Gallen eine scheinbare Niederlage der Curie, so muß in der Ablösung des Kantons von einem auswärtigen Diözesanverband (Konstanz) und in der spätern Errichtung eines selbstständigen, exempten Bistums St. Gallen, ein entschiedener Sieg der päpstlichen Politik erblickt werden.

Die Erreichung dieses Zweckes wurde Rom dadurch erleichtert, daß in der Mediationszeit die Nuntiatur in der Schweiz wiederhergestellt und der konstanzische Kirchensprengel, von dem abzulösen es sich hauptsächlich handelte, von Männern geleitet wurde, deren aufklärende Reformtheorien (Wessenberg) den strenggläubigen schweizerischen Kantonen vom Papste leicht als unerlaubte Ketzereien dargestellt werden konnten. Diesem Versuch ging ein anderer parallel, der dahin tendierte, der Eidgenossenschaft klarzulegen, daß die von ihr stets so sehr ersehnte politische Freiheit um ein bedeutendes gesteigert würde, wenn sie sich von auswärtiger, episcopaler Jurisdiktion befreite.[1]

Schon im Vertrage[2] vom 6. Februar 1804. „entzwischen den Churbadischen und Eidgenössischen Herren Abgeordneten betreffend die Uebernahme der ehemaligen Bischöflich-Domkapitulisch Konstanzischen Besitzungen, Rechte und Gefälle in der Schweiz durch die respektiven Kantone," war in Art. 7 die Möglichkeit einer Trennung[3] der Schweiz vom konstanzischen Kirchensprengel vorgesehen. Bereits am 12. Juli gleichen Jahres fand eine Beratung der Gesandtschaften der katholischen und paritätischen Kantone über die Errichtung schweizerischer Bistümer statt, in welcher St. Gallen gegenüber den meisten andern

---

[1] Die tatsächlich erfolgte Ablösung der Schweiz von einer fremden Diözesangewalt muß als entschiedener Vorteil für Kirche und Staat angesehen werden; denn da die Diözesaneinrichtung nach der Natur der bischöflichen Gewalt die eigentliche Grundlage der katholischen Kirchenverfassung jedes Landes ist, so ist es für den Staat von dem höchsten Interesse, daß sie zugleich der politischen Einteilung entspreche. Siehe Eichhorn, Grundsätze des Kirchenrechtes. B. I. S. 623.

[2] Zur Durchführung dieser Verfügung schlossen die Kantone eine Uebereinkunft vom 6. Februar 1804, nach welcher der gebietserwerbende Kanton St. Gallen die Summe von 11,300 fl. zu entrichten hatte. Die von Konstanz erworbenen Eigentümlichkeiten wurden unter die beteiligten Kantone verteilt. Vergl. Fleiner a. a. O. S. 7.

[3] Ueber die früher herrschende Idee der Abtrennung von Konstanz, siehe Fleiner a. a. O. S. 11. Anm. 2.

Ständen die Ansicht vertrat, daß die Unterhandlungen auf Grundlage der Kantonalsouveränität geführt werden sollten.[1] In dieser Sitzung und den spätern Verhandlungen vom 20. Juni 1805 gelangte man aber nur zu dem Resultate, daß der Land-ammann der Schweiz beauftragt wurde, „in schicklichem Zeit-punkte Unterhandlungen über die Diözesanverhältnisse anzu-knüpfen und dieselben mit sämtlichen Diözesankantonen auf dem Fundament der Trennung von der auswärtigen bischöf-lichen Jurisdiktion weiter zu beraten." Durch die Anstände des Papstes mit dem französischen Kaiser konnten jedoch die Verhältnisse zu keiner abschließlichen Regelung gebracht werden. Am 30. Januar 1813 erließ Uri im Auftrage einer stattge-fundenen Konferenz[2] der Stände Uri, Schwyz und beider Unterwalden ein Kreisschreiben[3] an die konstanzischen Diözesan-stände, in welchem es mitteilte, daß die Urkantone schon lange gewünscht hätten, die katholische Schweiz von dem geistlichen Verbande mit auswärtigen Bistümern getrennt zu sehen und bereits zu dem Beschluß gelangt wären, bei der Nuntiatur auf den Fall der Erledigung des bischöflichen Stuhles, die Ab-sönderung von Konstanz nachzusuchen. Großen Wert setzten sie darauf, daß die übrigen konstanzischen Mitstände sich mit ihrem Entschlusse vereinigen möchten, auch würde es nicht an Stoff fehlen, diesen Schritt durch religiöse und politische Be-sorgnisse[4] zu begründen und der Fürstprimas würde voraus-

---

[1] Rothing a. a. O. S. 19.

[2] Konferenz in Gersau vom 20. Januar 1813. Die Verhandlungen siehe bei Rothing a. a. O. S. 32.

[3] Das Kreisschreiben ist in der Hauptsache abgedruckt bei Rothing a. a. O. S. 40.

[4] Rothing a. a. O. S. 36. Die Hauptpunkte dieser Besorgnisse sind dem Konferenzprotokoll von Gersau (20. Januar 1813) zu entnehmen: Da die Er-haltung des Glaubens und der Vereinigung mit der Kirche die Lostrennung vom Bistum Konstanz als notwendig erscheinen lasse, da die Un-abhängigkeit der Schweiz diese Maßregel nach den von Sr. Heiligkeit ge-billigten und von den benachbarten Staaten aufgestellten Grundsatz, daß die bischöfliche Jurisdiktion sich nicht über fremde Länder ausdehnen soll, er-fordere, und endlich das gewissermaßen aufgelöste Domkapitel von Konstanz, auf welches bei Erledigung des bischöflichen Stuhles die Interimsverwaltung übergehen würde, eine vorläufige Verfügung erheische, so werden Se. Heiligkeit unterwürfig ersucht, . —

sichtlich einem solchen ungeteilten Begehren der schweizerischen
Kantone seinen Beifall nicht versagen. Die Diözesanstände
antworteten verschiedenartig, und St. Gallen drang mit Zürich
und Thurgau auf Konferenzverhandlungen während der Sitzungen
der Tagsatzung. Diese fanden am 24. Juni und 3. Juli 1813
in Zürich statt, und ein Kommissionsentwurf, der im Allgemeinen von der Gesinnung getragen war, daß kein Stand dem
andern einen Bischof aufdrängen und seiner religiösen Selbstständigkeit Abbruch tun wolle, empfahl den Kantonen, den
Fürsten Dalberg zu persönlicher Handbietung für die Ablösung
von Konstanz zu bitten. Der zweite Abschnitt [2] des Kommissions-
Gutachtens enthielt „Ansichten über eine schickliche Diözesanein-
teilung," wobei die Errichtung eines Bistums in der Mitte
der Schweiz mit Beromünster als Bischofssitz ausersehen wurde.
Diese Anträge fanden die Zustimmung der Mehrzahl der Kontrahenten und auf ein im September an Dalberg abgegangenes
Gesuch in diesem Sinne, sprach der Fürst unter gewissen Be-
dingungen die Bereitwilligkeit aus, zur Neugestaltung der
schweizerischen Diözesanverhältnisse vorbereitende Schritte unternehmen zu wollen. Auch antwortete er einer an ihn abge-
sandten Deputation, in welcher sich auch ein Delegierter
St. Gallens befand (Müller Friedberg), in einer schriftlichen
Erklärung [3] vom 24. November 1813, daß er dem Papst die
Entscheidung der Frage anheimstellen werde: „ob und welche
Kantone von dem Bistum Konstanz wirklich zu trennen seien."
Diese indirekte Einwilligung schien aber die unter dem Drucke
der Nuntiatur stehenden Kantone nicht zu befriedigen, und nachdem ein, schon im November 1813 in Zürich entworfenes und
seither auf dem Wege der Korrespondenz modifiziertes Schreiben

---

[1] Das Nähere über die Verhandlungen der Konferenz siehe bei Rothing
a. a. O. S. 46

[2] Im 2. Abschnitt findet sich die Stelle: Es müßten aber den löblichen
Ständen Uri, Solothurn, St. Gallen und Aargau bei Fortdauer der allgemeinen,
oder beim Eintreten partieller Verbindungen, bundesgenössische, gemeinschaftliche
Einwirkung und Unterstützung zugesagt werden, auf daß auch ihr respektives
Gebiet nicht mehr unter verschiedene Kirchensprengel verstückelt bleibe. Rothing
a. a. O. S. 50.

[3] Das Schreiben ist abgedruckt bei Rothing a. a. O. S. 53.

an den Papst, die Zustimmung der Kantone[1] Uri, Schwyz, Ob und Nidwalden, Zürich, Glarus, Solothurn, Schaffhausen, Appenzell J. Rh., St. Gallen und Thurgau erhalten hatte, wurde dieses Gesuch durch Vermittlung der Nuntiatur am 16. April 1814 nach Rom abgeschickt.[2] Darin verlangten die beteiligten Stände die Zusicherung der Trennung von Konstanz, wenn die nötigen Verhandlungen über die Ablösung unter den Beteiligten in aller Form zum Ziele gelangt wären, wobei das kanonische Recht und die Mitwirkung des Fürsten Dalberg beobachtet werden sollte. Die auf diese Bitte folgenden curia listischen Machinationen können nur auf Grund der zu Anfang dieses Paragraphen gegebenen Erörterungen und aus dem Motive abgeleitet werden, daß die Curie bemüht war, die von Wessenberg vertretene josephinische Politik[3] über die Schweiz möglichst rasch zu brechen.

Der Nuntius, Fabricius Scebrerras Testaferrata, teilte nämlich am 31. Dezember 1814 dem Stande Uri, zu Handen der übrigen Diözesankantone ein päpstliches Breve vom 7. Oktober 1814 mit, in welchem sich Seine Heiligkeit zu Verhandlungen über die Trennungsangelegenheiten bereit erklärte, welche Gewißheit die Kantone durch ihre Anfrage zu bezwecken gesucht hatten. Mit nämlichem Schreiben machte aber Testaferrata die Anzeige[4] daß er ein apostolisches Breve[5] über die bereits vollzogene Trennung der Schweiz von der Konstanzer Diözese (peracta separatione Helvetiæ a Diœcesi Constanciensi)

---

[1] Der Kanton Luzern hatte seinen Beitritt erst nachträglich (13. Juni 1814) bei der Nuntiatur erklärt.

[2] Das Schreiben enthält die Stelle: Præsentibus igitur litteris non hoc in instanti a Constanciensi Sede, separari efflagitamus; sed Tuam duntaxat paternam pietatem etiam atque etiam rogamus, ut quo citius fieri potest, nos Tua clementia certiores reddat, a Tua in nos benevolentia, statim ac superius indicata rite fuerint composita, hanc a Sede Constanciensi concedendam esse separationem. Vollständig abgedruckt bei Rothing a. a. C. S. 58—60.

[3] Vergl. Fleiner a. a. C S. 12 und S. 13 und Rothing a. a. C S. 32 Anm. 1.

[4] Die Urkunde ist vollständig abgedruckt bei Rothing a. a. C. S. 66.

[5] Breve an Dalberg vom 2. November 1814. Teilweise abgedruckt bei Rothing a. a. C. S. 67.

an den Fürsten Talberg abgeschickt und der heilige Vater durch
ein zweites Breve für die abgesönderten Kantone Bernhard
Göldlin von Tieffenau zu seinem apostolischen Vikar[1] erwählt
habe (elegisse pro nunc in suum Vicarium Apostolicum pro
separatis Cantonibus Vestris . . . Göldlin . .). Damit war
die noch gar nicht verlangte kirchliche Trennung bereits vollzogen.

Die zweite willkürliche Handlung des Nuntius bestand
darin, das Breve vom 7. Oktober 1814 so lange zurückzuhalten,
bis durch ein Breve vom 2. November 1814 der Papst die von
seinem Agenten betriebene Trennung ausgesprochen hatte, um
durch die vereinten Mitteilungen vom 31. Dezember 1814 die
Möglichkeit eintretender Hindernisse bei den Bistumsunter
handlungen aus dem Wege zu schaffen und durch einen ent
scheidenden, zum Teil vorgreifenden, apostolischen Machtspruch
die Situation definitiv zu begründen.

Am 1. Januar 1815 zeigte der Nuntius den geistlichen
Vorstehern, Kapiteln u. s. w. die Regelung der neuen kirchlichen
Verhältnisse an und durch Mitteilungen vom 13. und 14. Februar
1815 anerkannte die Regierung des Kantons St. Gallen den
eingetretenen „Zwischenzustand" und Bernhard Göldlin als
apostolischen Vikar.[2]

Durch die schwache Bundesgewalt, welche der Vertrag von
1815 statuierte und bei dem Mangel jeglicher kirchenpolitischer
Bestimmungen für die Eidgenossenschaft, sah sich die Curie

---

[1] Das Breve vom 10. Januar 1815, in welchem Göldlin zum apostolischen
Vikar ernannt wurde, bestand noch nicht, als der Nuntius bereits von dem
elegisse vicarium berichtet hatte. Vergl. Garcis und Zorn a. a. C. II.
S. 6.

[2] Im Breve vom 10. Januar 1815 wurde Göldlin unmittelbar unter die
Tirektion Roms gestellt: . . . tibi (Göldlin) tradimus administrand si
provisorie tamen atque ad nostrum et apostolicæ Sedis beneplacitum.
In dem Schreiben der Nuntiatur vom 1. Januar 1815 an Göldlin heißt es:
idcirco præ speciali nobis delegata auctoritate in nuperrimis litteris
apostolicis ad humilitatem nostram datis, te præsentibus eligimus, insti-
tuimus, ac deputamus in Vicarium Suum generalem Apostolicum in spiritualibus cum indicta clausula, provisorie videlicet et ad beneplacitum
ac mentem Sanctissimi pro Helvetia separata a Diœcesi Constantiensi,
excepta tamen parte olim ejusdem Diœcesis in Cantone Solodurensi, cui
ab Apostolica Sede jam fuit specialiter provisum. Vergl. die Stelle in dem
Breve vom 10. Januar 1815. Kolbing S. 71 Anm. 1.

dem unbestimmten, wenig einheitlichen Vorgehen einzelner Kantone gegenüber und konnte daher ihre Politik leichter zum Siege führen. In einer kurzen Zeitspanne war es ihr gelungen, einen großen Teil der katholischen und paritätischen Schweiz ohne jede Begrüßung der Staatsgewalten in ein kirchliches Provisorium[1]) hineinzudrängen, um bei definitiver Gestaltung der Verhältnisse die römischen Tendenzen wirksamer zu vollem Ausdruck bringen zu können.[2])

§ 2.
Apostolisches Vikariat und Provisorium unter Chur.

Die eigenmächtige, von der Curie sanktionierte Verfügung des Nuntius, wurde von den betroffenen Ständen durch ein Schreiben vom 24. Mai 1815 dem Papste verdankt[3]) und damit anerkannt. Priester und Laie fügte sich. Zur Wahrung der jura circa sacra schrieb[4]) die st. gallische Regierung an die mit der Leitung der Bistumsangelegenheiten beauftragte Stadt Luzern: Die Nachteile dieses Zwischenzustandes sollten vermindert werden durch das einmütige Verlangen, daß jene Rechte, welche die Regierungen gegen das Bistum Konstanz behaupteten, geachtet werden, und daß aus dem neuen Vikariatstitel keine Folgerungen gezogen würden, welche die Diözes dem päpstlichen Stuhle auf unmittelbarere Weise, als bis anhin, untergeben würde. Hierauf versicherte der apostolische Vikar den Diözesanständen am 20. Februar 1815, daß er die altbestandenen Verhältnisse ehren werde.

Wie die Curie,[5]) so faßten auch die Kantone diesen Zustand als ein Provisorium auf, und so mußte die Nuntiatur

---

[1]) Siehe Anm. 1.

[2]) Ueber die Reklamationen der Kantonsregierungen und des konstanzischen Domkapitels, vergl. Rothing a. a. O. S. 70 ff.

[3]) Rothing a. a. O. S. 82. Das Schreiben beginnt: Nihil nobis est sollemnius, quam ut immensæ lætitæ ac devotissimæ pietatis nostræ sensa Sanctitati Vestræ gratissimi expromamus, quæ de nostra a diœcesi Constantiensi separatione .... humillimis precibus nostris benignissimo favore annuere dignata fuerit.

[4]) Schreiben des Kleinen Rates vom 19. Januar 1815 an die Stadt Luzern. Staatsarchiv.

[5]) Siehe S. 90 Anm. 2.

zusehen, wie die losgetrennten Bistumsteile bereits im folgenden Jahre (10. Januar 1816) zu einer Konferenz zusammentraten, in welcher ihnen „ein Gutachten[1]" über den Umfang, die Erfordernisse und Einrichtungen eines den Verhältnissen der betreffenden Stände angemessene, neu zu errichtenden National bistums", vorgelegt wurde. Dabei wurde betont, daß bei Trennung der Schweiz in mehrere kleine Bistümer die Besorgnis entstehen müßte, daß abweichende geistliche Institutionen, widersprechende bischöfliche Verfügungen Verwirrung in den religiösen Begriffen, Schwächung des Glaubens und Lähmung der moralischen Kraft bewirken könnten und als ein Hauptmoment fand sich die Befürchtung ausgesprochen, daß damit der Zusammenhang einer politischen Verbindung gehoben wäre. Die Unterhandlungen[2] gelangten indessen zu keinem entscheidenden Abschluß und die von Luzern im Januar 1817 interpellierte Nuntiatur ließ sich zu den Bemerkungen herbei:

1. Der Ausdruck Nationalbistum sei uneigentlich, weil noch andere Bistümer in der Schweiz seien.

2. Der Kanton St. Gallen könne nur unter Vorbehalt der Jurisdiktionsrechte des Abtes von St. Gallen in die Unterhandlungen aufgenommen werden; gleiches gelte auch von demjenigen Teil des Thurgaus, der unter dem gleichen Abt gestanden.

3. Daß der Vorbehalt der Wahrung der Verhältnisse zwischen Kirche und Staat, wie sie unter Konstanz bestanden, vom hl. Vater niemals werde angenommen werden, indem ein solcher Ausdruck zu unbestimmt sei. Wie dann auf einer zweiten Beratung der Stände in Luzern am 16. Mai 1817 wiederum kein bestimmtes Resultat[3] erreicht wurde und in einer Konferenz vom 4. August 1817 sich die Gesandten von Bern, Basel und Solothurn für Beibehaltung des Bistums Basel,[4] St. Gallen aber für Errichtung eines eigenen Bistums

---

[1] Gutachten der katholischen Konferenz-Kommission. Dieselbe war am 10. Januar 1816 in Luzern zusammengetreten.

[2] Die Konferenz von Luzern vom 10.—16. Januar 1816. Siehe Kothing S. 89—101.

[3] Protokoll der Sitzung siehe bei Kothing a. a. O. S. 116.

[4] Ueber die Schicksale des Kantons Basel, vergl. Fleiner a. a. O. S. 28 ff.

für seinen katholischen Landesteil aussprachen, war der Plan eines Nationalbistums gescheitert.

Es ist einleuchtend, daß die Curie die Ablösung der schweizerischen Landesteile von Konstanz nicht zu dem Zwecke vorgenommen hatte, die Idee der Gründung eines einheitlichen, schweizerischen Nationalbistums zu verwirklichen. Diese Institution erschien dem hl. Stuhle als eine viel zu kräftige, nationale Organisation und weit weniger geeignet, in machtlose Abhängigkeit von Rom zu geraten, als dies bei Errichtung mehrerer kleiner Diözesen der Fall sein mußte.

Es zeugt aber andererseits von einer außerordentlich scharfsinnigen, curialistischen Politik,[1] ruhig zuzuwarten, bis die kleinlichen Sonderinteressen der Kantone die Verwirklichung der Einheitsidee selbst vernichteten und die definitive Regelung der Verhältnisse auf einen Zeitpunkt zu verschieben, bis die Diözesanstände volle Bereitwilligkeit zeigten, in die Intentionen des römischen Stuhles einzutreten.

Es ist bereits S. 80 nachgewiesen worden, daß der Papst die Möglichkeit vorgesehen hatte, St. Gallen zu einem selbständigen Bistum umzugestalten. Das katholische Großrats-Kollegium gelangte daher am 18. Juni 1817 zu dem Beschluß:[2] Seine Heiligkeit zu bitten, durch einzuleitende Unterhandlungen das st. gallische Ordinariat zu einem Bistum für den katholischen Teil des Kantons St. Gallen zu erheben. Mit einer Erklärung[3] der Regierung, daß sie infolge des souveränen Willens des allgemeinen Großen Rates verpflichtet sei, unwandelbar die Staatsgesetze zu handhaben, kraft welcher an die Errichtung eines Bistums nie die Wiederherstellung der

---

[1] Vergl. Fleiner a. a. O. S. 16.

[2] Der Beschluß fand im Schreiben des Administrationsrates vom 4. August 1817 seine Formulierung.

[3] Schreiben des Kleinen Rates vom 23. August 1817. Es betonte u. a.: Die Errichtung eines Bistums wäre sehr wohltätig. Die Regierung des Kantons werde sich glücklich schätzen, in allem, was das Wohl und die Gesetze des Kantons zulassen, seinem (des Papstes) erhabenen Willen zu entsprechen.

Abtei[1]) St. Gallen geknüpft werden dürfe, gelangte das obige Gesuch durch den Nuntius nach Rom. Ende des Jahres 1818 teilte der neue Nuntius Macchi auf Anfrage des katholischen Administrationsrates mit, „dem Lande St. Gallen würde am besten durch Wiederherstellung des Stiftes entsprochen: im übrigen sei er ohne Instruktion." So wurde der Kanton St. Gallen in Untätigkeit gehalten, als ihn der Tod des aposto lischen Vikars Göldlin vom 16. September 1819 in ein neues kirchliches Stadium hineinriß.

Durch ein Kreisschreiben vom 17. September 1819 setzte der Vorort Luzern die ehemals konstanzischen Diözesankantone von diesem Vorfalle in Kenntnis. Er hielt darin den Zeitpunkt für gekommen, die Rechte des Staates in kirchlichen Dingen gemeinsam zu wahren und forderte die Stände auf, hierüber ihre Meinung zu äußern. Am 19. Oktober 1819 ließ der katholische Administrationsrat an die Regierung von Luzern die Antwort ergehen, daß er bereits unter heutigem Datum das am 4. August 1817[2]) an Seine Heiligkeit gestellte Gesuch um Errichtung eines eigenen st. gallischen Bistums wiederholt[3]) und die Bitte beigefügt habe, bis zur Abschließung eines diesfälligen Konkordates, die provisorische geistliche Ad

---

[1]) Im Jahre 1820 versuchte die Curie noch einmal die Wiederherstellung des Klosters St. Gallen, worauf sich der Administrationsrat, die ganze Nutzlosigkeit der Bestrebungen einsehend, zu einer definitiven abschlägigen Erklärung herbeiließ. In seinem Schreiben vom 22. Dezember 1820 an den Nuntius heißt es u. a.: „Wenn aber E. E. die Herstellung des Klosters St Gallen als das geeignetste Mittel, unsern frommen Zweck zu erreichen, angeben und hierauf erneuert großes Gewicht zu legen belieben, so bedauern wir innig, die offene Gegenbemerkung machen zu müssen, daß diese Herstellung gänzlich außer unserer Befugnis und außer unserer Macht liegt."

[2]) Siehe S. 93 Anm. 2.

[3]) Schreiben des Administrationsrates vom 19. Oktober 1819 an den Papst. . . . ut Sangallensis Ordinariatus in gradum et ordinem Episcopatus adtollatur per ineundem pactionem." . . . quoad catholicos pagi Sangallensis per modum provisorii in reverend. antistitem churiensem transferre placeat." Archiv des Administrationsrates. Dazu Baumgartner a. a. O. S. 483 II: „Die Regierung sah den geschehenen Schritt ungern, da sie der Meinung gewesen, er hätte durch ihre Dazwischenkunft geschehen sollen; von unmittelbarer Korrespondenz der katholischen Behörde mit dem Papst, besorgte die Regierung, allen Einfluß in geistlichen Angelegenheiten zu verlieren." Der Beschluß vom 21. Juni 1816 war damit faktisch umgangen.

ministration für den katholischen Teil des gesamten Kantons
dem Bischof von Chur zu übertragen. Zu diesem Schritte
hätten die besondere Stellung St. Gallens, die geographische Lage
des Kantons und die bequeme Nähe des Bischofssitzes veranlaßt.

Der Papst hatte jedoch bereits durch Breve vom 9. Oktober
1819 die bisher von Göldlin verwalteten Bistumteile provi
sorisch unter die Direktion von Chur gestellt, eine Verfügung,
welche von den Kantonen teils widerstandslos angenommen
(z. B. von St. Gallen), teils angefochten[1]) und verworfen wurde.
In vollständiger Umgehung staatlicher Mitwirkung hatte die
Curie wiederum eine Diözesaneinrichtung getroffen, welche auch
von Anfang an den Stempel eines Provisoriums an sich trug
und vor allem dazu dienen sollte, die Regierungen der römischen
Politik[2]) geschmeidig zu machen. Trotz der vorübergehenden
Neugestaltung der Diözesaneinrichtung erneuerte der Admini
strationsrat vom 22. Dezember 1820 seine Bitte um Einführung
eines st. gallischen Bistums, worauf sich am 27. Dezember 1820
die Nuntiatur bereit erklärte, über Errichtung einer eigenen
Diözese mit dem Administrationsrate in Unterhandlungen zu
treten und dem hl. Vater ein annehmbares Bistumsprojekt
empfehlen zu wollen. So kam im Schoße der konfessionellen
Behörde der erste Organisationsentwurf[3]) zu einem Bistum
St. Gallen zu stande, nach folgendem Plan: „Innerhalb der
politischen Grenzen des Kantons sollte ein selbständiges Bistum
auf Grundlage eines Kollegiums errichtet werden: die Mit
glieder dieses Kollegiums (22 Priester) hatten nach offizieller
Hausordnung beisammen zu leben, besorgten den öffentlichen
Gottesdienst in der Hauptkirche und die Seelsorge in der Stadt
St. Gallen, ihnen unterstanden auch die höhern Unterrichtsan
stalten der Katholiken. Ferner sollte ein Domkapitel geschaffen
werden aus achtzehn Mitgliedern des Kollegiums als Residen
tiales und sechs vom Administrationsrat gewählten Foranei.

---

[1]) Aargau und Luzern protestierten am lautesten. Fleiner a. a. O. S. 57.

[2]) Fleiner a. a. O. S. 57 nennt dieses Vorgehen die „römische Verschleppungs-
taktik."

[3]) Organisationsentwurf vom 26. April 1821 im Archiv des Administrationsrates.

Neuwahlen in das Kollegium und Domkapitel bedurften der Zustimmung des Administrationsrates. Die erste Wahl des Bischofs erfolgte im Einverständnis zwischen dieser Behörde und dem Domkapitel, die weitern Ernennungen frei aus der Mitte des Domkapitels. Schließlich war das Konsistorialwesen einer Uebereinkunft zwischen Bischof und Administrationsrat vorbehalten." Es ist kennzeichnend für die Zeitlage, einmal, daß man die Reminiscenzen an das Stift St. Gallen in einer klosterartigen Korporation zu verwirklichen suchte, um auf diese Weise eher den Beifall Roms zu erlangen, wobei man sich aber an die durchaus unkanonischen Grundlagen, welche das Bistum dadurch erhielt, nicht zu erinnern schien; und zweitens, daß in dem ganzen Projekte über das Verhältnis des Bistums zum Staat keine einschlägigen Bestimmungen vorhanden waren; nur die konfessionellen Behörden hatten ihre Berücksichtigung gefunden.

Am 15. Juni 1821 drang der Vorschlag mit acht Stimmen Mehrheit im katholischen Großrats-Kollegium durch, war aber von gegnerischer Seite so heftig angegriffen worden,[1] daß erst ein abgeänderter Entwurf,[2] welcher ein Kapitel von elf Mitgliedern für rein kirchliches nebst dem theologischen Studium, aufstellte, am 15. Juli 1821 dem Nuntius zu Handen des hl. Stuhles übergeben wurde. Die Antwort[3] des Nuntius Nasalli

[1] Protokoll des Administrationsrates vom 17. Juni 1821; „Das Präsidium macht dabei aufmerksam, daß obiger Beschluß des katholischen Großen Rates mit einer geringen Majorität gefaßt worden, und daß es zur Ausweichung von vielleicht nachteiligen Folgen wünschbar sein dürfte, wenn bei der weitern Fortführung dieses Geschäftes einige annähernde Rücksichten auf die in dem Kommissionalbericht an den katholischen Großen Rat enthaltenen Ansichten genommen werden könnten, um hiedurch eine mehrere Einmütigkeit unter den Mitgliedern des Großen Rates katholischer Religion für den Abschluß in dieser so wichtigen Sache zu erzielen." Archiv des Administrationsrates.

[2] In dem Procedere der konfessionellen Behörden lag insofern eine Gesetzwidrigkeit, als in den Bistumsunterhandlungen die Bestimmungen des Beschlusses vom 21. Juni 1816 (Zuzug eines Mitgliedes der Staatsbehörde) unberücksichtigt blieben und für den Bistumsentwurf die Sanktion des Staates nicht eingeholt wurde.

[3] In diesem Schreiben schlug der Nuntius bereits die Verbindung St. Gallens auf gleicher Stufe mit Chur vor: „Ecclesia cathedralis Sangallensis erit perpetuo et aeque principaliter untia Ecclesiae cathedrali Curiensi". Archiv des Administrationsrates.

vom 7. Januar 1822 lautete aus den erwähnten Gründen ab
lehnend und betonte überdies, daß der churische Bischofssprengel
dem st. gallischen Bezirke Gaster und Sargans seit alters angehörten, nach den schon erlittenen Verlusten, nicht noch mehr
geschwächt werden durfte¹) Nunmehr trat die vom Nuntius
hervorgehobene (S. 96, Anm. 3) und schon früher besprochene
Idee der Errichtung eines Doppelbistums Chur-St. Gallen in
den Vordergrund. Nach weitgehenden Unterhandlungen mit
der Nuntiatur erhielt der Bericht²) einer Fünferkommission, der
eine Vereinigung von Chur und St. Gallen æque principaliter
vorsah, die Genehmigung des katholischen Großen Rates,
welcher die neue Diözesaneinrichtung mit einer Summe von
510000 fl. zu dotieren beschloß. Am 2. März 1823 hatte der
hl. Stuhl bei Eröffnung der Unterhandlungen noch einmal auf
die Wiederherstellung³) des Klosters St. Gallen gedrungen, worauf jedoch der Administrationsrat nach ablehnender Antwort⁴)
den Papst ersuchte, die vom katholischen Großrats Kollegium
gutgeheißenen Vorschläge durch eine apostolische Verfügung in
Ausführung zu bringen. Durch die Bulle: Ecclesias quæ
antiquitate ac dignitate præstant vom 2. Juli 1823 wurde
die kanonische Einrichtung des Doppelbistums Chur-St. Gallen
offiziell mitgeteilt.

In dem ganzen Gang der Bistumsunterhandlungen finden
wir eine Umgehung des Gesetzes vom 21. Juni 1816, welches

---

¹) Daß dies durch die Bulle vom 2. Juli 1823 dennoch geschehen ist, siehe
S. 106 Anm. 2.

²) Artikulierter Antrag vom 1. Mai 1823. Archiv des Administrationsrates. Siehe die Bestimmungen der Bulle von 1823.

³) Schreiben des Nuntius vom 2. März 1823: Post hæc debeo Domi-
nationibus, de mandato Patris, significare, gratius Sanctitati suæ futurum
esse, si hoc negotium componi possit per restitutionem monasterii
Sancti Galli, et erectionem Episcopatus Regularis. Hoc medio pagus
Sangallensis suum haberet Episcopum et seminarium, et eodem tempore
restitueretur monasterium, quod nullo jure, imo contra pacti federalis
dispositionem destructum est. Protokoll des Administrationsrates vom
14. März 1823.

⁴) Schreiben des Administrationsrates vom 14. März 1823 an den
Nuntius: quod denique ad restitutionem monasterii S. Galli pertinet, necesse
est, ut senatus ad priores suas epistulas provocet. Protokoll des Administrationsrates.

7

die Neugestaltung der Diözesanverhältnisse zum Gegenstand gemeinsamen Einschreitens machte. Im Protokoll des Administrationsrates vom 26. Mai 1823 findet sich einzig die Bemerkung: „Ein Schreiben des hochlöbl. Kleinen Rates vom 23. Mai, womit die Hochdemselben mittelst Zuschrift vom 14. Mai gemachte abschriftliche Mitteilung des artikulierten Antrages an den hl. Stuhl wegen Errichtung eines st. gallischen Bistums verdankt wird, wird ad acta gelegt." Mit diesem Schreiben des Kleinen Rates hatte der Staat indirekt das einseitige Vorgehen der konfessionellen Behörden in Diözesanverhandlungen gutgeheißen und das Gesetz vom 21. Juni 1816 stillschweigend beseitigt. Aber auch die Bestimmung des Gesetzes vom 3. April 1816, wonach der Große Rat seinen Konsens zur Einführung bischöflicher und geistlicher Jurisdiktionaleinrichtungen zu erteilen hatte, jedoch der Ausübung rein bischöflichen, synodalisch und kirchenrätlichen Rechten uneingegriffen, blieb unberücksichtigt. Als nämlich das katholische Großrats Kollegium beschlossen hatte,[1] für die neue Bistumseinrichtung sei die Sanktion des Staates nicht einzuholen, da für die Regierung eine bloße Kenntnisnahme genüge, indem die bistümliche Verfügung rein Kirchliches und Oekonomisches enthalte, erklärte sich der Kleine Rat damit einverstanden und meldete[2] dem Großen Rate, er schlage ihm vor, ebenfalls von der Genehmigungserteilung gänzlich zu abstrahieren, da keiner der Kontrahierenden[3] solche verlange. „Es erscheine ihr (der Regierung nämlich) hohe Konvenienz, einer so ausdrücklichen Anteil

---

[1] Beschluß des katholischen Großrats-Kollegiums: Der mehrerwähnte artikulierte Antrag bedürfe keiner Sanktion des allgemeinen Großen Rates. Wohl aber soll der Administrationsrat ermächtigt sein, denselben dem Kleinen Rate als Landesregierung zu gebührender Kenntnis zu bringen. Protokoll des katholischen Kollegiums.

[2] Amtsbericht des Kleinen Rates vom 16. Juni 1823.

[3] Der dritte Kontrahent, der Bischof von Chur, Karl Rudolph, erhielt durch folgendes Schreiben des Administrationsrates Kenntnis von der Vereinbarung: „Wir geben uns die Ehre, Euerer hochfürstlichen Gnaden, die endliche, nun abschließliche Verfügung des artikulierten Antrages an den heiligen Stuhl zur Errichtung des neu st. gallischen Bistums mitzuteilen, so, wie derselbe letzthin von dem eigens hierzu versammelten katholischen Großen Rate genehmigt und hierauf durch das Mittel des Nuntius nach Rom befördert worden ist." Archiv des Administrationsrates.

nahme und Gutheißung der obersten Staatsgewalt auszuweichen, damit ihr Recht in kirchlichen Dingen, sowie die bürgerlichen Befugnisse überhaupt in ihrer vollen Integrität verbleiben und zu allen Zeiten als solche behauptet werden mögen. Wenn die neue Diözefaneinrichtung wirklich zu stande komme und in einer päpstlichen Bulle zur Promulgation gelange, werde der Kleine Rat nach der ihm erteilten Befugnis das hoheitliche Plazet aussprechen und so ausdrücken, daß obige Rücksichten auf genügende Weise beachtet seien."

Mit dieser Erklärung gab sich der Große Rat zufrieden[1] und seine Versammlung hat nie eine Beratung über die einzuführende Diözefaneinrichtung von 1823 vorgenommen oder einem bezüglichen Konkordate ihre Sanktion erteilt. Die Motivierung des Kleinen Rates und deren stillschweigende Gutheißung durch die oberste Landesbehörde, daß eine bistümliche Einrichtung, wie sie der „Artikulierte Antrag" (welcher in allen Hauptpunkten mit der später erlassenen Bulle übereinstimmte S. 106 f.) enthielt, die staatliche Sphäre nicht so weit berühre, daß darüber eine formelle Sanktionierung des Staates eingeholt werden müsse, indem die Verfügung rein kirchliche und ökonomische Fragen enthalte, scheint nach staatsrechtlichen Anschauungen durchaus unbegründet und muß als eine mit dem Gesetz vom 3. April 1816 im Widerspruch stehende, zu extensive Interpretation der durch Art. 2 K. V. gewährleisteten Autonomie der Konfessionen angesehen werden. Noch weit unhaltbarer erscheint aber die Begründung der Regierung, daß keiner der beiden Kontrahenten die staatliche Genehmigung verlange. Von curialistischer Seite ist ein solches Ansuchen an den Staat undenkbar und von einer konfessionellen Behörde, welche bemüht ist, ihre Stellung möglichst frei und selbständig zu gestalten und ihre Gesetzgebungsgewalt immer weiter auszudehnen höchst unwahrscheinlich. Zeitgenössische Staatsmänner[2]

---

[1] Sitzung des Großen Rates vom 2. Dezember 1823.
[2] Müller Friedberg a. a. O. III. S. 294. Baumgartner a. a. O. II. S. 483. Dazu bemerkt Letzterer: Pereat monasterium, das war die Formel welche gegen jede andere Stimme taub machte. Tierauer a. a. O. S. 373 sieht darin: „weniger die planmäßige Ignorierung der Staatsgewalt, als vielmehr ein entschiedenes Mißbehagen über das, was man schließlich erreicht hatte und doch nicht eigentlich wünschte."

suchen eine Erklärung für das Vorgehen des Staates darin, daß die neuen bistümlichen Verhältnisse nur als Provisorium angesehen wurden und man sich durch sanktionierte Verträge mit Gesetzeskraft nicht binden wollte.

§ 3.

Das Doppelbistum Chur-St. Gallen.

Das Doppelbistum Chur St. Gallen beruht auf folgenden Rechtssätzen:

1. Beschluß des katholischen Großrats Kollegiums vom 1. Mai 1823, welcher als „artikulierter Antrag[1] zur Errichtung des neuen st. gallischen Bistums", dem Papst zur Genehmigung übermittelt wurde. Dieser Entwurf der konfessionellen Behörde ist aber nicht als ein Konkordat zwischen dem katholischen Großen Rate und der Curie aufzufassen und hatte nie verbindliche Kraft zwischen diesen Gewalten erlangt. Er ist vielmehr ein Antrag geblieben, auf dessen Grundlage der römische Stuhl seine einseitigen Verfügungen in Gestalt der Bulle vom 2. Juli 1823 aufstellte.

2. Die Erektionsbulle: ecclesias quae antiquitate, Pius VII vom 2. Juli 1823, welche in den Hauptpunkten mit dem artikulierten Antrag übereinstimmt, denselben weiter ausführt und im folgenden ihre Darstellung findet.

3. Die Plazeturkunde des Kleinen Rates vom 14. April 1824. Dieselbe wurde vom Kleinen Rate erlassen nach vorange

---

[1] Propositio articulata ad erectionem novi episcopatus Sangallensis. Im Protokoll des Administrationsrates vom 22. Juli 1823 findet sich die Stelle: Mit Schreiben vom 19. Juli übersendet der apostolische h. Nuntius in der Schweiz ein Breve Seiner Heiligkeit des Papstes, datiert vom 3. Juli, durch welches Kunde gegeben wird, daß Seine Heiligkeit dem hierseitigen artikulierten Antrag zur Errichtung des st. gallischen Bistums die Genehmigung erteilt und Befehl zur Ausfertigung der päpstlichen Bulle gegeben habe. Eine Uebereinkunft zwischen der st. gallischen konfessionellen Behörde und dem Nuntius auf Grund des artikulierten Antrages existierte nicht. Der Hauptbeweis, daß nur die Bulle als bindende Norm angesehen wurde, liegt darin, daß in den Aufhebungsbeschlüssen über das Doppelbistum Chur St. Gallen (1833) nur der Bulle die rechtsverbindliche Kraft abgesprochen, der artikulierte Antrag aber gar nicht erwähnt wird.

gangener Prüfung, daß die Bulle nichts den Kantonsgesetzen widersprechendes oder die Rechte des Staates derogierendes enthalte und bemerkte, daß der Vollziehung der apostolischen Verfügung keine Hindernisse entgegenstehen, und der Bischof Karl Rudolph, sowie seine nach den Vorschriften zu wählenden Nachfolger, als katholische Landesbischöfe anerkannt würden. Eine Klausel gegen Schmälerung staatlicher Rechte statuierte der Regierungsbeschluß nicht.

4. Das Exekutionsdekret des Internuntius Pascal (Gizzi[1]) vom 29. April 1824, welches die nähern Ausführungen der päpstlichen Bulle enthält.

5. Ein Großrats-Dekret vom 21. Juni 1824, die Vollziehung der Bulle vom 2. Juli 1823 betreffend. (Siehe S. 106.)

Aus diesen Normen geht hervor, daß eine Vereinbarung zwischen Staat und Kirche oder eine vom Staat genehmigte Uebereinkunft zwischen den konfessionellen Behörden und der Kirche nicht bestand und es tritt die staatsrechtliche Frage auf, ob durch die bloße Sanktionierung eines einseitig kirchlichen Erlasses, der Bulle, durch eine vollziehende Behörde den Kleinen Rat, die Organisation des Doppelbistums Chur-St. Gallen st. gallischerseits überhaupt auf einer gesetzlichen[2] Grundlage aufgebaut war. Materiell muß die Frage verneint werden, da nach der K.-V. und den kantonalen Gesetzen zur Einführung einer bleibenden, so tief in die allgemeinen Verhältnisse eingreifenden Verfügung, die Genehmigung der obersten Landesbehörde unumgänglich nötig war und dieser allein die Befugnis zustand, eine derartige Einrichtung dem verfassungsmäßigen Organismus des Kantons St. Gallen einzuverleiben. Formell dagegen macht sich die Ansicht geltend, daß der rechtsgültige Bestand des Doppelbistums anerkannt werden muß.

1. Wenn der Regierungsbeschluß und dessen erfolgte, indirekte

---

[1] Siehe Protokoll des Administrationsrates vom 12. Mai 1824. Die ökonomischen Verhältnisse fanden ihre nähern Bestimmungen in dem Dotationsinstrument vom 28. April 1824.

[2] Snell, Handbuch des schweizerischen Staatsrechtes I S. 637. Das Doppelbistum Chur-St. Gallen hat nie rechtlichen Bestand gehabt. 1. Wegen des Sanktionsmangels der Bulle von seiten des Großen Rates. 2. Wegen der Protestation Graubündens vom 5. April 1824.

Gutheißung durch den Großen Rat (S. 101) die Regelung der bistümlichen Verhältnisse allein der Autonomie der Konfession überließ, so stand dem Staate kein Recht mehr zu, der katholischen Korporation zu verweigern, die Einrichtung ihrer bistümlichen Verhältnisse durch einseitig kirchliche Maßnahmen feststellen zu lassen. 2. Durch den Plazetierungsbeschluß vom 14. April 1824 fand die Bulle formelle, staatliche Anerkennung. Da aber die Bulle die Stelle eines Konkordates vertrat, war die sanktionierende Behörde illegitim. 3. Das Doppelbistum fand faktisch widerstandslose Einführung im Kanton St. Gallen und die kantonalen Behörden anerkannten dessen tatsächlichen Bestand, wie dies aus verschiedenen, in der Folge zu erwähnenden, staatlichen Beschlüssen [1] indirekt hervorgeht. —

Im Verhältnis zum Kanton Graubünden hat jedoch das Doppelbistum niemals auf Rechtsgültigkeit beruht, da der Kleine Rat Graubündes im Auftrage des Großen Rates durch eine Protestation [2] vom 5. April 1824 den neuen bistümlichen Zuständen jede Rechtsverbindlichkeit absprach und sich seine besondern Rechtsame ausdrücklich vorbehielt. Die maßgebende Stelle des Schreibens lautet: Weil nun wenigstens bis anher die Regierung des Standes Graubünden bei den obwaltenden Unterhandlungen über die Ausdehnung der bischöflich churischen Diözes auf den römisch katholischen Teil des h. Standes St. Gallen übergangen worden ist, so sieht sich der Kleine Rat durch den hochlöbl. Großen Rat beauftragt, die Erklärung an Euch getreue, liebe Bund- und Eidgenossen! oder allfällig an die Vorsteher [3] jenes Teils Eures Kantons abzugeben, daß man von unserer Seite dasjenige, was in dieser Sache geschehen ist und ohne vorläufige Mitteilung [3] an die hiesige

---

[1] Vergl. besonders 2. Kapitel, § 1.

[2] Schreiben des Kleinen Rates des Kantons Graubünden an Landammann und Kleinen Rat des hohen Standes St. Gallen. Chur, 5. April 1824. Abgedruckt bei Müller-Friedberg a. a. O. III. S. 333.

[3] Darunter sind die katholischen konfessionellen Behörden verstanden. Der Kanton Graubünden hatte also deren autonomische Stellung bereits beachtet.

In einem Schreiben vom 30. Januar 1822 hatte der Nuntius dem st. gallischen Administrationsrate erklärt: "Quod nemini hujatum magistratuum sit animus, vel cum universa Rhætorum catholica parte, vel cum separato eorundem aliquo, ut dicunt, fœdere, super negotia episcopalia, ullam habendi communicationem." Archiv des Administrationsrates.

Regierung weiter geschehen möchte, auch nicht als verbindlich
ansehen könne noch werde, sondern seine diesfälligen Rechtsame
vorbehalte. Hierbei ist die Absicht keineswegs, der kirchlichen
Vereinigung des katholischen Teils Eures Kantons mit dem
Bistum Chur Hindernisse in den Weg zu legen, aber, da das
Resultat jener Unterhandlungen nachteilige Wirkungen für den
katholischen Teil unseres Kantons hervorbringen könnte, so ist
es Schuldigkeit der hiesigen Regierung, die Rechte des Ganzen
oder auch einzelner Individuen desselben bestens zu verwahren."

Auf diesen präventiven Vorbehalt der bündnerischen Rechte
antwortete die st. gallische Regierung[1]) am 9. April 1824, daß
sie sich nur um dasjenige bekümmere, was der Bischof im
st. gallischen Gebiete vornehme[2]) und daß es sich ihres Wissens
um keine Ausdehnung der churischen Diözese, sondern um die
bloße, unter oberhirtlicher Autorität kontrahierte Verbindung
der Kathedralen von Chur und St. Gallen handle. Die Verwahrung der Rechte lasse die Regierung auf sich beruhen und
werde der ihr gegenwärtig vorliegenden Bulle, sofern sie nur
kirchliche und ökonomische, mit den obern Kollegien der katholischen Konfession verabredete Verfügungen enthalte, die Vollziehung nicht versagen.

Das bündnerische corpus catholicum verlangte am 18. Juni
1824 vom churisch-st. gallischen Bischof selbst Aufschluß über
das Verkommnis mit dem Kanton St. Gallen, worauf Karl
Rudolph sein eigenmächtiges Vorgehen durch die pontifikale
Machtfülle und seinen schuldigen Gehorsam rechtfertigte, verbunden mit dem Bestreben, dadurch die erlittenen Verluste
seines Bistums zu heilen. „Im Uebrigen stehe Laien kein

---

[1]) Schreiben der h Regierung des Kantons St. Gallen an den Kleinen
Rat von Graubünden. Abgedruckt bei Müller-Friedberg a. a. O. III. S. 335.

[2]) Im Verlauf der Zeit hat sich die Meinung der Regierung über diesen
Punkt geändert. Nach Auflösung des Doppelbistums im Jahre 1833 bemerkte
eine Botschaft des Kleinen Rates vom 6. November 1835: Zur Wiederherstellung
des Bistums (Chur-St. Gallen) ist nicht nur die Zustimmung des römischen
Stuhles und diejenige des Standes St. Gallen, es ist auch diejenige des Standes
Graubünden unleugbar erforderlich. Mit dem Sanktionsmangel allein hat man
damals das unerhörte Benehmen gegen Graubünden in staatsrechtlicher
Beziehung zu entschuldigen gesucht. Staatsarchiv.

Urteil über die in der Bulle enthaltenen Verfügungen zu," bemerkte das bischöfliche Schreiben. Das corpus catholicum Bündnis sprach hierauf seine Mißbilligung über solches anmaßende Benehmen aus und erklärte,[1] daß man von Seite des katholischen Teils vorzüglich bei einer künftigen Bischofswahl und inzwischen auch bei Besetzung der Kanonikate und übrigen Präbenden seine Rechte und Ansprüche vorbehalte, daß man die Vereinigung St. Gallen-Chur keineswegs als definitiv ansehe, sondern von der Seite betrachte, daß der dermalige Bischof nur für seine Person[2] und so lange er lebe den katholischen Teil des Kantons St. Gallen in geistlichen Dingen verwalten und die damit verbundenen Vorteile genießen möge.

Nach Mitteilung dieser Angelegenheiten an den Großen Rat des Kantons Graubünden, gelangte dieser am 12. Juli 1824 zu folgenden Schlußnahmen[3]: „Der Große Rat erklärt, daß, insofern und so lange der Herr Fürstbischof und die mit ihm über die bischöflichen Verhältnisse in Unterhandlung getretenen Stände den auf Landesgesetze und Einverständnisse gegründeten Rechten unseres Standes und den gerechten Forderungen des katholischen Bundens nicht entsprechen, er die ganze Unterhandlung, und mithin auch ein Doppelbistum Chur-St. Gallen, nicht anerkennen und bei allfälliger Erledigung des bischöflichen Stuhles zu Chur kein Individuum von den Weltlichkeiten werde Besitz nehmen lassen, welches nicht durch einheimische

---

[1] Auszug aus dem Protokoll des Großen Rates des Kantons Graubünden vom 12. Juli 1824. Abgedruckt bei Müller-Friedberg a. a. O. III. S. 336.

[2] Es ist charakteristisch, wie sich Graubünden und St. Gallen gegenüber dem selbständigen Eingreifen der Curie durch Fiktionen gleichsam zu rechtfertigen suchten. So fingierte die st. gallische Regierung die Tatsache, daß die päpstliche Bulle nur „rein Kirchliches und Ökonomisches" enthalte, während Graubünden die kirchenrechtliche Fiktion aufstellte, daß nicht ein Doppelbistum existiere, sondern daß der Kanton St. Gallen nur der gegenwärtig lebenden Persönlichkeit des Bischofs von Chur zu einer zeitweiligen, pastorellen Administration (temporanea administratio) übertragen worden sei.

[3] Großratsbeschluß vom 12. Juli 1824. Gefaßt bei Anlaß des ohne Begrüßung und Zustimmung des Staates errichteten Doppelbistums Chur-St. Gallen. Neue G. S. des Kantons Graubünden. I. S. 107—109.

Kanoniqi mit Anerkennung und Berücksichtigung früherer[1] Landesgesetze und der, ehemals dem Gotteshausbund, dermalen aber dem Kanton zustehenden Rechte, erwählt werde. Daher ist der dannzumalige Kleine Rat beauftragt, sogleich nach Erledigung des bischöflichen Stuhles die Residenz und sämtliches Vermögen des churer Bischofs zu Gunsten dieses Bistums unter Verwaltung zu setzen und alsdann unverweilt den Großen Rat außerordentlicherweise einzuberufen, um das Weitere zu verfügen." Neben diesem Beschlusse sollte dem Bischof mitgeteilt werden, es sehe der Stand den jeweiligen Bischof von Chur in allem Weltlichen ebenso sehr als von sich abhängig an, als andere christliche Souveräne ihre Bischöfe.

Schließlich verlangte der Große Rat folgende Eintragung ins Protokoll der h. Tagsatzung: Da der Bischof von Chur sich habe beigehen lassen, ohne Vorwissen und Begrüßung seiner Standesregierung mit den Regierungen anderer Stände über Ausdehnung seines Bistums oder Errichtung eines Doppelbistums in Unterhandlungen zu treten und Abkommnisse zu schließen, so werde der Stand Graubünden solche nicht respektieren und insoweit irgend eines seiner Rechte oder derjenigen seiner katholischen Kantonsangehörigen dabei möchte verletzt worden sein, durchaus keine Rücksicht auf diese Einverständnisse nehmen, selbst wenn sie in Form päpstlicher Bullen eingekleidet wären, sondern wolle seine Rechte feierlichst verwahrt haben. Es seien der Herr Fürstbischof und die betroffenen Stände davon bereits in Kenntnis gesetzt worden."

Aus diesen Erklärungen geht der für uns wichtige Schluß hervor: 1. Daß der Kanton Graubünden jede Aenderung in der Circumskription des Bistums Chur, welche ohne staatliche Zustimmung erfolgte, als nichtig erklärte und diese Bestimmung auf den gegenwärtigen Zustand anwandte. 2. Daß die bestehenden Diözesanverhältnisse, wie sie durch die Bulle vom 2. Juli 1823 geschaffen worden waren, stillschweigend bis zur Erledigung des bischöflichen Stuhles geduldet, jeder Eingriff

---

[1] Nach praktisch geübtem Herkommen konnte nur ein Graubündner zum Bischof von Chur durch das Kapitel gewählt werden. Vergl. Garcis und Zorn I. S. 497.

in die staatlichen Hoheitsrechte aber rücksichtslos in die verfassungsmäßigen Schranken zurückgewiesen werden sollte.[1]

Die Bulle vom 2. Juli 1823, welche das Doppelbistum
Chur-St. Gallen einführte, gliedert sich sachlich folgendermaßen:
1. Bestand des Bistums St. Gallen.

Zum Diözesansprengel des neu gegründeten Bistums
St. Gallen wurde gerechnet: Das ganze Gebiet,[2] so im Zeit-
lichen der st. gallischen Kantonsregierung untersteht, mit seinen
Städten, Pfarreien und andern Kirchen, Personen und Einwohnern beiderlei Geschlechtes, sowohl geistlichen als weltlichen Standes. Dieses Territorium ward der Ordinariats-
Gerichtsbarkeit, Macht und Gewalt eines künftigen und jetzigen
Bischofs von St. Gallen unterworfen. Die Stadt[3] St. Gallen
wurde zum Range einer bischöflichen Stadt mit den gewöhnlichen Ehren und Vorzügen erhoben. Gegen letztere Bestimmung
führte der Stadtrat von St. Gallen Klage bei den staatlichen
Behörden und gab die Erklärung ab, daß die Stadt doch ver-
fassungsgemäß einen rein protestantischen Kreis[4], Bezirk und
Gemeinde bilde. Auch die evangelischen Dekanate des Kantons
beschwerten sich, daß die Bulle sämtliche Einwohner des Staates
unter die jurisdictio ordinaria des Bischofs gestellt habe.
Eingehend auf diese Befürchtungen erließ der Große Rat am

---

[1] Ueber das Verhältnis des Kantons Schwyz zum Doppelbistum Chur-
St. Gallen vergl. Rothing a. a. O. S. 238 ff.

[2] Text der Bulle: . . . territorium subjectum cum suis oppidis, pa-
rœciis aliisque ecclesiis ac utriusque sexus personis et incolis tam ecclesiasticis quam laïcis . . .
Durch die Errichtung eines Bistums innerhalb der politischen Grenzen
des Kantons waren die früher dem churischen Diözesansprengel einverleibten
st. gallischen Landschaften von dem Bistum Chur abgetrennt und dem Bistum
St. Gallen zugeteilt worden.

[3] Text der Bulle: Sangallensem ad gradum civitatis episcopalis cum
assuetis honoribus et prærogativis extollimus.

[4] Die Curie beabsichtigte dadurch, der Stadt St. Gallen einen ehrenvollen
Titel beizulegen.
Ein Schreiben des Kleinen Rates vom 20. April 1824 hält diese Ver-
leihung für „eine Folge der natürlichen Unkenntnis der Verhältnisse der Stadt
St. Gallen und des in päpstlichen Urkunden zur Regel angenommenen Curial-
stils." Siehe Protokoll des Administrationsrates vom 21. April 1824.

21. Juni 1824 ein Dekret, wonach der Kleine Rat beauftragt
wurde, die päpstliche Bulle für jetzt und für alle Zukunft
einzig für den katholischen Teil des Landes und dergestalt in
Vollziehung und Anwendung setzen zu lassen, daß Art. 1 K. V.
ungefährdet gehandhabt und die daherigen Rechte und Frei-
heiten der evangelischen Konfession und ihrer Bekenner, sowie
die Ausübung ihres Gottesdienstes unter dem gesetzlichen Schutze
des Staates stets unverletzt erhalten werde. — Damit war
die rechtsgültige Bedeutung der Bulle für die katholischen
Kantonsbewohner indirekt anerkannt. Die katholische Hauptkirche der Stadt St. Gallen erhielt den Rang einer Kathedralkirche. Die Bischofswohnung wurde bis zum definitiven Aufenthalt des Bischofs in St. Gallen nach Rorschach verlegt.
Ueber die Zuteilung anderer Gebiete zum Bistum St. Gallen
enthielt die Bulle keine Bestimmungen.

2. Kanonische Stellung des Bistums.

Das Bistum St. Gallen wurde keinem Metropolitanver-
bande einverleibt, sondern als exempt erklärt und damit
unmittelbar dem Papste unterstellt (immediate subjicimus).
Dieses kanonisch eingerichtete Bistum wurde nun in einer
Art[1] Personalunion mit dem Bistum Chur gleich selbst-
ständig vereinigt, regiert von einem und dem nämlichen
Bischofe unter dem Namen eines Bischofs von Chur und
St. Gallen.[2] Die Kathedralkirche von Chur sollte derjenigen

---

[1] Gareis und Zorn a. a. O. S. 189 II. sehen in der Vereinigung nach
Ansicht der Kanonisten das Delikt der Quasibigamie. Ueber die unio per aequa-
litatem des Bistums Lugano und Basel vergl. Fleiner a. a. O S. 129.

[2] Text der Bulle: Galli abbatis in cathedralem ecclesiam Sangallensem nuncupandam, et parochialem ut antea extituram cum sede, cathedra
et dignitate episcopali, quam alteri ecclesiae curiensi in Rhetia existenti,
aeque principaliter perpetuo canonice unimus, atque huic sanctae
sedi una cum eadem ecclesia Curiensi perpetua item immediate subjicimus
gubernandam ob uno eodemque Curiensi et Sangallensi nuncupando episcopo . . . .

Ferner . . . quique (episcopus) tam ecclesiae Curiensi quam perpetuo
aeque principaliter canonice unitae Sangallensi ecclesiae, civitati, ac territorio dioecesano, illiusque clero et populo praesit.

Durch diese zweite Stelle fällt die Auffassung der st. gallischen Regierung,
daß es sich nur um eine kanonische Verbindung der beiden Kathedralkirchen
handle, dahin.

von St. Gallen rechtlich beigeordnet sein. — Die Begründung zu dieser Vereinigung findet die Bulle darin, daß der Papst vom katholischen Senat St. Gallens (Administrationsrat) mit Beistimmung des obersten Kantonsrates (cum assensu supremi consilii pagi Sangallensis) darum gebeten[1]) wurde und daß dadurch die territorialen Nachteile, welche das Bistum Chur in den letzten Jahren erlitten habe, einigermaßen ersetzt würden. Damit sollten die nach dem Tridentinum (Sess. XIV., c. 9. XXIV. c. 13. 15. XXV. c. 9. de ref.) vorgeschriebenen Bedingungen zur Union motiviert werden.

3. Der Bischof und das Domkapitel.

Dem Bischof wurden diejenigen Rechte zugesichert, welche die Aebte in ihrem freien, keinem Bischof angehörigen Bezirke genossen (neben den allgemeinen oberhirtlichen Rechten, Pflichten und Amtsobliegenheiten) und der Bischof angewiesen alles das frei auszuüben, was ihm infolge seines Hirtenamtes oder vermöge Erklärung oder Bestimmung der geistlichen Rechte nach der gegenwärtig vom heiligen Stuhle gutgeheißenen Kirchendisziplin zustehe. Kirchliche Rechtshändel, vorzüglich die Ehesachen, welche vermöge des 12. Can. Sess. XXIV Tridentinum dem geistlichen Richter zuständen, sollte er vor seinem Gericht erkennen und darüber absprechen. Der Bischof wurde verpflichtet, die Geistlichen zur Diözesansynode zu rufen und, so viel tunlich, die eine Hälfte des Jahres in der einen, die andere aber in der andern Diözese zu regieren.[2]) Die erste Bischofswürde über das Doppelbistum wurde dem bisherigen Bischof von Chur Karl Rudolph durch die Bulle übertragen und ihm st. gallischerseits zu zureichender Dotierung ein jährliches Einkommen von 7500 fl. zugesichert aus liegenden Gründen oder Kapitalien, welche eine Summe von 150000 fl. ausmachen sollten. Diese Dotation mußte sofort nach Vollziehung der Bulle ausgeworfen werden und in dieser Summe war auch

---

[1]) Siehe den artikulierten Antrag von seite des katholischen Großrats-Kollegiums und das Schreiben des Kleinen Rates vom 27. August 1847.

[2]) Die Stelle: C 48 C XVI qu 1. welche die Union zweier Kirchen vorsieht, gewährt dem Bischof betreff der Wahl des Bischofsitzes: „ubi vero commodius atque utilius esse perspexeris, ibi habitatio."

der Aufwand für den neu aufzustellenden und in St. Gallen
residierenden Generalvikar und das übrige Personal der bischöflichen Curia mit inbegriffen. Das Wahlrecht zu einem neuen
Bischof stand bei dem an einem gemeinsamen Orte vereinigten
churisch-st. gallischen Domkapitel durch gemeinschaftliche Stimm-
abgabe. Die Neuwahl erfolgte aus der Mitte des Domkapitels
innerhalb 3 Monaten vom Tage des Hinschieds des Bischofs
an gerechnet. Nach kanonisch vollzogenem Skrutinium sollte
vom Nuntius der Untersuchungsprozeß eingeleitet und bei
dem Papst die Bestätigung eingeholt werden, welche erfolgen
mußte, wenn der Gewählte tauglich erfunden wurde. Das
Verfahren bei ungültiger Wahl ist in der Bulle nicht angegeben.
Eine Exklusive bei Neubesetzung des Bischofstuhles war weder
den konfessionellen Behörden noch dem Staate eingeräumt und
ein Plazetierungsrecht konnte nur durch Analogie mit demjenigen über Pfrundgeistliche (Gesetz vom 30. Januar 1813)
für die Bischofswahl gefolgert werden; dasselbe galt für den
Recursus ab abusu bei Ueberschreitung der bischöflichen Amtsgewalt durch analoge Anwendung des Gesetzes vom 3. April
1816. Die Frage, ob das neue kirchliche Oberhaupt von der
Leistung[1] des Treueides auf die K. V., den auch von auswärts
eintretende Geistliche zu schwören hatten, entbunden sein sollte,
wurde erst später entschieden.

Das Domkapitel bestand aus 7 residierenden und 8 Land-
kanonikern mit 2 Dignitäten (Probst und Dekan): ihm wurden
5 Kapläne beigegeben zum Dienste des Chors, wie auch zur
Beihülfe des Pfarrers in Ausübung der Seelsorge. Den Residentiales wurde die habituelle Seelsorge über die Pfarr-
angehörigen[2] übertragen, die vornehmlich von einem Domherrn

---

[1] Siehe den Beschluß des Kleinen Rates vom 8. Juni 1833.

[2] Von Alters her lastete auf der frühern Klosterabtei die Auflage,
die Bewohner der Gemeinden St. Gallen, Tablat und des östlichen Teils der
Gemeinde Straubenzell zu pastorieren. Die Galluskirche des Klosters diente
diesen als Pfarrkirche. Ueber die Frage, inwieweit diese Pastoration auf
Rechtstitel beruhte, vergl. Vernehmlassung des Administrationsrates an das
Bundesgericht vom 12. Mai 1879; ebenso: Organisation des Gottesdienstes und
der Pfarrverwaltung in der katholischen Hauptkirche des Kantons und in den
zur ehemaligen Pfarre St. Gallen gehörigen Gemeinden. Vereinbarung zwischen
St. Gallen und dem bischöflich konstanzischen Ordinariate. 29. April 1806.

ausgeübt werden sollte; ebenso stand bei ihnen, gemeinsam mit dem Bischof, die Verwaltung der ganzen in der Bulle bezeichneten Fundation mit dem besondern Vorbehalt, daß nie mals Etwas außer den Grenzen des Kantons auf Zinse angelegt oder hinausgegeben werden sollte. Diese Bestimmung ist in volkswirtschaflicher Beziehung äußerst wichtig für den Kanton, wenn wir nur mit Rücksicht auf die Eigentumsfrage am Kirchengut an die von der katholischen Kirche heute noch verfochtene: Gesamtkirchentheorie[1] erinnern, nach welcher das Eigentum am Kirchengut der universalis ecclesia zusteht, mithin der Papst und durch ihn der Bischof die freie Dis-position über alles Kirchenvermögen hat. — Die nicht residie-renden Kanoniker wirkten in Verbindung mit den Residentiales bei der Wahl des Bischofs mit und bei der Ernennung der Kapitelsmitglieder, soweit dieselbe nicht dem Papste und dem Bischof zustand. Wählbar in das Domkapitel waren Kandidaten, welche

1. im Allgemeinen die durch das Tridentinum vorgeschrie-benen Eigenschaften besaßen,

2. die der Diözese St. Gallen angehörten (diœcesani Sangallenses),

3. A. daselbst in der Seelsorge mit Eifer und Klugheit länger gearbeitet (ibidemque in cura animarum cum zelo et prudentia diutius versati),

B. oder andere geistliche Verrichtungen geübt (aliis func-tionibus ecclesiasticis addicti),

C. oder sich verdient gemacht haben in
    a) Führung der Curialgeschäfte,
    b) Leitung des Seminars,
    c) im theologischen Lehramte.

---

[1] Vergl. Hübler, der Eigentümer des Kirchengutes S. 88 f. Als dem kanonischen Recht widersprechend wird sie erklärt von Dove und Friedberg. Der Administrationsrat sah diese Uebertragung der ökonomischen Verwaltung ungern und bemerkt in seinem Protokoll vom 5. März 1829: Das Bistum wurde auf gestellt und die Administration des Bistum-Fonds wurde, ungeachtet aller unserer dafür geeigneten Vorstellungen uns entzogen und dem Bischof und Dom-kapitel vorbehalten.

Die erste Besetzung erfolgte durch den apostolischen Stuhl aus st. gallischen Geistlichen, die dem katholischen Senate nicht unangenehm sein sollten.[1] Die weitere Ernennung der Kapitularen in Erledigungsfällen stand teils dem Papste (für die erste Dignität, ohne Exklusive), teils dem Bischof und dem Domkapitel zu und zwar so, daß der Ernennende vorläufig dem Administrationsrate[2] sieben wählbare Geistliche vorschlug, von denen er alle, bis auf drei, streichen konnte. In Bezug auf die Gleichstellung dieses Domkapitels mit demjenigen von Chur, überging die Bulle eine Forderung stillschweigend, die in dem artikulierten[3] Antrag ausdrücklich festgesetzt war: in letzterm wurde die gleiche Zahl der Domkapitularen für beide Diözesen verlangt, ein Postulat, das durchaus aufrecht gehalten werden mußte, wenn die Gleichstellung der Bistümer eine tatsächliche sein sollte. In der Bulle fand sich aber nur die Bestimmung, daß das st. gallische Domkapitel mit gleichen Ehren, wie dasjenige von Chur, insoweit es tunlich, ausgezeichnet sei, und im allgemeinen dieselben Begünstigungen genieße.[4] Als die Nuntiatur vom st. gallischen Administrationsrate über diesen Gegenstand interpelliert wurde,[5] antwortete sie am 9. Dezember 1823, daß die Konsistorial Kongregation schon Hand an die Ausfertigung eines Dekretes oder Breves gelegt habe, durch welches die Zahl der Domkapitularen zu Chur vermindert und für immer eine vollkommene Gleichheit unter den beiden Kapiteln hergestellt werden solle. Damit schien die Frage erledigt.

---

[1] Text der Bulle: clericis Sangallensibus senatui catholico non ingratis.

[2] Nach der katholischen Organisation vom 8. März 1833 (Art. 9) übte das katholische Großrats-Kollegium selbst diejenigen Rechte aus, welche die Bulle in Bestellung des Domkapitels dem Administrationsrate (katholischen Senate) übertragen hatte.

[3] Artikulierter Antrag Art. 8. Das st. gallische Domkapitel wird die gleiche Zahl von Domkapitularen wie das Kapitel zu Chur haben: sieben sind als zu St. Gallen residierend und acht als forenses bezeichnet.

[4] Text der Bulle: Utque novum cathedrale capitulum Sangallense aequalibus, quoad fieri possit, ac capituli Curiensis honoribus praefulgeat, clementer indulgemus . . .

[5] Protokoll des Administrationsrates vom 30. Dezember 1823.

Die Ordnungsgewalt des Domkapitels wurde dahin ausgedehnt, daß es Statuten, Kapitularien und Beschlüsse, wenn
sie nur erlaubt und anständig und den kanonischen Satzungen
nicht [1] zuwider seien, ungehindert festsetzen konnte, zur gedeihlichen und glücklichen Regierung und Leitung geistlicher als
weltlicher Sachen und Rechte. Für diese Gegenstände hatte
der Bischof das Bestätigungsrecht.

Im Falle der eintretenden Erledigung der Vereinigung
der beiden Sprengel sollte jedes Kapitel zur Wahl eines besondern Kapitular-Vikars, nach den Vorschriften des Tridentinums schreiten; trotz der ausgesprochenen ewigen Verbindung
war also der Fall der Trennung bereits vorgesehen.

4. Das Seminarium.

Dem Bischof wurde der Auftrag erteilt, ein von dem
zu Chur verschiedenes, abgesöndertes Seminarium zu errichten,
in welchem unter seiner unmittelbaren Gerichtsbarkeit, die
aus dem Kanton St. Gallen dem geistlichen Stande sich
Widmenden unterrichtet und gebildet werden sollten. Für
Einrichtung und Leitung galten die Regeln des Tridentinum, wobei der theologische Unterricht durch drei Professoren
geleitet wurde. Durch die Bulle war jede Einwirkung des
Staates oder der konfessionellen Behörden auf die Vorbildung
der Geistlichen oder speziell des Priesterseminars ausgeschlossen
und dieses Gebiet vollständig der Disposition der kirchlichen
Obern überlassen. Im Jahre 1833 aber, als das Doppelbistum durch die Beschlüsse vom 28. Oktober und 19. November
faktisch gestürzt worden war, erließ das katholische Großrats-
kollegium eingehende Vorschriften [2] betreffend das Priesterseminarium in St. Gallen, welche in der Hauptsache folgendes
festsetzten: Der Bestand des Priesterseminars wurde gewährleistet und die Zahl der aufzunehmenden Kandidaten von den

---

[1] Text der Bulle: . . . decreta, licita tamen et honesta et canonicis
regulis minime adversantia, quae ab episcopo erunt inspicienda et adpro-
banda . . .
[2] Verordnung des katholischen Großrats-Kollegiums, betreffend das katholische Priesterseminarium in St. Gallen: vom 19. November 1833, vom Großen
Rate genehmigt am 26. November 1833. (G. S. 1803—39 S. 311.

verfügbaren Räumlichkeiten desselben abhängig gemacht. Zur Aufnahme hatten sich die Aspiranten über ihre guten Sitten und durch ordentliche Prüfungszeugnisse darüber auszuweisen, daß und wie sie, sowohl die Vorbereitungsschulen [1] von der ersten Stufe an, als auch die philosophischen Fächer und Theologie [2] vollständig auf öffentlichen Lehranstalten absolviert hatten. Darüber leisteten die Kandidaten in Form eines Examens vor einer durch den Administrationsrat, unabhängig von der Curia, aufzustellenden Examinationskommission [3] gehörigen Ausweis, worauf die Aufnahme ins Priesterseminar gewährt werden mußte. In dem Seminar, welches nur den praktischen Religionslehrer auszubilden hatte, sollte der Unterricht sich lediglich auf die Pastoralfächer, Pädagogik und die Lehre über die auf das kirchliche Bezug habenden, bürgerlichen Gesetze beschränken. Die Aufsicht über die Seminaristen und den Unterricht derselben stand bei dem, von dem Bistumsverweser zu bestimmenden Regens, der jedoch ein dem Administrationsrat genehmer Mann sein mußte. Der Administrationsrat hatte das Recht und die Pflicht, von Zeit zu Zeit Einsicht in die Hausordnung und Lehrweise im Seminar zu nehmen, um alljährlich über den innern und äußern Zustand des Seminars geeigneten Bericht an das katholische Großrats-Kollegium erstatten zu können.

5. Dotation des Bistums.

Die Dotation der bischöflichen Mensa ist bereits angegeben worden. [4] Im übrigen fand die Fundation der Diözese in folgenden Verhältnissen statt:

---

[1] Dazu Beschluß des katholischen Großrats-Kollegium vom 20. November 1840: Die Kandidaten haben sich über vollständig bestandenes Gymnasialstudium auszuweisen, wovon die zwei obersten Klassen an öffentlichen Anstalten absolviert sein müssen.

[2] Nach einem Beschluß des Administrationsrates vom 17. Januar 1834 wurden als obligatorische, theologische Fächer bezeichnet: Kirchengeschichte, Dogmatik, Moraltheologie, Hermeneutik und Exegese, Kirchenrecht, Pastoraltheologie mit Einschluß der Pädagogik und Didaktik. (G. S. 1803—39 S. 312.

[3] Dazu: Beschluß des Administrationsrates über das Prüfungswesen für den katholischen Priesterstand vom 7. November 1838. (G. S. 1803—39 S. 313.

[4] Nach der Bulle sollte die Kirche in den Büchern der apostolischen Kammer auf 300 Goldgulden taxiert werden.

8

An die Residentiales jährlich je 1000 fl.

„ die Kapläne „ „ 500 fl.

„ die Kirchenfabrik des Doms jährlich je 5000 fl.[1]

„ das Seminar „ „ 3000 fl.

„ den Gemeinschatz (Reservefond) „ „ 10 000 fl.,

welche Summe jährlich 500 fl. Ertrag abwerfen sollte. Diese Fonde, welche auf einem Grundkapital von 510 000 fl. ruhten und einen Ertrag von 25 500 fl. jährlich sicherten, sollten in Grundstücken und gut und sicher hypothezierten Kapitalien angelegt werden; sie waren vom Administrationsrate vor Erlaß der Bulle zugesagt worden und sollten von ihm nähere Bezeichnung erfahren. Bei eintretenden Valaturen waren nachstehende Verteilungen vorgesehen: die bischöflichen Einkünfte fielen seinem Nachfolger zu; diejenigen der Domherren während drei Monaten deren Erben, die der Kapläne den hinterlegten Fonden oder dem Gemeinschatze.

Während die Auszahlung der Summe für die bischöfliche Mensa sofort nach Inkrafttreten der Bulle geschehen mußte, war die Dotierung des Kathedralkapitels wie des Seminariums bis zu dem Zeitpunkt verschoben, bis zu welchem die nötigen Kapitalien liquid geworden waren.

6. Spezialbestimmungen.

Gleich der spätern Bulle vom Jahre 1847 (Instabilis) wurde verordnet, daß alle und jede auf diesen Diözesansprengel Bezug habenden Urkunden jeder Art aus den alten bischöflichen Kanzleien erhoben und der neuen bischöflichen Kanzlei zu St. Gallen ausgeliefert werden sollten.

Als Vollzieher der Bulle wurde der Nuntius Erzbischof Ignatius ernannt und mit den weitgehendsten Vollmachten ausgestattet.[2] Um den Rechtsbestand der Bulle præventiv gegen jede künftige Beanstandung aufrecht zu halten, war folgende Erklärung darin aufgenommen: Præsentes autem litteras, et in eis contenta quæcumque, etiam exeo quod

---

[1] Diese ruhten auf einer Dotierung von 100000 fl.

[2] Text der Bulle: necessarias omnes et opportunas ad præmissorum effectum tribuimus facultates, etiam quamcumque personam in ecclesiastica dignitate constitutam subdelegandi . . .

quilibet interesse habentes vel habere prætendentes vocati
et auditi non fuerint, ac præmissis non consenserint, nullo
unquam tempore de subreptionis vel obreptionis, aut nulli-
tatis vitio seu intentionis nostræ, vel quovis alio etiam sub-
stantiali defectu notari, impugnari aut in controversiam vocari
posse, sed perpetuo validas, et efficaces existere et fore,
suosque plenarios et integros effectus sortiri ac obtinere, et
ab omnibus, ad quos spectat, inviolabiliter observari debere
volumus atque decernimus.

Aus der Darstellung dieser kirchlichen Verfügungen ist
ersichtlich, daß es der Curie ohne Mitwirkung der Staatsgewalt gelungen war, ein dem kanonischen System konformes
Bistum im Kanton St. Gallen einzuführen. Da sich der Staat
gegenüber den hierarchischen Anmaßungen weder einen nominellen Einfluß auf gewisse Diözesanangelegenheiten, noch allgemein seine staatlichen Hoheitsrechte in wirksamer Weise gewahrt hatte, stand der durch die Bulle vorgesehenen Einführung
einer streng kirchlichen Gesetzgebung nach den Vorschriften des
Tridentinums, kein äußerliches, gesetzliches Hindernis entgegen.
Vor allem waren es aber zwei Momente, welche die Kirche,
gestützt auf diese vorteilhaften Institutionen hinderten, ihre
ganze Machtfülle gegenüber dem Staate zu entfalten.

Einmal war es das Verhältnis des Doppelbistums zum
Kanton Graubünden, welches wir wir Seite 102—106 beleuchtet
haben: denn durch die Nichtanerkennung des Doppelbistums
von Seite der bündnerischen Staatsbehörden, war die Stellung
des gemeinsamen Bischofs von Anfang an eine geschwächte
und ein episkopaler Uebergriff in die bündnerisch-staatliche
Sphäre, wenn nicht tatsächlich, so doch rechtlich ausgeschlossen.

Zum Zweiten war es die gegensätzliche Stellung der Bistümer selbst zu einander. — Bald nach Einführung[1]) der bis-

---

[1]) Nachdem Leo XIII. durch Bulle vom 27. September 1824 die Präkoni-
sation Karl Rudolphs als Bischof von Chur und St. Gallen beurkundet hatte,
hielt das neue kirchliche Oberhaupt am 14. Oktober 1824 seinen Einzug in das
neue Bistum. Am 19. Oktober gleichen Jahres kehrte der Bischof nach Graubünden zurück, nachdem er einen Generalvikar für St. Gallen bezeichnet hatte.

tümlichen Einrichtungen zeigte es sich, daß die Verbindung der
beiden Diözesen kein der Staats- und Volkswohlfahrt ange-
paßter Gedanke gewesen war, eine Tatsache, die ihre Begründung
hauptsächlich in folgenden Punkten findet.

1. In der großen Verschiedenartigkeit der Völker und ihrer
staatlichen und kirchenpolitischen Institutionen. 2. In dem
Faktum, daß der Bischof Karl Rudolf die ausdrücklich æque
principaliter vereinigten Bistümer nur als e i n Bistum[1] ansah,
den Kanton St. Gallen gewissermaßen als eine Zugabe zu
seinem Diözesansprengel betrachtete und beide Gebiete in nämlicher Weise zu administrieren suchte. Da aber in demjenigen
Teil des Bistums St. Gallen, welcher früher unter Konstanz
gestanden hatte, verschiedene kirchliche Reformen eingeführt
worden waren, so mußte der Bischof bei Anwendung seiner
streng curialistischen Grundsätze auch auf diesen Teil des
Sprengels von Anfang an auf Widerspruch stoßen. 3. In
der Auffassung des Bischofs, daß die katholischen konfessionellen
Behörden des Kantons St. Gallen den Charakter[2] von untergeordneten kirchlichen Laienbehörden hätten, was sofort zu den
weitgehendsten Kompetenzkonflikten führen mußte. 4. In der
Schwierigkeit, eine neugegründete Diözese mit unerprobten
Organisationen einem althistorischen Bistumsverbande eben-
bürtig an die Seite zu stellen.

Aus den langjährigen Differenzen führen wir die wichtigsten an.

Im Jahre 1825 forderte[3] der Bischof die Uebertragung
aller, dem ehemaligen Stift zugehörigen, zur Zeit vom Administrationsrat ausgeübten Kollaturrechte, indem er behauptete,
daß diese Forderung in den ihm durch die Bulle übertragenen

---

[1] Vergl. das Schreiben des Generalvikars Aemilian Haffner an den Abt
Pankratius vom 19. Juli 1825. In der Hauptsache abgedruckt bei Baumgartner
a. a. O. II S. 512. Ueber die kirchlichen Wirren, welche sich durch den Kampf
des st. gallischen Klerus mit der bischöflichen Curie im Schooße der Geistlichkeit
selbst ergaben, vergl. Baumgartner a. a. O. III S. 121 ff.

[2] Dazu kam am 23. Dezember 1824 der Beschluß des Administrationsrates, daß kein Geistlicher in diese Behörde wählbar sei.

[3] Schreiben des Bischofs Karl Rudolph an den Administrationsrat vom
28. Januar 1825.

Abbatialrechten enthalten sei. [1]) Der Administrationsrat führte in seiner rechtlichen Gegendeduktion aus, daß dieser Anspruch un begründet sei, indem die Bulle die äbtischen Rechte ausdrücklich als erloschen erkläre:[2]) daher hätten dem Bischof nur bischöfliche Rechte übertragen werden können. Urkundlich sei aber nachzu weisen, daß die Bischöfe über St. Gallen solche Rechte nie be sessen und die Bistumsunterhandlungen keine solchen Begehren aufzuweisen hätten; auch wären sie nur geeignet, das gegen seitige Verhältnis zu schwächen.[3]) — Als hierauf keine Antwort des Bischofs erfolgte, ersuchte der Administrationsrat die Nun tiatur und die st. gallische Regierung[4]) um Schutz ihrer Rechte gegen allfällige Beeinträchtigung, worauf sich der Kleine Rat durch Schreiben vom 15. November 1825 beim Internuntius Gizzi für die tatsächliche Anerkennung der admistrationsrätlichen Rechte verwendete.

Den Schluß des langen Streites bildete die Aufrechthal tung der bisherigen Kollaturverhältnisse. --

Anlaß zu Klagen[5]) gab ferner die bis 1826 unberücksich tigt gebliebene Gleichstellung der beiden Domkapitel. Als der Bischof darum ersucht wurde, antwortete[6]) er im August 1826, „das churische Kapitel, welches ein unvergoltenes Opfer ge bracht, beharre in vollem Recht, wie bis anhin in 24 Gliedern sich zu konstituiren." Durch Vermittelung der Nuntiatur war

[1]) Text der Bulle: (sie sichert dem Bischof omnia et singula jura cum indultis, non tamen, titulo oneroso acquisitis, quibus dignitas abbatialis in suo territorio nullius Sancti Galli fruebatur.

[2]) Text der Bulle: . . . suppresso et extincto priori statu et quocumque jure abbatiali.

[3]) Schreiben des Administrationsrates an den Bischof Karl Rudolph vom 22. Februar 1825. Protokoll des Administrationsrates.

[4]) Diese Episode liefert einen vorzüglichen Beweis für die Nutzlosigkeit der zwischen Staat und Kirche stehenden Behörde. Sie zeigt, daß der Administrations rat gezwungen war, gegen die Uebergriffe des Episcopates den staatlichen Schutz in Anspruch zu nehmen, demnach der Kirche keine Garantie bietet, in allen Fällen die Interessen der Hierarchie zu wahren. Daß sich andererseits der Staat nicht auf ihn verlassen konnte, geht aus der ganzen Entwicklung hervor. Siehe die Korrespondenz im Protokoll des Administrationsrates 1825—27.

[5]) Es bestand auch ein Streit über die an die römische Curie zu ent richtenden Taxen für die st. gallischen Kanonikate.

[6]) Schreiben von dem bischöflichen Generalvikariat vom 10. August 1826. Protokoll des Administrationsrates vom 11. September 1826.

offiziell durch die Bulle Leos XII. vom 4. Mai 1826 das churische Kapitel auf die in der Bulle vom 2. Juli 1823 geforderte Anzahl von Kapitularen vermindert worden. Die tatsächliche Durchführung dieser Bestimmung verzögerte sich aber bis zum Jahre 1830.

Im Jahre 1826 wurde der Regens des Priesterseminars gegen seinen Willen und ohne Begrüßung des Administrationsrates entlassen.[1] Am 8. November 1826 ließ der Administrationsrat die Erklärung an den Bischof abgehen: es sei aller kanntes Recht und hohe, erste Pflicht des Staates, auf Bildung des Klerus zu wachen. Dies sei der Punkt, wo Kirche und Staat einander die Hand bieten, wo sie sich zu gleichen Zwecken vereinigen und von wo aus der Staat von der Kirche vollste Beruhigung zu erhalten befugt sei. Im Namen und aus gesetzlichem Auftrag des souveränen Kantons, nehme die Administration bei den bezüglichen Wahlen jenes Erfordernis in Anspruch. — Der Bischof gab ausweichenden Bescheid und berief sich auf die hl. Canones und die Bulle. Wie wir nachgewiesen, hatte letztere weder dem Staat noch den konfessionellen Behörden einen Einfluß auf diesem Gebiete zugesichert.[2] So blieben die Rechte des Administrationsrates ungeklärt, bis sich das katholische Großrats Kollegium im Jahre 1833 zu selbst ständigem Vorgehen veranlaßt sah.[3]

Nach dem Gesetz vom 3. April 1816 war dem Staate die Aufsicht über das Betragen der Kirchendiener in bürgerlicher Hinsicht, ausdrücklich vorbehalten. Im Jahre 1829 ging der Bischof so weit, in dieser Beziehung für den Priesterstand Immunitätsprivilegien zu verlangen. Als sich nämlich eine

---

[1] Muller-Friedberg a. a. O. III. S. 303.

[2] Protokoll des Administrationsrates vom 8. November 1826. Gegenüber den Bestimmungen der Bulle machte der Administrationsrat folgende Ausführungen: Da nun aber dieser Teil der bischöflichen Einrichtungen (Priesterseminar) noch nicht in Vollzug gesetzt ist, sondern nach Uebereinkunft erst stattbaben soll, wenn die auf dem ehemaligen Stiftsfond lastenden Pensionen auf die bestimmte Quote heruntergeschmolzen sein werden, so ist unzweifelhaft, daß der Status quo noch andaure und folglich die Besetzung des Seminariums bis zu diesem Zeitpunkte wie früher unter dem Bischof von Konstanz und dem apostolischen Vikariat ein Gegenstand der Kompetenz des Administrationsrates sei.

[3] Siehe die Verordnung vom 19. November 1833. S. 112.

Gemeindebehörde beim Administrationsrat über die Unsittlichkeit ihres Ortsgeistlichen beklagt hatte und die Behörde strafend
vorgehen wollte, verordnete[1] die bischöfliche Kurie, daß nach
ihrem Untersuch und Abspruch kein Stoff zu weiterm Einschreiten für den Administrationsrat übrig bleibe: er habe vielmehr diesen Beschluß zu unterstützen und die Kläger zur Ruhe zu
weisen. Der Administrationsrat erwiderte jedoch: Nie werde
er sich beschränken lassen, nach eigenem Gutfinden gegen
Priester als angestellte Volkslehrer, wenn sie sich in sittlicher
und bürgerlicher Beziehung gegen die Gesetze verfehlen sollten,
Untersuch zu veranstalten und wenn sie schuldig wären, ihre
Bestrafung durch den Arm weltlicher Obrigkeit einzuleiten.

Am 17. Juni 1823 hatte das Ordinariat zu Chur erklärt:[2]
Die katholische Kirche verbiete schwer gemischte Ehen und der
Papst habe den Bischöfen jede Bewilligung derselben untersagt. In einem Kreisschreiben[3] vom 15. März 1827 wurden
der gesamten Geistlichkeit die erschwerenden Bestimmungen zum
Abschluß von Ehen mitgeteilt. Da gemäß des Gesetzes vom
3. April 1816 für solche Erlasse die regierungsrätliche Genehmigung einzuholen war, teilte der Kleine Rat durch Schreiben
vom 5. April 1827 dem Bischof mit, ihm in Zukunft solche
Anordnungen rechtzeitig zur Plazetirung vorlegen zu wollen, um
nötigen Falls die staatlichen Rechte wahren zu können. Schon
im September des gleichen Jahres sah sich aber die st. gallische
Regierung zu einseitigem Vorgehen veranlaßt und erließ eine
Verordnung[4] über Eheversprechungen und Ehescheidungen
unter Katholiken. Sie wurde aufgestellt in Erwägung, daß
der allfällig im Bistum Chur bestehende Gerichtsgebrauch hinsichtlich der Eheversprechen und der Ehescheidungen in denjenigen

---

[1] Vergl. Müller-Friedberg a. a. O. III. S. 309.

[2] Schreiben des bischöflichen Ordinariates an den katholischen Administrationsrat vom 17. Juni 1823. Protokoll des Administrationsrates vom
27. Juni 1823.

[3] Vergl. Kreisschreiben des Administrationsrates betreffend die Dispen-
sationswaren in Ehefällen vom 27. Juni 1825. „Ohne die wichtigsten Gründe
wird die Dispensation zur Unterlassung aller drei Verkündigungen einer Ehe
nicht erteilt werden."

[4] Verordnung des Kleinen Rates vom 25. September 1827. G S. 1803
bis 39. S. 351.

Kantonsteilen, welche vor Errichtung des Bistums St. Gallen dem Bistum Chur einverleibt waren, seine Anwendung nicht mehr finden soll, seitdem dieselben als zum Kanton St. Gallen gehörig, integrirende Teile des Bistums St. Gallen geworden und bestimmte, daß in allen Teilen des Kantons St. Gallen eine Klage auf Eheversprechen bei der geistlichen Gerichtsbarkeit nur in dem Sinne eingeleitet werden könne, daß die bischöfliche Curie von St. Gallen über Bestand oder Nichtbestand des Eheversprechens urteile. Allfällige Genugtuung und Entschädigung war bei den bürgerlichen Gerichten einzuklagen. Für den ehemals bischöflich konstanzischen Kantonsteil sollte nach wie vor die Uebereinkunft vom 31. März 1808 in Kraft bleiben und von den Statthaltern jährlich zweimal in den Pfarrkirchen verkündet werden. Dagegen galt für Scheidungssachen im ganzen Kanton die Vorschrift, daß die bischöfliche Curie nur über die Frage zu urteilen hatte, ob Scheidung, vorzunehmen sei oder nicht, während alle übrigen rechtlichen Verhältnisse der Eheleute in Bezug auf Vermögen, Sustentation Erziehung der Kinder u. s. w. vor bürgerliches Forum gezogen werden sollten.

Damit waren widersprechende bischöfliche Einschränkungen beseitigt.

Durch diese beständigen Zerwürfnisse [1]) zwischen der bischöflichen Curie und den staatlichen bezw. konfessionellen Behörden des Kantons St. Gallen, war jede ruhige, geordnete Entwicklung der Diözesanverhältnisse zur Unmöglichkeit geworden und so kam auch der Entwurf zu einem Konkordate zwischen dem Bischof und den konfessionellen Behörden über den weitern Ausbau der päpstlichen Bulle vom Jahre 1826 niemals zur Ausführung. Das kaum instituirte Doppelbistum war in seinen Grundfesten wankend geworden. Als der Bischof mit dem Administrationsrate über Ausbezahlung seiner Dotationssumme in Anstände geriet, schlug ihm letzterer schon im Jahre 1829 folgenden Vergleich [2]) vor: es solle schon jetzt der hl. Vater gebeten werden, die Trennung und die volle Selbständigkeit

---

[1]) Ueber die Streitigkeiten im Schulwesen vergl. Müller-Friedberg a. a. O. III. S. 304.

[2]) Schreiben des Administrationsrates an den Bischof von Chur vom 5. März 1829. Protokoll des Administrationsrates vom 5. März 1829.

der Bistümer Chur und St. Gallen auf den Fall der Sedisvakanz des bischöflichen Stuhles aussprechen und die beiden
Domkapitel zu Chur und zu St. Gallen, jedes für seine Diözese
zu instituiren. Der ansehnlichere und größere Teil des Klerus
beider Landschaften wünsche eine vollkommene Trennung der
beiden Sprengel und halte die Verbindung den Erfordernissen
des Volkes und der politischen Lage der Kantone zuwider.
Wenn der Bischof zur Erreichung vorliegenden Zweckes seine
Mitwirkung zusage, und sobald der Papst die Sönderung und
volle Selbständigkeit der Bistümer für die Zukunft anerkannt
habe, werde er (Administrationsrat) die vom Bischof gewünschte
Verwaltung des Dotationsfondes übernehmen und ihm für
sich und die Kurie den vollen Jahresbetrag von 7500 fl. in
vierteljährlichen Raten ausbezahlen." Als der Bischof durch
Mitteilung vom 1. April 1829 die Zusicherung zur Unterstützung dieses Projektes gegeben hatte, faßte das katholische
Großrats Kollegium am 15. Juni 1830 fast einstimmig den
Beschluß: der Administrationsrat sei beauftragt, in schicklich
erachteter Zeit auf die Trennung der beiden Diözesen für den
Fall der Sedisvakanz hinzuwirken, ohne jedoch in eine Vermehrung der jetzt bestehenden Bistumsfonde sich einzulassen,
wenn eine solche verlangt werden möchte.

Oekonomische Verhältnisse brachten jedoch die Ablösungs
frage einstweilen zum Schweigen und der Papst ließ die an
ihn abgegangene Bitte, [1] im Falle des Ablebens Karl Rudolphs
die Trennung der Diözesen zu bewerkstelligen, unbeantwortet.
Daher faßte [2] das katholische Großrats Kollegium am 27. Febr.
1833 die Resolution, in dieser Sache keine weitern Schritte
zu tun, sich aber spätere Verfügungen vorzubehalten. — Unter
dessen hatte sich auch das corpus catholicum Graubündens
auf Ansuchen St. Gallens beim römischen Hofe um Absönderung
des churischen und st. gallischen Sprengels verwendet.

---

[1] Schreiben des Administrationsrates vom 7. Mai 1831 an den Papst.

[2] Die Bistumsbeschlüsse und die Unterhandlungen mit Rom fanden ohne
Mitwirkung der Staatsgewalt statt. Protokoll des katholischen Großrats-Kollegiums vom 27. Februar 1833. „Das Großrats-Kollegium behält sich ausdrücklich
vor, in gutfindender und gelegener Zeit diejenigen Beratungen zu pflegen oder
anzuordnen, die auf die künftige Gestaltung des Bistums Bezug haben."

Dritter Abschnitt.

Von der Kantonsverfassung von 1831 bis zur Bundesverfassung von 1848.

Erstes Kapitel.

Staatliche u. konfessionelle Gesetzgebung.

§ 1.

Die Kantonsverfassung von 1831.

Die dreißiger Jahre unseres Jahrhunderts bezeichnen in der Geschichte der schweizerischen Kantonalverfassungen zum Teil einen entscheidenden Wendepunkt, indem sie den Gedanken der Volkssouveränität gegenüber den letzten Spuren eines aristokratischen Sonderregiments verkünden und in verschiedenen Kantonen[1]) das Bestreben wachrufen, die Grundgesetze auf neue, demokratische Fundamente zu stellen. Von diesen Gesichtspunkten aus sind die ganzen Bewegungen zu betrachten, welche 1831 im Kanton St. Gallen zur Umgestaltung der Verfassung führten und ein Gesetz schufen, das dem Volke einen weit größeren Einfluß im Staatsorganismus sicherte, als dies seit der Gründung des Kantons St. Gallen der Fall gewesen war. Wiewohl die seit dem Jahre 1814 bestehenden konfessionellen Einrichtungen Anlaß zu vielfachen Unzufriedenheiten gegeben und im Verfassungsrate zu den weitgehendsten und aufgeregtesten Debatten geführt hatten, so waren es im Grunde doch nicht kirchenpolitische Momente, welche eine Revision der

---

¹) Siehe aus dieser Zeit die K.-V. von Luzern, Waadt, Tessin, Appenzell J.-Rh.

Verfassung anstrebten, sondern die erwähnten Forderungen[1]) nach wirksamerer Anteilnahme des Volkes am Staatsleben.

Dieser Wendepunkt ist für die politische Geschichte des Kantons St. Gallen von außerordentlicher Wichtigkeit. Wir haben in unserer bisherigen Entwicklung vornehmlich zwei Parteien beobachtet, welche das st. gallische Staatsleben leiteten und deren Interessen naturgemäß einander gegenüberstanden: Katholiken und Protestanten. Mit dem Beginn der aufklärenden Zeitströmung in den dreißiger Jahren, bemerken wir das Aufkommen eines dritten Elementes, den bestehenden nicht grundsätzlich entgegengesetzt, bald dem einen, bald dem andern sich anschließend und das religiöse Moment nur nebensächlich beachtend. Es war das Entstehen der Volkspartei, der Demokraten, mit dem Bestreben, die Rechte des souveränen Volkes so weit wie möglich auszudehnen. Selbstverständlich riefen diese Anschauungen eine Gegenströmung hervor, welche die historischen Traditionen und überlieferten Einrichtungen im Staatshaushalt zu bewahren suchten. — In jener Zeit zeigen sich auch die Anfänge der sog. katholisch-konservativen (klerikalen) Partei, welche ihre Aufgabe darin suchte, die konfessionelle Trennung und Selbstverwaltung zu erhalten und die zur Erreichung dieses Zweckes an manchen Punkten der demokratischen Fraktion Konzessionen machte, um andererseits mit Hülfe der Volkspartei ihre religiösen Pläne zur Durchführung bringen zu können. Diesen Bestrebungen wiederum trat eine Politik[2]) entgegen (später Radikale genannt), zu deren Haupttendenzen gehörte: Niederhaltung jedes Einflusses, den die katholische Kirche vermöge ihrer Organisation äußerlich auf ihre Angehörigen ausübt: gleiche Tendenz gegenüber der evangelischen Kirche, wann immer sie als geistige Macht spezifisch hervortritt: die Nivellirung religiöser Unterschiede überhaupt. — Es sei keineswegs behauptet, daß diese verschiedenen Sonderbestrebungen plötzlich mit dem Jahre 1830 auftauchten; jedoch von diesem Zeitpunkte

---

[1]) Vergl. die Flugschrift vom 24. Oktober 1830, betitelt: Wünsche und Anträge eines st. gallischen Bürgers für Verbesserung der Staatseinrichtungen dieses Kantons in 47 Punkten. Staatsarchiv.

[2]) Siehe Baumgartner St. Gallerspiegel S. 45

an beginnen sie eine überwiegende Rolle zu spielen und sind deshalb der Erwähnung notwendig, weil nur mit Rücksicht auf das Bestehen dieser politischen Parteien viele staatskirchliche Einrichtungen der spätern Perioden verstanden werden können.

„Volkssouveränität" war die Hauptforderung des Jahres 1830 und so ergibt sich von selbst, daß eine vom Großen Rate aufgestellte Verfassungskommission für „gutfindende Verbesserung der Verfassung" den Beifall der Demokraten nicht finden konnte, und der Große Rat durch tumultuarische Bewegungen im Kanton gezwungen wurde, folgenden Beschluß [1]) zu fassen: Es soll von dem souveränen Volk des Kantons St. Gallen in den Kreisversammlungen [2]) ein unmittelbar frei aus allen Kantonsbürgern zu wählender Verfassungsrat ernannt werden, welcher den Auftrag erhält, eine neue Verfassung für den Kanton St. Gallen zu entwerfen, die nachher den Kreisversammlungen zur Annahme oder Verwerfung vorzulegen ist.

Aus den Beratungen dieser Volksrepäsentanz ging die K. V. vom 1. März 1831 hervor, welcher aber nur deshalb angenommen wurde, weil man die Nichtstimmenden zu den Annehmenden zählte, so daß sich ungefähr ⅓ positiv für die Gutheißung erklärt hatte.

Gemäß den Interessen der Zeit wurden an die Spitze des Grundgesetzes nicht wie 1803 und 1814 die konfessionellen Artikel, sondern die Bestimmungen über Zweck und Wesen des Staates und über die Grundrechte des Volkes gestellt. In diesem hieß es: das Volk des Kantons ist souverän (Art. 2); es hat das Gesetzgebungsrecht und jedes Gesetz unterliegt seiner Genehmigung, welche es dadurch ausübt, daß es einem Gesetze die Anerkennung [3]) verweigern kann (Art. 3). Der 1. Abschnitt K. V. sicherte außer dem Zehnt- und Zinsloskauf, den Loskauf der Kollaturen durch die Gemeinden, indem Art. 7 bestimmte: Die Verfassung gewährleistet den Gemeinden das Recht

---

[1]) Beschluß des Großen Rates vom 14. November 1830.

[2]) Für konfessionell gemischte Kreise war für die Wahlen die Beobachtung der Parität vorgeschrieben.

[3]) Es war dies die Einführung des sog. „Veto." Siehe die Verhandlungen bei Henne a. a. O. S. 46 ff.

des Loskaufs und den Kollatoren das Recht der Abtretung der Kollaturen. Das Gesetz wird über die Bedingungen des Los-kaufs und der Abtretung mit Berücksichtigung der Rechte und Pflichten beider Teile, der Gemeinde sowohl als der Kollatoren, das Nähere festsetzen. — Der Verfassungsrat[1]) hatte sich in sehr verschiedenartiger Weise über diesen Gegenstand ausge-sprochen und vornehmlich die Ansichten geäußert: 1. Die Kolla-turen seien ein rein kirchliches[2]), apostolisches Recht, über welches der Staat keine Vorschriften erlassen könne. 2. Die Kollaturen seien eine öffentlich, rechtliche Angelegenheit und als solche a) von den Beteiligten (Gemeinden) auszuüben; b) dem Staate selbst zu vindizieren. In der Abstimmung fand obiger Art. 7 mit 125 gegen 10 Stimmen Aufnahme in die K.-V. Art. 8 K. V. garantierte gleich Art. 1 K.-V. von 1814 die freie und uneingeschränkte Ausübung des katholischen und evangelischen Glaubensbekenntnisses und Gottesdienstes. Man blieb also bei der engherzigen Auffassung, nur den beiden anerkannten Landeskirchen diese Rechte zu gewähren und verwarf im Ver-fassungsrate mit 119 gegen 20 Stimmen den Antrag: Die Verfassung sichert jede religiöse Ueberzeugung[3]) innert den

---

[1]) Verhandlungen bei Henne a. a. O. S. 157—170.

[2]) Diesen Standpunkt vertrat der Bischof Karl Rudolph in einer Eingabe vom 24. Januar 1831 an den Verfassungsrat. Er bemerkte darin, daß die bis jetzt vom Administrationsrate geübte Pfründenbesetzung nur die Folge einer zeitweiligen, freundschaftlichen Konzession sei und er erachte für Behandlung dieses Gegenstandes eine weltliche, paritätische Behörde als inkompetent. — Der Bischof suchte also die bisherigen Rechtsverhältnisse über Kollaturen durch die Fiktion eines bischöflichen Indultes aufzuheben.

[3]) Wie geringe Beachtung die allgemeine Glaubensfreiheit fand, bestätigt eine Stelle aus dem Amtsbericht des Kleinen Rates vom Jahre 1837 (S. 48): Mehr, und zwar auf eine sehr unangenehme Weise, beschäftigten uns die evange-lisch kirchlichen Oberbehörden, von denen wir unter Berufung auf sanktionierte Verordnungen des evangelischen Konsistoriums, wiederholt aufgefordert wurden, gegen Anhänger einer in mehreren Teilen des Kantons sich zeigenden religiösen Sekte, hinsichtlich der Kindertaufe und des Religionsunterrichts materiellen Zwang anzuwenden. Es verträgt sich übel mit der vielgepriesenen Toleranz des Jahrhunderts, wenn neugeborene Kinder ihren dissentierenden Eltern wegge-nommen und gleichsam auf dem Polizeiwege zur Taufe getragen werden: aber noch weit weniger verträgt es sich mit der Glaubensfreiheit, wenn Kinder in einem Alter, wo sie das eigene Glaubensbekenntnis abzulegen haben, mit Gewalt angehalten werden wollen, den Religionsunterricht bei einem Geistlichen anzu-hören, dessen Lehrsätze sie nicht anerkennen.

Schranken des Gesetzes. — Von freiern Gesichtspunkten war
dagegen Art. 9 getragen, welcher das Recht der Eingehung gemischter Ehen gewährleistete und damit einem unbestimmten[1]
Rechtszustande, welcher auf diesem Gebiete geherrscht hatte und
langjährigen Zerwürfnissen mit der bischöflichen Curie ein
Ende machen sollte. — Die für uns interessantesten Beobach-
tungen bieten die Verhandlungen[2] über die Frage, in wie
weit die durch Art. 2 K.-V. von 1814 den Konfessionen eingeräumte Autonomie beibehalten, das heißt, die konfessionelle
Trennung im Kanton St. Gallen neuerdings garantirt werden
sollte. Diejenigen, welche die kirchliche Selbstverwaltung nach
dem alten Art. 2 (inklusive den getrennten Erziehungsrat) fest-
halten wollten, erklärten: Seit 1814 leben die Konfessionen
in voller Eintracht unter sich und mit dem Staate. Um die
bürgerliche Einheit aufrecht zu halten, bleibe nur das Mittel
gesonderter konfessioneller Verwaltung. Jede andere Normirung
wäre ein Eingriff in die kirchliche Selbständigkeit und die durch
Art. 8 K.-V. gewährleistete Glaubensfreiheit. Dem Staat ist
genügender Einfluß auf die Konfessionen eingeräumt: kirchliche
Gegenstände werden auch in andern Ländern von den Konfessionen allein besorgt. Das Schulwesen steht gut und da wir
dabei vor allem religiöse Momente in Betracht ziehen müssen,
so wollen wir keinen gemeinsamen Erziehungsrat: auch liegt
eine Schulvereinigung nicht im Sinne der gesetzlichen Bestimmungen über Verwendung der katholischen Fonde. Letztere
müssen überhaupt der katholischen Korporation zu freier Verfügung überlassen bleiben. — Die Argumentation der Gegenpartei war folgende: Von 1803 bis 1814 hat der Kanton in
voller Einheit bestanden. 1814 ist er zerrissen und ein Staat
im Staate errichtet worden. Neben[3] der Landesregierung

---

[1] Ueber die bis dahin herrschende Unklarheit dieses Rechtszustandes siehe
die Verhandlungen des Verfassungsrates. Henne a. a. O. S. 286—292.

[2] Verhandlungen bei Henne a. a. O. S. 261—285. Daraus geht hervor,
daß nur wenige Mitglieder des Verfassungsrates den Gegenstand vom juristisch-
staatskirchenrechtlichen Standpunkt aus erfaßt hatten. Die meisten übersahen, daß
es sich in der Hauptsache um die Frage handelte: soll der Staat den Konfessionen
auf dem ganzen Gebiet der gemischten Angelegenheiten die Autonomie wieder
entziehen.

[3] Votum Baumgartners. Henne a. a. O. S. 242.

bestehen zwei andere Konfessionsregierungen, um sie zu äffen und zwei Große Räte, zwischen welchen der eigentliche Große Rat nichts zu tun hat, als allenfalls Kettenstrafen nachzulassen und Bürgerrechte zu erteilen. „Die Behörden,[1] die der Staat als katholische aufgestellt hatte, maßten sich an, nicht etwa bloß Religiöses, Matrimonielles u. s. w. zu besorgen, sondern Staat zu sein. Das kann und soll nimmer fortdauern. Der Form zu lieb kam der Regierung eine Form, ein Plazet, ein Machwerk zu; aber in den wichtigsten Fällen wurde es ver nachlässigt. In den bischöflichen Einrichtungen wurde dies Recht des Staates verpaßt, nicht beachtet. — Jede Konfession verwalte das Ihrige selbst, und wie sie will. Aber keine Konfession übe die Staatsgewalt aus; sonst wollen wir lieber zwei Rhoden.“ Eine freie Schlußfassung der Staatsbehörden gegenüber den Konfessionen ist unmöglich, da die Häupter der konfessionellen Behörden auch Mitglieder des Kleinen Rates sind. Die oberste Aufsicht über die Schule gebührt dem Staat allein und die großen Vorteile eines gemeinsamen Erziehungs- rates zeigt die Mediationszeit. Die ökonomischen Hindernisse, welche angeblich einer Vereinigung im Schulwesen entgegen- treten, bestehen rechtlich nicht. Das Gesetz vom 8. Mai 1805 ist nie richtig vollzogen worden. — Im allgemeinen schloß sich das katholische Volk der ersten Auffassung an, wie denn auch der Bischof die Beibehaltung der Art. 1 und 2 K.-V. 1814 vorgeschlagen hatte: die Protestanten neigten sich mehr den zweiten Ausführungen zu. Die für die konfessionellen Ange- legenheiten bestellte Kommission brachte am 9. Februar 1831 zwei Anträge[2] vor. Der eine (Kommissionsmehrheit) vindizirte

---

[1] Votum Baumgartners. Henne a. a. O. S. 241. Aus der Erwiederung des Regierungsrat Gmür: Unsere Bürger beider Konfessionen sind bürgerlich ver- bunden. Wer von einer Trennung in unserem Kanton spricht, von dem muß ich Tatsachen fordern, oder ihm erklären, daß er eine Unwahrheit gesprochen. Ferner: Dies Eigentum (das katholische), so wie es rein katholisch ist, bleibe ferner unserer Konfession anheimgestellt. Unser katholischer Großrat entscheide ungehindert und in Gesamtheit darüber. Ferner: In den Schulen lernt man nicht nur lesen und schreiben: auch Religion wird da gelehrt. Das aber gedeiht nur getrennt. Henne a. a. O. S. 244.

[2] Henne a. a. O. S. 261.

dem Staate das Oberaufsichtsrecht in allen äußerlich (quoad externa) kirchlichen Anordnungen und Einrichtungen (Sanktions-, Plazetierungs- und Rekursrecht) und stellte für Besorgung kirchlicher Angelegenheiten je einen von jedem Konfessionsteil ernannten Kirchenrat auf, der unmittelbar unter den Staatsbehörden stand. Unter der Oberaufsicht des Staates wurde jedem Konfessionsteil, dessen Eigentum gewährleistet, wie auch die eigene Matrimonialgerichtsbarkeit, die sich aber nur mit Lösung des Ehebandes in kirchlicher Hinsicht befassen konnte. Der Entwurf garantirte (Art. 5) die gemischten Ehen und erklärte die Aufsicht und Leitung des Erziehungswesens unter einem gemeinsamen Erziehungsrate als Staatssache. - Der Antrag der Minderheit der Kommission trug einfach auf Genehmigung des Art. 2[1] K.-V. von 1814 an und fand am 9. Februar 1831 mit 81 gegen 50 Stimmen den Beifall[2] des Verfassungsrates. Er ging als Art. 22 in die K. V. über. -- Ein bedeutender staatsrechtlicher Fehler, der sich seit 1814 im Kanton eingeschlichen hatte, fand in Art. 126 K. V. seine Hebung, indem festgesetzt wurde, daß kein Mitglied des Kleinen Rates zugleich Mitglied irgend einer andern administrativen, vollziehenden oder richterlichen Behörde sein durfte, worunter auch die konfessionellen Behörden begriffen waren.

Der Kanton wurde durch die K. V. in 15 Bezirke (Art. 49) eingeteilt, die in politische Gemeinden zerfielen, welche wiederum aus mehrern Ortsgemeinden bestehen (Art. 41, 42) konnten.

---

[1] Die Beibehaltung der konfessionellen Grundlagen, wie sie das Jahr 1814 geschaffen, glauben wir auf rein kirchenpolitische Motive zurückzuführen zu müssen. Die katholischen konfessionellen und kirchlichen Oberbehörden hatten in der Zeit von 1814 bis 1831 einsehen gelernt, daß diese Trennung in den Verwaltungsangelegenheiten, wie sie Art. 2 (jetzt Art. 22) normierte, zur Erreichung ihrer Zwecke außerordentlich günstig gewesen und ihre kirchenstaatlichen Oberbehörden bereits zu einer Stellung im Staate gelangt waren, die mit derjenigen der Regierung rivalisierte. Daher suchten sie den status quo beizubehalten und es fiel ihnen nicht allzu schwer, das katholische Volk von dem Nutzen dieser Einrichtung zu überzeugen. Die Männer der Volkspartei aber sahen in dieser Forderung den Punkt, in dem sie mit den Katholiken zusammen gehen mußten, wenn sie andererseits auf Erfüllung ihrer Volkswünsche hoffen wollten.

[2] Die Abstimmung über Art. 5 war vorher verschoben worden. Siehe Art. 9 K.-V. Seite 126.

Erſt dieſe Verfaſſung führte die grundſätzliche Trennung[1] von politiſcher und Ortsgemeinde vollſtändig durch und beſtimmte, daß jede Pfarrei, Ortsgemeinde oder Genoſſenſchaft, die ein beſonderes Eigentum beſaß, zur Beſorgung desſelben unter dem Namen „Verwaltungsrat" eine Verwaltungsbehörde zu beſtellen hatte (Art. 86). Die allgemeinen ſtaatsrechtlichen Grundlagen in Bezug auf die beratenden und vollziehenden Behörden blieben beſtehen, nur erhielt der Große Rat eine unabhängigere und einflußreichere Stellung gegenüber dem Kleinen Rate.

Lebhafte Beſprechungen rief der feſtzuſtellende Artikel über die Parität in den Behörden[2] hervor, namentlich diejenige im Großen Rate, wobei die drei Anſichten zu Tage traten: a) volle Parität im Großen Rate, d. h. gleiches Verhältnis von Katho- liken und Proteſtanten, b) Beſtätigung des Verhältniſſes der K.-V. von 1814 (84 Katholiken, 66 Proteſtanten), c) Reprä- ſentation nach der Volkszahl, welch letztere mit 80 gegen 40 Stimmen in die K.-V. aufgenommen wurde. Darnach lautete Art. 46: „Der Große Rat wird aus 150 Mitgliedern beſtellt. Hievon ernennt der Bezirk St. Gallen[3] 15. Drei von

[1] Siehe G. S. 1803-39 S. 51 Note. Die Hauptaufgabe der Ortsge- meinden war neben der Verwaltung der Genoſſengüter, die Beſorgung des Armenweſens und die Führung der Bürgerregiſter. Beim Ortsverwaltungsrat war auch die Bewerbung um ein Gemeindsbürgerrecht einzugeben. Siehe Kreis- ſchreiben des Kleinen Rates vom 1. Mai 1837. (G. S. 1803—39 S. 100.)

[2] Henne a. a. O. S. 350—359.

[3] Am 29. Juli 1838 wurde ein Statut betreffend das Verfahren bei der Vornahme einer Reviſion der K.-V. erlaſſen, nach welchem die Mitglieder in den Verfaſſungsrat in den Bezirksgemeinden gewählt werden ſollten, auf gleiche Weiſe und in gleicher Anzahl, wie die in jedem Bezirke durch die K.-V. zuge- ſchiedenen Mitglieder des Großen Rates (Art. 31) (G. S. 1803-39 S. 39). Damit blieb das Wahlrecht des Bezirks St. Gallen in gleicher Weiſe begünſtigt. Gegen dieſen Art. 31 des Statuts erhoben 71 Großrats-Mitglieder im Jahre 1857 Einſprache, indem ſie die konſervative Mehrheit im Verfaſſungsrate dadurch beein- trächtigt glaubten. Sie gelangten mit dem Rechtsgeſuch an die Bundesverſamm- lung, daß ſich Art. 31 mit Art. 4 B.-V. von 1848 im Widerſpruch befinde und daß ein allfällig zu wählender Verfaſſungsrat genau im Verhältnis der Volkszahl der einzelnen Wahlbezirke nach gegenwärtig gültiger, eidgenöſſiſcher Bevölkerungsliſte mit Aufhebung des Wahlvorrechts des Stadtbezirks St. Gallen, zu ernennen ſei. Ueber den Beſchluß der Bundesverſammlung in dieſer Sache findet ſich im B. B. von 1858 II S 163 die Bemerkung: Il n'est pas entré en matière sur la reclamation des membres du Grand Conseil du St-Gall. Ainsi arrêté par le Conseil national Suisse. Le 29 juillet 1858 le Conseil des Etats a adhéré à l'arrêté ci-dessus en omettant toute fois l'exposé des motifs.

9

diesen 15 sollen Kantonsbürger sein, die nicht Gemeindsbürger von St. Gallen sind und unter diesen dreien ist wenigstens ein Bürger katholischer Konfession zu wählen. Die übrigen 135 Mitglieder werden in genauem Verhältnis zur Zahl der im übrigen Kanton befindlichen Kantonsbürger und der daselbst niedergelassenen Schweizer mit Beobachtung der Parität nach gleicher Berechnung auf die andern 14 Bezirke verteilt." So ergaben sich für die übrigen Bezirke 47 Protestanten und 88 Katholiken. — In den übrigen Kantonalbehörden erhielt derjenige Konfessionsteil, welcher die Mehrzahl der Bevölkerung besaß, ein Mitglied mehr, als der andere (Art. 117) und für die gemischten Bezirke war die Bestimmung getroffen, daß in Alt-, Neu-, Ober- und Untertoggenburg, Unter- und Oberrheinthal und Werdenberg die Bezirksgerichte, die Untergerichte, die Gemeinde- und Verwaltungsräte im Verhältnis der sich im Bezirk oder in den Gemeinden aufhaltenden Kantonsbürger jeder Konfession gewählt werden sollten. Die Wahl der Präsidenten und der Schreiber dieser Behörden blieb frei¹) (Art. 118). Eine Toleranz gegenüber K.-V. von 1814 bildete die Gewährung der freien Niederlassung²) der Kantonsbürger und gegenüber denjenigen Kantonen, die mit St. Gallen Gegenrecht übten auch die der Schweizerbürger (Art. 38 und 39). Unter den angegebenen Ausschließungsgründen finden sich keine konfessionellen Beschränkungen. Die neue K.-V. mußte vom Volke in sämtlichen Bezirken beschworen³) werden und um diese Gewissensgarantie auch für Geistliche, die nicht Kan-

---

¹) Vergl. die Paritätsvorschrift in der K.-V. von 1814.

²) Siehe Gesetz über die Fremdenpolizei und Niederlassung vom 14. August 1834. (G. S. 1803—39 S. 917. Art. 27: Der Gemeinderat erteilt die Niederlassung von sich aus und kann dieselbe nicht verweigern, wenn der Bewerber ein Kantonsbürger oder Angehöriger eines Staates ist, der mit dem Kanton St. Gallen laut Beschluß des Kleinen Rates oder laut besondern Vertrag wie z. B. mit Frankreich und Piemont in Gegenrecht steht, insofern die Schriften in Ordnung sind und sonst kein gesetzlicher Ausschließungsgrund vorhanden ist. In allen andern Fällen hat die Bürgerversammlung zu entscheiden, ob sie die Niederlassung bewilligen oder verweigern wolle.

³) Allgemeiner Bürgereid laut Vorschrift des Verfassungsrates vom 8. April 1831. (G. S. 1803—39 S. 251.

tonsbürger waren, zu erhalten, setzte ein Beschluß[1]) des Kleinen Rates vom 8. Juni 1833 für diese eine Eidesformel fest, welche auf Treue und Gehorsam der verfassungsmäßigen Ordnung und Obrigkeit des Kantons St. Gallen ging. Vor Ablegung dieses Eides war die Vornahme jeder amtlichen Verrichtung untersagt. —

Dieses sind die konfessionellen Grundzüge der Verfassung vom 31. März 1831, die sich auf diejenige von 1814 aufbaute, mit geringen Ausnahmen dieselben Mängel trug und während ihres dreißigjährigen Bestehens geeignet war, ihre Normen über das Verhältnis von Staat und Kirche dem Charakter des Kantons St. Gallen so tief einzuprägen, daß sich bedeutsame Ueberreste dieses Systems bis auf den heutigen Tag erhalten haben.

§ 2.

Das konfessionelle Gesetz[2]) vom 26. Januar 1832.

Das zweite konfessionelle Gesetz des Kantons St. Gallen beruht im Wesentlichen auf den nämlichen Grundbestimmungen, wie dasjenige von 1816 und war auf den mit Art. 2 K.-V. 1814 gleichlautenden Art. 22 K.-V. von 1831 gestützt.

Das Großrats-Kollegium als oberste konfessionelle, gesetzgebende Behörde blieb mit den nämlichen Kompetenzen bestehen. Da die K.-V. einen Landammann katholischer und evangelischer Konfession nicht mehr aufstellte, blieb es dem Großrats-Kollegium überlassen, sich seinen Präsidenten zu wählen. Das landesherrliche Recht des Staates, den Verordnungen der kirchlichen und konfessionellen Behörden die hoheitliche Genehmigung zu erteilen, wurde geschieden in Verleihung

---

[1]) Beschluß des Kleinen Rates vom 8. Juni 1833 über die Beeidigung der Geistlichen, welche nicht Kantonsbürger sind. (G. S. 1803—39 S. 272. Dieser Beschluß war erlassen nach Art. 152 des konfessionellen Gesetzes vom 26. Januar 1832. (G. S. 1803—39 S. 267.

[2]) Gesetz über die gesönderte Besorgung der Angelegenheiten beider Konfessionen vom 26. Januar 1832. (G. S. 1803—39 S. 267 in Aufhebung des Gesetzes vom 3. April 1816.

der Sanktion durch einen förmlichen Beschluß[1]) des Großen
Rates oder durch die Plazetierung des Kleinen Rates, welch
letztere für Kundmachungen und Anordnungen vorübergehenden
Belangs von den kirchlichen Behörden der einen oder andern
Konfession, erfolgen mußte. Die Genehmigungserklärung war
dem Erlasse selbst beizufügen[2]) und in Umgehung dieser Bestimmung dessen Publikation als ungültig und gesetzwidrig
erklärt. Eine Aenderung erfuhr das Vorgehen im Recursus
ab abusu, indem Art. 14 den Kleinen Rat anwies, Klagen
gegen Konfessionsbehörden über stiftungs- und zweckwidrige
Verwendung oder gesetzwidrige Verwaltung der den Konfessionen
zugehörigen Fonds und der Kirchen-, Pfrund- und Schulgüter
überhaupt, wie auch über Mißbrauch und Ueberschreitung der Amtsgewalt, den erforderlichen Untersuch zu pflegen und nach Vorschrift der Gesetze zu verfügen oder aber nach Beschaffenheit der
Sache, dem Großen Rat darüber zum Entscheid Bericht zu erstatten.
Dadurch war der Rekursweg bis zur obersten Landesbehörde[3])
eröffnet.

---

[1]) Dazu Beschluß des Kleinen Rates betreffend das obrigkeitliche Placet
für Kundmachungen und Anordnungen von kirchlichen Behörden vom 20. Dezember
1833 (G. S. 1803—39 S. 260). Darnach mußte die Einsendung des Erlasses
11 Tage vor dessen Publikation an den Kleinen Rat stattfinden. Eine Versagung der Veröffentlichung mußte unter Rücksendung der Verordnung motiviert
werden. Gesetzwidrige Verkündung wurde mit § 30 St. G. B. über Vergehen von 1808
(Widersetzlichkeit gegen gesetzliche Verordnungen und obrigkeitliche Befehle) bestraft.

[2]) Nach einem Beschluß des Kleinen Rates vom 2. April 1841 mußte das
Plazet immer mit der kirchlichen Kundmachung und Anordnung verlesen
werden. Strafe: § 30, St. G. B. von 1808.

[3]) Vergl. den Recursus ad principem. Friedberg a. a. O. S. 800. Der
interessanteste Fall eines Recursus ab abusu in der st. gallischen Praxis ist derjenige des Priesters Alois Fuchs vom Jahre 1832. Der Priester war wegen
einer Predigt, die angeblich gegen die katholische Kirchenordnung verstieß, vom bischöflichen Ordinariate am 8. März 1832 suspendiert worden. Er
ergriff den Rekurs an den Kleinen Rat, welcher den Beschluß faßte, den Geistlichen einstweilen bei seinen Pfrundeinkünften zu schützen und den Fall gemäß
Gesetz vom 26. Januar 1832 dem Großen Rate vorzulegen. Am 12. Juni 1833
billigte der Große Rat den vom Kleinen Rate verfügten Schutz der Pfrundeinkünfte, trat aber erst im Jahre 1834 näher auf den Gegenstand ein. Am 14. Nov.
1834 kam er zu der Resolution: „Die kirchliche Oberbehörde im Kanton sei einzuladen, der Sache des Priesters allgemeine Teilnahme zuzuwenden und im geeigneten Momente eine Revision der Suspensions-Prozedur anzubahnen." Mit
diesem Beschluß wich der Große Rat in richtiger Weise einer definitiven Entscheidung aus, denn es konnte ihm keine Beurteilung der Frage zustehen, ob der
Priester das kanonische Recht verletzt habe.

Im Gebiete der Matrimonialgerichtsbarkeit erfuhr die Kompetenz des katholischen und evangelischen Ehegerichts eine wesentliche Einschränkung durch Art. 1, des Gesetzes, welcher bestimmte, daß die beiden Konfessionen Gerichtliches in Ehesachen so zu ordnen hätten, daß dadurch in die Kompetenz des Zivilrichters, der über ökonomische Ansprachen allein zu entscheiden befugt sei, nicht eingegriffen werde. Das Gesetz anerkannte demnach bereits eine strenge Scheidung der kirchlichen, gegenüber den bürgerlichen, privatrechtlichen Interessen im Ehewesen. Von staatlichen Vorschriften galten in dieser Sphäre außerdem die früher erwähnten Vorschriften über Eheeinsegnungen, die eidgenössischen Konkordate und ein Gesetz[1] vom 23. Juni 1832, wonach uneheliche Kinder der Konfession der Mutter folgen sollten, ebenso die unter Eheversprechen erzeugten Kinder, außer bei Eingehung einer spätern Ehe.

Bei Pfründenbesetzungen beider Konfessionen hatten die konfessionellen Oberbehörden zu untersuchen, ob die Wahl[2] reglementarisch stattgefunden habe und im letztern Falle solche zur Genehmigung an den Kleinen Rat zu leiten. Sämtliche im Kanton wohnende Geistliche wurden gleich den übrigen Kantonsbewohnern den Landesgesetzen unterworfen. Die Leitung des Erziehungswesens blieb (wie 1816) in der Gewalt der Konfessionen; der staatliche Beitrag wurde auf 4000 fl. erhöht und jährliche Rechnungsablage vorbehalten. In Art. 18 wurde dem Kleinen Rate das Recht gewahrt, von den Konfessionsbehörden über ihre Verrichtungen Bericht einzuziehen und in dieselben Einsicht zu nehmen. Ueber Gang und Stand des Erziehungswesens sollte ihm jedoch auch unaufgefordert jährlich von jeder Konfession Bericht und Ausweis gegeben werden.

Durch vorliegendes Gesetz wurde das 1816 aufgestellte und durch Gesetz vom 20. Juni 1816 näher bestimmte Schiedsgericht über Streitigkeiten beider Konfessionsteile fallen gelassen; sein kurzer Bestand rechtfertigt die früher ausgesprochene

---

[1] Gesetz über das Paternitätswesen und das Bürgerrecht, den Namen und die Konfession unehelicher Kinder. G S. 1803—39 S 539.

[2] Für Vikare und Kapuziner, die zu seelsorglicher Aushilfe verwendet wurden, verlangte das Gesetz kein Placet, so daß die Kirche durch Ausdehnung eines Interimzustandes die staatlichen Vorschriften leicht umgehen konnte.

Behauptung seiner Inkorrektheit. Schließlich ist das im Gesetz vom 3. April 1816 vorgesehene und durch Bestimmung vom 21. Juni 1816 spezieller normierte Recht des Staates bei Bistumsunterhandlungen mitzuwirken, nicht mehr erwähnt und muß daher als stillschweigend beseitigt betrachtet werden; praktisch wirksame Anwendung hatte es nie erhalten.

Dieses sind die geringen Abweichungen des konfessionellen Gesetzes von demjenigen von 1816, welche in manchen Punkten eine Erweiterung des staatlichen Einflusses, in manchen Punkten ein Rückgang der Kompetenzen des Staates statuierten. Große Modifikationen konnten sich nicht zeigen, nachdem der Kanton durch Annahme der K.V. erklärt hatte, daß er die Grundlagen des Verhältnisses von Staat, Konfession und Kirche beizubehalten wünschte.

§ 3.

Die Organisation des katholischen Konfessionsteils.

Die katholische konfessionelle Gesetzgebung ruht in dieser Periode auf der vom katholischen Großrats Kollegium am 4. März 1833 erlassenen Organisation,[1] welche sich in natürlicher Folge der bereits bestehenden Normen (K.V. und Gesetz vom 26. Januar 1832) ebenfalls auf ihre Vorgängerin (vom 21. Juni 1816) aufbaut.

Die staatskirchenrechtliche Stellung des katholischen GroßratsKollegiums und des Administrationsrates blieb in der Hauptsache die nämliche, wie sie 1816 normiert worden war, nur wurde dem Kollegium ein selbstständiges Vorschlagsrecht ausdrücklich durch das Gesetz gewahrt (Art. 8). Die Zahl der Mitglieder[2] des Administrationsrates wurde auf 9 herab-

---

[1] Organisation für den katholischen Konfessionsteil zur Besorgung seiner Angelegenheiten vom 4. März 1833, sanktioniert vom Großen Rate am 8. März 1833. (G. S. 1803—39 S. 281.

[2] Durch die Organisation war die Wahl Geistlicher in den Administrationsrat nicht ausdrücklich ausgeschlossen, daher schien der Beschluß vom 23. Dezember 1824 beseitigt. Siehe S. 116 Anm. 2.

gesetzt, und ihm eine der wichtigsten Kompetenzen entrissen,[1] diejenige als Erziehungsrat. Neben der Verwaltung des gesamten Korporationsvermögens des katholischen Konfessionsteils und der Aufsicht über das Vermögen der Kirchen, Pfründen und Schulen in den Gemeinden, der Stipendien und frommen Stiftungen, übte er die Verwaltung des der Gymnasialanstalt gewidmeten Fonds, besorgte ihre häuslichen und ökonomischen Angelegenheiten, sowie die Beaufsichtigung der katholischen Kantonalbibliothek und des Archivs des ehemaligen Stiftes, soweit diese dem katholischen Konfessionsteil zustand. Die Organisation schuf einen vom katholischen Großrats-Kollegium zu wählenden[2] Erziehungsrat aus 7 Mitgliedern, die aber in den Personen von denjenigen des Administrationsrates getrennt sein mußten, so daß kein Mitglied des Administrationsrates zugleich Mitglied der Erziehungsbehörde sein konnte. Dem Erziehungsrat wurde in Sachen des Schul- und Erziehungswesens das Einrichtungs-, Leitungs- und Verfügungsrecht zugewiesen und ihm jede unmittelbare Verbindung mit auswärtigen Behörden untersagt. Für allgemeine Verordnungen hatte er, sobald diese vom Großrats-Kollegium genehmigt waren, die Gutheißung des Staates einzuholen und es stand dem Kleinen Rat das Recht der Einsichtnahme in seine Amtsverrichtungen offen. Auch über das Gymnasium katholischer Fundation, welches 1834 in eine „katholische Kantonsschule"[3] umgetauft wurde, war ihm die oberste Leitung und Beaufsichtigung eingeräumt; er wählte deren Professoren und Lehrer.

---

[1] In den Beratungen des katholischen Kollegiums war auch die Ansicht geäußert worden, dem Administrationsrate jede kirchliche Befugnis zu nehmen und ihn als bloße Verwaltungsbehörde, ähnlich seinen Anfängen in der Mediationszeit fortbestehen zu lassen; für die wenigen kirchlichen Gegenstände wurde die Aufstellung eines eigenen Kirchenrates vorgeschlagen.

[2] Geistliche waren wählbar, diejenigen, die nicht Kantonsbürger waren, hatten vor dem Amtsantritt den geforderten Eid zu leisten.

[3] Nach der Organisation vom 22. November 1834 (S. 136) bestand die Anstalt aus:
a) Bürgerschule (höhere Realschule).
b) Lehrerseminar.
c) Gymnasium.
d) Lyceum (philosophische Schule).

Diese Aufstellung eines eigenen, vom Administrationsrate losgelösten Erziehungsrates ging einerseits aus dem Bestreben hervor, die Machtbefugnisse des Administrationsrates zu verringern, andererseits von der Anschauung aus, das Erziehungswesen möglichst wenig in den kirchlichen Organismus hinein zuziehen, eine Tendenz, welche das Ergebnis sehr liberaler[1] Wahlen in die obersten konfessionellen Behörden war. Wie sehr diese konfessionellen Einrichtungen von der jeweils im Kollegium herrschenden Politik abhängig waren beweist das Faktum, daß im Jahre 1855 ohne außerordentliche Veranlassungen wiederum dem Administrationsrat alle Befugnisse[2] übertragen wurden, die bis dahin vom Erziehungsrate geübt worden waren, mit dem Recht, die erforderlichen Beamten und Angestellten aus seiner Mitte zu wählen. —

Die konfessionelle Gesetzgebung führte diese Organisation von 1833 weiter aus und stellte für das Schul- und Kirchenwesen umfassende Normen auf.

1. Im Schulwesen.

Zur Beaufsichtigung des allgemeinen Schulwesens, das überhaupt eingreifenden Reformen unterzogen wurde, ernannte der Erziehungsrat nach einer Organisation[3] vom 22. November 1834 in jedem Bezirke des Kantons Schulinspektoren, nebst einem Kantonalschulinspektor als Zentralaufsicht.[4] Um der Kirche bei Einführung der Religionsbücher den nötigen Einfluß zu gewähren, hatte sich der Erziehungsrat nach dieser Schulorganisation mit dem katholisch kirchlichen Vorstande des Kantons ins Einvernehmen zu setzen. Der konfessionelle

---

[1] Einen Beweis für die liberale Strömung der Zeit, liefert die Tatsache, daß im Anfang der Dreißiger Jahre drei Protestanten als Lehrer im katholischen Gymnasium gewählt wurden.

[2] Siehe die Verordnung des katholischen Großrats-Kollegiums über Abänderung der Organisation des katholischen Konfessionsteils vom 8. Juni 1855. Sanktioniert am 13. Juni 1855.

[3] Organisation des gesamten Schul- und Erziehungswesens für den katholischen Konfessionsteil. (Erlassen vom katholischen Großrats-Kolleg am 20. November 1834. Sanktioniert vom Großen Rate am 22. November 1834. G. S. 1803—39 S. 353.

[4] Letzteres Institut wurde schon durch Beschluß vom 20. November 1839 beseitigt. G. S. 1803—39 S. 364.

Religionsunterricht wurde von dem katholischen Ortsgeistlichen erteilt und die Primarschullehrer waren zum Unterricht in biblischer Geschichte und Sittenlehre verpflichtet. Das Recht die Lehrer zu wählen, stand[1]) (außer für die Kantonsschule) in jeder Gemeinde der Schulgenossenschaft zu; diese bestellte auch einen Schulrat, in welchem der Geistliche gewählt werden konnte. Der Schulrat hatte die gesamte Leitung und Aufsicht in den Primar- und Ergänzungsschulen der Schulgemeinde und konnte ausnahmsweise gestatten, daß evangelische Kantons- bewohner katholische Schulen besuchten, besonders wenn terri toriale Verhältnisse die Frequenz einer andern Schule erschwerten. Damit war das Prinzip des ausschließlich konfessionellen Charakters durchbrochen. Der eigentliche Träger der Schule war die Schulgenossenschaft, welche aus allen katholischen Ein- wohnern eines Ortes oder einer Umgegend bestand, welche gemeinsam für die Bedürfnisse ihrer Schulen sorgte. Stimm fähig waren alle katholischen Einwohner der zum Schulkreise gehörigen Schulgenossenschaften, sie mochten Ortsbürger oder gesetzlich niedergelassene Schweizerbürger oder Ausländer sein, sofern sie die geforderten Eigenschaften besaßen. Zur Ver- waltung der Schulfonde wählte jede Genossenversammlung einen eigenen Verwaltungsrat, dem die ökonomischen Ange legenheiten für Kirche und Schule übertragen wurden[2]) mit der Auflage, die Kapitalien stiftungsgemäß zu verwenden; es stand aber der Schulgemeinde zu, einen eigenen Verwaltungs rat zu ernennen, so daß neben dem Kirchenguts ein Schul gutsverwaltungsrat aufgestellt wurde. Da wo die Fonde nicht hinreichten, konnten zur Deckung der Schulbedürfnisse nach den gesetzlichen Bestimmungen Steuern[3]) dekretiert werden. Mit

---

[1]) Schulordnung für den katholischen Konfessionsteil vom 16. Februar 1838. (G. S. 1803—39 S. 306. Vom Großen Rate genehmigt am 20. Februar 1838.

[2]) Verordnung vom 7. Juni 1814. Ueber die Einteilung in Schulguts- genossenschaften siehe Wartmann a. a. O. S. 342.

[3]) Die sämtlichen katholischen Niedergelassenen konnten ohne Unterschied zu den Schulsteuern herangezogen werden, während die evangelischen Niederge lassenen, welche keinen Anteil am Schulgute hatten, zu Schulsteuern nicht ange halten werden konnten; sie bezahlten ein Schulgeld. Siehe Kreisschreiben des Kleinen Rates vom 30. Dezember 1839. (G. S. 1803—39 S. 1354.

Beginn des Jahres 1835 waren alle katholischen Primarschulen für die Kantonsbewohner Freischulen geworden.

2. Im Kollaturwesen.

Auch nach der Organisation von 1833 blieb der Administrationsrat diejenige Behörde, welche im Kollaturwesen die
oberste Aufsicht zu führen und das Kollaturrecht, über die der
katholischen Korporation zustehenden Pfründen auszuüben hatte.
Er untersuchte, ob die Wahl reglementarisch stattgefunden habe
und leitete sie im letzteren Falle zur Genehmigung an den
Kleinen Rat. Eine Verordnung[1]) des Großrats-Kollegiums
vom 6. November 1834 gab einläßliche Vorschriften über die
Anstellung und Absetzung katholischer Priester. Darnach wurde
jeder Kollator verpflichtet, eine erledigte Pfründe innert 4,
spätestens 12 Wochen, wieder zu besetzen: im Unterlassungs-
falle fiel die Wahl des Geistlichen in die Kompetenz des
Administrationsrates. Diese Anwendung des jus devolutionis,
welche mit den Fundamentalsätzen der katholischen Kirche in
Widerspruch treten mußte, wurde deshalb von der Curie ohne
großen Widerstand geduldet, weil das Episkopat in der
Kollation der Gemeinden (respektive des Administrationsrates)
nur die Ausübung eines Präsentationsrechtes[2]) sah, welches
durch Versagung der bischöflichen Admission wirkungslos gemacht werden konnte. Dies drückte auch die Verordnung indirekt
annähernd aus, indem Art. 14 bestimmte: Geistliche, welche
auf eine vakante Pfründe erwählt worden sind, haben vor
dem Antritt derselben, die hiefür benötigte Admission bei der
geistlichen Oberbehörde des Kantons nachzusuchen. Eine nominelle Verfügung, daß bei Versagung der Konfirmation die
Wahl dahinfalle, war nicht aufgestellt.[3]) Jeder Geistliche, der

---

[1]) Verordnung des katholischen Großrats-Kollegiums über die Anstellung
und Absetzung katholischer Priester vom 6. November 1834, sanktioniert vom
Großen Rate am 20. November 1834 (G. S. 1863-39 S. 320).

[2]) Vergl. die Auffassung Uris über die Kollaturrechte der Gemeinden.
Gareis und Zorn a. a. O. S. 165 I.

[3]) Ein solcher Artikel findet sich erst in der neuesten Organisation von 1893.
Art. 38 d): Mit Verweigerung der bischöflichen Admission fällt die Wahl dahin,
während die Organisation von 1862 nur bestimmte: Ehe der gewählte Geistliche
vom Administrationsrat die Anzeige von der Wahlanerkennung erhalten und
bevor ihm die kirchliche Admission von Seite des bischöflichen Ordinariates erteilt worden, darf derselbe von seiner Pfründe nicht Besitz nehmen (Art. 38 c.)

auf eine Pfründe angestellt werden wollte, mußte mit einer von einer Prüfungskommission ausgefertigten Wahlfähigkeits= akte versehen sein. Diese Kommission wurde anfänglich ein= seitig vom Administrationsrate ernannt; später[1] überging die Befugnis zur Ausstellung von Wahlfähigkeitsakten an ein Examinationskolleg, in welches der Diözesanvorstand je 3, die konfessionelle Behörde je 2 Examinatoren wählte. Die Be= werber wurden nach Maßgabe eines vom Administrationsrate erlassenen Prüfungsstatutes je nach dem Ergebnis des Examens und der abgelegten Studien und Sittenzeugnisse von der ge= mischten Kommission mit unbeschränkten oder limitierten Wahl= fähigkeitsakten versehen oder mit dem Gesuch abgewiesen. Ein selbstständiges Deplazetierungsrecht gegenüber den Geistlichen räumte die Verordnung den konfessionellen Behörden nicht ein. Dagegen stand der Kirchgemeinde, sowie dem Kirchenverwal= tungsrat das Recht zu, auf Entfernung oder Absetzung ihrer Geistlichen in folgenden Fällen zu klagen:

a) Wegen grober Vernachlässigung der Amtsverrichtungen eines Geistlichen;

b) Wegen eines Seelenhirten unwürdigen Aergernis geben= den, unsittlichen Lebenswandels;

c) Wegen Widerspännigkeit gegen bestehende Gesetze und Verordnungen und wegen offenkundigem Entgegenarbeiten gegen religiöse und Volksbildung.

Klagen der ersten Art waren vorerst bei der geistlichen Oberbehörde und wenn diese nicht abhalf, bei dem Admini= strationsrate anzubringen; die andern Klagen dagegen sollten stets bei dem Administrationsrate angehoben werden. Nach beendigter Untersuchung hatte der Administrationsrat je nach Befund der Sache, entweder Abweisung der Klage oder Ent= fernung des Geistlichen von der Pfründe oder gänzliche Ab= setzung desselben zu erkennen. Absetzungsbeschlüsse mußten

[1] Beschluß des katholischen Administrationsrates über das Prüfungs= wesen für den katholischen Priesterstand vom 7. November 1838. G. S. 1803—39 S. 313.

dem Kleinen Rate zur Genehmigung[1] mitgeteilt, und nach erfolgter Gutheißung der geistlichen Oberbehörde des Kantons angezeigt werden.

Zur Aushilfe in den Pfarrämtern unterhielt der katholische Kantonsteil vier Hilfspriester, welche unter Aufsicht der geistlichen Oberbehörde unmittelbar unter Aufsicht derjenigen Pfarrämter standen, denen sie zur Unterstützung beigegeben worden waren. Ebenso war nach einer Verordnung[2] vom 11. November 1834 den Kapuzinern gewisser Klöster verstattet, den Pfarrherrn in ihren seelsorgerischen Verrichtungen Aushilfe zu leisten. Art. 10 machte dabei folgenden Vorbehalt: den Kapuzinern, welche sich vor besagter geistlicher Behörde (des Kantons) über ihre Sitten und Studien nicht befriedigend ausgewiesen haben oder in der mit ihnen angestellten Prüfung nicht gehörig bestanden sind, oder von der geistlichen Behörde die Admission nicht erhalten haben oder den vorgeschriebenen Eid nicht leisten wollen, ist das Aushilfeleisten bei geistlichen Verrichtungen innert dem hiesigen Kanton untersagt.

3. Im Klosterwesen.

Nach der katholischen Organisation vom Jahre 1832 stand dem Administrationsrat die Beaufsichtigung über das Verwaltungswesen der Klöster zu: dieselben wurden nach einer Verordnung[3] des katholischen Großrats-Kollegiums verpflichtet (1834), jährlich über sämtliche Einnahmen und Ausgaben eine genaue und spezifizierte Rechnung zu stellen und dem Administrationsrate einzugeben. Alle größern, ökonomischen Veränderungen in den Eigentümlichkeiten des Klosters mußten unter Genehmigung des Administrationsrates vorgenommen werden und es wurde dem Klosterkonvent untersagt, eine Person in

---

[1] Das nach dem konfessionellen Gesetz von 1832 gewährleistete Rekursrecht (ab abusu) war in der Verordnung nominell nicht erwähnt. Da für Abtretungsbeschlüsse hoheitliche Genehmigung vorgesehen war, schien dies überflüssig.

[2] Verordnung des katholischen Großrats-Kollegiums über die Kapuziner vom 11. November 1834, sanktioniert vom Großen Rate am 20. November 1834. G. S. 1808—39 S. 329.

[3] Verordnung des katholischen Großrats-Kollegiums vom 20. November 1834. Vom Großen Rate sanktioniert am 22. November 1834. G. S. 1834—39 S. 289.

einen Orden aufzunehmen, bis die gesetzliche Summe, welche vor Aufnahme in das Stift zu entrichten war, bar oder in guten Schuldbrieftiteln sicher gestellt werden konnte. Eine Verordnung [1]) über Frauenklöster vom Jahre 1835 sicherte den Fortbestand der Frauen=Stifte auf so lange, als dieselben aus den Interessen des ihnen zudienenden Vermögens und dem Ertrag eigener Gewerbsamkeit sich zu erhalten und die nötigen Lasten und Ausgaben zu bestreiten im stande waren.

Drohte ökonomischer Zerfall [2]), so konnte die Aufnahme neuer Novizen untersagt werden; auch bestimmte Art. 16, der bei Säkularisation des Klosters Pfäfers vielfach angezogen wurde: „Sinkt die Anzahl der Klosterfrauen in einem der genannten Klöster soweit herab, daß sie ihrer klösterlichen Bestimmung nicht mehr entsprechen können, so haben in Beziehung auf die noch übrigen Frauen und das dem Kloster noch zudienende liegende und fahrende Vermögen, andere Verfügungen einzutreten, welche das katholische Großratskollegium bestimmen wird." [3]) Die Verordnung verbot die Aufnahme von Laien=schwestern, regelte für jedes Kloster die Zahl der zu rezipieren=den Frauen und verlangte für den Eintritt ins Noviziat das 23., für die Profeßablegung das 24. Altersjahr; letzterer mußte eine Anzeige an den Administrationsrat vorausgehen. Zur Aussteuer an das Kloster durften keine Liegenschaften gebracht werden. Der Visitator für sämtliche Klöster sollte von der obersten geistlichen Behörde des Kantons gewählt werden und mußte Weltgeistlicher sein. Klöster, die sich nicht auf eine dem

---

[1]) Verordnung über die Frauenklöster. Erlassen vom katholischen Groß=rats=Kollegium am 20. Februar 1835, genehmigt vom Großen Rate am 24. Februar 1835. (G. S. 1803—39 S. 331.

[2]) Durch einen Beschluß des Administrationsrates vom 6. März 1856 erhielt jedes Frauenkloster im Kanton einen vom Administrationsrat gewählten Beistand, welcher über die Eigentümlichkeiten des Klosters wachte und das Stift in Rechtsgeschäften unterstützte. Protokoll des Administrationsrates.

[3]) Am 17. Juni 1834 wurde die klösterliche Frauenkorporation zu St. Wibo=rada in St. Georgen aufgehoben durch Beschluß des katholischen Großrats=Kolleg= vom 3. Juni 1834, sanktioniert am 17. Juni 1834. Die Verfügung stützte sich auf das Dekret vom 3. Mai 1809. Das liquid übrig bleibende Vermögen ging zur Verwaltung und Verfügung an den Administrationsrat über. (G. S. 1803—39 S. 334.

Kollegium genehme Weise nützlich machten, konnten zu einem angemessenen Beitrag zu Gunsten des katholischen Konfessions- teils herangezogen werden.

Schon das Jahr 1841 brachte den Klöstern wesentliche Erleichterungen gegenüber diesen einschränkenden Verfügungen, indem eine Verordnung des Großratskollegiums vom 19. Feb- ruar, sanktioniert vom 16. Juni 1841, die Aufnahme von Laienschwestern wiederum gestattete, für das Noviziat das 21. Lebensjahr verlangte und die Wahl der Beichtiger aus Geist- lichen mit Wahlfähigkeitsalten dem Klosterkonvente anheim- stellte.

Damit sind in der Hauptsache[1]) die gesetzgeberischen Akte des katholischen Konfessionsteils in der Periode 1831—1848 erschöpft: die Verfügungen im Bistumswesen erhalten ihre Darstellung im Zusammenhang mit den staatlichen Beschlüssen.

Die Autonomie der Konfessionen bewegte sich im allgemeinen in der ihr vom Staate eingeräumten Sphäre: nicht nur gegen- über staatlichen, sondern gegenüber kirchlichen Angelegenheiten blickte aber die Tendenz durch, ihre Ordnungsgewalt möglichst weit auszudehnen, wie dies die eingreifenden Bestimmungen im Kloster- und Kollaturwesen rc. deutlich zeigen. Eine äußerst nachteilige Interpretation über die Ausdehnung des konfessio- nellen Verfügungsrechtes faßte der st. gallische Große Rat im Jahre 1838 bei Aufhebung des Klosters Pfäfers. Diese Vor- gänge sind in ein besonderes Kapitel zusammengefaßt.

§ 4.

Die Organisation des evangelischen Konfessionsteils.

Am 6. Februar 1834 erließ das evangelische Großrats- Kollegium auf Grund des Art. 22 K.-V. und des konfessionellen Gesetzes von 1832, die Organisation[2]) für den evangelischen Konfessionsteil, welche am 11. Februar 1834 die Genehmigung des Großen Rates erhielt. Sie ist weit ausführlicher als die

---

[1]) Ueber die Verordnung des katholischen Großrats-Kollegiums vom 7. Juni 1841, siehe S. 187.

[2]) G. S. 1803—39 S. 421.

Organisation vom 21. Juni 1816 und zeigt in der Hauptsache die für uns wichtigen Modifikationen, daß der Staat jede direkte Anteilnahme am Kirchenregiment aufgegeben hatte (Siehe Seite 97) und die Aufstellung eines besondern Ehegerichtes für Matrimonialstreitigkeiten fallen gelassen wurde.

Die Befugnisse des evangelischen Großrats-Kollegiums wurden dadurch erhöht, daß ihm die Organisation ein nominelles Vorschlags- und Antragsrecht und selbst für rein kirchliche Beschlüsse der Synode ein Genehmigungsrecht einräumte: da die Wahl des Landammanns evangelischer Konfession weggefallen war, wählte das Kollegium seinen Präsidenten frei aus seiner Mitte. Die Stellung des Zentralrates, in den nun auch Geistliche gewählt werden konnten, blieb im allgemeinen die nämliche wie 1816. [2]) Eine Verordnung [3]) des Großrats-Kollegiums vom 2. November 1835 normierte die amtliche Stellung des Zentralrates folgendermaßen: Er ist das Organ, durch welches der evangelische Große Rat seine Beschlüsse zur Ausführung oder zur Mitteilung an andere Behörden oder an Privaten bringen läßt. In Fällen, wo die evangelische Behörden wegen Einholungen des obrigkeitlichen Plazets sich an den Kleinen Rat zu wenden haben oder wo dieselben wegen Mißachtung ihrer Befehle den Schutz der Regierung anrufen zu müssen sich genötigt sehen, haben sie ihre diesfallsigen Eingaben durch das Organ des Zentralrates an den Kleinen Rat gelangen zu lassen. Dem Zentralrate liegt ob, die gesetzlich bestimmten periodischen Erneuerungswahlen der Kirchenvorsteher und Schulräte anzuordnen. Diese Bestimmungen charakterisieren die zwischen Staat und Kirche stehende Behörde und zeigen deren hervorgehobene Nutzlosigkeit, so daß der Ausspruch eines st. gallischen [4]) Staatsmannes: „der Zentralrat

---

[1]) Die Befugnis, allgemeine Verordnungen unter Sanktion des Kollegiums zu erlassen, war ihm genommen worden. Er blieb vornehmlich ökonomische Verwaltungsbehörde.

[2]) Verordnung vom 2. November 1835. Vom Großen Rate genehmigt am 19. November 1835. (G. S. 1838—39 S. 434.

[3]) Hungerbühler, Reg.-Rat. Bedeutung des Art. 22 K.-V., abgedruckt in Snells Staatsrecht.

ist das fünfte Rad am konfessionellen Verwaltungswagen", vollständig gerechtfertigt erscheint.

Der Zentralrat entschied als Rekursbehörde bei Klagen über Verfügungen des Kirchen- und Erziehungsrates und ihm stand letztinstanzlich das Recht zu, angeklagte oder fehlbare Pfarrer und Lehrer in ihren Amtsverrichtungen auf kürzere oder längere Zeit zu suspendieren oder auch zu entsetzen; auch konnte er die gänzliche Ausschließung von ihrem Lehramte erkennen.

Die Organisation der kirchlichen Behörden wurde auf den bestehenden Grundlagen weiter entwickelt. Der aus der kantonalen Geistlichkeit zusammengesetzten Synode wurden unter Wegfall der Kommittierten des Kleinen Rates sechs vom Kollegium gewählte, weltliche Mitglieder beigegeben und eine [1]) Verordnung des evangelischen Kollegiums vom 6. November 1835 bezeichnete als besondere Gegenstände ihrer Beratung: Liturgie, Kirchengesang, Religionsunterricht, kirchliche Lehrbücher und kirchliche Gebräuche. Ihre Beschlüsse waren dem evangelischen Großen Rate zur Genehmigung zu unterbreiten. Als zweite, nur aus Geistlichen bestehende Versammlung wurde die Vereinigung der st. gallischen Kirchendiener in drei Kapiteln [2]) beibehalten und ihre Aufgabe umschrieben in: a) Vorberatung von Gegenständen rein kirchlicher Natur, deren Abschluß bei der Synode war; b) Wissenschaftlich theologische und pastorale Fortbildung.

Die Leitung des gesamten Kirchenwesens, die Beaufsichtigung der Kirchenvorsteher und Pfarrer in ihren Amtsverrichtungen, sowie die Verwaltung der Kirchen- und Pfrundgüter lag in der Hand eines aus sieben Mitgliedern bestehenden Kirchenrates, welcher vom evangelischen Kollegium so gewählt wurde, daß wenigstens zwei seiner Mitglieder dem geistlichen Stande angehörten. Seine Befugnisse blieben in der Hauptsache die gleichen wie 1816: über Gegenstände rein kirchlicher

---

[1]) Verordnung des evangelischen Großrats-Kollegs über die Organisation der evangelischen Synode rc. vom 6. November 1835. (G. S. 1843—39 S. 435. Der Antistes fiel weg.

[2]) Jedes Kapitel wählte einen Vorsteher mit dem Titel Dekan.

Natur stand ihm kein Verordnungsrecht zu, sondern er konnte nur Vorschläge zur Beratung und Abschließung der Synode vorlegen. Die Anschauung, daß nur eine aus Geistlichen bestehende Versammlung befugt sei, Bestimmungen über die jura in sacra unter Genehmigung der obersten Kirchenbehörde (Kollegium) zu erlassen, steht mit dem Geiste der evangelischen Kirche im Widerspruch und mußte mit dem spätern, rein synodalen Aufbau, welchen die evangelische Kirche im Kanton St. Gallen erfuhr, dahinfallen. Ueber Suspension der Geistlichen[1], Wahlfähigkeitserklärungen ꝛc. blieben die neuen Verordnungen in Uebereinstimmung mit 1816. Der Kirchenrat war erste Instanz in kirchlichen Streitigkeiten und behandelte eingegangene Klagen gegen Geistliche, denen der Rekurs an den Zentralrat offen stand.

Die synodalen Grundzüge der evangelischen Organisation von 1834 liegen in dem Recht der Gemeindegenossen, sich zur Kirchgemeinde zu versammeln und aus ihrer Mitte eine Kirchenvorsteherschaft zu wählen, bei der der Pfarrer ex officio Mitglied war. Die Kirchgemeinde bestand aus allen Kirchgenossen,[2] welche auch die politische Wahlfähigkeit besaßen. Stimmfähig in der Genossenversammlung waren alle jene Ortsbürger und Anteilhaber am Kirchengemeindsgut, welche in der Ortsgemeinde selbst wohnten, sofern sie für Ausübung der politischen Rechte die erforderlichen Eigenschaften hatten.[3] Faktisch wurde aber auch Niedergelassenen, welche zur Stiftung und Unterhaltung einer Pfarrei beitrugen, Stimmrecht in den Kirchgenossenversammlungen eingeräumt. Die Kirchgemeinden hatten das Recht, ihren Pfarrer zu wählen und zu entlassen, jedoch nicht

---

[1] Nach der Kirchenordnung vom 19. November 1835 bestand das Examinations-Kollegium aus vier vom Kirchenrat aus seiner Mitte gewählten Mitgliedern und drei von der Synode gewählten Synodalen.

[2] Kantonsbürger und Nichtkantonsbürger evangelischer Konfession, welche sich in katholischen Gemeinden des Kantons aufhielten, waren für ihre kirchlichen Angelegenheiten der nächsten evangelischen Gemeinde zugeteilt.

[3] Siehe Art. 113 des Organisationsgesetzes vom 29. September 1831. (G. S. 1803—39 S. 79. Zu dieser Angelegenheit waren also staatliche Normen maßgebend.

vor geleistetem zweijährigen Amtsdienst oder nach zurückgelegtem 60. Altersjahre.[1]

Der Kirchenvorsteherschaft stand nach der Kirchenordnung[2]
von 1835 die nächste Aufsicht und Besorgung des Kirchenwesens
in der Gemeinde, speziell über Religionsunterricht, Gottesdienst,
Feier der Sonn- und Festtage und den religiösen und sittlichen
Zustand in der Gemeinde zu. Die Befugnisse als Verwaltungsbehörde des Kirchen- und Pfrundgutes waren damals noch einem
besondern Verwaltungsrate in jeder Gemeinde übertragen.

Die Matrimonialgerichtsbarkeit wurde so geordnet, daß
Ehestreitigkeiten in erster Instanz vor die Kirchenvorsteherschaft,
in zweiter Instanz vor den Kirchenrat gelangten. Die Kompetenzen dieser Gerichte waren im allgemeinen diejenigen des
frühern Ehegerichtes, mit dem durch das konfessionelle Gesetz
von 1832 hervorgerufenen Unterschied, daß der Entscheid über
Entschädigungsforderungen wegen Eheversprechen, über ökonomische Ansprachen getrennter Eheleute, über Beiträge zur
Verpflegung ihrer Kinder und über Ehelich- und Erbrechtlich-
keitserklärungen in die Befugnis des Zivilrichters fiel. Im
Falle gänzlicher Trennung des Ehebandes mußten die Urteile
der Kirchenvorsteherschaften dem Kirchenrat zur Bestätigung
oder Abänderung vorgelegt werden. Die Kirchenordnung verbot die Eingehung von Ehen, denen gesetzliche Hindernisse im
Wege standen und machte die rechtsgültige Eheeinsegnung für
Protestanten u. a. von dem Ausweis über genügend erhaltenen
Konfirmationsunterricht abhängig, eine Bestimmung, welche[3]

---

[1] Die letztern Bestimmungen sind enthalten in: Verordnung des evangelischen
Großrats-Kollegiums über Entlassung der Pfarrer und Primarlehrer vom
11. Februar 1834, sanktioniert am 15. Februar 1834. (G. S. 1843—39 S. 448.

[2] Kirchenordnung für den evangelischen Konfessionsteil. Erlassen vom
evangelischen Großratskollegium am 19. November 1835; sanktioniert am 20. Nov.
1835. (G. S. 1843—39 S. 451.

[3] Dieser Artikel lautet: Zur Verehelichung dürfen von dem Pfarrer nur
Solche angenommen und eingeschrieben werden, bei welchen keine gesetzlichen
Hindernisse obwalten, worüber sie sich auszuweisen haben. Personen evangelischer
Konfession haben sich überdies über erhaltenen Konfirmationsunterricht auszuweisen." Er erhielt aber diese Fassung erst, nachdem die erste Sanktionser-
erteilung für die evangelische Kirchenordnung von 1835 vom Großen Rate verweigert worden war, indem der Artikel vorher lautete: Zur Verehelichung dürfen
von dem Pfarrer nur konfirmierte Christen angenommen und eingeschrieben
werden, bei welchen keine gesetzlichen Hindernisse obwalten, worüber sie sich auszuweisen haben. Protokoll des Großen Rates vom Jahre 1835.

anfänglich mit den durch die K.-V. gewährleisteten gemischten Ehen in Widerspruch getreten war. Die Ehesatzungen[1]) vom Jahre 1840 bestimmten dazu: Die Eheeinsegnungen geschehen nach den jeweiligen Vorschriften des Staates und den sanktonierten Verordnungen der evangelischen Kirche. Die rechtlichen Folgen der Ehe beginnen mit dem Zeitpunkte der kirchlichen Einsegnung. Ueber Ehescheidungsbegehren solcher Personen, welche in gemischter Ehe leben, sollen die Matrimonialgerichte nur dann eintreten, wenn der Mann zur evangelischen Konfession gehört. Anstände aus dem Vollzug rechtskräftiger Urteile gelangen an den Kleinen Rat. Gesetzwidrig geschlossene Ehen sind nichtig und ungültig.

Das Erziehungswesen wurde auf der Basis von 1816 weiter entwickelt. Ein Erziehungsrat, dessen 9 Mitglieder vom Kollegium frei aus allen evangelischen, wahlfähigen Kantonsbürgern ernannt wurden, mit Ausschluß der Mitglieder des Kirchenrates, hatte wiederum die oberste Leitung und Beaufsichtigung des st. gallisch evangelischen Schul- und Erziehungswesens mit der Befugnis, allgemeine Verordnungen unter Sanktion des Kollegiums und des Großen Rates zu erlassen und der Pflicht, einen jährlichen Amtsbericht zu Handen des evangelischen Großen Rates und des Kleinen Rates auszufertigen. Der Erziehungsrat wählte für jeden Schulbezirk des Kantons einen Bezirksschulrat, dessen Verrichtungen nach einer besondern Verordnung[2]) näher umschrieben wurden. Nur ein vom Erziehungsrat geprüfter Lehrer konnte im Kanton eine Anstellung finden und es stand dieser Behörde zu, erstinstanzlich fehlbare Lehrer zu suspendieren. So oft es sich um Gegenstände handelte, die in das Religiöse einschlugen, setzte sie sich mit dem Kirchenrat in Verbindung.

Am 19. November 1835 wurde für den evangelischen Konfessionsteil eine neue Schulordnung[3]) erlassen, welche im

---

[1]) Ehesatzungen für den evangelischen Teil des Kantons St. Gallen; am 9. Juni 1840 erlassen vom evangelischen Großrats-Kollegium, am 20. November 1840 sanktioniert vom Großen Rate.

[2]) Instruktion für die Bezirks- und Ortsschulräte evangelischer Konfession vom 7. November 1835. (G. S. 1803—39 S. 495.

[3]) Schulordnung für den evangelischen Konfessionsteil; vom evangelischen Großrats-Kollegium erlassen am 7. November 1835; vom Großen Rate genehmigt am 19. November 1835. (G. S. 1803—39 S. 486.

Gemeindeschulwesen als Fundament die Schulgenossenschaft der Schulgemeinde beibehielt. Sie bestand aus allen stimm= fähigen Bürgern der Schulgemeinde, welche Anteilhaber am Schulgute waren. Ihr blieb das Recht, die Lehrer zu wählen und zu entlassen, letzteres[1] jedoch nicht vor geleistetem zwei= jährigem Amtsdienst oder nach zurückgelegtem 60. Altersjahre. Ein von der Genossenversammlung ernannter Ortsschulrat[2], bei dem der Pfarrer von Amtswegen Mitglied war, übte die Aufsicht und Leitung der Gemeindeschulen und die Verwaltung ihrer Fonde aus. Wo die Schulbedürfnisse aus den Schul= fonden nicht gedeckt werden konnten, durften unter Genehmigung des Kollegiums und Sanktion des Staates Steuern[3] dekre= tirt werden.

Dieses sind die Hauptmomente der gesetzgeberischen Tätig= keit der evangelischen Konfessionsbehörden in der Zeit von 1831 1848. Sie zeigen geringe Abweichungen von den frühern Normen und sind daher weit entfernt, die evangelische Kirche des Kantons St. Gallen auf der Grundlage eines reinen Syno= dalsystems aufzubauen. Auf der Basis dieser Verordnungen und Beschlüsse ergab sich bis zum Erlaß der neuen evangelischen Organisation eine normale Fortbildung, welche sich mit ge= ringen Abweichungen innerhalb der ihr vom Staate gezogenen Grenzen bewegte.

§ 5.

Die staatlichen Gesetze der Periode 1831—1848.

1. Im Organisationswesen.

Die Organisation der Gemeinden des Kantons St. Gallen stützt sich auf das Gesetz[4] vom 29. September 1831. Gemäß Art. 86

---

[1] Siehe die Verordnung vom 15. Februar 1834. S. 146, Anm. 1.

[2] Nach einer Verordnung des evangelischen Großrats=Kollegiums vom 15. November 1837, sanktioniert am 25. November 1837 stand allen Kantons= und Nichtkantonsburgern, durch deren Beiträge eine Schule gegründet und er= halten wurde, das Recht der Wahl des Schulrates, sowie dasjenige der Wahl und Entlassung der Schullehrer zu. G. S. 1803 39 S. 495.

[3] Ueber die Steuerpflicht vergl. S. 137 Anm. 3.

[4] Organisation der Gemeinds=, Verwaltungs=, Bezirks= und Gerichtsbe= hörden vom 29. September 1831. G. S. 1803—39 S. 64.

K.-V., nach welchem jede Pfarrei, Ortsgemeinde oder Genossen
schaft, die ein besonderes Eigentum besaß, zur Verwaltung desselben eine eigene Behörde unter dem Namen Verwaltungsrat zu
bestellen hatte, bestimmte das Gesetz, daß wo unter Bürgern
verschiedener Konfession dergleichen Güter unter gesönderter
Verwaltung stehen, diese fernerhin nach den Konfessionsteilen
gesöndert verwaltet werden sollten. Jeder Teil bildete dann
eine eigene, besondere Genossenschaft und die Güter, die einem
Konfessionsteil allein gehörten, durften nicht mit andern
Verwaltungen vermischt werden. Diese, schon in der Mediationszeit geschaffene Grundlage in der konfessionellen Verwaltung, führte so weit, daß in verschiedenen paritätischen Gemeinden kein gemeinsamer Ortsgemeindeverwaltungsrat, sondern nur konfessionelle Verwaltungsräte aufgestellt wurden
und man alle Angelegenheiten, auch diejenigen rein staatlicher
Natur, in konfessioneller Zwieschlächtigkeit erledigte. Ein Kreisschreiben [1]) des Kleinen Rates vom 1. Mai 1837 verlangte
dann aber, daß in jeder paritätischen Ortsgemeinde des Kantons für die gesamte Ortsgemeinde ein Ortsgemeindeverwaltungsrat geschaffen werden solle, wobei Ortsgemeinden,
die nur eine einzige politische Gemeinde bildeten, dessen Befugnisse dem Gemeinderat übertragen konnten. Die stimmfähigen Bürger und Anteilhaber am Gemeindsgute jeder
Ortsgemeinde oder gesetzlich anerkannten Genossenschaft oder
Pfarrei bildeten die Genossenversammlung, in welcher alle jene
Ortsbürger und Anteilhaber am Gemeindsgut stimmfähig
waren, welche in der Ortsgemeinde selbst wohnten, sofern sie
die nach K.-V. für Ausübung der politischen Rechte geforderten
Eigenschaften besaßen. Sie wählte den Verwaltungsrat, übte
das Kollaturrecht aus, wo solches gesetzlich den Anteilhabern
am Kirchen- oder Genossengut zukam und erfüllte alle Obliegenheiten, die ihr im Kirchen- oder Schulwesen durch besondere
Gesetze zugeschieden [2]) waren. Ueber das Gesuch von Personen,
die in das Gemeindebürgerrecht aufgenommen werden wollten,

---

[1]) G. S. 1803—39 S. 109.

[2]) Siehe die Organisation des katholischen und evangelischen Konfessionsteils.

entschied die Genossenversammlung[1] entsprechend oder ab
lehnend und im erstern Falle trat der Aufgenommene sofort
in alle Rechte und Genüsse der übrigen Ortsbürger ein und
wurde ohne besondern Einkauf Anteilhaber am Kirchen-,
Schul- und Armengut seiner Konfession. Der in jeder politischen Gemeinde aufgestellte Gemeinderat hatte die Polizei
über die Kirchhöfe und den Vollzug der Begräbnisordnung;
er wachte über Haltung[2] der Sonn- und Feiertage der Konfessionsteile und über die Ruhe und Ordnung in den Umge-
bungen der Kirche während den gottesdienstlichen Uebungen
und gegen Störung der kirchlichen Feier. Dem Bezirksammann,
der in jedem Bezirke ernannt wurde, war durch das Organisationsgesetz ein besonderes Aufsichtsrecht über die Verwaltungsbehörden und ihre ökonomische Tätigkeit eingeräumt, indem
Art. 201 bestimmte: Der Bezirksammann hat zu wachen, daß
Gemeindeammänner, Gemeinds- und Verwaltungsräte hinsicht-
der ihnen anvertrauten Gelder oder Vermögens- und Güter-
verwaltungen ihre gesetzlichen Obliegenheiten erfüllen und daß
die in der K. V. vorgeschriebenen Bürgschaften geleistet werden.
Willkürlichen Verfügungen von Amtspersonen oder anteil-
habenden Bürgern oder Genossengüter hat er Einhalt zu tun.

Wir haben bereits nachgewiesen, daß der Versuch gemacht
worden war, in Umgehung gemeinsamer Ortsgemeindever-
waltungsräte, den ganzen Organismus in gemischten Ortsgemeinden durch gesönderte konfessionelle Behörden verwalten
zu lassen (S. 149) und haben S. 137, Anm. 3 darauf
hingewiesen, daß sich in den Verordnungen beider Konfessionen in betreff der Steuerverpflichtung und Wahlberechti-

---

[1] Gesetz über Erwerbung und Verlust des Gemeinds- und Kantonsbürger-
rechtes vom 23. April 1835. G. S. 1803—39 S. 503.

[2] Am 5. Dezember 1839 erließ der katholische Administrationsrat eine
Verordnung über Handhabung von Ruhe und Ordnung bei den gottesdienstlichen Verrichtungen in den katholischen Pfarreien, und gab darin den katholischen
Verwaltungsräten das Recht, die gegen diese Vorschriften Zuwiderhandelnden
mit einer Buße bis zu 11 fl. zu belegen, wobei jedoch der Rekurs an das
Untergericht gewährleistet war. Auch hatten die Verwaltungsräte dafür zu sorgen,
daß durch den Gemeinderat die zugesagte Ruhe und Ordnung aufrecht gehalten
und die Gesetze und amtlichen Bekanntmachungen jeweils nach vollendetem vor-
mittägigem Hauptgottesdienst vorgelesen wurden. G. S. 1803—39 S. 345.

gungen verschiedene gesetzwidrige Abweichungen ergeben hatten.
Bei der im Kanton St. Gallen bestehenden konfessionellen
Trennung (Art. 22 K.-V.) und dem obwaltenden Bestreben der
konfessionellen Behörden beider Religionsteile, der ihnen vom
Staate eingeräumten Autonomie eine möglichst große Ausdehnung geben zu können, liegt der Gedanke sehr nahe, die
Konstituirung und Organisierung der Urgemeinden, der Pfarreien und Schulgenossenschaften der Gesetzgebungsgewalt des
Staates zu entziehen und diese ebenfalls in die Ordnungsbe-
fugnis der Konfessionen übergehen zu lassen. Die Durchführung der konfessionellen Trennung bis in diese geringsten
Verwaltungsangelegenheiten, ist am 12. Juni 1844 der katholischen Korporation gelungen.[1]

Im Mai des Jahres 1842 hatte der katholische Administrationsrat eine neue Organisationsverordnung über die katholischen Genossenschaften entworfen. Nach einigen verlangten
Abänderungen erhielt der Entwurf am 12. Juni 1844 die
Sanktion des Großen Rates. Nach dieser Verordnung[2] blieben die katholischen Genossenschaften in ihrem bisherigen Bestande; jedoch sollte es den betreffenden konfessionellen Oberbehörden zustehen, unter Genehmigung des Kleinen Rates, die
Zahl oder den bisherigen Umfang je nach Bedürfnis abzuändern. Als katholische Genossenschaften gelten die katholischen
Pfarreien und Schulgutsgenossenschaften, sowie alle andern
Gemeinheiten, welche zu Kirchen- oder Schulgutszwecken besonderes Eigentum besaßen. Die Stimmfähigkeit in der Genossenversammlung erstreckte sich über alle Ortsbürger katholischer Konfession und richtete sich nach den allgemeinen
Gesetzen über die Stimmfähigkeit, wobei für die Schulgenossenschaften alle katholischen Kantonsbürger, die in den
betreffenden Genossengemeinden wohnten, mit Ausschluß der
Aufenthalter, stimmfähig waren. Die (Kirchen- und Schul-

---

[1] Die evangelische Konfession machte von diesem Rechte erst später Gebrauch.

[2] Verordnung des katholischen Großrats-Kollegiums über Organisation
der katholischen Genossenschaften vom 7. Juni 1844, sanktioniert vom Großen
Rate am 12. Juni 1844.

guts) Genossengemeinden wählten ihre Verwaltungsräte, die Rechnungskommission, und entschieden im Allgemeinen über Verwendung und Benutzung des Genossenvermögens unter Gutheißung der zuständigen konfessionellen und kirchlichen Oberbehörden und unter Sanktion des Kleinen Rates. Bei gesetzwidriger Amtsführung des Verwaltungsrates hatte der Administrationsrat abhelfend einzuschreiten oder dem Kleinen Rate zu dessen weiterer Verfügung Kenntnis zu geben. Der Besuch der Genossenversammlungen wurde durch Bußbestimmungen obligatorisch gemacht.

Die beste Kritik[1] dieser neuen Verschleuderung staatlicher Hoheitsrechte liefert der Kleine Rat in seinem Amtsbericht vom Jahre 1844 (S. 26): „Gegenüber der in unsern Botschaften ausgesprochenen Ansicht, daß die Konstituierung und Organisierung gedachter Gemeinheiten in den Bereich der Staatsgesetzgebung gehöre, daß auf dem Wege gesönderter Organisierung jener Genossenschaften durch die konfessionellen Gewalten am Ende solche auseinandergehende und abweichende Bestimmungen über den Organismus, die Ueberwachung, die Verwaltung und die Befugnisse derselben über die Stimmfähigkeit u. s. w. entstehen, die von schädlichem Einfluß auf den gesammten Organismus sein werden, — gegenüber der von uns geäußerten Befürchtung, daß, abgesehen von vielem Andern, bei der geschichtlichen, innigen Verschmelzung der Pfarr- und Schulgenossenschaften, wie den Ortsgemeinden und ihrem Organismus, früher oder später Anstände und Reibungen zwischen drei verschiedenen, auf dem gleichen Felde sich begegnenden organischen Gewalten, der Staatsgewalt nämlich, und den beiden obersten konfessionellen Gewalten, kaum vermeidlich

---

[1] Vergl. auch: der neueste Versuch zur Desorganisation des Kantons St. Gallen 1842, von Hungerbühler, Reg.-Rat. Broschüre, Stadtbibliothek. Der Verfasser nennt die neue Verordnung staatsgefährlich und die verfassungsmäßige Souveränität des Volkes beeinträchtigend, sowie nachteilig für die Kirchen- und Schulgemeinden und ihre Fundationen. Den richtigen Ausweg aus den ungeregelten Zuständen auf diesem Gebiete sieht er darin, daß der Kleine Rat seinen vernachlässigten, verfassungsmäßigen Obliegenheiten durch Einsichtnahme in Kirchen- und Schulgutsverwaltungen u. s. w. nachkomme und der Große Rat ein Gesetz über die Stimmfähigkeit in diesen Versammlungen erlasse.

eintreten werden, sprach eine Mehrheit des großen Rates den
Grundsatz aus, daß die Organisierung der so geheißenen konfessionellen Gemeinden und die ganze Ueberwachung ihres
organischen Bestandes der Autonomie der Konfessionen forthin
überlassen sein sollte."

2. Im Armenwesen.

Das Armenwesen im Kanton St. Gallen ist nicht auf dem
Territorialprinzip (politische Gemeinde), sondern nach dem ortsbürgerlichen Prinzip aufgebaut; damit ist bereits ausgedrückt,
daß die Grundlagen vornehmlich konfessionelle sind. Auf dem
Armengesetz[1] vom 30. April 1835 ist dann auch bis heute das
kantonale Armenwesen basirt. Im allgemeinen wurde dem
Gemeinderat[2] die Oberaufsicht und Handhabung in der Verwaltung des Armenwesens überwiesen. Ihm mußte in Ortsgemeinden, in denen keine konfessionellen Abteilungen bestanden,
und die mit der politischen Gemeinde zusammenfielen, die Besorgung und Leitung übertragen werden. In den politischen
Gemeinden, welche aus mehreren Ortsgemeinden zusammengesetzt waren, besorgte und leitete das Armenwesen jeder Ortsgemeinde der betreffende Verwaltungsrat, sofern nicht mehrere
Ortsgemeinden durch freiwilliges Einverständnis die Besorgung
dem Gemeinderat übertragen wollten. In paritätischen Ortsgemeinden konnte das Armenwesen, sofern beide Konfessionsteile
es wünschten, von jedem Teil gesöndert besorgt werden. In
allen Ortsgemeinden aber stand dem Gemeinderate das Recht
zur Erhebung von Armensteuern und das Polizeiliche des Armenwesens zu. Sollten sich wegen Erhebung einer Steuer Anstände
ergeben, und die Mehrheit der Gemeinde den Antrag zu einer
solchen verwerfen, ohne daß auf andere Weise zur Deckung der
Bedürfnisse gesorgt würde, so war davon dem Kleinen Rate
Kenntnis zu geben, welcher die Sache unverzüglich untersuchen
und dann das Erforderliche verfügen sollte.

---

[1] Gesetz über das Armenwesen vom 30. April 1835 (G. S. 1801—39)
S. 1080. Vergl. die Gemeindesteuern. In der Statistik des Kantons St. Gallen.
VIII. Heft von L. Müller S. 21.

[2] Siehe dazu die Verordnung vom 6. April 1857.

Da die Ortsgemeinden und ihre Verwaltungsräte im Kanton St. Gallen fast durchwegs konfessionell geschieden waren, so lag das Uebergewicht in der Besorgung des Armenwesens, trotz der staatlichen Oberaufsicht, in der Gewalt der Konfessionen.[1] Es besteht daher bis zum Jahre 1899 der mit modernen Anschauungen des Staatskirchenrechtes unverträgliche Zustand, daß in vielen Fällen die Unterstützung eines hülfsbedürftigen Armen an ein bestimmtes Glaubensbekenntnis geknüpft ist.

3. Im Steuerwesen.

Nach dem Gesetz über das Steuerwesen[2] vom 26. April 1832 begann die Steuerpflicht jedes Bürgers oder Einwohners im Kanton, ohne Unterschied der Stellung im bürgerlichen Leben, von da an, wo er in den Besitz von steuerbaren Vermögensgegenständen gelangte oder wo er eine Berufstätigkeit ausübte oder ausüben ließ, die ihm persönlich ein Einkommen schaffte. Wie früher, so schloß auch dieses Gesetz von der Steuerpflicht aus: Oeffentliche Kirchen-, Pfrund-, Schul- und Armengüter des Kantons, der Konfessionsteile und der politischen, Kirchen- und Ortsgemeinden.

Ein Steuergesetz[3] über Kirchen- und Schulsteuern bestimmte, daß alles steuerbare Vermögen der Gemeinden, Korporationen, Familien und milden Stiftungen, welches jeweilen auf dem Staatssteuerregister stehe, auch steuerpflichtig sei an die Pfarrgemeinde und die Schulgenossenschaften der Primarschulen. Die im Kanton bestehenden Frauenklöster hatten neben den Vermögenssteuern an diese Pfarrgemeinden und Schulgenossenschaften auch die betreffende Haushaltungssteuer, wie andere bürgerliche Familien, zu entrichten.

4. Im Kollaturwesen.

Der Art. 7 K. V., welcher den Gemeinden das Recht zum Loskauf der Kollaturen sicherte, hatte bis zum Jahre 1842 noch keine gesetzliche Regelung erfahren.

Im Jahre 1839 wählte der katholische Administrationsrat immer noch auf 89 geistliche Pfründen und der Kleine Rat

---

[1] Ueber die Armenpflege der Gemeinden vergl. Wartmann a. a. O. S. 353.
[2] G. S. 1803—39 S. 1325.
[3] Steuergesetz vom 12. Januar 1849.

auf zehn Pfründen des ehemaligen Klosters Pfäfers. Auf 12 Pfründen stand das Kollaturrecht bei verschiedenen Klöstern, auf acht Pfründen bei einzelnen Privaten und auf die Pfründe der Gemeinde Wartau bei der Regierung von Glarus. Als der st. gallische Große Rat im Jahre 1842 die durch K. V., Art. 7 vorgesehene Aufstellung gesetzlicher Normen an die Hand nahm, machten sich vielfache Einwendungen gegen die Gesetzesvorlage geltend und namentlich katholischerseits wurde betont, daß sich ein so demokratischer Wahlmodus der Geistlichen nicht mit den Gesetzen der katholischen Kirche vertrage. Nicht desto weniger kam am 14. Juni 1842 ein Gesetz über Loskauf und Abtretung der Kollaturen zu stande, welches für die loskaufende Gemeinde als Ersatzleistung an den frühern Inhaber der Kollatur den doppelten Betrag der jährlichen fixen Pfrund einkünfte festsetzte. Bei Anständen war der Entscheid des Zivilrichters einzuholen und über die Frage des Loskaufs sprach sich die betreffende Pfarrgenossenversammlung aus, welchen Beschluß der Kleine Rat zu genehmigen hatte. Die Ausübung der übergegangenen Kollaturrechte wurde der Genossenversammlung der Pfarrgemeinde übertragen, mit der Auflage, daß dieses Wahlrecht außer in den Fällen, wo es gesetzlich (Siehe S. 138) jeweilen verwirkt war, unter keinem Vorwande an wen immer abgetreten oder zur Ausübung übertragen werden dürfte. Durch diese Gesetzesstelle sollte die Möglichkeit beseitigt werden, die Kolla turrechte dem Administrationsrate zurückzugeben oder in die Gewalt der kirchlichen ¹) Oberbehörden übergehen zu lassen. Dem

---

¹) Das Admissionsrecht blieb natürlich beim Bischof. Durch diese Befugnis sah der Kleine Rat die Rechtswohltat illusorisch gemacht. Er bemerkt im Amtsblatt des Kantons St. Gallen vom Jahre 1874 Seite 418: Man sagte voraus, daß eine solche Kollation den jeweiligen Bischof faktisch zum Kollator aller katholischen Pfründen des Landes machen werde. Diese Prophezeiung ist im allgemeinen in Erfüllung gegangen. Ferner Seite 419: Da nämlich bei unrechtmäßiger Verweigerung des Bischofs die Admission zu erteilen, das Rekursrecht des Priesters deshalb illusorisch gemacht wird, weil der Syllabus § 41 demselben die Berufung an die Staatsbehörde gegen die Entscheidung der geistlichen Obern auch in Angelegenheiten gemischter Natur ausdrücklich verbietet, so erhalten die katholischen Kirchgemeinden nur zu oft nicht den Seelsorger, den sie wünschen, sondern denjenigen, welchen ihnen die bischöfliche Curie aus diesen oder jenen geistlichen oder nichtgeistlichen Gründen zu geben für gut findet.

kanonischen Grundsatz, daß die Pfründe lebenslänglich verliehen sei und dem Pfarrer sein Amt[1]) nur unter bestimmten rechtlichen Voraussetzungen entzogen werden könne, entsprach Art. 9 des Kollaturgesetzes, indem er bestimmte: „Der Erwerb oder Loskauf eines Kollaturrechtes kann nicht dazu benutzt werden, sogleich die betreffende Pfründe neu zu besetzen, sondern der Inhaber der Pfründe bleibt so lange im Besitz derselben, bis solche durch Hinscheid oder Resignation oder auf irgend eine andere gesetzliche Weise erlebigt wird." Dieser Artikel bezieht sich in erster Linie nur auf den einmaligen Rechtsvorgang bei Erwerbung eines Kollaturrechtes; da sich aber für die katholischen Kollaturen keine gesetzlichen Anhaltspunkte bieten, welche das kanonische Recht in dieser Hinsicht derogierten, so muß dieser Grundsatz allgemeine Anwendung finden und daraus geschlossen werden, daß den st. gallischen katholischen Gemeinden kein selbständiges Entlassungsrecht ihrer Geistlichen zusteht; für die Protestanten ist dasselbe durch sanktionierte Verordnungen des evangelischen Konfessionsteils gewährleistet. Schließlich bestimmte das Kollaturgesetz, daß die Besetzung der Pfründen an der Kathedrale beim Administrationsrat verbleibe.

Vielerorts mangelten aber den Gemeinden die ökonomischen Mittel, die Wohltat des Gesetzes zu befolgen, so daß schon im Jahre 1848 ein zweites Kollaturgesetz[2]) erlassen werden mußte. Es verordnet:

Art. 1. An die katholischen Pfarr-, Kirch- und Filialgemeinden im Kanton sollen unentgeltlich übergehen:

a) Sämtliche Kollaturrechte, welche durch das Gesetz vom 30. Januar 1813 dem katholischen Administrationsrate übertragen wurden.

b) Diejenigen Kollaturrechte, welche seit der Auflösung des Klosters Pfäfers des Kleine Rat auszuüben hatte.

Auf die katholische Hauptkirche findet lit. a keine Anwendung.

---

[1]) C. un. in VI° III. 18.

[2]) Gesetz betreffend den Erwerb der Kollaturen durch die Pfarrgemeinden, vom 10. August 1818. In Geltung bis 1899.

Für die Gemeinden, die nicht unter Art. 1 fielen, wurde die Loskaufssumme auf den halben Betrag der gegenwärtigen jährlichen, fixen Einkünfte herabgesetzt. Für ökonomische Lasten, die auf den Kollaturrechten ruhten, sollten billige Entschädigungen eintreten. Die Bestimmungen über Abtretung und Ausübung von Kollaturrechten und Entlassung der Geistlichen blieben gleich dem Gesetze von 1842; die Entscheidung über eintretende ökonomische Anstände wurde wiederum dem Zivilrichter überlassen. Alle frühern, dem Gesetze widersprechenden Anordnungen traten außer Kraft.

Die durch das Gesetz gewährte Unentgeltlichkeit des Kollatur-Erwerbes stieß im Kanton St. Gallen auf heftigen Widerspruch. Man suchte katholischerseits dem Staate das Recht abzusprechen, über die katholischen Kollaturrechte Bestimmungen zu erlassen, indem durch das Dekret vom 30. Januar 1813 die Kollaturrechte der katholischen Korporation zu Eigentum übergeben und der Administrationsrat nicht nur delegationsweise mit deren Ausübung betraut worden sei. Von dem Art. 1 a des Kollaturgesetzes sagt ein st. gallischer Staatsmann, [1] daß für ihn die staatsrechtliche Begründung vergeblich versucht werde und sich auch aus dem politischen Standpunkte nicht besser rechtfertigen lasse. Andererseits machte man geltend, [2] daß die Kollaturrechte 1813 dem Administrationsrate nur als Verwaltungssache abgetreten worden seien, was schon daraus hervorgehe, daß das Dekret (S. 40) vom 30. Januar 1813 in der Aufzählung der katholischen Eigentümlichkeiten die Kollaturrechte nicht erwähne. Die Gesetzgebung des Kantons St. Gallen anerkenne aber die Unentgeltlichkeit der Abtretung der Kollaturrechte, da diese vom Kleinen Rate im Jahre 1813 (S. 18) dem Administrationsrate und den evangelischen Gemeinden unentgeltlich abgetreten worden seien. — Die Frage findet ihre Lösung darin, daß der Staat, nachdem er den Gemeinden durch Art. 7 K.-V. das Recht des Loskaufs der Kollaturen prinzipiell gewährleistet hatte, befugt sein mußte, durch Erlaß günstiger gesetzlicher Be-

---

[1] Baumgartner im St. Gallerspiegel 1851 S. 32.
[2] Vergl. die Kollaturen und die Rechte des Volkes. Broschüre. Staatsarchiv.

stimmungen den Gemeinden die Rechtswohltat auch tatsächlich zu sichern; dies um so mehr, als es sich nicht mehr um eine staatskirchenrechtliche Angelegenheit, sondern um die rein privatrechtliche Seite der st. gallischen Kollaturrechte handelte.

5. In der Stellung des Staates zur Geistlichkeit.

Infolge eines Beschlusses des Kleinen Rates vom 26. Februar 1848, durch welchen er einem katholischen Geistlichen wegen „schädlicher und gefährlicher Einwirkung auf das Staatsleben durch leidenschaftliche Vorträge und aufreizende Anführung eines Wallfahrtszuges," das hoheitliche Plazet entzogen und dessen Ausweisung aus dem Kanton St. Gallen als Niedergelassenen beschlossen hatte, wurde der Große Rat genötigt, eine autentische Interpretation der Frage zu geben: Welcher Behörde steht nach K. V. und Gesetzen die Kompetenz zu, Klagen über Mißbrauch geistlicher Stellung, sofern sie nicht auf Vergehen oder Verbrechen gerichtet sind, noch sich auf rein kirchliche Handlungen beziehen, zu untersuchen und zu entscheiden? Hat diese Befugnis eine Staatsbehörde oder wurde sie nach dem Willen des Souveräns den konfessionellen Behörden übertragen? Hat der Kleine Rat das Recht, von sich aus, ohne Mitwirkung der konfessionellen Behörden einen Geistlichen seines Amtes zu entsetzen?

Ein Rekurs [1]) des katholischen Großrats Kollegiums an den Großen Rat gegen den Beschluß des Kleinen Rates vom 26. Februar 1848 behandelte diese Frage in historischer und rechtlicher Beziehung und kam zu folgenden Resultaten [2]): Der Kleine Rat sei in dieser Sache Untersucher, Richter und Vollzieher gewesen und es gehe über seine Polizeigewalt hinaus, einen Geistlichen ohne vorangegangene Zulassung zur Verteidigung seines Amtes zu entsetzen und einen Fremden ohne Richterspruch aus dem Lande zu verweisen. Das positive st. gallische Staatsrecht und beständige Praxis legten die Beurteilung

---

[1]) Rekurs des katholischen Großrats-Kollegiums vom 5. Juni 1848.

[2]) Wir erwähnen hier die 1848 hervorgehobenen Gesichtspunkte über diesen Gegenstand in so ausführlicher Weise, weil sie einen trefflichen Einblick in die verschiedenartige Auffassung des st. gallischen Staatskirchenrechtes geben, welche unter den Mitgliedern der st. gallischen Behörden herrschte.

über Mißbrauch geistlicher Amtsgewalt in die Kompetenz der konfessionellen Behörden sofern dies gemischte Verhältnisse berühre, unter Vorbehalt der Aufsicht und des Rekurses an den Kleinen Rat. Schon aus den Bestimmungen der Mediationszeit gehe hervor, daß dem Kleinen Rate nur das Genehmigungsrecht für Wahlen auf geistliche Pfründen zugestanden habe, daß aber von einem unbedingten Abberufungsrechte, von einer Zurücknahme der Wahlgenehmigung durch den Kleinen Rat ohne Mitwirkung konfessioneller oder kirchlicher Behörden, schon damals nicht die Rede sein konnte. In der K. V. von 1814 seien aber die Kompetenzen der konfessionellen Korporationen wesentlich erweitert worden und der Staat habe sich nirgends ein Deplazetierungsrecht vorbehalten. Was er sich aber auf konfessionellem Gebiete nicht ausdrücklich gewahrt habe, das inhäriere der Autonomie der Konfessionen.[1]) In der sanktionierten evangelischen Verordnung vom 21. Juni 1816 (S. 59) sei z. B. dem evangelischen Zentralrat allein das Entsetzungsrecht gegen die Geistlichen vorbehalten worden, ohne den Rekurns an den Kleinen Rat nur zu erwähnen. In der K.-V. von 1831 und dem konfessionellen Gesetz von 1832 habe sich der Staat nirgends ein Deplazetierungsrecht vindiziert und die sanktionierte katholische Verordnung[2]) statuiere nur ein Rekursrecht an den Kleinen Rat. Unrichtig sei die Behauptung, die Staatsgewalt habe den konfessionellen Behörden das Absetzungsrecht über Bepfründete bloß delegiert; es wohne also von selbst der Staatsgewalt inne und könne jederzeit wieder zurückgezogen werden. Selbst wenn dies der Fall wäre, könnte die Zurückziehung nur durch formellen Beschluß der obersten Landesbehörde erfolgen. Daher gebe das Gesetz dem Kleinen Rate keine Befugnis die einmal ausgesprochene Wahlgenehmigung von sich aus zurückzuziehen, oder Geistliche wegen Handlungen, die nur mit Rücksicht auf ihre priesterliche Stellung zu Fehlern sich gestalteten, von ihrem Amte durch Polizeiverfügungen zu entsetzen: dieses Recht stehe allein den konfessionellen (respektive kirchlichen) Behörden zu.

---

[1]) Diese Bemerkung kennzeichnet die Rechtsverhältnisse treffend.
[2]) Verordnung vom 20. November 1834 S. 138 Anm. 1.

Der Antrag ging dahin: Der Kleine Rat habe sich bei Pfrund-besetzungen an die verfassungsmäßigen Vorschriften der Kon-fessionen zu halten und der Beschluß über die Deplazetierung vom 26. Februar 1848 sei zurückzuziehen.

In der Debatte des Großen Rates, welcher am 3. August 1848 auf den Gegenstand eintrat, machten sich für Entsprechung des Rekursbegehrens u. a. noch folgende Gesichtspunkte geltend: Nach unbestreitbarem Kirchenrecht könne dem Staate keine Dis-position über das Kirchenamt eingeräumt werden. Im Kanton St. Gallen dürfe dem Staate noch viel weniger ein Deplaze-tierungsrecht gegeben werden, da der Staat seit Erlaß des Art. 2 K. V. von 1814, jetzt Art. 22, keine unbedingte Souve-ränität mehr habe. Würden die konfessionellen Behörden nicht von selbst einschreiten, so sei der Staat nur berechtigt, sie hierzu anzuhalten.

Die Gegenanträge stützten sich in der Hauptsache auf fol-gende Ausführungen: Dem Staate bleibe das allgemeine Ober-aufsichtsrecht und das Recht präventiv gegen Gefährdung des Staates und Beunruhigung einer ganzen Landesgegend einzu-schreiten. Diese Befugnis resultiere aus der notwendigen Sorge für die Wohlfahrt des Staates und sei eine natürliche Folge des Plazetierungsrechtes.[1] Die Erteilung des Plazets sei aber nichts kirchliches und wäre es ein kirchliches Recht, so könnte es der Administrationsrat ebensowenig beanspruchen wie eine staatliche Behörde. Das gleiche gelte für das aus dem Geneh-migungsrecht gefolgerte Deplazetierungsrecht. Die Vornahme eines Prozesses sei nicht geboten, da es sich nur um eine Admini-strativmaßregel handle, und auch der Administrationsrat die Entfernung von einer Pfründe unter Gutheißung des Kleinen Rates durchführen könne, ohne daß dem Angeklagten die Akten mitgeteilt würden.

Am 3. August 1848 kam der Große Rat zu dem Beschlusse: „es sei über den Rekurs des katholischen Großrats-Kollegiums zur Tagesordnung zu schreiten," mit 76 gegen 48 Stimmen. Ferner wurde mit 72 gegen 49 Stimmen Art. 3 des Beschluß-

---

[1] Vergleiche die S. 19 ausgesprochene Ansicht.

vorschlages des Kleinen Rates angenommen, welcher lautete[1]):
„Dem Kleinen Rat bleibt vorbehalten, gegen die beim Unter=
such[2]) als beteiligt zum Vorschein gekommenen Geistlichen, ...
abgesehen davon, ob dieselben an den Richter gelangen oder
nicht, nach Maßgabe der von ihm zu ermittelnden Gefährlich=
keit, für die Zukunft die Entziehung des hoheitlichen Plazets,
.... auszusprechen.“

Damit hatte der Große Rat des Kantons St. Gallen den
Grundsatz ausgesprochen, daß der Staat trotz des Art. 22 K. V.
befugt sei, einem Geistlichen, welcher die Interessen des Staates
gefährdete und gegen welchen nicht vonseite der konfessionellen
(beziehungsweise kirchlichen) Behörden geziemend eingeschritten
wurde, das hoheitliche Plazet zu entziehen.[3])

6. In der Neuordnung des Verhältnisses von Staat und
Kirche.

Um eine klare Regelung der jura circa sacra zu erzielen,
beauftragte der Große Rat des Kantons St. Gallen im Jahre
1834 eine Kommission mit Abfassung eines Entwurfes über:
die Rechte des Staates in kirchlichen Dingen.[4]) Am 14. Okto=
ber 1834 gelangte der Gesetzesvorschlag vor den Großen Rat,
der ihm mit 96 gegen 18 Stimmen seine Genehmigung erteilte.
(15. November.) Das st. gallische Volk aber machte sein ver=
fassungsmäßiges Veto dagegen geltend und verwarf die Vorlage
mit 18,421 gegen 14,355 Stimmen. Da der Entwurf zur
Charakteristik des st. gallischen Staatskirchenrechtes beiträgt, in=
dem er die Anschauungen der obersten Landesbehörde über eine
vorteilhafte Gestaltung der kirchlichen und konfessionellen Ver=
hältnisse kennzeichnet, finden sich seine Hauptpunkte hier wieder=
gegeben:

Der landesherrlichen Gewalt des Staates stand die Aus=
übung aller aus seiner Souveränität fließenden Rechte zu in

---

[1]) Protokoll des Großen Rates vom 3. August 1848.
[2]) Es handelte sich noch um Bestrafung anderer Personen.
[3]) Der Kleine Rat machte von diesem Rechte mehrfachen Gebrauch. Siehe
Baumgartner a. a. O. III S. 361.
[4]) Vergl. das Gesetz über die Rechte des Staates in kirchlichen Dingen
und die Schule und Ehegesetzgebung im Kanton Tessin. Locarno 1870 mit
außerordentlich weitgehender Kirchenhoheit des Staates.

ihrem vollen Umfange gegenüber den im Kanton anerkannten
Kirchengesellschaften, insbesondere das Recht des Schutzes und
dasjenige der Oberaufsicht. Aus letzterer Befugnis wurde ihm
das Recht zur Plazeterteilung für kirchliche Kundmachungen
und Verfügungen abgeleitet mit der Bestimmung, daß das
Plazet zugleich mit dem Erlasse bekanntgegeben werden mußte.[1]
Dabei wurden die Geistlichen verpflichtet, was ihnen den Ge
setzen widersprechendes zukommen sollte, bei Strafe dem Staate
anzuzeigen. Auch geistlichen Erlassen rein dogmatischer Natur
hatte der Staat das „Visum“ zur Bekanntmachung zu erteilen.
Ebenso blieb jede bistümliche Veränderung und jede Modi
fikation und Neugründung von Pfründen staatlicher Geneh
migung unterstellt und selbst über synodale Versammlungen
vindizierte sich der Staat ein Aufsichtsrecht. Um die zurück
gezogene Verordnung vom 11. Mai 1827 (S. 71) zur Geltung
bringen zu können, wahrte sich der Staat im Gesetze die Be
fugnis, Vorschriften über die Errichtung von Kirchenlisten (Tauf-,
Ehe- und Sterberegister) erlassen zu können, ebenso über die
Legalität pfarrlicher Urkunden. Einseitig staatlich suchte man
auch den Vorgang bei Konversionen zu gestalten, nach dem
Grundsatz, daß der Uebertritt im allgemeinen in das freie Er
messen der Landesbewohner gestellt werde, und gesetzliche Be
stimmungen zu geben, über anständige Taufe und Beerdigung
einzelner Individuen in Gegenden, wo nur die andere Konfession
einheimisch war. Dabei sollte Zwang gegen Geistliche zur
Vornahme ihres konfessionellen Ritus bei Beerdigungen aus
drücklich ausgeschlossen sein. Die Konfessionen sollten ihre kon
fessionellen Oberbehörden selbst ernennen und die Bischofswahl
der Genehmigung des Staates unterliegen; für alle kirchlichen
Obern im Kanton wurde ein Eid auf treue Beobachtung von
Verfassung und Landesgesetzen eingeführt. Bistumsvikariate,
die nicht von Wahlbehörden des Landes selbst bestellt waren,
hatten keine Gültigkeit.

Aus dem Schutzrecht des Staates floß die Gewährung des
Recursus ab abusu für Weltliche und Geistliche mit der Ueber
nahme einer Schutzpflicht für Bischöfe (respektive Erzbischöfe)

---

[1] Uebereinstimmend mit dem Gesetz vom 26. Januar 1832.

und die kirchlichen Obern der evangelischen Konfession in Ausübung aller ihnen zustehenden kirchlichen Rechte, wogegen der
Staat verlangte, daß sie diese zum Nutzen der Kirchgenossen
ausüben sollten. Jede auswärtige geistliche Gerichtsbarkeit wurde
aufgehoben, und dem Nuntius, als bloßem Gesandten seines
Fürsten, keine kirchliche Autorität (Jubikatur) zugestanden.

Im Schul- und Erziehungswesen beschränkte das Gesetz
den Einfluß der kirchlichen Oberbehörden auf Gegenstände, die
in das Religiöse einschlugen; im übrigen blieb die Leitung
den Konfessionen überlassen.

Gegenüber der Geistlichkeit nahm der Staat das Recht in
Anspruch, für alle geistlichen Personen Wahlfähigkeitsbedingnisse[1])
festzusetzen. In bürgerlicher Hinsicht blieb der Klerus den Landesgesetzen unterworfen und Nicht-Kantonsbürger hatten vor Beziehung ihrer Pfründe den Bürgereid zu leisten.

Das Eheweesen behielt seinen kirchlichen Charakter bei. Die
Einsegnung gemischter Ehen wurde den Pfarrern beider Konfessionen zur unbedingten Pflicht gemacht und der Staat be
rechtigt, über die Konfession der Kinder solcher Ehen bürgerliche
Verordnungen zu erlassen.

Auch im Klosterwesen blieben die vorhandenen Grundzüge
bestehen. Der Staat erhielt jedoch die Berechtigung, Einsichtnahme in die Statuten der Stifte und Klöster zu nehmen und
dieselben aufzuheben oder umzuwandeln, wenn sie ihrem
Stiftungszwecke nicht mehr entsprachen. Bei Säkularisationen
sollte ihre Vermögen nur zu Gunsten des Kirchen-, Erziehungs
und Armenwesens verwendet werden.

Ohne auf eine Kritik des vorliegenden Entwurfes näher
einzutreten, fällt sofort ins Auge, daß die Verwerfung der
Vorlage durch das Volk vollkommen gerechtfertigt erscheint,
indem sie materiell und formell mit dem Gesetzorganismus des
Kantons in vielen Punkten in Wiederspruch getreten wäre und
einen zu tiefen Eingriff in die durch Art. 22 K.-V. gewähr
leistete Autonomie der Konfessionen und ihre vom Staate
sanktionirten Verordnungen statuirt hätte.

---

[1]) Es handelte sich voraussichtlich um Festsetzung bestimmter Vorschriften
über den Studiengang der Geistlichen.

Zweites Kapitel.

Die staatliche Aufhebung des Doppel-bistums Chur-St. Gallen und das Provisorium bis 1836.

§ 1.

Die Beschlüsse vom 28. Oktober und 19. November 1833 und ihre Folgen.

Die unglücklichen Diözesanverhältnisse, welche das Doppel-bistum Chur St. Gallen hervorgerufen hatte, und den daraus resultierenden Beschluß des katholischen Großrats-Kollegiums, im geeigneten Momente, selbständige, gutfindende Verfügungen zu treffen, (S. 121) haben bereits Erwähnung gefunden und geben die Erklärung für das nachfolgende Vorgehen des Staates und der konfessionellen Behörden.

Als der Kleine Rat am 2. Oktober 1833 auf Anordnung des Großen Rates: es sei der Kleine Rat einzuladen, auch die Beeidigung schon früher angestellter, fremder Geistlicher nachzu-holen, die Beeidigung des Bischofs von Chur-St. Gallen, Karl Rudolph, anbefohlen hatte, wollte dieser sich eben ablehnend äußern, als er am 23. Oktober 1833 verschied. „In Betracht der eingetretenen Sedisvakanz: in Betracht, daß die Wiederbe-setzung des bischöflichen Stuhles gemäß der Bulle vom 2. Juli 1823 durch Verwahrung des Kantons Graubünden rechtlich unmöglich geworden: in Betracht, daß die Bulle selbst die In-teressen und die Bedürfnisse des katholischen Kantonsteils von St. Gallen keineswegs befriedigte, und daß sie überdies die aus-drücklich vorgeschriebene Sanktion des Staates nie erhalten, somit keine legale Anwendung finden konnte: in Betracht, daß es Obliegenheit der Stellvertreter des katholischen Kantonsteils sei, fürzusorgen, daß die oberhirtliche Leitung den wahren Bedürfnissen des katholischen Volkes und ihrem religiös kirchlichen Zwecke entspreche; in Betracht, daß es jederzeit in der Berechtigung der Stellvertreter des selbständigen katholischen Kantons teils liege, unter Vorbehalt der Staatsgenehmigung die Formen sowohl als auch die Mittel jener oberhirtlichen Leitung zu bestimmen; in Betracht des eingetretenen Zeitpunktes zur Umgestaltung der Diözesanverhältnisse und des Beschlusses vom 27. Februar 1833 (S. 121) — faßte das katholische Großrats-Kollegium folgende Resolution:[1]

„Die bistümlichen Angelegenheiten sollen ohne Rücksicht auf den aus der Bulle vom 2. Juli 1823 hervorgegangenen Zustand umgestaltet und neu gegründet werden; die Bulle wird wegen Abgang der ausdrücklich vorgeschriebenen Sanktion des Staates als nicht bestehend angesehen und erklärt.[2] Der Administrationsrat ist beauftragt, mit Beförderung geeignete, gutachtliche Anträge für die neue Gestaltung der bistümlichen Verhältnisse des katholischen Kantonsteils dem Großrats-Kollegium vorzulegen." Dazu wurden die Grundbedingungen aufgestellt:

a) Daß der katholische Kantonsteil, sei es, daß er zu einem eigenen Bistum gestaltet, oder einem andern Bistum einverleibt würde, in einem Metropolitanverband aufgenommen werde.

b) Daß die, durch unwidersprechliche Kirchensatzungen gebotene Einführung, Organisation und Abhaltung der Synode förmlich gewährleistet werde.

Die bistümlichen Verhältnisse sollten mit möglichster Rücksicht auf eine weise Oekonomie geordnet und durch das noch in Funktion bleibende Domkapitel aus einem Dreiervorschlag des Administrationsrats ein Bistumsverweser ernannt werden. Die Vornahme einer Bischofswahl wurde einstweilen untersagt.

Am 26. November 1833 schenkte der allgemeine Große Rat dem Beschlusse die hoheitliche Sanktion,[3] welcher Genehmigungs-

---

[1] Beschluß des katholischen Großrats-Kollegiums vom 28. Oktober 1833. G. S. 1803—39 S. 305.

[2] Dieser Satz enthält die rechtliche Auflösungserklärung des Doppelbistums Chur-St. Gallen.

[3] Aus der Tatsache, daß der Große Rat der Zurücknahme einer Verfügung, die er gar nicht sanktioniert hatte, seine hoheitliche Genehmigung erteilte, geht hervor, daß man auch staatlicherseits das Doppelbistum Chur-St. Gallen formell als bestehend angesehen hatte. Vergl. S. 101

erteilung die für das st. gallische Staatskirchenrecht außerordentlich charakteristischen Erwägungen vorausgingen: nämlich: daß
nach Art. 22 K.-V. jede Konfession das unbestreitbare Recht
besitze, ihre kirchlichen Angelegenheiten so zu ordnen, wie sie es
den Bedürfnissen und Ansichten der Konfessionsgenossen angemessen finde; daß dem Staate nach Inhalt dieses Artikels
(K.-V.) ein anderes Recht nicht zustehe, als dasjenige, die Aufsicht über solche Anordnungen in dem Sinne auszuüben, daß
weder K. V., noch Gesetze, noch die Rechte des Staates überhaupt
gefährdet werden: daß demnach der Staat in allen Fällen die
Sanktion zu erteilen habe, wo diesem Grundsatz der K. V. gemäß gehandelt werde: daß, nach vorstehenden Grundsätzen keiner
Konfession das Recht bestritten werden könne, selbst legal bestehende Einrichtungen zu ihrem Besten zu ändern; daß aber
der katholischen Konfession umsomehr dieses Recht zustehe, wo
es sich darum handle, einen bloß faktischen Zustand zu verän-
dern, der ohne positive Sanktion des Staates eingetreten sei.

Die Erwägungen, welche das katholische Großratskollegium
seinem Beschlusse und der Große Rat seiner Sanktionierung
vorausschickten, zeigen ·in richtiger Weise die Legitimation der
beiden Behörden zu ihrem Vorgehen: denn abgesehen von jeder
Rezeption[1]) einer kirchlichen Organisation in den Gesetzes-
organismus, ist es ein aus der Kirchenhoheit des Staates
fließendes Recht, eine bistümliche Einrichtung, die ihrem Zwecke
nicht entspricht und selbst einer gedeihlichen, ungestörten Entwicklung des Staatslebens hinderlich wird, einseitig abzuändern,
um sie nach den Interessen des Volkes umzugestalten. Dieses
eventuell eigenmächtige Eingreifen des Staates oder der dazu
berufenen Behörden erscheint schon deshalb gerechtfertigt, weil
Kirche und Staat bei Neugestaltung oder Auflösung von Diözesan-
einrichtungen von prinzipiell verschiedenen Gesichtspunkten aus
gehen, so daß eine gegenseitig anerkannte, beide Teile befriedigende
Lösung kaum zu stande kommen kann und ferner wegen der
von der Curie vertretenen Ansicht, daß sie ihrerseits unter gegebenen Verhältnissen selbständig berechtigt sei, bistümliche

---

[1]) Diese Frage haben wir Seite 101 gelöst.

Verfügungen „motu proprio et ex apostolica potestatis plenitudine" zu treffen.[1])

Praktisch, wenn auch staatsrechtlich unrichtig in der Motivierung, ist die Hervorhebung der im Jahre 1823 begangenen
Verfassungswidrigkeit durch Umgehung der Genehmigungserklärung für die Bulle von Seite der obersten Staatsbehörde.

Das Domkapitel von St. Gallen fügte sich dem Beschluß
des katholischen Kollegiums nicht, sondern wählte, entgegen dem
Treiervorschlag des Administrationsrates, den Pfarrer Zürcher
zum Kapitelsvikar, worauf jedoch der katholische Große Rat
am 19. November 1833 das Domkapitel als aufgelöst und die
Wahl des Kapitelsvikars als ungültig erklärte.[2]) Zugleich
wurde das Ansuchen an den Kleinen Rat gerichtet, sowohl die
Kundmachung der Wahl Zürchers als Kapitelsvikar, als auch
jede Ausübung der ihm vom Domkapitel übertragenen Funktionen „hochobrigkeitlich" zu untersagen. In Abänderung der
Verfügung vom 28. Oktober 1833 beschloß das Kollegium, selbst
einen Bistumsverweser[3]) zu wählen und dem Papste zur Bestätigung zu präsentieren. Der Bistumsverweser hatte zwei
geistliche Räte und einen Sekretär zu ernennen, welche Personen
dem Administrationsrate genehm sein mußten. Der Administrationsrat wurde auch beauftragt, das bischöfliche Archiv zu
übernehmen und das dem Bischof zur Verwaltung übergebene
Vermögen zu Handen des st. gallischen Korporationsfondes zurückzuziehen, ebenso diejenigen Kapitalien, deren Zinse der Bischof
bis anhin genoß. Die bischöfliche Wohnung war dem Administrationsrate zur freier Disposition zurückzustellen.

Am 20. November 1833 wählte das Kollegium den nämlichen Pfarrer Zürcher zum Bistumsverweser, der sich mit Bewilligung der konfessionellen Behörde „Vikar der Diözese St.
Gallen" nannte.

---

[1]) Siehe das Vorgehen der Curie bei Auflösung des Bistums Konstanz.

[2]) Beschluß des katholischen Großrats-Kollegiums vom 19. November 1833,
sanktioniert vom Großen Rate am 26. November 1833. G. S. 1803—39 S. 308.

[3]) Durch diese kirchlichen Funktionen, welche sich das katholische Kollegium
anmaßte, suchte es einem eintretenden Notstande vorzubeugen. Eine rechtliche
Legitimation zur Wahl muß ihm abgesprochen werden.

Der Nuntius und der Kardinal Staatssekretär legten Verwahrung gegen die einseitigen Maßnahmen der staatlichen[1] und
konfessionellen Behörden ein und ersuchten dieselben um Zurücknahme ihrer Beschlüsse. Der Kleine Rat und das katholische Kollegium gingen jedoch auf diese Forderungen nicht ein:
letzteres beschäftigte sich bereits mit dem Projekt zu einer neuen
Bistumseinrichtung.

Das Doppelbistum Chur-St. Gallen war also st. gallischerseits durch die kompetente Behörde unter Sanktion des Staates
aufgehoben worden und auch der Kanton Graubünden traf
Maßnahmen, welche den Fortbestand des Doppelbistums faktisch
hinderten, indem der Große Rat durch Beschluß vom 2. Dezember 1833 die weltliche Verwaltung des Bistumsvermögens
erkannt und für eine künftige Bischofswahl die Bestimmung
getroffen hatte, daß solche nur durch die Canonici der Churer
Diözese ausgeübt werden könne, auf einen bündnerischen Lands-
mann fallen und der Standesregierung zur nötigen Kenntnis
gebracht werden müßte.[2] Die bischöfliche Administration besorgte provisorisch der Kapitelsvikar Johann Georg Bossi.

§ 2.

Zunehmende Verwicklungen bis zur Einsetzung des apostolischen Vikars (1836).

Zum Verständnis des Vorgehens der staatlichen und konfessionellen Behörden in den Versuchen zur Neugestaltung der

---

[1] Schreiben des Nuntius de Angelis an den Kleinen Rat am 22. November
1833. Schreiben des Nuntius de Angelis an das katholische Großrats-Kollegium
vom 10. November 1833. Note des Kardinal Staatssekretär Bernetti an das
katholische Großrats-Kollegium vom 22. März 1834. Bemerkenswert ist die
Antwort des Administrationsrates vom 6. Dezember 1833 an die Nuntiatur
z. B.: „Wir glauben, daß der katholische Große Rat befugt war (nach dem
Gesetz vom 26. Januar 1832) zu erklären, daß eine Einrichtung, welche sich
nach 9jähriger Erfahrung für die Bedürfnisse des katholischen Konfessionsteils
ungenügend und für dessen pekuniäre Kräfte zu drückend bewährte, aufhören und
dagegen etwas Zweckmäßiges unterhandelt werden sollte. Ferner: Ob wir aber
eine eigene Diözese bilden können, oder aber einer andern einverleibt werden
sollen, und welcher?, darüber hat nach unserer Ansicht über die Rechte der
Kirche und des Staates letzterer nach den geistigen Bedürfnissen der Kon-
fessionsangehörigen und in seinem Interesse als Staat, sowie nach den materiellen
Kräften zu entscheiden." Archiv des Administrationsrates.
[2] Vergl. Rothing a. a. O. S. 348.

st. gallischen Diözesanverhältnisse, müssen vornehmlich zwei Tat
sachen ihre Erwähnung finden. Einmal machten sich im Kanton
St. Gallen die Einflüsse geltend, die in andern Ländern zur
Umgestaltung des Verhältnisses von Kirche und Staat führten,
vor allem die aufklärenden Anordnungen der dreißiger Jahre
in Teutschland, durch welche sogar die Emser Punktationen
zum Teil überboten wurden. Dann waren es die Bestrebungen
in der Schweiz selbst, welche sich aus dem Verlangen nach
größerer Unabhängigkeit von der Kirche ergaben und nach der
faktischen Auflösung des Doppelbistums Chur-St. Gallen zu
dem Gedanken der gemeinsamen, energischen Wahrung der jura
circa sacra führten. Eine Konferenz in Baden der Kantone
Luzern, Bern, Solothurn, Baselland, St. Gallen, Aargau und
Thurgau, verfaßte am 21. Januar 1834 die sogenannten Badener
Artikel,[1] welche in erster Linie bestimmten, den Papst um Erhebung des Bistums Basel zum Erzbistum zu bitten, mit den
übrigen schweizerischen Bistümern als Immediatbistümer[2]
unter Basel und dem Vorbehalt, im Nichtentsprechungsfalle den
Anschluß an ein auswärtiges Erzbistum zu suchen. Die fol
genden 14 Punkte normierten eine kräftige Handhabung der
Rechte des Staates in kirchlichen Dingen mit dem Prinzip der
Stärkung der bischöflichen Gewalt gegenüber der römischen Curie
und der solidarischen Verbindlichkeit der Kantone zum Schutze
bei Angriffen auf ihre landesherrlichen Rechte. Am 5. Juni 1834
nahm der Große Rat des Kantons St. Gallen auf Empfehlung
des katholischen Kollegiums die Badener Artikel an: eine Eintragung derselben in die st. gallische Gesetzessammlung fand
aber nicht statt und ihre Eindrücke waren nicht von nach
haltiger Wirkung im Kanton. Als der Papst Gregor XVI.
durch Verfügung vom 17. Mai 1835 die Badener Artikel verwarf, verbot der Kleine Rat durch Kreisschreiben vom 15. Juli

---

[1] Siehe die vollständige Tarstellung der Artikel bei Hilty, Bundesverfassungen S. 395 ff.

[2] Ter Endzweck war nicht die Erhebung Basels über die übrigen
schweizerischen Tiözesen, sondern man suchte durch diese Politik in erster Linie
die bedrückende Abhängigkeit von Rom durch den direkten Einfluß der Nuntiatur
zu brechen. Vergl. Baumgartner: die Schweiz in ihren Kämpfen und Umge-
staltungen 1830—1850 S. 38. Henne a. a. O. S. 263. Fleiner a. a. O. S. 101

1835 an sämtliche katholische Dekanate die Kundmachung dieses päpstlichen Erlasses.

Das Volk und die katholische Geistlichkeit begrüßten in Mehrheit die Aufhebung des Doppelbistums und der st. gallische Klerus suchte durch seine Mitwirkung die bistümlichen Unterhandlungen zu einem baldigen Ende zu führen. Der Entwurf zu einer neuen Diözesaneinrichtung vonseite der Landkapitel lag im September 1834 dem katholischen Administrationsrate vor und dieser brachte die darauf gestützten Anträge an das Kollegium, welches am 7. November 1834 zu folgenden Schlußnahmen gelangte¹): Es soll für die katholischen Gemeinden und Bewohner des Kantons St. Gallen innert dessen jetziger politischer Begrenzung die Errichtung eines eigenen, selbständigen Bistums unter folgenden Grundlagen nachgesucht werden: Der katholische Administrationsrat ist ermächtigt und beauftragt, auf jedem geeignet erscheinenden Wege in diesfällige Unterhandlungen zu treten und unter Vorbehalt der Genehmigung des Großrats Kollegiums und der Sanktion des Staates ein Konkordat darüber abzuschließen. Vorbehalten bleibt die Einverleibung in einen Metropolitanverband und die der Geistlichkeit garantierte Zusicherung, sich in Synoden zu versammeln. Sollte das Ergebnis der Unterhandlungen nicht befriedigend sein, so behält sich das Kollegium vor, den Anschluß an Basel zu verhandeln. Zu den bei den Unterhandlungen zu beobachtenden Gesichtspunkten waren in der Hauptsache folgende aufgestellt: Einsetzung eines Bischofs mit geistlichem Rat von 4 Mitgliedern für das Bistum. Wahl des Bischofs durch ein Wahlkollegium von 30 Geistlichen des Kantons auf vierfachen Vorschlag des Großrats Kollegiums. Bestellung eines Generalvikars aus den Mitgliedern des geistlichen Rates. Sicherung der ausgeworfenen bistümlichen Dotationen durch Kautionen.

Die mit Ausführung dieser Bestimmungen beauftragten Unterhandlungskommissarien hatten jedoch keinen Erfolg, da der Nuntius jedes Eintreten in Unterhandlungen ablehnte, bis daß die Beschlüsse vom Oktober und November 1833 zurück-

¹) Protokoll des katholischen Großrats-Kollegiums vom 7 November 1834. Der Beschluß wurde mit 72 gegen 1 Stimme angenommen.

genommen wären.[1] Mit aller Hartnäckigkeit versuchte die Curie den Zustand des Doppelbistums Chur=St. Gallen aufrecht zu halten. Da das st. gallisch=churische Domkapitel eine neue Bischofswahl nicht vornahm, fiel nach dem Devolutionsrechte dieselbe in die Befugnis des Papstes, welcher sie dahin geltend machte, daß er am 8. April 1835 den vom bündnerischen Dom=kapitel zum Kapitelsvikar gewählten Georg Bossi zum Bischof über das Doppelbistum[2] Chur=St. Gallen erhob, welche Ver=fügung dem katholischen Administrationsrate durch Note des Kardinal Staatssekretär Bernetti vom 9. April 1835 mitgeteilt wurde. Hierauf erklärte[3] die st. gallische Regierung am 15. April 1835, sie werde dem Bischof ihr hoheitliches Plazet versagen und alle illegalen Schritte zu verhindern suchen, und das katholische Kollegium faßte am 24. April folgende Resolution[4]: Das katholische Großrats Kollegium anerkennt weder das Doppelbistum Chur St. Gallen noch den Bischof Bossi als Bischof von Chur und St. Gallen. Dieser Beschluß soll der Nuntiatur und der Eidgenossenschaft mitgeteilt werden. Der Administrationsrat ersucht den Kleinen Rat um Ausfertigung einer gleichen Protestation.[5] Der Administrationsrat hat dafür zu sorgen, daß der Bistumsverweser kanonisch anerkannt wird, damit im Verweigerungsfalle das katholische Großrats Kollegium andere Verordnungen für die oberhirtliche Leitung erlassen kann. Der Administrationsrat versucht den Anschluß an Basel.

In diesem Höhepunkt der Verwicklungen lagen die bis tümlichen Verhältnisse folgendermaßen:

Kanonisch bestanden:

---

[1] Bericht der Unterhandlungskommissarien an den katholischen Admini-strationsrat vom 31. März 1835.

[2] Gegen diese Verfügung berief sich die Regierung Graubündens auf den Beschluß vom 2 Dezember 1833 und erklärte, daß keine Möglichkeit für Ver-einigung der beiden Diözesen vorhanden sei, so lange dafür nicht die Zustimmung der politischen Behörden Graubündens festgestellt wäre. Rothing a. a. O. S. 349

[3] Protokoll des Kleinen Rates.

[4] Protokoll des katholischen Großrats Kollegiums.

[5] Der Kleine Rat ließ sich zu keiner neuen Protestation herbei, sondern verwies auf die Erklärung vom 15. April 1835 (siehe oben). Protokoll des Kleinen Rates vom 1 Mai 1835.

1. Die Bulle vom 2. Juli 1823 in ihrem ganzen Umfange, mithin das Doppelbistum Chur = St. Gallen.

2. Ein Bischof über das Doppelbistum (Bossi).

3. Das st. gallische und churische Domkapitel.

Vom Staate anerkannt waren:

1. Die rechtliche Ungültigkeit der Bulle vom 2. Juli 1823, insofern sich dieselbe auf das Doppelbistum Chur = St. Gallen bezog.

2. Kein Bischof über das Doppelbistum.

3. Kein st. gallisches Domkapitel.

4. Ein Bistum St. Gallen ohne jede Beziehung zu Chur. (Soweit dies staatsrechtlich überhaupt zulässig war.)

5. Ein Bistumsverweser unter dem Vorbehalt der Aner= kennung desselben durch den Papst.[1]

Es ist begreiflich, daß dieser, durch das energische Vor= gehen der konfessionellen Behörden hervorgerufene kirchliche Not= stand im Kanton St. Gallen nicht von langer Dauer sein konnte, wiewohl es von Anfang an einleuchtend erscheinen mußte, daß sich die römische Curie den Beschlüssen kantonaler Behörden nicht so leicht fügte,[2] besonders da sie sich im Kanton St. Gallen nicht einer staatlichen, sondern einer katholischen, konfessionellen Behörde direkt gegenüber sah. Sie nahm daher ihre altbewährte Taktik wieder auf: sie wartete und damit siegte sie. Schon die Volkswahlen vom Mai[3] 1835 brachten Männer in den Großen Rat, welche ihre oberste Aufgabe darin sahen, den Frieden mit der Kirche und ihrem Oberhaupte wiederherzustellen, d. h. nach= zugeben. Nachdem der Bischof Bossi dem Kleinen Rat und dem Administrationsrate[4] seinen Amtsantritt auch für das Bistum St. Gallen angezeigt und der Kleine Rat geantwortet

---

[1] Der Nuntius hatte am 8. April 1835 dem Bistumsverweser Zürcher gemeldet, daß jede Gewalt des Kapitelsvikars erloschen sei. Zürcher fügte sich dem Machtspruch.

[2] Eine Botschaft des Kleinen Rates vom 6. November 1835 bemerkte zu= versichtlich: „Es darf kaum angenommen werden, daß der Papst irgend einen, wenn auch noch so kleinen Teil seiner Heerde dem Schicksal preisgeben und seine Hand von ihm abziehen werde."

[3] Wahlbulletin vom 3. Mai 1835.

[4] Schreiben Bossis vom 28. Mai 1835 an den Administrationsrat.

hatte[1]): „daß er den von ihm vorhabenden Antritt des Bistums St. Gallen so lange nicht gestatten könne, als die bezüglichen Beschlüsse des katholischen Großrats Kollegiums in Kraft be= stünden," faßte das Kollegium in den Sitzungen vom 12. und 13. Juni 1835 den Beschluß: „Die Protestation vom 24. April 1835 (S. 171) ist zurückgenommen; der Bischof Bossi wird als provisorischer apostolischer Vikar von St. Gallen anerkannt. Dabei soll jedoch der Fortbestand des Doppelbistums Chur St. Gallen nicht mehr statthaben. Dieser Beschluß[2]) ist dem Nuntius und dem Kleinen Rate zu unterbreiten. Mit ersterem sind die Unterhandlungen über Errichtung eines eigenen Bis= tums wieder aufzunehmen." Die Antwort[3]) des Kleinen Rates ging dahin: „er könne zum Vollzug keine Hand bieten: er habe Bossi eröffnet, daß wenn er die Verwaltung der st. gallischen Diözese wirklich antreten wollte, seinen diesfälligen Kund= machungen und geistlichen Erlassen das Plazet versagt werde. Dies habe er getan mit Rücksicht auf die Beschlüsse vom 28. Okto= ber und 19. November 1833, welch letzterer mit dem Beschluß vom 12. Juni im Widerspruch stehe." Auch die Nuntiatur er= klärte sich mit diesem schwachen Rückzug nicht befriedigt, sondern sprach ihre Entrüstung über die Hartnäckigkeit der st. gallischen Behörden aus und sandte den ihr mitgeteilten Beschluß am 30. Juni 1835 dem Administrationsrate zurück.[1])

So sahen sich die konfessionellen Behörden einem doppelten Gegner gegenüber, indem der Staat auf die Zurücknahme fast

---

[1]) Antwort des Kleinen Rates vom 1. Juni 1835 an Bossi.

[2]) Ein Antrag im Großrats=Kollegium, die kirchliche Selbständigkeit fest= zuhalten und sich wiederum gegen ein Doppelbistum und jede auswärtige Juris= diktion zu verwahren, Rom um einen einstweiligen apostolischen Vikar zu bitten und die Unterhandlungen über Errichtung eines eigenen Bistums zu beginnen, war mit 90 gegen 23 Stimmen abgewiesen worden.

[3]) Die Antwort ist enthalten im Protokoll des Administrationsrates vom 9. Juli 1835.

[4]) Eine Stelle aus dem Antwortschreiben des Nuntius vom 30. Juni 1835 lautet: Obwohl das Paket mit dem gewöhnlichen Insiegel versehen gewesen, so seien doch die in dem Schreiben enthaltenen Gesinnungen allzusehr beleidigend für den katholischen Großen Rat, für den hl. Stuhl und für den Stellvertreter desselben, um mit einigem Grund zweifeln zu sollen, ob besagtes Schreiben von der Behörde herkomme, deren Namen es trage. Protokoll des Admini= strationsrates vom 9. Juli 1835.

tionierter Beschlüsse nicht einging und nicht eingehen konnte und die Curie andererseits sich auf keine Konzessionen einlassen wollte, so lange noch irgendwelche Abweichungen von den kirchlichen Verfügungen aufrecht erhalten wurden. Das Kollegium war also in diejenige Stellung gedrängt, in die es bei Streitigkeiten zwischen Staat und Kirche unwillkürlich geraten mußte und es konnte sich im Fortgang der Dinge nur um die Frage handeln, ob in seinem Schoße die kirchlichen oder staatlichen Interessen eine überwiegende Mehrzahl finden sollten. Gerade bei dieser obwaltenden Diskordanz liegt aber die Gefahr vor, daß eine katholische konfessionelle Behörde die Rechte ihrer Kirche über diejenigen des Staates stellt und im Zweifel den Ansprüchen der Hierarchie weicht. Dies geschah auch im Jahre 1835. Am 6. August kam das Kollegium auf Antrag des Administrationsrates zu folgenden Schlußnahmen: Die Beschlüsse des katholischen Großrats Kollegiums vom 28. Oktober und 19. November 1833, vom 24. April und 13. Juni 1835 sind zurückgenommen. Der Administrationsrat tritt in Unterhandlungen für ein eigenes Bistum und Abschluß eines Konkordates unter Vorbehalt der erforderlichen Genehmigung. Der Administrationsrat sorgt für einstweilige Verwaltung des Bistums St. Gallen durch einen Generalvikar. Der Beschluß ist dem Nuntius mitzuteilen und die Sanktion des Staates einzuholen.[1] — Damit waren der kirchliche Zustand vor 1833 und die seitdem eingetretenen kirchlichen Modifikationen als rechtsgültig anerkannt.

Eine solche Preisgabe staatlicher Rechte gegenüber curialistischen Forderungen schien aber dem allgemeinen Großen Rate bedenklich zu werden und er beschloß, die nachgesuchte Sanktion zu verweigern. Das Protokoll des Großen Rates vom 12. November 1835 gibt folgende Erklärung: „Die Eröffnung der Diskussion führt zu einer mit Lebendigkeit sich fortspinnenden Behandlung der Anträge des Kleinen Rates und bei endlicher Abstimmung hierüber zu dem mit 87 gegen 49 Stimmen gefaßten Beschlusse: in Annahme des Antrages

[1] Ein Antrag im Kollegium auf Anschluß an Basel wurde mit 65 gegen 2 Stimmen verworfen. Protokoll des Kollegiums vom 6. August 1835.

der kleinrätlichen Botschaft [1]) vom November dieses Jahres, dem Beschluß des katholischen Großrats-Kollegiums die nach= gesuchte Sanktion nicht zu erteilen." Auf Grund dieses Be= schlusses vereitelte die Regierung die Ausübung jeder Juris= diktion von Seite des Bischofs Bossi. Sie forderte [2]) von ihm das amtliche Siegel des Doppelbistums, warnte die Dekanate, Schritte zu tun, wodurch Anerkennung einer fremden Juris= diktion an den Tag gelegt würde und verhinderte den amt= lichen Verkehr des Bischofs mit seiner Diözese, indem sie durch Verordnung vom 7. März 1836 der Post jede Verbindung mit dem Bischof untersagte, durch die Bestimmung, daß Briefe, die mit dem Doppelsiegel eines Bischofs von Chur und St. Gallen versehen seien oder diese Adresse führten, von den Postange= stellten direkt zurückgewiesen werden sollten.

Es folgten nun jene curialistischen Maßnahmen, in denen teils ein Sieg des Staates, teils eine Förderung der römischen Politik erblickt werden muß.

Am 17. November 1835 beauftragte das katholische Kolle= gium den Administrationsrat, den Nuntius um provisorische Leitung der Diözese durch einen einheimischen Weltpriester zu bitten, unter Vorbehalt der Anerkennung desselben durch das Großrats-Kollegium. Durch Konsistorialdekret vom 23. März 1836 sprach der Papst die Auflösung des Doppelbistums Chur St. Gallen motu proprio et ex apostolica potestatis pleni= tudine aus, so lange vom hl. Stuhle nichts anderes beschlossen werden sollte und ernannte den Johann Peter Mirer zum apostolischen Vikar für die Diözese St. Gallen. In einer Note [3]) des Nuntius vom 26. April 1836 an den Administrationsrat

---

[1]) Botschaft des Kleinen Rates vom 6. November 1835. Sie beantragt Abweisung der Sanktion, indem sie die Verletzung der staatlichen Rechte gegen= über dem Kanton Kanton St. Gallen und dem Stande Graubünden hervorhebt. Der Große Rat des Kantons Graubünden hatte nämlich am 2. Juli 1835 folgenden Beschluß gefaßt: „Das Doppelbistum Chur und St. Gallen wird von seite des Standes auch dermalen nicht anerkannt, vielmehr gegen den Fortbestand desselben feierlich protestiert. Daher soll die, über die Weltlichkeiten des Churer Bischofs eingesetzte politische Verwaltung bis zur verheißenen förmlichen Auflösung jenes Doppelbistums fortdauern." Kothing a. a. O. S. 350.

[2]) Protokoll des Kleinen Rates vom 13. November 1835.

[3]) Abgeschrieben im Protokoll des Administrationsrates.

wurde ausdrücklich betont, daß die Trennung nur deshalb vom
hl. Vater vorgenommen worden sei, weil die konfessionellen
Behörden St. Gallens dem päpstlichen Willen willfahren[1]) und
wenigstens ihrerseits alles von ihnen abhangende getan hätten,
die verlangte Zurücknahme der Beschlüsse vom 28. Oktober und
19. November durchzuführen. Das katholische Großrats-Kollegium
genehmigte in Abänderung des Beschlusses vom 19. November
1833 den Eintritt des apostolischen Vikariates am 7. Juni 1836,
welche Schlußnahme[2]) am 14. Juni 1836 vom Großen Rate
sanktioniert wurde, da „die Modifikation die Rechte des Staates
weder beeinträchtige noch gefährde". Der Kleine Rat erteilte am
23. Juni 1836 dem apostolischen Vikar Mirer das Plazet und
der Administrationsrat räumte ihm die bischöfliche Wohnung
ein. Damit war das kirchliche Provisorium[3]) in ein von Staat
und Kirche anerkanntes Stadium eingetreten und das Vikariat,
das sich durchaus in den gesetzmäßigen Schranken bewegte,
übte auf die Diözese einen wohltätigen Einfluß aus.

Bei dieser Umgestaltung der Bistumsverhältnisse liegt der
Sieg des Staates darin, daß er die faktische Aufhebung des
Doppelbistums Chur St. Gallen durchführte und von Rom
die Genehmigung der Auflösungsbeschlüsse durch die kanonische
Separation der Diözese St. Gallen vom Bistum Chur erzwang.
Die erfolgreiche Betätigung der römischen Politik aber äußert
sich in dem Faktum, daß mit der Absönderung des st. gallischen
Sprengels vom churischen, die Reihe der exempten Bistümer[4])

[1]) Vergl. Snell a. a. O. S. 642; „Diese Darstellungsweise wird den nicht
befremden, der die alten Maximen Roms kennt, selbst dann, wenn es weichen
muß, doch möglichst den Schein zu retten und widrige Tatsachen, die nicht zu
ändern sind, als Folgen seiner eigenen Beschlüsse auszugeben, dagegen zu vermeiden, sie einer überlegenen Gegenkraft beizumessen."

[2]) G S. 1808.—39 S 310.

[3]) Daß der bistümliche Zustand als ein Provisorium angesehen wurde, geht
aus dem Konsistorialdekret vom 23. März 1836 und der spätern Bulle Instabilis
von 1847 hervor. Letztere enthält die Stelle: . . . quo Sangallensis Ecclesia a
Curiensi Dioecesi sejungeretur donec aliter a Sancta Sede provisum fuerit.

[4]) Nach kanonischer Auffassung bestand ein Bistum St. Gallen, losgelöst
von Chur, fort, unter der Verwaltung eines apostolischen Vikars. Peter Mirer
war ausdrücklich zum apostolischen Vikar der Diözese St. Gallen ernannt
worden. Vergl. die Bemerkung des Nuntius vom 18. Mai 1840 im Protokoll
des Administrationsrates. Die Feststellung dieser Tatsache ist wichtig, weil in den
spätern Bistumsverhandlungen das Bestehen einer Diözese St. Gallen von staatlichen und konfessionellen Behörden vielfach negiert wurde.

wenn auch nur provisorisch, in der Schweiz wiederum um eines
vergrößert war, welche curialische Tendenz wir seit der Ablösung
der schweizerischen Bistumsteile von der Diözese Konstanz stets
beobachtet haben.

Drittes Kapitel.

Die Auflösung der Klosterkorporation Pfäfers und die Säkularisation des Klostergutes.

Das Mannskloster Pfäfers war durch den Verfall klöster-
licher Zucht und langjähriger ökonomischer Mißwirtschaft in
eine Lage gekommen, welche einige Kapitularen im Jahre 1835
veranlaßte,[1] die Regierung des Kantons St. Gallen um Aufhebung des Stiftes zu bitten. Der Kleine Rat aber antwortete,
daß er durch K.-V. von 1831, konfessionelles Gesetz von 1832
und katholische Organisation von 1833 nicht die gesetzmäßige
Behörde sei, Klöster aufzuheben, daher dem Wunsche nicht entsprechen könne. Um wenigstens eine Regelung der ökonomischen
Verhältnisse zu erzielen, gelangten Abt und Konvent im Jahre
1836 an den katholischen Administrationsrat mit der Bitte um
Einsetzung einer weltlichen Verwaltung, welchem Verlangen
sofort entsprochen[2] wurde. Trotzdem verschlimmerte sich die
Lage des Klosters immer mehr und als durch das Einschreiten
der kirchlichen Oberbehörden auch nichts erreicht wurde, beschlossen
am 9. Januar 1838 Abt und Kapitel des Klosters, den Papst
um Säkularisation und, nach eingegangener apostolischer Dispense,
die katholische Oberbehörde des Kantons St. Gallen für eine

---

[1] Zuschrift an den Kleinen Rat vom Jahre 1835: Ernste Bedenken über
den Fortbestand des Klosters Pfäfers. Staatsarchiv.
[2] Beschluß des katholischen Großrats-Kollegiums über Bestellung eines
Administrators für das Kloster Pfäfers vom 16. Juni 1836.

lebenslängliche, standesgemäße Versorgung, sowie für gewissen
hafte Verwendung des Klosterfondes zu frommen Zwecken zu
ersuchen. Dieser Beschluß wurde dem Administrationsrate und
der Nuntiatur zugleich mitgeteilt, worauf ersterer das Groß:
ratskollegium von dem Schreiben[1] in Kenntnis setzte. Die
konfessionelle Behörde wartete aber die verlangte päpstliche
Einwilligung nicht ab, sondern gelangte am 10. Februar 1838,
in Betracht, daß der ökonomische und innere Zustand des Klosters
dessen Auflösung gebiete: in pflichtgemäßer Fürsorge sowohl für
Erhaltung und angemessene Verwendung der betreffenden Stif
tungsgelder, als für gebührenden Unterhalt der Korporations
mitglieder zu dem Beschlusse, die Klosterkorporation von Pfäfers
als aufgehoben zu erklären und die Liquidation des Vermögens
durch den Administrationsrat anzuordnen. Die Verwendung
des Ueberschusses wurde zur Gründung von Realschulen in
den katholischen Bezirken bestimmt, die Kapitularen pensioniert
und die Kollaturrechte des Klosters an die einzelnen Pfarr
genossenschaften übertragen. Für den Beschluß sollte die Sanktion
des Großen Rates eingeholt werden.[2] Der Große Rat aber,
aufmerksam gemacht auf eintretende Säkularisation, hatte am
7. Februar eine Siebenerkommission eingesetzt zur Begutachtung
der Frage, wie die Rechte des Staates bei Klostersäkularisationen
zu wahren seien. Am 20. Februar erstattete die Kommission
ihren Bericht,[3] in welchem sie darauf hinwies, daß es ein aus
der Landeshoheit des Staates fließendes, unveräußerliches Recht
des Staates sei, Klöster zu säkularisieren und daß sich der
Staat weder durch die K.-V. von 1831 (noch 1814), noch durch
anderweitige Bestimmungen dieses Rechtes je begeben habe.
Klösterliches Vermögen sei überhaupt nicht ausschließlich kon
fessionelles Eigentum, da ein Teil desselben rein weltlichen
Zwecken diene, z. B. Schulung von Kindern, Krankenpflege 2c.

[1] Protokoll des Administrationsrates von 1838.
[2] Protokoll des katholischen Kollegiums vom 10. Februar 1838 (Ein
Antrag, die ganze Angelegenheit an den Kleinen Rat zu weiterer Behandlung
zu verweisen, war im Kollegium verworfen worden. Protokoll vom 6. Febr. 1838.
[3] Bericht der großrätlichen Kommission vom 20. Februar 1838. Abgedr.
im Protokoll des Großen Rates. Ueber die Großrats-Verhandlungen siehe
Wegelin, Misc.-Sammlung, Band 11.

Kein Gesetzesparagraph enthalte eine Bestimmung, daß das Vermögen aufgehobener Klöster der katholischen Konfession anheimfalle: die oberste Verwaltung über das Klosterwesen sei ihr nur über bestehende Stifte eingeräumt. Bis jetzt habe der Staat freilich auf säkularisiertes Klostergut freiwillig verzichtet zu Gunsten der katholischen Konfession (1805 St. Gallen, 1811 Schänis, 1834 St. Georgen) und das Gesetz [1]) vom 24. Februar 1835, welches das übrigbleibende Klostervermögen der Frauenklöster in die Dispositionsbefugnis des katholischen Kollegiums stellte, vorbehaltlos sanktioniert, damit aber kein positives Recht geschaffen, sondern nur jeweilige Konzessionen gemacht. Vor allem aber sei es hohe politische Notwendigkeit, die ökonomische Macht des katholischen Konfessionsteils nicht zu erhöhen, weil dies die Selbsterhaltungspflicht des Staates fordere. — Infolge dieses Kommissionalberichtes gelangte der Große Rat am 20. Februar 1838 zu folgendem Beschlusse:[2]) „In Betracht, daß nach allgemein gültigen und anerkannten Grundsätzen des positiven, öffentlichen Rechtes, jedem Staate das unveräußerliche Recht zusteht, unter gegebenen Verhältnissen Klöster zu säkularisieren und das Vermögen aufgelöster Klosterkorporationen als Staatsgut zu frommen Zwecken zu verwenden: in Betracht, daß der Kanton St. Gallen weder infolge des Art. 22 K.-V. noch nach anderweitigen gesetzlichen Bestimmungen sich dieses Rechtes je begeben, oder auf eine solche Befugnis zu Gunsten von wem immer Verzicht geleistet hat, hat als Grundsatz ausgesprochen:

Der Ueberschuß des Vermögens säkularisierter Klosterkorporationen, welcher nach Auslösung der auf demselben haftenden Verpflichtungen und Lasten übrig bleibt, wird als Eigentum des Staates erklärt und es soll dasselbe zu allgemeinen, frommen und milden Zwecken verwendet werden."

Am nämlichen Tage faßte der Große Rat in natürlicher Folge dieses Grundsatzes den Beschluß:[3]) „In Betracht des

---

[1]) Siehe Art. 16 des Gesetzes Seite 141.
[2]) Beschluß des Großen Rates, betreffend die Rechte des Staates bei Säkularisation der Klöster, vom 20. Februar 1838. (G. S. 1803—39) S. 1320.
[3]) Beschluß des Großen Rates, betreffend die Auflösung des Klosters Pfäfers vom 20. Februar 1838. (G. S. 1803—39) S. 1320.

Beschlusses vom 20. Februar 1838 und in der daraus sich er-
gebenden Unzulässigkeit einer Sanktion des vom katholischen
Kollegium vorgelegten Beschlusses vom 10. Februar 1838: in
Betracht, daß die Auflösung der Korporation in ihren eigenen
Wünschen liegt: Die Klosterkorporation Pfäfers ist aufgelöst.
Die Kapitularen erhalten eine Pension nebst Aussteuer. Die
Heilquelle bleibt unveräußert. Der Ueberschuß des Klostervermögens wird vorzugsweise für Schulzwecke verwendet, mit besonderer Berücksichtigung des Bezirks Sargans. Die Regierung
trifft in der Zwischenzeit die erforderlichen Verfügungen und
bringt Anträge an den Großen Rat."

Das Folgende gibt eine staatsrechtliche Untersuchung, in
wie weit die Beschlüsse des Großen Rates und der konfessionellen
Behörde auf richtiger Grundlage beruhen.

I Das Recht des Staates, unter gegebenen Verhältnissen
Klöster zu säkularisieren.

a) Nach dem Bundesstaatsrecht.

Die Darstellung der Frage, ob den Kantonen troß des
Art. 12 des Bundesvertrages von 1815 (S. 73) ein Säkularisationsrecht zustand, gehört in das Bundesrecht. Wir geben
hier nur die Anschauungen des Kantons St. Gallen über diesen
Punkt wieder. Gleich mehrern andern Kantonen sah St. Gallen
in Art. 12, im Vergleich zu den andern Bestimmungen des
Bundesvertrages einen zu tiefen Eingriff in die Kantonalsouveränität, bestritt daher dessen volle Rechtsgültigkeit, wie
dies aus dem großrätlichen Beschluß vom 20. Februar 1838
und einer Instruktionserteilung an die st. gallische Gesandtschaft vom 12. Juni 1838 hervorgeht. Letztere lautet: „Von
dem Augenblick an, da die Einmischung des Staates in Verwaltungsangelegenheiten der Klöster oder in die Bedingungen
der Novizenaufnahme der prüfenden Würdigung und dem Entscheid der Bundesgewalt anvertraut werden müßte, träte der
Bund, ungerecht genug, in volle Hoheitsrechte ein, welche an
ihn zu zedieren man nie, auch im Jahre 1815 nicht, den Willen
gehabt hat." Wie sich demnach der Staat das Recht vindizierte,
beliebige Bedingungen für das Noviziat festsetzen zu können,
so konnte er sich daraus auch ein selbständiges Säkularisations-

recht ableiten. Denn ob ein Kloster durch das Verbot der Novizenaufnahme langsam oder durch Säkularisationsbeschluß plötzlich zu Grunde geht, bleibt staatsrechtlich gleich.

So steht fest, daß sich der Kanton im Jahre 1838 gegenüber Art. 12 Bundesvertrag ein eigenes Aufhebungsrecht für Klöster vorbehielt und sich einer Verantwortung bezüglich der Säkularisation von Pfäfers vor dem Forum der Tagsatzung nur wie folgt unterzogen hätte:[1] „Sollte bei Anlaß der aargauischen Klosterfrage die Auflösung des Stiftes Pfäfers vor das Forum des Bundes gezogen werden, so liegen in den Präzedentien des Auflösungsdekretes und in den bereits über diese Angelegenheit gewechselten Korrespondezen mit der Nuntiatur die Fingerzeige, nach welchen sich die Gesandtschaft zu verhalten hat."

In Bezug auf den Fall Pfäfers vertritt die Botschaft des Kleinen Rates vom 14. Februar 1838 die staatsrechtlich richtige Auffassung, daß, da die Korporation ihre Auflösung selbst gewünscht habe, der Fall nicht zu denen zähle, für welchen Art. 12 des Bundesvertrages angerufen werden könnte. — Denn da der ökonomische Zerfall faktisch vorhanden war und das Kloster selbst auf seinen Fortbestand verzichtete, war der Staat nicht verpflichtet abzuwarten, ob nicht vielleicht eine von Rom aus gegebene, gegenteilige Weisung die Fortexistenz des Klosters und damit die Aufrechthaltung des Mißverhältnisses erzwingen wollte.[2] Die Befolgung einer derartigen auswärtigen Jurisdiktion lag nicht im Interesse des Kantons. Auch konnte St. Gallen der Tagsatzung mit Recht die Kompetenz bestreiten, unter den gegebenen Verhältnissen den Säkularisationsbeschluß materiell zu überprüfen und eventuell aufzuheben.

---

[1] Instruktionserteilung an die st. gallische Gesandtschaft vom 12. Juni 1838. Auch aus der Instruktionserteilung vom 19. Februar 1841 geht indirekt hervor, daß der Kanton St. Gallen den Ständen ein selbständiges Säkularisationsrecht zusprach, indem sich nach der Anschauung des Großen Rates die Zurücknahme der aargauischen Klosteraufhebungsbeschlüsse nur auf jene Stifte erstrecken sollte, denen nichts Widerrechtliches zur Last gelegt werden konnte. Dagegen lautet die Instruktionserteilung vom 14. Oktober 1841, daß sich der Gesandte im Grundsatze auf Wiederherstellung aller aargauischen Klöster, als einzige, dem Bundesrecht gemäße Maßregel, zu verwenden habe.

[2] Dies ist in der Tat geschehen. (Siehe Seite 187.)

b) Nach st. gallischem Staatsrecht.

Nach st. gallischem Staatsrecht gestaltet sich die Frage äußerst interessant, welcher Behörde das Säkularisationsrecht zustand: dem allgemeinen Großen Rate oder dem katholischen Kollegium, welche scheinbar äußerliche Befugnis auf die Eigentumsfrage des säkularisierten Gutes präjudizierend einwirken mußte. Es handelte sich dabei in erster Linie um die Frage, ob durch die in Art. 22. K.-V. den Konfessionen eingeräumte Autonomie dem Staat dennoch unter gegebenen Verhältnissen ein Säkularisationsrecht zustand oder nicht. Zur Erklärung verweisen wir auf die S. 44 gemachten Ausführungen über den Art. 2 K.-V. von 1814 (gleichlautend mit Art. 22) und die bei Anlaß der Sanktionierung des Kollegiumsbeschlusses vom 28. Oktober 1833 gegebene großrätliche Interpretation des Art. 22, welche lautet: In Erwägung, daß dem Staate nach Inhalt des Art. 22 K.-V. ein anderes Recht nicht zusteht, als dasjenige, die Aufsicht über kirchliche[1] Anordnungen in dem Sinn auszuüben, daß weder K.-V. noch Gesetze noch die Rechte des Staates überhaupt gefährdet werden: in Erwägung, daß demnach der Staat in allen Fällen die Sanktion zu erteilen hat, wo diesem Grundsatz der K.-V. gemäß gehandelt wird . . . . Bei Anwendung dieser Grundsätze auf das Klosterwesen ergibt sich, daß trotz des Art. 22 K.-V. dem Staate ein Säkularisationsrecht[2] unter den Verhältnissen gegeben war, daß ein Kloster die Interessen des Staates wirklich gefährdete oder auch nur Gefährdung androhte und die konfessionellen Behörden nicht bereits abhelfend durch Säkularisation oder anderweitige Verfügungen eingeschritten waren. Weiter durfte sich die Machtsphäre des Staates nicht ausdehnen; denn dadurch, daß sich im Gesetzes-

---

[1] Es sollte heißen über „Angelegenheiten gemischter Natur", denn es handelte sich damals um Regelung der bistümlichen Verhältnisse, welche zu den res mixtae zu rechnen sind. (G. S. 1803 39 S. 307.

[2] In den Protokollen des Kleinen Rates und der konfessionellen Behörden findet sich in jenen Jahren häufig die Frage diskutiert, ob dem Staate oder der katholischen Konfession ein Säkularisationsrecht zukomme, während es sich um die Frage handeln mußte, unter welchen Verhältnissen dem Großen Rat und unter welchen Verhältnissen dem katholischen Kollegium ein Aufhebungsrecht zugesprochen werden müsse.

organismus keine Vorbehalte auf diesem Gebiete finden ließen, daß der Staat das gesamte Klosterwesen in die Autonomie der Konfessionen legte und im Jahre 1834 den Säkularisations= beschluß[1]) des katholischen Kollegiums über das Kloster St. Wiborada genehmigte und daß er schließlich durch den Sanktions= beschluß[2]) vom 20. Februar 1835 dem katholischen Großrats= Kollegium die Befugnis zusprach, über Frauenklöster, welche ihrer klösterlichen Bestimmung nicht mehr genügten, entsprechende Verfügungen zu erlassen, scheint entschieden die Annahme be= rechtigt, daß der Staat, außer in den oben erwähnten Fällen, ein Säkularisationsrecht über Klöster mit den andern Hoheits= rechten auf gemischtem Gebiete an die Konfessionen verschleudert hatte.

Bei Anwendung dieser Theorie auf den Fall Pfäfers zeigt es sich, daß dem Staate ein Säkularisationsrecht nicht zustand und die Verweigerung der Genehmigung des Säkularisations= beschlusses durch das katholische Kollegium vom 20. Februar 1838 als ein staatsrechtlicher Fehler und einen Eingriff in die durch Art. 22 K.=V. gewährleistete konfessionelle Autonomie angesehen werden muß. Denn

1. Das Kloster hatte die Interessen des Staates keines= wegs gefährdet und auf die staatliche Entwicklung des Kantons durchaus keinen nachteiligen Einfluß ausgeübt, wie dies beim Kloster St. Gallen und den aargauischen Stiften teilweise der Fall war, so daß ein politisches Gebot zur Aufhebung nicht bestand.

2. Die konfessionelle Behörde des Kantons St. Gallen war bereits eingeschritten, als der staatliche Beschluß erfolgte. Selbst wenn sich das Kloster in einer dem Staate nachteiligen Weise betätigt hätte, so wären diese Uebergriffe durch das katholische Kollegium voraussichtlich schon zurückgewiesen worden.

3. Tatsächlich waren es innerklösterliche und ökonomische Verhältnisse, welche eine Auflösung wünschbar erscheinen ließen, Motive, die direkt keine Nachteile für das allgemeine Staats= wohl boten.

---

[1]) G. S. 1803—39 S. 334.
[2]) G. S. 1803—39 S. 331.

II. Das Recht des Staates, säkularisiertes Klostergut als Staatsgut zu erklären.

Diese Frage ist nur nach st. gallischem Staatsrecht zu beleuchten, da der Fall nach Art. 12 des Bundesvertrages im allgemeinen ausgeschlossen zu sein scheint und sich im Bundesrecht keine maßgebenden Anhaltspunkte finden.

Die Erörterung über das Säkularisationsrecht der Klöster wäre in Botschaften und Ratssitzungen jener Jahre wahrscheinlich nicht so eingehend gepflogen, wenn dadurch nicht die Frage über das Eigentumsrecht am Klostergute teilweise präjudiziert worden wäre. Um die verschiedenartige Auffassung der st. gallischen Staatsmänner in diesem Punkte zu zeigen, stellen wir die Ausführungen der großrätlichen Kommission vom 20. Februar 1838 und diejenigen eines Gesuches des Administrationsrates vom 3. Oktober 1839 an den Großen Rat einander gegenüber.[1] Die prinzipielle Frage lautete auch hier wiederum: Steht das Recht, säkularisirtes Klostergut beanspruchen zu können, seit dem Bestehen des Art. 14 K.-V. von 1814 resp. Art. 22 K.-V. von 1831 beim Staate oder bei der katholischen Korporation? Zu diesem Zwecke untersuchen beide Berichte die Frage, ob Klostergut ausschließlich konfessionelles Eigentum sei, was die großrätliche Kommission bestreitet, da ein Teil rein weltlichen Zwecken diene und demnach keinen konfessionellen Charakter trage[2], wogegen der Administrationsrat behauptet, daß Klöster nach Ursprung und Zweck rein kirchliche, religiöse Institute seien, welche von Katholiken zur Realisirung katholischer, religiöser Zwecke gestiftet worden seien. Gegenüber dem großrätlichen Gutachten, welches betont, daß weder die K.-V. noch eine Gesetzesstelle einen ausdrücklichen Verzicht auf säkularisirtes Klostergut statuire und in den praktischen Fällen von 1805 (Kloster St. Gallen), 1811 (Frauenstift Schänis) und 1834 (Kloster St. Wiborada) nur jeweilige Konzessionen des Staates an die katholische Konfession zu erblicken seien, kommt der Administrationsrat zu dem Schlusse, dem Staate habe es gar nicht zu-

---

[1] Abgeschrieben im Protokoll des Großen Rates vom 19. November 1839.
[2] Vergl. Seite 178.

gestanden, auf ein Recht, das er seit 1814 (Art. 2) sogar ver=
fassungsmäßig[1]) nicht mehr gehabt habe, zu verzichten, um es
einer Korporation zu zediren, die es von jeher besessen und aus=
geübt habe. Während sich die großrätliche Kommission in der
Eigentumsfrage zu Gunsten des Staates ausspricht, vindizirt
die konfessionelle Behörde dem Kollegium das Recht,[2]) über
das Klostergut frei zu verfügen.

Wir schließen uns der letztern Ansicht an, indem wir auf
die in der Darstellung über das Säkularisationsrecht gemachten
Ausführungen verweisen und hinzufügen:

1. Daß mit der Preisgabe der staatlichen Hoheitsrechte
auf dem Gebiete des Klosterwesens und dem bloßen Vorbehalt
eines negativen Gutheißungsrechtes im klösterlichen Verwaltungs=
wesen dem Staate kein Recht erwuchs, das Klostergut vollständig
der Disposition der konfessionellen Behörden zu entziehen und die
konfessionelle Autonomie in dieser willkürlichen Weise zu schmälern.

2. Daß beim Mangel gesetzlicher Bestimmungen die Prä=
sumtion über das klösterliche Eigentum zu verfügen, für diejenige
Behörde sprechen mußte, welche staatsrechtlich legitimirt war, den
Träger des klösterlichen Eigentums für unfähig zu erklären.

3. Daß die in 2 ausgesprochene Befugnis aus analoger
Anwendung des Art. 16 (siehe S. 141) des Kollegiumsbeschlusses
vom 20. Februar 1835, sanktioniert am 24. Februar 1835, auf
das Mannskloster Pfäfers hervorging.

Demnach war für den Großen Rat kein staatsrechtlicher
Grund vorhanden, den Grundsatz vom 20. Februar 1838 auf=
zustellen, das Klostergut von Pfäfers als Staatsgut zu erklären
und dem Säkularisationsbeschluß des katholischen Kollegiums
vom 10. Februar 1838 die Genehmigung zu verweigern. Denn

---

[1]) Selbst in Staaten, in denen keine konfessionelle Autonomie wie im
Kanton St. Gallen bestand, wurde das Klostergut nicht als Staatsgut erklärt.
Siehe das preußische Klostergesetz vom 31. Mai 1875 § 4: „das Vermögen der
aufgelösten Niederlassungen der Orden und ordensähnlichen Kongregationen unter=
liegt nicht der Einziehung durch den Staat“. Abgedruckt bei Hübler, Kirchen=
rechtsquellen S. 107.

[2]) Die von der großrätlichen Kommission behauptete politische Notwendig=
keit der Verstaatlichung des Klostergutes, gehört nicht in die Besprechung der
Rechtsfrage.

nach den gemachten Ausführungen stand das Eigentumsrecht beim katholischen Konfessionsteil, folglich das Dispositionsrecht beim katholischen Großrats-Kollegium.

Abgesehen von der Beschränkung der verfassungsmäßigen Autonomie der Konfessionen durch die beiden Beschlüsse vom 20. Februar 1838, bedeutet der erste Beschluß dieses Tages, welcher einen allgemeinen Grundsatz (siehe S. 179) ausspricht, einen Eingriff in die Rechte des souveränen Volkes, indem diese für alle Zukunft gültig aufgestellte Norm, in Gestalt eines Gesetzes dem durch K.-V. gewährleisteten Veto des Volkes hätte unterstellt werden sollen.

Das ganze Vorgehen des Großen Rates in der Angelegenheit des Klosters Pfäfers beruht aber in der Hauptsache nicht auf der Anerkennung der dem Beschluß vom 20. Februar 1838 (S. 179) vorausgeschickten Rechtsgründe durch die Mitglieder des Großen Rates, sondern auf rein politischen Motiven. Durch die Neuwahlen vom Jahre 1837 hatte dasjenige Element im Großen Rate die Mehrzahl erhalten, welches die durch Art. 22 K. V. normierte konfessionelle Trennung im Kanton St. Gallen als ein Unglück für das Land ansah und daher die Machtbefugnisse der Konfessionsteile gegenüber dem Staate möglichst einzudämmen und ihre Autonomie zu beschränken suchte. Daher wollte man auch durch neue Zuwendung ökonomischer Mittel die Gewalt des katholischen Konfessionsteils nicht erhöhen und so erkärte es sich, daß politische Rücksichten gegenüber dem materiellen Rechte den Vorzug erhielten. Es war dies ein Fall, wo der von der katholischen Konfession so sehr erstrebte Art. 22 K.-V. ihr indirekt hinderlich wurde und sie um eine bedeutende Vermögenszuwendung brachte.

Am 6. April 1838 war durch den Kleinen Rat eine besondere Liquidationskommission für das Klostervermögen von Pfäfers aufgestellt[1]) und am 6. Juni die Kollaturrechte des aufgehobenen Stiftes dem Staate übertragen worden, nachdem eine Botschaft des Kleinen Rates vom 1. Juni 1838 nachgewiesen hatte, daß diese Uebertragung an den Staat eine natürliche Folge der Beschlüsse vom 20. Februar 1838 sei. Der

---

[1]) Beschluß des Kleinen Rates über die Liquidation des Klostervermögens von Pfäfers vom 6. April 1838. G. S. 1808—39 S. 1321.

Kleine Rat wurde mit Ausübung der Kollaturrechte betraut unter der Auflage, dabei die bestehenden konfessionellen Verordnungen zu beobachten. Die pensionirten Kapitularen hatten die gleichen Verpflichtungen einzugehen, wie ehemals die Mönche von St. Gallen.

Das im Jahre 1838 von Abt und Kapitel dem Papste eingesandte Aufhebungsgesuch fand in Rom taube Ohren und seine Heiligkeit verlangte von dem Abte, gegen die unberechtigten Schlußnahmen der st. gallischen Behörde Einsprache zu erheben. Eine Protestation des Nuntius an den Kleinen Rat vom 27. März 1838 hatte keinen Erfolg.

Auch im katholischen Volk[1]) des Kantons St. Gallen und im Schoße der konfessionellen Behörden regte sich die Unzufriedenheit mit dem Aufhebungsbeschlusse des Großes Rates, so daß das katholische Kollegium nach ausführlicher Begutachtung durch den Administrationsrat am 11. Juni 1839 das Rechtsgesuch an den Großen Rat stellte, entweder den Beschluß vom 20. Februar 1838 betreffend das grundsätzliche Verfügungsrecht über das Vermögen aufgehobener Klöster aufzuheben[2]) oder denselben in Gesetzesform an das verfassungsmäßige Veto des Volkes gelangen zu lassen. Am 19. November 1839 faßte jedoch der Große Rat mit 76 gegen 62 Stimmen die Resolution,[3]) beim Beschlusse vom 20. Februar 1838 zu verbleiben.

In Folge der Säkularisation des pfäferser Klostergutes geriet St. Gallen mit dem Stande Graubünden in einen Rechtsstreit, da der Kanton Graubünden das Epavenrecht geltend machte und auf die in seinem Gebiete gelegenen Besitzungen des ehemaligen Klosters Pfäfers Beschlag legte unter dem Rechtsgrund einer provisorischen Verfügung.[4]) Die Geltendmachung und Anerkennung des Epavenrechtes war aber in der Schweiz

---

[1]) Protokoll des katholischen Kollegiums vom 7. Juni 1838: „Das Präsidium gibt Anzeige vom Eingang verschiedener Petitionen mit vielen Unterschriften, hingehend auf Reklamation des Stiftsgutes von Pfäfers zu Handen der katholischen Korporation."

[2]) Nach erfolgter Zurücknahme dieses Grundsatzes suchte man auch den Aufhebungsbeschluß über Pfäfers zu revidiren.

[3]) Protokoll des Großen Rates vom 19. November 1839.

[4]) Vergleiche Amtsblatt des Kleinen Rates vom Jahre 1838

weder Gesetzes- noch Gewohnheitsrecht und die Tagsatzung war
einer definitiven Regelung dieser Frage ausgewichen.[1] Als
Graubünden den Forderungen St. Gallens auf Zurücknahme
der Sequesterverfügung nicht nachgab, erließ der Kleine Rat
am 17. April 1838 folgende Verordnung: „Die auf dem
Gebiete des Kantons St. Gallen befindlichen Liegenschaften,
sowie anderseits die hypothekarisch versicherten Guthaben von
Bürgern und Korporationen des Kantons Graubünden, sind
von heute an mit Sequester belegt. Diese Verfügung dauert
bis zur Aufhebung des Sequesters von Seite Graubündens."
Der Streit gelangte bis vor das Forum der Tagsatzung, wobei
St. Gallen das Vorgehen Graubündens eine nach dem Bundesrecht verbotene Selbsthülfe nannte.[2] Ein endgültiger Entscheid
wurde nicht gefällt, beide Kantone vielmehr eingeladen,[3] ihre
Sequesterbeschlüsse zurückzuziehen, worauf Graubünden freiwillig
auf seine Ansprüche verzichtete.

Anstände in gleicher Angelegenheit mit dem Fürstentum
Lichtenstein fanden durch Vertragsschluß vom 29. September
1840 definitive Austragung.

Viertes Kapitel.

Die Gründung des Bistums St. Gallen.

§ 1.

Die Bistumsverhandlungen der konfessionellen Behörden bis zum Beschluss des katholischen Grossrats-Kollegium vom 23. Oktober 1844.

Trotz der ruhigen Entwicklung der kirchlichen Verhältnisse,
welche seit der Einführung des apostolischen Vikariats eingetreten
war, sehnten sich Volk und Geistlichkeit des Kantons St. Gallen

[1] Siehe Seite 32 Anm. 1.
[2] Instruktion an die st. gallische Gesandtschaft vom 13. Juni 1838.
[3] Tagsatzungsbeschluß vom 26. Juli 1838.

nach einer definitiven Regelung der Diözesanverhältnisse. So faßte denn das im September 1839 zusammengetretene katholische Großrats-Kollegium am 24. des Monats den Beschluß, den Administrationsrat zu beauftragen, auf Grundlage der Resolution vom 7. November 1834 (S. 170) mit der Nuntiatur in Unterhandlungen über Neugestaltung des st. gallischen Bistums einzutreten. Dabei waren die Forderungen nach Einverleibung St. Gallens in einen Metropolitanverband und nach Gewährleistung der Abhaltung von Geistlichkeitssynoden fallen gelassen worden; dagegen behielt man sich den Anschluß an Basel ausdrücklich vor für den Fall, daß die Uebereinkunft nicht zustande kommen würde.

Bei den nachfolgenden Unterhandlungen mit der Curie, bis zum Abschluß derselben im Jahre 1845, beobachten wir vornehmlich zwei Postulate, auf deren Verwirklichung die römische Politik hinarbeitete.

Einmal war es die Forderung, St. Gallen zu einem eigenen, selbständigen, exempten Bistum umzugestalten, weshalb die st. gallische Reservation eines anfälligen Anschlusses an Basel von Anfang an als unzulässig erklärt wurde. Dann war es das Verlangen der Curie, dieses Bistum nach durchaus kanonischen Grundsätzen einzurichten und die Rechtsbefugnisse des Staates gegenüber der Diözesangewalt möglichst einzuschränken. So konnte der Wunsch St. Gallens (Beschluß vom 7. November 1834), ein Domkapitel zu umgehen, um dadurch der bischöflichen Gewalt gegenüber dem Staate und dem niedern Klerus engere Schranken zu ziehen, in Rom kein Gehör finden. Daher sahen sich die st. gallischen Unterhändler schon beim Beginn der Unterhandlungen[1]) mit der Curie im Widerspruch stehend mit den römischen Tendenzen und ihre Bemühungen mußten an der pontifikalen Zähigkeit nutzlos abprallen. Nach jahrelangen fruchtlosen Versuchen, die st. gallischen Interessen gegenüber den päpstlichen Forderungen zur ungeschwächten Durchführung zu bringen, sahen die konfessionellen Behörden den einzigen Ausweg zur Lösung der Bistumsfrage im Nachgeben und am

---

[1]) Den Gang der im allgemeinen juristisch uninteressanten Verhandlungen siehe in den Protokollen des Administrationsrates von 1839—1844.

21. Oktober 1844 legte der katholische Administrationsrat dem katholischen Großrats-Kollegium einen Entwurf[1]) über die Reorganisation des Bistums St. Gallen vor. Als Erwiderung zu den Vorschlägen des Administrationsrates erschien ein Beitrag zur Beleuchtung des Berichts und der Anträge des katholischen Administrationsrates,[2]) welche beide Gutachten wir hier, als die Summe der Verhandlungsresultate einer nähern Darstellung unterziehen.

I. Bericht.

Er sucht unter langen rechtshistorischen Rückblicken nach zuweisen, daß ein Bistum St. Gallen kirchlich und staatlich schon bestehe und daß es sich daher nur um Reorganisation der Diözese handle. Diese durchzuführen sei eine moralische Pflicht und eine rechtliche Schuldigkeit für den Kanton St. Gallen, denn seit der Auflösung des Klosters St. Gallen wäre von Staat und Kirche fortwährend ein Bistum in Aussicht gestellt worden. Von hoher kirchlicher und staatsrechtlicher Bedeutung sei es, daß das Bistum den politischen Grenzen des Kantons entspreche, abgesehen von den dadurch gewährten ökonomischen Vorteilen. Der Bericht wirft die Frage auf, an welches Bistum eventuell ein Anschluß versucht werden könnte. Doch nicht an ein auswärtiges Bistum, damit man wieder auswärtiger Jurisdiktion unterliege; oder an Chur, welches Mißverhältnis sich bereits gezeigt habe; den Anschluß an Basel aber verbiete der hl. Vater, ungerechnet der sich ergebenden territorialen Schwierigkeiten. Die allgemeine Furcht vor der geistlichen Macht eines eigenen Bischofs sei durchaus unbegründet, denn dem Staate ständen durch K. V., Gesetze und Beschlüsse genügende Garantieen zur Wahrung seiner Interessen zur Seite. Falsch wäre die Besorgnis zu geringer Geldmittel für das Bistum, da durch das Gesetz vom 8. Mai 1805 und Dekret vom 18. Mai 1805 genügende Dotationen angewiesen werden könnten:

---

[1]) Das Bistum St. Gallen und seine Reorganisation. Bericht und Anträge des katholischen Administrationsrates an das katholische Großrats-Kollegium des Kantons St. Gallen vom 26. September 1844. Broschüre, Staatsarchiv.

[2]) Das st. gallische Offizialat und die Bistümelei; an das katholische Großrats-Kollegium des Kantons St. Gallen vom 26. September 1844. Broschüre, Staatsarchiv.

auch käme der Anschluß an einen andern Sprengel nicht viel billiger zu stehen. Betont wird die Notwendigkeit, im Bistums- projekte einige Forderungen fallen zu lassen,[1] z. B. betreffend die Bischofswahl. Der Papst habe aufs Bestimmteste erklärt, daß ein Kathedralkapitel mit der Befugnis zur Bischofswahl erstellt, oder dieselbe der Curie überlassen werden müßte. Die Postulate nach Einverleibung in einen Metropolitanverband und der Gewährleistung der Geistlichkeitssynoden seien von Anfang an zurückgewiesen worden, letzteres unter Hinweis, daß dieselben schon durch das Tridentinum geboten seien.

Der Bericht gelangt zu einem Beschlussesvorschlag an das katholische Kollegium, dessen wichtigste Punkte lauten:

Die Diözese St. Gallen wird als selbständiges Bistum neu organisiert innert der politischen Grenzen des Kantons: Bischofsitz in St. Gallen. Das Domkapitel besteht aus 5 Re- sidentiales, 8 Forenses und 3 Vikarien. Die residierenden Kapitularen sind der geistliche Rat des Bischofs. Die erste Bischofswahl erfolgt durch den Papst auf Fünfervorschlag des Großrats-Kollegiums; die künftige Wahl durch das Domkapitel, jedoch so, daß der Gewählte dem katholischen Kollegium nicht persona ingrata ist. Die kanonische Einsetzung geschieht durch den Papst und die Eidesleistung des neuen Oberhirten an die Regierung nach einer vom hl. Stuhl genehmigten Formel.[2] Bei der Wahl der Domkapitularen hat der Administrationsrat eine Exklusive durch Streichung der Namen auf der Vorschlags- liste bis auf drei. Für Bischof und Kapitel werden besondere Wahlfähigkeitsbedingnisse aufgestellt. Das Priesterseminar steht unter bischöflicher Leitung. (Die Rechte, welche das Gesetz vom 26. November 1833 dem Administrationsrate gab, waren nicht ausdrücklich gewahrt.) Schließlich werden die auszuwerfenden Dotationen und ihre nähere Verwendung bezeichnet und dem Bischof in der Verwaltung der Fonde ein Mitaufsichtsrecht eingeräumt. Vorschlag an das katholische Kollegium, den Ad- ministrationsrat zu beauftragen, über obige Punkte ein Kon-

---

[1] Siehe Beschluß vom 7. November 1834 S 170.

[2] Diese sollte auf Treue der verfassungsmäßigen Ordnung und Obrigkeit gehen.

kordat abzuschließen mit der Curie und dasselbe der Sanktion
des Staates zu unterbreiten.

2. Bericht (Erwiderung).

Die Erwiderung glaubt den staatsrechtlichen Beweis erbringen zu müssen, daß St. Gallen überhaupt noch nie ein
Episkopat besessen habe. Trotz der früheren äbtischen Rechte,
sei der Bischof von Konstanz der kanonische Oberhirt des Volkes
und der Weltgeistlichkeit geblieben. Nach der Auflösung des
Klosters St. Gallen habe Niemand an ein eigenes Bistum ge-
dacht, sonst wären im Gesetz vom 8. Mai 1805 oder dem Dekret
vom 18. Mai 1805, Verfügungen zu Gunsten eines zu erstellen-
den Bistums gemacht worden. In den Verhandlungen über
ein Nationalbistum sei bis 1817 nichts von einer eigenen
st. gallischen Diözese erwähnt worden und die Einrichtung des
Doppelbistums Chur-St. Gallen habe in Folge des Sanktions
mangels nie gesetzliche Gültigkeit erhalten; und selbst wenn
damals ein Bistum bestanden hätte, so wäre es durch die
Beschlüsse von 1833 endgültig aufgelöst worden und die noch
übrig gebliebene, tatsächliche Circumscription bedinge doch kein
Bistum. Sogar nach Ansicht der Curie befinde sich St. Gallen
in einem Provisorium. Das Kollegium habe freilich schon
lange mit Unterhandlungen über Neugestaltung einer Diözese
St. Gallen begonnen, aber eine rechtliche Verpflichtung habe es
bis jetzt trotzdem nicht eingegangen. Daraus gehe hervor, daß es
sich nicht um Reorganisation des Bistums, sondern um Errichtung
eines Episkopates handelt. — Nach diesem Nachweis geht der
Bericht auf die einzelnen Punkte der neuen, vorgeschlagenen
Organisation über, um deren Mängel aufzudecken. So: der
verlangte Metropolitanverband kommt nicht zustande, und
die Abhängigkeit von der Nuntiatur bleibt: so wird z. B.
dem Nuntius der Informativprozeß über den neuen Bischof
übertragen werden. Die von Rom geforderte Wahlart des
Bischofs widerspricht unsern demokratischen Anschauungen und
bietet so wenig wie der beantragte Bischofseid dem Staate
eine ausreichende Garantie. Die zu bestellenden Dotationen
sind für unsere Verhältnisse im allgemeinen zu hoch bemessen.
Ein Domkapitel ist st. gallischerseits nicht verlangt worden:

die bloße Einräumung einer Exklusive des Administrationsrates bei dessen Bestellung ist unzulänglich, umsomehr, als er Patron über drei Pfründen an der Domkirche ist; ein staatliches Gesetz wäre damit einseitig aufgehoben. In dem Wahlerfordernis für den Bischof ist nicht einmal schweizerisches Indigenat verlangt. Die Rechte[1]) des Administrationsrats, betreffend das st. gallische Priesterseminar, sind im Beschlussesvorschlag nicht ausdrücklich gewährleistet. Ohne das Gesetz vom 8. Mai 1805 direkt zu umgehen, kann das Bistum ökonomisch nicht eingerichtet werden, denn die im Gesetz enthaltenen Verpflichtungen (die Vergabungen an die Gemeinden) sind noch nicht erfüllt und der Große Rat wird einer gesetzwidrigen Verwendung der Fonde die Sanktion nicht erteilen. Bei der durch Art. 22 K.-V. statuirten konfessionellen Autonomie, ist ein Bistum eine große Gefahr für den Staat und muß außerdem den konfessionellen Frieden beinträchtigen. In Erwägung dieser Gründe soll die Errichtung eines eigenen st. gallischen Episkopates abgelehnt werden. Der Papst wird nachgeben und eine andere Regelung der Diözesanverhältnisse gewähren.

Dieser Bericht stützte sich zum Teil auf die frühern Ausführungen eines st. gallischen Staatsmannes, Regierungsrat Baumgartners, die unter dem Namen: „Die Bistümelei" am 10. Juni 1839 erschienen waren. Der Verfasser machte dabei hauptsächlich auf das staatsgefährliche, friedenstörende Wesen eines st. gallischen Bistums aufmerksam und wies nach, daß der Langenthaler Gesamtvertrag[2]) vom 28. März 1828 dem Kanton St. Gallen staatlicherseits den Eintritt ins Bistum Basel offen halte. Baumgartner hatte daher den Schlußantrag gestellt, die Einverleibung St. Gallens in den Diözesanverband von Basel nachzusuchen.

---

[1]) Verordnung des katholischen Kollegiums über das Priesterseminar vom 26. November 1833 S. 112.

[2]) Der § 11 dieses Vertrages lautete: Den andern vom Bistum Konstanz losgetrennten, löblichen Ständen bleibt der Zutritt zum neu umschriebenen Bistum Basel auf den Fall ebenfalls vorbehalten und zugesichert, wo von Seiten des päpstlichen Stuhles die Einwilligung dazu erhalten werden kann. Ihre daherigen Verhältnisse bleiben einer spätern Uebereinkunft vorbehalten.

Wir haben diese Gutachten hier wiedergegeben, um das Resultat der Bistumsunterhandlungen darzustellen und die Anschauungen der st. gallischen Staatsmänner über die Vor- und Nachtheile einer eigenen Diözesaneinrichtung zu vernehmen. Ohne auf die Beurteilung der einzelnen Streitfragen näher einzutreten, sei das staatsrechtlich wichtige Moment hier festgestellt, daß nach kanonischer Auffassung ein Bistum St. Gallen unter der Leitung eines apostolischen Vikars bereits bestand und es sich kirchlicherseits nur um Reorganisation der Diözese handelte.[1] Nach st. gallischem Staatsrechte hatte sich trotz der Beschlüsse vom Jahre 1833 ein st. gallisches Episkopat auf derjenigen rechtlichen Grundlage erhalten, auf der es vor 1833 geruht hatte. Die Resolutionen des Jahres 1833 müssen so interpretiert werden, daß der Staat und die konfessionellen Behörden mit der Aufhebung der Bistumsbulle nur die Ablösung St. Gallens vom churischen Diözesansprengel bezwecken wollten, ohne die eigene Bistumseinrichtung umzustürzen. Ein Aufhebungsbeschluß über die Diözese St. Gallen hat faktisch nie stattgefunden und das st. gallische Episkopat blieb tatsächlich losgelöst vom churer Sprengel bestehen. Ein formeller Beweis für diese Behauptung liegt in der Anerkennung eines apostolischen Vikars für das Bistum St. Gallen durch das katholische Kollegium vom 7. Juni 1836 und in der durch den Großen Rat ausgesprochenen Sanktionierung dieses Beschlusses[2] vom 14. Juni 1836, welche lautet: „Dem durch Botschaft des Kleinen Rates vom 11. Juni 1836 vorgelegten Beschlusse des katholischen Großrats-Kollegiums vom 7. Juni d. J. über Aufstellung eines apostolischen Vikariates für Verwaltung des Bistums St. Gallen, wird hiemit …….. die hoheitliche Sanktion erteilt." Daraus geht hervor, daß sich das Bistum St. Gallen für sich in dem S. 106 festgestellten Rechtsbestande erhalten hatte und in dieser Hinsicht nur die Reorganisation der Diözese St. Gallen in Frage stand.[3]

---

[1] Siehe Seite 176 Anm. 4.
[2] G. S. 1808—39 S. 310.
[3] Die gleiche Ansicht äußert das Minderheitsgutachten der großrätlichen Kommission vom 7. Februar 1845 S. 201.

Ein Hauptargument der Gegner des Bistums, der Mangel hinlänglicher ökonomischer Mittel zu dessen Dotation, muß zurückgewiesen werden. Freilich ließen weder das Gesetz vom 8. Mai 1805 noch das Dekret vom 18. Mai 1805 ohne weiteres die Interpretation zu, daß die durch diese Verfügungen ausgeschiedenen katholischen Fundationen zur Errichtung eines st. gallischen Episkopates verwendet werden könnten. Jedoch stand es der katholischen Konfession nach der ihr in Art. 22 K.-V. eingeräumten Autonomie zu, unter Sanktion des Staates diese Gesetzbestimmungen zu modifizieren. Denn wenn es sich herausstellte, daß die Organisation eines selbstständigen Bistums für den katholischen Konfessionsteil des Kantons St. Gallen ein gebotenes Bedürfnis sei und da die katholische Korporation die ökonomischen Mittel effektiv besaß zu dessen Gründung (wie sich dies nachträglich zeigte), so konnte der Buchstabe eines Gesetzes, das zudem erlassen war in Erwägung, „die kirchlichen und moralischen Bedürfnisse des katholischen Teils zu berücksichtigen", nicht die Schranke bilden, um ein solches Postulat unerfüllt zu lassen. — Die prinzipielle Frage aber, von der die Gründung eines st. gallischen Bistums abhängig gemacht wurde, war eine kirchenpolitische und keine Rechtsfrage. Sie lautete: Ist das im Entwurfe vorgesehene Bistum mit seinem Bischof und Kathedralkapitel nicht eine Macht, welche der staatlichen Entwicklung des Kantons bei der durch Art. 22 K.-V. normierten konfessionellen Autonomie hinderlich werden muß und den kirchlichen Frieden zwischen den Konfessionen vernichtet? Die Beseitigung dieser Befürchtung gestaltete sich umso schwieriger, als im Kanton die vielvertretene, irrige Ansicht herrschte,[1]) mit einem Bischof und seinem Domkapitel kehre auch zum guten Teil die frühere Klosterherrschaft zurück, die bei der bestehenden konfessionellen Trennung durchaus staatsgefährlich

---

[1]) Misc. Helvet. 315. 7. Siehe die Rede von Reg.-Rat Baumgartner im Großrats Kollegium: „Die katholische Korporation aber würde nach jahrelangen Mühen, Widersprüchen und Zerwürfnissen endlich dastehen, wohin sie mönchische Umtriebe vor Jahrzehnten zu bringen trachteten, unter einer in neuer Form entstehenden Klosterherrschaft, deren breite und schwere Flügel uns nicht schützen, sondern erdrücken werden."

wirken müsse. Schließlich waren die trüben Erinnerungen an die bischöfliche Leitung der Diözese durch Karl Rudolph noch zu frisch, als daß man einen neuen Oberhirten hätte vorurteils= los begrüßen können.

Am 21., 22. und 23. Oktober 1844 trat das katholische Großrats=Kollegium in die endgültigen Beratungen ein. In den Verhandlungen machten sich die bereits hervorgehobenen Gesichtspunkte geltend: jedoch schien der Gedanke, nach dem langen Provisorium endlich eine definitive Regelung der bis= tümlichen Verhältnisse zu erzielen und eine selbstständige, ge= ordnete Diözesaneinrichtung zu erhalten, den gegnerischen Wider= stand zu brechen, so daß das Kollegium[1]) den Entwurf (Siehe S. 191) des Administrationsrates mit 58 gegen 13 Stimmen annahm. Der Titel des abzuschließenden Konkordates sollte lauten: Uebereinkunft des katholischen Großrats=Kollegiums des Kantons St. Gallen mit dem hl. Stuhle über Reorgani= sation des Bistums St. Gallen und dem Konkordate u. a. folgende Vollzugsbestimmungen beigegeben werden: Die Pasto= ration an der Hauptkirche wird durch Kanoniker geübt. Für jedes mit einer Pfarrstelle verbundene Kanonikat wird das Plazet des Kleinen Rates eingeholt. Dem Administrationsrate wird ein Einsichtsrecht in das Priesterseminar gewährt nach Maßgabe der jeweiligen hierüber bestehenden Verordnung. Außer den im Konkordate vorgesehenen Dotationen dürfen keine wei= teren Fonde für das Bistum ausgeschieden werden. — Dem Administrationsrate wurde Vollmacht und Auftrag erteilt, für das Konkordat wie für die Vollzugsbestimmungen die Sanktion des Staates durch den Kleinen Rat einzuholen und hierauf er= steres dem hl. Stuhl zur Anerkennung und Erteilung der Bis= tumsbulle zu unterstellen. Für die Bulle war das Plazet des Kleinen Rates nachzusuchen. — Damit waren die Grundlagen, auf welchen das st. gallische Bistum aufgebaut werden sollte, endgültig beschlossen.

---

[1]) Beschluß des katholischen Kollegiums vom 23. Oktober 1844.

§ 2.

Die Bistumsverhandlungen[1]) der Staatsbehörden bis zum Beschluss des Grossen Rates vom 11. März 1847.

Die in diesem Paragraphen zu erwähnenden Berichte, Botschaften und Beschlüsse sind nicht dargestellt, um ein rechts= historisches Bild der Bistumsverhandlungen zu geben, sondern um die Anschauungen der st. gallischen Staatsmänner auf diesem Gebiete vorzuführen und den Beweis zu erbringen, wie der Staat gegenüber der Curie und den konfessionellen Behörden die von ihm beanspruchte Wahrung der staatlichen Hoheits= rechte zu behaupten wußte, sowie zu zeigen, welche Gründe und Rechtsmittel ihn zu diesem Ziele führten. Der vom Groß= rats = Kollegium genehmigte Entwurf zur Neugestaltung des st. gallischen Bistums wurde am 30. Oktober 1844 vom Nuntius in Luzern unterzeichnet[2]) und durch den Kleinen Rat der obersten Landesbehörde zur Sanktion vorgelegt. In den Verhandlungen des Großen Rates sind es vornehmlich drei Berichte, um deren Behauptungen sich die Diskussion drehte und auf deren Argu= mentation sich die spätern Schlußnahmen stützten.

1. Botschaft des Kleinen Rates vom 3. Januar 1845.

2. Mehrheitsgutachten der großrätlichen Kommission vom 7. Februar 1845.

3. Minderheitsgutachten der großrätlichen Kommission vom 7. Februar 1845.

Da Nummer 1 und 2 zu den nämlichen Resultaten ge= langen und demnach auch in den rechtlichen Deduktionen in der Hauptsache übereinstimmen, können sie zusammen behandelt werden. Sie argumentieren[3]):

---

[1]) Siehe Protokolle des Kleinen Rates von 1841 und 1845. Protokolle des Großen Rates von 1845 und 1847. Urkundensammlung über die Bistums= angelegenheiten im Staatsarchiv.

[2]) Die Uebereinkunft erhielt den Titel: Conventio inter Sanctam Sedem Apostolicam et Supremum consilium Catholicum Pagi Saugallensis circa Reorganisationem Episcopatus Saugallensis.

[3]) Die Behauptungen in diesem Gutachten sind mit historischen und gesetz= lichen Beispielen belegt, welche alle hier anzugeben, zu weit führen würde.

Trotz des bestehenden Konkordates zwischen Nuntius und katholischem Kollegium besteht bis jetzt für den Kanton St. Gallen kein rechtsgültiger Vertragsschluß; denn wiewohl es durchaus allein in der Kompetenz der katholischen Konfession liegt, zu entscheiden, ob sie ein Bistum einrichten will oder nicht und die bezüglichen Unterhandlungen durchzuführen, so kann ein solches Konkordat erst mit Erteilung der staatlichen Sanktion rechtsverbindliche Kraft erhalten. Der Art. 22 K.-V. gibt dem Staate nur ein Recht der Vereinbarung in diesen Punkten ent gegenzustehen, in welchen staatliche Rechte bedroht oder bereits geschmälert sind. Im vorliegenden Konkordatsentwurfe müssen daher folgende Bestimmungen angefochten werden:

1. Der Bischofseid.

Der Eid des Bischofs geht nur auf Treue und Gehorsam der Regierung des Kantons St. Gallen. Diese Redaktion der Schwörformel genügt in einem Staate, in dem eine durch Art. 22 K.-V. normierte konfessionelle Herrschaft besteht, nicht. Der Eid muß auf die K.-V. und die Gesetze gehen; so allein wird volle Garantie gegen Eingriffe in staatliche Rechte ge währt und von Anfang an einer Reihe von möglichen Kon testationen begegnet (z. B. Versagung der gemischten Ehen, wie dies damals vom churer Bischof geschah). Der Bischof verlangt den Schutz der K. V., darum soll er sie auch beschwören. Ver weigert der Papst eine Eidesformel in diesem Sinne, so gibt er damit dem Bischof indirekt schon die Befugnis, die K.-V. nicht anerkennen zu müssen. Die Forderung nach dieser Schwör formel ist schon deshalb berechtigt, weil in dem Konsekrations eid des Bischofs die Stelle vorkommt: hæreticos, schismaticos et rebelles eidem Domino nostro vel successoribus prædictis pro posse persequar et impugnabo, welche die protestantische Konfession direkt gefährden könnte. Berufung auf die mildere Eidesformel anderer Staaten kann nicht genommen werden, wegen der außergewöhnlichen Staatsverfassung des Kantons in kirchenpolitischer Hinsicht.

2. Das Recht der Plazetierung der Bischofswahl.

Nach dem Kollaturgesetz von 1813 muß für sämtliche Pfründen im Kanton St. Gallen das Plazet des Kleinen Rates eingeholt werden. Die K.-V. und neuern konfessionellen Gesetze haben dieses Recht des Staates gewahrt und selbst Art. 22 K.-V. konnte daran nichts ändern, da dies eine aus dem Aufsichtsrecht des Staates hervorgehende Befugnis ist. Im Konkordate ist eine Mitwirkung bei der Bischofswahl nur der konfessionellen Behörde gegeben und eine Plazetierung für die Wahl nicht erwähnt; dies kann dem Staate nicht genügen: denn wenn für den kleinsten Landgeistlichen eine Genehmigung gefordert ist, wie viel mehr muß dies der Fall sein für diejenige Person, welcher die kirchliche Oberleitung anvertraut ist? Auch verlangen die für den Bischof statuierten Wahlbedingnisse einen solchen Vorbehalt des Staates. Wiewohl bei dem Bischofsamt von einer Pfründe nicht gesprochen werden darf, so muß das Kollaturgesetz doch darauf Anwendung finden können. In andern Ländern genießt der Staat wenigstens ein Recht der Erklusive. Die Stipulation über das Plazetierungsrecht des Staates muß in das Konkordat selbst aufgenommen werden, nicht nur in die Vollzugsbestimmungen: denn nur so kann jede spätere Weigerung der Kirche, die Bestimmung zu befolgen, unwirksam gemacht werden. Erklärt sich Rom mit dem Genehmigungsrecht für die Bischofswahl einverstanden, so kann es sich der Aufnahme dieser Befugnis des Staates in das Konkordat selbst, nicht entgegenstellen.

3. Das Plazetierungsrecht für die Domherrn und Vikare.

Dieses Recht geht ebenfalls aus den Bestimmungen über das Kollaturwesen und dem allgemeinen Aufsichtsrecht des Staates hervor und die Wichtigkeit dieser Aemter verbietet dem Staate eine solche Befugnis preiszugeben.

4. Abtretung der Pfarrkollaturrechte[1]) des Administrationsrates an der Hauptkirche an die Bistums-Geistlichkeit.

Nach dem klaren Wortlaut der Kollaturgesetze ist der Administrationsrat der Kollator über diese Pfründen. Er ist daher zu deren Abtretung nicht befugt, da die katholische Korporation kein staatliches Gesetz einseitig abändern kann. Uebrigens

---

[1]) Die Uebereinkunft übertrug die bisher vom Administrationsrate geübten Kollaturrechte an der Kathedrale über die Pfarrstellen der Geistlichkeit des Bistums.

ift auch nach kanonischem Rechte der Administrationsrat als Vertreter des katholischen Konfessionsteils der rechtmäßige Kollator, da die katholische Korporation Stifterin des Benefiziums ift. Die Staatsbehörde hätte bei direkter Unterhandlung mit der Curie eine solche Abtretungspflicht nicht zugegeben.

5. Verwendung der katholischen Fundationen.

Nach den Bestimmungen über Verwendung der katholischen Fonde von 1805 und 1813¹) bleiben keine genügenden Dotationen für das Bistum übrig, wenn die Gemeinden den ihnen ausgeschiedenen Anteil erhalten sollen. Die Vergabungen zur Zeit des Doppelbistums kommen nicht in Betracht bei der Rechtsfrage, da jener Zustand nie gesetzlich anerkannt war. Solange demnach das den Gemeinden auszuhändigende Gut gefährdet ift, kann der Staat seine Sanktion nicht erteilen, da für ihn die Verpflichtung besteht, über die stiftungsgemäße Verwendung der katholischen Fonde zu wachen.

Beide Berichte²) kommen zu dem Resultate, aus diesen Gründen dem Großen Rate den Antrag auf Sanktionsverweigerung des Konkordates zu stellen.

Diesen Ausführungen gegenüber erwidert das Minderheitsgutachten folgendes:

Bei Beurteilung des Konkordates ift in unserm Kanton von der Staatsbehörde ein ganz besonderer Standpunkt zu beobachten. Sie muß sich nämlich stets fragen, ob sie im Falle direkter Unterhandlung mit der kirchlichen Behörde bezüglich der angefochtenen Punkte wirklich günstigere Resultate zu erzielen imstande gewesen wäre, als dies durch die konfessionellen Behörden hätte bewirkt werden können. Der Staat darf daher wegen Forderungen, die er selbst nicht hätte verwirklichen können, die Sanktion nicht verweigern. Wichtige Gründe liegen

---

¹) Siehe Gesetz vom 8. Mai und Dekret vom 18. Mai 1805.

²) Der Bericht der großrätlichen Kommission hebt noch speziell hervor, daß bei ungültiger Bischofswahl das Devolutionsrecht an den Papst falle, daß im Konkordat kein Termin für die kanonische Einsetzung des Bischofs stipuliert, kein Vorbehalt für den Eintritt St. Gallens in einen Metropolitanverband gemacht und die Verordnung über das Priesterseminar vom 26. November 1833 stillschweigend beseitigt sei

aber vor, zu glauben, daß bei direkter Beteiligung des Staates nichts für ihn wesentlich günstigeres erreicht worden wäre.

Der Staat hat überhaupt schon früher erklärt, der Gründung eines st. gallischen Bistums prinzipiell nicht entgegenzustehen und jetzt wiederum betont, daß er dazu gar keine Berechtigung besitze. Deshalb soll auch die Erteilung der Genehmigung nicht übermäßig erschwert werden. Der Anschluß St. Gallens an Basel fällt jetzt außer Betracht: einmal weil sich die politischen Verhältnisse unter den baseler Diözesankantonen so getrübt haben, daß nicht einmal der nötigste Anknüpfungspunkt zu finden wäre und zweitens, weil nach der Erklärung des katholischen Kollegiums, ein eigenes Bistum errichten zu wollen, der Papst keine Gegenerklärung mehr annehmen würde. Der Anschluß an Chur ist eine staatsrechtliche Unmöglichkeit. Die Grundfrage über die Zulässigkeit der Errichtung eines eigenen Bistums ist umsomehr noch entschieden, als der Staat bereits früher ein solches anerkannt hat (1823—1833), trotz des Mangels der Sanktion: denn in vielen staatlichen Aktenstücken wird offiziell von einem st. gallischen Bistum gesprochen. Nach den ganzen Anschauungen, die im Kanton von 1814—1844 herrschten, kann demnach aus dem Motiv der Rücksicht auf „höhere Staatspolitik" ein eigenes Bistum nicht versagt werden: dies geht auch aus Art. 22 K.-V. und der Botschaft des Kleinen Rates vom 3. Januar 1845 hervor.[1]) Jetzt ist ein Bistum, wenn auch nicht staatlich sanktioniert, noch immer in „anerkanntem Bestand"; der Zustand ist aber ein Provisorium und muß eine baldige definitive Regelung erfahren.

Bei Beurteilung des Konkordates steht dem Großen Rate nach Art. 22 K.-V. nur das Recht zu, zu fragen, ob es sich innert den Schranken des Gesetzes vom 26. Januar 1832 bewege oder nicht. Bejahenden Falles ist der Große Rat nicht berechtigt, über den Inhalt der Uebereinkunft materiell zu urteilen und kann keine Einsprache erheben, wenn durch die neue Einrichtung frühere konfessionelle Verordnungen beseitigt werden. Von

---

[1]) Diese Ansicht erscheint als die richtige. Die Verweigerung der Errichtung eines Bistums überhaupt, wurde im Großen Rate nur ganz vereinzelt ausgesprochen.

diesem Standpunkte ist die Beurteilung der folgenden Punkte aufzufassen:

1. Der Bischofseid.

Ein Eid des Bischofs auf K.-V. und Landesgesetze findet sich in keinem Lande oder Kanton. Ein Treueid auf die Regierung bietet hinreichende Garantie, da überhaupt der Bischof nicht auf Grundlage der Staatsverfassung amtieren soll, sondern auf Grundlage der Verfassung der katholischen Kirche. Selbst der Eid des Bürgers geht nur auf Treue und Gehorsam der verfassungsmäßigen Obrigkeit und Ordnung, so daß der Bischof als einziger Mann im Lande auf die K.-V. beeidigt würde. Die Formel des Konsekrationseides (hæreticos . .), die z. B. in der oberrheinischen Kirchenprovinz zugelassen wird, kann die Protestanten nicht beeinträchtigen in einem Lande, das die freie Ausübung des evangelischen Glaubensbekenntnisses und Gottesdienstes verfassungsmäßig schützt.

2. Das Recht der Plazetierung der Bischofswahl.

Eine solche Forderung des Staates geht über das in Art. 22 K. V. vorbehaltene Aufsichtsrecht hinaus. Das Kollaturgesetz von 1813 verlangt kein Plazet für die Bischofswahl und St. Gallen hat dem Bischof von Konstanz oder Chur nie seine Genehmigung erteilt. Die ganze Entwicklung des Kollaturwesens im Kanton zeigt, daß das Plazet nur für gewöhnliche Pfrundbesetzungen gefordert wurde, und daß es aus den Gesetzesbestimmungen für die Bischofswahl nicht abgeleitet werden kann: auch würde die Curie auf ein solches Verlangen nie eintreten. In dieser Hinsicht ist ein Mitwirkungsrecht des Staates bei der Bischofswahl ausgeschlossen und eine Exklusive, wie in andern Ländern, kann der Staatsbehörde nicht eingeräumt werden, da dies Art. 22 K.-V. verbietet. Auch wäre der praktische Nutzen solcher Bestimmungen gering, da die Ansichten über die Qualität eines Bischofs in einer demokratisch organisierten Behörde, wie dem Großen Rate, allzu schnell wechseln.

3. Das Plazetierungsrecht für die Domherren und Vikare.

Die drei Kanonikate, welche zugleich Pfarrstellen an der Hauptkirche sind, wurden im Entwurf bereits der staatlichen Genehmigung unterworfen. Mehr kann der Staat nicht fordern, da weder das Kollaturgesetz, noch das konfessionelle Gesetz vom 26. Januar 1832 Anhaltspunkte für weitere staatliche Befugnisse bieten. Gesetzt aber, für Bischof, Kanoniker und Vikare wäre das Plazet einzuholen, so bleibt der Staat immer noch den Beweis schuldig, warum diese Stipulation in das Konkordat selbst aufgenommen werden müßte.

4. Die Pfarrkollaturrechte an der Hauptkirche.

Einmal wurde das Abtretungsrecht des Administrations= rates über die Kollaturen der Kathedrale an die Bistumsgeist= lichkeit mit Einführung der konfessionellen Autonomie im Kanton St. Gallen (Art. 2 K.=B. von 1814) begründet und ferner ist diese Befugnis aus dem Dekret vom 30. Januar 1813 abzuleiten,[1] da die katholische Konfession durch diese Norm Eigentümerin der Kollaturen geworden ist, mithin ein freies Dispositionsrecht darüber besitzt. Das Kollaturgesetz von 1813 kann demnach keine Anwendung finden und die Autonomie der Konfessionen darf in dieser Hinsicht nicht beschränkt werden.

5. Verwendung der katholischen Fundationen.

Die Verfügung über das katholische Korporationsgut ist dem katholischen Konfessionsteil frei anheimgestellt worden. Es ist Pflicht der Katholiken, die nötigen Dotationen zur Er= richtung eines Bistums herauszugeben, da die bereits beschlossene Neugestaltung der Diözese ein Bedürfnis für den katholischen Kantonsteil ist und die dem Gesetze vom 8. Mai 1805 vor= gängigen Erwägungsgründe eine so extensive Interpretation des Gesetzes zulassen. Der Staat hat während 30 Jahren bei Sanktionierung katholischer Verordnungen über ökonomische Dinge niemals eine nachträgliche Kontrolle ausgeübt, warum will er jetzt plötzlich eine solche geltend machen? Die zu do= tierenden Gemeinden können nachträglich noch genügende Be= rücksichtigung finden, wiewohl sie eigentlich den dringenden Ansprüchen des ganzen katholischen Konfessionsteils weichen müßten.

Ist das Bistum selbst einmal errichtet, so ist es noch immer Zeit, die Aufnahme in einen Metropolitanverband nachzusuchen

---

[1] Vergl. die Bemerkungen S. 157.

und die Gewährleistung für Abhaltung von Geistlichkeitssynoden zu verlangen. In Bezug auf das Priesterseminar finden sich die Ansprüche des Administrationsrates in den Vollzugsbestimmungen zum Konkordate genügend gewahrt.

Aus diesen Begründungen ergibt sich der Beschlussesvorschlag: „Der Uebereinkunft, sowie den Vollzugsbestimmungen ist, unter Vorbehalt aller dem Staate in seinen Beziehungen zur katholischen Kirchengenossenschaft zustehenden hoheitlichen Rechte, sowie der durch Art. 8 K.-V. ausgesprochenen Gewährleistung der freien und uneingeschränkten Ausübung des neben dem katholischen gleichberechtigten evangelischen Glaubensbekenntnisses und Gottesdienstes, die Staatsgenehmigung erteilt." [1]

Am 20. Februar 1845 lagen diese Gutachten dem allgemeinen Großen Rate vor und dieser faßte am nämlichen Tage den Beschluß:

In Erwägung, daß zwar in der durch vorerwähntes Konkordat in Aussicht gestellten Errichtung eines eigenen st. gallischen Bistums kein Grund zur Sanktionsverweigerung liege,

In Betracht aber, daß

a) der Bischofseid nicht auf die Staatsverfassung und Landesgesetze gehe,

b) ein Plazetierungsrecht für die Bischofswahl nicht ausdrücklich der Staatsbehörde vorbehalten sei,

c) ein Plazetierungsrecht für die Wahl sämtlicher Domherren, Dignitare und Vikare nicht ausdrücklich dem Kleinen Rate vorbehalten sei,

d) daß eine Abtretung, resp. Inkorporation der durch den Administrationsrat geübten Kollaturrechte der Stiftskirche an die geistliche Gewalt stipuliert sei:

Dieser Uebereinkunft nebst den Vollzugsbestimmungen mit Rücksicht auf das konfessionelle Gesetz vom 26. Januar 1832

---

[1] Das staatsrechtlich Interessante dieser Verhandlungen liegt hauptsächlich in dem durch Art. 22 K.-V. begründeten, sich fortwährend ergebenden Kompetenzkonflikt zwischen staatlichen und konfessionellen Behörden und in der Tatsache, daß der Staat die konfessionellen Behörden in vielen Punkten auf die Wahrung ihrer Interessen gegenüber den curialistischen Forderungen aufmerksam machen mußte.

die Sanktion nicht zu erteilen und dieselben an das katholische Großrats-Kollegium zurückzuweisen[1])

Nun begannen wiederum, nach neuer Vollmachtserteilung des katholischen Kollegiums die Unterhandlungen der Abgeordneten des Administrationsrates mit der Nuntiatur und dem Papste, gelangten aber erst zu einem Resultate, nachdem sich ein Abgeordneter selbst nach Rom begeben hatte; am 7. November 1845 wurde das abgeänderte Konkordat von den Vertretern der kirchlichen und konfessionellen Behörden zu Luzern unterzeichnet. Die wesentlichen Differenzpunkte des Konkordates vom 7. November 1845 gegenüber der Uebereinkunft vom 30. Oktober 1844 liegen in Folgendem:

1. Wahlfähigkeitsbedingnisse für den Bischof.

Das Konkordat fordert neben den kanonischen Eigenschaften, daß der zu Ernennende ein Priester aus der Diözesangeistlichkeit St. Gallens sei und im Bistum selbst mehrere Jahre in der Seelsorge, im Lehramte oder bei Verwaltung der Diözese mit Verdienst und Auszeichnung gearbeitet habe. (Art. 9.)

2. Bischofseid.

Der Bischof leistet einen Eid an die Regierung nach einer vom Papste zu genehmigenden Formel. (Art. 10.)

3. Kanonikatswahl.

Der Administrationsrat wählt aus einem Dreiervorschlag des Domkapitels den Dekan und zwei der übrigen vier Residentialen. Diese erhalten die kanonische Einsetzung durch den Papst. Die zwei andern Kanoniker wählt der Bischof. Für die Wahl der Forenses hat der Administrationsrat von fünf Präsentierten eine Exklusive bis auf drei. (Art. 12.)

Nachdem das neue Konkordat am 14. November 1845 vom katholischen Kollegium vorbehaltlos genehmigt worden war, beschloß es in nämlicher Sitzung, dafür die Sanktion des Staates einzuholen und faßte am 21. November 1845 einen Ausführungsbeschluß zum Konkordate, dessen wichtigste Punkte lauten: Art. 1: Zum Bischof von St. Gallen kann nur ein Weltgeistlicher ge

---

[1]) Protokoll des Großen Rates vom 20. Februar 1845.

wählt werden, welcher nach Art. 9 Konkordat[1]) wenigstens während fünf Jahren in der Diözese St. Gallen selbst, entweder ein Kanonikat, eine Pfarrstelle, oder ein Lehramt in einer höhern Lehranstalt bekleidet hat. Dem katholischen Großrats-Kollegium muß er persona grata sein. Die Art und Weise, wie sich das Kollegium über diese Genehmhaltung ausspricht, wird durch ein von ihm aufzustellendes Regulativ fest gesetzt werden. Vor der Konfirmation ist die Bischofswahl vom kleinen Rate gemäß dem Gesetz vom 26. Januar 1832 zu plazetieren.

Art. 2. Das Kapitel hat bei kanonischer Ungültigkeit der Bischofswahl beim hl. Stuhle die Konzession nachzusuchen, mit Beachtung der gegebenen Vorschriften, eine neue Wahl vornehmen zu dürfen.

Art. 3. Der Treueid der Bischofs geht auf Treue und Gehorsam den Gesetzen und der Verfassung des Kantons St. Gallen.

Art. 4. Dem Administrationsrat liegt jedesmal bei Abfassung des Verbalprozesses über die Ablegung des Konsekrationseides ob, den Ausweis zu leisten, daß die Stelle: hæreticos, schismaticos et rebelles eidem Domino nostro vel successoribus prædictis pro posse persequar et impugnabo, wegbleibe, wie dies der hl. Stuhl zugesichert hat.

Art. 5. Die Einverleibung St. Gallens in einen Metropolitanverband bleibt einer künftigen Verständigung vorbehalten.

Art. 6. Das Residentialkapitel besorgt die Konsistorialgeschäfte und bildet den geistlichen Rat des Bischofs. Der Dekan soll das Amt eines Generalvikars haben.

Art. 10. Vor der kanonischen Einsetzung sämtlicher Residentialkanoniker und Vikare, soll das Plazet des kleinen Rates eingeholt werden.

Art. 11. Bei der Regenswahl, bei Einsichtnahme in die Lehrweise und Hausordnung des Priesterseminars, soll der Administrationsrat die ihm durch jeweilen darüber bestehende Verordnungen zugeschiedenen Kompetenzen ausüben.

Art. 12. Aus dem katholischen Fond dürfen keine weitern Dotationen für das Bistum gemacht werden.

---

[1]) Art. 9 Conc. S. 205.

Art. 14. Das ausgeschiedene Kapital von 160000 fl. wir gleich den übrigen katholischen Fonden vom Administrations- rate wie bisher verwaltet.

Eine Botschaft des Kleinen Rates vom 21. November 1845 trug dem Großen Rat auf Sanktionierung des Konkordates und der Vollzugsbestimmungen an, worauf derselbe am 21. No- vember 1845 zu folgender Schlußnahme[1]) gelangte:

„In Ansicht und Prüfung des Vollziehungsbeschlusses zum Konkordat.

In Ansicht und Prüfung des Beschlusses[2]) vom 21. No- vember 1845, welche Verfügungen mit Verfassung und be- stehenden Gesetzen nicht im Widerspruch stehen, noch die Rechte des Staates überhaupt gefährden oder beeinträchtigen, ist dem Konkordate in Verbindung mit dem Vollziehungsbeschluß vom 21. November 1845 die Sanktion gewährt, unter Vorbehalt aller dem Staate zustehenden, hoheitlichen Rechten in seinen Beziehungen zur katholischen Kirchengenossenschaft, sowie der durch den Art. 8 K.-V. ausgesprochenen Gewährleistung der

---

[1]) Protokoll des Großen Rates vom 21. November 1845. Der Beschluß wurde gefaßt mit 145 gegen 5 Stimmen.

[2]) In den Vollzugsbestimmungen zum Konkordat vom 21. November 1845 hatte anfänglich der in Art. 1 enthaltene Schlußsatz: „Vor der Konfirmation ist die Bischofswahl vom Kleinen Rate zu plazetieren, gemäß dem Gesetz vom 26. Januar 1832," gefehlt. Als die Vollzugsbestimmungen in dieser ersten Fassung durch den Kleinen Rat dem Großen Rat zur Genehmigung übergeben werden sollten, erklärte eine Botschaft des Kleinen Rates vom 20. November 1845 daß der Punkt b in dem großrätlichen Beschlusse vom 20. Februar 1845 S. 204) nicht genügend befolgt worden sei, wiewohl es unbedingt ein aus dem jus cavendi des Staates fließendes Recht wäre, daß ihm irgend eine Mitwirkung bei der Bischofswahl eingeräumt werde, denn das dem Großrats Kollegium zugesicherte Er- klusivrecht könne dem Staate nicht die nötige Garantie bieten. Der Kleine Rat kam daher zu dem Beschlußesantrag: Der Große Rat solle an das katholische Kollegium die Anfrage stellen, in welcher Weise die staatlichen Rechte bei der Bischofswahl zu wahren seien (z. B. Exklusive des Staates, statt Plazetierungsrecht.) Würde hierüber befriedigende Antwort eingehen, so trage der Kleine Rat auf Sanktio- nierung des Konkordates und der Vollzugsbestimmungen an. Um nun aber der Möglichkeit einer zweiten Sanktions-verweigerung auszuweichen, erließ das katho- lische Kollegium am 21. November 1845 sofort von sich aus zu Art 1 der Voll- zugsbestimmungen den Beschluß: „Vor der Konfirmation ist die Bischofswahl vom Kleinen Rat zu plazetieren, gemäß dem Gesetz vom 26. Januar 1832," und legte die Vollzugsbestimmungen in dieser vervollständigten Form dem Großen Rate zur Genehmigung vor.

freien und uneingeschränkten Ausübung des neben dem katholischen gleichberechtigten evangelischen Glaubensbekenntnisses
und Gottesdienstes."

Damit war das Konkordat in Verbindung mit dem Voll-
ziehungsbeschlusse zum Staatsgesetze erhoben worden und auf
Grundlage dieser Bestimmungen konnte mit der tatsächlichen
Einrichtung des st. gallischen Bistums begonnen werden. [1]

Noch war aber die päpstliche Gutheißung der st. gallischen
Beschlüsse einzuholen und die darauf basierende Ausfertigung
der Bistumsbulle zu erbitten. Doch hier zeigte es sich, daß die
in den Bistumsverhandlungen von den konfessionellen Behörden
gegenüber der Curie und dem Staate befolgte Politik zum
Teil hinkte. In den Unterhandlungen hatte sich das katholische
Kollegium in der höchst schwierigen Stellung befunden, einerseits den curialistischen Forderungen nachzugeben und andererseits die vom Großen Rate verlangte Wahrung der staatlichen
Hoheitsrechte ausdrücklich in die bistümliche Uebereinkunft aufzunehmen. Diese teils sich widersprechende Aufgabe hatte das
Kollegium so zu lösen versucht, daß es diejenigen Bestimmungen,
welche von der Hierarchie in erster Linie angefochten zu werden
drohten, nicht in das Konkordat selbst aufnahm, sondern neben
der Uebereinkunft eine Art Nebenvertrag stipulierte, der aber
nur zwischen dem Kollegium und der Staatsbehörde vollständige
Geltung erlangen sollte, ohne von der kirchlichen Oberbehörde
formell anerkannt worden zu sein. Aus dieser Tendenz gingen
die Vollzugsbestimmungen zum Konkordate hervor. Nun hatte
aber der Große Rat seine Sanktion der Uebereinkunft nur in
Verbindung mit dem Vollziehungsbeschluß geschenkt, so daß
sich die konfessionelle Behörde genötigt sah, dem hl. Stuhle
von diesem Nebenvertrage Kenntnis zu geben, wenn sie nicht
riskieren wollte, daß in die Bulle einzelne, dem Vollziehungsbeschluß widersprechende Bestimmungen, aufgenommen werden
könnten und damit die Plazetierung des päpstlichen Erlasses
versagt werden müßte (vom Kleinen Rate.) Es schien daher

[1] Die Behauptung von Gareis und Zorn a. a. O. II. S. 193, daß das
Konkordat im Jahre 1845 die Sanktion des Staates nicht erhalten habe, ist
unrichtig.

dem Großrats Kollegium geboten, auch die Vollziehungsbestim=
mungen in Rom bekannt zu geben.

Der Papst ernannte nun durch Breve[1] vom 10. Oktober
1846 den bisher als apostolischen Vikar funktionierenden Peter
Mirer zum ersten Bischof von St. Gallen. Das nämliche Breve
fährt dann nach dem Erwählungsakte fort: itaque dum cetera,
quæ ad Ecclesiæ istius causam pertinent, in posterum com-
ponenda ac rite a Nobis statuenda reservamus, intera tamen
non omittimus, postulationibus vestris obsecundare, qua ex
parte possumus.

Ferner: Verum tota rei causa tum per nonnullos S. E. R.
Cardinales in consilium accitos, tum a Nobis ipsis diu gravi-
terque perpensa, cencimus neque officio nostro consonum,
nec sacrarum istic rerum conditioni opportunum fore, ut
Apostolicis Litteris de nova Episcopatus ordinatione edendis
Conventionem die 7. novembris ut supra initam ad effectum
ipsi adducamus, dum intera novimus in Decretis die 21. a
Civili auctoritate super illius sanctione latis tot tantosque
Conventioni eidem juribusque futuri Episcopi appositos
fuisse limites, ut is ne liber quidem futurus esset in deli-
gendo sibi Vicario, atque in Seminario Clericali ad Sacrorum
Canonum tramites dirigendo.

So stießen die Ausführungsbestimmungen in Rom sofort
auf Widerspruch und die faktische Einsetzung des Bischofs wurde
verschoben. Wiederum mußte ein st. gallischer Abgeordneter vor
dem hl. Stuhl erscheinen und nach langwierigen Unterhand=
lungen konnten die vom Großrats-Kollegium genehmigten Ab=
änderungen der Vollzugsbestimmungen am 8. März 1847 vom
Administrationsrate der staatlichen Behörde zur Sanktions=
erteilung eingereicht werden. Der mit den neuen Bestimmungen
dem Kleinen Rate übergebene Bericht des Administrationsrates
vom 8. März 1847 bemerkt dabei: „Die im einbegleiteten Be=
schlusse enthaltenen Modifikationen sind indessen das Gebot
unbedingter Notwendigkeit, soll anderst die Reorganisation durch

---

[1] Breve Pius IX an den Administrationsrat vom 10. Oktober 1846.
Archiv des Administrationsrates. Ueber die Mitwirkung des katholischen Kollegiums
bei dieser Wahl siehe Seite 210.

14

ielbsttätige Mitwirkung der st. gallischen Behörden ins Leben treten. Sie sind die condicio sine qua non, an welche der Erlaß der auf das Konkordat gegründeten Bulle geknüpft ist. Das Ultimatum des hl. Stuhles, zu dem sich derselbe nach dreimaliger Konkordatsunterhandlung herbeiließ.

Die Anerkennung der Remedur in vorliegendem Beschlusse muß als unerläßliche Bedingung für Ausfertigung der Bulle gefordert werden."

Die wichtigsten Abänderungen gegenüber dem Vollziehungs= beschlusse vom 21. November 1845 sind folgende:

1. In Art. 1 war für die Art und Weise, in welcher sich das katholische Großrats=Kollegium über Genehmhaltung des erwählten Bischofs aussprechen sollte, auf das Regulativ des katholischen Großrats=Kollegiums, die Teilnahme an der Bischofs= wahl betreffend vom 18. Februar 1846, verwiesen. Das Regle= ment bestimmte in der Hauptsache, daß für die erste Wahl der Administrationsrat ein Verzeichnis von sämtlichen wahlfähigen Weltpriestern des Kantons dem Kollegium einzureichen habe, aus welchem dieses ohne Eröffnung der Diskussion einen Vor= schlag von 5 Wahlkandidaten bilde, welche in geheimer Ab= stimmung durch die absolute Stimmenmehrheit in beliebiger Reihenfolge bezeichnet werden und dieser Wahlvorschlag in der gleichen Reihenfolge dem hl. Vater behufs Vollziehung der Bischofswahl übersandt werden solle.[1]

Bei Sedisvakanz sollte innert 14 Tagen das gesamte Dom= kapitel eine Vorschlagsliste von 6 wählbaren Geistlichen bilden, worauf der Administrationsrat innert 14 Tagen, vom Empfang der Liste an gerechnet, das Großrats=Kollegium zusammenberufen und ihm dieselbe nebst der erforderlichen Anzahl gleichförmiger Abschriften der Liste vorlegen sollte. Ohne Diskussion war hierauf die Frage zu stellen: Will das Kollegium die vor= liegende Liste im allgemeinen genehm halten oder nicht? Ergab die geheime Abstimmung ein Ja, so mußte dem Kapitel die Wahl aus den 6 Präsentierten gänzlich frei gelassen werden.

---

[1] Die Vorschläge zur ersten Bischofswahl wurden faktisch in dieser Weise gemacht.

Im Verneinungsfalle sollten die übergebenen Vorschlagslisten verteilt werden und das Kollegium hatte die Befugnis die Namen mindergefälliger Kandidaten, bis auf drei, zu streichen. Wahlzettel, denen die vorbemerkte Markierung fehlte oder die mehr als 3 ausgestrichene Namen enthielten, fielen außer Berücksichtigung. Wahlkandidaten, deren Namen durch das absolute Mehr der Stimmenden gestrichen worden waren, sollten aus dem Vorschlag entfernt werden, worauf die bereinigte Wahlliste mit den übrigen Kandidaten von mindestens drei, dem Domkapitel zu eröffnen war, welches unverzüglich zur Wahl des Bischofs schreiten mußte. Die Sitzungen des Kollegiums sollten geheim gehalten werden.[1])

2. Der Art. 6 der Vollzugsbestimmungen von 1845 wurde so modifiziert, daß es der Kirche frei gestellt wurde, wen sie mit Führung der Konsistorialgeschäfte und dem Amte eines Generalvikars betrauen wollte.

3. Die in Art. 11 der Vollzugsbestimmungen von 1845 dem Administrationsrate eingeräumten rechtlichen Vorbehalte über die Regenswahl und das Priesterseminar waren fallen gelassen. Die Botschaft des Kleinen Rates vom 10. März 1847 an den Großen Rat betonte, daß die Modifikationen obiger Vollzugsbestimmungen keinen Grund zur Sanktionsverweigerung der gesamten Bistumsbestimmungen bildeten. Denn wiewohl die Aufnahme des Plazetierungsrechtes über die Bischofswahl und über die Wahl der Residentiales und Vikare nicht in das Konkordat selbst erfolgt sei, so habe der Papst von diesen staatlichen Vorbehalten doch Einsicht genommen, wenn auch nicht ausdrücklich anerkannt.[2]) Der Bischofseid gewähre dem Staate

---

[1]) Damit war im Kanton St. Gallen das Listenverfahren rezipiert. Ueber die Exklusive im Bistum Basel vergl. Fleiner a. a. O. S. 194. Vergl. auch die Uebertragung der Exklusive im Kanton Aargau auf die Organe der römisch-katholischen Landeskirche. Fleiner a. a. O. S. 215.

[2]) Der Nuntius hatte aber am 25. Februar 1846 dem Administrationsrate mitgeteilt: „Pour m'acquitter donc de ce devoir je proteste contre toute réserve et acte de ce genre, et je réclame sur tout l'abolition de la loi du 29 novembre 1831 pour ce qui regarde les affaires ecclésiastiques catholiques, en vertu de laquelle les autorités supérieures ont voulu soumettre a l'approbation ou passation du petit Conseil même la nomination de l'Evêque." Archiv des Administrationsrates.

auf diese Weise genügende Garantie und die Weglassung des frühern Art. 6 und 11 (Vollzugsbestimmungen) biete keinen staatsrechtlichen Grund zur Sanktionsverweigerung.

Das katholische Großrats-Kollegium legte daher am 11. März 1847 unter Zurückziehung des Beschlusses vom 21. November 1845 dem Großen Rate das Konkordat vom 7. November 1845 und den modifizierten Ausführungsbeschluß, welcher das Datum vom 11. März 1847 erhielt, zur Genehmigung vor, um dadurch „die Hindernisse, welche der Einführung der neuen Organisation des Bistums entgegen stehen, zu beseitigen." Der Große Rat erteilte dem Konkordate in Verbindung mit dem Vollziehungs= beschlusse unter den nämlichen, Seite 207 erwähnten Vorbehalten, am 11. März 1847 mit 71 gegen 69 Stimmen seine Sanktion.[1]

Durch diesen zweiten Sanktionsbeschluß hatte der Staat den von der Curie prätendierten Forderungen nachgegeben, so daß der faktischen Organisierung der neuen Diözesaneinrichtung nichts mehr im Wege stand.

Auf den ersten Blick muß es auffallen, daß sich der hl. Stuhl mit diesen geringen Modifikationen des Ausführungs= beschlusses (von denen wir freilich nur die wichtigsten erwähnt haben) zufrieden stellen ließ, während die Hauptpostulate des Staates (Bischofseid auf K. V. und Gesetze, Plazetierungsrecht über den Bischof, die Residentialen und die Vikare), deren prä=

---

[1] Protokoll des Großen Rates vom 11. März 1847. Ein Antrag im Großen Rate: „in Betracht, daß die seitens des päpstlichen Stuhles geforderte Weglassung des Art. 11 des Beschlusses vom 21. November 1845, welcher der kompetenten, weltlichen Behörde ein Mitaufsichtsrecht über das Priesterseminar wahrt, durch das Motiv begründet werden will, daß die Ausübung eines solchen Mitaufsichtsrechtes als ein Eingriff der weltlichen Gewalt in das geistliche Gebiet erscheine; in Betracht, daß aber das Recht und die Pflicht des Staates zu der Mitbeaufsichtigung von Seminarien und andern geistlichen Lehr- und Unterrichts= anstalten nicht nur in allen wohlorganisierten Staaten allgemein anerkannt und nach ausdrücklichen gesetzlichen Bestimmungen geübt wird, sondern, daß der gleiche Grundsatz und die gleiche Bestimmung auch in Art. 22 K.-V. und Verordnung vom 26. November 1833 positiv ausgesprochen ist; in Betracht, daß im Falle die Weglassung des Art. 11 vom Großen Rate gewährt wird, eine Protestation gegenüber der Curie wider solche Grundsätze, mit der Erklärung, daß das Gesetz vom 26. November 1833 in voller Kraft bestehen bleibe, in keiner Weise be= ruhigen kann; der bistümlichen Organisation die Sanktion zu verweigern," war durchgefallen.

ventiver Charakter mit den kanonischen Gesetzen im grellsten
Widerspruch stand, nicht weiter angefochten[1]) wurden. Die Ver-
mutung, daß diese staatlichen Vorbehalte überhaupt nicht zur
Kenntnis der Curie gelangten, ist durch die Protestationser-
klärung des Nuntius vom 25. Februar 1846 (S. 211 Anm. 2)
ausgeschlossen. Es ist daher mit Wahrscheinlichkeit anzunehmen,
daß die geschickte Diplomatie des st. gallischen Unterhändlers
in Rom die Befürchtungen der Curie zu beschwichtigen wußte,
oder aber, daß der Papst diese Postulate des Staates als
äußerliche Formalitäten (Eid, Plazet) den römischen Interessen
weit weniger hinderlich ansah und ihre Sanktionierung still
schweigend zu umgehen beschloß für den Fall, daß der Kirche
ein weit wichtigeres Gebiet, die gesamte Erziehung des Klerus
(Priesterseminar), vorbehaltlos überlassen werde. Die Hierarchie
kämpft nie um eines bloßen Prinzipes willen, und in der Ausbildung der Geistlichkeit liegt der Sieg der Kirche. Es steht
fest, daß die Vollzugsbestimmungen zum Konkordate vom
11. März 1847 nie eine Gutheißung von Seite der kirchlichen
Behörden erfuhren, daß sie aber nicht als ein Hindernis angesehen wurden, mit der Organisation der Diözese tatsächlich
zu beginnen. Bindende Vertragsform, so weit überhaupt zwischen Staat und Kirche von Vertrag gesprochen werden kann,
hat nur das Konkordat erhalten und die Ausführungsbestimmungen sind als ein zwischen dem Staate und der konfessionellen
Behörde abgeschlossener Nebenkontrakt anzusehen, dessen Normen
einzuhalten sich die Kirche rechtlich nie verpflichtet hat. Umgekehrt aber ist der Staat befugt, dem Konkordat die gesetzliche
Kraft zu entziehen, sobald dasselbe ohne Rücksicht auf die damit
verbundenen Ausführungsbestimmungen gehandhabt werden
sollte, was aus dem Sanktionsbeschluß des Großen Rates vom
11. März 1847 hervorgeht. Bei ausbrechenden Streitigkeiten
könnte demnach eine bedenkliche Kollision zwischen staatlichen
und kirchlichen Rechten entstehen.

---

[1]) Bei der Gründung des Bistums Basel sehen wir die Hauptstreitpunkte
in der Wahlart des Bischofs und der Mitglieder des Domkapitels. Vergl. Fleiner
a. a. O. S. 67.

§ 3.

Das Bistum St. Gallen.

Das Bistum St. Gallen wurde durch die Bulle: Instabilis rerum humanarum natura, Pius IX. am 12. April 1847 kanonisch errichtet und der schon im Jahre 1846 vom Papste ernannte Bischof Mirer am 26. Juni 1847 vom Kleinen Rate auf die K.-V. beeidigt und am 29. Juni 1847 vom Nuntius Maciotti geweiht und inthronisiert. Damit hatte das Bistum seine tatsächliche Einführung im Kanton St. Gallen gefunden.

Die nachfolgende Darstellung der rechtlichen Verhältnisse des Bistums St Gallen lehnt sich in der Hauptsache an die von Gareis und Zorn gemachten Ausführungen[1]) an und ist nur deshalb wiedergeben, um nicht eine Lücke in der vorliegenden Arbeit eintreten lassen zu müssen.

I. Die Rechtssätze für das Bistum St. Gallen.

1. Das Konkordat vom 7. November 1845. Wie weit dasselbe rechtliche Gültigkeit erlangt hat, ist aus dem Seite 212 erwähnten Sanktionsbeschlusse des Großen Rates vom 11. März 1847 und den Seite 208 gemachten Bemerkungen ersichtlich. Die Botschaft des Regierungsrates[2]) vom 1. Juni 1874 nennt das Konkordat die einzig bilateral vereinbarte, rechtliche Grundlage für die Bistumseinrichtung, welche Behauptung als richtig erscheint.

2. Der Ausführungsbeschluß zum Konkordat vom 11. März 1847. Siehe ebenfalls die Seite 207 und 208 dargestellten Behauptungen.

3. Die Bulle vom 12. April 1847. Sie ist eine einseitig kirchliche Verfügung, welche durch die Plazetierung des Kleinen Rates vom 14. Mai 1847 gesetzliche Kraft erhalten hat, soweit sie die Normen, welche das Konkordat und der Vollziehungsbeschluß enthalten, wiederholt[3]) und unter den der Genehmigungs-

---

[1]) Gareis und Zorn a. a. O. S. 191—203 II.

[2]) Amtsblatt von 1874 Seite 445.

[3]) So konnte z. B. die in der Bulle enthaltene Klausel, daß in allem, was sie nicht ausdrücklich verfüge, die „praescriptiones sacrorum Canonum et Apostolicas Constitutiones, seu vigens approbata Ecclesiae disciplina, gelten sollen, keine Rechtsgültigkeit erlangen. Der Administrationsrat behauptete zwar gegenüber dem Regierungsrat, daß diese Stelle verbindliche Kraft besitze. Protokoll des Administrationsrates vom 21. Oktober 1873.

urkunde beigefügten staatlichen Vorbehalten. Soweit sich die Bulle in diesen Grenzen hält und in diesen Schranken nicht geeignet erscheint, die Interessen des Staates zu verletzen, besteht für den Staat kein Recht, ihre Bestimmungen aufzuheben oder abzuändern, wiewohl die Botschaft des Regierungsrates [1] dem päpstlichen Erlasse in richtiger Weise den Charakter eines bindenden Staatsvertrages abspricht.

4. Der Sanktionsbeschluß des Kleinen Rates vom 14. Mai 1847 für die Bistumsbulle. Er ist eine einseitig staatliche Verfügung und wurde erlassen, in Betracht, „daß die Bulle mit dem Konkordate und den Vollzugsbestimmungen in ihren wesentlichen Bestimmungen übereinstimmend erfunden worden sei, und in Anwendung des Gesetzes vom 26. Januar 1832." Die Genehmigungserklärung betonte, daß aus der Bulle nichts abgeleitet werden könne, was dem, dem Staate zustehenden, hoheitlichen Rechte in seinen Beziehungen zur katholischen Kirchen-Genossenschaft, so wie der durch Art. 8 K.-V. ausgesprochenen Gewährleistung der freien und uneingeschränkten Ausübung des neben dem katholischen gleichberechtigten evangelischen Glaubensbekenntnisses und Gottesdienstes in irgend einer Weise nachteilig sein möchte. Die Bulle wurde in die Gesetzessammlung aufgenommen.

5. Das Exhortationsbreve Pius IX. vom 27. Juni 1858, betreffend die Bischofswahl, eine einseitig kirchliche Verfügung, deren Darstellung in die allgemeinen Ausführungen eingereiht ist.

6. Beschluß des Kleinen Rates betreffend das päpstliche Exhortationsbreve vom 9. Februar 1859. Er lautet: Das abschriftlich eingegangene Exhortationsbreve ist ad acta zu nehmen, jedoch nur unter gleichzeitiger Verwahrung der Rechte, welche dem Staate nach den Vollzugsbestimmungen zum Konkordate, in deren Verbindung allein letzteres genehmigt wurde, sowie nach dem Wortlaute des Plazets zur Bulle und nach den allgemeinen Vorschriften und Einrichtungen des Kantons in Bistumssachen und in konfessionellen Angelegenheiten überhaupt

---

[1] Botschaft des Regierungsrates vom 1. Juni 1874 Amtsblat von 1874.

zustehen. Dem katholischen Administrationsrate ist durch Proto-
kollauszug davon Kenntnis zu geben, mit der Einladung, auch
dem Domkapitel zu seinem Verhalt und zur Nachachtung davon
Mitteilung zu machen.

7. Das Regulativ des katholischen Großrats-Kollegiums
vom 18. Februar 1846 (S. 210) betreffend die Teilnahme des
Kollegiums an der Bischofswahl, welches in Art. 1 der Vollzugsbestimmungen zum Konkordate angezogen und daher mit den
Vollzugsbestimmungen vom Staate genehmigt ist. Es ist eine
vom katholischen Kollegium erlassene Verfügung.

8. Die Genehmigungserklärung des katholischen Großrats-
Kollegiums vom 14. November 1845 zum Konkordate vom
7. November 1845, welche, unter Vorbehalt der Genehmigung
durch den Staat, ohne Klausel abgegeben wurde. (Seite 205).

9. Die Sanktionserteilung des Großen Rates vom 11. März
1847 für das Konkordat in Verbindung mit dem Ausführungsbeschluß, eine einseitig staatliche Verfügung (siehe S. 212 bezw. 207).

II. Bestand des Bistums St. Gallen.

Laut Art. 1 Konkordat ist das Bistum als selbständige
Diözese für die katholischen Einwohner des Kantons St. Gallen
innert dessen jetziger Begrenzung neu organisiert. Wie die Bulle
von 1823, Ecclesias quæ antiquitate, die bischöfliche Jurisdiktion über alle Einwohner des Kantons ausdehnte, so unterwirft auch diese Bulle alle Orte und Einwohner des Kantons
der Gerichtsbarkeit eines st. gallischen Bischofs.[1] Gegen diese
Verfügung ein Großrats-Dekret zu erlassen, wie dies 1824 geschehen war, wurde durch die in dem Plazetierungsbeschluß des
Kleinen Rates für die Bulle vom 14. Mai 1847 gemachten
Vorbehalte, überflüssig, indem nach diesem Beschluß diese Stelle,
insoweit sie sich auf Andersgläubige bezog, keine rechtliche Geltung
erlangen konnte.

---

[1] Text der Bulle: omnia et singula quæ ibidem nunc reperiuntur
Loca, Parœcia, Ecclesiæ .... Religiosis et Laïcis cujuscumque gradus
status Ordinis et conditionis in posterum, dummodo speciali non gaudeant
exemptione, perpetuo subsint Ordinariæ jurisdictioni Episcopi pro tempore
Sangallensis. Das hier erwähnte Befreiungsrecht genießen z. B. die drei
st. gallischen Mannsklöster, welche direkt unter der Jurisdiktion ihres Provinzials
stehen.

Die vom hl. Stuhl am 23. März 1836 vorgenommene provisorische Trennung St. Gallens von Chur wurde durch die Bulle definitiv ausgesprochen, also auch kanonisch anerkannt. [1])

Das Bistum St. Gallen gilt somit innert der politischen Grenzen des Kantons für die katholischen Einwohner und kann nach Art. 23 Konkordat nur durch Anordnungen, die einer spätern Uebereinkunft zwischen Staat und Kirche vorbehalten sind, neu circumscribiert werden, während die Bulle das Recht von neuen Inkorporationen dem einseitigen Machtspruch des Papstes vorbehält.

Die katholische Hauptkirche der Stadt St. Gallen behielt den ihr 1823 verliehenen Rang einer Kathedrale bei und die Residenz des Bischofs wurde definitiv nach St. Gallen verlegt.

III. Kanonische Stellung des Bistums St. Gallen.

Das Bistum wurde wie im Jahre 1823 als exempt erklärt (immediate subjicimus). Da sich gegen diese Verfügung der Bulle im Konkordat keine gegenteilige Bestimmung findet und Art. 5 des Ausführungsbeschlusses nur festsetzt: Die Einverleibung des Bistums St. Gallen in einen Metropolitenverband bleibt einer künftigen Verständigung mit andern Diözesen der Schweiz und einer diesfälligen Uebereinkunft mit dem hl. Stuhle hiemit ausdrücklich vorbehalten, so daß durch eine dermalige Immediat-Unterordnung der Diözese St. Gallen ihren bezüglichen Rechten für die Folge kein Eintrag geschehen soll, so befindet sich die Diözese St. Gallen in unmittelbarer Abhängigkeit von Rom und wird von dort aus, seit der Aufhebung die Nuntiatur in der Schweiz, direkt dirigiert. Die seit der Ablösung der schweizerischen Diözesanstände von Konstanz beobachtete curialistische Politik hatte gesiegt.

IV. Die Besetzung des bischöflichen Stuhles.

Die erste Besetzung des bischöflichen Stuhles erfolgte laut Art. 6 Konkordat auf den Fünfervorschlag des katholischen Kollegiums durch den Papst. (Breve vom 10. Oktober 1846). Für nachfolgende Sedisvakanz bestimmt Art. 7 Konkordat: Bei

---

[1]) Text der Bulle: Episcopatum Sangallensem .... ab eadem Curiensi Ecclesia perpetuum in modum dividimus et separamus.

jeweiliger künftiger Erledigung des bischöflichen Stuhles steht das Recht der Bischofswahl bei dem Kathedralkapitel und soll sowohl von den residierenden als den auswärtigen Kapitularen innerhalb drei Monaten vom Tage der Erledigung an gerechnet,[1] vollzogen werden. Die Person des Gewählten darf jedoch dem katholischen Großrats Kollegium nicht unangenehm sein (persona non ingrata). Die letzte Forderung übergeht die Bulle, dagegen kam das am 27. Juni 1858 vom Papste erlassene Exhortationsbreve[2] über die Bischofswahl, dem Postulate nach. Das Breve richtet die Ermahnung an das st. gallische Domkapitel, „daß, wenn Ihr zur Wahl eines neuen Bischofs schreitet, Ihr einzig die Ehre Gottes und den Nutzen der Diözese im Auge haltend, einen Mann zum Hirtenamte erwählet, von dem Ihr wisset, daß er durch Frömmigkeit, Wissenschaft, Klugheit und andere notwendige Tugenden sich auszeichne und von dem Ihr urteilt, daß er dem katholischen Kollegium von St. Gallen nicht unangenehm sei, entweder aus der Beschaffenheit und Eigenschaft seiner Person, oder aus vorangegangenen Tatsachen desselben katholischen Kollegiums, oder aus andern zur Erkenntnis der Sache passenden und geeigneten Gründen.“ Damit ist ausgesprochen, daß die Wahl eines Bischofs, der dem katholischen Kollegium persona ingrata ist, auch kanonisch als nichtig angesehen werden muß.[3]

Nach Art. 9 Konkordat und Art. 1 Ausführungsbeschluß muß die Person des Bischofs außerdem folgenden Voraussetzungen genügen:

1. Den kanonischen Eigenschaften.
2. Er muß Weltpriester der Diözese St. Gallen sein.
3. Er muß in der Diözese wenigstes 5 Jahre

----

[1] Da über den Wahlmodus keine Bestimmungen gegeben sind, erfolgt die Ernennung nach rein kanonischen Vorschriften.

[2] Dieses Breve wurde schon bei Abschluß des Konkordates von der Curie zugesagt. Schreiben der Nuntiatur vom 23. Februar 1846 an den Administrationsrat: . . . . et que le chapitre une fois installé, le St. Père aura soin, de lui adresser un Bref d'exhortation afin qu'ils aient en vue, dans les élections d'Evêques . . . Archiv des Administrationsrates.

[3] Die Klausel, daß es dem Domkapitel anheimsteht, zu beurteilen, welche Person dem katholischen Kollegium persona ingrata sein könnte, macht die Sache aber in dieser Hinsicht illusorisch.

a) in der Seelsorge oder

b) im Lehramte (nach Ausführungsbeschluß an einer höhern Lehranstalt) oder

c) bei Verwaltung der Diözese (nach Ausführungsbeschluß in einem Kanonikat oder Pfarrstelle)

mit Verdienst und Auszeichnung gearbeitet haben (merito et distinctione incubuerit).

Die Exklusive, welche das katholische Kollegium geltend machen kann, findet nach dem von ihm aufgestellten Regulativ statt (Seite 210), wonach mindestens drei Präsentierte stehen gelassen werden müssen. Wie gering der Staat dieses Ausschließungsrecht der konfessionellen Behörde bezüglich der Wahrung seiner Interessen ansah, beweist die Tatsache, daß er im Jahre 1845 mit aller Energie darauf drang, die hoheitliche Genehmigung der Bischofswahl beifügen zu können und noch im Jahre 1847 der Bistumsorganisation die Genehmigung versagen wollte, weil sie nicht ausdrücklich das Plazetierungsrecht des Staates statuierte. In Art. 1 Ausführungsbeschluß findet sich demnach der Schlußsatz: „Jeweilige Bischofswahl ist, bevor für dieselbe die päpstliche Konfirmation eingeholt wird, in Gemäßheit des Art. 15 des konfessionellen Gesetzes vom 26. Januar 1832, zur Plazetierung dem Regierungsrate anzuzeigen." Somit steht der letzte Entscheid über die Anerkennung des Bischofs dem Staate zu. Aus dieser Befugnis muß aber umgekehrt das Recht abgeleitet werden, im gegebenen Fall die Genehmigung für die Wahl wieder zurückzuziehen: denn in dem Recht des Staates, vermöge der Staatshoheit das Plazet zu verweigern, liegt auch die Befugnis, das früher erteilte, bei später eintretendem Widerspruch mit dem Staatsinteresse wieder rückgängig zu machen.[1] Aber auch ohne Einräumung irgend eines Vorbehalts bei der Bischofswahl ist es ein aus der Kirchenhoheit des Staates fließendes Recht, dem Bischof im gegebenen Falle seine „missio civilis" zu entziehen und seine Amtshandlungen für nichtig zu erklären. Im Kanton St. Gallen kann der Staat diese Befugnis dann geltend machen, wenn die

---

[1] Vergl. Bericht der bernischen Kirchendirektion an den Regierungsrat des Kantons Bern vom Jahre 1873. Dazu unsere Ausführungen im Anhang.

Interessen des Staates gefährdet sind und die konfessionellen Behörden nicht von sich aus abhelfende Schritte unternommen haben.

Ueber die kanonische Institution, spricht sich Art. 8 Konkordat folgendermaßen aus: Der zum Bischof Ernannte wird, sobald die Wahl als den kanonischen Satzungen gemäß anerkannt und die Eigenschaften des Gewählten nach den für die schweizerischen Kirchen bestehenden Uebungen als den kanonischen Vorschriften entsprechend dargetan sind, vom hl. Vater die kanonische Einsetzung erhalten. Weder im Konkordat, dem Ausführungsbeschluß noch der Bulle ist für die Curie ein bindender Termin angegeben, innerhalb welchem die kanonische Einsetzung vollzogen werden muß. Durch den Mangel einer solchen Bestimmung ist jedoch der Papst nicht berechtigt, wenn ihm die Person des Erwählten nicht paßt, die Wahl eines andern Bischofs indirekt zu erzwingen oder die Diözese in ein langwieriges Provisorium hineinzureißen, sondern der hl. Stuhl ist zur Konfirmation dem Staate gegenüber vertragsmäßig verpflichtet, wenn das Wahlverfahren mit den kanonischen Vorschriften überein stimmend befunden worden und der Informationsprozeß günstig ausgefallen ist. Bei kanonischer Ungültigkeit der Wahl fällt nach Art. 2 Ausführungsbeschluß das jus devolutionis [1]) an das Kathedralkapitel. Die Bulle erwähnt den Fall nicht und bezeichnet schon das dem Kapitel eingeräumte einfache Wahlrecht als ein „singulare privilegium.“[2]) Ueber den vom Bischof zu leistenden Konsekrationseid bietet der Seite 206 erwähnte Art. 4 Ausführungsbeschluß hinlängliche Garantie. Der im Art. 10 Konkordat vom Bischof in die Hände der Regierung abzulegende Treueid ist trotz der Bestimmung des Art. 10 Konkordat, welche dem hl. Stuhl die Gutheißung der Schwörformel einräumt, nie von der Kurie genehmigt worden. Die in Art. 3 Ausführungsbeschluß aufgenommene Eidesformel lautet: Ego

---

[1]) Ueber das Devolutionsrecht im Bistum Basel vergl. Fleiner a. a. L. S. 87 und 202.

[2]) Dies bestätigt das Exhortationsbreve vom 27. Juni 1858: . . . .daß, wenn nach der Wahl des ersten Bischofs, aus welcher Ursache immer, der bischöfliche Stuhl von St. Gallen inskünftig erledigt würde, dem Kathedralkapitel das besondere Vorrecht zukomme, den Bischof zu wählen . . .“

juro et promitto ad Sancta Dei Evangelia fidelitatem et obe-
dientiam constitutioni et legibus Pagi. Item promitto promo-
vere salutem Reipublicæ, ejusque detrimenta avertere et curare,
ut in meis Diœcesanis Amor erga Patriam et observantia
erga auctoritatem legitimam foveatur et augeatur. Haec me
fideliter servaturum coram Deo promitto, cum jam in libero
atque illimitato Religionis Catholicae exercitio per ipsam
Pagi Constitutionem confirmato plenam mihi libertatem stabilitam intelligam ad omnia mea ergo Deum et Ecclesiam
officia fideliter implenda."

V. Das Domkapitel.

Art. 3 Konkordat bestimmte: „Das Kapital wird aus 5
residirenden Kapitularen, nämlich einem Dekan, als einzigem
Dignitar, und 4 Kanonikern; dann aus 8 auswärtigen oder
sogenannten Land= oder Titulardomherrn und 3 Hilfspriestern
oder Vikarien bestehen. Von den Residentialen hatte der Bischof
einen zum Poenitentiar und einen zum Theologen zu ernennen,
welch letzterer an den festgesetzten Tagen Unterricht in der
Religion zu erteilen hatte.

Einseitig fügt die Bulle hinzu: Dem Kapitel aber geben
wir die Vollmacht, Kapitelsstatuten, Ordnungen und Beschlüsse
selbst abzufassen unter Genehmigung des Bischofs. [1]

Die Pflichten der residirenden Kapitularen sind:

1. Teilnahme an der Bischofswahl.

2. Die Seelsorge über die Parochianen der Kathedrale
und Gottesdienst an dieser Kirche, deren Eigenschaft als Pfarr=
kirche ausdrücklich vorbehalten wurde. Dabei verbot Art. 6 Aus=
führungsbeschluß bei Uebertragung dieser Pastoration an die
Residentiales jede Schmälerung derselben.

3. Sie sind der geistliche Rat des Bischofs,

a) bei der Verwaltung der Diözese

b) bei Leitung und Ueberwachung des Priesterseminars.

Zur Beihülfe in der Seelsorge sind den Kapitularen drei
Koadjutoren und zur Beihülfe in der Seelsorge und beim
Gottesdienst überdiens noch drei Vikare beigegeben. Letztere

---

[1] Text der Bulle: Capitulo potestatem facimus conficiendi licet ex
integro statuta . . . .

traten nach Art. 7 Ausführungsbeschluß in die Rechte der bisherigen Hülfspriester ein.

Die Landkanoniker (Forenses) wirken nur bei der Bischofswahl und bei der Kooptation des Kapitels mit, soweit letztere
den Kapitularen zusteht. (Konkordat Art. 7 und 13.)

Zur Wahlfähigkeit als Kanoniker ist notwendig nach Art. 14
Konkordat

1. daß der Kandidat Weltpriester sei;

2. daß er im allgemeinen die kanonischen Eigenschaften habe
(in genere requisita canonica);

3. daß er der st. gallischen Diözesangeistlichkeit angehöre;

4. daß er entweder längere Zeit

a) die Seelsorge mit Eifer und Klugheit geübt

b) oder andere geistliche Verrichtungen gepflogen

c) oder sich in Führung der Curialgeschäfte

d) oder in Leitung des Seminars

e) oder im Lehramte

besonders ausgezeichnet habe.

Die Bulle fügt als notwendiges Requisit die Auszeichnung
durch Sittenreinheit, kirchliche Wissenschaft und religiösen Eifer
hinzu.

Die erste Bestellung des Kapitels erfolgte durch die Besetzung von Seite des Bischofs aus Geistlichen: qui Senatui
administrativo Catholico non erant ingrati, (Konkordat Art. 11
übereinstimmend mit der Bulle) wobei nach Art. 8 Ausführungsbeschluß der Bischof zu diesem Zwecke dem Administrationsrate
eine Vorschlagsliste mitzuteilen und seine diesfälligen Entgeg-
nungen zu beachten hatte.

Für später eintretende Vakanzen ist folgender Wahlmodus
festgestellt worden:

1. Den Dekan ernennt der katholische Administrationsrat
aus einem Dreiervorschlag, welchen der Bischof aus der Zahl
der sämtlichen Kapitularen einreicht.

(Art. 12 Konkordat übereinstimmend mit der Bulle.)

2. Vom Administrationsrat werden ferner zwei der residirenden Kapitularen ernannt. Kanonische Einsetzung erfolgt
durch den Papst.

(Art. 12 Konkordat übereinstimmend mit der Bulle.)

3. Die zwei übrigen Residentialen ernennt der Bischof frei. Kanonische Einsetzung erfolgt durch den Bischof.

(Art. 12 Konkordat übereinstimmend mit der Bulle.)

4. Bei Vakanzen unter den Stellen der Forenses ist folgender Wahlmodus einzuhalten:

a) War die Stelle in einem der Monate Januar, März, Mai, Juli, September oder November erledigt worden, so hat der Bischof innerhalb 6 Wochen dem Administrationsrat eine Fünferliste einzureichen. Dieser kann dann innerhalb 6 Wochen die Namen bis auf drei streichen (nach der Bulle, qui sibi minus placere videantur). Aus der so festgestellten Liste wählt das Kapitel innerhalb eines Monats die ihm gefällige Person. Die kanonische Einsetzung erfolgt durch den Papst.

b) In den übrigen Monaten reicht das Kapitel die Vorschlagsliste ein. Der Administrationsrat übt in gleicher Weise die Exklusive und der Bischof ernennt, aus den übrig Gebliebenen, den Kapitularen. Die kanonische Einsetzung erfolgt durch den Bischof.

(Konkordat Art. 13 übereinstimmend mit der Bulle.)

5. Die Vikare werden frei vom Bischof erwählt.

(Art. 13 Konkordat übereinstimmend mit der Bulle.)

6. Für diese Ernennungen bestimmte Art. 9 Ausführungsbeschluß, daß, vorgängig der kanonischen Institution, für die Wahl sämtlicher Residentialkanoniker und Vikarien das Plazet des Kleinen Rates durch den Administrationsrat eingeholt werden müsse. Diese Forderung des Staates wird von der Bulle ignorirt.

Schließlich setzt die Bulle fest, daß dem Kapitel im allgemeinen diejenigen Vorzüge und Vergünstigungen eingeräumt seien, welche die übrigen schweizerischen Kathedralkapitel besitzen.

VI. Das Priester- und Knabenseminar.

Der Art. 15 Konkordat stipulierte: Seminarium pro informandis Clericis [1] Diœcesis Sangallensis jam institutum juxta

---

[1] Wir zitieren hier den lateinischen Text, weil es auf den Wortlaut der Bestimmung ankommt.

præscripta Ecclesiæ sub directione Episcopi erit und Art. 20
Konkordat spricht von Sicherung und Fondierung eines Seminarium clericale. Das für die Diözese St. Gallen eingerichtete
Priesterseminar steht demnach unter der ausschließlichen Leitung
des Bischofs und der Administrationsrat sorgt nur für Anweisung der nötigen Lokalitäten und Fonde; er ist in dieser
Hinsicht eine rein äußerlich ökonomische Verwaltungsbehörde.
Die Verordnung des katholischen Kollegiums vom 26. November
1833, welche dem Administrationsrat weitgehende Rechte über
das Priesterseminar einräumte, findet sich in den bistümlichen
Verfügungen nirgends erwähnt und muß, wie aus den Bistumsverhandlungen ersichtlich ist, als vom Staat und den
konfessionellen Behörden stillschweigend beseitigt angesehen
werden. Wir haben nachgewiesen, daß es sich bei Ausgleichung
der Anstände mit der Curie hauptsächlich darum handelte, den
Bildungsgang des Klerus möglichst unabhängig von staatlichen
Vorschriften und Einschränkungen der konfessionellen Behörden
zu gestalten und daher das Priesterseminar der ausschließlichen
Direktion der kirchlichen Oberbehörden zu vindizieren. Dem
Mangel staatlicher Vorbehalte¹) machte sich denn auch die Bulle
in weitgehendster Weise zu Nutzen. Sie bestimmte:

„Vor allem aber soll man vorsichtig sein, daß im Seminar nichts gelehrt werde, was mit der Lehre der katholischen
Kirche und den hl. Kanonen nicht vollkommen übereinstimmt
und wir behalten dem weisen Urteil und Gewissen des Bischofs
vor, die Alumnen ins Seminar aufzunehmen und die Aufgenommenen, so oft vernünftige Gründe es raten, aus dem
Seminarium fortzuschicken und so auch die Rektoren und Professoren zu ernennen und dieselben, wenn der Bischof es für
nötig und nützlich erachtet, wieder zu beseitigen." Dies war

---

¹) Vergl. die Konvention betreffend das Seminar des Bistums Basel, nach
welcher dem Staate zu jeder beliebigen Zeit Einsicht über das Seminar in seinen
verschiedenen Beziehungen zu nehmen gestattet ist. Die Endprüfung jedes
Seminarkurses kann von staatlichen Kommissionen besucht werden. Die Seminar-
Statuten, mit Ausnahme jener der religiös-sittlichen Disziplin, müssen der
Staatsgenehmigung unterlegt werden.

dem klaren Wortlaut der Verordnung vom 26. November 1833 entgegen. [1]

Die Bulle ging aber noch weiter und empfahl (commendat) dem Bischof die Errichtung eines Knabenseminars, welches weder bisher im Kanton bestanden noch im Konkordat oder Ausführungsbeschluß vorgesehen war. Sie bestimmt: Et quoniam adolescens, juxta viam suam etiam cum senuerit non recedit ab ea, qui in sortem Domini vocati sunt illic a prima ætate tum minoribus tum majoribus disciplinis ad Ecclesiasticarum legum tramites operam navent quousque integre expleto studiorum curriculo ac demum Sacerdotio aucti in vineam Patrisfamilias tamquam idonei procuratores mitti possint. Durch die Errichtung eines Knabenseminars, welche später (1866) tatsächlich erfolgte, sollte die Möglichkeit erzielt werden, einmal solche Katholiken, welche sich zum Priesterstande entschlossen, a prima ætate im Seminarium zu unterrichten, um sie, nach dem darauf erfolgten Besuch des Priesterseminars bis zur Erteilung der Priesterweihe unter dem fortwährenden

---

[1] Der faktische Einfluß des Administrationsrates bezüglich der Regenswahl und der Einsichtnahme in die Hausordnung und Lehrweise des Priesterseminars blieb aber bis in die sechziger Jahre bestehen. Bis zu dieser Zeit wurde auch nur solchen Theologen die Erlaubnis zur Aufnahme ins Priesterseminar erteilt, welche nach einer durch eine administrationsrätliche Examinationskommission vorgenommenen Prüfung über ihre wissenschaftliche Vorbildung, Absolvierung eines triennium theologicum u. s. w. sich gehörig auszuweisen vermochten. Vom Jahre 1862 an galt Art. 35 der katholischen Organisation vom 19. März 1862. Auf das Knabenseminar hat weder der Staat noch die konfessionelle Behörde jemals eine wirksame Oberaufsicht ausgeübt. Vereinbarungen zwischen Staat und Kirche haben darüber niemals bestanden. Ein bischöfliches Statut vom 29. September 1868 bestimmte: „Das Knabenseminar steht unter der Oberaufsicht und Leitung des Bischofs; dieser erläßt für dasselbe die Statuten und nötigen Weisungen, hat auf Vorschlag der Aufsichtskommission die Professoren und Hilfslehrer zu wählen und die Lehr- und Stundenpläne, sowie die Haus- und Disziplinarvorschriften zu genehmigen. Der unmittelbare Vorstand ist der jeweilige Regens des Priesterseminars. Die Aufsichtskommission besteht aus drei Residentialen und zwei Fachmännern in- oder außerhalb des Landklerus." Das Gymnasium umfaßte sechs Jahreskurse, welche die unterste Lateinklasse bis zur Rhetorik in sich begriffen und nach deren Absolvierung die Zöglinge das Studium der Philosophie auf auswärtigen Schulen in der Schweiz oder Deutschland begannen. Henne a. a. O. II. S. 36 zeigt, daß das Studium auf der Universität vielfach ausblieb.

wirksamen Einfluß des Bischofs zu halten; andererseits sollte das Knabenseminar für alle Katholiken einen Ersatz für den Besuch der öffentlichen Schule bieten.

Wie sich der Staat zu diesen kirchlichen Uebergriffen stellte, und in wie weit er den rechtlichen Bestand des Knabenseminars anerkannte, wird in der Besprechung über die im Jahre 1874 erfolgte Aufhebung des Knabenseminars gezeigt.

VII. Dotation des Bistums.

Art. 17 Konkordat wies der bischöflichen Curie die nötigen Lokalitäten zu freier Wohnung an, ebenso die erforderlichen Räumlichkeiten für die Kanzlei, das Archiv und das Priesterseminar und betraute den Administrationsrat mit Unterhaltung der Gebäulichkeiten.[1] Nach Art. 11 Ausführungsbeschluß mußten diese dem standesgemäßen Bedarf der Kanoniker genügen. Die einzelnen Dotationen sind folgendermaßen verteilt (Art. 16 Konkordat):

Für den Bischof 4000 fl.

Für den Dekan 1200 fl.

Für die andern Residentialen je 1000 fl. (der Pfarrrektor 1200 fl.)

Für die Vikare je 400 fl.

Die Forenses erhalten, so oft sie zu den Versammlungen des Kapitels einberufen werden, eine angemessene Entschädigung.

Für das Priesterseminar 7500 fl., deren Titel in der Lade der Kathedralkirche aufbewahrt werden.

Für die Kathedrale und ihre Präbenden 200000 fl., deren Titel in der Lade der Kathedralkirche aufbewahrt werden.

Für das Knabenseminar sind, da es im Konkordat nicht vorgesehen ist, keine Fonde ausgeschieden. Faktisch wurde es

---

[1] Dazu Art. 16 des administrationsrätlichen Beschlusses vom 16. August 1847: Es ist Obliegenheit des Administrationsrates, sämtliche für die Bistumsverwaltung angewiesenen Lokalitäten überwachen zu lassen, damit sie keinen Schaden leiden. Bauten und Reparaturen dürfen daher von niemand anderm, als von ihm selbst oder seinen Beauftragten angeordnet werden. Auch für solche bauliche Einrichtungen, welche die Einwohner in eigenen Kosten erstellen wollen, ist die Zustimmung des Administrationsrates, resp. der Verwaltungskommission erforderlich. Beschädigungen, welche aus Fahrlässigkeit der Bewohner oder ihrer Hausleute entstanden sind, werden auf Rechnung derselben wieder erstellt. Zingg a. a. O. S. 172.

erhalten aus Geldmitteln, die stiftungsgemäß dem Priesterseminar hätten zukommen sollen, aus den Zinsen eines gestifteten
Fonds, aus den Pensionsbeiträgen und Beiträgen des Bischofs,
der Kapitularen, des Landklerus, des katholischen Kollegiums
und des Volkes.

Die für das bischöfliche Einkommen und die übrigen Präbenden des Kapitels ausgeschiedenen 160000 fl. mußten sofort
nach Promulgation der Bulle in Titeln in die Lade der Diözese
hinterlegt [1]) werden (Art. 20 Konkordat), wobei nach Art. 11
Ausführungsbeschluß dieses Kapital gleich den übrigen Fonden
der katholischen Korporation, jedoch ausgeschieden und in einer
besondern Lade deponiert, vom Administrationsrate wie bisher
verwaltet werden sollte. Ueber die Sicherung dieser Kapital-
summen bestimmte Art. 20 Konkordat: Zur Fondierung und
Sicherung sowohl des Unterhalts der Kathedralkirche und des
Priesterseminars als der festgesetzten Einkünfte und Gehalte
des Bischofs und des Kapitels, werden die genannten Kapital-
summen und entsprechenden Fonde in gut hypothezierten Schuld-
titeln bestimmt angewiesen und als ihr unveräußerliches Stif-
tungsgut erklärt. [2]) Art. 21 Konkordat gewährleistet dabei ausdrücklich, daß der Kathedralkirche und dem Priesterseminar für
alle Fälle ihre eigentümliche Ausstattung in dermaligem Ver-
mögensbestande gesichert bleiben solle.

Gegenüber diesen ausgeschiedenen Fundationen bestimmte
Art. 10 Ausführungsbeschluß, daß keine weitern Dotations-
forderungen, welcher Art immer, für die bistümliche Einrichtung
an den katholischen allgemeinen Fond oder an andere Fonde
der katholischen Korporation gemacht werden dürfen. Ebensowenig können dieselben zur Bestreitung von Firmungs- und
Visitationskosten oder für Besoldung eines Aktuars oder anderer
Angestellten des Bischofs weiter in Anspruch genommen werden.

---

[1]) Im Konkordat des Bistums Basel (Art. 11) wurde nur der „freie und
regelmäßige Bezug, sowie die Unveräußerlichkeit der Fonde für die Bistums-
bedürfnisse zugesichert."

[2]) Dazu Text der Bulle: decernimus ac mandamus, ut ejusmodi
fundi ac summae capitales absque mora titulis rite ac secure hypothecatis
ita constituantur, ut tamquam dotationes Ecclesiasticae illorum declarentur
et sint nullatenus alienabiles.

Die Zinsüberschüsse von den betreffenden Dotationen sollen zu dem entsprechenden Kapital geschlagen werden. Während der herrschenden Sedisvakanz[1]) fällt nach Art. 19 Konkordat die eine Hälfte der bischöflichen Einkünfte dem Nachfolger, die andere dem Bistumsverweser zu.

Ueber den Bezug von Gebühren und Taxen hat sich der katholische Administrationsrat mit dem Bischof ins Einverständnis zu setzen (Art. 18 Konkordat).

Wie weit der bischöflichen Curie gegenüber dem Administrationsrate, der mit Verwaltung der Diözesanfonde betraut ist, das Recht der Einsichtnahme und Einsprache zusteht, ist im Konkordat und dem Ausführungsbeschluß näher nicht dargestellt worden. Dagegen finden sich im Beschluß[2]) des Administrationsrates vom 16. August 1847 einzelne Anhaltspunkte hierüber. Darnach hat die Zentralkommission des Administrationsrates jährlich einen Entwurf für die Voranschläge der Ausgaben des Diözesanfondes, der Kathedrale und des Priesterseminars dem Bischof zur Einsicht zu übermitteln, worauf dann der Administrationsrat den Entwurf samt den bezüglichen Bemerkungen, welche allfällig von Seite der geistlichen Oberbehörden

---

¹) In den Büchern der apostolischen Kammer wurden die Einkünfte der st. gallischen Kirche bei künftiger Bestellung des bischöflichen Stuhles auf 297 Kammergoldgulden festgesetzt.

²) Beschluß des katholischen Administrationsrates über Anweisung und Verwaltung der bistümlichen Fonde und Gebäulichkeiten vom 16. August 1847. Zingg a. a. O. S. 169. Dazu die spätere: Verständigung zwischen dem katholischen Administrationsrate und dem bischöflichen Ordinariate über Verwaltung und Beaufsichtigung von Kirchen und Pfründengut. Vom 29. Dezember 1864 und 13. März 1865. Zingg S. 116.

Art. 1. Die Entwürfe zu den alljährlichen Voranschlägen über Einnahmen und Ausgaben des Bistumsfondes, der Kathedralkirche und des Priesterseminars werden jeweilen, vorgängig der Behandlung im Administrationsrate, von dessen Verwaltungskommission dem bischöflichen Ordinariate zur Einsicht und Vernehmlassung vorgelegt und diesem zugleich Gelegenheit gegeben, nach Belieben an den bezüglichen Vorberatungen der Kommission durch eine besondere Abordnung teilzunehmen.

Art. 3. Die abgeschlossenen Jahresrechnungen der besagten drei Fonde werden alljährlich dem bischöflichen Ordinariate abschriftlich mitgeteilt und es bleibt diesem vorbehalten, sich an der Untersuchung und Prüfung der fraglichen Rechnungen von Seite der Verwaltungskommission nach Belieben durch eine Abordnung zu beteiligen.

beigefügt werden, revidiert und zu Handen des katholischen Großrats-Kollegiums üblicherweise begutachtet. Sowohl dem Bischof als einem allfälligen Abgeordneten des Domkapitels sind die Rechnungsbücher über Verwaltung der Bistumsfonde zu beliebiger Einsichtnahme vorzuzeigen und von den Jahresrechnungen ist über dieselben jedesmal eine treue Abschrift in das Archiv des Bischofs abzugeben. Daraus geht hervor, daß dem Bischof ein positives Mitwirkungsrecht bei der Administration der Diözesanfonde abgeht, indem ihm nur ein Antragsrecht zugesichert ist. Die zwar unkanonischen Einrichtungen im bistümlichen Verwaltungswesen haben sich im allgemeinen auch für die Kirche in vorteilhafter Weise bewährt.

8. Urkunden des Bistums.

Art. 22 Konkordat in Uebereinstimmung mit der Bulle bestimmte, daß zum Behuf der Bistumsverwaltung von St. Gallen alle und jede auf den Diözesansprengel Bezug habenden Urkunden jeder Art aus den alten bischöflichen Archiven erhoben und der neuen bischöflichen Kanzlei zu St. Gallen ausgeliefert werden sollten.

9. Ueber Aufstellung eines Weihbischofs und Koadjutors sind keine Stipulationen vorhanden.

———

Mit Rücksicht auf die durch Art. 22 K.-B. von 1831 normierte konfessionelle Autonomie, zeigen die bistümlichen Verhältnisse von St. Gallen im allgemeinen eine normale Gestaltung. Die Grundlagen, auf welchen das Bistum aufgebaut ist, sind in der Hauptsache kanonische. In manchen Beziehungen sind der Kirche Konzessionen gemacht worden, welche bei voller Wahrung der staatlichen Interessen dahinfallen müßten, (z. B. in der Erziehung des Klerus (Priesterseminar), in der Erhaltung der exempten Stellung des Bistums, in der Beschränkung der Exklusive bei der Bischofswahl auf drei). Die für den Staat bedeutendste Einbuße liegt darin, daß mit der Ausübung der meisten staatlichen Hoheitsrechte nicht staatliche, sondern konfessionelle Behörden betraut sind. Nachdem aber Art. 2 K.-B. (später Art. 22) die Autonomie der Konfessionen auf gemischtem Gebiete begründet hatte, war dieser Verzicht des Staates die einzig verfassungsmäßige Lösung gewesen und der Staat war nur berechtigt, die zur Wahrung seiner Interessen durchaus notwendigen staatlichen Vorbehalte aufzustellen. In ebenfalls richtiger Anwendung des Art. 22 K.-V. sehen wir daher diese Vorbehalte nicht auf dem Wege einseitig staatlicher Verfügung, sondern in der Form einer Uebereinkunft zwischen Staat und katholischer Konfession erlassen (Ausführungsbeschluß zum Konkordat). Gegenüber der Bulle Ecclesias quæ antiquitate von 1823 zeigt die neue Diözesaneinrichtung bei kräftigerer Wahrung der staatlichen Rechte eine weit rationellere Umgrenzung der kirchlichen Befugnisse, innerhalb welcher sich die bistümlichen Verhältnisse ungestört entwickeln konnten, ohne mit dem Staate in fortwährende Konflikte zu geraten.

Die Darstellung der wünschbaren Abänderungen im Organismus der Diözese, findet sich, soweit sie nicht im Verlauf der Entwicklung bereits vorgenommen wurde, im letzten Abschnitte.

Vierter Abschnitt.

Von der Bundesverfassung von 1848 bis zur Kantonsverfassung von 1861.

Erstes Kapitel.

Die Bundesverfassung von 1848 und der Einfluß derselben auf die kantonale Gesetzgebung.

Die Instruktionserteilungen des st. gallischen Großen Rates an seine Gesandten bei der Tagsatzung über die Regelung der aargauischen Klosterfrage, über die Ausweisung der Jesuiten von Luzern und die Auflösung des Sonderbundes mit bewaffneter Hand, beruhen so sehr auf den jeweiligen politischen und kirchlichen Ansichten dieser Behörde und sind so wenig von einem einheitlichen Rechtsgedanken getragen, daß eine eingehendere Darstellung dieser Verhältnisse, außerhalb den Rahmen einer juristischen Arbeit fallen muß.

Die wandelbaren Anschauungen des Großen Rates im Klosterwesen, haben die S. 181 Anm. 1 wiedergegebenen Instruktionserteilungen gezeigt und für die Stellungnahme im Sonderbundsstreite mögen die Bemerkungen genügen, daß der Große Rat am 12. Juni 1847 den Instruktionsbeschluß[1] faßte, der Sonderbund sei mit den Bestimmungen des Bundesvertrages von 1815 unvereinbar und demgemäß als aufgelöst

---

[1] Instruktionsheft des st. gallischen Gesandten vom Jahre 1847. Staatsarchiv. R. XXX.

erklärt: am 14. Juni 1847 den Instruktionsbeschluß,[1] daß, St. Gallen von denjenigen Ständen, welche den Jesuitenorden aufgenommen hätten, dessen Entfernung fordere und einem Bundesbeschluß beitrete, nach welchem der Jesuitenorden in keinem Kanton mehr aufgenommen werden dürfe, und schließlich am 13. Oktober 1847 den Instruktionsbeschluß[1] daß, im Falle eine Ausgleichung zwischen dem Sonderbunde und dem allgemeinen Bunde nicht zu stande komme, die Gesandtschaft auch zur Anwendung von Waffengewalt Hand zu bieten und zu allen weitern Maßregeln mitzuwirken habe, welche geeignet erscheinen, die Vollziehung des Tagsatzungsbeschlusses (Auflösung des Sonderbundes) und einen dauerhaften Frieden her beizuführen.

Nach der Unterwerfung des Sonderbundes wurde eine neue B.-V. von einer Revisionskommission der Tagsatzung, sodann von der Tagsatzung selbst und in den kantonalen Behörden, welche ihre Gesandten zu instruieren hatten, entworfen. Im Jahre 1848 wurde das neue Grundgesetz von fünfzehn Ganz und einem Halbkanton (169 743 Stimmen[2]) angenommen und am 12. September 1848 als geltende Norm proklamiert.

Die B.-V. erklärte die Kantone als souverän, soweit ihre Souveränität nicht durch die B.-V. beschränkt wurde und gab ihnen als solchen die Ausübung aller Rechte, welche nicht der Bundesgewalt übertragen waren, so auch die Befugnis, Verträge über Gegenstände der Staatswirtschaft, des nachbarlichen Verkehrs und der Polizei, mit dem Auslande abzuschließen, insoweit solche nichts dem Bunde oder den Rechten anderer Kantone Zuwiderlaufendes enthielten. Ueber diese Gegenstände konnten die Kantone mit den untergeordneten Behörden eines auswärtigen Staates in unmittelbaren Verkehr treten. Sonst aber sollte der amtliche Verkehr zwischen den Kantonen und auswärtigen Staatsregierungen, sowie ihren Stellvertretern, durch Vermittlung des Bundesrates stattfinden. Dieser Art. 10 B. V. mußte für den Verkehr der Kantone in bistümlichen

---

[1] Instruktionsheft des st. gallischen Gesandten vom Jahre 1847. Staatsarchiv K. XXX.

[2] Abstimmungsresultat in St. Gallen: 16,893 Ja, 8,072 Nein.

Angelegenheiten von entscheidender Wichtigkeit werden. [1]) Souveränität und Gebiet wurden den Kantonen vom Bunde garantiert (Art. 5.). Eine Beschränkung dieser Souveränität von
Bund und Kantonen statuierten Art. 58, welcher für den Orden
der Jesuiten und den ihm affiliierten Gesellschaften die Aufnahme in der Schweiz untersagte und Art. 43, welcher bestimmte,
daß kein Kanton einen Bürger des Bürgerrechtes verlustig erklären dürfe, wodurch das Konkordat vom 8. Juli 1819 dahinfiel.

Die B.-V. sprach die Gleichheit aller Schweizer vor dem
Gesetze aus (Art. 48) und verpflichtete die Kantone, alle Schweizerbürger christlicher Konfession[2]) in der Gesetzgebung sowohl, als
im gerichtlichen Verfahren, den Bürgern des eigenen Kantons
gleich zu halten. Die Einführung von Ausnahmegerichten war
untersagt und festgesetzt, daß niemand seinem verfassungsmäßigen Gerichtsstand entzogen werden dürfe. (Art. 53). Sah
sich ein Bürger in seinen verfassungsmäßigen Rechten verletzt,
so konnte er Rekurs an die Bundesgewalt ergreifen.

Um den Bürger von Bundeswegen gegen Eingriffe der
kirchlichen Gewalt zu schützen, bestimmte Art. 44: die freie Ausübung des Gottesdienstes ist den anerkannten, christlichen Konfessionen im ganzen Umfange der Eidgenossenschaft gewährleistet. [3]) Den Kantonen, sowie dem Bunde bleibt vorbehalten,

---

[1]) Wie weit sich der Bund selbst eine Kompetenz zur Abschließung von
Staatsverträgen u. s. w. mit dem Auslande auf kirchlichem Gebiete anmaßte,
zeigt der Bundesbeschluß vom 22. Juli 1859, welcher jede auswärtige, bischöfliche
Jurisdiktion auf Schweizergebiet anhob und den Bundesrat mit den Verhandlungen beauftragte, welche bezüglich einstweiliger Vikariate, sowie des künftigen
Bistumsverbandes der betreffenden schweizerischen Gebietsteile und der Vereinigung der Temporalien erforderlich wurden. Die den künftigen Bistumsverband
und die Temporalien beschlagenden Uebereinkünfte waren der Ratifikation der
Bundesversammlung zu unterstellen. Mit Vollziehung dieser Bestimmung wurde
der Bundesrat beauftragt. Blumer a. a. O. S. 201 I. und III. S. 636: „Somit
ist die Frage im Sinne der Kompetenz des Bundes definitiv gelöst worden und
auch der päpstliche Stuhl hat ein Interesse daran, daß die Eidgenossenschaft selbst
die Verträge mit ihm abschließe." Vergl. auch Fleiner a. a. O. S. 121.

[2]) Der Beisatz „christlicher Konfession" ist durch die Revision der B.-V.
von 1866 beseitigt.

[3]) Zu diesem Artikel hatte die st. gallische Instruktionserteilung vom 4. Mai
1848 gelautet: Die Gesandtschaft hat dahin zu stimmen, daß statt der Bestimmung im Entwurfe über freie Ausübung des Gottesdienstes der anerkannten
christlichen Konfessionen, die unbedingte Religions- und Gewissensfreiheit gewährleistet werde. Instruktionsheft vom Jahre 1848. Staatsarchiv.

für Handhabung der öffentlichen Ordnung und des Friedens unter den Konfessionen die geeigneten Maßnahmen zu treffen.[1]

Im Gegensatz zum Bundesvertrag von 1815 wurde durch B.-V. von 1848 wiederum den Schweizern christlicher Konfession das Recht der freien Niederlassung im ganzen Umfang der Eidgenossenschaft gewährleistet. Neben dem Besitz des christlichen Glaubensbekenntnisses war der Besitz gewisser Ausweisschriften erforderlich, in denen jedoch keine konfessionellen Bedingungen enthalten waren. Der Niedergelassene hat alle Rechte eines Kantonsbürgers mit Ausnahme des Stimmrechts in Gemeindeangelegenheiten und des Mitanteils an Gemeinde und Korporationsgütern. (Art. 41.)

Der Bund setzte sich zu den Konfessionen in kein besonderes Verhältnis und gestattete den Bürgern christlicher Konfession nur die erwähnten Privilegien. Allgemein wurde das Recht gewährleistet, Vereine zu bilden, sofern solche weder in ihrem Zwecke, noch in den dafür bestimmten Mitteln rechtswidrig oder staatsgefährlich waren (Art. 46). Der Kantonalgesetzgebung blieb es vorbehalten, über den Mißbrauch dieses Rechtes die erforderlichen Bestimmungen zu erlassen.

Außer dem Jesuitenartikel sind es noch zwei Normen, welche sich gegen die Kirche, vornehmlich gegen die katholische Kirche, richteten. Einmal Art. 64, welcher bestimmte, daß in den Nationalrat jeder stimmberechtigte Bürger weltlichen Standes wählbar sei, und dann Art. 84, der in den Bundesrat, und Art. 97, der in das Bundesgericht die nämlichen Personen, welche die Eigenschaften für den Nationalrat besaßen, als wahlfähig erklärten. Wiewohl sich diese Artikel namentlich gegen katholische Geistliche spitzten, mußten, der paritätischen Behandlung halber, auch die evangelischen Pfarrer ausgeschlossen werden. Da das Bundesrecht in der Schweiz jeweilen durch Tagsatzungsbeschlüsse und Konkordate einzelner oder aller Kantone weiter ausgebildet wurde, so enthielten die Uebergangsbestimmungen

---

[1] Eine extensive Interpretation der „geeigneten Maßnahmen“, welche der Bund zu ergreifen befugt war, konnte ihn unter Umständen mit den Kantonen in schwierige Kompetenzkonflikte bringen. Der erste Entwurf hatte daher nur den Kantonen das Recht, die geeigneten Maßnahmen zu treffen, vorbehalten.

der B.=V. die Verfügung, daß die Beschlüsse der Tagsatzung und die Konkordate bis zu ihrer Aufhebung oder Abänderung in Kraft bleiben sollten, soweit sie nicht im Widerspruch zur B.=V. standen. Diejenigen Konkordate aber, deren Inhalt als Gegenstand der Bundesgesetzgebung erklärt wurde, verloren ihre Gültigkeit von der Zeit an, in welcher die B.=V. ins Leben trat (Art. 6).

Die neue B.=V. zeigt gegenüber der Mediationsakte und dem Bundesvertrage weit eingehendere Vorschriften auf kon=fessionellem Gebiete, wenn auch gerade diejenige Bestimmung, welche in den andern Verfassungen als die einzige auf ge=mischtem Gebiete erscheint, weggelassen wurde, nämlich ein Klosterartikel, so daß dieser Gegenstand der Souveränität der Kantone überlassen blieb.

Die B.=V. von 1848 bedeutet in dieser Hinsicht ein Ueber=gangsstadium, als sie bereits den Grundsatz der Gleichberechtigung aller Bürger aufstellte, sich aber doch von einschränkenden Be=stimmungen für Personen nicht christlichen Standes nicht zu emanzipieren vermochte.[1]) Dieser Widerspruch wurde wenigstens in Bezug auf die Niederlassungsverhältnisse gelöst, indem in der Revision der B. V. vom 14. Januar 1866 der Art. 41 dahin abgeändert wurde,[2]) daß der Bund allen Schweizern das Recht der freien Niederlassung[3]) im ganzen Umfang der Eidgenossen=schaft nach Einsichtnahme gewisser Ausweisschriften gewähr=leistete und Art. 48 erfuhr eine Modifikation dahin, daß die Kantone verpflichtet wurden, alle Schweizer in der Gesetzgebung

---

[1]) Vergleiche Hilty, Bundesverfassungen, S. 403, der u. a. den Artikeln über Niederlassung, Kultusfreiheit und Rechtsgleichheit den Vorwurf der „Halbheit" macht.

[2]) Hilty a. a. O. S. 405 nennt die Partialrevision eine „durchaus unge=nügende."

[3]) Der Große Rat des Kantons St. Gallen hatte schon am 28. März 1863 ein Gesetz erlassen, welches gebot, die Israeliten, die im Kanton nur vorüber=gehend Verkehr trieben, oder Aufenthalt nahmen, gleich den andern handels=treibenden Aufenthaltern zu achten. Die Niederlassung konnte ihnen durch die Bürgerversammlung der Gemeinde erteilt werden.

Ein späteres Gesetz vom 22. März 1866 bestimmte, daß die schweizerischen Israeliten den andern Schweizern, ausländische Israeliten den übrigen Aus=ländern aus dem nämlichen Staate gleichgestellt werden sollten.

sowohl, als im gerichtlichen Verfahren den Bürgern des eigenen Kantons gleichzuhalten.

Die B. V. von 1848 wurde im Kanton St. Gallen im allgemeinen freudig aufgenommen, wiewohl man in konfessioneller Hinsicht mehrfach den Wunsch geäußert hatte, es möchten Bestimmungen über unbedingte Religionsfreiheit, Garantie der gemischten Ehen und das Recht der Wählbarkeit der Geistlichen in den Nationalrat aufgestellt werden. Einen, die konfessionellen Verhältnisse im Kanton St. Gallen direkt modifizierenden Einfluß der B. V., beobachten wir nur hinsichtlich der Niederlassungsverhältnisse, indem eine neue Verordnung[1]) vom 11. Januar 1850 bestimmte, daß demjenigen Schweizerbürger, dessen Schriften in Ordnung befunden und gegen den sich kein gesetzlicher Ausschließungsgrund ergebe, die Niederlassungsbewilligung erteilt werden müsse. Diese Erteilung lag in der Kompetenz des Gemeinderates unter Bestätigung des Kleinen Rates.[2])

Das am 3. Christmonat 1850 auf Grund von Art. 44 B. V. erlassene Bundesgesetz über die gemischte Ehe, welches widersprechende kantonale Gesetze aufhob (z. B. im Kanton St. Gallen das Gesetz vom 30. April 1819), verbot die Eingehung einer Ehe aus dem Grunde zu hindern, weil die Brautleute verschiedenen christlichen Konfessionen angehörten, sodaß für eine solche Ehe, wenn ihr keine gesetzlichen Hindernisse entgegenstanden, die Bewilligung zur Kopulation durch eine geistliche oder weltliche Behörde auszustellen war und nicht an Bedingungen geknüpft werden durfte, denen andere Ehen nicht unterlagen. Um in denjenigen Kantonen, in welchen zur Eingehung einer rechtsgültigen Ehe die kirchliche Trauung vorgeschrieben war, die eventuell sich ergebenden kirchlichen Hindernisse zu überwinden, wurde den Brautleuten gestattet, die Trauung durch einen Geistlichen einer der anerkannten, christlichen Konfessionen innerhalb oder außerhalb des Kantons vornehmen zu lassen. Dem Vater, oder wer sonst die väterliche Gewalt inne hatte, blieb es vorbehalten, über die Religion

---

[1]) Beschluß des Kleinen Rates vom 11. Januar 1850.
[2]) Dadurch war das Gesetz vom 14. August 1834 teilweise abgeändert.

der Kinder zu entscheiden und die Eingehung einer gemischten Ehe durfte weder für die Ehegatten noch für die Kinder oder sonst jemand, Rechtsnachteile zur Folge haben.

Noch tiefere Eingriffe in dies, bisher der Kirche über= laffene Gebiet, machte ein Nachtragsgesetz vom 3. Februar 1862, welches die Scheidung einer gemischten Ehe für alle Schweizer ermöglichte und als gesetzliches Forum für die Scheidung den bürgerlichen Gerichtsstand des Ehemanns bezeichnete. Standen Eheleute verschiedener Konfession unter einer Gerichtsbarkeit, welche diese Bestimmungen nicht kannte oder unter einer die gänzliche Scheidung ausschließenden Gesetzgebung, so war die Klage beim Bundesgericht anzubringen, welches über Einleitung, Instruktion und das Verfahren im Scheidungsprozeffe die er= forderlichen Bestimmungen erlaffen sollte. Dieses Gesetz schuf den an sich unrichtigen Zustand, daß die gemischten Ehen in dieser Beziehung günstiger gestellt waren, als die andern.

Aufbauend zum Teil auf das Ehegesetz von 1850, erließ der Kleine Rat am 18. Februar 1853 eine Verordnung[1]) über Eheeinsegnungen, in der er festsetzte, daß jedes Eheversprechen, auch für die gemischte Ehe, von den betreffenden Pfarrämtern wenigstens einmal öffentlich von der Kanzel verkündet werden müffe; die Verkündungsscheine durften erst nach darauffolgen= den zwei Tagen ausgefertigt werden. Wurde Minderjährigen die gesetzlich nötige Zustimmung zur Verehelichung verweigert, so hatten sich die Katholiken nach dem Dekret vom 7. Mai 1808, die Evangelischen nach den Ehesatzungen von 1840 zu richten. Gegen Geistliche, welche den in dieser Verordnung enthaltenen Bestimmungen nicht nachkamen (z. B. betreff der gesetzlichen Requisite zur Einsegnung) behielt sich der Kleine Rat je nach

---

[1]) Infolge dieser Verordnung trat St. Gallen von dem S. 74 Anm. 3 an= geführten Konkordate und Nachtragskonkordate zurück. Dagegen schloß sich St. Gallen einem Konkordate vom 1. Hornung 1855 an, über amtliche Mitteilung von Ge= burts=, Kopulations= und Totscheine laut Anzeige des Kleinen Rates vom 19. Christmonat 1856 an den Bundesrat.

Ferner haben am 28. Januar 1854 die meisten eidgenössischen Stände (auch St. Gallen) ein Konkordat über die Form der Heimatscheine eingegangen. Verschiedene Bestimmungen desselben sind im Widerspruch mit Art. 50 B.=B. von 1874 obsolet geworden.

Umständen entweder Zwangsmaßregeln oder gerichtliche Strafeinleitung oder beides zugleich vor. Rücksichtlich katholischer
Kantonsbürger, die sich verehelichen wollten, war das Pfarr
amt des Niederlassungsortes, rücksichtlich der evangelischen das
jenige der Heimatgemeinde des Bräutigams zuständig. Bei
Brautleuten verschiedener Konfession galt das Pfarramt des
Bräutigams. Für die Fälle, wo ein Pfarrer für Einsegnung
gemischter Ehen seine Beihülfe versagte, stellte die Kantons-
kanzlei dem Bräutigam eine Heiratsbewilligung aus, daß die
Einsegnung von einem andern katholischen oder evangelischen
Pfarrer inner- oder außerhalb des Kantons rechtsgültig vorgenommen werden dürfe.

Eine spätere Verordnung vom 24. August 1867 betonte
dabei ausdrücklich, daß mit Rücksicht auf die Bestimmung, daß
die Verkündigung gemischter Ehen in gleicher Weise wie andere
Eheversprechen von dem betreffenden Pfarramte öffentlich zu
geschehen habe, eine Weigerung dazu nicht aus dem Titel der
Parität der Ehe erfolgen dürfe. Konnte aber nachgewiesen
werden, daß andere Gründe den Pfarrer von der Verkündung
abhielten, so bot der Staat seine Hilfe an, indem er entweder
von der Verkündigung dispensierte, oder das Eheversprechen
im Amtsblatte bekannt machte, insofern die gesetzlichen Erfordernisse erfüllt waren.

Aus diesen Normen erhellt die Tatsache, daß sich der Staat
einen weitgehenden Einfluß auf die Regelung des Ehewesens
einräumte und überall da sein brachium seculare ließ, wo die
Kirche mit kanonischen Hindernissen entgegentrat. Staatsrechtlich interessant ist die Beobachtung, daß im Kanton St. Gallen
die staatliche Behörde zu solchem Vorgehen auf matrimoniellem
Gebiete erst durch das Bundesrecht legitimiert wurde, da ihr
der Art. 22 B.-V. die Einführung und den weitern Ausbau dieser
Ehebestimmungen zum größten Teil untersagt hätte, indem diese
als ein Eingriff in die konfessionelle Autonomie und als teilweise im Widerspruch stehend mit sanktionierten, konfessionellen
Verordnungen, verfassungsmäßig zurückgewiesen worden wären.

Um im Kanton St. Gallen den Postulaten der B.-V. in
wirksamster Weise nachzukommen, suchte die Regierung durch

eine Proklamation[1]) das Volk zu einer Verfassungsrevision aufzumuntern, nachdem der Große Rat am 15. November 1850 beschlossen hatte, es sei dem Volke die Frage vorzulegen, ob nicht gegenwärtig eine Revision der K.-V. vorgenommen werden werden solle? In konfessioneller Hinsicht betonte der Aufruf, „daß die Folgen der konfessionellen Spaltung und Zerrissenheit für den Kanton in allen zeitgemäßen Fortschritten immer lähmend und hinderlich gewesen seien. Schon seit Jahren fühle man in den meisten Kantonsteilen das dringende Bedürfnis, der weitern Entwicklung dieses verderblichen Zustandes Einhalt zu tun. Das Erziehungswesen möge man der Obhut des Staates übergeben, wobei die Pflege des konfessionellen Unterrichtes in seiner ganzen Ausdehnung, wie bis anhin, eine der heiligsten Pflichten der Geistlichkeit der betreffenden Konfession verbleibe. Die Ueberwachung und Leitung der konfessionellen Genossenschaften in allen Angelegenheiten weltlicher Natur, möge dem Staate übergeben werden; dagegen solle eine neue Verfassung den unverkümmerten Fortbestand der beiden christlichen Konfessionen, die freie Ausübung ihres Gottesdienstes und die freie Verwaltung ihrer kirchlichen und religiösen Angelegenheiten durch ihre kirchlichen Behörden in eben so hohem Maße, als in irgend einem andern Kanton und als in unserer dermaligen Verfassung gewährleisten.“

Die gewünschte Revision der K.-V. kam nicht zu stande, dagegen versuchte die kantonale Gesetzgebung den Forderungen der Proklamation in einigen Punkten nachzukommen.

---

[1]) Proklamation des Kleinen Rates vom 8 Januar 1851. Staatsarchiv.

Zweites Kapitel.

Neue konfessionelle Organisationen.

§ 1.

Die konfessionellen Gesetze vom 16. Juni 1855 und vom 15. Juni 1859.

Das Volk hatte nicht die Kraft, auf verfassungsmäßigem Wege den konfessionellen Uebelständen des Kantons St.Gallen abzuhelfen und so sah sich der Große Rat infolge einer liberalen Mehrheit im Jahre 1855 veranlaßt, eine Revision des konfessionellen Gesetzes vom 26. Januar 1832 vorzunehmen. Am 13. Juni 1855 trat er in Behandlung eines Vorschlages, der von einer großrätlichen Kommission ausgearbeitet war, ein. Ohne wesentliche Abänderung wurde dieser Entwurf nach hitzigen Debatten am 16. Juni mit 94 gegen 42 Stimmen zum Gesetz erhoben. Dieses bestimmte: Um den Art. 22 K.-V. den Verhältnissen des Kantons entsprechende Vollziehung zu verschaffen, sollten die Großrats-Kollegien mit den nämlichen Funktionen bestehen bleiben und ihre Organisationen dem allgemeinen Großen Rate zur Genehmigung vorgelegt werden; eine Verweigerung der Sanktion derselben nur für den Fall, daß staatliche Rechte geschmälert waren (wie 1832), hatte der Staat nicht mehr zugesagt. Die Normen über die staatliche Genehmigung kirchlicher Erlasse und den Verkehr der st.gallischen konfessionellen mit auswärtigen Behörden, blieben in der Hauptsache gleich, nur konnte sich der Staat bei Unterhandlungen wichtigern Belangs durch eigene Abordnungen vertreten lassen[1]

Der Kleine Rat behielt sich die Ueberwachung über den Organismus und das Verwaltungs-, Rechnungs- und Steuerwesen der Kirchen- und Schulgenossenschaften, der Pfründen und frommen Stiftungen in den Gemeinden in gleicher Weise vor, wie er dies in den politischen Gemeinden übte und ließ

---

[1] Vergl. das Gesetz vom 21. Juni 1846.

sich die Berichte über das zentrale Rechnungswesen der Konfessionsteile und der Klöster vorlegen. (Gegen die Verfügungen
der konfessionellen Behörden stand der Rekurs an den Kleinen
Rat offen. Außer dem Oberaufsichtsrecht über die konfessionellen
Behörden und ihre Amtsverwaltung, hatte sich der Staat das
Genehmigungsrecht selbst für vikariatsweise Pfründenbesetzung
vorbehalten, sofern das Vikariat länger als acht Wochen dauerte.
Sämtliche Geistliche, die den allgemeinen Bürgereid noch nicht
geleistet hatten, sollten auf Beobachtung von K.-V. und Gesetzen beeidigt werden und dem Kleinen Rate wurde das Recht
eingeräumt, einem Geistlichen bei Mißbrauch der Amtsgewalt,
bei Störung des konfessionellen und politischen Friedens, Auf-
stachelung in amtlicher Stellung zum Haß und Verfolgung
politischer Gegner und Andersgesinnter, beharrlichem Entgegen-
wirken gegen die Vorschriften der eidgenössischen und kantonalen
Verfassung und Gesetze, oder Verletzung seines Amtes durch
unwürdigen Lebenswandel, das hoheitliche Plazet zu entziehen
und unter erschwerenden Umständen für Nicht-Ortsbürger den
Verlust des Niederlassungsrechtes auszusprechen. [1]

Ueber den Recursus ab abusu war die Bestimmung getroffen, daß ohne Zustimmung des Kleinen Rates keinem Geistlichen die Einkünfte seiner Pfründe entzogen werden durften,
vorbehalten die Rechte der Gemeinden. Somit konnte gegen
jede willkürliche Entziehung der missio von Seite des Bischofs
die Staatsgewalt angerufen werden.

Der Artikel über das Matrimonialgericht blieb gleich.

Die Ueberwachung des Erziehungswesens beider Konfessionen wurde dem Kleinen Rate übertragen und den Gemeinden, Genossenschaften und Korporationen ausdrücklich das
Recht zugesichert, gemeinsame (paritätische) Lehranstalten gründen
zu dürfen, mit gesönderter Behandlung religiöser Gegenstände.
Aehnliche Vorschriften, wie über die Geistlichen, waren über die
Lehrer aufgestellt, wobei die Genehmigung der Wahl derselben
an Real- und andern höhern Lehranstalten dem Kleinen Rate,

---

[1] Diese Bestimmung war die natürliche Folge des Großratsbeschlusses vom
3. August 1848. (S. 160.)

diejenige für Primarlehrer den konfessionellen Oberbehörden zugeschieden wurde. Bei Ueberschreitung der Befugnisse konnte
der Kleine Rat die Entlassung des fehlbaren Lehrers vornehmen, dagegen war ohne seine Zustimmung keine Amtsent-
setzung möglich, vorbehalten die Rechte der Gemeinden. Zur
Unterstützung des Erziehungswesens wurde jedem Konfessionsteil ein staatlicher Beitrag von 10000 Fr. gewährleistet, über
dessen Verwendung die konfessionellen Behörden die Gutheißung
des Kleinen Rates einzuholen hatten.

Ein Regierungsbeschluß vom 18. Juni 1855 verordnete,
daß vorstehendes Gesetz in allen Kirchen des Kantons verkündet
werden solle.

Wie weit diese Normen mit Art. 22 K.-V. und andern
Einrichtungen auf konfessionellem Gebiete im Einklang standen
und geeignet erschienen, die gewünschte Förderung einer fried-
lichen, ungetrennten Entwicklung des Kantons zu verwirklichen,
mögen die Ausführungen der folgenden, staatskirchlichen Broschüren[1]) zeigen, welche in Folge dieses Gesetzes erlassen wurden.

1. Die Rechte des Bischofs und der Geistlichkeit nach der
Verfassung der katholischen Kirche. Denkschrift des st. gallischen
Bischofs an den Großen Rat gegen das Gesetz vom 16. Juni
1855.

Sie führt aus: Das Gesetz überbietet alle Uebergriffe, die in
neuerer Zeit bei uns und anderwärts vom Gebiete der weltlichen
Gesetzgebung aus gegen die Verfassung und die Rechte der Kirche
unternommen worden sind. Das Oberaufsichtsrecht über das amtliche Wirken und Leben der Geistlichen kann nach göttlichem
Rechte nur denjenigen zukommen, von dem sie die Sendung
und Gewalt für ihre Amtsverrichtungen erhalten haben, nämlich
dem rechtmäßigen Bischof und nicht der weltlichen Staatsbehörde. In ihrer geistlichen Wirksamkeit soll die Kirche von
jeder weltlichen Gewalt frei sein. Ein Pfarrer ist kein Staats-
beamter und nur verantwortlich dem, von dem er sein Amt
empfangen hat. Mit der protestantischen Kirche, die von ganz
andern Rechtsgrundsätzen geleitet ist, kann kein Vergleich ge-

---

[1]) Die Broschüren liegen auf dem Staatsarchiv und sind enthalten in der
Miscellania von Wegelin.

zogen werden. Da aber die katholische Kirche durch K.-V.
feierlichst gewährleistet ist, das neue Gesetz aber der weltlichen
Behörde Rechte gibt, welche die Kirche nicht anerkennen kann,
„ohne sich selbst aufzuheben", so ist es verfassungswidrig.
Gegen den Mißbrauch der geistlichen Amtsgewalt ist die Regierung vollkommen sicher gestellt, da die Geistlichen als Bürger
des Staates den weltlichen Gesetzen und Gerichten unterworfen
sind, als Diener der Kirche aber dem Bischof, der auf die Anzeige der Staatsbehörde selbst strafend eingreifen wird.[1] Selbst
die josephinische Gesetzgebung hat für solche Fälle eine gemischte
Kommission aus weltlichen und Ordinariatsbeamten eingesetzt.[2]

Früher faßte man das Plazetierungsrecht des Staates so
auf, daß ihm eine Beurteilung der gesetzlichen Erfordernisse des
Wahlaktes und der bürgerlichen Eigenschaften des Gewählten
zustand, nicht aber eine förmliche Genehmhaltung der Person.
Das Wahlrecht der Gemeinden sinkt daher zum bloßen Schein
herab und der Bischof, der doch allein das jus in re erteilen
kann, ist durchaus von den Ansichten der weltlichen Gewalt abhängig. Ein Bischof wäre nicht im stande, treue Seelsorger zu
bestellen, wenn der Staat das Recht hätte, die Geistlichen nicht
zu plazetieren, weil diese, „ihrer Pflicht getreu", diesen oder
jenen Bestrebungen des Zeitgeistes nicht huldigen, oder die
religiös-kirchlichen Ansichten der Regenten nicht teilen, die mög-
licherweise im Widerspruch mit der katholischen Kirche stehen.
Der Bestand und das Wirken der katholischen Kirche kann aber
nicht auf diese Weise einer fremden Gewalt ausgeliefert werden.

Das Deplazetierungsrecht des Staates ist verfassungswidrig, indem K.-V. bestimmt, daß niemand seinem ordentlichen
Richter entzogen werden dürfe und weil der Kleine Rat Kläger,
Richter und Vollzieher in einer Person ist. Durch dieses Verfahren wird der Geistliche jedem Rechtsschutz preisgegeben; aus
der „Majestät der Staatshoheit" läßt sich dieses Vorgehen nicht

---

[1] Eine Beilage des st. gallischen Tagblattes vom 21. Juli 1855 weist nach,
daß die geistliche Oberbehörde keineswegs immer eingeschritten sei, wenn es
vom Kleinen Rate verlangt wurde.

[2] Vergl. Friedberg a. a. O. S. 141 I. „Bei Nichtbeachtung landesfürst-
licher Verordnungen trat eine geistlich-staatliche Kommission zusammen, die ein
gemeinschaftliches Gutachten an die Landesstelle erstattete."

ableiten. Nicht einmal der Bischof kann ohne motivierten Urteilsspruch Geistliche entfernen [1]); nur wer das Amt verliehen hat, kann es wieder entziehen. Dies ist der Bischof, nicht die Regierung und nicht die Wahlgemeinde. Wie sollte eine Befugnis der Polizeigewalt des Staates inhärieren, welche nicht einmal dem ordentlichen Richter zusteht? Selbst nach kanonischem Recht kann der abgesetzte Geistliche den Rekurs an den Metropoliten oder den Papst ergreifen. Das Absetzungsrecht kann auch nicht vom Administrationsrate auf den Staat übergehen, denn die Deplazetierungsbefugnis des Administrationsrates ist kirchlich nie anerkannt worden. Wenn die Geistlichen auf diese Weise ad nutum principis amovibiles wären, würde die Kirche eine rein politische Anstalt werden. Die Gefahr, welche dadurch der katholischen Kirche drohte, wäre unberechenbar und der Verleumdung gegen die Geistlichen jeder Weg geöffnet.

Nach kanonischem Recht verliert der Geistliche mit seiner Entlassung auch sein beneficium und wollte der Staat sein Einkommen schützen, so würde er unter Umständen genötigt sein, sich in rein geistliche Angelegenheiten mischen zu müssen, was nicht in der Aufgabe des Staates liegt [2]) Welcher Zwiespalt müßte entstehen, wenn nun der Staat den Geistlichen bei seinen Pfrundeinkünften wirklich schützte, während der Bischof seine missio entzogen hielte?

Aus diesen Gründen hauptsächlich soll der Große Rat das Gesetz nicht zur Ausführung bringen und es in seiner nächsten Sitzung mit den Rechten und Gesetzen der katholischen Kirche in Einklang setzen, welche hiemit für alle Zeit feierlichst verwahrt werden.

2. St. gallisches Veto-Büchlein gegen das konfessionelle Gesetz vom 16. Juni 1855 an die Bürger.

Die durchaus populär gehaltene Broschüre enthält nur wenige juristische Gesichtspunkte: Da die Verfassungsrevision nicht gelungen ist, will man sukzessive auf dem Wege der Gesetzgebung gegen die konfessionelle Autonomie vorgehen (gegen

---

[1]) Vergl. dazu die nach kanonischem Recht erlaubte: suspensio ex informata conscientia.

[2]) Siehe den Rekurs des Priesters Alois Fuchs.

Art. 22 K.-V.) und ein Gesetz erlassen, wie es 1834 vom Volke verworfen wurde. Die Souveränität des Volkes würde aber dadurch vernichtet und der Bischof, wenn er bei seiner Protestation verbliebe, seines Einkommens verlustig gehen und eingekerkert werden. Die Rechte der Schul- und Kirchgemeinden sind im Gesetz verkümmert und ihr Eigentum ist nicht mehr ihrer Disposition frei überlassen. Das gemeinsame Erziehungswesen ist eine Verletzung der K.-V., weil diese in Art. 22 eine gesönderte Verwaltung verlangt.

Das Volk ergreife sein Veto gegen das Gesetz.

3. Aufruf an die liberalen, stimmfähigen Bürger im Kanton St. Gallen vom 31. Juli 1855.

Er argumentiert: Der Artikel über die Plazetierung der Geistlichen ist altes Herkommen im Kanton St. Gallen (Gesetz vom 30. Januar 1813). Es muß dem Staate daran gelegen sein, daß kein Geistlicher zu einer Pfründe gelange, welcher die Gewähr nicht bietet, daß er im Sinn und Geiste der Landesgesetze wirken werde. Die Broschüre weist an der Hand zahlreicher historischer Beispiele nach, wie in der Eidgenossenschaft das Deplazetierungsrecht von der weltlichen Behörde faktisch geübt wurde und wie durch die Verordnung vom 6. November 1834 dieses Recht bereits einer „weltlichen Behörde", dem Administrationsrate übertragen worden, ohne daß von der Kirche je ein Antrag auf Abänderung dieser Norm gestellt worden sei. Die katholische Geistlichkeit hat überhaupt die Aufnahme eines Deplazetierungsrechtes in das Gesetz wünschbar gemacht, da ihre Eingriffe in das staatliche Gebiet vielfach Haß und Zwietracht gestiftet haben. (Siehe die Absetzungsbeschlüsse des Kleinen Rates über katholische Priester aus den Jahren 1847, 1848, 1850 und 1854.) Der Staat hat das Recht und die Pflicht dafür zu sorgen, daß die Geistlichen in ihren Wirkungskreis zurückkehren; das Aufsichtsrecht des Bischofs soll dadurch nicht geschmälert werden. Die Geistlichkeit ist nicht der Willkür des Kleinen Rates preisgegeben, denn dem abgesetzten Kirchendiener steht ja der Rekurs an den Großen Rat offen. Auch ist mit der Deplazetierung kein Ausnahmerecht gegen die Geistlichkeit statuiert: denn wenn die Staatspolizei denjenigen Geist-

lichen in seinem amtlichen Wirken einstellt und ihm das Nieder=
laffungsrecht entzieht, welcher sein hohes Amt zu politischen
Wühlereien, zum Aufhetzen eines Volksteiles gegen den andern
u. s. w. mißbraucht, so geschieht diesem durch die Absetzung
gerade so wenig ein Unrecht, als denjenigen Niedergelassenen
weltlichen Standes, welche von der gleichen Staatsgewalt von
Polizei wegen, ohne alles richterliche Verfahren aus der Ge=
meinde und dem Kanton verwiesen werden, wenn sie ihren
guten Leumund beflecken. Ein solcher Niedergelassener kann
polizeilich, nach dem bestehenden Gesetz über die Fremdenpolizei,
ebenfalls von seinem Eigentum und Berufe entfernt werden
und ihm steht auch nur der Rekurs an den Großen Rat offen.
Gerade die jetzigen Wühlereien der Geistlichen unter dem Volke
für das Zustandekommen eines Beto gegen dieses Gesetz, be=
weisen die Notwendigkeit eines Artikels über die Absetzung.

Daß der Kleine Rat einen Geistlichen bei seinem Pfrund=
einkommen schützt, geht aus der Pflicht des Staates hervor,
wonach sich der Kleine Rat jedesmal zu überzeugen hat, daß
ein Absetzungs= oder Entfernungsurteil, es mag vom Bischof
oder Administrationsrat ausgehen, wohl begründet sei, ehe es
vom Staate rücksichtlich des weltlichen Punktes (Berlust des
Einkommens rc.) vollzogen wird.

Das gleiche gilt für die Lehrer.

Die Gewährleistung der Schulvereinigung ist nicht ver=
fassungswidrig, denn es kann keine paritätische Schule ent=
stehen, außer wenn sich die katholischen und reformierten Ge=
meinden, Korporationen oder Genossenschaften durch förmliche
Verträge freiwillig vereinigen; zudem bleibt die Erteilung des
Religionsunterrichtes gesöndert. In der Schweiz bestehen ge=
meinsame Kantonsschulen ohne alle Gefahr für die Religion
(z. B. in Graubünden).

Der Zweck der Gegner dieses Gesetzes ist, die Herrschaft
des Ultramontanismus im Staate zu befestigen.

Das Gesetz bleibe bestehen.

———

Da sich für das Zustandekommen des Beto gegen das
konfessionelle Gesetz zu wenig Volksstimmen vereinigt hatten,

die Klagen des Nuntius beim Bundesrate erfolglos geblieben waren und der Große Rat über die Anträge der bischöflichen Denkschrift zur Tagesordnung schritt, erschien am 4. Dezember 1857 eine neue Denkschrift des Bischofs von St. Gallen gegen das Gesetz und im Februar 1858 eine Widerlegung dieser Broschüre. Da sah sich der Große Rat am 17. März 1858 veranlaßt, eine „Kommission zur Begutachtung der bischöflichen Denkschrift" einzusetzen; diese schied sich in drei Ansichten. Aus dem Stoffe dieser Gutachten,[1] welche zu einer trefflichen Beleuchtung des st. gallischen Staatskirchenrechtes beitragen, geben wir das juristisch Bedeutsame wieder, das nicht schon in den vorangegangenen Ausführungen seine Darstellung gefunden hat.

I. Die Lage der katholischen Kirche unter der Herrschaft des Staatskirchenrechtes im Kanton St. Gallen. Denkschrift des Bischofs von St. Gallen gegen das konfessionelle Gesetz; vom 4. Dezember 1857.[2] An den Großen Rat.

1. Das Plazet für kirchliche Erlasse.

Durch das konfessionelle Gesetz werden sogar Erlasse über rein kirchliche Angelegenheiten dem Plazet unterworfen. Daher ist in die göttliche Ordnung der Kirche eingebrochen, die den freien Verkehr zwischen dem Oberhaupt der Kirche, den Bischöfen und den Gläubigen fordert. Die gleichzeitige Mitteilung eines kirchlichen Erlasses an die Regierung mit Veröffentlichung desselben genügt vollständig. Auch mag die Staatsgewalt ihre Mandate durch die Staatsbeamten[3] und nicht durch die Kirchendiener verkünden lassen und ihre allfälligen Mitteilungen nicht

---

[1] Diese Gutachten liegen auf dem Staatsarchiv Misc.-Samml. N. Folge Nr. 42.

[2] Die Darstellung einer allgemeinen Theorie des Kirchenstaatsrechtes, mit welcher die Broschüre beginnt, ist weggelassen worden. Vielfach angezogen ist das österreichische Konkordat vom 18. August 1855, welches gleichsam das kanonische Recht in Oesterreich einführte. Schon Art. 1 lautet: Religio catholica Apostolica Romana in toto Austriae imperio et singulis quibus constituitur, ditionibus sarta tecta conservabitur semper cum iis juribus et praerogativis, quibus frui debet ex Dei ordinatione et canonicis sanctionibus. Die wichtigsten Artikel sind abgedruckt bei Hübler a. a. O. S. 25.

[3] Im Kanton St. Gallen bestand der Kirchenruf als öffentliches Publikationsmittel.

in Umgehung des Bischofs, sondern durch dessen Vermittlung, der Geistlichkeit zur Kenntnis bringen. Das Plazet erstreckt sich sogar auf Schreiben des Bischofs an dieses oder jenes Pfarramt und steht im Widerspruch zur gewährleisteten Preßfreiheit. Antrag: Abschaffung der hoheitlichen Genehmigung für kirchliche Erlasse.

2. Oberaufsicht und Gerichtsbarkeit der Staatsbehörden über die katholischen Geistlichen.

Die Geistlichen können im Kanton St. Gallen schon deshalb nicht dem Staate verantwortlich sein in einer Weise, wie dies das konfessionelle Gesetz verlangt, weil sie nicht vom Staate besoldet werden, und die Kirche aus ihren eigenen Mitteln (säkularisiertes Klostergut und Vergabungen) lebt. Im Uebrigen siehe 1. Denkschrift. Antrag: Abschaffung des staatlichen Oberaufsichtsrechtes, wie es das konfessionelle Gesetz verlangt. Beseitigung dieser Rechtsverletzung der bischöflichen Hirtengewalt.

A. Eidesleistung.

Die Kirche leistet Gehorsam den weltlichen Gesetzen und Obrigkeiten nicht aus Zwang, sondern aus höherer Gewissenspflicht. Treue und Gehorsam schwört sie allem dem, was nicht der Religion und den kirchlichen Gesetzen zuwider ist. Die im Gesetz vorgesehene Eidesleistung bietet zwar der Kirche keine besondere Schwierigkeit dar; denn da der katholische Priester schon den Eid auf seinem Gewissen hat, dem Glauben, der Verfassung und den Gesetzen der katholischen Kirche Treue und Gehorsam zu halten, ist selbstverständlich anzunehmen, daß der weltliche Gesetzgeber mit der vorgeschriebenen Eidesleistung, den primitiven, in Gültigkeit fortbestehenden Priestereid in keiner Weise berührt oder verletzt wissen will. Nur die enorme Vermehrung der Eidesleistungen wirkt nachteilig.

B. Plazetierungsrecht für Pfrundwahlen.

Diese Forderung des Staates ist unverträglich mit den wesentlichsten Rechten der bischöflichen Amtsgewalt. Außer der Besetzung von 3 Domvikariaten steht dem Bischof von St. Gallen kein einziges Benefizium in der ganzen Diözese frei zu besetzen zu. Nicht einmal das Devolutionsrecht ist dem Bischof zugesprochen, sondern dem Administrationsrate. Im Kanton St. Gallen findet die Verweigerung des Plazets nicht nach gesetzlich auf gestellten Gesichtspunkten statt. Im Uebrigen siehe 1. Denk schrift. Antrag: Abschaffung des Genehmigungsrechtes für die Wahl der Geistlichen.

C. Deplazetierungsrecht.

Das Absetzungsrecht des Staates ist unvereinbar mit der bischöflichen Gerichtsbarkeit, dem ganzen Kollaturwesen und dem garantierten Bestand der katholischen Kirche überhaupt. Für fehlbare Geistliche bietet das St.-G.-B. dem Staate aus reichende Mittel. Im Uebrigen siehe 1. Denkschrift. Antrag: Abschaffung des staatlichen Deplazetierungsrechtes.

D. Vorbehalt des Staatsschutzes für kirchlich bestrafte Geistliche.

Dieses unbefugte Einschreiten des Staates steht im Wider spruch mit der bischöflichen Amtsgewalt. Im Uebrigen siehe 1. Denkschrift. Antrag: Abschaffung dieses Schutzes der Pfrund einkünfte.

3. Das Ehewesen.

Die Verordnung über Eheeinsegnungen (Siehe S. 237) vom 18. Februar 1853 bedarf einer Revision, um sie mit dem Eherecht der katholischen Kirche und der Uebereinkunft vom 7. Mai 1808 in Einklang zu bringen.

4. Die gemischten Schulen.

Gemischte Schul- und Lehranstalten sind den Grundsätzen zuwider, welche die katholische Kirche bei der Erziehung und Bildung der Jugend festhält. Eine paritätische Schule muß ohne bestimmte Religion sein, wobei aber eine wahre Bildung des Menschen nicht denkbar ist. Den Widerspruch gegen alle Mischung unvereinbarer Elemente hält die katholische Kirche auch bei Erziehung der Jugend fest, und hat überwiegende Gründe, für die religiöse Bildung in gemischten Lehranstalten alles zu fürchten. Die Verschiedenartigkeit der Feiertage, der Gebete u. s. w. verbietet die gemischten Schulen und gerade dadurch sucht man eine Fusion der Konfessionen einzuleiten. Durch das Gesetz sind die kleinern katholischen Pfarrschulen in den paritätischen Gemeinden bedroht, da sie leicht in die reformierten Schulen einverleibt werden können. Indirekt steht daher auch der Fortbestand der katholischen Pfarreien in Gefahr. Antrag: Abschaffung des Rechtes der freien Schulvereinigung.

Auf Grund dieser Ausführungen stellt die Denkschrift das Rechtsgesuch an den Großen Rat, es sei das konfessionelle Gesetz von 1855 einer Revision zu unterstellen, um es mit der Verfassung und den Gesetzen der katholischen Kirche in Einklang zu bringen.

II. Das st. gallische Staatskirchenrecht, zur Beleuchtung der bischöflichen Denkschrift. 1858 von Hungerbühler, Reg.-Rat.

1. Aufhebung des landesherrlichen Plazets. Freier Verkehr des Bischofs mit seiner Diözesangeistlichkeit und dem römischen Stuhle.

Das Plazet kann deshalb nicht fallen gelassen werden, weil eine bloße Anzeige, zugleich mit der Publikation des kirchlichen Erlasses dem Staate nicht genügen kann, da, außer in rein kirchlichen Angelegenheiten, die Staatsgewalt mitzusprechen, mitzuverordnen hat. Der Staat sucht dadurch präventiv eventuellen Gesetzwidrigkeiten vorzubeugen: die Tätigkeit der Kirche aber wird durch Ausübung dieses Rechtes nicht gelähmt. Ein Vergleich mit der Preßfreiheit kann nicht gezogen werden, denn der amtliche Erlaß der höchsten geistlichen Autorität im Kanton kann nicht gleich dem Produkte eines Zeitungsschreibers aufgefaßt werden. Ein bloß strafrechtlicher Schutz genügt nicht, da dieser nur repressiv wirkt und in Zeiten eines Kulturkampfes müßte der Staat doch wieder zum Plazet als zu einem Mittel des Notrechtes greifen. Der Verkehr des Bischofs mit dem Papste ist vollkommen frei und innerhalb 10 Jahren ist der Bischof in der Kommunikation mit seiner Geistlichkeit ein einziges Mal von Seite des Staates beschränkt worden. Das Plazet ist eine alte kantonale Einrichtung und wurde faktisch seit dem Jahre 1813 geübt.

2. Das Aufsichtsrecht der Staatsbehörden über die Geistlichen.

Ein jus inspectionis sæcularis steht dem Staate nach Art. 22 K.-V. zu und ein jus inspectionis spiritualis maßt sich der Staat auch im neuen Gesetze nicht an. Das Oberaufsichtsrecht über die Geistlichen muß sich der Staat schon deshalb vorbehalten, weil die Tätigkeit des Geistlichen vielfach in die bürgerliche Verwaltung eingreift. (Eheschließung, Schulwesen, Armenverwaltung 2c.)

a) Der Eid.

Der Eid bietet dem Staat eine treffliche Garantie gegenüber Eingriffen in die Staatssphäre. Die „enorme Vermehrung der Eidesleistungen" ist gegenüber früherer Zeit nicht vorhanden. (Historischer Nachweis.)

b) Die Kollaturen.

Der Bischof von St. Gallen ist hinsichtlich des Kollaturwesens in keiner Weise schlimmer gestellt, als dies bei seinen Vorgängern, den Bischöfen von Konstanz über 1000 Jahre lang der Fall war. Selbst im österreichischen Konkordate von 1855 ist dem Kaiser das auf dem Patronatrecht beruhende Präsentationsrecht vorbehalten. Das Devolutionsrecht muß bei derjenigen Behörde verbleiben, welche im Kanton das Kollaturwesen zu überwachen hat, dem Administrationsrate. Die st. gallische Regierung hat immer nach dem Grundsatze gehandelt, die Wahlgenehmigung nur solchen Pfarrgeistlichen zu verweigern, welche aus erheblichen, auf Tatsachen gestützten Gründen in rein bürgerlichen und politischen Beziehungen sich als personæ ingratæ qualifizierten. Das neue Gesetz verlangt die Genehmigung auch für vikariatsweise Pfründenbesetzung, weil die Curie früher die erledigten Pfarreien bisweilen über Jahr und Tag nur vikariatsweise versehen ließ. Durch das bischöfliche Admissionsrecht ist überhaupt das Kollaturwesen faktisch in die Hand des Bischofs gelegt.

c) Das Deplazetierungsrecht.

Das Benehmen der Geistlichkeit, vornehmlich zur Zeit des Sonderbundes, rechtfertigt die Aufnahme eines staatlichen Absetzungsrechtes. Der Behauptung der Denkschrift, daß das beneficium immer lebenslänglich verliehen worden sei, widersprechen die Annalen der st. gallischen, wie der schweizerischen Staats- und Kirchengeschichte.

d) Recursus ab abusu.

Beim Rekurs eines Geistlichen hat der Staat nur zu untersuchen, ob das vorgeschriebene Verfahren vom geistlichen

Gericht gehörig eingehalten, ob der Verurteilte einvernommen worden sei ꝛc., somit kein ipso jure nichtiges Urteil vollzogen werde. Diese Kontrole ist umso wichtiger, als das kanonische Recht dem Bischof gestattet, ex informata conscientia einzuschreiten. Das Rekursrecht ist in den meisten modernen Staaten vorbehalten.

3. Eheweſen.

Die Aenderungen im Eheweſen durch die Eheverordnung vom 18. Februar 1853 sind die natürliche Folge des Bundesgesetzes vom 3. Dezember 1850. In vielen andern Staaten besteht das geſamte Eheweſen schon auf bürgerlicher Grundlage.

4. Schulweſen.

Der vom Bischof aufgestellte Grundsatz des Verbotes der communicatio in sacris, ſchließt jede fruchtbare Eingehung auf dieſen Gegenſtand aus. Daß die Gewährleiſtung des Rechtes der Schulvereinigung dem Art. 22 K.⸗V. nicht entgegenſteht, hat das katholiſche Großrats⸗Kollegium im Jahre 1838 ſelbſt ausgeſprochen, indem durch jene Schulverordnung das Prinzip des ausſchließlich konfeſſionellen Schulcharakters durchbrochen wurde. (Siehe Seite 137.)

_____

III. Bericht einer Minderheit der Großrats⸗Kommiſſion be treffend die Denkſchrift des Biſchofs und das konfeſſionelle Geſetz. An den Großen Rat.

Das Deplazetierungsrecht ist weder verfaſſungsmäßig noch mit einer republikaniſchen Staatsform verträglich. Dadurch sind nämlich die Geiſtlichen und Lehrer einem Ausnahmegerichte unterſtellt, während Beamte und Bürger, die ſich der nämlichen Vergehen ſchuldig machen, dem verfaſſungsmäßigen Strafgericht unterliegen. Dies widerſpricht der Verfaſſung und dem Grund ſatz, daß alle Bürger vor dem Geſetze gleich ſind. Die Würde des Prieſteramtes ist beeinträchtigt. Das St.⸗G.⸗B. ſoll beſon dere Fälle ſtatuieren, in denen Amtsſuspenſion und Amtsent ſetzung erfolgen muß. Dies iſt ausreichend. Auch in Zeiten der Unruhe ſind bei einer ſtarken Regierungsgewalt ſolche Sonderbeſtimmungen, wie ſie das neue Geſetz aufſtellt, nicht notwendig. Hat aber die Regierung das Zutrauen des Volkes verloren, so bleibt der Artikel ein toter Buchstabe. (Das nämliche gilt über die Entlassung der Lehrer.)

Antrag: der Artikel über das Absetzungsrecht des Staates gegenüber Geistlichen und Lehrern, ist zu streichen; im Uebrigen bleibt das Gesetz bestehen.

IV. Kommissionalbericht der Minderheit der großrätlichen Kommission, betreffend die Denkschrift des Bischofs und das konfessionelle Gesetz. An den Großen Rat.

In früheren Zeiten war das Plazet des Staates ein Ausfluß seines jus cavendi für die bürgerlichen Angelegenheiten und Interessen gegenüber der Kirche als einem in ihrem Kultus und Disziplinargebiet zu Recht anerkannten Organismus. Frühere Theorien können aber bei den veränderten Anschauungen über den modernen Staat keine Anwendung mehr finden. Das konfessionelle Gesetz von 1855 unterscheidet sich von jenem von 1832 wesentlich dadurch, daß dasselbe:

1. Die Selbständigkeit der beiden Konfessionsteile in Kirchen- und Schulangelegenheiten radikal aufhebt, die höhere Aufsicht des Staates nicht mehr auf Sanktion der Verordnungen und Ueberwachung der Totalität der konfessionellen Verwaltungen beschränkt, sondern jene Aufsicht auch in allem Detail unmittelbar den Staatsbehörden anheimgibt; indem es ferner den Kleinen Rat zur beständigen Rekursinstanz gegen jegliche Verfügung konfessioneller Behörden erhebt und die letztern, entgegen dem Sinn und Geist der K.-V., höchstens zur Begutachtungskommission des Kleinen Rates degradiert.

2. Bezüglich der Verhältnisse zwischen Staat und Kirche die unbedingteste und schrankenloseste Oberherrschaft der staatlichen Polizeigewalt über alle Personen und Anordnungen der beiden Landeskirchen als Grundsatz aufstellt.

Die Kommission sucht im weitern Vergleich der beiden konfessionellen Gesetze nachzuweisen, daß die beiden Landeskirchen und die Erziehungsinstitute beider Konfessionsteile gegen die unzweidentige Vorschrift der K.-V. zu untergeordneten Staatsanstalten heruntergesetzt worden sind. Sie beantragt, das konfessionelle Gesetz von 1832 wieder aufzunehmen und nur in vier Punkten eine Aenderung eintreten zu lassen.

1. Aenderung im Bistum bedürfen der Genehmigung des Großen Rates. Dagegen soll an Stelle des Plazets die offizielle Mitteilung kirchlicher Erlasse an die Staatsbehörde eintreten, sei es nun gleichzeitig mit der Publikation oder vor der Veröffentlichung.

2. Die in Art. 11 des Gesetzes von 1832 erklärte Ungültigkeit und Gesetzwidrigkeit einer Verordnung, die ohne Plazet bezw. Mitteilung veröffentlicht ist, fällt dahin.

3. Die Genehmigung für Pfrundwahlen soll nur dann versagt werden dürfen, wenn dem Gewählten, die für würdige Bekleidung eines geistlichen Amtes erforderlichen bürgerlichen Eigenschaften abgehen. Eine Kritik der religiös-kirchlichen Qualität des Pfarrers oder der politischen Richtung eines Geistlichen, liegt nicht in der Aufgabe des Staates.

4. Statt der Beeidigung der Priester soll wiederum die Bestimmung aufgenommen werden, wonach sämtliche im Kanton wohnende Geistliche beider Konfessionen gleich den übrigen Kantonsbewohnern als den Landesgesetzen unterworfen erklärt werden.

Antrag: es soll auf Grundlage des Gesetzes vom 26. Januar 1832 und mit Berücksichtigung dieser vier Punkte, die Revision des Gesetzes vom 16. August 1855 vorgenommen worden.

V. Kommissionalbericht der Mehrheit der großrätlichen Kommission, betreffend die Denkschrift des Bischofs und das konfessionelle Gesetz. An den Großen Rat.

Dieser Bericht bringt über die einzelnen staatlichen Hoheitsrechte des konfessionellen Gesetzes wenig neue Gesichtspunkte: er wiederholt in der Hauptsache die Argumentation derjenigen Gutachten, welche sich für die volle Wahrung der jura circa sacra entschieden haben. Er schließt: Der Große Rat kann keines, der von der bischöflichen Denkschrift angefochtenen staatlichen Rechte aufheben, weil sie alle unveräußerliche Staatshoheitsrechte sind. Die ununterbrochene Praxis unserer Vorväter in Handhabung der Rechte des Staates in kirchlichen Dingen muß am allermeisten überzeugen, daß wir durch die Wahrung und Ausübung der gleichen Befugnisse die Kirche und die Rechte ihrer Vorsteher nicht verletzen; die Rechtsgleichheit unserer Tage kann in dieser Hinsicht nichts ändern. Die Selbständigkeit der Religionsparteien ist nicht verfassungswidrig angegriffen (Art. 22 K.-V.), da die Verfassung ausdrücklich vorschreibt, daß der Gesetzgeber die Oberaufsicht des Staates zu bestimmen habe; auch steht den konfessionellen Behörden heute die ganze Verwaltung ihrer Angelegenheiten, wie früher zu und der Kleine Rat ist auch als Rekursbehörde an die konfessionellen Verordnungen gebunden.

Antrag: In eine Revission des konfessionellen Gesetzes vom 16. Juni 1855 ist nicht einzutreten.

Erst in der Junisitzung des Jahres 1859 trat der Große Rat[1] in die Behandlung der bischöflichen Denkschrift und der Kommissionalberichte ein und faßte am 11. Juni 1859 mit 74 gegen 68 Stimmen den Beschluß, auf Grundlage des Berichtes der Kommissionsminderheit (Nr. III) in eine Revision des konfessionellen Gesetzes einzutreten. Am 15. Juni 1859 nahm er das revidierte konfessionelle Gesetz an. Da dasselbe bis 1890 in teilweiser Geltung besteht, ist es als Beilage (1.) vollständig wiedergegeben.

Mit der Aufstellung des konfessionellen Gesetzes vom Jahre 1855 hatte der Staat einen entschiedenen Mißgriff getan, den er 1859 nur wenig verbesserte. Aus den ganzen Verhandlungen geht hervor, daß, nachdem der Große Rat auf dem Wege einer Verfassungsrevision die konfessionelle Autonomie zu beseitigen vergeblich versucht hatte, das Bestreben der obersten Landesbehörde dahin ging, durch eingreifende Gesetzesbestimmungen die Ausdehnung des Art. 22 K.-V. zu verkleinern und die autonomische Sphäre der Konfessionen auf ein weit engeres Gebiet zurückzudrängen. Der Kirche gegenüber machte sich die

---

[1] In Folge der Neuwahlen hatte sich im Großen Rate eine konservative Mehrheit ergeben.

Tendenz geltend, die in Folge des Sonderbundkrieges verur=
sachten Uebergriffe der katholischen Geistlichen durch präventive
Gesetzesbestimmungen für die Zukunft zu verunmöglichen und
der in den fünfziger Jahren in Teutschland und Oesterreich
auffommenden Kirchenfreiheit, die eventuelle Ausbreitung auf
st. gallisches Gebiet durch wirksame Schranken zu versagen.
Das konfessionelle Gesetz von 1855 hat diese Zwecke nicht er=
reicht; denn es ist klar, daß sich die Konfessionen gegen eine
derartige restriktive Interpretation des Art. 22 K.=B. erhoben
und die bischöfliche Curie die engherzigen Polizeimaßregeln des
Staates gegenüber der Kirche als verfassungswidrig erklärte.
Der Staat mußte nachgeben und die konfessionelle Autonomie
konnte wieder in ihre bisherige, dem Art. 22 K.=B. konforme
Ausdehnung eintreten. Neben dem Fallenlassen der förmlichen
Plazetirung kirchlicher Erlasse und der vikariatsweisen Pfründen=
besetzung, sowie des staatlichen Schutzes der Pfründeinkünfte,
war auf kirchlichem Gebiete derjenige Artikel beseitigt worden,
gegen dessen Aufstellung sich die Hierarchie am meisten gesträubt
hatte: das eigenmächtige Teplazetierungsrecht des Kleinen Rates.
Der erbitterte Kampf um diese Bestimmung ist deshalb auf=
fallend, weil sich der Staat seit dem Gesetz vom 30. Januar
1813 ein selbständiges Absetzungsrecht vindiziert und dasselbe
mehrfach betätigt hatte, so daß es sich nur um nominelle Auf=
führung dieser Befugnis im Gesetze handelte. Gerade dies
aber suchte man zu vermeiden, da die Kirche und die konfessio=
nellen Behörden das Vorgehen des Staates in dieser Hinsicht
nie als als legitim, sondern nur als vorübergehende Polizei=
maßregel angesehen hatten.

Besonders auf denjenigen Gebieten aber, auf denen der
Staat in einer für das Volkswohl vorteilhaften Weise einzu=
schreiten versucht hatte, in der Ueberwachung des Organismus
der Kirchen und Schulgenossenschaften und in der Befreiung
des Erziehungswesens von gewissen konfessionellen Schranken,
hatte der Staat im konfessionellen Gesetze von 1859 rückhaltlos
nachgegeben. Durch Art. 22 K.=B. erschienen die Konfessionen
berechtigt, vom Staate die Einräumung dieser Sphäre in ihre
Autonomie zu verlangen.

Soweit die Bestimmungen des konfessionellen Gesetzes nicht im Laufe der Entwicklung abgeändert bezw. aufgehoben wurden, sind sie im letzten Abschnitt einer eingehenden Kritik unterworfen.

§ 2.
Die Organisation des katholischen Konfessionsteils.

Wir haben bereits Seite 136 darauf hingewiesen, daß am 8. Juni 1855 dem Administrationsrate die Befugnisse eines Erziehungsrates übertragen wurden und der Erziehungsrat als besondere Behörde verschwand. Die neue Organisation des katholischen Konfessionsteils, vom Großrats-Kollegium erlassen am 16. November 1855, sanktioniert vom Großen Rate am 22. November 1855, also entstanden unter dem Einfluß des konfessionellen Gesetzes vom 16. Juni 1855, behielt die Grundlagen der katholischen Organisation vom 4. März 1833 beinahe unverändert bei (siehe S. 134 ff.). Die staatskirchenrechtliche Stellung des katholischen Großrats-Kollegiums und des Administrationsrates blieb gleich. Als Erziehungsbehörde gab die Organisation dem Administrationsrate diejenigen Kompetenzen, welche früher der Erziehungsrat ausgeübt hatte. Während die Organisation bestimmte, daß in den Administrationsrat alle katholischen Kantonsbürger (mit Ausschließung gewisser Verwandtschaftsgrade) wahlfähig seien, welche in bürgerlichen Rechten und Ehren stehen und das 25. Altersjahr angetreten haben, verfügte eine spätere Verordnung[1]) vom 3. Juni 1857, daß wenigstens fünf Mitglieder aus der Mitte des katholischen Großrats-Kollegiums gewählt werden sollten. Auch wurde durch Beschluß vom 11. September 1856 die dem Administrationsrate übertragene Leitung der katholischen Kantonsschule aufgehoben.

Diese Organisation wurde teilweise modifiziert in Folge einer, vom Kleinen Rate auf Grund des konfessionellen Gesetzes von 1855 erlassenen Vollziehungsverordnung vom 4. März 1856, welche die Aufsicht über den Organismus, das Verwal-

---

[1]) Verordnung über Abänderung der Organisation für den katholischen Konfessionsteil vom 3. Juni 1857. Vom Großen Rate sanktioniert am 5. Juni 1857.

17

tungs-,[1]) Rechnungs- und Steuerwesen der Kirchen- und Schul
genossenschaften, der Pfründen und frommen Stiftungen in
den Gemeinden den Staatsbehörden übertrug. Den konfessionellen Behörden blieben dabei folgende Befugnisse: Die gesetzliche Verwendung dieser Fonde. Die Aufsicht über die Kirchenverwaltungsräte (katholischerseits) und die Kirchenvorsteherschaften (evangelischerseits), über das Kollaturwesen und über
die Schulen und Schulräte in den Gemeinden. Der Rekurs
an den Kleinen Rat blieb gegen ihre Verfügungen vorbehalten,
und in Kompetenzstreitigkeiten sollte staatliches Recht gelten.
Als dann das konfessionelle Gesetz von 1859 die Rechte des
Staates auf diesem Gebiete wieder preisgab, bestimmte eine
Verordnung des katholischen Großrats-Kollegiums vom 12. September 1859, daß sämtliche vor dem 16. August 1855 in Kraft
bestehenden Bestimmungen über Kirchen- und Schulgenossenschaften und das Rechnungswesen der Kirchen-, Pfrund- und
Schulgüter, wieder in Geltung treten sollten.

Diese konfessionellen Einrichtungen haben sich bis zum
Erlaß der neuen katholischen Organisation im Jahre 1862
erhalten.

§ 3.

Abänderungen in der Organisation des evangelischen Konfessionsteils.

Im evangelischen Organismus beachten wir keine Modifikationen, welche durch die neuen konfessionellen Gesetze von
1855 und 1859 hervorgerufen und gesetzlich festgestellt worden
wären.

Der evangelische Zentralrat, dessen Aufstellung wir von Anfang an als eine für die evangelische Kirche überflüssige bezeichnet

---

[1]) Siehe auch die Verordnung des Kleinen Rates vom 6. April 1857,
welche auch Bestimmungen über die Verwaltung der konfessionellen Genossenschaften und frommen Stiftungen gab. Art 5 bestimmte: In politischen Gemeinden, wo bisher der Gemeinderat die Armengüter einer Ortsgemeinde oder
mehrerer solchen, oder die Armengüter der konfessionellen Ortsgemeindeabteilungen
besorgt und Vermögensausweis darüber gestellt hat, muß dies aufhören und die
Besorgung dieser Güter künftig von den zuständigen Verwaltungsräten der Ortsgemeinden oder konfessionellen Abteilungen derselben gesetzlich geübt werden

haben, fand durch eine Verordnung[1]) des evangelischen Kollegiums vom 12. November 1852 seine Auflösung. Im Rechnungswesen für die Gegenstände der evangelischen Verwaltung, trat der Erziehungsrat an seine Stelle und zur Vermittlung der Beschlüsse des evangelischen Kollegiums wurde ein Bureau aus der Mitte des Erziehungsrates aufgestellt. Die Kompetenzen des Zentralrates im Wahlverfahren bei Kirchen- und Schulbehörden fielen ebenfalls dem Erziehungsrate zu.

Die übrige autonomische Tätigkeit der evangelischen Konfession beschränkte sich auf die Einrichtung der Kirch- und Schulgemeinde. Eine Verordnung[2]) des evangelischen Kollegiums vom 18. Februar 1859 bestimmte hierüber:

1. Die Kirchgemeinde besteht aus allen, im Umfange derselben wohnenden Christen evangelisch-reformierter Konfession. Sie wird vertreten durch die Kirchgemeindeversammlung, welche aus den im Umfang der Gemeinde wohnenden evangelischen Ortsbürgern und niedergelassenen Kantons- und Schweizerbürgern besteht, wenn sie die in Art. 33 K.-V. bezeichneten Eigenschaften besitzen und wenn die Schweizerbürger seit wenigstens einem Jahre im Kanton niedergelassen sind. Sie wählt die Kirchenvorsteherschaft, den Verwaltungsrat und die Rechnungskommission. Sie besitzt das Recht, die Pfarrer innert den gesetzlichen Bestimmungen zu wählen und zu entlassen; sie kann ihr Wahlrecht an die Kirchenvorsteherschaft übertragen. Bezüglich der Verwaltung des Kirchen- und Pfrundvermögens bleibt es bei den bisherigen Einrichtungen. Die Kirchengenossenschaften haben die Befugnis, die Verwaltung an die Kirchgemeinde abzutreten. — Das Synodalsystem blieb also auf die einzelne Kirchgemeinde beschränkt und hat sich erst durch die neue evan-

---

[1]) Verordnung des evangelischen Großrats-Kollegiums über Vereinfachungen im Organismus der evangelischen Oberbehörden vom 12. November 1852; sanktioniert vom Großen Rate am 15. November 1852. Interessant ist die Beobachtung, daß ungefähr zur nämlichen Zeit die katholische Konfession ihre, zwischen Staat und Kirche stehende Behörde aufhob, während die katholische Korporation deren Befugnisse sogar verstärkte.

[2]) Verordnung des evangelischen Großrats-Kollegiums über das Kirchen- und Erziehungswesen vom 18. Februar 1859; sanktioniert vom Großen Rate am 19 Februar 1859.

gelische Organisation von 1862 über die gesamte Kirche im
Kanton ausgebreitet.

2. Die Schulgemeinde besteht aus allen im Umfang derselben wohnenden evangelischen Bewohnern. Sie wird vertreten durch die Schulgemeindeversammlung. Sie wählt den
Schulrat, bei dem der Pfarrer von Amtswegen Mitglied ist
und eine Rechnungskommission.

Sie besitzt das Recht, die Lehrer zu wählen und zu ent
lassen innert der Schranken der gesetzlichen Bestimmungen; diese
Befugnis kann sie an den Schulrat übertragen. Die Schulgenossenschaft kann die Verwaltung ihrer Güter an den Orts
verwaltungsrat oder an den Schulrat abtreten. — Damit waren
widersprechende Bestimmungen der frühern Schul und Kirchenordnung aufgehoben.

Drittes Kapitel.

Der Streit um die Errichtung einer gemein-
samen Kantonsschule.

Der einzige bedeutsame Erfolg, welchen das konfessionelle
Gesetz von 1855 hervorzubringen im stande gewesen, war die
Errichtung einer gemeinsamen Kantonsschule, indem die katholischen und evangelischen Behöden im Jahre 1856 auf Grund
des Artikels,[1] welcher das Recht zur Organisierung gemeinsamer Lehranstalten sicherte, zur Beratung über die Kreirung
eines solchen Institutes zusammentraten. Der Entwurf für
eine „Uebereinkunft zwischen dem katholischen und evangelischen
Großrats Kollegium und der Schulgenossengemeinde St. Gallen

---

[1] Die Behauptung der Botschaft des Administrationsrates vom 21. Sept.
1857, die gemeinsame Kantonsschule sei verfassungswidrig (gegen Art. 22) ist
daher unrichtig. Denn nachdem der Große Rat dem Art. 22 K.-B. die Interpretation gegeben hatte, daß er ein derartiges Vereinigungsrecht zulasse und diese
Interpretation vom Volke angenommen worden war, mußte den katholischen und
evangelischen Behörden unbedingt das Recht zur Errichtung einer gemeinsamen
Lehranstalt zustehen.

zur Errichtung einer gemeinsamen Kantonsschule", erhielt am 7. September 1856 von der städtischen Schulgenossengemeinde, am 9. September vom evangelischen und am 10. September vom katholischen Kollegium die Sanktion. Durch diese Vereinbarung wurde eine gemeinsame höhere Lehranstalt unter dem Namen Kantonsschule des Kantons St. Gallen, geschaffen, welche ein Gymnasium, eine Industrieschule und ein Lehrerseminar umfaßte. Das dem katholischen Konfessionsteil zugehörige Pensionat und Museum (Arbeitssaal) konnte nach Gutfinden beibehalten und für das Lehrerseminar ein eigenes Konfikt errichtet werden. Die Schule verfolgte die verschiedenen Zwecke einer wissenschaftlichen, industriellen, technischen und pädagogischen Ausbildung und enthielt in allen Kursen das Fach Religion, welcher Unterricht in allen Abteilungen der Kantonsschule mit dem Unterricht über religiöse und Kirchengeschichte und den konfessionellen Kultus nach Vorschrift des Gesetzes von 1855 gesöndert erteilt werden sollte. Die Leitung und Verwaltung der Kantonsschule wurde einem Kantonsschulrat von sieben Mitgliedern auf die Amtsdauer von fünf Jahren unterstellt. In denselben hatte der Administrationsrat drei, der evangelische Schulrat von St. Gallen zwei, der evangelische Erziehungsrat ein und der Kleine Rat ein Mitglied zu wählen. Für Ernennung der Erziehungsräte galt nur die einschränkende Bestimmung, daß kein Regierungsrat wählbar sei. Der Erziehungsrat hatte neben der allgemeinen Leitung das Recht, die Professoren zu ernennen und dem Kleinen Rat stand die durch das konfessionelle Gesetz von 1855 normierte Oberaufsicht zu. Staat und Konfessionen unterstützten gemeinsam die Kantonsschule, wogegen der Kantonsschulrat jährliche Berichte an sie abzulegen hatte. Die Dauer des Vertrages wurde auf zehn Jahre festgesetzt, Abänderung einzelner Bestimmungen uneingegriffen.

Nachdem der Große Rat der Uebereinkunft am 11. Sept. 1856 seine Genehmigung erteilt und ein Vorbehalt des katholischen Kollegiums, dahin lautend: „Bezüglich aller kirchlichen und religiösen Gegenstände teilt sich der Kantonsschulrat, je nach dem Bekenntnis, in zwei Sektionen; die Wahl der Religionslehrer und

Religionsbücher geschieht gesöndert durch jede Sektion, im Einverständnis mit der betreffenden kirchlichen Oberbehörde," [1] vom
evangelischen Kollegium und der evangelischen Schulgenossen=
Gemeinde von St. Gallen die Zustimmung erhalten hatte, wurde
die Vereinbarung über die Lehranstalt durch Beschluß des
Kleinen Rates vom 15. Dezember 1856 der Gesetzessammlung
einverleibt. Als dann durch Beschluß des katholischen Kollegiums
vom 11. September 1856 (sanktioniert am 11. September 1856)
die katholische Kantonsschule als aufgehoben erklärt und alle
der Uebereinkunft widersprechenden Bestimmungen außer Kraft
gesetzt wurden, schien die durch das konfessionelle Gesetz von
1855 bezweckte Schulvereinigung in einem wesentlichen Punkte
erreicht zu sein.

Gegen die Errichtung der paritätischen Anstalt waren von
katholischer und protestantischer Seite durch Petitionen und
Brochüren vielfache Einwendungen erhoben worden. Diese Gut=
achten entbehren im allgemeinen juristischer Bedeutung. Sie
ziehen vornehmlich religiöse und ökonomische Momente in Be=
tracht mit der Hauptfrage, ob die Zustände eines Landes, die
Richtung einer Zeit, besonders aber die getroffenen organischen
Einrichtungen von der Art seien, um den Bekennern verschie=
denen Glaubens in gemeinsamen Lehranstalten nicht nur Ge=
währ für die bürgerlich tüchtige Bildung, sondern auch für die
konfessionelle, religiöse Erziehung ihrer Jugend darzubieten.
Die große Religionsgefahr, welche die neue Institution der
katholischen Kirche bringe, wurde vom st. gallischen Bischof in
einer besondern Vorstellungsschrift [2] an das Großrats=Kollegium

---

[1] Wie sehr man bemüht war, die religiösen Dinge vorsichtig zu behandeln,
beweisen u. a. § 31 und § 60 aus der Schul= und Seminarordnung vom 28. Ok=
tober 1856. § 31: Jeder Lehrer der Anstalt ist aufs Strengste verpflichtet,
sowohl in als außer der Schule alles zu vermeiden, was der schuldigen Achtung
gegen die beiden Konfessionen zuwider wäre. Ein Uebertreten dieser Verpflichtung
ist als ein Vergehen zu betrachten, das nach Umständen die sofortige Ent=
lassung des Betreffenden ohne weitere Entschädigung zur Folge haben kann.
In gleicher Weise sind Versuche zur Proselytenmacherei zu ahnden. § 60: Die
Kantonsschüler beider Konfessionen haben an Sonn= und Festtagen den Gottes=
dienst in Begleitung eines Professors oder des Aufsehers zu besuchen. Das
Weitere bestimmen die konfessionellen Sektionen des Kantonsschulrates.

[2] Vorstellungsschrift vom 14. Mai 1856. Staatsarchiv.

auseinandergesetzt und das Gesuch gestellt, von der Errichtung der Anstalt zu abstrahieren und die katholische Kantonsschule bestehen zu lassen.

Unzufriedenheit über die Kantonsschule ergab sich auch aus der ungleichen Finanzierung des Institutes durch die Konfessionen, aus der zu schwachen Vertretung der Katholiken im Kantonsschulrate, aus der Aufhebung der alten katholischen Kantonsschule und einem von der katholischen Korporation beabsichtigten Wälderverkauf.

Am 3. November 1856 wurde das Gymnasium und am 10. November das Lehrerseminar mit 118 katholischen und 73 evangelischen Zöglingen, nebst 23 Hospitanten, eröffnet. Das katholische Pensionat blieb durch Beschluß des Großrats-Kollegiums vom 10. September 1856 in früherer Weise fortbestehen und wurde allen katholischen Kantonsschülern zugänglich gemacht. Die bestehende katholische Realschule in St. Gallen wurde für die katholischen Kantonsbürger beibehalten. [1]

Innere Zerwürfnisse und eine beständige Agitation von außen störten aber eine ruhige Entwicklung der gemeinsamen Lehranstalt dermaßen, daß das katholische Kollegium am 25. September 1857 zu dem Beschluß [2] gelangte, die Uebereinkunft vom 11. September 1856 solle mit aller Beförderung in dem Sinne gelöst werden, daß die katholische Kantonsschule wieder hergestellt werden könne. Der Administrationsrat habe mit den Kontrahenten in Unterhandlungen zu treten; eventuell könne die gemeinsame Industrieschule beibehalten werden. Der Beschluß vom 10. September 1856, wonach auch Schüler der Kantonsschule im katholischen Pensionat Zutritt hatten, wurde aufgehoben und einschränkende Bestimmungen über Erteilung von unentgeltlichem Musikunterricht und Verteilung von Stipendien für die katholischen Kantonsschüler erlassen. Die Begründung zu diesem Vorgehen fand das katholische Kollegium für die letztern Punkte darin, daß der Administrationsrat zu weitern

---

[1] Vergl. darüber: Bericht und Rechnung des Kantonsschulrates vom Jahre 1858.
[2] Vergl. die Broschüre: St. Gallens gemeinsame Kantonsschule und die Septemberbeschlüsse des katholischen Großrats-Kollegiums von 1857. Staatsarchiv.

Verträgen nur insoweit berechtigt gewesen sei, als dieselben nicht größere Verpflichtungen für die katholische Korporation involvierten, als wie solche in der Uebereinkunft vom 11. Septbr. 1856 eingegangen und übernommen worden seien. Zu letztern gehörten auch eine Stipulation des Administrationsrates mit dem Kantonsschulrate über das Kadettenkorps, Abtretung von gewissen Lokalitäten und Apparaten und Aufsichtsbestimmungen am katholischen Pensionat. Das katholische Kollegium erklärte, die letztern Verfügungen nicht anerkennen zu wollen. Zudem begann nun das Kollegium mit der Reorganisation der katholischen Kantonsschule und setzte den Beginn des Unterrichts in dieser Anstalt auf den Oktober fest, während derjenige der Kantonsschule im Frühjahr seinen Anfang nahm.

Gegen diese Maßnahmen trat der gemeinsame Kantonsschulrat in einer Eingabe vom 2. Oktober 1857 an den Kleinen Rat auf mit dem Antrag, zur Aufrechthaltung der bestehenden Verträge den nötigen Rechtsschutz zu gewähren und den katholischen Administrationsrat anzuhalten, in allen Punkten, welche die angeführten Stipulationen und den Beschluß des katholischen Kollegiums vom 10. September 1856 (Aufnahme katholischer Kantonsschüler in das katholische Pensionat) berührten, den status quo zu handhaben und den vom katholischen Kollegium gefaßten Beschluß, betreffend die Errichtung eines besondern katholischen Seminars nebst Konviktes, nicht vollziehen zu lassen.[1]

Die vom Administrationsrate auf dieses Rechtsgesuch dem Kleinen Rat erteilte Antwort enthielt die Forderung, die Rekursbeschwerde des Kantonsschulrates als unbegründet und unzulässig abzuweisen. Der Kleine Rat verfügte jedoch am 21. Oktober 1857 folgendermaßen:

Daß die Beschlüsse des katholischen Kollegiums vom 25. September, soweit sie

a) die Aufhebung des frühern Beschlusses vom 10. September 1856 über Zulassung der katholischen Kantonsschüler in das katholische Pensionat:

---

[1] Die modifizierenden Bestimmungen, welche über die Stipendienververgabungen, den Musikunterricht und den für die katholische Kantonsschule geplanten Schulanfang getroffen worden waren, blieben im Rechtsgesuch unberührt.

b) die Nichtbeachtung der Verträge über Abtretung von Lokalitäten und Apparaten und die Aufsicht am katholischen Pensionate betreffen, nicht in Vollziehung gesetzt werden dürften. Dabei wurde der Administrationsrat angewiesen, in allen vorerwähnten Beziehungen den Zustand vor dem 25. September 1856 fernerhin zu beachten und einzuhalten. [1])

Als der Administrationsrat in der Novembersitzung dem katholischen Kollegium diese Schlußnahmen des Kleines Rates mitteilte, sprach die konfessionelle Behörde die Gutheißung über das Vorgehen des Administrationsrates aus und faßte am 13. November 1857 die Resolution: Der Administrationsrat sei beauftragt, den Mitkontrahenten anzuzeigen, daß das Kollegium auf Ende August 1858 den Rücktritt vom Kantonsschulvertrage erkläre. Ueber die Verfügungen des Kleinen Rates sei Klage zu führen und in angemessener Weise Aufhebung derselben zu verlangen. Durch eine Rekurseingabe des st. gallischen Kantonsschulrates vom 19. Dezember 1857 wurde aber an den Kleinen Rat das Gesuch gestellt: Er möchte beschließen, es sei die Resolution des katholischen Kollegiums vom 13. November 1857, die Rücktrittserklärung vom Vertrage betreffend, aufgehoben und nichtig erklärt. Denn: die Uebereinkunft sichere eine Schule für alle Kantonsbürger und sei als eine öffentliche Erziehungsanstalt aus ihrem privatrechtlichen Charakter herausgetreten. In gewisser Beziehung bestehe sie daher außer dem Bereich der Kontrahenten und der Kleine Rat habe das Recht und die Pflicht, diese Schule zu schützen, wie jede Staatsanstalt.

So beschloß die Regierung am 27. Februar 1858, daß die Ausführung der Resolution des katholischen Kollegiums, den Rücktritt von der Uebereinkunft betreffend, untersagt sei. Der allgemeine Große Rat sprach am 17. März 1858 die Ansicht aus, daß die Kantonsschule auf den Grundlagen des Vertrages von 1856 bestehen bleibe.

Nichtsdestoweniger erhob das katholische Kollegium am 18. März 1858 Klage beim Großen Rate über die Verfügungen

---

[1]) Der Kleine Rat hatte diese Verfügung getroffen, „kraft der verfassungs- und gesetzmäßigen Kompetenzen und Obliegenheiten der obersten Exekutivbehörde.“

des Kleinen Rates vom 27. Februar 1858, da „der Regierungsrat nicht als kompetent erscheine, Beschlüsse der konfessionellen
Behörden aufzuheben, noch die Erlaubnis erhalten habe, den
Vollzug derselben zu untersagen."[1] Das Kollegium verlangte
die Aufhebung der kleinrätlichen Maßnahmen.

Der Große Rat ging jedoch nicht mehr auf den Gegenstand ein und der Gang der Kantonsschule trat wieder in ein
gesetzmäßiges Geleise, da die weitern Versuche, auf dem Wege
der Verhandlungen die Zustimmung der Kontrahenten zur
Lösung der Uebereinkunft zu erlangen, ohne Erfolg geblieben
waren.

Aus diesen Verhandlungen geht hervor, zu welch eingreifenden Kompetenzkonflikten die konfessionelle Autonomie
führen konnte und welch stete Gefährdung des allgemeinen
Volkswohles bestand, so lange die Ausübung staatlicher Hoheitsrechte in der Hand konfessioneller Behörden lag. Gewisse
Verfügungen des Großen Rates und des Regierungsrates sind
denn auch nur mit Rücksicht auf hohe politische Interessen zu
rechtfertigen, da sie den materiell berechtigten Forderungen des
katholischen Kollegiums entgegentraten (z. B. betreffend die Zulassung katholischer Kantonsschüler zum katholischen Pensionat.[2]

Die Streitigkeiten hatten jedoch ihr Ende noch nicht erreicht. Am 14. Oktober 1859 gab der Administrationsrat dem
Kleinen Rate eine Verordnung des katholischen Kollegiums[3]
ein, welche die katholische Kantonsrealschule und das mit derselben verbundene Pensionat bis auf weiteres einstellte, die
Verwendung der daraus resultierenden Ersparnisse für katho-

---

[1] Protokoll des katholischen Großrats-Kollegiums vom 18. März 1858. Der
Antrag gegen die Schlußnahme des Großen Rates, Rekurs an die Bundesbehörden
zu ergreifen, wurde zur Begutachtung an eine Kommission verwiesen. Am 9. Juni
1858 beschloß das Kollegium, von einem Rekurs an die Bundesbehörden dermalen Umgang zu nehmen, namens des katholischen Konfessionsteils aber das
Recht zu verwahren, der freien Verfügung sowohl über das katholische Pensionat
betreffe es nun seinen Fortbestand, seine Aufhebung oder seine Beschränkung auf
einen engern Kreis, als dann auch hinsichtlich der, durch die drei Verträge vom
Mai 1857 betroffenen Verhältnisse. Uebermittlung des Beschlusses an den
Großen Rat.

[2] Siehe die Argumentation des Kleinen Rates Seite 267.

[3] Verordnung des katholischen Großrats-Kollegiums vom 12. Sept. 1859.

lische Erziehungszwecke bestimmte, für die Katholiken St.
Gallens und Tablats die Errichtung einer katholischen Realschule vorsah und für diese Projekte die staatliche Genehmigung
forderte. Daneben war die Aufstellung eines besondern katholischen Lehrerseminars in Aussicht genommen. Jedoch schon am
8. Oktober 1859 hatte der Kantonsschulrat dem Kleinen Rate
das Gesuch eingereicht, er möchte beschließen:

1. Die Beschlüsse des katholischen Kollegiums vom 12.
September 1859,[1]) soweit sie

a) die Einstellung, bezw. Aufhebung des Pensionates katholischer Fundation und

b) die Errichtung eines besondern katholischen Seminars
nebst Konfikt betreffen, seien nicht zu vollziehen.

2. Dem katholischen Administrationsrate sei daher deren
Ausführung untersagt und in allen vorerwähnten Beziehungen
der Zustand vor dem 12. September 1859 zu beachten und einzuhalten.[2])

Der Kleine Rat traf aber keine definitive Verfügung,
sondern beschränkte sich darauf, den Administrationsrat am
19. Oktober 1859 aufzufordern, alle Schritte zu unterlassen,
welche den Zustand, wie er vor Erlaß der Verordnung vom
12. September bestanden hatte, in irgend einer Weise veränderten. In der Rechtsdeduktion kam der Kleine Rat zu dem
Resultate, daß aus dem Kontrakte, durch welchen die allgemeine
Kantonsschule gegründet wurde, die Beibehaltung des Pensionates nicht gefordert werden könnte und daß das Pensionat
trotz seiner Eigenschaft als „Stiftung", kein Bestandteil der
neugegründeten Kantonsschule geworden sei. Aus der Stipulation des Administrationsrates mit dem Kantonsschulrate
über das Pensionat, könne auch nicht auf Fortbestand desselben gedrungen werden, da dem Vertrag die Genehmigung
des katholischen Kollegiums abgehe. Nur aus Gründen der
Billigkeit wäre der Staat befugt, der Verordnung des katholischen Kollegiums in diesem Punkte die Sanktion zu ver-

---

[1]) Seite 206 Anm. 3.
[2]) Siehe Botschaft und Beschlußes-Vorschlag des Kleinen Rates vom
12. November 1859.

weigern. Betreffend die Errichtung eines gesönderten Lehrer seminars glaubte der Kleine Rat aus dem Sinn und Geist der Uebereinkunft vom Jahre 1856 die Verpflichtung ableiten zu können, daß die Kontrahenten ihre Lehramtskandidaten in die bereits bestehende, gemeinsame Schule abgeben und kein eigenes Institut gründen sollten. Der Kleine Rat kam daher zu dem Beschlussesantrag, die Kontrahenten seien einzuladen, eine Untersuchung vorzunehmen, in welcher Richtung Verbesserungen am vorhandenen Lehrerseminar eingeführt werden könnten und der Verordnung vom 12. September sei in dem Sinne die Sanktion erteilt, daß das Pensionat bis Ende des Schuljahres bestehen bleibe und seine Geldmittel nicht für ein besonderes katholisches Lehrerseminar künftig verwendet werden dürften.

Als der Große Rat aber die Verordnung vom 12. September nicht sanktionierte, nahm das katholische Kollegium nur eine Reduktion der katholischen Kantonsrealschule vor und ließ das Pensionat in seinem Bestande.[1] Am 13. November 1861 zog das katholische Kollegium die Verordnung vom 12. September 1859, betreffend die Einstellung der Kantonsrealschule und des katholischen Pensionates, formell zurück. In diesen Verhältnissen entwickelten sich die st. gallischen Erziehungs institute weiter, bis die Kantonsschule im Jahre 1865 infolge einer Uebereinkunft des Staates mit den bisherigen Kontra henten zu einer staatlichen Anstalt erhoben wurde.[2] Die Ueber

---

[1] Dazu Verordnung des katholischen Kollegiums betreffend das Pensionat katholischer Fundation vom 27. Juni 1866: Das Pensionat steht unter Verwaltung und Oberaufsicht des Administrationsrates. In das Pensionat werden Kantonsbürger aufgenommen, welche entweder Schüler der katholischen Kantons realschule oder der kantonalen, höhern Lehranstalten, d. h. des Gymnasiums oder der Industrieschule sind. Nichtkantonsbürger haben Zutritt, solange noch Plätze frei sind.

[2] Beschluß des Großen Rates vom 5. April 1865: Die staatliche Kantons schule soll mit dem Abschlusse des gegenwärtigen Schuljahres an der gemeinsamen Kantonsschule errichtet und im nächsten Mai eröffnet werden. Der Regierungs rat trifft die nötigen Vollziehungsverordnungen. Schon am 28. November 1863 hatte ein Gesetz die Errichtung einer Kantonsschule und eines Lehrerseminars ausgesprochen, die im allgemeinen auf Grundlage der bisherigen Bestimmungen geleitet werden sollten.

nahme des Lehrerseminars durch den Staat war schon am 10. Juni 1864 vom Großen Rat beschlossen worden.

Die Erhaltung der gemeinsamen Kantonsschule gegen die heftigen, direkten und indirekten Angriffe von katholischer Seite, muß hauptsächlich als ein Werk des energischen Einschreitens des Kantonsschulrates angesehen werden. Das Unternehmen der gemeinsamen Erziehungsbehörde gestaltete sich um so schwieriger, als mit dem Aufkommen des konfessionellen Gesetzes von 1859, welches das Recht zur Gründung gemeinsamer Schulen nicht mehr gewährleistete, dem katholischen Kollegium trotz des bestehenden Vertrages von 1856, die verfassungsmäßige Befugnis zugestanden hätte, von der Uebereinkunft einseitig zurückzutreten.

Fünfter Abschnitt.

Von der Kantonsverfassung von 1861 bis zur Bundesverfassung von 1874.

Erstes Kapitel.

Kantonale Verfassungen.

§ 1.
Der Verfassungsentwurf von 1860.

Schon das konfessionelle Gesetz von 1855 ist, wie wir bereits nachgewiesen haben, vornehmlich deshalb aufgestellt worden, weil der Versuch, auf verfassungsmäßigem Wege ein verändertes Verhältnis zwischen Staat und Kirche zu schaffen, mißlungen war. Da sich aber diese Norm als ein staatsrechtlicher Mißgriff herausstellte und deshalb schon im Jahre 1859 wieder beseitigt wurde; da die konfessionelle Autonomie in den alten Schranken wieder erstand und besonders die Kämpfe um die Errichtung einer gemeinsamen Kantonsschule die ganze Unhaltbarkeit der damaligen konfessionellen Zustände zeigte, ergab sich in der Abstimmung über eine Verfassungsrevision vom 23. Oktober 1859 eine Mehrheit von 26 086 gegenüber 3569 Stimmen, welche sich für Aenderung des kantonalen Grundgesetzes entschied. In den Verhandlungen des Verfassungsrates, dem am 2. März 1860 bereits der Entwurf einer Verfassungskommission vorlag, machte sich eine Mehrheit für Gewährung vollständiger Glaubensfreiheit geltend, indem neben der Ausübung des katholischen und evangelischen Glaubensbekenntnisses und Gottesdienstes, auch andern Bekenntnissen die freie Ausübung ihres Gottesdienstes innert den Schranken der öffentlichen Sittlichkeit und Ordnung gestattet wurde. Dagegen

war Art. 22 K.-V. insofern beibehalten, als jeder Konfessions-
genossenschaft unter der höhern Aufsicht und Sanktion des
Staates nicht nur die Besorgung der religiösen, kirchlichen und
matrimoniellen, sondern auch die der Erziehungsangelegenheiten
überlassen wurde. Eine Kundgebung[1]) des Verfassungsrates
vom 24. April 1860 an das Volk betonte dabei, „daß gerade
in der gesönderten Erziehung die sicherste Gewähr, für den
Frieden der Glaubensgenossen liege. Der Aufgabe des Staates
stehe es nur zu, für höhere Lehranstalten zu sorgen, durch die
unter unmittelbarer Staatsverwaltung stehenden Separatfonde.“
Die allgemeine Gewähr, gemischte Schulen errichten zu dürfen,
wie die Garantie der gemischten Kantonsschule, waren im Entwurfe nicht aufgenommen und das Ehewesen blieb der bürgerlichen Gesetzgebung wie bisher entzogen. Im Großen Rate,
dessen Wahlart zu langen Diskussionen Anlaß gegeben hatte,
wurde der Grundsatz der Parität aufrecht erhalten, wie auch
in den übrigen Behörden des Kantons, der Bezirke und Gemeinden.

Der Verfassungsentwurf statuierte demnach geringe Abweichungen auf konfessionellem Gebiete und ließ die Hauptforderung, eine eingreifende Modifikation des Art. 22 K.-V.
von 1831, unberücksichtigt. Wie bedeutend aber doch der Einfluß der katholischen konservativen Partei war, die auch jetzt
noch die Basis von 1831 im allgemeinen beizubehalten wünschte,
beweist die Tatsache, daß dieses, toleranten Anschauungen durchaus ungenügende Werk, mit der geringen Mehrheit von 20407
gegen 18528 Stimmen verworfen wurde.[2])

§ 2.
Die Kantonsverfassung von 1861.

Die Verwerfung des Verfassungsentwurfes von 1860,
welcher auf konfessionellem Gebiete die Grundzüge der K. V.
von 1831 trug, bewies von neuem, daß sich das Volk nach
einer Aenderung im kantonalen Organismus sehnte. Schon
am 30. Juni 1861 wurde im Kanton ein Revisionsstatut, das

---

[1]) Urkunden. Staatsarchiv.
[2]) Volksabstimmung vom 28. Mai 1860.

eine veränderte Zusammensetzung des Verfassungsrates gewährte,
angenommen. Mit 20616 gegen 11283 Stimmen begehrte
das Volk wiederum die Revision der K.-V., worauf am 26. August
1861 der Verfassungsrat zusammentrat. Von den Petitionen,
welche an ihn gerichtet wurden, sind zwei von spezieller Bedeutung. Einmal eine Eingabe[1]) des st. gallischen Bischofs,
vom 14. September 1861 und anschließend die Mitglieder des
geistlichen Rates vom 16. September, welche um vollständige
Freiheit der Kirche von der Staatsgewalt, um Sicherung der
kirchlichen Fonds und Stiftungen (auch der Frauenklöster) und
um Unterrichtsfreiheit für Private und Korporationen neben
der Staatserziehung einkamen. Dann eine Petition der evangelischen Synode, vom 27. August 1861. Diese verlangte die
Gewährleistung voller religiöser Freiheit und Unabhängigkeit
der Ausübung bürgerlicher Rechte vom kirchlichen Bekenntnisse;
das Recht zur Betätigung jedes religiösen Kultus innert den
Schranken der Sittlichkeit und staatlichen Ordnung; Verwaltung
der kirchlichen Angelegenheiten durch eigene Organe; Wahl der
ersten konstituierenden Behörde der evangelischen Kirche durch
die Kirchgemeinden nach der Volkszahl; Ordnung des Erziehungswesens durch den Staat unter Wahrung kirchlichen
Einflusses.

In den Verhandlungen des Verfassungsrates über die
konfessionellen Angelegenheiten, zeigte sich gegenüber denjenigen
des Jahres 1831 ein veränderter Modus insofern, als im Jahre
1831 die Frage auftauchte, ob man die gesönderte Verwaltung
der Konfessionen überhaupt beibehalten wolle (Art. 2 der K. V.
von 1814), während es sich im Jahre 1861 vornehmlich darum
handelte, wie die gesönderte Verwaltung organisiert werden
könne, in welchem Umfang wiederum eine konfessionelle Auto
nomie begründet und ob die K.-V. selbst oder ein späteres
Gesetz darüber das Nähere festsetzen solle. Auch war man

---

[1]) Vorstellungsschrift des Bischofs: „Was uns zum Frieden dient.“ Hier
findet sich die bedeutsame Stelle: „Würde die katholische Kirche jemals auf die
volle Anerkennung ihres rechtlichen Bestandes und ihrer freien Wirksamkeit verzichten, so hätte sie an diesem Tage zugleich ihren Ruin, ihre Selbstauflösung
unterzeichnet.“ Staatsarchiv.

unschlüssig, welcher konfessionellen Behörde (wiederum den
Großrats-Kollegien?) die oberste Leitung zu übertragen sei.
Die Idee der konfessionellen Autonomie auf gemischtem Gebiete
und die daraus resultierende Aufstellung staatskirchlicher Behörden hatte sich dem Charakter des Kantons so tief ein-
geprägt, daß nur wenige Motionen im Verfassungsrate eine
bezügliche Abhülfe verlangten. Ein Art. 22 wie 1831 wurde
zwar nicht geschaffen, aber die für ihn eintretenden Art. 6 und
Art. 7, zusammen mit dem Schlußartikel Abs. 2 und 3, behielten
in mancher Beziehung die überlieferten Zustände bei.

Art. 6 stellte die persönliche Glaubensfreiheit[1] als unverletzlich dar und bestimmte, daß Niemand wegen seiner religiösen
Ueberzeugung in seinen bürgerlichen und verfassungsmäßigen
Rechten beeinträchtigt werden dürfe (Abs. 1). Die katholische
und evangelische Kirche, sowie die freie und uneingeschränkte
Ausübung des katholischen und evangelischen Glaubensbekenntnisses und Gottesdienstes wurde wie bisher gewährleistet. Daneben fand sich in Art. 6 Abs. 3 die Toleranz ausgesprochen:[2] Auch

---

[1] Auffallend gegenüber dieser Glaubensfreiheit verhält sich eine Verordnung
des Regierungsrates vom 19. Christmonat 1866 in Aufhebung des Beschlusses vom
30. April 1823 (Seite 74 Anm. 2), daß keine Konversion eines Ausländers von
einem im Kanton angestellten Geistlichen vorgenommen werden dürfe, ohne Bewilligung des Regierungsrates und daß in Unterlassung der Einholung dieser
Erlaubnis die Geistlichen oder kirchlichen Oberbehörden bei erwachsendem Schaden
Entschädigung zu leisten oder gerichtliche Bestrafung zu gewärtigen hätten.

[2] So wurde durch Beschluß des Großen Rates vom 27. November 1866
der israelitischen Religionsgenossenschaft von St. Gallen die freie Ausübung des
Gottesdienstes nach Maßgabe der von ihr vorgelegten Statuten vom 4. Juni
1866 gestattet. Die neuen Statuten dieser Gemeinde vom 10. April 1868 erklärten als eine besondere Aufgabe der Genossenschaft: Die Unterhaltung des
öffentlichen Gottesdienstes und des Religionsunterrichtes für die Jugend, sowie
die Aufrechterhaltung der rituellen Gebräuche bei Beerdigungen und beim
Schlachten des Viehs.

Ferner wurde durch Beschluß des Großen Rates betreffend die Dissidenten-
gemeinde in St. Gallen vom 7. Juni 1864 den Petenten der christlichen Gemeinde in St. Gallen die freie Ausübung des Gottesdienstes gestattet, wobei
nach einer Verordnung vom 7. Mai 1867 eine rechtsgültige Eheschließung durch
eine gesetzlich ermächtigte Amtsperson vorgenommen werden und die Beerdigung
auf einem evangelischen Friedhofe erfolgen mußte. — Schließlich wurde durch
Beschluß des Großen Rates vom 24. November 1873 der bischöflichen Metho-
distenkirche des Kantons St. Gallen die freie Ausübung des Gottesdienstes gestattet. Kopulationen mußten bis zum Erlaß gesetzlicher Vorschriften durch eine
gesetzlich ermächtigte Amtsperson vorgenommen werden.

andern christlichen Konfessionen und andern Religionsgenossenschaften kann, innert den Schranken der Sittlichkeit und der
staatlichen Ordnung, vom Großen Rat die freie Ausübung des
Gottesdienstes gestattet werden. Es lag somit immer noch in
der Kompetenz der obersten Landesbehörde, einer Religionsgenossenschaft die Aufnahme auf st. gallischem Territorium will-
kürlich zu gestatten oder zu versagen,[1] eine Bestimmung, die
mit der B.-V. von 1874 in Widerspruch treten mußte.[2]

Durch Art. 6 (Abs. 4) wurden die religiösen und rein
kirchlichen Angelegenheiten beider Konfessionen der Besorgung
der kirchlichen Behörden überlassen; jedoch war vom Staat die
Gesetzgebung auf rein kirchlichem Gebiet damit nicht freigegeben
(wenigstens für die Protestanten) indem Abs. 5 bestimmte:
Beide Konfessionsteile geben sich ihre konfessionellen Organisationen selbst unter Sanktion des Großen Rates, — der katholische Konfessionsteil für Besorgung der katholischen, konfessionellen und klösterlichen Angelegenheiten, welche nicht rein kirchlicher Natur sind, sowie für Verwaltung der Fonds[3] und
Stiftungsgüter der katholischen Konfession; — der evangelische
Konfessionsteil für Besorgung der rein kirchlichen, sowie der
übrigen evangelischen konfessionellen Angelegenheiten und für
Verwaltung der Fonds und Stiftungsgüter der evangelischen
Konfession. Die von beiden Konfessionsteilen aufzustellenden
Behörden besorgen[4] die konfessionellen Angelegenheiten ge-
mischter Natur, sowie die Verwaltung der Fonds und Stiftungs-

---

[1] Der Antrag im Verfassungsrate, den Artikel so zu fassen: Auch andern
christlichen Konfessionen . . . hat der Große Rat die freie Ausübung . . . zu
gestalten, war durchgefallen.

[2] Ein Kommissionsbericht des Großen Rates vom 22. November 1878
behauptete zwar: „Wir vermögen nicht einzusehen, daß das st. gallische Staatskirchenrecht, wie es Art. 6 K.-V. zeigt, durch die Bundesverfassung von 1874
irgend eine Aenderung oder Beschränkung erlitten hat."

[3] Die Botschaft des Regierungsrates vom 1. Juni 1874 bemerkt dazu,
daß unter Konfessionsbehörden und unter Fonden und Stiftungsgütern nur die
zentralen, konfessionellen Behörden und die zentralen Fonds und Stiftungsgüter,
nicht aber die kommunalen Kirchenbehörden und die kommunalen Kirchen- und
Pfrundgüter verstanden seien.

[4] Dazu Botschaft des Regierungsrates vom 1. Juni 1874: Diese Besorgung bedeutet keine Gesetzgebungsgewalt, sondern nur eine Ordnungsgewalt
im eigenen Kreise!

güter der Konfessionen unter der Aufsicht und Sanktion des Staates." Dazu Abf. 6: „Die matrimoniellen Angelegenheiten werden von den Konfessionen besorgt, wie bis anhin; Abänderungen bestimmt das Gesetz, immerhin jedoch unter dem Vorbehalte, daß das Sakramentalische des Ehebandes der katholischen Glaubensgenossen anerkannt sein soll."

Diese Bestimmungen zergliedert, drücken folgendes aus:

1. Auf rein kirchlichem Gebiete sprach der Staat damit gegenüber der katholischen Kirche die Anerkennung der bereits bestehenden Kirchenverfassung[1]) indirekt aus und überließ ihr in rein kirchlicher Sphäre die volle Ordnungsgewalt ohne nominelle staatliche Einschränkungen. Der evangelischen Kirche räumte er auf rein kirchlichem Gebiete ebenfalls eine freie Autonomie ein, jedoch so, daß sie sich ihre Kirchenverfassung zusammen mit den andern Organisationsbestimmungen erst geben sollte und für diese vereint die Gutheißung des Staates eingeholt werden mußte. Daher war auch die Autonomie in rein kirchlicher Sphäre beschränkt.

Die unparitätische Behandlung der beiden Kirchen rechtfertigt sich aus den ungleichen Grundlagen ihrer Kirchenverfassungen.

2. Die Autonomie der Konfessionen wurde beschränkt auf das allgemeine konfessionelle, klösterliche und ökonomische Verwaltungsgebiet. Das Erziehungswesen war ihrer Ordnungsgewalt entzogen und im Matrimonialwesen hatte sich der Staat neben den Konfessionen eine selbständige Gesetzgebungsgewalt gewahrt. Die Ausübung staatlicher Hoheitsrechte auf gemischtem Gebiete, soweit sich dieselben der Staat nicht nominell vorbehalten hatte, lag also wiederum in der Hand der Religionsparteien und die Konfessionen waren befugt, zur Besorgung der gemischten Angelegenheiten eine besondere Behörde aufzustellen. In dieser Hinsicht wurde der staatsrechtliche Fehler von 1831 in die K.-V. von 1861 herübergenommen.

---

[1]) Damit hat aber der Staat keineswegs die schrankenlose Gültigkeit des kanonischen Rechtes, der Konzilienbeschlüsse ꝛc. anerkannt; denn dem Staate steht das Recht zu, diese Normen, soweit sie das staatliche Gebiet berühren, für kraftlos zu erklären.

Im Gegensatze zu den Bestimmungen der frühern Gesetzgebung, wurden aber die Kompetenzen einer obersten konfessio
nellen Behörde nicht mehr der itio in partes der katholischen
und evangelischen Großratsmitglieder übertragen, sondern
einem andern konfessionellen corpus, dessen Konstituierung durch
die K.-V. nicht näher angegeben war. Der Abs. 2 und 3 des
Schlußartikels der K. V. normierte nämlich: „Die Mitglieder
des ersten, nach Inkrafttretung gegenwärtiger Verfassung neu
gewählten Großen Rates, sondern sich je nach ihrer Konfession
in zwei Kommissionen, welche die ersten konfessionellen Organi
sationen zu entwerfen und dem Großen Rate zur Sanktion
zu unterstellen haben. Nach definitiver Festsetzung der Organisationen lösen sich diese Kommissionen auf: es dürfen dieselben
nicht als konfessionelle Behörden fortbestehen." Die Motivierung zu dieser Aenderung giebt das Protokoll des Verfassungsrates [1]: Sobald die staatlich-kirchliche Verquickung aufhöre, so
bald die Volksrepräsentanten im Großen Rate ausschließlich
die kantonalen, rein politischen Angelegenheiten behandeln, so
wird der Friede auf die Dauer hergestellt sein. — Der Ver
fassungsrat war also von der richtigen Ansicht geleitet, daß
einer politischen Behörde die Besorgung konfessioneller Angelegenheiten als feststehende, konfessionelle Behörde nicht zukomme
und sie zu einer objektiven Wahrung der staatlichen Interssen
unbrauchbar mache.

Zwei weitere Argumente zur Vornahme dieser Modifika
tion traten hinzu. Bis 1861 (außer 1803—1814) mußte die
Zusammensetzung des Großen Rates nach bestimmten paritätischen Vorschriften erfolgen, welche aber in der neuen K.-V.
fallen gelassen worden waren, so daß eine verfassungsmäßig
vorgeschriebene Anzahl von Katholiken und Protestanten im
Großen Rate nicht mehr bestand.[2] Ferner: Wie wir schon
früher nachgewiesen haben, (siehe Seite 49) waren die konfessionellen Großratskollegien aus den Wahlen der Gesamtbevölkerung
des Kantons hervorgegangen, somit nicht das alleinige Wahlergebnis ihrer Glaubensgenossen. Zwar wurde gerade darin

[1] Protokoll des Verfassungsrates. Staatsarchiv.
[2] Faktisch blieben die Verhältnisse ungefähr gleich.

vielfach eine (Garantie [1]) gesehen, daß die konfessionellen Behörden, indem sie durch diesen Wahlmodus in inniger Beziehung zum gesamten Volke standen, die staatlichen Hoheitsrechte um so kräftiger wahren würden. Dabei schien man zu übersehen, daß konfessionelle Behörden, die in erster Linie dazu berufen waren, die Interessen ihrer Konfession zu vertreten, auch aus dem alleinigen Wahlergebnis ihrer Konfessionsgenossen hervorgehen mußten. Wie sich eine Botschaft des Reg.-Rates vom 1. Juni 1874 ausdrückt, wurde durch diesen neuen Wahlmodus „das langstreitige Verhältnis zwischen Kirche und Staat und die Verwechslung der Staatsgewalt mit der Repräsentanz der kirchlichen Laienschaft zu Gunsten der Kirchengewalt liquidiert."

Die Motive, warum die K.-V. von 1861 die konfessionelle Autonomie in dieser Weise beibehielt, liegen einmal in der Tatsache, daß ein gänzlicher Entzug des konfessionellen Gesetzgebungsrechtes auf gemischtem Gebiete gegenüber K.-V. von 1814 und K.-V. von 1831 ein zu großer Sprung gewesen wäre, als daß sich das Volk damit befreundet hätte, und ferner in dem noch immer bestehenden ökonomischen Uebergewicht der Konfessionen (wenigstens der katholischen), welche ihre Güter weder dem Staate übergeben, noch der kirchlichen Behörde zu selbständiger Verwaltung extrabieren wollten. Eine konfessionelle Verwaltungsbehörde war daher unentbehrlich und der Gedanke lag nahe, derselben wiederum neben den Verwaltungs-

---

[1] Der Minderheitsbericht einer Kommission im Verfassungsrate, welcher die nähere Regelung der getrennt zu besorgenden konfessionellen Angelegenheiten der Staatsaufsicht und die Fälle für die Sanktionserteilung der Gesetzgebung vorbehalten wollte, wies auf die große Gefahr hin, welche durch die konfessionell getrennte Wahl der konfessionellen Behörden entstehen müßte; daß sich der Kanton in ein evangelisches und katholisches Volk ausscheiden werde, daß selbst die Organisation der Kirchgemeinden auf die Konfessionen übertragen werden könnte, und überdies die Verquickung staatlicher und religiöser Momente auch bei diesem Wahlmodus vorhanden sei, da doch der Große Rat den Organisationen der Konfessionen seine Genehmigung erteilen müsse. Auch sollte man nur an den Fall denken, daß die neuen konfessionellen Räte die Kirche in Besorgung ihrer innern Angelegenheiten hindern wollten, worauf wiederum der Staat eingreifend abhelfen müßte. Die ganze Regelung beruhe überhaupt auf einer falschen Gegenüberstellung der evangelischen und katholischen Kirchenverfassung. Staatsarchiv.

befugnissen, die Wahrung gewisser jura circa sacra, nach dem Vorbilde der frühern Gesetzgebung, zu übertragen.

Der Art. 6 K.-V., wie er hier vorliegt, wurde mit 118 gegen 19 Stimmen angenommen, nachdem ein Antrag im Verfassungsrate, daß die Mitglieder des Großen und Kleinen Rates nicht Mitglieder der konfessionellen Behörden sein dürften, insofern Anklang gefunden hatte, als in Art. 97 K.-V. die Bestimmung aufgenommen wurde, daß kein Reg.-Rat Mitglied einer administrativen Behörde der Konfessionsgenossenschaften sein sollte.

Eine weit eingreifendere Neugestaltung erfuhr das Erziehungswesen. Dieses Gebiet war durch Art. 7 K.-V. der Autonomie der Konfessionen entzogen und der Aufsicht, Leitung und Hebung der Staatsgewalt unterworfen worden (Abs. 1). Dieser Ausdehnung der staatlichen Sphäre gegenüber suchte man eine Reservation dadurch zu erzielen, daß man in Art. 7 Abs. 7 die Freiheit des Unterrichtes unter Vorbehalt gesetzlicher Bestimmungen gewährleistete. Den Fortbestand der konfessionellen Schulen trachtete die neue K.-V. keineswegs zu beeinträchtigen und es wurde nicht einmal das Vereinigungsrecht zu gemischten Schulen, das schon im konfessionellen Gesetz von 1855 enthalten war, in die K.-V. aufgenommen.[1] Art. 7 Abs. 3 sah nur die Errichtung einer höhern Kantonallehranstalt vor, welche bis zum Ablauf des bestehenden Vertrages über die gemeinsame Kantonsschule erstellt sein sollte. Da dies eine staatliche Anstalt war, so mußte sie, ohne daß es das Gesetz besonders betonte, konfessionslos sein. Im Uebrigen wurde der Fortbestand der katholischen und evangelischen Primarschulen in den Gemeinden, sowie die bestehenden Realschulen gewährleistet; ebenso wurde den Genossenschaften und den Anteilhabern an den Realschulen, die Schulfonde, die Verwaltung und Verwendung der Erträgnisse derselben garantiert (Art. 7 Abs. 4).

---

[1] Ein Antrag im Verfassungsrate: „Ebenso steht die gemeinsame Errichtung neuer und die Vereinigung bestehender, konfessionell getrennter Schulen da, wo besondere Verhältnisse es wünschbar machen, den betreffenden gemischten Konfessionsgenossenschaften oder Gliedern derselben zu", war durchgefallen. Protokoll des Verfassungsrates.

Die oberste Leitung des Erziehungswesens wurde dem Reg.-Rate übertragen, dem ein Erziehungsrat von 11 Mitgliedern untergeordnet war, dessen Wahl beim Reg.-Rate stand und der aus 6 Katholiken und 5 Protestanten bestehen mußte. Präsident und Vizepräsident sollten in Parität stehen (Art. 7 Abs. 5).

Sehr vorsichtig ging man mit den religiösen Angelegenheiten, die in das Erziehungswesen einschlugen, um. Im Verfassungsrate war vorgeschlagen worden: Trennung des Erziehungsrates in konfessionelle Sektionen zur Verwaltung des Primarschulwesens unter Bevormundung des Staates. Die Wahl der Religionslehrer sowie der übrigen Lehrer an den Primarschulen und Realschulen sollte den betreffenden Schulgenossenschaften beziehungsweise den Anteilhabern zustehen, diejenige der Religionslehrer an den höhern Kantonallehranstalten den kirchlichen Behörden beider Konfessionen. Diese Anregungen aber fanden dahin ihre Regelung, daß für die Erteilung des Unterrichtes in der Religion die Sorge den kirchlichen Behörden beider Konfessionen übertragen, die Wahl der Religionslehrer den kirchlichen Behörden der Konfessionen, die der Primarlehrer den betreffenden Schulgenossenschaften und die der Lehrer an Realschulen den Anteilhabern derselben zugesprochen wurde (Art. 7 Abs. 2 und 6).

Ein Erziehungsgesetz sollte diese Bestimmungen der K.-V. weiter ausführen (Art. 7 Abs. 8).

Die neue K.-V. setzte sich im allgemeinen mit den Bestimmungen der B.-V. von 1848 in Einklang, erweiterte die Souveränitätsrechte des Volkes[1] und gewährleistete wiederum das Recht zur Eingehung gemischter Ehen. Ueber das Klosterwesen enthielt die K.-V. keine Normen; nur bestimmte Art. 18, daß keine Liegenschaft unveräußerlich erklärt werden dürfe, oder mit einer Leistung beschwert, die nicht nach den näheren Bestimmungen des Gesetzes ablösbar wäre.

---

[1] Ein vom Großen Rate beratenes Gesetz war angenommen, wenn nicht für dessen Verwerfung innert 45 Tagen nach seiner Bekanntmachung wenigstens 10,000 Bürger stimmten. (Art. 112 K.-V.) Bloße Beschlüsse des Großen Rates unterstanden diesem Veto nicht.

Die Einteilung des Kantons in Bezirks-, politische und Ortsgemeinden blieb bestehen. Vom Bezirk St. Gallen wurde wieder der ehemalige Stiftseinfang ausgeschlossen und dem Bezirk Tablat einverleibt.

Der innere Verwaltungsorganismus erhielt folgende Gestaltung: Den Gemeinden und allen öffentlichen Genossenschaften und Korporationen wurde ihr Eigentum, die gesetzliche Verwaltung desselben und die rechtmäßige beziehungsweise stiftungsgemäße Verwendung über dessen Ertrag gewährleistet, wobei eine Verteilung unter die Anteilhaber als Privateigentum ausgeschlossen war (Art. 17). Gleich dem Gute der Gemeinden und der öffentlichen Genossenschaften und Korporationen waren Stiftungsgüter zu halten, deren Verwaltung amtlicher Aufsicht unterstellt war. Jede Ortsgemeinde, Kirchen-, Schul- oder andere öffentliche Genossenschaft hatte zur Besorgung ihrer Angelegenheiten einen Verwaltungsrat von wenigstens 3 Mitgliedern aufzustellen:[1] das Nähere zu bestimmen blieb einem Gesetz überlassen. Die Ortsverwaltungsräte und aus ihnen deren Präsidenten wurden durch die stimmfähigen Ortsbürger an den Genossenversammlungen, die Schul- und Kirchenverwaltungsräte und aus ihnen deren Präsidenten durch die stimmfähigen Bürger der Schul- und Kirchengemeinden gewählt. In den politischen und in den Ortsgemeinden mußten die Gemeinderäte und die Verwaltungsräte im Verhältnis der gesamten beziehungsweise der ortsbürgerlichen Bevölkerung jeder Konfession gewählt werden (Art. 77 und 89). Der Bezirksammann durfte nicht Mitglied einer konfessionellen Behörde in seinem Bezirke sein (Art. 98). Dazu bestimmte das Organisationsgesetz[2] von 1867, daß da, wo in Gemeinden von Bürgern verschiedener Konfession, Güter unter gesönderter Verwaltung standen, dieselben auch fernerhin gesöndert verwaltet werden sollten, und jeder Teil in diesem Falle eine eigene Genossenschaft bilde.

---

[1] Die Aufstellung dieser Verwaltungsräte war also nicht mehr wie 1803, 1814 und 1831 vom Besitz eines besondern korporativen Eigentums abhängig gemacht.

[2] Organisation der Verwaltungsbehörden vom 1. März/9. Mai 1867.

Stimm- und wahlfähig in den Schul- und Kirchgemeinden [1]) waren alle Schul- und Kirchgenossen (Orts- und niedergelassene Kantons- und Schweizerbürger) der betreffenden Konfession, welche auch in den politischen Gemeinden die Stimm-
und Wahlfähigkeit besaßen. In den Genossenversammlungen
der Ortsgemeinden waren alle jene Ortsbürger und Anteilhaber am Gemeindegut stimmfähig, welche in der Ortsgemeinde
selbst wohnten, sofern sie auch die, für die Ausübung der politischen Rechte, erforderlichen Eigenschaften besaßen. (Auch die
Ortsbürger als bloße Aufenthalter.) (Art. 33.) Nach dem Organisationsgesetze von 1867 [2]) war der Gemeinderat diejenige
Behörde, welche für die Führung der Zivilstandsregister zu
sorgen hatte (Geburten-, Ehe- und Sterberegister). Daher waren
alle auf den Zivilstand bezüglichen Anzeigen beim Gemeinderate anzubringen, wobei der Pfarrer nach einer Verordnung [3])
vom 10. Mai 1867 dem Gemeinderat über jede von ihm geschlossene Ehe Mitteilung zu machen hatte. Die Gemeinderats-
kanzlei hatte eine genaue Kontrolle zu führen. Besondere Vor-
sorge lag dem Gemeinderate ob, zu wachen, daß die kirchliche
Feier nicht gestört werde. Er hatte die Polizei über die Kirchhöfe und über den Vollzug der Begräbnisordnung, sowie über
Haltung der Sonn- und Feiertage. [4]) Er beurteilte diesfalls

---

[1]) Die Bestimmungen über die öffentlich rechtlichen Kirchgemeinden galten
nach Art. 6 K.-V. nur für die beiden anerkannten Landeskirchen. Den Seite
273 genannten Genossenschaften wurden keine korporativen Rechte verliehen.

[2]) Organisation der Verwaltungsbehörden vom 1. März 9. Mai 1867.

[3]) Verordnung vom 10. Mai 1867 über Führung der Zivilstandsregister.

[4]) Dieser Art. 100 des Organisationsgesetzes hatte in erster Fassung so
gelautet, daß der Gemeinderat über die Haltung der Sonntage und der den
beiden Konfessionen gemeinsamen Feiertage zu wachen habe. Als der
Bischof hierauf in einer „Vorstellungsschrift vom 23. Februar 1867" an den
Großen Rat gelangte mit der Behauptung, daß die durch diesen Art. 100 indirekt ausgesprochene Reduktion der katholischen Feiertage verfassungswidrig sei
und die bestehende Feiertagsordnung beibehalten werden müsse, beschloß der
Große Rat am 1. März 1867, nach Festsetzung des Art. 100, wie er im Text
enthalten ist, der Reg.-Rat sei beauftragt, dem Bischof die Notwendigkeit der
Verlegung einer Anzahl Feiertage auf die Sonntage vorzustellen. Der Bischof
reduzierte hierauf in einer Zuschrift vom 31. Juli 1869 an den Reg.-Rat die
Zahl der Feiertage unter der Voraussetzung, daß der Große Rat von allen weiteren
Maßregeln gegen die katholischen Feiertage Umgang nehme und den noch be-

begangene Uebertretungen. Ihm war auch die Beaufsichtigung, Besorgung und Leitung des Armenwesens nach Anleitung der Gesetze übertragen.

Das Niederlassungsrecht für Kantonsbürger richtete sich (nach K.-V. Art. 34) zunächst nach kantonalen, dasjenige für Schweizerbürger zunächst nach den Vorschriften des Bundes, wobei (auch für Ausübung des Stimmrechtes) keine konfessionellen Einschränkungen genannt sind.

Die oberste Behörde des Kantons blieb der Große Rat, der vom Volke in unmittelbarer Wahl, vollkommen frei, ernannt wurde. Im Wahlmodus waren alle Paritätsvorschriften fallen gelassen worden; jeder politischen Gemeinde war durch die K. V. die Zahl der zu wählenden Mitglieder vorgeschrieben.

Als vollziehende Gewalt behielt die K.-V. den Kleinen Rat bei, der in einen „Regierungsrat" umgetauft wurde. Für die Wahl seiner 7 Mitglieder blieben die Paritätsvorschriften in der Weise bestehen, daß derjenige Konfessionsteil, welcher die Mehrzahl der Bevölkerung besaß (die Katholiken), ein Mitglied mehr erhalten sollte, als der andere[1]) (Art. 89 K.-V.).

Durch den Schlußartikel der K.-V. wurde die K.-V. von 1831 aufgehoben, die bestehenden Gesetze und Verordnungen bis zu ihrer Aufhebung oder Abänderung[2]) in Kraft bestehend erklärt, soweit sie nicht im Widerspruch mit der K. V. standen. Sämtliche Behörden und Beamten hatten für genaue Handhabung der K.-V. und Gesetze einen Pflichteid zu schwören; dagegen war der allgemeine Bürgereid in der K. V. fallen gelassen.

lebenden den staatspolizeilichen Schutz angedeihen lassen werde. Damit erklärte sich der Große Rat einverstanden.

Die Reduktion wurde vom Bischof so vorgenommen, daß er drei Feiertage auf Sonntage verlegte, ebenso die Patrozinien der Pfarrkirchen, wenn die Kirchgenossen es wünschten; auf alle Notfälle sollten für die Arbeiter in den Fabriken und Werkstätten den Pfarrherren besondere Vollmachten zur Dispensation erteilt werden. Schreiben des Bischofs an den Reg.-Rat vom 31. August 1870. Urkunden im Staatsarchiv.

[1]) Diese Bestimmung läßt sich mit Art. 6 Abs. 1 K.-V. schwer vereinbaren (Seite 273)

[2]) Die für uns in Betracht kommenden Abänderungen beziehen sich namentlich auf das konfessionelle Gesetz von 1850. Die beigefügten Anmerkungen zum Gesetz heben dieselben in richtiger Weise hervor. (Beilage 1.)

Das neue Grundgesetz für den Kanton St. Gallen wurde am 17. November 1861 mit 27191 gegen 984 Stimmen angenommen und erhielt das Datum vom 17. November 1861.

Die K.-V. von 1861 zeigt das energische Bestreben des Staates, die konfessionelle Autonomie zurückzudrängen und eine klarere Scheidung zwischen der kirchlichen, beziehungsweise konfessionellen, und der staatlichen Sphäre zu erzielen. Es standen zwei beinahe gleich starke, politische Parteien einander gegenüber, von denen die eine die Verstaatlichung des Erziehungswesens mit dem Grundsatz der Glaubens- und Gewissensfreiheit, die andere die Frei- und Sicherstellung der kirchlichen und konfessionellen Angelegenheiten wollte. Es herrschte demnach eine Kompromißpolitik, wie dies die Bestimmungen der K. V. (Art. 6 und Art. 7) deutlich zeigen. Diese Kompromißpolitik hat sich im Kanton St. Gallen bis auf den heutigen Tag erhalten und auch im Jahre 1890 hat der Staat bei Anlaß der Verfassungsrevision vergeblich um die Wiedererlangung seiner Hoheitsrechte auf konfessionellem Gebiete gekämpft.

Zweites Kapitel.

Konfessionelle Organisationen.

§ 1.
Die Organisation des katholischen Konfessionsteils.

Gestützt auf den Schlußartikel der Verfassung von 1861 konstituierte sich die Versammlung der katholischen Mitglieder des Großen Rates als gesetzgebende Kommission[1] zur Ausarbeitung einer Organisation für den katholischen Konfessionsteil. Die Organisation wurde am 17. März 1862 erlassen und am 19. März 1862 vom allgemeinen Großen Rate sanktioniert; darnach löste sich die gesetzgebende Versammlung auf.

---

[1] Ein Antrag im Großrats-Kollegium, keine Organisation aufzustellen, sondern die Rechte und Vermögenswerte der katholischen Konfession zwischen Staat und Curie zu teilen, hatte keinen Anklang gefunden.

Die Organisation ist (in 85 Artikeln) sehr ausführlich, indem im Jahre 1862 diejenigen Bestimmungen, welche früher durch Verordnungen und Beschlüsse neben der Organisation bestanden, größtenteils der Organisation[1] selbst einverleibt wurden. Die folgende Darstellung schließt sich zum Teil den von Gareis und Zorn a. a. O. I. S. 464 ff. gemachten Ausführungen an.

Nach Art. 6 Abf. 4 K. V. von 1861 wurden die religiösen und rein kirchlichen Angelegenheiten des katholischen Konfessionsteils zur Besorgung den katholischen kirchlichen Behörden zugeschieden. Die Organisation ließ daher die rein kirchliche Sphäre unberührt und bestimmte in Art. 2: Die Besorgung der konfessionellen und klösterlichen Angelegenheiten, welche nicht rein kirchlicher Natur sind, sowie die Verwaltung der Fonde und Stiftungsgüter der katholischen Konfession, hat unter Aufsicht und Sanktion des Staates nach Maßgabe der Bestimmungen dieser Organisation zu geschehen.

1. Das Kollegium (Art. 3—23 Org.)

Als oberste konfessionelle Behörde wurde ein katholisches Kollegium geschaffen, welches aus Abgeordneten des katholischen Volkes bestand und unmittelbar von den Kirchgemeinden zu wählen war[2] (Auf 1200 Seelen ein Mitglied.) Die Stimmfähigkeit in der Kirchgemeinde richtete sich dabei, ausgenommen einige Spezialvorschriften, nach den in der K.-V. vorgeschriebenen Eigenschaften. Wahlfähig in das Kollegium waren alle laut Vorschrift stimmfähigen katholischen Einwohner des Kantons, welche das 25. Altersjahr angetreten hatten. Das Kollegium versammelte sich ordentlicherweise einmal im Jahr; seine Amtsdauer betrug drei Jahre. Es wählte seinen Präsidenten frei aus seiner Mitte mit Ausschluß der Mitglieder des Administrationsrates. Ihm stand die Wahl des Administrationsrates und dessen Präsidenten zu. Die Ordnungsgewalt des Kollegiums

---

[1] Der Amtsverwaltungsbericht des Administrationsrates vom Jahre 1869 nennt die Organisation „keineswegs das Produkt eines wissenschaftlichen, staatskirchenrechtlichen Systems oder einer doktrinären Kombination, sondern bemerkt, daß sie vielmehr als eine Institution aufgefaßt werden müsse, welche naturgemäß den historisch gegebenen Verhältnissen des Landes sich entfaltet habe."

[2] Im Jahre 1862 bestand das Kollegium aus 98 Mitgliedern.

wurde in Art. 16 Org. dahin normiert: „Es erläßt unter
Sanktion des Großen Rates allgemeine Verordnungen¹) für
den katholischen Konfessionsteil.“ Ebenso hatte die absolute
Mehrheit seiner Mitglieder unter Genehmigung des Großen
Rates und Gutheißung²) des katholischen Volkes das Recht,
Abänderungen an der Organisation vorzunehmen. Den Erlaß
von Verfügungen vorübergehender, nicht allgemeiner Geltung,
konnte das Kollegium selbständig beschließen; auch handhabte
es diejenigen Befugnisse, welche ihm die Uebereinkunft mit dem
hl. Stuhle von 1845 zugesprochen hatte³) und traf bei allfälligen
Abänderungen an den bistümlichen Einrichtungen die nötigen
Vereinbarungen mit Rom unter Sanktion des Großen Rates.
Es behandelte die eingereichten Wünsche und Beschwerden der
katholischen Einwohner und Genossenschaften, ließ sich über die
Amtsverwaltung des Administrationsrates Bericht erstatten
und prüfte seine Tätigkeit. Das Kollegium genehmigte An-
käufe, Veräußerungen und Austauschungen von Liegenschaften
und verfügte über die ökonomischen Güter innert den gesetzlichen
Schranken, wobei es niemals über das Kapitalvermögen, die
Fonde, Stiftungsgüter und Institute des katholischen Konfessionsteils in der Weise verfahren durfte, daß dieselben veräußert,
verteilt oder ihren Stiftungszwecken und ihrer Bestimmung
ganz oder teilweise entzogen wurden.

Diese synodal konstituierte Behörde trug durchaus den
Charakter des frühern katholischen Großrats-Kollegiums, befand
sich daher in der nämlichen Stellung zwischen Staat und Kirche
und war in der Hauptsache mit den gleichen Kompetenzen
ausgestattet. Wie 1814 und 1831 kann nicht in der Aufstellung dieser Behörde ein staatsrechtlicher Fehler erblickt werden;

---

¹) Siehe Art. 3 konfessionelles Gesetz, wonach dem Großen Rate nur bei
Schmälerung staatlicher Rechte die Befugnis zusteht, der Organisation die Sanktion zu verweigern. Beilage 1.

²) Die Anerkennung durch das Volk geschah mit einigen Abweichungen
nach den Grundsätzen, welche die K.-V. bezüglich der Gutheißung der Gesetze
durch das Volk festgesetzt hatte.

³) Die Behauptung von Gareis und Zorn a. a. O. I. S. 485, daß der
Administrationsrat die staatliche Exklusive bei der Bischofswahl ausübe, ist unrichtig. Diese Befugnis hat das katholische Kollegium nicht abgetreten.

denn nachdem die K. V. von 1861 eine konfessionelle Autonomie
statuiert hatte, mußte auch eine Gewalt geschaffen werden, welche
diese betätigte und innerhalb der vom Staate gezogenen Grenzen
zur Durchführung brachte.

2. Der Administrationsrat (Art. 24—63 Org).

Die sieben Mitglieder des Administrationsrates wurden
vom Kollegium frei aus allen katholischen Kantonseinwohnern
gewählt, welche die Erfordernisse für das katholische Kollegium
besaßen, unter einigen (verwandtschaftlichen) Ausschließungsgründen. Die Amtsdauer war drei Jahre. Der Administrationsrat blieb die ausführende, untergeordnete Behörde des Kollegiums,
war ihm verantwortlich und leistete den Amtseid. Er hatte
das Recht, Vorschläge zu Verordnungen und Beschlüssen zu
entwerfen und holte für allgemeine Erlasse des Kollegiums
jeweilen die Sanktion des Staates ein. (Art. 30.) Er übte
die ihm in der Uebereinkunft mit dem hl. Stuhl eingeräumten
Befugnisse, unterstützte die kirchliche Oberbehörde je nach Bedarf
in allem, was sie „vermöge ihrer zuständigen Kompetenzen zur
segensreichen Wirksamkeit der Kirche verordnete und verfügte"
(Art. 33 Org.) und gewährte den angestellten Priestern in ihren
Amtsverrichtungen den nötigen Schutz. Bei ihm stand die
äußere Verwaltung des Priesterseminars. Zum Eintritt in
dasselbe gewährte er den Alumnen Stipendien[1]) und hatte sich
zu versichern, daß nur solche Priesteramtskandidaten in das
Seminar aufgenomen und nur solche Priester mit Wahlfähigkeitsakten auf Pfründen im Kanton versehen wurden, welche
sich über ihre Sitten und Studien durch Zeugnisse und Prüfung
gehörig auszuweisen vermochten. Ueber das bezügliche Verfahren setzte er sich mit dem Ordinariate ins Einverständnis.
(Art. 35 Org.[2]) Priestern, welche schon längere Zeit tätig waren,

---

[1]) Seit dem Vertrage zwischen der schweiz. Eidgenossenschaft und Oesterreich vom 22 Heumonat 1812 hatte St. Gallen gemeinschaftlich mit Thurgau
einen Freiplatz an dem Seminarium zu Mailand, welchen die beiden Kantone
nach einer Uebereinkunft vom 8. 11. Mai 1861 abwechselungsweise besetzen lassen
konnten.

[2]) Dieser Art. 35 Organisationsgesetz hob sämtliche frühern Verordnungen über
Aufnahme von Kandidaten ins Priesterseminar auf, mit Ausnahme solcher, welche
sich auf die Organisation des Bistums bezogen.

sowie den aushelfenden Kapuzinern, konnte die Prüfung er
lassen werden. „Die[1]) weltliche Behörde (Administrationsrat)
war daher berechtigt und verpflichtet, Prüfungen anzuordnen,
mit Hülfe derer und der Würdigung der beigebrachten Studien
und Sittenzeugnisse dieselbe zu untersuchen und sich zu ver
sichern hatte, ob die Rezipienden nicht nur allgemeine wissen
schaftliche und theologische Bildung, sondern auch diejenige
Charakterbildung und das Sittenprädikat besaßen, welche sie
würdig machten, in das Priesterseminar aufgenommen zu
werden."[2]) Vor Empfang der höhern Weihen hatte sich jeder
st. gallische Kandidat des Priesterseminars beim Administrations
rat über den Besitz eines Tischtitels auszuweisen, welcher einen
Zinsgenuß von 200 Fr. sicherte.

Der Administrationsrat blieb die Aufsichtsbehörde über
das Kollaturwesen in den Kirchgemeinden und hatte, falls vom
Kollator innert der gesetzlichen Zeitfrist die Pfarrwahl nicht
reglementarisch vollzogen, oder ein nicht wahlfähiger Geistlicher
gewählt worden war, im Einverständnis mit der kirchlichen
Oberbehörde „das Weitere" zu verfügen. Das Devolutions
recht war nominell weder dem Administrationsrate noch dem
Episkopat zugesprochen. Der Kollator hatte dem bischöflichen
Ordinariate und dem Administrationsrate ungesäumte Anzeige
von der vorgenommenen Wahl zu machen und dem Admini
strationsrate lag die Pflicht ob, ungesetzliche Wahlen zu kassieren
und den Kollator zur Vornahme einer neuen Wahl zu veran
lassen, wenn die vorgeschriebene Frist noch nicht abgelaufen
war. Kein Geistlicher konnte seine Pfründe vor Mitteilung
der Wahlanerkennung durch den Administrationsrat und vor

---

[1]) Aus der Botschaft des Reg.-Rates vom 1. Juni 1874.

[2]) Wie diese, zum Teil in das kirchliche Gebiet eingreifenden Befugnisse
des Administrationsrates gehandhabt wurden, siehe Seite 428 der Botschaft vom
1. Juni 1874: „1861—1871 ist aber jede ernste, wirkliche Kontrollierung der
Aufnahme von Priesteramtskandidaten in das Seminar und der Prüfung von
Priestern für Wahlfähigkeitstaaten von Pfründen seitens des Administrationsrates
so gut als ganz unterlassen worden".
Aber auch eine Verständigung zwischen dem Administrationsrate und dem
Ordinariate vom 21. Dezember 1871 und ein Missiv vom 3. September 1873
räumten nach der Botschaft des Reg.-Rates vom 1. Juni 1874 der konfessionellen
Behörde kein genügendes Einspruchsrecht ein.

Erlangung der kirchlichen Admission beziehen. Eine merkwürdige Interpretation erfuhr Art. 15 konfessionelles Gesetz von 1859, welcher für jede Kollation die hoheitliche Anerkennung des Staates forderte, durch Art. 38₁ Org., welcher bestimmte: „Der Administrationsrat hat zu untersuchen, ob die Wahl reglementarisch stattgefunden habe oder nicht: im erstern Falle wird er hievon sofort an den Reg. Rat und an das bischöfliche Ordinariat Anzeige geben. Wenn hernach innert 10 Tagen keine Beanstandung der Wahl erfolgt, so wird dieselbe als anerkannt betrachtet.“ Da die katholische Organisation später als das konfessionelle Gesetz von 1859 vom Staate mit Gesetzeskraft ausgestattet wurde, so mußte dieser Art. 38₁ Org. den Art. 15 konfessionelles Gesetz in dieser Hinsicht gegenüber den katholischen Kollationen formell derogieren.[1] Der Staat hatte also die Anteilnahme an der Pfarrwahl selbst, durch Erteilung des hoheitlichen Plazets, aufgegeben und sich faktisch nur ein stillschweigendes Genehmigungsrecht vorbehalten. Der Administrationsrat wählte auf diejenigen Kollaturen, auf welche ihm das Kollaturrecht zustand[2]. Die vakaturweise Besetzung von Pfründen lag gänzlich in der Hand des Bischofs, so daß das Vikariat dem Staate nicht einmal angezeigt werden mußte.[3] Diese Bestimmung gab dem Episkopat ein mächtiges Kampfmittel in die Hand, denn wiewohl eine Pfründe nach vier Wochen, spätestens vier Monaten wieder besetzt werden mußte, so konnte nach Art. 37 b Org. eine Verlängerung der Wahlfrist vom Administrationsrate im Einverständnis mit der kirchlichen Oberbehörde aus „erheblichen Gründen“ gestattet werden. Da diese „erheblichen Gründe“ durch das Gesetz nicht fixiert waren, konnte der Bischof eine Pfründe leicht nach Gutfinden unbesetzt lassen. Dagegen verbot die Org. (Art. 37 d), Wahlen auf geistliche Pfründen an besondere Vorbehalte oder Bedingungen zu knüpfen, oder

---

[1] Dies wenigstens formell rechtlich.

[2] Außer den Kollaturrechten an der Domkirche hat der Administrationsrat 1859 nur noch das Kollaturrecht über die Kirche in St. Fiden.

[3] Dagegen stand der Kirchgemeinde das Recht zu, eine gehörige Aushülfe während der Vakanz zu verlangen, indem Art. 40 bestimmte: Es ist Sache des bischöflichen Ordinariates, dafür zu sorgen, daß unbesetzte Pfründen während ihrer Vakaturzeit gehörig versehen werden.

mit dem Wahlkandidaten Verträge über seine Obliegenheiten oder Einkünfte abzuschließen und bei Pfrundbestallungen, welche auf Vorschläge der betreffenden Gemeindevorsteherschaften und Pfrundinhaber vom bischöflichen Ordinariate erlassen wurden, insoweit solche ökonomische Bestimmungen enthielten, hatte der Administrationsrat das Prüfungs- und Genehmigungsrecht.

Der Rekursus war in der Org. (Art. 42) so geregelt, daß der Administrationsrat alle Klagen auf Absetzung oder Entfernung von Bepfründeten, die bei ihm angebracht wurden, zu untersuchen hatte. Betrafen sie eine Vernachlässigung oder Verletzung kirchlicher Amtspflichten oder unpriesterlichen Wandel, so leitete er sie an die kirchliche Oberbehörde, beschlugen sie aber eine Uebertretung von Staatsgesetzen, so gelangte er an die zuständige Staatsbehörde zu angemessener (Erledigung der Sache[1]) Bei allfälligen Klagen und Anständen zwischen angestellten Priestern und Vorsteherschaften über Pfrundeinkünfte rc., schritt der Administrationsrat vermittelnd und abhilflich ein. Ebenso hatte er bei pflichtwidriger Amtsführung von Verwaltungsräten in den Kirchgemeinden von sich aus Remedur zu schaffen oder dem Reg.-Rate zu dessen weiterer Verfügung Kenntnis zu geben. Aus wichtigen Gründen konnte er einen Verwaltungsrat unter Genehmigung des Regierungrates in seiner Amtsführung einstellen (Art. 51). Schließlich bestimmte Art. 63 Org.: Beschwerden gegen den Administrationsrat über Verletzung dieser Organisation oder anderer vom Staate sanktionierter Verordnungen für den katholischen Konfessionsteil, können rekursweise beim Reg.-Rat angebracht werden.

Für das Verwaltungswesen galten folgende Vorschriften.

Die Organisation unterschied zwischen örtlichem Kirchengut, das der einzelnen Kirchgemeinde angehört, katholischem Zentralgut, dessen Eigentümer die katholische Korporation ist und freie, vom bischöflichem Ordinariat verwaltete Vermögensteile,[2]) die aus „Stiftungen und Vergabungen für fromme Zwecke zu Handen der kirchlichen Oberbehörde" bestehen. Für Verwaltung

---

[1]) Vergl. Art. 14 konfessionelles Gesetz. Beilage 1.
[2]) Nach Art. 49 Organisationsgesetz konnten auch die geistlichen Landkapitel ihre Fonde unter Aufsicht des Bischofs verwalten.

des örtlichen Kirchengutes wählte die Kirchgemeinde einen Verwaltungsrat, der unter der Oberaufsicht des Administrationsrates stand, als der obersten Verwaltungs- und Rechnungsbe-
hörde über das Vermögen der katholischen Kirchen,[1] der Pfründen
und andern frommen Stiftungen und Stipendien, wenn solche
mit jenen in Verbindung standen. Die Verwaltung des katholischen Zentralgutes (Zentralfonds und Anstalten) stand beim
Administrationsrate unter Rechnungsablage, Einsichtnahme und
Gutheißung des katholischen Kollegiums[2]. Er beaufsichtigte
und leitete die Pensionsanstalt katholischer Fundation, sowie
die der katholischen Korporation angehörende Knabenrealschule
und höhere Mädchenschule in St. Gallen. Er ernannte die erforderlichen Lehrer und Lehrerinnen und bestimmte ihre Gehalte aus dem hiefür vom Kollegium jeweilen bewilligten
Kredite. Gegenüber diesen Instituten und den Töchterschulen
in den Klöstern, übte er die Rechte einer Realschulbehörde aus.
Diese konfessionellen Schuleinrichtungen stützten sich auf die
durch Art. 7 Abs. 7 K.-V. gewährleistete Freiheit des Unterrichtes. Der Administrationsrat konnte Stipendien an studie-
rende Jünglinge verleihen, besorgte die Beaufsichtigung und
Verwaltung der Stiftsbibliothek, des Stiftsarchivs (soweit dies

---

[1] Diese Gesetzesstelle, welche vom Vermögen der „katholischen Kirchen"
spricht, kann den Charakter des Kirchengutes, als Eigentum der Kirchgemeinde, nicht ändern. Das kanonische Recht ist in dieser Hinsicht im Kanton
St. Gallen nicht rezipiert worden.

[2] Wir haben Seite 228 dargestellt, wie weit dem Bischof das Mitver-
waltungsrecht bezüglich der Diözesanfonds zustand.

Dazu: Verständigung zwischen dem Administrationsrat und dem bischöflichen Ordinariate über Verwaltung und Beaufsichtigung von Kirchen- und
Pfründengut. Vom 29. Dezember 1864/13. März 1865. Zingg a. a. O. S. 116.

Art. 5. Damit das bischöfliche Ordinariat Gelegenheit erhalte, sich über
den Bestand und die Verwaltung der Kirchen- und Pfrundgüter Kenntnis zu
verschaffen, werden die alljährlich an den Administrationsrat eingehenden Rech-
nungs- und Vermögensausweise zu beliebiger Einsichtnahme desselben geteilt.
Auch soll dem bischöflichen Ordinariate Gelegenheit geboten werden, sowohl in
die Revisionsberichte der aufgestellten Bezirksrevisoren, als in die bezüglichen
Akten des Administrationsrates, resp. dessen Verwaltungskommission, Einsicht
zu nehmen oder nehmen zu lassen.

Allfällige Aushebungen und Beanstandungen von Seite der kirchlichen
Oberbehörde sollen jeweilen geprüft und gewürdigt werden.

ihm zustand) und übte in Bezug auf die Kathedralkirche und die ihr einverleibte Pfarrei St. Gallen-Tablat die Rechte und Obliegenheiten eines Kirchenverwaltungsrates. (Art. 62a Crg.) Schließlich prüfte und genehmigte er die Statuten des geist= lichen Hilfsvereins[1]) der katholischen Weltpriester und stellte mit dem Ordinariate einen Tarif für kirchliche Gebühren und Taxen auf.[2])

Im Klosterwesen blieb dem Administrationsrate die Be= aufsichtigung und Leitung der Angelegenheiten der bestehenden Frauenklöster, soweit sie nicht rein kirchlicher Natur, somit dem Bischof übertragen waren. Die Anzahl der Frauen in jedem Kloster richtete sich nach dem Vermögen und dem Erwerb des= selben, sowie nach dem besondern Verhältnis seines Personal= bestandes zur Erfüllung der dem betreffenden Konvente ob= liegenden Pflichten.

Für jedes Kloster wurde eine Normalzahl auf Bericht und Antrag des Administrationsrates durch das Kollegium festge= setzt[3]) Zur Ablegung des Ordensgelübdes forderte Art. 52b Crg. das zurückgelegte 22. Altersjahr, die Erlegung einer durch den Administrationsrat festzusetzenden Aussteuer und die Er= klärung der eigenen freien Entschließung. Die Beichtiger mußten mit st. gallischen Wahlfähigkeits-Akten versehen sein und die= jenigen Frauenklöster, welche sich nicht durch Erziehung und und Beschulung von Töchtern oder auf andere dem Admini= strationsrat genehme Weise nützlich machten, hatten einen jähr=

---

[1]) Statuten für den Hülfsverein der katholischen Weltpriester des Bistums St. Gallen. Vom 21. Januar 1863. Vom Administrationsrat genehmigt am 31. Januar 1863. Zingg a. a. O. S. 186. Zusatzbestimmungen vom 21. Ja= nuar 1868.

[2]) Uebereinkunft über den Bezug von Taxen und Gebühren für geistliche Amtsverrichtungen. Vom 23. Dezember 1863. Zingg a. a. O. S. 196.

[3]) Diese erfolgte durch Beschluß des Kollegiums vom 1. Juli 1863. Dar= nach konnten Aufnahme finden

a) in den Klöstern Wurmsbach und Magdenau je bis 28,

b) in den Klöstern Notkersegg, St. Scholastika in Rorschach, Berg Sion, St. Maria bei Wattwil und St. Katharina in Wil je bis 24,

c) in den Klöstern Mariahilf in Altstätten, Mariazuflucht in Weesen und St. Gallenberg bei Glattburg je bis 20.

Unter gegebenen Verhältnissen konnte die Aufnahme von weitern fünf Schwestern gestattet werden. Zingg a. a. O. S. 225.

lichen Beitrag an das katholische, weibliche Erziehungswesen zu leisten. Der Administrationsrat wachte, daß das Vermögen sämtlicher Frauenklöster ungeschmälert erhalten und die Konvente in Rechtsgeschäften verbeiständet wurden. Die Mannsklöster sind von der Org. nicht berührt, da sie unter unmittelbarer Jurisdiktion ihres Provinzials stehen.

Eine selbständige Ordnungsgewalt stand dem Administrationsrate nur in geringem Maße zu, indem ihm Art. 62 Org. gestattete, die zur weitern Ausführung dieser Organisation erforderlichen Verordnungen, Reglemente und Instruktionen zu erlassen, oder je nach Erheblichkeit der Gegenstände, bezügliche Beschlussesvorschläge an das katholische Kollegium zu bringen. Diese Erlasse durften nicht mit der Organisation in Widerspruch treten. Demnach war durch die Organisation eine genaue Ausscheidung der Kompetenzen des Administrationsrates in dieser Hinsicht nicht vorgenommen worden. Nominell wurde ihm aber in Art. 45 Org. das Recht gewährleistet, kirchenpolizeiliche Verordnungen aufzustellen über Handhabung von Ruhe und Ordnung bei den gottesdienstlichen Verrichtungen im allgemeinen und insbesondere über Beaufsichtigung der Schulkinder in der Kirche, sowie über den pflichtigen Besuch der Christenlehre von Seite der erwachsenen Jugend bis zum angetretenen zwanzigsten Altersjahre [1] Er konnte Bußen festsetzen, womit diesfällige Uebertretungen und Widersetzlichkeiten geahndet werden sollten. Die Weiterziehung solcher Bußenerkenntnisse an den bürgerlichen Richter war gewährleistet. [2] Schließlich war der

---

[1] Diese Bestimmung trat mit B.-B. von 1874 in Widerspruch.

[2] Die Aufstellung der Kirchenpolizeiordnung erfolgte durch Beschluß des Administrationsrates vom 29. November 1866. Zingg a. a. O. S. 205.

Art. 10. Ruhe und Ordnung störendes Betragen bei gottesdienstlichen Versammlungen oder Verrichtungen, ist vom Kirchenverwaltungsrate je nach Umständen mit einer Geldbuße von 2—20 Fr. zu bestrafen. Sollten sich aber solche Handlungen nach den Bestimmungen des jeweilen bestehenden St.-G.-B. zum Delikt der Störung gottesdienstlicher Versammlungen gestalten, so sollen sie behufs Untersuch und Strafeinleitung bei kompetenter Amtsstelle verzeigt werden.

Art. 25. Ausgefällte Geldbußen, welche wegen Unvermöglichkeit der Gebüßten nicht erhebbar sind, sollen in Gefangenschaft umgewandelt werden, wofür der Verwaltungsrat, unter Vorlage seiner Erkenntnis, jeweilen beim betreffenden Bezirksamte einzukommen . . . hat.

Art. 26. Gegen Bußenerkenntnisse von Kirchenverwaltungsräten ist die Weiterziehung an den bürgerlichen Richter vorbehalten und gestattet.

Administrationsrat diejenige Behörde, welche über die Aufrechthaltung aller den katholischen Konfessionsteil betreffenden Verträge zu wachen und die Rechte auszuüben hatte, welche in
Folge derselben der katholischen Korporation zustanden. Aus
dem Vorliegenden ergibt sich, daß auch der Administrationsrat
in der Hauptsache die nämlichen Befugnisse wie früher beibehielt und als feststehende, sachkundige Behörde wiederum geeignet erscheinen mußte, die synodale Repräsentanz, das Kollegium, faktisch in völlige Abhängigkeit von sich zu versetzen.

3. Kirchgemeinden und andere kirchliche Genossenschaften.
(Art. 64—67 Org.)

Die im Verfassungsrate (S. 277 Anm. 1) ausgesprochene
Befürchtung, die Organisation der Kirchgemeinden könnte nach
dem Wortlaut des Art. 6 und 61 K.=V. von den Konfessionen
in ihre Gesetzgebungsgewalt einbezogen werden, verwirklichte
sich, indem sowohl die katholische, wie die evangelische Organisation, Bestimmungen über die detaillierten Einrichtungen der
Kirchgemeinden geben. [1]

Nach Art. 64 Org. bestanden die Kirchgemeinden, Filial-
und Kapellgenossenschaften aus sämtlichen [2] katholischen Einwohnern derselben. Der Bestand und der Umfang dieser Genossenschaften konnte vom Administrationsrate im Einverständnis mit dem bischöflichen Ordinariate und unter Genehmigung
des Reg.=Rates je nach Bedürfnis abgeändert werden. Gütliche
oder rechtliche Ausmittlung gegenseitiger Ansprachen blieb vorbehalten. (Art. 65 Org.) Die Genossenversammlung, in der das
Stimm= und Wahlrecht durch Art. 33 K.=V. geregelt war, wählte
ihren Verwaltungsrat und eine Rechnungskommission, übte das
Kollaturrecht und entschied im allgemeinen über Verwendung
und Benützung derjenigen Vermögensteile der Genossenschaft,
welche zu keinem bestimmten Zwecke gestiftet waren [3] sowie
über veränderte Bestimmung von Stiftungsgütern und über zeit-

---

[1] Nur so konnten die Kirchgemeinden zu ihrer machtlosen, vom Administrationsrat und bischöflichen Ordinariat durchaus abhängigen Stellung gebracht
werden.

[2] Nach Art. 49 B.=V. von 1874 nicht mehr durchführbar.

[3] Somit werden auch diese Stiftungen zum Genossenvermögen gerechnet.

weise Verwendung des Ertrages oder der Vorschüsse besonderer Stiftungen zu andern als stiftungsgemäßen Zwecken. Für solche Beschlüsse mußte die Gutheißung der konfessionellen und kirchlichen Oberbehörde eingeholt werden. Die Genossenversammlung hatte über Ankauf, Austausch oder Verkauf von Liegenschaften unter Vorbehalt der Genehmigung von Seite der kirchlichen und konfessionellen Oberbehörden zu beschließen. Sie genehmigte die Berichte und Amtsrechnungen der Rechnungskommission und des Verwaltungsrates und entschied über Erhöhung der Pfrundgehalte; sofern letztere auf dem Wege der Steuererhebung zu bestreiten waren, bedurfte der Beschluß der Zustimmung des Administrationsrates und der Sanktion des Reg.-Rates. Endlich konnte sich die Genossenversammlung über Neubauten und Hauptreparaturen von Kirchen- und Pfrundhäusern, sowie über Anlagen und Erweiterungen von Friedhöfen, über Anschaffung neuer Glocken, Orgeln und Altäre aussprechen. Solche Beschlüsse unterlagen ebenfalls der Gutheißung der konfessionellen und kirchlichen Oberbehörde und falls zur Deckung der Kosten Steuern erforderlich waren, auch der Genehmigung des Reg.-Rates. Die Ueberwachung und Leitung aller untergeordneter Behörden der Kirchgemeinden, der Filial- und andern kirchlichen Genossenschaften stand beim Administrationsrate.

4. Verwaltungsräte. (Art. 68—80 Org.)

Dem schon durch Art. 61 K.-V. vorgesehenen Verwaltungsrat der Kirchgemeinde wurde die ökonomische Verwaltung des gesamten Vermögens der Kirchen, Pfründen und andern frommen Stiftungen der betreffenden Genossenschaft übertragen. Er bestellte in oder außer seiner Mitte Pfleger für einzelne Fonde und Stiftungen. Der Verwaltungsrat sorgte dafür, daß das Stiftungsvermögen ungeschmälert erhalten, nach bestehenden Vorschriften geäufnet und Fonde und Kapitalien sicher angelegt wurden. Ueber Anschaffung und Reparaturen von gottesdienstlichen Gegenständen, sowie von kirchlichen Gerätschaften, hatte er sich mit dem Ortspfarrer ins Einvernehmen zu setzen; ebenso für Einführung von Kirchenmusik, Anschaffung neuer Kirchengesangbücher und Kirchenmusikalien. (Art. 70). Bei Ab-

nahme aller Amtsrechnungen des Verwaltungsrates mußte der
Ortspfarrer zugezogen werden; er, bezw. die andern zugezogenen
Pfrundgeistlichen, hatten bei gesetzwidriger Verwaltung und
Verwendung oder andern Uebelständen Anzeige an die Ober-
behörden zu machen (Art. 71 Org.).

Der Verwaltungsrat wählte die niedern Kirchendiener,[1]
unterstützte die Geistlichen in ihrer amtlichen Wirksamkeit und
handhabte die bestehende Kirchen- und Gottesdienstordnung,
wobei er zur Aufrechterhaltung der Ruhe während des Gottesdienstes, sowie für eine würdige Feier der Sonn- und Festtage
nach Maßgabe gesetzlicher Bestimmungen[2] die Gemeindepolizei
in Anspruch nehmen konnte. Unter Beihilfe des Ortspfarrers
stand es dem Verwaltungsrat zu, unter Genehmigung des
Administrationsrates und des bischöflichen Ordinariates innert
den gesetzlichen Schranken besondere Lokalkirchenordnungen zu
erlassen. Er hatte ein genaues Verzeichnis der stimmfähigen
Kirchenangehörigen und ein vollständiges Steuerregister aller
Kirchensteuerpflichtigen nach den gesetzlichen Vorschriften zu führen
und die nötigen Kirchensteuern nach Maßgabe der Steuergesetze
zu dekretieren und zu erheben. Nach Art. 13 des konfessionellen
Gesetzes von 1859) mußten dem Reg.-Rate die Vermögensausweise der bezüglichen Genossenschaften durch die konfessionellen
Oberbehörden zugestellt werden.

5. Die Pfarrei St. Gallen-Tablat.

Von diesen Bestimmungen der katholischen Org. blieb die
Pfarrei St. Gallen-Tablat zum Teil unberührt. Die Einwohner-
schaft katholischer Konfession der politischen Gemeinde St. Gallen
bildet mit den Katholiken der politischen Gemeinde Tablat eine
der Kathedralkirche einverleibte, katholische Pfarrei. Sie sind
nicht im Sinne der andern Genossenschaften zu einer Kirchgemeinde organisiert und ihre Mitglieder üben keine genossen-
schaftlichen Rechte aus. Sie haben keine eigene Pfarrkirche,
keine besondern Pfründen und Geistlichen und kein Genossengut.

---

[1] Art. 72: Der Verwaltungsrat wählt den Organisten, Vorbeter und allfällige andere Kirchendiener.

[2] Siehe Art. 100 des Organisationsgesetzes von 1867 Seite 359

Die Pfarrkirche ist die Kathedrale, welche im Eigentum der katholischen Korporation des Kantons St. Gallen steht: die Pfründen gehören zu dieser Hauptkirche und die Geistlichen sind ihre Bepfründeten, deren Wahl ohne Mitwirkung der Parochianen nach den Bestimmungen des Konkordates von 1845 erfolgt. Genossengut ist nicht vorhanden, denn die kirchlichen Fonds stehen mit der Kathedrale im Eigentum der katholischen Korporation. Die Katholiken St. Gallen Tablats besitzen also kein Wahlrecht und haben keine Steuerverpflichtung gegenüber der Kathedrale. Ihr Verhältnis zur Hauptkirche ist ein persönlich-parochiales, mit dem Recht auf Anspruch der Spiritualien.[1] Der Kirchenverwaltungsrat ist der Administrationsrat. Für die Wahl der Mitglieder in das katholische Kollegium wird die Pfarrei in zwei Wahlkreise eingeteilt, wovon der eine die katholischen Einwohner der politischen Gemeinde St. Gallen, der andere jene der politischen Gemeinde Tablat umfaßt. (Art. 4. Crg.)

6. Die Landkapitel.

Die Umgrenzung der geistlichen Landkapitel erfolgte nicht durch die katholische Organisation, sondern durch die Statuten[2] für die geistlichen Landkapitel vom 16. Februar 1848. Die Geistlichkeit wurde in acht Landkapitel eingeteilt und für die Geistlichkeit der Dompfarrei ein besonderes Kapitel geschaffen. Mitglied eines Landkapitels war jeder Geistliche, welcher innert den Grenzen des Kapitelsbezirkes definitiv vom Diözesanbischof die kirchliche Institution auf ein Benefizium erhalten hatte. An der Spitze des Kapitels stand ein Dekan und als dessen Stellvertreter und zugleich Verwalter des Kapitelsvermögens ein Kämmerer. Diese beiden bildeten unter dem Vorsitz des Dekans die Kapitelskommission. War das Kapitel in Regiunkeln abgeteilt, so erhielt jede Regiunkel einen eigenen Deputanten und Sekretär. Der Zweck der Kapitelsvereine bestand darin, die innige Verbindung des Bischofs mit der Geistlichkeit und durch diese mit dem gläubigen Volke

---

[1] Siehe Art. 6 der Vollzugsbestimmungen zum Konkordat vom 11. März 1847.

[2] Statuten für die geistlichen Landkapitel des Bistums St. Gallen. Vom Bischof erlassen am 16. Februar 1848. Vom Großen Rat genehmigt am 9. Januar 1849. Revidiert vom Bischof am 21. Januar 1868.

zu unterhalten. Dem Dekan stand das Recht zu, fehlende
Geistliche von Amtswegen zu vernehmen, zu ermahnen, zurecht-
zuweisen und bei vergeblichem Verwenden an das bischöfliche
Ordinariat einzuberichten. (Art. 42.)

Die Darstellung der katholischen Organisation und der
einschlägigen Bestimmungen zeigt, daß sie sich im allgemeinen
auf Grundlage der gesetz- und gewohnheitsrechtlichen Anschauungen aufbauten und in den ihnen vom Staate gezogenen
Grenzen bewegten, in welchem Rahmen sie allein gesetzliche
Geltung erlangen konnten, da der Staat die Organisation unter
Vorbehalt der verfassungsmäßigen Rechte des Staates sanktionierte.

Wir haben bereits darauf hingewiesen, daß die Org. vornehmlich in zwei Punkten mit staatlichen Normen in Widerspruch trat. Einmal war es die durch Art. 38 Org. ausgesprochene Beseitigung der formellen Plazetierung der Pfrundgeistlichen, welche an Stelle der hoheitlichen Anerkennung, eine
bloße Kenntnisnahme der Wahl setzte. Materiell rechtlich konnte
die Org. das konfessionelle Gesetz von 1859 nicht derogieren,
wegen des bei Sanktionierung der Org. vom Staate gemachten
Vorbehaltes der verfassungsmäßigen Rechte. Formell aber war
die Plazetierung beseitigt, da der Staat gegen diesen Artikel
der Org. keine ausdrückliche Einsprache erhob und sich in der
Folge mit der bloßen Anzeige der Kollation begnügte (bis 1873).
Jedoch verblieb dem Staate stillschweigend das Recht, jederzeit
auf die volle Beachtung des Art. 15 des konfessionellen Gesetzes
(Plazetierung) dringen zu können.

Dann trat die Org. in Art. 64 ff. aus den gesetzlichen
Schranken heraus. Wiewohl Art. 61 K.-V. bestimmte: „Jede
Ortsgemeinde, Kirchen-, Schul- oder andere öffentliche Genossenschaft bestellt zur Besorgung ihrer Angelegenheiten einen
Verwaltungsrat von wenigstens drei Mitgliedern. Das Nähere
bestimmt das Gesetz,“ so zog die katholische Org. doch die
nähere Einrichtung und Umgrenzung der Kirchgemeinden vollständig in ihre Ordnungsgewalt ein. Nachdem sich die K.-V.
die detailliertere Organisierung der Kirchgemeinden ausdrücklich

vorbehalten hatte und die katholische Org. unter Vorbehalt der verfassungsmäßigen Rechte des Staates sanktioniert worden war, so konnten diese katholischen Organisationsartikel wiederum keine materiell=rechtliche Gültigkeit erlangen. Formell und faktisch jedoch haben auch diese Artikel mit der Gutheißung der Org. Rechtskraft erhalten[1]) und das Organisationsgesetz über die Verwaltungsbehörden vom Jahre 1867 hat das einseitige Vorgehen der Konfessionen auf diesem Gebiete, trotz des Art. 61 K.=V., sogar sanktioniert, indem es bestimmte: „Die Festsetzung der Organisation der Kirchgemeinden, deren Bestand und Um= fang, sowie die Bestimmung über Verwaltung und Besorgung der Fonde und Stiftungsgüter derselben, ist unter Aufsicht und Sanktion des Staates, Sache der betreffenden Konfessionsteile und ihrer Oberbehörden." (Art. 144). Abgesehen von der Ver= fassungswidrigkeit, scheint es nach der, durch K.=V. von 1861 auf gemischtem Gebiete begründeten, konfessionellen Autonomie staatsrechtlich richtiger gewesen zu sein, die Organisierung der Kirchgemeinden der Ordnungsgewalt der Konfessionen über lassen zu haben.

§ 2.

Die Organisation des evangelischen Konfessionsteils.

Die vollständige Organisation des evangelischen Kirchen= wesens ist nicht in einer einzigen Norm zusammengefaßt, wie diejenige des katholischen Konfessionsteils, was sich daraus er= klärt, daß die Repräsentanten des evangelischen Volkes nicht

---

[1]) Im katholischen Großratskollegium war bei Beratung der katholischen Org. Verwahrung dagegen eingelegt worden, daß in die Org über die Ein= richtung und Verwaltung der Kirchgemeinden, im Widerspruch mit Art. 61 K.=V., statuiert werde. Spätere Erinnerung an die Erlassung des durch Art. 61 K.=V. postulierten Gesetzes unterlagen dem Lose, als den konfessionellen Frieden be= einträchtigend bezeichnet zu werden.

Es ist begreiflich, daß diese eigenartige Ausführung der K.=V. (Art. 61 ein Ergebnis der damals unter den Führern der beiden politischen Parteien vor= herrschenden wohlgemeinten Kompromiß — und Friedenspolitik — die neu kon= stituierten konfessionellen Behörden ermutigen mußte, sich ein Gebahren zu erlauben, als ob eine Aufsicht des Staates in kirchlichen Dingen unter der neuen Verfassungsaera so gut als gar nicht mehr bestünde. Aus: Botschaft des Reg.=Rates vom 1 Juni 1874 Amtsblatt von 1874.

nur die konfessionellen und gemischten Angelegenheiten zu ordnen sondern eine vollständige Kirchenverfassung und ein Ehegesetz aufzustellen hatten, während katholischerseits für das erstere die alte hierarchische Verfassung in voller Geltung blieb und die Regelung des Matrimonialwesens fast ausschließlich in der Hand der kirchlichen Oberbehörden lag.

Um eine einheitliche Darstellung zu erhalten, betrachten wir die folgenden Normen im Zusammenhang:

1. Organisation der evangelischen Kirche des Kantons St. Gallen; erlassen nach Schlußartikel 2 K.-V. von 1861 von der Versammlung der evangelischen Mitglieder des Großen Rates als konstituierende Kommission, am 11. März 1862, sanktioniert vom Großen Rate am 19. März 1862.

2. Evangelische Kirchenordnung: von der evangelischen Synode erlassen am 23. Brachmonat 1864, sanktioniert vom Großen Rate am 22. Wintermonat 1864.

3. Ehesatzungen für den evangelischen Konfessionsteil: erlassen vom evangelischen Großrats-Kollegium am 9. Brachmonat 1840, sanktioniert vom Großen Rate am 20. Wintermonat 1840 (dargestellt Seite 147).

4. Verordnung betreffend das rechtliche Verfahren in Ehestreitsachen für den evangelischen Konfessionsteil: erlassen von der evangelischen Synode am 21. Brachmonat 1865, sanktioniert vom Großen Rate am 28. Wintermonat 1865.

5. Dazu kommen nebensächliche Bestimmungen über Sportelntarif für die evangelischen Matrimonialgerichte, Zuteilung evangelischer Einwohner an andere Gemeinden 2c., welche sich in der G.-S. von 1868 B. I. S. 452—454 und S. 483—484 finden.

1. Die Kirchgemeinde (Art. 2—8 Org.).

Die evangelische Kirche des Kantons St. Gallen wurde als aus der Gesamtheit der im Kanton befindlichen, evangelischen Kirchgemeinden bestehend und als Glied der evangelisch reformierten Kirche des schweizerischen Vaterlandes bezeichnet.

Auch die Organisation der evangelischen Kirche überschritt die ihr vom Staate gezogenen Grenzen, indem auch sie entgegen dem Art. 61 K.-V. die Organisation der Kirchgemeinden selbständig normierte und darin nach einer Botschaft des Regierungsrates [1] so weit ging, daß sie noch andere dem Staate zustehende Kompetenzen zu entziehen suchte, so: Beeidigung der Mitglieder der evangelischen Kirchenverwaltungsräte durch die Bezirksammänner, Recht des Staates zur Kognition über Kassations-Gesuche betreffend die Wahlverhandlungen evangelischer Kirchgemeinden ꝛc.

Die Kirchgemeinde, welche durch die Kirchgemeindeversammlung vertreten wurde, umfaßte alle im Gebiete der betreffenden Pfarrgemeinde wohnenden und derselben zugeteilten Christen evangelischer Konfession. [2] Die Stimm- und Wahlfähigkeit in der Kirchgemeindeversammlung richtete sich nach Art. 33 K. V. Nach Art. 20 K. O. waren die stimmfähigen Glieder der Kirchgemeinde zum Besuch der Versammlungen bis zur Aufstellung einer besondern Verordnung, nach den allgemeinen gesetzlichen Bestimmungen [3] verpflichtet. Die Kompetenzen der Kirchgemeindeversammlung blieben in der Hauptsache die nämlichen, wie früher. Sie hatte neben der Wahl der Kirchenvorsteherschaft und deren Präsidenten, des Verwaltungsrates (dessen Aufstellung fakultativ war), der Rechnungskommission, der Geistlichen und der Kirchenbediensteten auch die Mitglieder zur Synode zu ernennen. Ueberhaupt stand ihr nach Art. 18 Kirchenordnung innert den gesetzlichen Schranken und Verordnungen die Entscheidung über alles zu, was zur Förderung des örtlichen Kirchenwesens diente. Sie setzte die Besoldungen fest, sorgte für gehörigen Unterhalt der Kirchen und Pfarrhäuser, für den Gottesdienst und die gesamte kirchliche Verwaltung der Gemeinde und hatte, wenn die Einkünfte der vorhandenen Fonds [4] nicht ausreichten, die zur Bestreitung der Ausgaben erforderlichen Steuern festzusetzen. Diese Steuererhebung war in der Organisation weder an die Gutheißung des Regierungsrates noch an die Beobachtung der Steuerge-

---

[1] Botschaft des Reg.-Rates vom 1. Juni 1874. Amtsblatt von 1874. S. 106.
[2] Vergl. den Unterschied mit der katholischen Organisation S. 283.
[3] Solche „allgemeine gesetzliche Bestimmungen" bestanden aber nicht.
[4] Das kirchliche Vermögen steht im Eigentum der Kirchgemeinde.

setze nominell geknüpft. Für die Neubildung von Kirchgemeinden und Kirchenvereinen gab die Kirchenordnung besondere Vorschriften, wobei die anzustrebende Kirchgemeinde mindestens 400 Seelen zählen mußte. Gemeindeglieder, die sich in Gottesdienst oder Lehre von der Kirche absonderten, blieben in allen andern Pflichten und Rechten den übrigen Gliedern der Kirchgemeinde gleichgestellt, so lange sie nicht vom Staate als eine besondere Religionsgenossenschaft anerkannt und zu einer solchen förmlich übergetreten waren (Art. 5 Kirchenordnung). Dagegen sollten solche, die in eine andere, vom Staate anerkannte Kirche oder Religionsgenossenschaft übertraten, von allen Rechten und Pflichten gegen die evangelische Landeskirche und ihre Kirchgemeinden enthoben sein. Die Kirchenordnung sieht demnach nur den Fall des Uebertrittes, nicht aber den Fall des Austrittes aus der Kirche überhaupt vor (Kirchenordnung Art. 6).

2. Das Kollaturwesen.

Die Vorschriften über das Kollaturwesen in den Kirchgemeinden blieben beinahe gleich. Die Kirchenordnung (Art. 36) verbot wiederum, einen Geistlichen vor Ablauf von zwei Jahren oder nach zurückgelegtem 60. Altersjahr zu entlassen. Der Entlassungsbeschluß, der von der Mehrheit der stimmfähigen Kirchgenossen gefaßt sein mußte, war gültig, sobald die Verhandlung vom Kircherat als gesetzlich anerkannt bezeichnet wurde (Kirchenordnung Art. 41). Die hoheitliche Genehmigung der Pfarrwahl durch den Regierungsrat nach Art. 15 konfessionelles Gesetz von 1859, fand in Art. 35 Kirchenordnung folgende Anerkennung: „Wenn innert acht Tagen, von dem Tage der Wahl an gerechnet, keine Einwendung gegen dieselbe beim Kirchenrate eingeht und er seinerseits die Wahlverhandlung in gesetzlicher Ordnung findet, so wird die Wahl von ihm für gültig erklärt und dem Regierungsrat zur Kenntnis gebracht." Somit statuiert auch die evangelische Organisation nicht ein formelles Plazetierungsrecht des Staates, sondern beschränkte die hoheitliche Anerkennung auf eine bloße Kenntnisgabe an den Regierungsrat. Wie weit diese Derogierung Rechtsgültigkeit erlangen konnte, haben wir Seite 297 gezeigt. Nach Kirchenordnung (Art. 23) mußte für eine erledigte Pfründe die Vornahme einer Neuwahl

innert sechs bezw. sieben Wochen erfolgen.[1] Ueber das Pfarramt enthielt die Kirchenordnung u. a. folgende Vorschriften:[2]
Das zuständige Pfarramt für Kopulationsangelegenheiten ist
dasjenige der ortsbürgerlichen Kirchgemeinde des Bräutigams. Den Religionsunterricht hat der Pfarrer von Amts
wegen zu beaufsichtigen. Jede in der Gemeinde vollzogene
Taufe, Eheeinsegnung und Beerdigung ist vom Pfarrer in den
betreffenden Registern genau einzutragen und darüberhin von
demselben ein Familienverzeichnis zu führen. Gegen gesetzliche
Vorladungen vor Pfarramt und Kirchenvorsteherschaft und Ungehorsam gegen erlassene Weisungen war eine Buße bis 10 Fr.
festgesetzt.[3] Wiederholter Ungehorsam und Widersetzlichkeiten
wurden nach Maßgabe der gesetzlichen Bestimmungen durch das
Bezirksammannamt an das zuständige Gericht zur Bestrafung
eingeleitet. Für die erstgenannte Buße war der Refurs an die
staatliche Behörde nicht ausdrücklich vorbehalten.

Wahlfähig auf eine Pfründe im Kanton waren nach
Kirchenordnung Art. 43, Geistliche, welche

1. Von der zuständigen, hiesigen Kirchenbehörde ordiniert oder

2. Anderwärts von einer anerkannten Kirchenbehörde ordiniert worden waren, und entweder

a) vermöge Konkordates die Wahlfähigkeit besaßen oder

b) gemäß gesetzlicher Vorschrift[4] der Kirchenordnung vom
herwärtigen Kirchenrate für wahlfähig erklärt werden konnten.

Das oben erwähnte Konkordat[5] bestand seit dem 19.
Hornung 1862 zwischen den fünf Kantonen Zürich, Aargau,

---

[1] Ueber die vikariatsweise Besetzung von Pfründen siehe K.-O. Art. 107
bis 112.

[2] Es betrifft die Art. 63, 75, 97 und 143 der K.-O.

[3] Die K.-O. von 1881 modifizierte dies in der Weise, daß der Kirchenvorsteherschaft als Sittenbehörde bei vorkommenden Uebelständen das Recht gegeben wurde, sich an der Hand der gesetzlichen Bestimmungen mit ihren Klagen
oder Vorstellungen an die zuständigen staatlichen Organe zu wenden oder von
sich aus die Fehlbaren durch Warnung und Ermahnung mündlich oder
schriftlich an ihre Pflicht zu erinnern, nötigenfalls auch zur Bestrafung zu verzeigen.

[4] Dazu: Examinations- und Ordinationsordnung für die evangelische
Kirche des Kantons St. Gallen vom 20. Juni 1865.

[5] Konkordat betreffend gegenseitige Zulassung evangelisch-reformierter
Geistlicher in den Kirchendienst vom 19. Hornung 1862; vom st. gallischen Großen
Rat genehmigt am 1. Brachmonat 1863.

Appenzell A.-Rh., Thurgau und Glarus und war durch den Kanton Schaffhausen verstärkt worden, als die evangelische Synode des Kantons St. Gallen am 16. Christmonat 1862 ihren Beitritt erklärte.[1]) Das Konkordat stellte eine gemeinsame Prüfungsbehörde auf, welche dem Kandidaten ein Zeugnis der Wahlfähigkeit aushändigte, wodurch dieser, nachdem er von dem Kanton, der ihn zum Examen empfohlen, die Ordination erhalten hatte, für den ganzen Umfang des Konkordatsgebietes wahlfähig erklärt wurde. Neben andern Erfordernissen verlangte man vom Kandidaten ein Maturitätszeugnis und einen Ausweis über mindestens dreijährige Hochschulstudien. Das Konkordat traf auch Bestimmungen über die Gleichstellung der geprüften Geistlichen, die nämliche Behandlung von Amtssuspensionen zc., so daß auf diesem Gebiet eine einheitliche Regelung erzielt worden war. — Ueber den Empfang und Verlust der Ordination stellt die Kirchenordnung noch folgendes auf: Art. 242: Als kirchliche Bevollmächtigung, das geistliche Amt in der evangelischen Kirche zu verwalten, wird die Ordination vom Kirchenrat vollzogen und Art. 243: Geistliche, welche zu Handen des Kirchenrates ihren Austritt aus dem geistlichen Stande erklären oder zufolge Art. 167 Kirchenordnung aus demselben ausgeschlossen werden, verlieren damit auch die kraft der Ordination empfangene Vollmacht für den geistlichen Amtsdienst, sowie die Wahlfähigkeit für geistliche Amtsstellen und werden aus dem Verzeichnis der Geistlichen gestrichen.[2])

3. Die Kirchenvorsteherschaft (Organisation Art. 9—17).

Eine Kirchenvorsteherschaft von 7—11 Mitgliedern mußte in jeder Kirchgemeinde aufgestellt werden. Ihr Generalmandat ist in Art. 123 Kirchenordnung enthalten: Die Kirchenvorsteher-

---

[1]) Ueber diese Beitrittserklärung bemerkt die Botschaft des Reg.-Rates vom 1 Juni 1874: „Von der evangelischen Synode wurde die Beitrittserklärung zum Konkordat unter dem 16. Dezember 1862 beim Bundesrate abgegeben, ehe und bevor der Große Rat besagtes Konkordat sanktioniert hatte. Diese wurde erst auf besondere regiminelle Mahnung hin unterm 1. Juni 1863 eingeholt." Amtsblatt von 1874 S. 406.

[2]) Die K.-O. von 1881 enthält die gleiche Bestimmung mit dem Zusatz: „sie verlieren den Anspruch auf die Hülfskasse für die evangelischen Geistlichen des Kantons.

schaft überwacht und besorgt gemäß den Gesetzen und Verordnungen das Kirchenwesen in der Gemeinde, erfüllt die besondern Weisungen und Aufträge der kirchlichen Oberbehörden und vollzieht die Beschlüsse der Kirchgemeindeversammlung. Der Pfarrer oder dessen Stellvertreter, und in Kirchgemeinden, welche aus verschiedenen Pfarrabteilungen bestanden, der Pfarrer einer jeder derselben, war von Amtswegen Mitglied; die übrigen Mitglieder wurden, unter gewissen Beschränkungen, frei aus allen wahlfähigen Kirchgenossen bezeichnet. Wo kein eigener Kirchenverwaltungsrat[1] organisiert wurde, hatte die Kirchenvorsteherschaft die ökonomischen Angelegenheiten der Kirchgemeinde zu besorgen, die Fonds zu verwalten, die Steuern einzuziehen und der Kirchgemeindeversammlung jährlich Rechnung abzulegen. Zur Prüfung der Rechnung und Amtsverwaltung wurde eine besondere Kommission eingesetzt. Wie früher beurteilte die Kirchenvorsteherschaft als Matrimonialgericht erster Instanz die Ehestreitigkeiten nach den Bestimmungen der evangelischen Ehesatzungen. (Diejenigen von 1840 waren noch in Kraft. Seite 147). Schließlich übte die Kirchenvorsteherschaft die Aufsicht über die Sitten und Kirchendisziplin in den Kirchgemeinden und nach einer Verordnung über Erteilung des evangelischen Religionsunterrichtes in den Schulen vom 3. September 1863 stand ihr die Beaufsichtigung des Religionsunterrichtes zu.

4. Kirchenbezirk, Dekan und Kapitel (Organisation Art. 18 bis Art. 23).

Die Einteilung des Kantons in drei Kirchenbezirke mit dem jeweiligen Dekan (Organ des Kirchenrates) als Vorsteher und die Vereinigung der in einem Kirchenbezirk wohnenden, ordinierten Geistlichen zum Kapitel, blieben in gleicher Weise bestehen. Die Synode wählte für jeden Kirchenbezirk einen Dekan und einen Stellvertreter desselben aus den in den Gemeinden des Bezirks angestellten Geistlichen. Der Dekan hatte die Aufsicht über das gesamte Kirchenwesen in seinem Bezirke:

---

[1] Dazu K.-O. Art. 245. Die Kirchenverwaltungsräte wurden vom Staate bestätigt.

er brachte die Verordnungen der Synode und des Kirchenrates zur Kenntnis in den Gemeinden und wachte über deren Voll zug. Nach einer Organisation der evangelischen Kapitel [1] lag dem Dekan die Pflicht ob, in kirchlichen und kirchlich admini strativen Streitigkeiten, welche nicht zivilrichterlicher Natur waren, zu vermitteln. Konnte eine Vermittlung nicht erzielt werden, so hatte er je ein Mitglied der Kirchenvorsteherschaften von zwei unbeteiligten Kirchgemeinden beizuziehen und mit denselben einen Bescheid zu erlassen, gegen welchen Rekurs an den Kirchenrat genommen werden konnte.

Die früher aufgestellte Geistlichkeitssynode fiel weg und so stand es den Kapitelsversammlungen zu, über theologische und praktisch kirchliche Gegenstände zum Zweck wissenschaftlicher und pastoraler Anregung und Fortbildung zu beraten und diejenigen Gegenstände zu begutachten, welche von der Synode oder dem Kirchenrate an sie überwiesen wurden. Ein selbst ständiges Verordnungsrecht bestand demnach für die Kapitel nicht; dagegen wurde nach Kirchenordnung (Art. 165) die Synode angewiesen, über Gegenstände der Lehre, der Seelsorge und des Kultus, sowie über die hiezu nötigen Bücher, die Gutachten der Kapitel einzuholen und erst dann darüber Beschluß zu fassen. In diesen Angelegenheiten hatten also die Kapitel das Recht, vor der Beschlußfassung gehört zu werden. Die Kapitel erstatteten dem Kirchenrate zu Handen der Synode Bericht über ihre Tätigkeit; ebenso gaben sie sich eine Organisation, welche der Genehmigung der Synode zu unterstellen war.

5. Die Synode (Organisation Art. 24—31).

Der Kanton St. Gallen ist einer jener Staaten, welche eine durchaus reine, evangelische Synodalverfassung zeigen. Die Kirchgemeinde und ihre synodale Repräsentanz, die Kirchen vorsteherschaft, [2] waren als Grundlagen bereits vorhanden. Während aber ein weiterer Aufbau des Systems bis 1862 fehlte und man unter Synode keine demokratisch synodale

---

[1] Organisation der evangelischen Kapitel vom 15. Dezember 1862. Zu Vollziehung gesetzt am 14. Januar 1863. Zingg a. a. O. S. 241.

[2] Es kann nicht als ein Einbruch in das Synodalsystem angesehen werden, daß der Pfarrer von Amtswegen Mitglied der Kirchenvorsteherschaft ist.

Einrichtung verstand, sondern eine Versammlung der st. gallisch kantonalen Geistlichkeit, richtete die Organisation eine Landessynode ein, wonach die Abgeordneten der Kirchgemeinden, welche von den Kirchgemeindeversammlungen aus den wahlfähigen Kirchgenossen frei auf vier Jahre gewählt wurden, die Synode des Kantons St. Gallen bildeten.[1] Die Geistlichen waren nicht ex officio Mitglieder.

Die Synode war die oberste Behörde der evangelischen Kirche und leitete und überwachte als solche deren Angelegenheiten. Sie versammelte sich ordentlicherweise einmal im Jahr, wählte ihr Bureau, den Präsidenten, den Kirchenrat, die Dekane und deren Stellvertreter. Sie besaß das Recht, die gegenwärtige Organisation zu revidieren, wobei die Abänderungen der Genehmigung der Kirchgemeinden und der Sanktion des Staates zu unterstellen waren. Ihre Befugnisse erstreckten sich über die Sorge für die religiösen und kirchlichen Interessen, die Entscheidung über Gegenstände der Lehre, der Seelsorge, des Kultus und der kirchlichen Einrichtungen. Die Synode hatte die Oberaufsicht über alle kirchlichen Behörden, Beamten und Kapitel, sowie über die ökonomische Verwaltung der Kirchgemeinden und des evangelischen Korporationsgutes. Sie entschied über die Dekretierung allgemeiner, evangelischer Steuern, über Entlassung fehlbarer Geistlichen, über Aufstellung von Ausführungs-Verordnungen zur Organisation, sowie einer Examinations- und Ordinationsordnung und die Bestellung eines Examinationskollegiums zur Prüfung der Kandidaten des Predigtamtes.[2]

Nach der Kirchenordnung (Art. 163) stand der Synode auch die Wahl der Abgeordneten in die gemeinsame Konkordatsprüfungsbehörde zu, denn im allgemeinen sollten die Theologie Studierenden ihr Examen vor der gemeinsamen Prüfungs-

---

[1] Dazu Interpretation der Synode vom 16. Juni 1863, „daß nur diejenigen als Repräsentanten einer Kirchgemeinde in die Synode zu betrachten seien, welche wirklich Kirchgenossen der betreffenden Gemeinde seien; daß mit der Veränderung des Domizils das Mandat erlösche und eine Neuwahl vorzunehmen sei.“ Zingg a. a. O. S. 218.

[2] Art. 239 K.-O. setzte die Fälle fest, in welchen vor dem kantonalen Examinationskollegium eine Prüfung abgelegt werden mußte.

behörde bestehen (Kirchenordnung Art. 238). Die Synode leitete und beaufsichtigte die evangelische Kirche des Kantons nach innen und vertrat die evangelische Bevölkerung desselben nach außen im Verhältnis zum Staat und zu andern Kirchen (Kirchenordnung Art. 161). In Angelegenheiten und Verhältnissen, die mit dem bürgerlichen Leben zusammenhingen, hatte sie sich nötigenfalls an die Staatsbehörden durch den Kirchenrat zu wenden. Die Synode war also diejenige Behörde, welche eventuelle Grenzstreitigkeiten und Kompetenzkonflikte mit dem Staate zu erledigen hatte.

Ein weiterer, gesetzlich normierter, synodaler Aufbau der evangelischen Kirche der Schweiz, fehlt. In Art. 171 Kirchenordnung wurde die Synode berechtigt, an allem dem teilzunehmen, was zur Einigung der evangelischen Kantonskirchen des schweizerischen Vaterlandes und zur gemeinsamen Fortbildung und Förderung ihrer kirchlichen Institutionen und des kirchlichen Lebens diene. Sie konnte sich nach Gutfinden an den bezüglichen Konferenzen und Konkordaten beteiligen.[1]

6. Der Kirchenrat. (Organisation Art. 32—42).

Die 7 Mitglieder des Kirchenrates wurden von der Synode frei (unter einigen Ausschließungsgründen) aus allen wahlfähigen evangelischen Kantonsbewohnern ernannt. Der Kirchenrat war das vollziehende Organ der Synode und besorgte unter deren Oberaufsicht die allgemeine Verwaltung der kirchlichen Angelegenheiten, vollzog ihre kirchlichen Verordnungen und Beschlüsse und übte die Aufsicht über die kirchlichen Behörden und Beamten der Bezirke und Gemeinden in ihren Amtsverrichtungen. Er legte den Entwurf zu allgemeinen Verordnungen, seine Verwaltungsberichte, sowie die Voranschläge über die Einnahmen und Ausgaben der allgemeinen Verwaltung der Synode zur Genehmigung vor und war ihr für seine

---

[1] Die spätere K.-O. von 1881 fügte zu diesen Bestimmungen den Schlußsatz (Art. 114): die Synode läßt sich durch den Kirchenrat von den offiziellen Mitteilungen der evangelischen Schweizerkirchen auf geeignete Weise Kenntnis geben. Ferner (Art. 166): Der Kirchenrat ist befugt, Konferenzen von schweizerischen Kirchenbehörden zu beschicken und auf denselben die Interessen der Kantonskirche zu vertreten. Sich ergebende Beschlüsse unterliegen der Genehmigung der Synode.

Amtsverwaltung verantwortlich. Der Kirchenrat brachte die
kirchlichen Verfügungen, welche nach K.-V. und den Gesetzen
des Kantons der Einsichtnahme oder Genehmigung der Staatsbehörden bedurften, zur Kenntnis des Reg.-Rates, sorgte für
Besetzung erledigter Pfarrstellen, entschied über die Wahlfähigkeit der Aspiranten auf Pfründen und wachte über den regel-
mäßigen Gang der Wahlverhandlungen. Er konnte fehlbare
Geistliche bis zum Entscheid der Synode suspendieren. In
kirchlichen Streitigkeiten war erste Instanz der Dekan und zwei
Mitglieder von Kirchenvorsteherschaften, zweite Instanz der
Kirchenrat. Nach Kirchenordnung (Art. 194) hatte der Kirchenrat die Oberaufsicht über die Feier der Sonn- und Festtage
und über die Ordnung hinsichtlich der Gottesdienste in den
Gemeinden. Der evangelische Religionsunterricht an den höhern
kantonalen Lehranstalten stand unter seiner speziellen Aufsicht;
er wählte die Religionslehrer an denselben auf eine von ihm
zu bestimmende Zeitdauer, erteilte ihnen die erforderlichen Instruktionen, prüfte und genehmigte die Lehrpläne und überwachte deren Handhabung (Art. 192 Kirchenordnung). Auch
über den evangelischen Religionsunterricht in den Primar-
und Realschulen führte er die Oberaufsicht. Nötigenfalls trat
er mit dem Erziehungsrat ins Einvernehmen (Art. 193 Kirchenordnung).

Die Befugnisse des Kirchenrates als Matrimonialgericht
zweiter Instanz blieben dieselben. Zu den noch geltenden Ehesatzungen des Jahres 1840 trat die erwähnte (Seite 147)
Verordnung über das Rechtsverfahren. Sie bestimmte, daß
Klagen in Ehestreitsachen in derjenigen Kirchgemeinde anzu-
heben seien, in welcher der Ehemann die Niederlassung habe
oder als Niedergelassener in matrimonieller Beziehung zugeteilt sei. Ehestreitfälle von Aufenthaltern waren in der Kirchgemeinde des Bürgerortes des Ehemanns anhängig zu machen.
Bei Scheidungsklagen von Kantonsfremden mußte Delegation
des heimatlichen Gerichtsstandes an den herwärtigen stattfinden.
Dem Pfarrer blieb das Amt eines Vermittlers in Ehestreitsachen; für den Vollzug der Urteile galten im allgemeinen die
über den Zivilprozeß bestehenden bezüglichen Vorschriften.

Die Organisation der evangelischen Kirche erhielt am 19. März 1862 die Sanktion des Großen Rates unter dem Vorbehalt der verfassungsmäßigen Rechte des Staates. Wie weit daher die von der Organisation getroffenen Bestimmungen über Genehmigung von Pfrundwahlen und Organisation der Kirchgemeinden, rechtliche Gültigkeit erlangen konnten, bemißt sich nach den S. 297 f. gemachten Darlegungen. Im Uebrigen zeigen die Einrichtungen der evangelischen Kirche eine dem Sinn und Geist der Kirche vollkommen entsprechende Kirchenverfassung, die sich denn auch bis auf den heutigen Tag beinahe unverändert erhalten hat. Nachdem die konstituierende Behörde des Jahres 1862 (das evangelische Großrats-Kollegium) sich definitiv aufgelöst hatte und als oberste kirchliche Behörde die Synode eingesetzt wurde, waren die letzten Spuren prinzipieller Beanstandung der evangelischen Organisation verschwunden.

Drittes Kapitel.

Das Erziehungswesen.

Der Art. 7 K.-V. Abs. 8 hatte dem Staate das Recht vorbehalten, das Erziehungswesen durch ein staatliches Gesetz näher zu regeln, um die letzten Reste der konfessionellen Autonomie zu verdrängen. Dieses Gesetz wurde am 19. März 1862 vom Großen Rate angenommen und trat am 8. Mai 1862 in Kraft, nachdem ein Versuch, die Abstimmung (und Verwerfung) durch das Volk herbeizuführen, mißglückt war.

Zu der in Art. 7 Abs. 5 K.-V. festgesetzten Bestellung des Erziehungsrates verordnete das Erziehungsgesetz, daß der Reg.-Rat, als oberster Leiter des Erziehungswesens, ein Mitglied aus seiner Mitte als Präsident, die andern aus allen Einwohnern zu wählen habe.[1] Der Reg.-Rat blieb die Rekurs-

---

[1] Dabei mußte natürlich Art. 7 Abs. 5 K.-V. beachtet werden.

behörde gegen die Verfügungen des Erziehungsrates. Letzterer hatte sich mit Beachtung der Parität eine engere Kommission zu bestellen und für alle allgemeinen Verordnungen und Schulreglemente war die Genehmigung des Reg.-Rates einzuholen. (Art. 2 a.)

Der Erziehungsrat wählte in jedem politischen Bezirk die Bezirksschulräte und ihre Präsidenten, je nach der Parität des Bezirks (Art. 2 f). Für jede Realschule wurde ein Realschulrat, für jede Schulgemeinde ein Gemeindeschulrat aufgestellt. Der Besuch der ordentlichen Primarschulen war obligatorisch, außer wenn der Nachweis geleistet werden konnte, daß die Kinder in außerordentlichen Lehranstalten oder Schulen mindestens einen so ausgedehnten und einen so guten Unterricht erhielten, als in den ordentlichen Primarschulen.[1]

Schul- und Kirchenvermögen wurden getrennt; doch blieben in den Ortsgemeinden die einzelnen konfessionellen Abteilungen, welche die Vermögensverwaltungen besorgten, bestehen;[2] die Administration des Schulgutes wurde dem Gemeindeschulrate übertragen.

Trägerin der Gemeindeschule war die Schulgemeinde. Diese bestand aus denjenigen Einwohnern einer Ortschaft oder politischen Gemeinde, welche bisher für die Bedürfnisse einer oder mehrerer Primarschulen zu sorgen hatten. Sie bestellte die Schullokale und ihre Einrichtungen, wählte den Schulrat, den Präsidenten desselben und die Lehrer; sie wachte über das Vermögen der Primarschulen.[3] Die Realschulgemeinde wurde gebildet aus Genossenschaften oder Korporationen, welche Realschulen besaßen. Wo Realschulen von Privaten unterhalten oder auf ihre Kosten errichtet wurden, bildeten diese die Realschulgemeinde.

---

[1] Dadurch konnte der Besuch einer (konfessionellen) Privatschule untersagt werden.

[2] Eine Verordnung des Reg.-Rates betreffend Normativbestimmungen für die Aufstellung von Genossenreglementen vom 8. Oktober 1875 bestimmte, daß konfessionelle Abteilungen von Ortsgemeinden nicht fortbestehen können; es sollte deren Vereinigung bezw. Wiedervereinigung angestrebt werden. Diese Verordnung ist bis 1899 nicht vollständig durchgeführt.

[3] Die Stimm- und Wahlfähigkeit richtete sich nach Art. 33 K.-V.

In den Gemeindeschulrat war der Geistliche, in dessen Pfarrei die Schulgemeinde gehörte, wählbar, also nicht ex officio Mitglied. Ein Lehramt konnte bekleiden, wer im Rufe eines unbescholtenen, sittlichen Wandels stand, die bürgerliche Ehrenfähigkeit und ein vom Erziehungsrate ausgestelltes Wahl= fähigkeitszeugnis besaß. Nach der Schulordnung [1] konnte die Abberufung eines Lehrers durch den Mehrheitsbeschluß der Schulgemeinde erfolgen; ebenso konnte der Erziehungsrat unter gewissen Voraussetzungen einen Lehrer entlassen oder absetzen. Jedem Lehrer konnte gegen Entschädigung der Kirchendienst (Orgeldienst, Beaufsichtigung [2] der Jugend 2c.) ganz oder teil= weise übertragen werden. Für die Erteilung des Religions= unterrichtes in den öffentlichen Lehranstalten sorgten die kirch= lichen Oberbehörden (Art. 7 Abs. 2 K.=V.); sie wählten oder bezeichneten die Religionslehrer [3] (Art. 7 Abs. 6 K.=V.). Weib= liche Ordenspersonen durften nur dann als Lehrerinnen ange= stellt werden, wenn dieselben einem Frauenkloster des Kantons angehörten. [4]

Die Grundlage des st. gallischen Schulwesens war also insofern eine konfessionelle geblieben, als sich die alten kon= fessionellen Schulgemeinden mit dem Recht der direkten Leitung der Schule durch ihre Mandatare und der gesönderten Ver= waltung des Schulgutes erhalten hatten. Nachdem durch die K.=V. in Art. 7 Abs. 4 deren Fortbestand gewährleistet worden war, konnten die Erziehungsgesetze keine abändernden Bestim= mungen erlassen. Das Erziehungsgesetz ging im Gegenteil noch weiter, da Art. 39 die Interpretation zuließ, daß das Gesetz

---

[1] Schulordnung für Primar= und Realschulen vom 29. Dezember 1865.

[2] Zur Ueberwachung der Schulkinder im Gottesdienste konnte der Lehrer verpflichtet werden. (Schulordnung Art. 70.)

[3] Der Erziehungsrat hatte dafür zu sorgen, daß für die Erteilung des Religionsunterrichtes die erforderliche Zeit eingeräumt wurde. (Art. 2 des Er= ziehungsgesetzes.)

[4] Nach einer frühern Verordnung vom 26. Januar 1864 waren Ordens= lehrschwestern mit Ausnahme für Mädchenarbeitschulen an den Primarschulen ausgeschlossen worden. Infolge eingegangener Petitionen vom Bischof und aus katholischen Gemeinden wurde die Verordnung aufgehoben.

ein Verbot[1]) der Vereinigung konfessionell getrennter Schulen
statuiere, indem er bestimmte: Dem Erziehungsrate steht zu,
da wo die örtlichen Verhältnisse es erheischen, einzelne Teile
von einer Schulgemeinde abzulösen und mit einer andern Schul
gemeinde der gleichen Konfession zu verbinden; die Ausmitte-
lung gegenseitiger Ansprachen auf gütlichem oder rechtlichem
Wege vorbehalten.

Das Prinzip der konfessionellen Schulsönderung fand, wie
früher, so auch im neuen Erziehungsorganismus, eine Durch
brechung, da das Gesetz dem Erziehungsrate auftrug, dafür zu
sorgen, daß Schulpflichtige, welche in ihrer Wohngemeinde keine
Schule gleicher Konfession und daher keine Schulberechtigung
hätten, entweder in der Gemeindeschule der andern Konfession
Aufnahme finden, oder einer benachbarten Schulgemeinde zugeteilt werden sollten (Art. 38). Dazu bestimmte die Vollziehungsverordnung zum Erziehungsgesetz vom 6. Oktober 1862,[2]) daß
bei der, infolge eines Beschlusses des Erziehungsrates ausge
sprochenen Zuteilung von Kindern in eine andere Schule, deren
gesetzliche Vertreter in die gleichen Rechte und Pflichten (Steuer
pflicht, Stimm- und Wahlfähigkeit) eintreten sollten, wie solche
den übrigen Schulgenossen zustanden. Die Schulordnung von
1865 setzte für Ausführung des obigen Art. 38 des Nähern fest,
daß die Zuteilung an eine Schule der andern Konfession zu
erfolgen habe:

a) wenn die Beschickung einer Schule gleicher Konfession
wegen allzugroßer Entfernung untunlich und zugleich die Grün

---

[1]) Diese Behauptung rechtfertigt auch die Diskussion über die Ent-
stehung des Schulartikels (Seite 278) in der K.-V. Ebenso durch Art 120 der
Schulordnung, welcher bestimmt: Wo mehrere Schulgemeinden der gleichen
Konfession in einer politischen bezw. Kirchgemeinde bestehen, wird der Er-
ziehungsrat gutfindenden Falles deren Vereinigung auf dem Wege freiwilliger
Verständigung zu erzielen suchen. Dazu Art. 362 des Erziehungsgesetzes.

[2]) Ebenso Art. 120 der Schulordnung von 1865. Diesen Artikel hatte
der Bischof von St. Gallen heftig angegriffen, indem er behauptete, daß er verfassungswidrig sei. (Wegen Art. 7 Abs. 4 K.-V.) Denn: „gewinnen die evangelischen Glaubensgenossen durch zahlreiche Niederlassung die Mehrheit, so wird
die ursprünglich katholische Schule vorerst zu einer gemischten und in Bälde
schließlich zu einer protestantischen umgewandelt. Das nahe Thurgau liefert
ebenso viele, als für die Katholiken traurige Belege." Siehe das rote Büchlein
von 1869. Broschüre. Staatsarchiv.

dung einer eigenen Schulgemeinde wegen zu geringer Zahl der Beteiligten und unzureichender ökonomischer Kräfte nicht möglich sei:

b) wenn, abgesehen von letzterem Umstande, eine Verständigung zwischen den Zuzuteilenden und der betreffenden Schulgemeinde stattgefunden habe.

Die Zuteilung sollte sich auf alle innerhalb des Schulkreises wohnenden Angehörigen der betreffenden Konfession ausdehnen, falls nicht ganz besondere territoriale Verhältnisse eine Ausnahme begründeten.

Durch diese staatlichen Bestimmungen auf dem Gebiete des Erziehungswesens wurden alle widersprechenden Normen beseitigt, vornehmlich die evangelische Schulordnung vom 7. November 1835 (Seite 147) und diejenige für den katholischen Konfessionsteil vom 16. Februar 1838 (Seite 137). Das Vorliegende zeigt, daß es im Allgemeinen dem Staate gelungen war die Autonomie der Konfessionen in der Erziehungssphäre zurückzudrängen und unter Beibehaltung gewisser konfessioneller Grundlagen, eine durchaus staatliche Regelung zu erzielen in dem Rahmen, welcher der Art. 7 K.-V. forderte. Wie sich die Schulverhältnisse zur B.-V. von 1874 verhielten, werden spätere Ausführungen zeigen.

Viertes Kapitel.

Ereignisse betreffend das Bistum St. Gallen 1847–1899.

§ 1.
Der zweite Bischof von St. Gallen.

Unter der Diözesanverwaltung des Bischofs Mirer (1847 bis 1862) nahmen die bistümlichen Einrichtungen eine ungestörte Entwicklung und traten in keiner Hinsicht merklich aus den gesetzmäßigen Schranken heraus. Bedeutsame Zustände zwischen dem Staat und der kirchlichen Oberbehörde sind aus dieser Periode nicht zu verzeichnen.¹)

Der erste st. gallische Bischof starb am 30. August 1862, nachdem er im Domdekan Karl Greith in spätern Jahren einen Koadjutor erhalten hatte. Am 2. September 1862 wurde Karl Greith vom st. gallischen Domkapitel zum Kapitelvikar ernannt und am 11. September zum Bischof erwählt, nachdem das katholische Kollegium von seinem Exklusivrecht insofern keinen Gebrauch gemacht hatte, als es die sechs Präsentirten auf der Vorschlagsliste des Domkapitels stehen ließ. Als der Administrationsrat am 11. September 1862 die Wahl des neuen Bischofs dem Regierungsrate „anzeigte", forderte die Regierung den Administrationsrat auf, sie um förmliche Plazetierung des Erwählten zu ersuchen, worauf die konfessionelle Behörde in einem Schreiben vom 19. September 1862 dem Reg. Rat mitteilte, daß nach Aufhebung des konfessionellen Gesetzes von 1832 und 1855 und Inkrafttreten desjenigen von 1859, ferner nach der katholischen Organisation von 1862 (Art. 38) und dem Art. 6 K.-V. ein Plazetierungsrecht für den Staat nicht mehr bestehe. Wenn aber der Reg.-Rat auf seiner Forderung beharre, so werde er die Plazetierung dennoch nachsuchen. Die Antwort der Staatsbehörde lautete dahin, daß die erwähnten Artikel der K.-V. und Gesetze den klaren Wortlaut der Vollzugsbestimmungen zum Konkordate vom 11. März 1847 (Art. 1.) nicht derogieren könnten, und sie erteilte daher am 22. September dem neuen Oberhirten das landesherrliche Plazet. Daraus geht hervor, daß der Staat trotz des ungültig gewordenen konfessionellen Gesetzes von 1832, auf welches in Art. 1 der Vollzugsbestimmungen ausdrücklich verwiesen wird, sich ein nominelles Plazetierungsrecht für die Bischofswahl vorbehält, selbst wenn im konfessionellen Gesetze eine Plazetierung für Pfrundwahlen nicht mehr statuiert sein sollte. Denn der Staat scheint seine Erteilung der hoheitlichen Anerkennung nicht mehr aus analoger Anwendung der Be-

---

¹) Die einzelnen Wünsche und Forderungen, welche der Bischof an die staatlichen Behörden einreichte, haben wir jeweils im Zusammenhang mit den betreffenden Gegenständen erwähnt.

stimmungen über Pfrundwahlen auf die Bischofswahl abzu=
leiten, sondern sieht das Plazetierungsrecht für den Bischof als
ein von weitern gesetzlichen Normen unabhängiges, durch Art. 1
der Vollzugsbestimmungen geschaffenes, selbständiges Recht an.
Diese Auffassung des Staates kann bei späterer Revision des
konfessionellen Gesetzes von 1859 von großer Bedeutung werden.

Die Eidesleistung, Weihung und Einsetzung des neuen
Bischofs gingen gesetzmäßig von statten und Karl Greith teilte
am 12. Mai 1863 dem Reg.-Rate die Erklärung mit, daß er
den kanonischen Eid mit Weglassung der Stelle: hæreticos ....
bis impugnabo geleistet habe.

§ 2.
Das Verhältnis des Bistums St. Gallen zum Kanton Appenzell.

Bereits im Jahre 1850 hatte die Regierung des Kantons
St. Gallen mit der Regierung von Appenzell A.-Rh, Verhand=
lungen über die Zuteilung seiner katholischen Einwohner an
den st. gallischen Kirchensprengel gepflogen, gelangte aber zu
keinem abschließenden Resultate. Durch ein päpstliches Konsi=
storialdekret[1] vom 5. Januar 1866 wurde dem Bischof von
St. Gallen das Vikariat über die katholischen Bewohner des
Kantons Appenzell übertragen. Der Wichtigkeit halber wird
das Dekret hier beinahe vollständig wiedergegeben:

Cum Papa .... statuerit provisorium administrationem
circuli Abbatiscellani, quæ modo ex aplica delegatione ab
Episcopo Curiensi geritur, potius ab Episcopo Sangallensi, a
cujus Diœcesi dictus circulus undequaque circumscribitur,
concedere, ideo jussit expediri sequens consistoriale Decretum: Curien et Sangallen in Helvetia administrationis
spiritualis super toto circulo Appenzellano .... voluitque
(Pius IX) eundem Appenzellum circulum a provisoria Curiensis Præsulis administratione subtrahi et Sangallensi Præsuli
p r o v i s o r i e subjici; atque ideo haec omnia et singula.

---

[1] Urkunde im bischöflichen Archiv. Ungedruckt. Eine früher dem Staatsarchiv einverleibte Abschrift fehlt.

quæ sequuntur, de Apostalicæ Suæ potestatis plenitudine in Decretis mandari, perpetuaque sanctione inviolabiliter fulciri jussit.

1º Sanctitas sua, accedente in primis hodierno Episcopo Curiensi, suppleto, quatenus opus sit, consensu aliorum quorumcumque interesse habentium vel quomodolibet habere præsumentium, edixit revocatam cessatamque esse facultatem quæ provisorie olim, ex Apostolicæ Sanctæ Sedis auctoritate delegata fuerat Episcopo Curiensi ad temporaneam administrationem pastoralem super Appenzellano territorio ejusque incolis peragendam.

2º Totus igitur ille circulus territorialis, qui vulgo dicitur: „Cantone Appenzell" una scilicet cum omnibus et singulis [1] insitis Pagis incolis et rebus, protinus eximatur omnino ab Episcopi Curiensis quacumque jurisdictione, seu regimine administratione, subjectione.

3º Eadem porro pastoralis administrationis in spiritualibus facultas pro universo supradicto territorio Appenzellano, ejusque incolis, rebus et juribus ecclesiasticis illico delata esto planeque attributa uni dumtaxat Episcopo Sancti Galli, donec alias ab Apostolica Sancta Sede providebitur. [2]

4º Tamen vero ex speciali reservatione expresse declaratur, quod tria in ibi existentia Monasteria mulierum debeant, sicuti antehac, Apostolico apud confœderationem Helveticam Nuntio, sive Internuntio, sive simplici etiam negotiorum gestori immediate subesse ad sanctæ Apostolicæ Sedis beneplacitum.

5º Præterea omnia et singula instrumenta, documenta et quævis scripta quæ respiciant personas, causas, res et jura personarum et locorum ipsius circuli Appenzellani pro opportunitate secernantur ut, ad posteram quamcumque necessitatem queant ab Episcopali Cancellaria Curiensi extrahi (ſiehe Seite 319 Anm. 1), alteraque in Cancellaria Sancti Galli fideliter conservari.

---

[1] Vergl. die Bullen Ecclesias quæ antiquitate und Instabilis, welche auch über alle Einwohner des Kantons verfügen.

[2] Alio ein Proviſorium

6° Hoc igitur decretum consistoriale, ipso auctorante Pontifice Maximo, sit prorsus habendum, jugiterque valiturum perinde ac Litteræ Apostolicæ sive in forma Brevis, sive sub plumbo in id negotii exoratæ fuissent solemnique more promulgatæ.

7° Enim vero Sanctitas Sua edixit ne quis unquam audeat Consistoriale hujus modi Decretum impugnare; minimeque præsumat sive obreptionis, sive subreptionis sive alterius cujuscumque speciei vitio ullatenus redarguere, contrariis quibuscumque minime obstantibus, vel eis ad hoc speciali quoque illata derogatione.

8° Itaque in hujusmei Decreti Executorem deputavit E. P. D. Angelum Bianchi apud Helveticam confœderationem hodiernum Sanctæ Sedis Apostolicæ negotiorum gestorem, ei insuper facta venia subdelegandi ad hoc opus aliam quoque personam, quæ quidem in ecclesiastica Dignitate constituta comperiatur.

9° Ideo Summus idem Pontifex dignatus est, ipsi Delegato ejusque Subdelegato necessarias et opportunas quasque facultates impertiri ut alteruter valeat ea cuncta peragere, omnique appelatione remota, defintive statuere, quæ ad hoc opus perficiendum oportere censeantur; injuncta quidem eisdem obligatione mittendi ad sanctam Sedem Apostolicam intra sex menses ab expleta hujusmet Decreti executione authenticum exemplar, quorumcumque Decretorum in hujusmodi executione ferendum.

10° Quapropter jussit hoc ipsum Sacræ Congregationis Consistorialibus negotiis præpositæ Decretum protinus expediri, asservato authentico exemplari ad perpetuam rei memoriam et observantiam in ejusdem Sacræ Congregationis Archivio.

Im Begleitschreiben spricht der Nuntius kraft seiner Fakultät die Uebernahme der Administration durch den Bischof von St. Gallen wirklich aus und schließt: Mandamus igitur præsens Nostrum Decretum a præclarissimis Episcopis Curiensi et Sangallensi necnon ab omnibus, quorum interest fideliter

observari et impleri. Contrariis quibuscumque minime obstantibus. (19. Mai 1866.)

Diese provisorische Uebertragung der Administration des
Kantons Appenzell an den Bischof von St. Gallen wurde vom
Großen Rate von Appenzell J.-Rh. am 14. Juni 1866 sanktio
niert. Der Landesregierung von Appenzell A.-Rh. wurde vom
Bischof am 16. September 1867 die Erklärung abgegeben, daß
er für diese provisorische Verwaltung von der Staatskasse
keinerlei Entschädigung verlange, noch dürfte eine solche jemals
bei einer definitiven Regelung dieses Verhältnisses ein Hindernis bilden. Die Zuteilung erfuhr von den Landesbehörden
Appenzells A.-Rh. keinen Widerspruch.[1]) Die st. gallische Staatsgewalt dagegen wurde weder um Gutheißung der päpstlichen
Verfügung angegangen, noch erhielt sie überhaupt eine Anzeige
von der Diözesanveränderung. Der Zustand wurde bis 1873
stillschweigend geduldet. Erst am 27. Oktober 1873 beschloß der
Reg. Rat, gegen das „eigenmächtige, konkordatsbrüchige Ver
fahren Protest zu erheben" und bemerkte in seinem Schreiben
an die konfessionelle Behörde, daß die Hoheitsrechte des Kantons
bezw. des Bundes gegen alle rechtsnachteiligen Folgen und
Präjudizien aus diesem, rechtliche Wirksamkeit entbehrenden, Verhältnisse verwahrt würden und den zuständigen Staats- und Bun
desbehörden alle und jede weitere Maßnahmen in Sachen für die
Zukunft ausdrücklich vorbehalten seien. — Der Administrationsrat teilte hierauf der st. gallischen Regierung mit, daß die
Landesregierung von Appenzell hiefür begrüßt und das neue
Vikariat seitens dieser Staatsbehörden genehmigt worden sei.
Dies habe „dem öffentlichen Recht und der Berücksichtigung
der staatlichen Hoheit" entsprochen. Daß aber auch die st. gallische
Staatsbehörde um ihre Zustimmung zu dieser rein kirchlichen
Verfügung hätte angesprochen werden müssen, ließe sich nicht
aus Art. 6 K. V. noch mit Rücksicht auf frühere Vorgänge be-
gründen. In der Circumscription der Diözese, der Wahl des
Bischofs, der Verhältnisse der Kanoniker, des Priesterseminars,

---

[1]) Schreiben der Standeskommission von Appenzell A.-Rh. an den Bischof
von St. Gallen vom 11. April 1867 und 27. August 1867.

der Fundationen 2c. seien keine Veränderungen eingetreten.
Um eine solche delegatio temporanea habe sich der Staat
nicht zu kümmern. Ueberhaupt betreffe die Verfügung nicht
das Bistum, sondern nur die jeweilige Person des Bischofs.
Eine Veränderung der Diözese sei also nicht vor sich gegangen
und und es genüge, daß der Zustand von der Oberbehörde
des katholischen Landesteils anerkannt worden sei. [1]

Auf diese Zuschrift [2] erwiderte der Reg.-Rat, daß jede
Aenderung im Bistum nach K.-R., Gesetzen und Konkordat der
Sanktion des Staates unterliege. Daß die Einrichtung aber
eine tatsächliche Aenderung in den bistümlichen Verhältnissen
hervorrufe, liege schon darin deutlich ausgedrückt, daß dem
Bischof alle Verpflichtungen und Verrichtungen gegenüber Appenzell zustehen, die er als Ordinarius von St. Gallen auszuüben
befugt sei. Eine solche Ausdehnung der Amtsgewalt könne
daher nur auf Kosten der st. gallischen Diözese erfolgen. Für
die vikariatsweise Besorgung erhalte der Bischof aber keine
gesetzlich stipulierte Vergütung, so daß auch diese Verwaltung
aus den ohnehin schon schwachen st. gallischen Fonden bestritten
werden müsse. Daher halte die Regierung die Protestation
aufrecht. — Das Schreiben schließt: Die endliche Resolution
über den Einregistrierungsbeschluß und über die kirchlich politischen Verhältnisse und deren Folgen würden die zuständigen
Staats- und Bundesbehörden nicht ermangeln zu geben, wenn
die Zeit der Entscheidung gekommen sei.

---

[1] In einer Zuschrift vom 16. Juni 1866 teilte der Bischof die päpstliche
Verfügung dem Administrationsrate mit und bemerkte darin: „die appenzellischen
Kirchenakten seien von Chur an St. Gallen ausgehändigt worden. Die provi-
sorische Zuteilung werde dem Bischof zwar eine vermehrte Sorge und Ar-
beit, der bischöflichen Mensa aber keine Vorteile einbringen. Jedoch bei
Fragen so hohen Belangs müßten höhere Rücksichten und Gründe entscheiden.
Der Bistumsfond trage keine Lasten."
Am 27. Juni 1866 beschloß der Administrationsrat, von dieser Eröffnung
des Bischofs sei im Amtsverwaltungsbericht dem katholischen Kollegium Mitteilung zu machen. Dieselbe findet sich im Amtsverwaltungsbericht von 1866 S. 13.
Archiv des Administrationsrates.
[2] Schreiben des Reg.-Rates vom 15. April 1874 an den Administrationsrat. Urkunden im Staatsarchiv.

Mit dieser offiziellen Erklärung des Reg.-Rates trat der
Gegenstand außer Behandlung[1]) und heute administriert der
Bischof von St. Gallen die Katholiken beider Appenzell auf
Grund des Konsistorialdekretes vom 5. Januar 1866. Dieser
Zustand ist, wiewohl er faktisch besteht, vom Staate demnach
nie anerkannt worden und entbehrt seit der Protestation des
Regierungsrates jeder Rechtsgültigkeit für den Staat und
die Kirche.

Wir schließen uns der Ansicht des Reg.-Rates an, daß
die Administration unter Art. 23 Konkordat[2]) falle und dem
nach einer Verständigung zwischen Staat und Kirche vorbehalten
bleibe (resp. zwischen dem katholischen Kollegium und dem
bischöflichen Ordinariate) und nach Art. 11 des konfessionellen
Gesetzes von 1859[3]) dafür die Genehmigung des Großen Rates
eingeholt werden müsse. Denn:

1. Die kirchenrechtliche Fiktion, welche das Konsistorial
dekret macht, daß es sich um eine pastoralis administratio in
spiritualibus handle, welche nicht das Bistum als solches, son
dern nur die jeweilige Person des Bischofs betreffe, ist faktisch
für den Staat gleichbedeutend mit einer unio vel incorporatio
cum dismembratione, da dem Bischof die volle Jurisdiktion
über die appenzellischen Katholiken übertragen wurde. Das
tatsächlich in Betracht Fallende ist also diese Erweiterung der
Ordinariatsgerichtsbarkeit.

2. Daß die Administration vom Papste als Provisorium
angesehen wird, hindert nicht, die Anerkennung des Staates
nachzusuchen. Kirchliche Provisorien dauern oft Jahrhunderte,
die Verwaltung von Appenzell seit 33 Jahren.

3. Die Katholiken von Appenzell besitzen dem Bistum
St. Gallen gegenüber keine Rechte, welche mit den gesetzlichen
Grundlagen der Diözese in Widerspruch treten. Dafür liegen
aber auch die Kosten für die Verwaltung allein beim st. gallischen

---

[1]) Siehe die Erneuerung der Protestation Seite 336.
[2]) Art. 23: Quodsi in posterum alii quoque Pagi cum incolis suis
catholicis ad Diocesim Sangallensem accedere velint, dispositiones ad hoc
requisitae ulteriori conventioni reservantur.
[3]) Beilage I.

Episkopat und werden gedeckt aus Kapitalien der bischöflichen
Mensa.[1]) Dem Staate steht aber das Recht zu, eine stiftungsgemäße Verwendung dieses Fondes zu verlangen.

4. Der Staat kann nicht müßig zusehen, wie der Bischof
mit andern Landesregierungen Verträge abschließt. Würde der
jetzige Zustand aufrecht erhalten bleiben, so hätte der Staat
kein formelles Recht, bei eventuellen Streitigkeiten zwischen
dem Bischof und den appenzellischen Behörden sich einzumischen, was den kantonalen Interessen leicht hinderlich werden
könnte.

5. Wenn wir die Konsequenzen ziehen, welche aus der
stillschweigenden Duldung einer derartigen auswärtigen Jurisdiktion ohne Begrüßung der Staatsgewalt entstehen können,
so ergibt sich das Faktum, daß der st. gallischen Staatsbehörde
auch kein Genehmigungsrecht zustehen würde, falls der hl. Stuhl
durch weitere päpstliche Delegationen dem Bischof von St. Gallen
die Administration anderer Landesteile (z. B. von Thurgau
oder der Urkantone) übertragen sollte.

§ 3.

Der bischöfliche Prozess.

Am 8 April 1866 hatte der Bischof von St. Gallen eine
Instruktion[2]) an die Diözesangeistlichkeit erlassen, welche sich in
verschiedenen Artikeln mit K.-V. und Gesetzen im Widerspruch
befand.

Art. 29. Eheverkündungen dürfen nicht stattfinden:

a) in Fällen, wo der einzugehenden Verbindung das im-
pedimentum ligaminis im Wege steht;

b) in Fällen, wo Katholiken eine kirchlich verbotene Ehe
ohne die erforderliche Dispense und ohne die Einsegnung ihrer
Kirche eingehen wollen.

---

[1]) Dies beweist das Schreiben des Bischofs vom 16. Juni 1866. Seite
319 Num. 1.

[2]) Die Regula Cleri. Bischöfliches Archiv.

Den Pfarrherrn wurde dringend empfohlen, von gemischten Ehen abzuhalten. [1]

Art. 46. Ohne kirchliche Begräbnisfeier werden beerdigt: a) ungetaufte Kinder.

b) solche öffentliche und notorische Sünder, welche auch noch an ihrem letzten Ende auf erhaltene Mahnung des Pfarrgeistlichen den Empfang der hl. Sterbesakramente beharrlich und hartnäckig verschmäht haben und deren Unbußfertigkeit bis ans Ende erwiesen vorliegt, so daß ihnen ohne neues Aergernis zu veranlassen, das kirchliche Begräbnis nicht gestattet werden darf.

c) Selbstmörder, [2] falls sie nicht vor ihrem Tode Zeichen der Reue gegeben, oder als unzurechnungsfähig betrachtet werden können.

Art. 48. Da die Kirch- oder Friedhöfe der Pfarrkirche angehören und durch eine besondere Weihe zur Ruhestätte der im Herrn entschlafenen Christgläubigen bestimmt sind, so sind dieselben als ein kirchliches Grundeigentum (dominium ecclesiasticum [3]) zu betrachten und soll nichts darauf geduldet werden, was dem öffentlichen Anstand oder der Lehre und Uebung der katholischen Kirche zuwider ist.

Art. 49. Die Kirche ist die rechtmäßige [4] Eigentümerin der für sie an bestimmten Orten gestifteten Fonde und darum ist sie auch die rechtmäßige Verwalterin derselben. Die Ortsgeistlichen sind daher verpflichtet, dieses Verwaltungsrecht, soweit die Ungunst der Zeit es gegenwärtig gestattet, im Namen

---

[1] Schon die Ehesatzungen der katholischen Kirche, erlassen von den vereinten Bischöfen der Schweiz im Dezember 1865, verboten die gemischten Ehen neuerdings. Ausnahmen sollten nur unter dem feierlichen Versprechen gewährt werden, sämtliche Kinder im katholischen Glauben zu erziehen. Die Denkschrift über die „Lage der katholischen Kirche in der Schweiz" von den Bischöfen der Schweiz an die Bundesversammlung von 1871 sprach sich gegen die gemischten Schulen aus.

[2] Das Gesetz vom 6. März 1818 betreffend die Selbstmörder war noch in Kraft. Seite 68.

[3] Der Bischof vertritt hier den Standpunkt des kanonischen Rechtes, das im Kanton St. Gallen nicht rezipiert ist. Die Friedhöfe stehen im Eigentum der politischen oder der Kirchgemeinde.

[4] Das kanonische Recht ist in dieser Hinsicht im Kanton St. Gallen nicht rezipiert. Die Kirchgemeinde ist Eigentümerin der kirchlichen Fundationen. Vergl. Weibel S. 151 a a. O.

der Kirche auszuüben und sich an der Verwaltung der Kirchen-, Pfrund-, Bruderschaft= und anderer kirchlichen Fonde zu betei= ligen. — Die Angriffe des Bischofs gegen die Gewährung der gemischten Schulen, sind im vorhergehenden mehrfach erwähnt worden.

Die Presse suchte gegen die Verwirklichung dieser epis= kopalen Theorien in schärfster Weise aufzutreten und es ent= spann sich im Kanton St. Gallen ein litterarischer Kultur= kampf, aus dem das für uns wichtigste Moment des bischöf= lichen Prozesses hervorging. In der St. Galler=Zeitung vom 14. November 1868 Nr. 269 erschien ein Artikel, welcher u. a. die Stelle enthielt: „Der Fürstbischof von Olmütz hat seine Ueberzeugung nicht 20000 Gulden wert geschätzt, sondern die Ehegerichtsakten vor Verfall dieser Summe ausgeliefert. Muß sich hier nicht der einfachste Bauer fragen, entweder hatte der Bischof und der hinter ihm stehende Papst Recht, und dann hätten sie nicht nachgeben sollen, coute qui coute, oder aber ihre Prätension war nach ihrer eigenen Ansicht eine unwesent= liche und darum unstichhaltige und dann haben sie dem Staate auf ganz gemeine und schädliche Weise geleidwerkt. Ein solches Benehmen kann man nur von einer Kirche erwarten, die mit dem Räuberwesen unter einer Decke steckt."

Der Bischof reichte am 5. Dezember 1868 dem Reg.=Rate auf Grund dieses Artikels, als einer öffentlichen Beschimpfung der katholischen Kirche, Klage ein, unter Anrufung der Art. 181 und 182 St.G.B. von 1857,[1] worauf die Regierung am

---

[1] Das St.=G.=B. vom 4. April 11. Juni 1857 enthält folgende Bestimmungen auf konfessionellem Gebiete. Abschnitt G. Delikte gegen den konfessionellen Frieden und gegen die Achtung der vom Staate anerkannten und geduldeten Konfessionen.

Art. 179. Den Delikten von Beamten und Angestellten (Art. 171—177) unterliegen auch Geistliche rücksichtlich aller ihrer Verrichtungen, welche durch Staats= gesetze oder Verordnungen beschlagen werden, oder sonst bürgerlicher Natur sind.

Art. 180 a. Geistliche, welche eine Ehe einsegnen, ohne den gesetzlichen Vorschriften Genüge geleistet zu haben, sind mit Geldstrafe von 50—100 Fr. zu belegen.

b) Sie sind verpflichtet, das Amtsgeheimnis zu wahren, bei Strafe von 50—500 Fr. oder Gefängnis bis auf zwei Monate.

Art. 181. Wer vorsätzlich:

a) Handlungen begeht, durch welche das gute Vernehmen unter den christ= lichen Religionsgenossenschaften oder unter den Genossen derselben gehört oder

30. Dezember 1868 den Beschluß faßte, im Hinblick auf Art. 181 St. G. B. die Angelegenheit zur gesetzlichen Untersuchungs= führung an das zuständige Untersuchungsamt zu überweisen. Das Verfahren gegen den Verfasser des Artikels (Frei) wurde eingeleitet und der Bezirksammann gab am 12. Februar 1869 an den Staatsanwalt die Erklärung ab, „daß bei sorgfältiger, rein objektiver Prüfung der Akten, es sich als zweifelhaft ergebe, ob — vorsätzlich eine Handlung begangen worden sei, welche sich unter den eingeklagten Art. 181 St. G. B. (eventuell 182) bringen lassen könne. Er (der Bezirksammann) verweise hiefür auf den Mangel an Zutreffen, welchem man begegne, wenn man die bezeichneten Artikel nach ihren einzelnen Teilen zergliedere, wie es im Verhör von Frei geschehen sei und man dessen Aeußerungen dem einen oder andern Teile anzupassen suche; er könne daher eine Strafeinleitung nicht verfügen."

Die Staatsanwaltschaft gelangte jedoch mit einem Gutachten vom 26. Februar 1869 an das Justizdepartement und erklärte:

überhaupt Glaubenshaß oder Verfolgung wegen religiöser Bekenntnisse oder An= sichten gestiftet wird;

b) auf eine öffentliches Aergernis erregende Weise die Gegenstände der Anbetung oder Verehrung einer vom Staate anerkannten oder geduldeten Glaubenskonfession oder ihre Lehren, Einrichtungen und Gebräuche in Rede, Schrift oder bildlicher Darstellung lästert oder aushöhnt oder

c) Ruhe und Ordnung bei öffentlichen, gottesdienstlichen Versammlungen oder Verrichtungen der vom Staate anerkannten oder geduldeten Konfessionen stört — ist mit Geldstrafe bis 500 Fr. oder Gefängnis bis drei Monaten zu bestrafen.

Art 182. Wäre:

a) im Falle der lit. a von Art. 181 eine wirkliche Störung des konfessio= nellen, öffentlichen Friedens eingetreten oder jemand seines Glaubens wegen be= schimpft oder beschädigt worden, oder

b) ist die durch lit. b von Art. 181 vorgesehenen Lästerung aus Bosheit erfolgt, oder größeres öffentliches Aergernis daraus entstanden; oder ist

c) im Falle der lit. c des Art. 181 die Ruhe und Ordnung bei gottes= dienstlichen Verrichtungen einer vom Staate anerkannten oder geduldeten Konfession mit Handlungen unbefugter Gewalt gestört oder eine Beschimpfung oder Gewalttat an Dienern der Religion während der Ausübung gottesdienstlicher Verrichtungen verübt worden, so ist Geldstrafe bis auf 1000 Fr. oder Gefängnis bis auf sechs Monate auszusprechen.

Art. 202. Eltern, welche ihren Kindern den gesetzlich vorgeschriebenen Schul= oder Religionsunterricht nicht zukommen lassen, verfallen nebst amtlichem Verweis einer Strafe von 100 Fr. oder Gefängnis bis 14 Tage.

Der oberste Interpretationsgrundsatz des Art. 181 liege im Titel (Delikte gegen die Achtung ...). Daraus folge:

a) daß es die Absicht des Gesetzgebers gewesen sei, alle Handlungen, durch welche wirklich die Achtung einer Konfession verletzt werde, in den Kreis der strafbaren und zwar der von Amtswegen (mit Ausschluß der Zivilklage) zu verfolgenden, strafbaren Handlungen zu ziehen.

b) daß daher vernünftigerweise durch die Artikel dieses Abschnittes alle Handlungen betroffen sein müßten, welche als Beleidigung einer Konfession erscheinen, es sei denn, daß der Inhalt bestimmt das Gegenteil besage. Unter Gegenstände der Verehrung des Art. 181 b falle auch der Begriff Kirche, ebenso unter „Einrichtungen einer Glaubenskonfession“. Somit unterliege eine Beschimpfung der Kirche dem Art. 181 als Beleidigung der Konfession. Aus Vergleichung mit Art. 140 St.G.B von 1819 (siehe S. 70), welcher eine Beschimpfung als solche ausdrücklich vorsehe, könne nichts gegenteiliges gefolgert werden, da der Kreis der strafbaren Vergehen gegen Religionsgenossenschaften im übrigen gegenüber früher erweitert worden sei. (z. B. Bestimmungen über Störung des konfessionellen Wohlvernehmens). Im vorliegenden Falle sei aber nicht blos das religiöse Gefühl verletzt, sondern es könnten dadurch weitere Störungen im öffentlichen Leben hervorgebracht werden. Daher gehe der Antrag der Staatsanwaltschaft auf Strafeinleitung nach Art. 181 b St.G.B.

Trotz dieser einleuchtenden Interpretation des Art. 181 kam das Bezirksgericht, an welches die Sache durch den Reg. Rat geleitet[1]) wurde, nach weitgehenden Verhandlungen am 27. September 1869 zu einem freisprechenden Urteil. Es lautet: In Erwägung, daß in der inkriminirten Stelle die katholische Religionsgenossenschaft als solche in keiner Weise genannt sei, sondern der bezügliche Passus lediglich eine Kritik der Verfahrungsweise des Bischofs von Olmütz und dessen Oberhauptes

---

[1]) Die öffentliche Klage ging auf das Delikt der Beleidigung einer Konfession mit einer Geldstrafe von 100 Fr. und den Kosten des Verfahrens. (Nach Art. 181 b St.-G.-B. von 1857.)

des Papstes enthalte, mithin die Requisite des Art. 181 b nicht zutreffen würden, habe das Bezirksgericht beschlossen

a) Es sei der Angeklagte von Schuld und Strafe freigesprochen.

b) Es habe der Staat die Gerichts- und unterlaufenen Untersuchungskosten zu tragen.

Die Auffassung des Kantonsgerichtes, an welches der Fall noch im gleichen Jahre weiter gezogen wurde, war eine andere. Es erklärte durch Urteil vom 6. November 1869 den Beklagten auf Grund Art. 181 b St. G. B. als des Deliktes der Beleidigung der katholischen Konfession schuldig und verurteilte ihn zu einer Geldbuße von 100 Fr. unter Kostenfolge.[1]) Die Erwägungsgründe waren dabei: daß nach Art. 181 b St. G. B. und in Verbindung mit der Aufschrift des 3. Titels (Abschnitt G), in der Aeußerung des Beklagten eine Beleidigung der katholischen Konfession liege, weil, bemerkt das Protokoll u. a., der römisch katholischen Kirche eine Eigenschaft beigelegt worden sei, mit welcher die sittliche Grundlage und Lehre einer Religionsgenossenschaft nicht bestehen könnte, und in subjektiver Hinsicht hervorgehe, der Beklagte habe mittelst seiner ausgeübten Kritik die ganze Glaubensgenossenschaft in ihren religiösen Anschauungen und Gefühlen verletzen wollen und den Beweis der Richtigkeit für die injuriösen Außerungen nicht zu leisten vermocht.

Durch diese Beurteilung der Streitsache wurde der katholischen Konfession der gesetzmäßige Schutz des Staates zu teil, wie ihn das St. G. B. von 1857 ausdrücklich zusicherte und den Ausfällen der Presse gegen den Bischof und die katholischen Glaubensgenossen wurden bestimmte Schranken angewiesen, bei deren Ueberschreitung die strafrechtliche Verfolgung eintreten mußte.

---

[1]) Protokoll des Kantonsgerichts vom 6. November 1869. Seite 302.

§ 4.

Die Verkündung des Syllabus und des Vatikanum im Kanton St. Gallen.

Die Periode von 1864—1874 war für den Kanton St. Gallen eine Zeit der tiefsten, konfessionellen Spaltung [1]) und die Kompromißpolitik der Verfassungsperiode von 1861 hatte auf konfessionellem Gebiets keine gedeihlichen Früchte gezeitigt. Die Bekanntgebung des Syllabus fand im Kanton St. Gallen nicht auf gesetzmäßigem Wege statt, indem der Bischof denselben zwar nicht offiziell verkündete, ihn jedoch übersetzen und an die Geistlichkeit des Bistums verteilen ließ. Derselben stand es frei, den päpstlichen Erlaß von der Kanzel zu verkünden. Damit war die Einholung des staatlichen Plazets umgangen. Die Botschaft des Reg.-Rates vom 1. Juni 1874 bemerkt dazu: „Die mit steigendem Erfolge fortgesetzte staats- und verfassungsfeindliche Opposition wurde von 1864 und 1865 an um so gefährlicher, als vom Standpunkt des in jenen Jahren promulgierten, päpstlichen Syllabus der Grundsatz, daß der Geistliche der Verfassung und den Staatsgesetzen unterworfen sei, durch den syllabistischen § 42, [2]) wonach bei einer Kollision zwischen staatlichen und kirchlichen Gesetzen den letztern der Vorzug vor den erstern gebühre, nicht mehr überall die pflichtgemäße Beachtung fand." Die oben erwähnte Promulgation des Syllabus stieß nicht auf direkten gesetzlichen Widerstand und das Episkopat suchte mit großer Energie seinen Rechtsätzen Geltung zu verschaffen. Unausgesetzt blieben die An-

---

[1]) Vergl. zur Orientierung die beiden Broschüren im Staatsarchiv:
1. Die Bedrohung der gesetzlichen Ordnung in Kirche und Staat durch die Preise radikal-sozialistischer Richtung; beleuchtet von Dr. Karl Johann Greith, Bischof von St. Gallen 1869.
2 Das rote Büchlein. Antwort der St. Galler Freisinnigen auf den Brief des Herrn Bischofs Greith an Nationalrat Fr. Vernet. Mit einem Nachtrage, veranlaßt durch Herrn Bischof Greiths „Züribüchli". 1869. (12 Auflagen.)
[3]) Der Syllabus verdammt den staatsrechtlichen Grundsatz: „in conflictu legum utriusque potestatis jus civile prævalet.

griffe[1]) auf das verfassungsmäßige Volksschulwesen: Lehrerseminar und Kantonsschule wurden faktisch in Bann gelegt.
Streng aufrecht gehalten wurde das Verbot der communicatio
in sacris bei Eingehung von Ehen und bürgerlichen Begräb-
nissen und am 11. März 1869 versagte das bischöfliche Ordinariat einem Arzte in Rorschach das kirchliche Begräbnis, wegen
Unterlassung der Beichte vor dem Tode. Als das Volk den Anschluß an ein Konkordat[2]) über das Heiraten der Schweizer
für St. Gallen verweigerte und der Entwurf eines bürgerlichen
Gesetzbuches an Aufnahmen von Bestimmungen über das Ehewesen scheiterte, war nach der Botschaft[3]) des Reg.-Rates die
kirchliche Gewalt in jenen Jahren so weit gediehen, daß es
faktisch unmöglich wurde, ein Staatsgesetz ohne das „bischöfliche
Plazet" zur Annahme zu bringen. „So häufte sich, fährt die
Botschaft fort, nach und nach im st. gallischen Volke eine Masse
von Klagen gegen Ausschreitungen der kirchlichen Gewalt, welchen
eine Reihe nie ruhender, offener und verdeckter Ansprüche zu
Grunde lag, Ansprüche, deren Geltendmachung mit allen der
schrankenlos operierenden Kirchengewalt zu Gebote stehenden
Mitteln, in jedem Augenblicke den offenen Bruch zwischen Kirche
und Staat in Aussicht stellte."

In dieser aufgeregten Zeit tagte zu Rom das vatikanische
Konzil, welches der st. gallische Bischof vor Beendigung der Verhandlungen verließ, da er anfänglich von der Opportunität der
Dogmatisierung der Unfehlbarkeit des Papstes nicht überzeugt
war. So kam es denn, daß erst ungefähr drei Jahre später,
gemäß eines vom 8. Februar 1873 datierten Fastenmandates,
am Sonntag Quinquagesima das Dogma der Infallibilität
dem Volke von der Kanzel verkündet wurde. Der bischöfliche

---

[1]) Wie sehr der staatliche Einfluß auf Pfrundbesetzungen, Priesterseminar,
Erlaß kirchlicher Verordnungen ꝛc. zurückgedrängt wurde, siehe hauptsächlich im
Amtsverwaltungsbericht des Administrationsrates vom Jahre 1866 an das ka-
tholische Kollegium (Seite 1—12).

[2]) Ehekonkordat vom 20. Januar 1868. Dazu Blumer-Morel a. a. O.
I. S. 370: „Die bloße Möglichkeit, daß eine Zivilehe, welche außer dem Kanton
abgeschlossen würde, von demselben anerkannt werden müßte, wurde dazu benutzt,
um in Kantonen, wie in St. Gallen, die katholische Bevölkerung gegen dasselbe
aufzureizen."

[3]) Botschaft des Reg.-Rates vom 1. Juni 1874

Erlaß enthielt das Gebot, daß alle Katholiken geistlichen und weltlichen Standes von Gewissenswegen gehalten seien, sich der curialistischen Anordnung „rücksichtslos mit innerm Glauben und äußerm Bekenntnis zu unterziehen."

Der Reg.-Rat, dem das Fastenmandat zur Kenntnis gebracht wurde, äußerte sich am 21. Februar 1873 folgendermaßen[1] an den Bischof: „Es liegt in unserer konstitutionellen Stellung zu den geschichtlichen zwei Landeskirchen unseres Kantons, sowie zu jeder andern verfassungsmäßig anerkannten Religionsgenossenschaft, uns in ihre innern, rein kirchlichen Angelegenheiten und Glaubenslehren nicht einzumischen; dagegen liegt es dieser unserer Stellung ebenso fern, durch die Nichteinmischung irgend welche, den Rechten des Staates und seiner Bürger zuwiderlaufende, zwangsrechtliche Anerkennung oder Gewährleistung zu übernehmen." Gegen die offizielle Einführung des Dogma werde keine Einwendung erhoben, dagegen liege es in der Pflicht der Regierung, zu erklären, daß der Reg.-Rat für die Beziehungen des Staates zur Kirche, für die rechtliche Stellung der Gemeinden und Individuen katholischen und andern Bekenntnisses, aus der unbeanstandeten Verkündung des neuen Dogma keinerlei Konsequenzen zulassen werde, die sich gegen die Hoheit und die Rechte des Staates, gegen die Unverletzlichkeit der persönlichen Glaubensfreiheit, sowie gegen das Wohlvernehmen und den Frieden unter den verschiedenen Glaubensgenossenschaften und ihren Bekennern in irgend einer Weise und in irgend welchem Umfange verstoßen sollten. Speziell werde eröffnet, daß die Regierung Ueberschreitungen, durch welche der konfessionelle Friede und das gute Vernehmen unter den Religionsgenossenschaften des Kantons oder unter den Genossen selbst gestört, oder überhaupt Glaubenshaß und Verfolgung wegen religiöser Ansichten oder Bekenntnissen gestiftet werde, unnachsichtlich verfolgen lassen und die Schuldigen an den Strafrichter überweisen werde." Damit hatte der Reg.-Rat gegenüber dem neuen Dogma den Grundsatz ausgesprochen, daß der Staat der Verkündung und Einführung desselben keine

---

[1] Protokoll des Reg.-Rates vom 21. Februar 1873.

Hindernisse in den Weg setze, dagegen jede modifizierende Einwirkung des Vatikanum auf staatliche Normen oder Vereinbarungen zwischen Staat und Kirche als rechtsungültig zurückweise und beim Vorliegen gesetzwidriger Momente eventuell strafrechtlich verfolge. (179—182 St.-G.-B. von 1857). Die staatlichen Maßnahmen, welche direkt und indirekt auf diese episkopalen und curialistischen Verfügungen erfolgten, sind im nächsten Kapitel zusammengestellt.

§ 5.
Die Aufhebung des Knabenseminars zu St. Georgen.

Die einzige staatliche Maßregel, welche gegenüber den Ausflüssen der Kirchengewalt der Siebenzigerjahre in den Rechtsbestand der bistümlichen Einrichtungen unmittelbar eingriff, war der Beschluß des Großen Rates vom 3. Juni 1874, die Aufhebung des bischöflichen Knabenseminars betreffend. Da der faktische und rechtliche Bestand des Institutes (auf den wir Seite 225 bereits hingewiesen haben) die Herkunft, Subventionierung, Lehrweise, Erziehungssystem und die Begründung zur Aufhebung in der Botschaft des Reg.-Rates vom 1. Juni 1874[1]) ausführlich und einleuchtend dargestellt sind, begnügen wir uns, daraus die Hauptpunkte wiederzugeben. Im Zusammenhang damit betrachten wir die Ausführungen der Zuschrift des Bischofs vom 9. Dezember 1873 an den katholischen Administrationsrat. Das bischöfliche Knabenseminar der Diözese St. Gallen, Rechtbestand, Notwendigkeit und Einrichtung desselben.

Schon im Jahre 1872 hatte die Presse dem Bischof von St. Gallen den Vorwurf gemacht, daß er seine Priesteramtskandidaten in klosterartiger Abgeschlossenheit erziehe und sie dem Universitätsbesuch fern halte. Die Hauptschuld daran trage das bischöfliche Knabenseminar. Am 3. September 1873 rekurrierten drei Mitglieder des katholischen Kollegiums gegen dessen Beschluß, welcher festsetzte:

a) Aus dem katholischen Kantonsschulfond für 1874 sei ein Beitrag von 3000 Fr. an das bischöfliche Knabenseminar zu leisten.

---

[1]) Amtsblatt von 1874 S. 438—464.

b) Dem Seminar werden vom Priesterseminar Lokalitäten und Mobilien gratis überlassen, sowie freie Heizung und Bedienung gewährt. — Die beim Reg.-Rat angebrachte Klage ging auf Kassation der Beschlüsse.

Durch weitere Eingaben vom 28. Februar 1874 wandte sich das Komite der liberalen Katholiken an die Regierung um Aufhebung des Knabenseminars. Mit dem gleichen Gesuch traten drei Mitglieder des katholischen Kollegiums am 10. Mai 1874 bei der Staatsbehörde auf. Diesen Rechtsbegehren entgegen standen ein Gutachten des Administrationsrates vom 16. Januar 1874 an den Reg.-Rat und die erwähnte bischöfliche Denkschrift, welche die Notwendigkeit der Beibehaltung des Seminars begründeten und dessen Fortbestand forderten. In einer einläßlichen Botschaft vom 1. Juni 1874 brachte hierauf der Reg.-Rat dem Großen Rate den Beschlußesantrag, das Knabenseminar sei aufzuheben, worauf die oberste Landesbehörde am 3. Juni 1874 dessen Säkularisation verordnete.

Zur Untersuchung des Rechtsgrundes, nach welchem dem Staat die Aufhebung des Seminars zustand, beantworten wir zwei Fragen.

1. Beruhte das bischöfliche Knabenseminar auf einer zwischen Staat und Kirche getroffenen Uebereinkunft und hat es demnach gesetzliche Anerkennung gefunden?

Der Art. 15 des Bistumskonkordates (Seite 223) trifft Bestimmungen über ein Seminarium pro informandis Clericis und Art. 20 über ein Seminarium Clericale, also in beiden Fällen über ein Priesterseminar. Andere Verfügungen, welche auf die Errichtung eines Knabenseminars schließen lassen könnten, enthält weder das Konkordat noch dessen Ausführungsbeschluß vom 11. März 1847. Nun ist bereits hervorgehoben worden (Seite 225), daß die Bulle dem Bischof empfiehlt (commendat), ein Knabenseminarium zu organisieren, welchem Postulate der Bischof im Jahre 1866 durch Einrichtung des Knabenseminars in St. Georgen nachgekommen war. Da aber die Bistumsbulle nur insoweit rechtsgültigen Bestand erlangen konnte, als sie sich mit dem Konkordat in Uebereinstimmung befand und vom Reg.-Rat die Sanktion erhalten hatte, „ohne daß dadurch etwas abgeleitet werde, was dem, dem Staate zustehenden, hoheitlichen Rechte in seinen Beziehungen zur katholischen Kirchengenossen schaft in irgend einer Weise nachteilig sein möchte," so muß daraus gefolgert werden, daß die einseitigen Maßnahmen der Bulle das Konkordat nicht derogieren konnten und das Knaben seminar deshalb niemals in den Rechtsorganismus der Diözese St. Gallen aufgenommen worden ist. In dieser Hinsicht be stand demnach für den Staat keine Verpflichtung, dem Semi narium den gesetzmäßigen Schutz zukommen zu lassen.

2. Konnte dem Bischof das Recht abgesprochen werden, aus den Seite 226 erwähnten Fonden[1]) ein Knabenseminar zu gründen und zu erhalten, ohne Begrüßung der Staatsge walt, gestützt auf Art. 7 K.-V.[2]), welcher die Freiheit des Unter richts innerhalb der gesetzlichen Bestimmungen gewährleistet?

Die bischöfliche Denkschrift bemerkt darüber, daß das Trid. Sess. XXIII C. 18 ein Knabenseminar fordere, daß in Ländern, wo die katholische Kirche durch die Verfassung garantiert sei, auch die unbehinderte Anwendung von Mitteln, ohne welche die Fortexistenz der Kirche „aufs höchste gefährdet sei," von den Staatsbehörden nicht verboten werden dürfte und Art. 7 K.-V. die Gründung des Knabenseminars zulasse und das freie Einrichtungsrecht gewährleiste. Dem gegenüber bemerkt die Botschaft, daß aus Art. 7 Abs. 7 K.-V. die Errichtung einer solchen Anstalt nicht abgeleitet werden könne, da sie als öffent liche Anstalt, wie sie der Bischof selbst ausgebe, durch das Konkordat, K.-V. oder Gesetze förmlich gesichert sein müßte. Gäbe der Staat die freie Erstellung solcher Institute zu, so könnte der Bischof in gleicher Weise Klöster und andere geist liche Korporationen und Kongregationen gründen. Eine derartige Interpretation des Art. 7 Abs. 7 würde dem Erziehungswesen den Charakter als Staatssache wiederum entreißen.

Die Subventionierung des Seminars aus dem Vermögen des Priesterseminars und des katholischen Kantonsschulfondes sei eine ungesetzliche, da nach den ausdrücklichen Bestimmungen des Gesetzes vom 8. Mai 1865, des Dekretes vom 18. Mai 1865

und des Konkordates (Art. 20) ꝛc., die ausgeschiedenen katholischen Fonde und deren Erträgnisse nur für die in diesen
Normen vorgesehenen Zwecke verwendet werden dürften. Außer
in der Bulle sei nirgends eine Stipulation über ein Knabenseminar zu finden; der Aufwand für das Institut aus diesen
Fonden sei daher stiftungswidrig. Die vom Bischof behauptete
absolute Notwendigkeit eines Seminariums sei nicht vorhanden,
da die Diözese St. Gallen bis 1866 ohne solche Anstalt in
bester Weise bestanden habe. Oekonomische Befürchtungen wären
unbegründet, da die bisherigen Zöglinge des Seminars die
gemeinsame Kantonsschule besuchen und im Konvikt katholischer
Fundation [1]) untergebracht werden könnten. Schließlich seien
nach Untersuchung des Erziehungsrates die Lehrmittel und
Professoren nicht so beschaffen, um den Zöglingen eine Bildung
zu gewähren, wie sie den allseitigen Forderungen des modernen
Kulturlebens genüge.

Aber nicht die in Betrachtziehung dieser Rechtsmotive [2])
waren in erster Linie die Ursache, welche dem Seminar den
Untergang brachten; es war der Geist, welcher im Institut
herrschte, die Erziehungsweise, welche dort gehandhabt wurde.
Man betrachtete die Einrichtung als eine Oppositionsanstalt
gegen die öffentliche Schule, als eine Konkurrentin der gemeinsamen Kantonsschule, in der die Jugend zur Intoleranz, zur
Gleichgültigkeit gegen Staat und Nation, zu jesuitischen Anschauungen, mit einem Wort zu staatsfeindlicher Gesinnung
erzogen werde. Den Beweis dafür fand die Botschaft in den
Tendenzen, welche die Geistlichen der sog. jüngern Schule in
den Gemeinden des Kantons zu verwirklichen suchten. Diese

---

[1]) Man hatte sogar Freiplätze am Konvikt in Aussicht genommen.

[2]) Die Aufhebung des Knabenseminars, zu welcher der Staat staatsrechtlich
legitimiert war, hat im allgemeinen nicht zu den gewünschten Erfolgen geführt.
Viele Katholiken St. Gallens, vor allem diejenigen, welche den priesterlichen Beruf
ergreifen wollen, machen ihre Studien jetzt in außerkantonalen Lehranstalten, die
durchaus von klerikalem Einfluß beherrscht sind und für den Staat keineswegs
eine Garantie bieten, daß die Schüler nicht in „staatsfeindlichen Theorien" erzogen werden. Die Maturität für den spätern Eintritt ins Priesteramt kann auf
diesen außerkantonalen Lehranstalten abgelegt oder vor einer Prüfungskommission
des st. gallischen Ordinariats bestanden werden.

Behauptung ruhte teils auf realen Tatsachen, teils war sie nur der Ausfluß des Unwillens über die Stärkung der Kirchen=gewalt, die sich in jenen Jahren bemerkbar machte, und der infolge des Vatikanum auftauchenden, reaktionären Richtung in der katholischen Kirche, des Altkatholizismus.

Der Aufhebungsbeschluß [1]) über das Seminar trug folgende Erwägungsgründe:

daß das Konkordat vom 7. November 1845 nur ein Priester=seminar gewährleiste;

daß die Bulle vom 12. April 1847 nur unter Berufung auf das Konkordat und unter Vorbehalt der Hoheitsrechte des Staates sanktioniert wurde;

daß die Unterstützungen des Seminars gesetz= und stiftungs=widrig seien.

In Betracht:

1. Der staatsfeindlichen Erziehungsweise,

2. Daß es in der Befugnis und Pflicht des Staates liege, Einrichtungen zu verbieten, welche derselbe dem Gemein=wohl für schädlich und namlich zur Aufrechthaltung der öffent=lichen Ordnung und des Friedens unter den Konfessionen für hinderlich und nachteilig erachte.

In Anwendung von Art. 6 und Art. 44 K.=V.[2]) — Ueber den Säkularisationsbeschluß des Großen Rates findet sich im Protokoll [3]) des Kollegiums die Bemerkung: „Das katholische Kollegium verwahrt hiemit namens des katholischen Konfessions=teils die betreffend den Beschluß vom 3. Juni 1874 bezüglichen Rechte und Interessen des katholischen Konfessionsteils. Der Administrationsrat teilt diesen Beschluß dem Präsidenten des Großen Rates zu dessen Handen mit." Das Seminarium wurde am 14. August 1874 geschlossen und der Große Rat schritt über die Rechtsverwahrung des Kollegiums in der Novembersitzung zur Tagesordnung.

---

[1]) Beschluß des Großen Rates vom 3. Juni 1874.

[2]) Art. 44 K.=V.: Der Große Rat übt alle andern Hoheitsrechte des Staates aus; er ordnet und beaufsichtigt die gesamte Landesverwaltung und trifft die darauf bezüglichen Verfügungen.

[3]) Protokoll vom 1. Juli 1874.

§ 6.

Der Konflikt mit dem Kanton Thurgau.[1]

Aus der Diözesanverwaltung des Bischofs Greith ist noch ein Ereignis zu erwähnen, welches ihn in Kollision mit der Staatsbehörde brachte.

Am 9. Juli 1875 beschwerte sich der Reg.-Rat des Kantons Thurgau beim Reg.-Rate des Kantons St. Gallen, daß sich der st. gallische Bischof als förmlicher Stellvertreter des Erzbischofs Lachat in die konfessionellen Verhältnisse des Kantons Thurgau unbefugt eingemischt habe (Firmung von Kindern), und er forderte die st. gallische Staatsbehörde auf, sie möchte in Zukunft jede Amtshandlung im Namen und Auftrag des Erzbischofes vonseiten des st. gallischen Episkopates vereiteln. Der Bischof Greith, von der st. gallischen Regierung interpelliert, antwortete am 26. Juli 1875, daß er sich über die Vornahme der Firmung mit dem Bischof Lachat verständigt und ihn als rechtmäßigen Bischof anerkannt habe. Der Firmungsakt selbst sei aber auf st. gallischem Gebiete vor sich gegangen und eine „unbefugte Einmischung in die konfessionellen Verhältnisse des Kantons Thurgau" bestehe nicht.

Dennoch drückte der Regierungsrat von St. Gallen dem Bischof ebenfalls sein Bedauern über die „unbefugte Einmischung" aus mit der Ermahnung, sich künftig aller Amtshandlungen mit Bezug auf thurgauische Kantonalangehörige und auswärtige Diözesen zu enthalten, um keine neuen Konflikte zu veranlassen.

Diese Rüge nahm der Bischof nicht stillschweigend hin, sondern antwortete am 8. September 1875 dem Reg.-Rat, daß die Initiative zu seiner Handlung von den kirchlichen und konfessionellen Vorständen der thurgauischen Katholiken ausgegangen sei.[2] Er habe vom Bischof Lachat keine Delegation nötig gehabt und dieselbe nicht verlangt und erhalten, sondern

---

[1] Urkunden im Staatsarchiv.

[2] Thurgau behauptete, daß die Amtshandlung vom st. gallischen Bischof ohne Verbindung mit den thurgauischen Kirchenbehörden erfolgt sei.

ihm nur Mitteilung gemacht, seine Amtshandlungen aber aus
eigener bischöflicher Jurisdiktion vorgenommen. Die Vorwürfe
der Regierungen von St. Gallen und Thurgau seien unberechtigt,
denn nach hoheitlich sanktioniertem Eide sei dem st. gallischen Bischof die Befugnis zugesichert: alle seine Pflichten gegen Gott
und die Kirche gewissenhaft zu erfüllen. Dieser Forderung
allein sei er nachgekommen. — In dem nämlichen Schreiben
nahm der Bischof Gelegenheit, die Rechtsgültigkeit des Vikariates über Appenzell zu betonen. Doch die Regierung zog ihre
Protestation nicht zurück, antwortete vielmehr am 24. September
1875, daß sie auf der Rechtsverwahrung beharre und ihren
Beschluß vom 15. April 1874 (Seite 319) aufrecht halte. Zugleich machte sie dem Bischof den Vorwurf, daß „er es trotz
seines Treueides auf K.-V. und Gesetze vereinbar gefunden
habe, bei dem vatikanischen Konzil Dekrete und Maßregeln
heraufzubeschwören, wie solche in dem Postulate[1] vom 15. und
19. April 1870 mit merklicher, schwerbeleidigender Bezugnahme
auf die verfassungsmäßigen und gesetzlichen Institutionen und
Einrichtungen des Kantons St. Gallen speziell beantragt und
motiviert worden seien."

Wir haben diesen Konflikt, der damit sein Ende erreichte,
dargestellt, um zu beweisen, daß es im allgemeinen dem st. gallischen Bischof nicht zusteht, Amtshandlungen über Angehörige
fremder Diözesen vorzunehmen, wenn er nicht von der außerkantonalen Behörde dazu ersucht worden ist. Ferner mag aus
diesem Paragraph die Tatsache hervorgehen, daß die bischöf

---

[1] Es handelte sich um Eingaben gegen die Gewährung gemischter Ehen
und gemischter Schulen. Dazu Botschaft des Regierungsrates vom 1. Juni
1874: „daß der Vorstand der Diözese St. Gallen dieser ununterbrochenen Be-
feindung und Befehdung unseres durch die K.-V. (die er doch feierlich beschworen)
aufgestellten paritätischen Schul- und Ehewesens keineswegs fremd geblieben ist,
das beweisen die verhängnisvollen Eingaben, welche derselbe über die
gleichen Materien im April 1870 an die päpstliche Propositionen- und Petitionen-
Kongregation in Rom einzureichen sich bemüßigt befunden hat." — In einer
besondern Verteidigungsschrift vom Jahre 1874 hatte sich der Bischof gegen das
ihm zugemutete, eidesbrüchige Handeln verwahrt, unter der Begründung, daß er
nur vollzogen habe, was der Eid ihm gebiete, nämlich alle seine Pflichten gegen
Gott und die Kirche gewissenhaft zu erfüllen.

liche Eidesformel in sich selbst einen Widerspruch enthält, welcher sie für die Garantie, die der Staat damit bezwecken will, völlig wertlos macht.[1])

§ 7.
Der dritte Bischof von St. Gallen.

Nach Beilegung der Streitigkeit mit dem Kanton Thurgau sind unter der episkopalen Führung Greiths keine Vorfälle von Bedeutung mehr zu erwähnen, welche die st. gallischen Staatsbehörden beschäftigt hätten.

Der Bischof starb im Jahre 1882, und am 25. Mai 1882 zeigte das Domkapitel dem Reg.-Rate an, daß es, nachdem das katholische Kollegium eine Streichung von Namen auf der Vorschlagsliste nicht vorgenommen, Augustin Egger zum Bischof von St. Gallen erwählt habe. Am 26. Mai 1882 unterbreitete der Administrationsrat dem Reg.-Rate die Wahl zur hoheitlichen Genehmigung, worauf die Staatsbehörde am 27. Mai dem neuen Oberhirten das Plazet erteilte. Die Weihung, Inthronisation und Eidesleistung (mit Weglassung der Stelle hæreticos . . . . bis impugnabo) gingen gesetzmäßig vonstatten.

Unter der neuen Diözesanregierung sind bis 1899 keine erwähnungswürdigen, kirchenstaatsrechtlichen Konflikte eingetreten.

Fünftes Kapitel.

Staatliche Gesetzgebung auf konfessionellem Gebiete.

Da der Staat der tatsächlichen Verkündung des Syllabus und des Vatikanum im Kanton St. Gallen keinen positiven Widerstand entgegengesetzt, sondern nur den Einfluß des neuen

---

[1] Vergl. die Ausführungen im Anhang.

22

Dogmas auf den staatlichen Rechtsorganismus unwirksam gemacht hatte, so glaubte er sich gegenüber der mächtigen Ausdehnung der Kirchengewalt andererseits verpflichtet zu sehen,
auf dem Wege der einseitigen staatlichen Gesetzgebung in wirksamer Weise vorzugehen.

Die Gesichtspunkte, welche den Großen[1] Rat der Jahre
1873 und 1874 leiteten, sind aber nicht allein der Ausfluß der
kirchenpolitischen Verhältnisse im Kanton selbst, sondern sie beruhen vielfach auf dem Eindruck der Ereignisse, die sich in
jenen Jahren auf konfessionellem Gebiete in der Westschweiz
abspielten, in Volk und Behörden der Schweiz das Bestreben
wachriefen, den episkopalen Uebergriffen energisch entgegen zu
treten und im allgemeinen mit dem Sieg der Staatsgewalt
endeten.[2] Schließlich machte sich die reaktionäre Bewegung
innerhalb der katholischen Kirche selbst vielfach dahin geltend,
den staatlichen Einfluß in gemischten Angelegenheiten zu vergrößern und die Mitglieder der neuen Richtung, die in St. Gallen
im Jahre 1873 zum ersten Mal deutlich hervortrat, waren in ihren
Anschauungen bisweilen mehr von Opposition gegen die römisch
katholische Kirche, als von einem reinen Rechtsgedanken geleitet.

Die erste Veränderung in der Gesetzgebung auf konfessionellem Gebiete bildete eine Novelle zum St. G. B. von 1857,
indem der Abschnitt G. (S. 323 Anm. 1) im Sinne einer Verschärfung und Ausdehnung der Strafmaßregeln modifiziert wurde.
Die Botschaft[3] des Reg.-Rates vom 1. Juni 1874 betont, daß
hiebei der Große Rat vornehmlich von der Ueberzeugung geleitet gewesen sei, daß nach den bestehenden Verordnungen und

---

[1] In dieser Periode zeigte der Große Rat eine Minderheit katholischer
Konservativer und eine radikale Mehrheit.

[2] 1. Ausweisung des päpstlichen Nuntius aus der Schweiz 1873.
2. Die konfessionellen Artikel der B.-V. von 1874.

[3] Dazu Botschaft des Reg.-Rates vom 1. Juni 1874. „Es ist unläugbar,
daß zur Aufrechthaltung der bürgerlichen Ordnung und des Friedens unter den
Konfessionen neben der kirchlichen auch eine nationale vaterländische Bildung und
Erziehung der Priester und Prediger der beiden gewährleisteten Hauptkirchen
unerläßlich erscheint. Auf diese Bildung und Erziehung hat nun im Kanton
St. Gallen die Staatsbehörde nicht den geringsten positiven Einfluß. Die ganze
Bildung der Geistlichkeit liegt ausschließlich in den Händen der Kirchen- bezw.
der konfessionellen Behörden.“

der tatsächlichen Uebung dem Staate auf Erziehung und Charakterbildung des heranwachsenden Klerus ein viel zu geringer
Einfluß zustehe und ihm deshalb viel zu wenig Garantie gegeben sei, daß der Geistliche den Interessen des Kantons nicht
entgegentrete. Der Abschnitt G.[1]) erhielt folgende Fassung:

Vergehen gegen den konfessionellen Frieden und gegen die
Achtung der vom Staate anerkannten Religionsgesellschaften.

Art. 181. Der Verletzung der Glaubensfreiheit und des konfessionellen Friedens und der Beschimpfung der vom Staate anerkannten Religionsgesellschaften macht sich schuldig, wer vorsätzlich:

a) Handlungen begeht, welche geeignet sind, den Frieden
unter den vom Staate anerkannten Religionsgesellschaften zu
stören oder überhaupt Glaubenshaß oder Verfolgung wegen
religiöser Ansichten und Bekenntnisse zu stiften, oder durch
welche Jemand wegen seines Glaubens beschimpft wird;

b) in einer öffentliches Aergernis erregenden Weise die
Gegenstände der Verehrung einer solchen Religionsgesellschaft
lästert oder aushöhnt;

c) die öffentlichen, gottesdienstlichen Versammlungen oder
Verrichtungen einer vom Staate anerkannten Religionsgesellschaft widerrechtlich verhindert oder stört.

In solchen Fällen ist Geldstrafe bis auf 500 Fr. ohne oder
mit Gefängnis bis auf 6 Monate auszusprechen.

Art. 182. Wenn Geistliche[2]) sich einer unter den vorange-
nannten Artikeln fallenden Handlung schuldig machen, oder
wenn solche in kirchlichen Erlassen, überhaupt in Ausübung
ihrer amtlichen und seelsorglichen Verrichtungen ihre öffentliche
Stellung zur Lästerung von Verfassung, Gesetzen,[3]) obrigkeit-

---

[1]) Novelle vom 26. November 1873 in Kraft getreten am 8. Februar 1874.
G. S. N. F. S. 93 II. Vergl. Deutsches St.-G.-B. vom 15. Mai 1871. § 166
und 167. In der Novelle sind Bestimmungen über die vom Staate „geduldeten
Religionsgesellschaften", fallen gelassen. Vergl. Seite 323 Anm. 1.

[2]) Der Kanzelparagraph des D. R. St.-G.-B. von 1871 (Art. 130 a) erstreckt sich neben den Geistlichen auch auf „andere Religionsdiener". Die
st. gallische Novelle sieht nach Liszt, Strafrecht, S. 428 nur die Religionsdiener
des christlichen Bekenntnisses vor.

[3]) Das Bewußtsein, daß die Aeußerung geeignet ist, den öffentlichen Frieden
zu stören, erfüllt den Vorsatz. Absicht ist nicht erforderlich. D. St.-G.-B. Ausgabe Rüdorff. S. 84 Anm.

lichen Erlassen und gesetzlichen Einrichtungen oder in anderer Weise zu politischen Zwecken mißbrauchen, so kann die Strafe, je nach der Schwere der unterlaufenen Umstände, bis auf das Doppelte erhöht werden, unvorgegriffen der Ausübung der den Staatsbehörden zustehenden Hoheitsrechte.[1]

Trotz dieser neuen, eingreifenden Bestimmungen des St. G. B., welche den Staat in weitgehendster Weise befähigten, unter gegebenen Verhältnissen die strafrechtliche Verfolgung anzuordnen und zu vollziehen, sah sich der Staat veranlaßt, auch durch Erweiterung der staatlichen Hoheitsrechte der Kirche gegenüber aufzutreten.

Schon am 11. Juni 1873 hatte der Große Rat die Regierung eingeladen, sowohl hinsichtlich allgemeiner Verordnungen und Kundmachungen kirchlicher Behörden, wie bezüglich der Pfrundbesetzungen beider Konfessionen die hoheitlichen Rechte des Staates durch Ausübung des Plazetrechtes[2] zu wahren, und ihr den Auftrag erteilt, Prüfung walten zu lassen, ob nicht das konfessionelle Gesetz von 1859 überhaupt einer Revision zu unterstellen sei, namentlich im Sinne:

a) Wahrung größerer Selbständigkeit der Kirchgemeinden und konfessionellen Genossenschaften den kirchlichen Oberbehörden gegenüber, besonders im Bezug auf Pfrundbesetzungen.

b) Der Regelung der Art und Weise der Bildung religiöser Genossenschaften.

„Der integralerneuerte Große Rat des Jahres 1873," berichtet die Botschaft vom 1. Juni 1874, „im Rückblick auf die Erlebnisse der letzten Jahre auf dem kirchlichen Gebiete, und von der Ueberzeugung geleitet, daß die römische Hierarchie durch die vatikanischen Beschlüsse, die alle Rechte sowohl des Regiments als auch die der Gesetzgebung auf das für unfehlbar erklärte Oberhaupt der Kirche übertragen, eine fundamentale Aenderung[3] erlitten, vermochte sich des Eindrucks nicht zu er-

---

[1] Das gegen das Gesetz ergriffene Veto des Volkes ergab 20,440 Annehmende gegen 17,079 Verwerfende.

[2] Siehe Art. 10 und 15 konfessionelles Gesetz von 1859. Beilage 1.

[3] Dazu Friedberg a. a. O. III B. „Die 1870 proklamierte Infallibilität des Papstes ist von jeher vorhanden gewesen. Daher ist seit 1870 die Lage des Staates durch das Konzil eher verbessert worden, da die wirkliche Ge-

wehren, daß es sich um den weit angelegten Plan handle, die gesamte römische Kirchenregierung in den schrankenlosesten Absolutismus umzubilden. Die oberste Staatsbehörde hielt es daher gegenüber dieser hochwichtigen Aenderung in der hier-archischen Kirchenverfassung in ihrer unerläßlichen Pflicht, von der Landesregierung nicht nur zu verlangen, daß die bisherige laxere Handhabung der Hoheitsrechte in kirchlich-politischen Dingen, welche ihre Entstehung nicht mehr zutreffenden Vor-aussetzungen verdanke, fortan durch eine energischere ersetzt werde, sondern daß dieselbe auch über die Frage eingehende Prüfung walten lasse, ob nicht mittelst Revision des konfessio-nellen Gesetzes von 1859, mit Rücksicht auf Art. 6 K.-V. und Art. 44 K.-V., das Verhältnis zwischen Staat und Kirche in zweck- und zeitgemäßer Weise geordnet werden soll."

Aus diesen Ausführungen geht hervor, daß

1. Der Staat gegenüber den vatikanischen Beschlüssen seine gesetzlichen Bestimmungen und deren faktische Betätigung hin-sichtlich der katholischen Kirche für ungenügend hielt.

2. Der Staat sich aus der fundamentalen Aenderung der katholischen Kirchenverfassung seinerseits das Recht ableitete, auch seine Gesetzgebung zu modifizieren.

Diesen, in der Botschaft dargestellten Aufträgen, kam die Regierung in folgender Weise nach:

I. Am 5. Juli 1873 erließ sie eine Verordnung, welche fest-setzte:

In Vollziehung des Großrats-Beschlusses vom 11. Juni 1873 (S. 340), betreffend Art. 15 konfessionelles Gesetz von 1859

In der Absicht, der Staatsbehörde, welcher die Ausübung des Plazetrechtes bei Pfrundbesetzungen obliegt, eine gründliche Prüfung der Frage zu ermöglichen

---

fahr der Kirche gegenüber dem Staate jetzt voll anerkannt wird und besonders in das Volk gedrungen ist. Im Grunde genommen war die schrankenloseste Gewalt des Papstes schon vorhanden; nun ist sie gesetzlich normiert. Jetzt handelt es sich darum, die Macht der Kirche auf Grund der nun einmal vor-handenen Beschlüsse des vatikanischen Konzils möglichst einzuschränken."

Ferner: Vogt, Rechtsgutachten gegen den Entscheid des st. gallischen Großen Rates vom 18. November 1897 (S. 19). „Nach dem für unsere Staatsbehörden allein maßgebenden, weltlichen Gesichtspunkte war in der katholischen Kirche das Unfehlbarkeitsdogma ein Novum."

a) ob der Geistliche in Bezug auf seinen Wandel und sein Vorleben die notwendige Gewähr biete für Erfüllung der wichtigen Pflichten seines Amtes, oder

b) ob nicht die Annahme begründet sei, daß der Gewählte den Grundsätzen und Vorschriften der B.-V. und K.-V. und den Landesgesetzen entgegenwirke und zu Haß und Verfolgung Andersgesinnter aufstachle und durch Mißbrauch seiner Stellung und seines Amtes den konfessionellen und politischen Frieden störe, beschließt der Reg.-Rat:

Art. 1. Für Geistliche, deren Wahl auf eine Pfründe im Kanton das erste Mal zur hoheitlichen Anerkennung an den Reg.-Rat geleitet wird, sollen jeweilen die Zeugnisse des Gewählten über seine Sitten, sowie die Bezeichnung der Lehranstalten, an welchen er studiert hat, beigelegt werden.

Art. 2. Der Reg.-Rat behält sich vor, die Beibringung der erforderlichen Zeugnisse und Ausweise für Pfrundwahlen auch bei späterm Wechsel der Pfründe zu verlangen.

Art. 3. Auf st. gallische Pfründen gewählten Geistlichen, welche vom Oktober 1873 an ihre theologischen Studien oder die Kurse des Klerikalseminars in Lehranstalten der Jesuiten oder in Anstalten der ihnen affiliierten Orden und Kongregationen machen werden, ist das Wahlplazet zu verweigern.

Art. 4. Die Nichtgenehmigung der Wahl muß bei der konfessionellen Behörde, welche die Wahlanzeige gemacht hat, motiviert werden.

Auf Grund des Beschlusses teilte die Regierung dem Administrationsrate am 3. September 1873 mit, daß sie von ihm erwarte, er werde an st. gallische Jünglinge, welche solche Anstalten (wie in Art. 3) besuchten, keine Unterstützung mehr verabfolgen, worauf der Administrationsrat beschloß,[1] „es sei dem Reg.-Rat als Antwort auf seinen bezüglichen Beschluß vom 5. Juli 1873 anläßlich der vom katholischen Kollegium am 1. Juli a. c. beschlossenen Verwahrung vorläufig Kenntnis zu geben und nur unter ausdrücklicher Bezugnahme auf dieselbe, den Forderungen des Beschlusses vom 5. Juli, der Gewalt weichend, nachzugeben.‟

[1] Protokoll des Administrationsrates vom 11. September 1873. Vergl. Seite 343 Anm. 2.

II. Am 1. Juni 1874 reichte die Regierung dem Großen Rate eine Botschaft ein, die in außerordentlich eingehender Weise gewisse Punkte des st. gallischen Kirchenstaatsrechtes näher beleuchtete und außer dem Seite 331 erwähnten Vorschlag zur Aufhebung des bischöflichen Knabenseminars, die Beschlusses anträge brachte: Zur Zeit in eine Revision des konfessionellen Gesetzes nicht einzutreten,[1]) dagegen dem Staat unter gegebenen Verhältnissen das Deplazierungsrecht für Geistliche einzuräumen und das Plazetierungsrecht für Vikariate, die länger als acht Wochen dauerten. Die Motivierung zu diesen Anträgen fand die Botschaft:

a) In der ungenügenden Vollziehung des Art. 35 der katholischen Organisation von 1862.[2])

b) In dem unbefriedigenden Zustand des Priesterseminars.

c) In dem Bestand der bisherigen Wirksamkeit des sogen. Knabenseminars in St. Georgen.

Auf diese Motion des Regierungsrates trat der Große Rat in eine Revision des konfessionellen Gesetzes von 1859

---

[1]) Laut Beschluß des Reg.-Rates wurde das konfessionelle Gesetz von 1859 in teilweise veränderter Fassung der Gesetzessammlung eingefügt (5. Juli 1873). Siehe Anm. 1 des Gesetzes. Beilage 1.

[2]) Schon am 3. September 1873 hatte die Regierung dem Administrationsrate mitgeteilt, daß unter den katholischen Geistlichen des Kantons, zumal der jüngern Generation, ein staatsfeindlicher, intoleranter, friedensstörender Geist herrsche; daß dies vielfach von zu geringer Kontrolle des Administrationsrates herrühre; daß im Sinne von Art. 35 der katholischen Organisation für die Aufnahme ins Klerikalseminar bestimmte Bedingungen aufgestellt werden sollten, worunter der Regierungsrat namentlich verstehe: den Nachweis einer allgemeinen, tüchtigen, wissenschaftlichen Bildung und den Nachweis, daß die Rezipienten nicht eine Erziehung und Vorbildung in Jesuiten- oder den Jesuiten affiliierten Anstalten erhalten haben.

Der Administrationsrat antwortete hierauf, daß nach Art. 35 der katholischen Organisation bereits am 10. Oktober 1871 vom Bischof ein Prüfungsstatut aufgestellt worden sei zur Aufnahme von Kandidaten ins Priesterseminar, wodurch eine allgemeine, tüchtige und wissenschaftliche Vorbildung verlangt werde. (Triennium theologicum). Ferner bestehe seit dem 21. Dezember 1871 eine Uebereinkunst zwischen dem Administrationsrat und dem bischöflichen Ordinariate über die Prüfungsangelegenheit. (Die Prüfungskommission bestand aber aus lauter Geistlichen.) Nach Art. 35 der katholischen Organisation stehe es übrigens dem Ordinariate und dem Administrationsrate allein zu, die angemessene Verfahrungsweise bei Prüfungen und Aufnahmen von Priesteramtskandidaten zu bestimmen. Protokoll des Administrationsrates vom 21. Oktober 1873.

nicht ein und faßte am 3. Juni 1874 folgenden Beschluß: Nach Ansicht von Art. 15 des konfessionellen Gesetzes von 1859 und erwägend, daß Art. 182 der Novelle St. G. B. die Erkennung und Entscheidung über die nach Umständen notwendig werdende Entfernung eines Geistlichen von seinem Amte in den Bereich der Ausübung der den Staatsbehörden zustehenden Hoheitsrechten verweise; in Anwendung des Art. 6 und Art. 44 K. V.

Art. 1. Einem Geistlichen, welcher durch Mißbrauch seines Amtes den politischen oder konfessionellen Frieden stört, in seiner amtlichen Stellung zum Haße und zur Verfolgung politischer Gegner und Andersgesinnter aufstachelt oder den Vorschriften der eidgenössischen oder kantonalen Verfassung und Gesetze beharrlich entgegentritt, oder wenn er durch seinen Wandel die Würde seines Amtes schwer verletzt, kann durch den Regierungsrat das hoheitliche Plazet entzogen werden. [1]

Art. 2. Die Wahl von Geistlichen auf Pfründen, welche nur vikariatsweise besetzt werden, sofern das Vikariat länger als acht Wochen dauert, unterliegt ebenfalls dem Plazet, sowie den Bestimmungen von Art. 1.

Art. 3. Der Regierungsrat ist mit dem Vollzug des gegenwärtigen Beschlusses [2] beauftragt.

Diese Verfügungen der st. gallischen Staatsbehörden werfen die Frage auf, wie weit der Große Rat berechtigt war, das konfessionelle Gesetz von 1859 durch diese Beschlussesformen zu ergänzen. Wir haben bereits S. 297 u. 309 darauf hingewiesen, daß weder die katholische noch die evangelische Organisation dem konfessionellen Gesetz von 1859 materiellrechtlich zu derogieren im stande waren, daß es daher jederzeit in der Befugnis des Großen Rates lag, die volle Durchführung des Art. 15 des konfessionellen Gesetzes, d. h. die formelle Plazetierung der Pfrundgeistlichen zu verlangen. Der Beschluß des Großen Rates vom

---

[1] Am 30. April 1875 wurde einem Pfarrer in Montlingen das hoheitliche Plazet entzogen und er angewiesen, seine pfarramtlichen Funktionen dort niederzulegen. Seine Pfarrstelle wurde als vakant erklärt und zur Wiederbesetzung ausgeschrieben. Der Große Rat bestätigte den Absetzungsbeschluß des Reg. Rates; das katholische Kollegium protestierte am 29. Juni 1875. Ein Rekurs an den Bundesrat blieb erfolglos.

[2] Beschluß vom 3. Juni 1874. G. S. N. A. S. 122.

11. Juni 1873 (Seite 340) erscheint daher staatsrechtlich vollkommen gerechtfertigt, ebenso der darauf beruhende Vollziehungsbeschluß des Regierungsrates vom 5. Juli 1873. Was aber
das Abberufungsrecht des Staates anbelangt, so muß betont
werden, daß nach der Doktrin für Staaten, welche die Befugnis
haben, der Wahl von Geistlichen die landesherrliche Anerkennung
beizufügen, auch ein Deplazetierungsrecht besteht, was aus unsern
Ausführungen im Anhang naturgemäß hervorgeht. Die Verhältnisse lagen also so, daß der Staat mit Annahme des
konfessionellen Gesetzes von 1859, welches in Art. 15 die hoheitliche Anerkennung für Pfrundwahlen statuiert, materiell auch
das Deplazetierungsrecht wieder rezipiert hatte, wiewohl eine
formelle Gewährleistung dieses Rechtes fehlte. Aus diesem
Grunde allein scheint es gerechtfertigt, daß der Große Rat eine
so allgemein gültige, eingreifende Verfügung in Form eines
bloßen Beschlusses, neben den Bestimmungen des konfessionellen
Gesetzes von 1859, aufgenommen hat.

Ein weiteres Vorgehen gegen die Geistlichkeit bekundete
eine Verordnung[1] betreffend das Verbot der Teilnahme st.
gallischer Geistlicher an Priesterexerzitien in auswärtigen Diözesen, vom 19. August 1873. Sie lautet:

In Kenntnisnahme eines Pastoralschreibens vom 20. Juli
1873, das die Geistlichen zu Exerzitien im Kloster Mehrerau
ermahnt: nach Ansicht des Bundesbeschlusses vom 22. Juli 1859
(Seite 233 Anm. 1), kraft welchem jede auswärtige Episkopaljurisdiktion auf Schweizergebiet aufgehoben ist;

in Erwägung einer indirekten Umgehung dieses Beschlusses
durch das Pastoralschreiben:

in Erwägung, daß die Uebungskurse nicht die erforderliche
Gewähr bieten, daß die Fortbildung der Geistlichen in einer
vaterländischen, herwärtige Verhältnisse und Staatseinrichtungen
berücksichtigenden Weise stattfinde, [2] verordnet der Reg.-Rat:

Jedem Geistlichen der Diözese St. Gallen ist die Teilnahme
an Priesterexerzitien, welche in einer auswärtigen Diözese unter

---

[1] G. S. R. F. II. S. 67.

[2] Die Uebungen waren unter der Leitung eines Jesuiten, P. Löffler, vorgenommen worden.

auswärtiger Episkopaljurisdiktion angeordnet und geleitet wer=
den, annut untersagt. Dawiderhandelnde unterliegen dem Art.
149 St. G. B.

Die wichtigste Verfügung, welche jene Zeit hervorbrachte,
war die bürgerliche Ordnung des Begräbniswesens. Das Proto=
koll des Reg.=Rates vom 21. Februar 1873 enthält die Be=
merkung: „Auf individuelle Anregung wird aus Anlaß des
heute gefaßten Beschlusses (S. 329), betreffend die Verkündung
des Dogma von der päpstlichen Unfehlbarkeit beschlossen:

1. Es sei das Polizeidepartement eingeladen, den ihm laut
Beschluß des Großen Rates vom 4. Juni 1872 erteilten Auf=
trage, zur Entwerfung und Vorlage eines Gesetzesvorschlages
über eine allgemeine Begräbnisordnung, beförderlichst nachzu=
kommen.

2. Es sei das Justizdepartement beauftragt, einen Gesetzes=
vorschlag über obligatorische oder fakultative Zivilehe[1]) beför=
derlich auszuarbeiten und dem Regierungsrat zur Beratung
vorzulegen.“

Die bürgerliche Regelung des Ehewesens fand aber erst
auf Grund der Bestimmungen der B.=V. von 1874 statt, während
der Große Rat schon am 10. Juni 1873 ein Gesetz über das bürger=
liche Begräbniswesen annahm.[2]) Durch diese Norm wurde die,
bisher auf durchaus konfessioneller Basis beruhende Besorgung
und Beaufsichtigung des Begräbniswesens, als Sache der poli=
tischen Gemeinde erklärt und die Autonomie auf diesem Gebiete
insofern dem Staate übertragen, als der Regierungsrat berechtigt

---

[1]) Am 3. Juni 1873 hatte der Reg.=Rat eine Botschaft und Gesetzesvor=
schlag ausgearbeitet, womit die Einführung der obligatorischen Zivilehe bezweckt
werden sollte. Es wurde betont, daß die gegenwärtige Regelung des Ehewesens
mit Art. 6,₁ K. B. im Widerspruch stehe. „Wollten jetzt Brautleute verschiedener
Konfession sich durch die katholische Kirche trauen lassen, so müßten sie sich förm=
lich verpflichten, ihre Kinder in der katholischen Religion taufen und erziehen zu
lassen.“ Nach dem neuen Gesetz stand es den Ehegatten frei, die bereits ge=
schlossene Zivilehe noch kirchlich einsegnen zu lassen.

[2]) (G. S. N. F. S. 68 II. Durch dieses Gesetz wurden das Gesetz vom
6. März 1818 (Seite 68) und eine Verordnung vom 12. Dezember 1849 auf=
gehoben. Letztere hatte nur Vorschriften über die sanitarische Beerdigung und
die vorauszugehende ärztliche Untersuchung der Leichen und über Anlage der Be=
gräbnisplätze gegeben. Die Verordnung hatte das Verbot aufgestellt, Leichen
in der Kirche zu bestatten.

wurde, allgemeine Vorschriften über das Begräbniswesen zu erlassen und die von den Gemeinderäten aufgestellten örtlichen Begräbnisordnungen zu genehmigen. Während die Friedhöfe im allgemeinen im Eigentum der Kirchgemeinden verblieben,[1] bestimmte das Gesetz, daß die Erstellung neuer Begräbnisplätze von der politischen Gemeinde auszugehen habe und die den Kirchgemeinden zugehörigen Friedhöfe nur so lange benutzt werden dürften, als dieselben nach sanitarischen Vorschriften dazu geeignet erschienen. Die Beerdigung aller in der politischen Gemeinde Verstorbenen oder der daselbst aufgefundenen Leichen hatte in der Regel auf einem in derselben befindlichen, öffentlichen Begräbnisplatze zu geschehen und die Gemeinderäte hatten in den Begräbnisordnungen vorzusehen, daß die Beisetzung und Gedächtnisfeier Verstorbener nach den kirchlichen Gebräuchen der betreffenden Konfession geübt werden konnten.

Die zu diesem Gesetz erlassene Vollzugsverordnung[2] des Reg.-Rates vom 22. Oktober 1873 setzte des Nähern fest, daß in jeder politischen Gemeinde nur ein Friedhof gestattet sein solle, wenn nicht besondere Gründe dagegen sprechen würden. In neuerstellten Friedhöfen mußten die Leichname der Reihenfolge nach beerdigt werden. Dies hatte auch in den bisherigen Friedhöfen zu geschehen, insofern nicht örtliche Gebräuche und Verhältnisse eine Ausnahme wünschbar erscheinen ließen. Alle Leichen waren unter Glockengeläute zu beerdigen und zur Bestattung nach den kirchlichen Gebräuchen ihrer Konfession, sollten sich die Hinterlassenen an das zuständige Pfarramt wenden. Die Erlaubnis zur Beerdigung erteilte der Zivilstandsbeamte auf den in der Verordnung vorgeschriebenen amtlichen Totenschein und unter Beobachtung der gesetzlichen Wartefrist. Die Tagesstunde für die Bestattung war für die Angehörigen der verschiedenen Konfessionen nach den allgemeinen oder örtlichen

---

[1] Im Jahre 1899 war die politische Gemeinde in 29 Gemeinden Eigentümerin der Friedhöfe; in 46 Gemeinden die Kirchgemeinde. Eine Botschaft des Reg.-Rates vom 21. Mai 1873 betonte, daß die zur Zeit bestehenden Friedhöfe der Kirchgemeinden als unantastbares Eigentum derselben verbleiben und nur die Erstellung und der Unterhalt von neuen Friedhöfen an die politischen Gemeinden übergehen sollten.

[2] G. S. N. F. S. 72 II.

Gebräuchen derselben zu regeln. Alle Leichen mußten in den öffentlichen Friedhöfen beerdigt werden. Das Begraben von Leichen in den Kirchen wurde untersagt: Ausnahmen davon unterlagen einer besondern Genehmigung des Regierungrates. Uebertretungen der Begräbnisbestimmungen konnten vom Gemeinderate mit einer Buße von 5—30 Fr. geahndet werden.

Diese Normen über das Bestattungswesen zeigen im allgemeinen ein der historischen Vergangenheit des Kantons konformes Gepräge und eine im ganzen richtige Scheidung der staatlichen und kirchlichen Kompetenzen, so daß das Gesetz durch Art. 53, 2 B.-V. von 1874 nicht aufgehoben wurde. Die aus dem Gesetz herausleuchtende Tendenz der Nivellierung der konfessionellen Unterschiede in Bezug auf das Eigentumsrecht am Bestattungsplatz, hat sich bis 1899 großenteils nicht verwirklicht. [1)]

Die Ausführungen dieses Kapitels legen klar, daß die staatlichen Maßnahmen der Siebenzigerjahre, welche zum Teil direkt ein Gegenstück zu den curialistischen und episkopalen Neuerungen jener Jahre bilden, einerseits eine weitgehende Einmischung der Staatsgewalt in die kirchliche Sphäre bekunden, andererseits eine Emanzipation des Staates von der kirchlichen und konfessionellen Gewalt durch Säkularisation eines Gebietes, das bisher fast ausschließlich ihrer Autonomie überlassen worden war. Die B.-V. von 1874 sollte diesen Schritt noch vervollständigen.

[1)] Siehe Botschaft des Reg.-Rates vom 29. Oktober 1898: „Schon anläßlich der Beratung der 1892er Referendumsvorlage betreffend das Zivilbestattungsgesetz konstatierte ihre vorberatende Kommission (Berichterstatter Herr alt Landammann Dr. Fehr), daß die durch das Gesetz vom Jahre 1873 angestrebte Uebernahme der Begräbnisstätten durch die politischen Gemeinden noch großenteils nicht zustande gekommen und die darin liegende hohe sittliche Tendenz vorläufig noch ein frommer Wunsch geblieben sei."

Sechster Abschnitt.

Von der Bundesverfassung von 1874 bis zur Kantonsverfassung von 1890.

Erstes Kapitel.

Eidgenössische u. kantonale Konstitutionen.

§ 1.

Die Bundesverfassung von 1874.

Der Entwurf zu einer neuen B.-V. vom Jahre 1872 war im Kanton St. Gallen mit 22 534 gegen 22 505 Stimmen angenommen und in der Schweiz nur mit 260 859 gegen 255 606 Stimmen verworfen worden. Diese Resultate allein zeigten schon, daß das Bedürfnis nach einem neuen schweizerischen Grundgesetz im Volke lebendig geworden war. Bereits im Januar 1874 war eine neue Vorlage von der Bundesversammlung fertiggestellt worden. Die Abstimmung über den neuen Entwurf vom 19. April 1874 ergab im Kanton 26 134 Annehmende gegen 19 939 Verwerfende und in der Eidgenossenschaft 340 899 Annehmende (14½ Stände) gegen 198 013 Verwerfende (7½ Stände). Namentlich wegen der Artikel auf konfessionellem Gebiete war im Kanton St. Gallen von klerikaler Seite heftiger Widerspruch gegen die neue B.-V. erhoben worden und die schwache Mehrheit der Annehmenden zeigt den Erfolg der konservativen Bestrebungen.

Wiewohl die neue B.-V., die das Datum vom 29. Mai 1874 erhielt, in ihren Grundlagen durchaus auf derjenigen von

1848 beruht, so muß sie doch als eine Totalrevision[1] aufgefaßt werden. Auf die konfessionellen Artikel, welche für uns
allein in Betracht fallen, übten das Vatikanum, die kirchlichen
Konflikte, welche sich in der Westschweiz[2] geltend gemacht und
mit Rückweisung der hierarchischen Prätentionen geendet hatten
sowie der neu auftauchende Altkatholizismus einen hervor-
ragenden Einfluß aus. Sie führten zu dem weitern Ausbau
des Systems, daß sich der Staat einerseits zu den Religionsgenossenschaften in kein besonderes Verhältnis setzt und sie
innerhalb der staatlichen Ordnung frei gewähren läßt, andererseits sich Maßregeln gegen die Ueberschreitung der kirchlichen
Befugnisse gesetzlich vorbehalten hat und die bürgerliche Sphäre
zum Teil in das bisher der Kirche überlassene Gebiet ausdehnt.[3]

Die Bestimmungen über die Souveränität der Kantone,
Gewährleistung ihres Gebietes, und ihre Befugnis, Verträge
mit dem Auslande abschließen und direkten Verkehr mit auswärtigen Staaten pflegen zu können, blieben gleich. Soweit
demnach ein zwischen Kantonen und der römischen Curie ein-
zugehendes Konkordat unter „Gegenstände der Staatswirtschaft,
des nachbarlichen Verkehrs und der Polizei" fallen würde, hätten
die Kantone das Recht, unter Sanktion des Bundes eine solche
Uebereinkunft abzuschließen: in den Schranken des Art. 7 B.-V.
sind auch Konkordate der Kantone unter sich über kirchliche
Gegenstände[4] gestattet.

Wie 1848 wurde die Gleichheit aller Schweizer vor dem
Gesetze ausgesprochen und die Kantone verpflichtet, alle Schweizerbürger in der Gesetzgebung sowohl, als in gerichtlichen Verfahren den Bürgern des eigenen Kantons gleich zu halten.
(Revision von 1866). Die Niederlassungsverhältnisse wurden
im Sinne der Verfassungsrevision von 1866 geregelt und entbehren jeder Beschränkung in konfessioneller Hinsicht. Nur

---

[1] Siehe darüber Hilty a. a. O. S. 461 Anm. 2.
[2] Siehe die ausführliche Darstellung über die Konflikte betreffend die Errichtung des apostolischen Vikariates Genf und die Aufhebung der Nuntiatur bei
Gareis und Zorn a. a. O. I. S. 80—118.
[3] Blumer-Morel a. a. O. I. S. 339 bemerkt, daß diese prinzipiellen
Gegensätze stets aufeinander platzen werden.
[4] Vergl. Gareis und Zorn a. a. O. I. S. 62.

Art. 43₄ B.-B. statuierte eine Ausnahme für die niedergelassenen Schweizerbürger, insofern sie vom Mitanteil an Bürger-
und Korporationsgütern, sowie vom Stimmrecht in rein bürgerlichen Angelegenheiten ausgeschlossen sein sollten, wenn die
Kantonalgesetzgebung nichts anderes bestimmte. (Dies betraf
auch die konfessionellen Korporationsgüter.)

Biel weiter als 1848 gingen die Artikel, welche die Bestimmungen auf konfessionellem Gebiete enthielten. Als oberstes
Prinzip wurde in Art. 49₁ die Glaubens- und Gewissensfreiheit
als unverletzlich dargestellt, eine Toleranz, die ohne die nachfolgenden Einschränkungen der weitgehendsten Interpretation
fähig gewesen wäre und aus der man (zusammen mit Art. 50)
sogar in mehreren Fällen die Geltung des kanonischen Rechtes
abzuleiten versuchte.[1]   Die den Art. 49₁ näher bestimmenden
Normen lauten:

1. Niemand darf zur Teilnahme an einer Religionsgenossenschaft, oder an einem religiösen Unterricht, oder zur Vornahme einer religiösen Handlung gezwungen[2] oder wegen
Glaubensansichten mit Strafen irgend welcher Art belegt werden.
(Art. 49₂.)

Dieser Art. 49₂ wurde wiederum dahin eingeschränkt, daß
über die religiöse Erziehung der Kinder bis zum erfüllten 16.
Altersjahre im Sinne der vorstehenden Grundsätze der Inhaber
der väterlichen oder vormundschaftlichen Gewalt zu verfügen
hatte. (Art. 49₃.)[3]

Durch Art. 49₂ wurde demnach die rechtmäßige Anwendung
von kirchlichen Zwangsmaßregeln, die sich auf das bürgerliche
Gebiet erstreckten, aufgehoben, was der daraus folgende Art. 58₂
dahin weiter ausführt, daß er die geistliche Gerichtsbarkeit
nominell abschaffte. Von dieser Bestimmung wird aber das
forum internum der kirchlichen Disziplinargewalt nicht berührt,
so daß wir hier eine Scheidung staatlicher und kirchlicher Kompe-

---

[1] Siehe Gareis und Zorn a. a. O. I. S. 60 Anm. 2. Soweit kanonisches
Recht, Tridentinum oder Vaticanum u. s. w. in die staatliche Sphäre eingreifen,
entbehren sie der Rechtsgültigkeit.

[2] Daher kann der Eid nicht mehr erzwungen werden.

[3] Mit dieser Bestimmung fiel das Obligatorium des Religionsunterrichtes
in den Schulen weg.

tenzen vor uns haben, deren genaue Abgrenzung nicht immer aufrecht erhalten werden kann.[1]

2. Der Bund gewährte allgemeine Kultusfreiheit (Art. 50): Die freie Ausübung gottesdienstlicher Handlungen ist innerhalb der Schranken der Sittlichkeit und der öffentlichen Ordnung gewährleistet),[2] setzte sich aber zu den schweizerischen Kirchen in kein direktes Verhältnis, sondern garantierte in Art. 56 den Bürgern generell das Recht, Vereine zu bilden, sofern solche weder in ihrem Zwecke, noch in den dafür bestimmten Mitteln rechtswidrig oder staatsgefährlich[3] waren. Ueber den Mißbrauch dieser Befugnis hatte die Kantonalgesetzgebung die erforderlichen Bestimmungen zu treffen. Den Kantonen blieb es daher freigestellt, einzelne Kirchen als Landeskirchen anzuerkennen und sie mit besondern Privilegien auszustatten. Die Bildung von privaten Religionsgenossenschaften, die keinen Anspruch auf öffentliche Korporationsrechte machten, war nicht mehr von staatlicher Genehmigung abhängig. Innert den Schranken des Art. 50 hatten sie das Recht, sich zu konstituieren und sich eine Organisation zu geben.[4]

3. Aus der Glaubens- und Gewissensfreiheit folgt der Schluß, daß der Staat jeglichen Einfluß der Kirche auf sein Gebiet zurückdrängte wonach Art. 49₄ festsetzte: Die Ausübung bürgerlicher oder politischer Rechte darf durch keinerlei Vorschriften oder Bedingungen kirchlicher oder religiöser Natur beschränkt werden[5]. Desgleichen Art. 49₅: Die Glaubensan

---

[1] Z. B. die Verhängung der Exkommunikation, die unter Umständen bürgerliche Nachteile nach sich zieht.

[2] Dazu Botschaft des Bundesrates vom 3. Juli 1873: „Jeder Kultus, welcher diese Schranken respektiert, hat ein Anrecht nicht blos auf Duldung, sondern auf den Schutz des Staates. Der Bund verteidigt weder eine Konfession, noch eine Kirche; er verteidigt lediglich das Individuum, indem er diesem die Respektierung seines Glaubens und die Freiheit seines Gewissens sichert."

[3] Friedberg a. a. O. B. III. „Wäre die katholische Kirche nicht gegründet so würde ihre Gründung heute vom Staate nicht mehr zugelassen, da sie staatsgefährlich ist."

[4] Dadurch ist Art. 6₂ K.-V. von 1861 dahingefallen.

[5] Daraus folgt die notwendige Säkularisation des Ehe- und Schulwesens.

sichten entbinden nicht von der Erfüllung der bürgerlichen Pflichten[1])

4. Die in den Kantonen vielfach geübte Praxis, Kultusbedürfnisse aus den allgemeinen Steuern zu bestreiten, mußte naturgemäß eine Beschränkung erfahren. Sie ist enthalten in Art. 49₄: Niemand ist gehalten, Steuern zu bezahlen, welche speziell für eigentliche Kultuszwecke einer Religionsgenossenschaft, der er nicht angehört, auferlegt werden[2])

Die Exekutivgewalt der Kantone und des Bundes gegenüber allfälligen Eingriffen ist enthalten in Art. 50₂ und 50₃. Art. 50₂: Den Kantonen sowie dem Bunde bleibt vorbehalten zur Handhabung der Ruhe und des öffentlichen Friedens unter den Angehörigen der verschiedenen Religionsgenossenschaften, sowie gegen Eingriffe der kirchlichen Behörden in die Rechte der Bürger und des Staates die geeigneten Maßnahmen zu treffen. Im Vergleich mit Art. 44 B.V. von 1848 beobachten wir in der Ausdehnung des Artikels (ausdrückliche Wahrung der staatlichen Rechte) den Einfluß der jüngsten kirchlichen Kämpfe in der Schweiz. Der neue Artikel gibt daher in diesem Sinne die Interpretation selbst, wie weit sich die Maßnahmen der Kantone oder des Bundes erstrecken können.[3])

Art 50₄: Anstände aus dem öffentlichen oder Privatrechte, welche über die Bildung oder Trennung von Religionsgenossenschaften entstehen, können auf dem Wege der Beschwerdeführung der Entscheidung der zuständigen Bundesbehörden unterstellt werden. Dem Entscheid der Bundesgewalt muß also stets das Urteil einer kantonalen Behörde vorangehen; ob dasselbe von der Rekursinstanz formell oder auch materiellrechtlich überprüft werden kann, ist streitig.[4])

---

[1]) Vergl. C. 2 X (III.₄). Clerici arma portantes . . . excommunicentur Siehe darüber: Zeerleder, Kirchenrecht des Kantons Bern 1896. S. 13.

[2]) Bei der Interpretation dieses Artikels ist besonders auf die Worte „speziell für eigentliche" . . zu achten. Ein zur Ausführung des Artikels vorgesehenes Bundesgesetz ist bis 1899 nicht erlassen worden.

[3]) Vergl. Blumer-Morel a. a. O. S. 352 I. Nach Samuelu (Interpretation des Art. 50₂. Bern 1875) dürfen die Maßregeln nicht das Wesen, die Substanz der Kultusfreiheit angreifen und nicht weiter gehen, als ihr Zweck, die Erhaltung des religiösen Friedens und der Staatsordnung, unbedingt fordert

[4]) Das Bundesgericht hat sich im Jahre 1898 auch für materiellrechtliche Ueberprüfung entschieden.

Die, vornehmlich gegen die Einrichtungen der katholischen Kirche zugespitzten Bestimmungen der B. B. lauten:

1. Art. 50₄. Die Errichtung von Bistümern auf schweizerischem Gebiete unterliegt der Genehmigung des Bundes. Aus den Verhandlungen über Festsetzung dieses Artikels geht hervor, daß die Bundespraxis jede durch den bloßen Willen des hl. Stuhles einseitig und ohne ausdrückliche Zustimmung der staatlichen Behörden in der Organisation einer schweizerischen Diözese eingeführte Abänderung, vom Bundesrate jetzt und fürderhin als null und nichtig anzusehen erklärte. Die Gründung apostolischer Vikariate fällt somit unter die nämlichen Bestimmungen [1])

2. Das Jesuitenverbot des Art. 58 B.-V. von 1848 erhielt einen weitern, so allein wirksamen Ausbau, indem neben dem Aufenthaltsverbot von 1848 ihren Mitgliedern jede Wirksamkeit in Kirche und Schule untersagt wurde. (Art 51₁). Daneben stellte Art. 51₂ eine hauptsächlich gegen die Kapuziner [2]) tendierende Beschränkung auf, daß nämlich dieses Verbot durch Bundesbeschluß auch auf andere geistliche Orden ausgedehnt werden könne, deren Wirksamkeit staatsgefährlich sei, oder den Frieden der Konfessionen störe.

3. Die Errichtung neuer und die Wiederherstellung aufgehobener Klöster oder religiöser Orden wurde als unzulässig erklärt. (Art. 52.) Daraus kann jedoch den Kantonen die Kompetenz nicht ohne weiteres bestritten werden, unter gegebenen Verhältnissen Klöster selbständig aufzuheben, [3]) eine Garantie für ihre Fortexistenz wie sie 1803 und 1815 durch die Verfassung übernommen wurde, besteht nicht mehr.

4. Das Privilegium odiosum bezüglich der Nichtwählbarkeit der Geistlichen in den National- und Bundesrat, sowie das Bundesgericht blieb bestehen. Dazu trat die in Art. 53₁ statuierte Ausschließung der Geistlichen von den Behörden, welchen die Feststellung und Beurkundung des Zivilstandes obliegt. Es wurde den Kantonen überlassen, die Anstellung eines

---

[1]) Vergl. den Bundesbeschluß von 1859. Seite 239 Anm. 1.

[2]) Blumer-Morel a. a. O. I. S. 363.

[3]) Dagegen Gareis und Zorn a. a. O. I. S. 75.

Religionsdieners auf ihrem Gebiete an die Ablegung einer vorangehenden Prüfung zu kämpfen, welche Befugnis in Art. 33₁ enthalten ist. Den Kantonen bleibt es anheimgestellt, die Ausübung der wissenschaftlichen Berufsarten von einem Ausweise der Befähigung abhängig zu machen.

Namentlich in drei Punkten zeigt die neue B.-V. ein Zurückdrängen der konfessionellen und kirchlichen Gewalt, indem sie Gebiete, die der Autonomie der Konfessionen oder der Jurisdiktion der Kirche vielerorts anheimgegeben waren, von Bundeswegen säkularisierte.

1. Das Ehewesen.

Nach dem Wortlaut des Art 49₁,₂,₄ und 58 B.-V. mußte der Staat das Eherecht in seine ausschließliche Sphäre[1] einbeziehen, wie dies in Art. 53 und 54 geschehen ist. Bis 1874 waren nur durch Konkordate und auf dem Wege der Bundesgesetzgebung, außerhalb der B.-V., Ehebestimmungen erlassen worden, welche aber weit entfernt waren, aufgeklärten Anschauungen volles Genüge zu leisten und zu der Inkonsequenz geführt hatten, daß die gemischten Ehen günstiger als die übrigen gestellt waren.

Zunächst wurde in Art. 53 die Feststellung und Beurkundung des Zivilstandes als Sache der bürgerlichen Behörden erklärt und der Bundesgesetzgebung der Erlaß näherer Bestimmungen vorbehalten, welcher Forderung das Gesetz vom 24. Dezember 1874 nachkam. Art. 54₁,₂ normierte:

Das Recht zur Ehe steht unter dem Schutze des Bundes; dieses Recht darf weder aus kirchlichen oder ökonomischen Rücksichten, noch wegen bisherigen Verhaltens, oder aus andern polizeilichen Gründen beschränkt werden. Damit war die Gewalt der Kirche über das Eherecht gebrochen und ihre Mitwirkung auf die Fälle beschränkt, wo die Parteien eine solche verlangten. Andererseits mußte es aber nach den Bestimmungen der B.-V. den kirchlichen Behörden freigestellt bleiben, ihre Assistenz im gegebenen Falle zu versagen. Die weitern Absätze des Art. 54 führten die ausgesprochenen Grundsätze näher aus: Abs. 3. Die

---

[1] Das Schlagwort für die Säkularisation des Ehewesens war: die Ehe ist ein natürliches Recht.

in einem Kantone oder im Auslande nach der dort geltenden Gesetzgebung abgeschlossenen Ehe soll im Gebiete der Eidgenossenschaft als Ehe anerkannt werden [1])

Abs. 4. Durch den Abschluß der Ehe erwirbt die Frau das
Heimatrecht des Mannes.

Abs. 5. Durch die nachfolgende Ehe der Eltern werden
voreheliche geborene Kinder derselben legitimiert.

Abs. 6. Jede Erhebung von Brauteinzugsgebühren oder
andern ähnlichen Abgaben ist unzulässig.

Nach der in Art. 58₂ statuierten Abschaffung der geistlichen
Gerichtsbarkeit, fiel das Eherecht unter die Jurisdiktion der
bürgerlichen Gerichte, wobei der Satz gilt: Niemand darf seinem
verfassungsmäßigen Richter entzogen und es dürfen daher keine
Ausnahmegerichte eingeführt werden. (Art. 58₁).

2. Das Begräbniswesen.

Dieses Gebiet wurde in Art. 53₂ der kirchlichen Sphäre
insoweit entzogen, als die Verfassung die Verfügung über die
Begräbnisplätze den bürgerlichen Behörden einräumte und ihnen
auftrug, dafür zu sorgen, daß jeder Verstorbene schicklich beerdigt werden könne. Der Bundesrat sah von der weitern Ausführung dieser Bestimmungen durch ein Bundesgesetz ab, [2]) gab
aber dem Artikel folgende Interpretation: Die Besorgung und
Beaufsichtigung des Begräbniswesens soll ausschließliche Sache
der politischen Gemeinden sein. Von der Staatsbehörde kann
kirchliche Assistenz nicht verlangt werden. Das bürgerliche Begräbniswesen muß so geordnet werden, daß weder Stand noch
Konfession, noch Todesart oder andere Umstände Ausnahmen
zulassen. Auch darf in Zeit und Art der Bestattung nichts

---

[1]) Auf die Angehörigen eines Staates, der die Polygamie kennt, müßte
die Anwendung dieses Artikels eventuell ausbleiben.

[2]) Zum Zwecke der Vollziehung des Art. 53₂ erließ der Bundesrat im
Auftrage der Bundesversammlung unter dem 4. Januar 1875 ein Kreisschreiben
an die Kantonsregierungen, um von ihnen zu vernehmen, welche Maßregeln
ihrerseits getroffen worden seien, um eine schickliche Beerdigung jedes Verstorbenen
zu sichern, insbesondere wie es mit der Beerdigung von Selbstmördern und Angehörigen anderer Konfessionen gehalten werde. Die Antworten der Regierungen
auf diese Anfrage lauteten im ganzen so befriedigend, daß der Bundesrat von
der Entwerfung eines Gesetzes über diese Materie Umgang nehmen zu dürfen
glaubte und die Bundesversammlung ihm hierin beistimmte. Blumer-Morel
a. a. O. I. S. 365.

Verletzendes liegen. Den Kantonen bleibt es frei, zu gestatten, daß einzelne Religionsgenossenschaften eigene Friedhöfe anlegen oder in paritätischen Gemeinden die Benutzung des Friedhofes geteilt ist nach den Konfessionen.[1])

3. Das Schulwesen.

Art. 27₂,₃ bestimmten:

Abs. 2. Die Kantone sorgen für genügenden Primarunterricht, welcher ausschließlich unter staatlicher Leitung stehen soll. Derselbe ist obligatorisch und in den öffentlichen Schulen unentgeltlich.

Abs. 3. Die öffentlichen Schulen sollen von den Angehörigen aller Bekenntnisse ohne Beeinträchtigung ihrer Glaubens- und Gewissensfreiheit besucht werden können. Dazu wurde den Kantonen in Art. 4 der Uebergangsbestimmungen zur Einführung des unentgeltlichen Unterrichts eine Frist bis zum 29. Mai 1879 gesetzt. Damit ist ausgedrückt, daß die Leitung der Volksschulen eine ausschließlich staatliche sei und der Religionsunterricht als obligatorisches Lehrfach wegfallen mußte. Nirgends aber finden sich gesetzlich fixierte Anhaltspunkte, welche Interpretation die Worte „ausschließlich staatliche Leitung" erhalten mußten, ob die von den Konfessionen gegründeten und unterhaltenen Schulen, sofern sie unter staatlicher Leitung standen, weiter bestehen durften und wie weit Geistliche und Ordensmitglieder von der Mitwirkung im Erziehungswesen überhaupt ausgeschlossen sein sollten. Die Kantone haben denn auch diese Schulartikel in verschiedenartigster Weise interpretiert.

Gegen Kantone, welche diesen Verpflichtungen des Art. 27 nicht nachkommen würden, behielt sich der Bund in Art. 27 Abs. 4 das Recht vor, die nötigen Verfügungen zu treffen.

Die B.-V. von 1874 wies die letzten konfessionellen Einschränkungen, die sich mit der allgemeinen Bürgergleichheit nicht vertrugen, zurück, vermehrte in konsequenter Folge der Proklamierung der allgemeinen Religionsfreiheit die Bestimmungen, welche sich auf das kirchliche Gebiet erstreckten und genügte darin vollständig den Anforderungen, die man an an die Staatsinstitutionen eines modernen Bundesstaates stellt.

---

[1]) Abgedruckt bei Blumer-Morel I. S. 366.

§ 2.

Bundes- und Kantonalgesetzgebung.

Die B.-V. von 1874 fand im Kanton St. Gallen in einer Zeit Aufnahme, in welcher der Eindruck des Kulturkampfes der ersten Siebenzigerjahre noch in frischer Erinnerung lebte. Auch nach Einführung der B.-V. setzte die klerikale Partei ihre Agitation gegen das neue eidgenössische Grundgesetz fort und trug vornehmlich dazu bei, daß das durch die B.-V. postulierte Gesetz über Zivilstand und Ehe vom 24. Dezember 1874 im Kanton mit 22962 gegen 20264 Stimmen verworfen wurde[1]. Da das Gesetz aber in der Eidgenossenschaft Anerkennung fand, trat es am 1. Januar 1876 in Kraft.

Indem trotz der Säkularisation des Schul- und Begräbniswesens keine Vorschriften von Bundeswegen über diese Gebiete erlassen wurden, welche auf die kirchenpolitischen Verhältnisse des Kantons einen maßgebenden Einfluß ausgeübt hätten, so fand außer der B.-V. selbst und dem oben erwähnten Bundesgesetz keine direkte Einwirkung der Bundesgewalt auf die kantonale konfessionelle Gesetzgebung statt. Das Folgende zeigt die indirekte Einwirkung dieser Normen auf den kantonalen Organismus.

Am 26. Mai 1874 brachte der Reg.-Rat eine Botschaft an den Großen Rat, in welcher er die Erklärung abgab, daß es durch die neue B.-V. nötig geworden sei, einzelne Bestimmungen der K.-V. teils außer Kraft zu erklären, teils durch andere zu ersetzen. Ein Bedürfnis nach Revision der K.-V. trete noch mehr in den Vordergrund, wenn man die Bestimmungen in Art. 27₂ und ₃ und in Art. 49 B.-V. mit Art. 7₄ und ₅ K.-V. vergleiche. Dem Erziehungswesen müsse nicht nur ein rein bürgerlicher und staatlicher Charakter verliehen, sondern die Administration des Erziehungswesens müsse nach Art. 7₅ K.-V. auf eine andere Organisation gestellt werden. Auch müßte der kommunale Organismus eventuell zweckmäßigen Abänderungen unterworfen werden.

---

[1] Abstimmung vom 23. Mai 1875.

Darauf setzte der Große Rat am 6. Juni 1874 eine Verfassungskommission von 21 Großratsmitgliedern ein, auf Grund
deren Verhandlungen er am 10. Juni 1875 dem Volke die
Abänderung der Verfassungsbestimmungen vorlegen konnte.
Auf konfessionellem Gebiete bot der Entwurf folgende Modifikationen:[1] Der Art. 6 der alten Verfassung wurde ganz neu
redigiert, nämlich:

Art 6. In Art. 6 wurden Art. 49₁ und Art. 50₁ der B.-V.
wörtlich aufgenommen. Er bestimmte ferner: Die von Religionsgenossenschaften erlassenen kirchlichen Organisationen unterliegen der Genehmigung des Großen Rates. Behufs Handhabung der öffentlichen Ordnung und des Friedens unter den
Religionsgenossenschaften, sowie zur Verhütung von Eingriffen
kirchlicher Behörden in die Rechte der Bürger oder des Staates
(Art. 50 B.-V.), übt der Staat unter Vorbehalt der Kompetenzen der Bundesbehörden, das Aufsichtsrecht über die Religionsgenossenschaften, und erläßt die hiefür erforderlichen Gesetze und Verordnungen. Der Staat organisiert und beaufsichtigt die Verwaltung der Kirchen- und Pfrundgüter und trifft
in allen Angelegenheiten gemischter Natur die erforderlichen
Verfügungen unter Vorbehalt der Kompetenzen der Bundesbehörden. Die Verwaltung der konfessionellen Zentralfonds
wird von den durch die Angehörigen der betreffenden Religionsgenossenschaften hiefür aufgestellten Behörden unter Aufsicht des
Staates besorgt. Den Gemeinden ist das Recht der Wahl und
der Entlassung ihrer Geistlichen gewährleistet. Anstände aus
dem öffentlichen Rechte, welche über die Bildung oder Trennung
von Kirchgemeinden oder Religionsgenossenschaften entstehen,
werden, letztere unter Vorbehalt des Rekurses an den Bundesrat (Art. 50 B.-V.), durch die oberste Administrativbehörde erledigt.
Anstände aus dem Privatrecht unterliegen richterlichem Entscheid.

Art. 7. Die Beaufsichtigung, Leitung und Förderung des
gesamten öffentlichen Erziehungswesens ist Sache des Staates.

Die unmittelbare Besorgung und Verwaltung des Primarschulwesens mit Inbegriff der Fortbildungsschule ist Sache der
politischen Gemeinden, an welche das Eigentum der bisherigen

---

[1] Protokoll des Großen Rates aus den Jahren 1874—1875.

Schulgemeinden zu gesönderter Verwaltung übergeht. Dasselbe darf seiner Bestimmung für die Schule unter keinen Umständen entfremdet werden. Den politischen Gemeinden, deren jede einen einzigen Schulkreis bildet, bleibt freigestellt, die Leitung des Schulwesens und die Verwaltung der ökonomischen Angelegenheiten desselben entweder dem Gemeinderate zu übertragen oder hiefür einen besondern Schulrat aufzustellen. Wo Teile einer politischen Gemeinde bisher der Schule in einer andern politischen Gemeinde zugeteilt waren, soll entsprechende Abkurung, und wo infolge Uebergang des Schulwesens an die politischen Gemeinden die Steuerkraft der Angehörigen einzelner bisheriger Schulgenossenschaften in erheblicher Weise mehr als unter dem bisherigen Schulverband beansprucht wird, soll unter Mitwirkung des Staates eine billige Ausgleichung stattfinden. Die weitere Entwicklung des Sekundarschulwesens ist Aufgabe der Gesetzgebung. Der Staat unterstützt durch Beiträge die bestehenden Sekundarschulen, sowie die Gründung neuer Sekundarschulen. Die bestehenden höhern kantonalen Lehranstalten sind gewährleistet. Die Errichtung von Privatschulen ist unter Vorbehalt näherer gesetzlicher Bestimmungen gestattet[1]

Art. 17. Den Gemeinden und allen öffentlichen Genossenschaften ist ihr Eigentum, die gesetzliche Verwaltung desselben und die rechtmäßige, bezw. stiftungsgemäße Verfügung über dessen Ertrag gewährleistet. Ihr Vermögen darf nie als Privateigentum unter die Anteilhaber verteilt werden. Den Gemeinden und öffentlichen Genossenschaften sind auch alle vom Staate anerkannten Korporationen, sowie die, unter staatliche Aufsicht gestellten Stiftungsgüter gleichgestellt.

In Ersetzung der Art. 30, 31 und 32 der K.-V. von 1861 bestimmte ein neuer Artikel:

„Die Stimmfähigkeit in Angelegenheiten der Eidgenossenschaft, des Kantons und der politischen Gemeinden richtet sich nach den Bestimmungen des Bundes. Weiter Erforderliches bestimmt die kantonale Gesetzgebung."

----

[1] Gareis und Zorn a. a. O. I. S. 462 läßt bei Zitation dieses Schulartikels die irrige Auffassung zu, daß derselbe wirklich einmal in Kraft getreten sei, während er nie Gesetzeskraft erhalten hat.

Art. 33. Stimmfähig in den Genossenversammlungen der
Ortsgemeinden sind alle jene Ortsbürger und Anteilhaber am
Gemeindegut, welche in der politischen Gemeinde wohnen, zu
der die Ortsgemeinde gehört, sofern sie auch die zur Ausübung
der politischen Rechte erforderlichen Eigenschaften besitzen. Den
in der politischen Gemeinde Wohnenden sind rücksichtlich der
Stimmfähigkeit diejenigen Ortsbürger gleich zu halten, welche ohne
wirkliche Niederlassung blos als Aufenthalter außer ihrer Heimatgemeinde sich aufhalten. Stimmfähig in den Kirchgemeinden
sind alle in den politischen Gemeinden stimmfähigen Schweizerbürger der betreffenden Religionsgenossenschaft, nebst den, dieser
angehörenden niedergelassenen Ausländern. Nähere Bestimmungen trifft das Gesetz.

Neuer Artikel. (Statt 71 und 72 K.-V. von 1861).

Die Mitglieder des Reg.-Rates, des Kantonsgerichtes und
der Kassationsbehörde wählt der Große Rat frei aus allen wahlfähigen Bürgern. Aus den Mitgliedern jeder Behörde wählt
er den Präsidenten derselben."

Durch diese Revisionsvorschläge wurde die st. gallische K.-V.
in vollkommene Uebereinstimmung mit der B. V. gebracht und
die letzten konfessionellen Schranken beseitigt. Das für uns
Bemerkenswerte liegt einmal in der Umgestaltung des Erziehungswesens durch Auflösung der konfessionellen Schulgenossenschaften und der dadurch bewirkten vollständigen Säkularisation dieser Sphäre und ferner in dem Fallenlassen der
Autonomie der Konfessionen auf gemischtem Gebiete, so daß
der Staat wieder in die selbständige Handhabung seiner vollen
Hoheitsrechte eintrat. Der katholische Administrationsrat war
zu einer rein ökonomischen Verwaltungsbehörde geworden.
Charakteristisch für die freien Anschauungen jener Jahre ist die
Tatsache, daß die K.-V. von 1890 nicht mehr auf diesen staatsrechtlich konformen Standpunkt zurückzukommen vermochte.

Sämtliche Artikel, außer dem Abschnitt 11, der einen neuen
Modus, betreffend Anerkennung der Gesetze durch das Volk
statuierte, wurden aber vom Volke verworfen (12. September
1875) und zwar

Art. 6 mit 20 026 gegen 14 584 Stimmen,
Art. 7 „ 20 502 „ 13 993 Stimmen.

Der alte Artikel über Parität in dem Reg.-Rate,[1]) der nach Art. 49, B.-V. durchaus eine Abänderung erforderte, wurde mit 19 429 gegen 14 430 Stimmen durch Verwerfung des neuen Artikels (Seite 361) indirekt bestätigt. Die konservative Partei war vollständig einig gegen die Revisionsvorschläge vorgegangen.

Es blieb also für die, durch B.-V. von 1874 postulierten Modifikationen, nur der Weg der successiven Gesetzgebung offen.

1. Im Ehewesen.

Durch den Art. 2 der Uebergangsbestimmungen der B.-V., welcher festsetzte: „Diejenigen Bestimmungen der eidgenössischen Gesetzgebung, der Konkordate, der kantonalen Verfassung und Gesetze, welche mit der neuen B.-V. im Widerspruch stehen, treten mit Annahme derselben bezw. der Erlassung der darin in Aussicht genommenen Bundesgesetze außer Kraft", und nach dem Wortlaut eines Kreisschreibens des Bundesrates vom 3. Juli 1874, welches den Kantonen mitteilte, daß Art. 54 sogleich mit dem 29. Mai 1874 in Kraft getreten und mit diesem Tage einziges und einheitliches Gesetz geworden sei, war Art. 6[2]) Abf. 6 K.-V. von 1861 obsolet geworden.

Schon am 1. Juni 1874 waren die Verordnungen über die Beschränkungen der Heiraten mit Rücksicht auf Art. 54 B.-V. aufgehoben und am 3. Dezember 1874 vom Großen Rate

---

[1]) Dieser Art. 89 K.-V. erhielt formell keine Abänderung. Doch wurde in Wirklichkeit schon im Jahre 1876 bei einer Ersatzwahl in den Reg.-Rat ein Kandidat aufgestellt, der einer andern Konfession, als das abgetretene Mitglied, angehörte. Henne a. a. O. II. S. 62.

[2]) Seite 275. Der Reg.-Rat setzte sich mit dieser Ansicht in Widerspruch, indem er sich in einem Rekursfalle von Dr. Kaiser gegen eine temporäre Ehetrennung des bischöflichen Konsistorium von St. Gallen so ausgesprochen hatte, „daß in Erwartung eines Bundesgesetzes die Organisation der Ehegerichte noch in Kraft bestehe und die Regierung zur Zeit noch provisorisch die Jurisdiktion der bisherigen Ehegerichte anerkenne." Das im Rekurswege angerufene Bundesgericht entschied aber am 28. Januar 1875 die Nichtigkeit des konsistorialen Urteils, da, trotzdem im Kanton St. Gallen kein anderes Eheforum bestehe, Art. 58 B.-V. mit dem 29. Mai in Kraft getreten sei. Denn: „Die Inkonvenienzen, die dadurch entstehen mögen, daß in den betreffenden Kantonen während einiger Zeit die Behörden, welche an Stelle der geistlichen Gerichte zu treten hätten, nicht bezeichnet seien und deshalb eine etwelche Justizverzögerung eintrete, könnten nicht in Betracht kommen gegenüber den Nachteilen der verfassungswidrigen Fortdauer der geistlichen Gerichtsbarkeit." Bundesgerichtliche Entscheidungen 1875 I. S. 127.

ein Beschluß, betreffend provisorische Regulierung des Verfahrens in Ehestreitsachen, gefaßt worden, nach welchem die Matrimonial-angelegenheiten an den Vermittler, in erster Instanz an das Bezirksgericht (mit Einverständnis beider Parteien aber an das Kantonsgericht) geleitet und das gerichtliche Verfahren im All-gemeinen nach den Regeln des Zivilprozesses vorgenommen werden sollte. In Fällen gänzlicher oder zeitweiser Scheidung hatte das Gericht von Amtswegen zu urteilen und insofern unter den Parteien diesfalls kein Einverständnis waltete, auch über die Zuscheidung der Kinder, sowie, auf Begehren einer Partei, über die an den einen der Ehegatten und für den Unterhalt der Kinder zu leistenden Alimentationsbeiträge. Die bei den konfessionellen Matrimonialgerichten zur Zeit anhängigen Sachen, waren von denselben an die betreffenden Bezirksgerichte (bezw. Kantonsgericht) zu überweisen. Vorläufige Verfügungen, wodurch den Parteien das Getrenntleben während der Dauer des Scheidungsprozesses bewilligt wurde, hatten von dem Be-zirksammann auszugehen. Der Reg.-Rat war mit dem Erlaß weiterer Vollzugsanordnungen beauftragt.

Damit waren den Matrimonialgerichten die letzten Be-fugnisse geraubt, indem schon seit dem Jahre 1831 die Ent-scheidung über ökonomische Ansprüche in die Kompetenz des Zivilgerichtes verlegt worden war.

Den endgültigen Ausbau erhielt das Eherecht durch das in Art. 53₁ B.-V. vorgesehene Gesetz betreffend die Feststellung und Beurkundung des Zivilstandes und der Ehe vom 24. Dezem-ber 1874.[1]) Die darin aufgestellten Zivilstandsbehörden hatten außer den Eheregistern die Geburts- und Totenregister zu führen, so daß auch diese Angelegenheit der Kognition der kirch-lichen Behörden entzogen war. Dadurch erhielt die kantonale Verordnung vom 10. Mai 1867 (S. 281) eine nähere Ausführung von Bundeswegen. Das Bundesgesetz stellte selbständig die Ehehindernisse auf (rezipirte nicht einfach die kirchlichen) und erklärte widersprechende als nichtig. Vor dem Abschluß der Ehe durch den Standesbeamten war eine Verkündung des

---

[1]) Vergl. die Ausführungen von Huber. Schweiz. Privatrecht B. IV. S. 334 ff.

Eheversprechens vorgesehen, innerhalb welcher Frist die Ehehindernisse auf dem Wege des Einspruchs geltend gemacht
werden konnten. Der Abschluß der Ehe erfolgte durch wiederholt erklärten Konsens der Nupturienten und die Erklärung
des Standesbeamten, daß die Ehe geschlossen sei. Das Gesetz
sah besondere Fälle für Ehescheidung und Eheungültigkeit vor
und kannte neben der gänzlichen Scheidung eine bloße separatio
quoad thorum et mensam. Gegenüber der bis anhin namentlich von der katholischen Kirche geübten Praxis bestimmte
Art. 63: Hat vor dem Inkrafttreten dieses Gesetzes eine dauernde
oder zeitliche Scheidung von Tisch und Bett stattgefunden, so
kann die gänzliche Scheidung verlangt werden, wenn der Grund,
gestützt auf welchen die Scheidung von Tisch und Bett erfolgte,
nach Mitgabe dieses Gesetzes zur gänzlichen Scheidung berechtigte.

Aufgehoben wurden durch das Bundesgesetz das Gesetz
vom 3. Dezember 1850, das Gesetz vom 3. Februar 1862, das
Konkordat vom 4. Juli 1820 (die übrigen Konkordate, denen
St. Gallen nicht beigetreten war) und alle widersprechenden
kantonalen Gesetze. Zu diesem Gesetz erfolgten am 17. September 1875 vom Bundesrate Vorschriften, betreffend die Führung der Zivilstandsregister.

Die kantonale Gesetzgebungsbehörde, erließ am 25. Oktober
1875 eine Vollziehungsverordnung zum Bundesgesetz, welche
am 3. November 1875 genehmigt wurde; ebenso am 3. Oktober
1877 eine Verordnung, betreffend Uebergabe der pfarramtlichen
Zivilstandsregister an die Zivilstandsbeamten. Nach letzterer
Verfügung hatten die Pfarrämter bis zum 1. Mai 1878 die
bisher von ihnen geführten Geburts-, Toten- und Eheregister
für die Zeit vom 1. Januar 1830 bis zum 31. Dezember 1867
nach dem Ermessen des zuständigen Kirchenverwaltungsrates
entweder im Original oder in beglaubigter Abschrift durch das
Mittel des Gemeinderats dem Zivilstandsbeamten derjenigen
politischen Gemeinde abzugeben, in welcher die Pfarrbücher bis
dahin geführt worden waren, wo sie auch den Zivilstandsbeamten der übrigen Zivilstandskreise der gleichen Kirchgemeinde
behufs Einsichtnahme zur Verfügung zu halten waren. Den
Geistlichen wurde unter Androhung von Art. 167 St. G. B.

untersagt, aus den ihren Händen bleibenden Registern oder aus den Kopien derselben zu Zivilstandszwecken Auszüge anzufertigen. Die Einsichtnahme in die Register blieb ihnen gewährleistet.

Die vom Großen Rate im Jahre 1874 erlassene provisorische Verfügung und alle widersprechenden Bestimmungen wurden aufgehoben durch ein kantonales Gesetz vom 27. November 1878, welches vom Großen Rate beschlossen wurde: gemäß Art. 58 B.-V. und in Betracht, daß die Kantone nach Art. 49 ¹) des Bundesgesetzes von 1874 zur Aufstellung gesetzlicher Bestimmungen über die weitern, als die in Art. 48 ²) des zitierten Gesetzes bestimmten Folgen der Ehescheidung oder der Scheidung von Tisch und Bett in Betreff der persönlichen Rechte der Ehegatten, ihrer Vermögensverhältnisse, der Erziehung und des Unterrichts der Kinder und der dem schuldigen Teil auf zuerlegenden Entschädigung, angewiesen seien. Zur gütlichen Austragung in Ehestreitigkeiten wurde das Vermittleramt angewiesen und als erste Instanz das Bezirksgericht, mit dem Rekursrecht an das Kantonsgericht nach den Vorschriften des Zivilprozesses. Die Leitung hatte unmittelbar an das Kantonsgericht stattzufinden a) im Einverständnis beider Parteien, oder b) wenn im Falle der Abwesenheit der einen, der anwesende Teil dieses begehrte. Das Gericht war bei seinem Entscheide weder an die Zugeständnisse der Parteien noch an die Beweisregeln des Zivilprozesses gebunden: es urteilte nach innerer Ueberzeugung. Das Gesetz bezeichnete das für die Einzelfälle zuständige Forum und gab die Art und Weise der Durchführung

¹) Art. 49: Die weiteren Folgen der Ehescheidung oder der Scheidung von Tisch und Bett in betreff der persönlichen Rechte der Ehegatten, ihrer Vermögensverhältnisse, der Erziehung und des Unterrichtes der Kinder und der dem schuldigen Teil aufzuerlegenden Entschädigung, sind nach der Gesetzgebung des Kantons zu regeln, dessen Gerichtsbarkeit der Ehemann unterworfen ist. Das Gericht entscheidet über diese Fragen von Amtswegen oder auf Begehren der Parteien zu gleicher Zeit, wie über die Scheidungsklage. Diejenigen Kantone, welche hierüber keine gesetzlichen Bestimmungen haben, sind gehalten, solche binnen einer vom Bundesrate festzusetzenden Frist zu erlassen.

²) Art. 48: Bei gänzlicher Scheidung wegen eines bestimmten Grundes darf der schuldige Ehegatte vor Ablauf eines Jahres nach der Scheidung kein neues Ehebündnis eingehen. Diese Frist kann durch das richterliche Urteil selbst bis auf drei Jahre erstreckt werden.

des Prozesses an, nebst den Folgen der Scheidung, der Nichtigkeitserklärung der Ehe und der Scheidung von Tisch und Bett.

Wir haben diese einseitige staatliche Regelung des Ehe
wesens nur deshalb noch erwähnt, um den Beweis zu erbringen,
daß es dem Staate in jeder Hinsicht gelungen war, den kirchlichen Einfluß zurückzudrängen, wozu die staatliche Behörde im
Kanton St. Gallen erst durch die Bundesgesetzgebung staatsrechtlich legitimiert worden war. [1]) Gegenüber dem hartnäckigen
Sträuben der katholischen Kirche war diese vollständige Säkularisation des Matrimonialwesens in so kurzer Zeit ein glän-
zender Sieg, wie ihn der Staat nicht überall, z. B. in den
einzelnen deutschen Staaten erfochten hat. [2]) Seither ist die
Kirche auf die Ausübung derjenigen Befugnisse beschränkt, welche
nach den rituellen Gebräuchen der betreffenden Konfession jeweils von den Parteien verlangt werden und eine kirchliche
Trauungsfeierlichkeit darf erst nach Vollziehung der gesetzlichen
Trauung durch den bürgerlichen Traubeamten und Vorweisung
des Echescheins stattfinden. Die kirchliche Gerichtsbarkeit ist auf
ihr forum internum angewiesen [3]) und die Rechtswirkungen ihrer
Urteile sind insofern wiederum nichtig, als das kirchliche Dis-
ziplinarverfahren Nachteile erzeugt, die sich auf das bürgerliche
Gebiet erstrecken.

2. Im Begräbniswesen.

Die Forderung des Art. 53₂ B.-V. war im Kanton St. Gallen
schon durch das Gesetz vom Jahre 1873 und die darauf basierenden Vollzugsverordnungen erfüllt worden. (S. 346 f.) Ueber
die seither auf diesem Gebiete eingetretenen Modifikationen,
gibt die Botschaft [4]) des Reg.-Rates vom 16. Mai 1896 folgenden
Aufschluß: „Der Feuerbestattungsverein der Stadt St. Gallen,
welcher sich am 14. April 1890 mit Sitz in St. Gallen als
Genossenschaft konstituierte, die sich die Einführung und den
Betrieb der Feuerbestattung, bezw. die Durchführung der dazu
notwendigen Maßnahmen, sowie die Erstellung der erforder-

---

[1]) Siehe Art. 6 Abs. 6 K.-V.
[2]) Vergl. Hinschius a. a. O. S. 236.
[3]) Z. B. Versagen des Myrtenkranzes.
[4]) Amtsblatt 1896 I. S. 405.

lichen Gebäulichkeiten und Einrichtungen zum Ziele gesetzt hat, stellte schon mit Eingabe vom 1. August 1890 das Gesuch, der Reg.-Rat möchte in eine Revision des Gesetzes vom 10. Juli 1873 in dem Sinne eintreten, daß die Leichenverbrennung im Kanton St. Gallen fakultativ eingeführt werden könne. Mit Botschaft und Nachtragsgesetzesentwurf vom 3. November 1890 suchten wir (Reg.-Rat) diesem Begehren gerecht zu werden. Im November 1891 benützten sie (Große Rat) dann, auf Antrag der bezüglichen vorberatenden großrätlichen Kommission den Anlaß, um in eine Totalrevision des Begräbnisgesetzes vom 10. Juli 1873 einzutreten, und aus ihren Beratungen ging das Gesetz über das Zivilbestattungswesen vom 18. Mai 1892 hervor, welches als hauptsächliche Neuerungen die fakultative Feuer- bestattung und die unentgeltliche Beerdigung brachte. [1] In der Volksabstimmung vom 14. August 1892 wurde jedoch das Gesetz mit 19641 gegen 17111 Stimmen verworfen. Als im Februar 1893 der st. gallische Feuerbestattungsverein neuerdings an uns gelangte mit dem Ansuchen, die Frage der Einführung der fakultativen Feuerbestattung in irgend einer Form wieder aufzunehmen, hielten wir es im wesentlichen aus Opportuni- tätsrücksichten für geboten, dem Ansuchen für einmal keine Folge zu geben. [2] Am 16. Mai 1896 reichte der Reg.-Rat dem Großen Rate einen Entwurf zu einem Nachtragsgesetz betreffend das bürgerliche Begräbniswesen ein, welches die fakultative Feuer- bestattung grundsätzlich gestattete und die Voraussetzungen auf- stellte, unter welchen die Kremation zulässig sein sollte; dabei war für jede Feuerbestattung die Bewilligung des zuständigen Departements einzuholen, welches die erforderlichen Belege prüfte und je nach Umständen verfügte. — Der Entwurf wurde jedoch vom Großen Rate zu weiterer Beratung zurückgewiesen,

---

[1] Im Gesetzesentwurf wurden die den Kirchgemeinden zugehörigen Fried- höfe weiter garantiert und die Erweiterung derselben zugelassen, insofern vom sanitätspolizeilichen Standpunkte keine Einwendungen dagegen erhoben werden konnten.

[2] Der Reg.-Rat begründete seine Abweisung u. a. damit, daß er be- hauptete, so lange das Begräbnisgesetz die Beerdigung allein vorsehe, habe er sich an die Vorschriften des Gesetzes zu halten und es könnten daher Glaubens- ansichten nicht von Erfüllung dieser bürgerlichen Pflicht entbinden (Art. 49, B.-V.). Damit sei kein Gewissenszwang statuiert und Art. 49, B.-V. nicht verletzt.

und erst im Jahre 1898 trat der Große Rat bei Anlaß einer
Totalrevision des Begräbnisgesetzes wieder auf den Gegenstand
ein. Abschließliche Verfügungen sind noch nicht erfolgt.

3. Im Schulwesen.

Wiewohl einzelne Bestimmungen im Organismus des
st. gallischen Schulwesens mit der B.-V. von 1874 im direkten
Widerspruch standen, erfuhren dieselben bis 1899 teils keine
gesetzlich fixierte Abänderung. Es waren dieses vornehmlich
die Paritätsvorschriften für die Schulbehörden (siehe S. 310)
und das aus dem Erziehungsgesetz von 1862 abzuleitende Obligatorium des Religionsunterrichtes. Für die Abänderungen der
paritätischen Wahlvorschriften findet sich einzig ein Anhaltspunkt in dem Bericht der Mehrheit der großrätlichen Kommission
vom 15. November 1886,[1] welcher erklärt, daß der Grundsatz
der Parität im st. gallischen Erziehungsrate als dahin gefallen
betrachtet werde. Rechtliche Bedeutung haben diese Vorschriften
neben Art. 27 B.-V. nicht mehr. Ueber das aus den Erziehungs-
gesetzen indirekt zu folgernde Verbot (S. 312) der Vereinigung
konfessionell getrennter Schulen, zusammen mit Art. 7., K.-V.,
beschloß der Reg.-Rat am 29. November 1875, daß dieses Verbot
für die Vereinigung der Schulen in der gleichen politischen
Gemeinde neben Art. 27 und 49 B.-V. nicht mehr fortbestehen
könne. Gegen diesen prinzipiellen Beschluß erhob der Große
Rat keine Einsprache.

Bald nach Einführung der B.-V. (1876) erhob sich im
Kanton St. Gallen ein heftiger Schulstreit, der sich um die
Benutzung eines neuen Lesebuches für die Ergänzungsschulen
drehte. Am 3. Juni 1876 wurde vom Bischof an den Reg.-Rat
das Gesuch gestellt, das vom Erziehungsrat eingeführte Lesebuch
zurückzuziehen und dasselbe in dem Sinne revidieren zu lassen,
daß es dem Art. 27. B.-V. konform und in den öffentlichen
Schulen von den Angehörigen aller Bekenntnisse ohne Bein-
trächtigung ihrer Glaubens- und Gewissensfreiheit benutzt werden
könne. Dieser Bitte schlossen sich ein im gleichen Sinne ab-
gefaßtes Gesuch des Administrationsrates (auf Beschluß des

---

[1] Amtsblatt von 1886 S. 636.

katholischen Kollegiums) und eine Petition von katholischen Schulgemeinden an. Als der Reg.-Rat trotzdem die obligatorische Benutzung dieses Lehrmittels anordnete, erfolgte katholischerseits der Rekurs an den Großen Rat, wobei das administrationsrätliche Rekursbegehren lautete: Es sei in Abänderung der Schlußnahmen des Reg.-Rates erkannt: „Die obligatorische Einführung des Lesebuches für die Ergänzungsschulen bleibe so lange sistirt, bis durch eine umfassende Remedur alle jene Stellen,[1] welche sich gegen das positive Christentum verstoßen und das religiöskonfessionelle Gefühl verletzten, im Sinne der Rekursschrift umgearbeitet oder ausgemerzt seien." In einer Botschaft des Reg.-Rates vom 4. November 1876 an den Großen Rat wurde betont, „daß man aus dieser Schulbuchsfrage durch falsche Vorgaben und Entstellungen aller Art eine konfessionell-politische Parteifrage gemacht habe. Es seien Protestationen und Demonstrationen organisiert worden von Schulgemeinde zu Schulgemeinde. Wie die Mitglieder des katholischen Klerus im Kollegium den Kampf eingeleitet und der Landesbischof in heftiger Weise seine Autorität geliehen, so habe nun ein weiterer Teil der katholischen Geistlichkeit die Fahne der Religionsgefahr erhoben und die Gemüter der katholischen Bevölkerung erregt, unter der Vorgabe, es handle sich um die Verteidigung des Glaubens und der Sittlichkeit, die anzugreifen Niemand auch nur entfernt versucht habe." Auf den Antrag des Reg.-Rates und der Mehrheit der Petitionskommission schritt der Große Rat am 29. November 1876 mit 89 gegen 60 Stimmer über den Rekurs zur Tagesordnung.[2]

Am schwierigsten gestaltete sich die Frage, ob neben Art. 27 ₂ und ₃ B.-V. und Art. 49 B.-V. der Art. 7,₄ (S. 278) K.-V. fortbestehen konnte und in welchem Umfange. Wir suchen das Verhältnis klar zu legen, indem wir auf die in der Arbeit dargelegte rechtshistorische Entwicklung des Erziehungswesens, speziell seit dem Jahre 1814, verweisen und einige Entscheidungen des Bundesrates in Rekursfällen zusammenstellen.

---

[1] Angefochten wurde z. B. die Aufnahme der Gedichte: Der Sänger von Goethe, der Wilde von Seume und der Vers: Wer nicht liebt Wein, Weib und Gesang, der bleibt ein Narr sein Leben lang.

[2] Protokoll des Großen Rates von 1876 mit Beilagen.

24

1. Schulsteuerrekurs der Altkatholiken in Flawil.[1]) Der Bundesrat erklärte einen Rekurs des Altkatholiken=Vereins in Flawil gegen eine Verfügung des Reg.=Rates von St. Gallen für unbegründet. Durch letztere waren die altkatholischen Bürger von Flawil, sowie diejenigen katholischen Bürger Flawils, deren Frauen und Kinder der evangelischen Konfession angehörten, bis auf weiteres pflichtig erklärt worden, die Schulsteuern an die dortige öffentliche katholische Primarschule zu bezahlen. Der Bundesrat fügte seiner Entscheidung am 23. April 1878 folgende Weisung bei: „Der Kanton wird eingeladen, die Schuleinrichtungen möglichst bald mit der B.=V. in Einklang zu bringen und inzwischen darüber zu wachen, daß in den öffentlichen Schulen, die noch nach Konfessionen getrennt sind, die verfassungsmäßigen Bestimmungen, welche die Glaubens= und Gewissensfreiheit gewährleisten, in allen Einzelheiten des Unterrichtes und des Schulprogrammes gewissenhaft beachtet werden."

2. Erlaß des Bundesrates an Jakob Balzer, Ingenieur, für sich und zu Handen der Mitbeteiligten als Schulgenossen der katholischen Primarschule der Stadt St. Gallen vom 26. November 1880.[2])

Am 2. April 1879 hatte sich die evangelische und katholische Schulgemeinde der Stadt St. Gallen, sowie die genossenbürgerliche Realschulgemeinde in St. Gallen zu einer paritätischen Einwohnerschulgemeinde vereinigt. Eine Beschwerde, welche katholische Schulgenossen und der Bischof von St. Gallen gegen diese Vereinigung erhoben, wurde vom Reg.=Rate und Großen Rate als unbegründet abgewiesen, ebenso die Beschwerde des Katholiken=Vereins an den Großen Rat vom 14. November 1879. Die staatlichen Behörden sprachen vielmehr ihre Genehmigung über die Schulvereinigungsbeschlüsse aus. Das hierauf angerufene Bundesgericht erklärte, erst dann auf die Beurteilung der Frage eintreten zu können, ob dadurch ein durch K. V. Art. 7₄ gewährleistetes Recht verletzt sei, nachdem der Bundesrat entschieden habe, ob Art. 7₄ K.=V. neben Art. 27 und 49

[1]) BBl. 1879. II S. 172.
[2]) Salis a. a. O. IV. S. 306.

B. V. noch in Kraft bestehe. Der im Jahre 1880 vom Bundesrat abgegebene Entscheid, enthält u. a. folgende Stelle: „Der
Grund und die Forderung der Sonderung von Schulen darf
nicht das Glaubensbekenntnis sein und eine öffentliche Schule
darf nicht wegen des Glaubensbekenntnisses einem Kinde ver-
schlossen werden. Die konfessionelle Schule befindet sich mit
dieser Forderung der Verfassung in direktem, unzweideutigem
Widerspruch. Im allgemeinen wird es die Absicht jeder Konfession sein, die Schule und ihren Unterricht mit ihrem Glauben
und ihrem konfessionellen Gewissen in besondere Verbindung
zu bringen. Wenn dies aber stattfindet, und je intensiver es
stattfindet, desto weniger ist zu vermeiden, daß Glauben und
Gewissen von Angehörigen anderer Konfessionen in dieser Schule
beeinträchtigt werden. Wird auf die besondere Berücksichtigung
des eigenen Glaubensbekenntnisses und was damit zusammen-
hängt, vollkommen verzichtet, so fällt der Grund zur konfessionellen Schultrennung dahin; wo aber letzteres ausdrücklich
verlangt und festgehalten wird, da muß angenommen werden,
daß die konfessionellen Schulgenossenschaften auf die besondere
Verbindung von Unterricht und Konfession eben nicht verzichten wollen. Damit aber wird die konfessionelle Schule eine
Schule, welche der in Frage stehenden Forderung des Art. 27
B. V. nicht entspricht." Der Bundesrat vermied es, eine strikte
Interpretation des Art. 7, K.-V. abzugeben.

3. Entscheid des Bundesrates in Sachen des Rekurses des
Schulrates von evangelisch Tablat gegen den Reg.-Rat von
St. Gallen, betreffend Verweigerung von Schulsteuern vom
6. Januar 1883.

Erklärung des Bundesrates:

Nun ist seitens der Bundesbehörden wiederholt ausgesprochen worden, daß die Trennung der öffentlichen Schulen
nach Konfessionen mit Art. 27 B.-V. nicht vereinbar ist. Angesichts des Art. 2 der Uebergangsbestimmungen B.-V. bedarf
es auch keines besonderen Nachweises, daß, wie die K.-V. von
St. Gallen eine Schulorganisation vorsieht, welche mit der
B.-V. im Widerspruch ist, die bezüglichen Bestimmungen der
erstern nicht gegen die Vorschriften der letztern geltend gemacht

werden können. Deshalb wird der Reg.-Rat von St. Gallen neuerdings eingeladen, die Schulen des dortigen Kantons mit den Forderungen der B.-V. in Einklang zu bringen."

4. Rekurs des katholischen Schulrates und einer Minderheit der Schulgemeinde von Lichtensteig gegen Uebernahme des gesamten Primarschulwesens durch die politische Gemeinde vom 4. September 1886 an den Großen Rat des Kantons St. Gallen.[1]

In Lichtensteig war durch Mehrheitsbeschluß der politischen Gemeinde das bisher konfessionell getrennt geordnete Schulwesen der Primarschulen durch die politische Gemeinde selbst übernommen worden.[2] Die prinzipielle Frage, ob dadurch Art. 7, K.-V. verletzt und überhaupt neben Art. 27 B.-V. noch in Kraft sei, fand in dieser Streitsache folgende Erörterungen: In einer, diesen Fall betreffenden Vernehmlassung, suchte der Reg.-Rat darzulegen, daß Art. 7, K.-V. durch Art. 27 B.-V. obsolet geworden, ohne daß ein Bundesgesetz diesfalls erforderlich sei. Art. 7, stehe auch materiell[3] mit Art. 27 B.-V. im Widerspruch und es sei von Bundeswegen ausdrücklich die konfessionslose Schule verlangt worden. — Dieser Ansicht stimmte die Mehrheit der Großrätlichen Kommission, die zur Begutachtung[4] der Lichtensteiger Schulangelegenheit eingesetzt worden war, zu, während der Bericht einer Minderheit der Kommission und derjenige eines Kommissionalmitgliedes auf andern Standpunkten standen. Bezüglich der prinzipiellen Frage, ob nach Art. 27 B.-V. der in Art. 7, K.-V. garantierte Fortbestand der konfessionellen Schulen fernerhin gewährleistet werden müsse, führen wir einzelne Argumentationen[5] näher an. Sie lauten: „Aus den Verhandlungen der Bundesbehörden bei Aufstellung des Art. 27 B.-V. geht hervor, daß dem Ausdruck „staatliche

[1] Kantonales Amtsblatt von 1886. Seite 457.
[2] Der Fall war um so schwieriger, als sich die Mehrheit der bisherigen katholischen Schulgemeinde nicht für Verschmelzung ausgesprochen hatte.
[3] Z. B. bezüglich der Unentgeltlichkeit des Primarschulunterrichtes, weil ein Kind in der Schule der andern Konfession nur gegen ein bestimmtes Schulgeld zugelassen werde.
[4] Gutachten vom 15. November 1886.
[5] Diejenige Ansicht, welche Art 7, K.-V. durch Art. 27 B.-V. als aufgehoben erklärte, machte im allgemeinen die vom Bundesrat in den erwähnten Rekursfällen dargestellten Gesichtspunkte geltend.

Leitung" eine reſtriktive Tendenz zu Grunde liegt, indem die
„ausſchließlich ſtaatliche Leitung" nicht im Gegenſatz zu den
konfeſſionellen Genoſſenſchaften geſtellt werden darf, welche
Schulgenoſſenſchaften in ſo vielen Kantonen die Träger der
Schulorganismen bilden. Der Gegenſatz iſt vielmehr zu ſuchen
zwiſchen den nationalrätlich perhorreszierten Geiſtlichen als
Träger des Lehramtes und der ſtänderätlich für genügend be
fundenen ſtaatlichen, d. h. nicht geiſtlichen Leitung des Schul
weſens. Dieſen Anforderungen wird aber in Art. 7 K. V. volles
Genüge geleiſtet. Das Erziehungsweſen wird ausſchließlich
durch Staatsbehörden[1]) geleitet, deren Wahl ohne Rückſicht auf
die Parität vor ſich geht (außer in den einzelnen Gemeinde
ſchulräten). Die Wahl der Lehrer iſt an kein Glaubensbekenntnis
gebunden. Durch ſtaatliche Organe werden Schulgeſetze, Verordnungen und Verfügungen erlaſſen; durch ſie Lehrmittel und
Lehrpläne beſtimmt; durch ſie die anzuſtellenden Lehrer geprüft
und mit Wahlfähigkeitszeugniſſen ausgeſtattet; durch ſie die
Lehrer entlaſſen und entſetzt. Die Lehrer werden in Staats-
anſtalten ausgebildet, penſioniert von ſtaatlichen Behörden,
nach ſtaatlichen Geſetzen. Das ganze Steuerweſen der Primar-
ſchulgemeinden iſt ein durchaus integrierender Beſtandteil der
kantonalen Verwaltung. Prieſtern und Ordensleuten ſteht in
keiner Hinſicht ein Vorrecht vor den Laien zu. Somit ſind
Glaubens- und Gewiſſensfreiheit nicht beeinträchtigt und es
darf Art. 27₃ B.-V. nicht ſo interpretiert werden, daß jedes
Kind das Recht hat, in welche Schule immer ſeinen Eintritt
und ſeine Aufnahme zu verlangen, daß jede Schule jedem
Kinde offen ſtehen müſſe. Die Forderung der Unentgeltlichkeit
iſt überall durchgeführt.

„Die Interpretationen des Bundesrates ſelbſt über die
Ausdehnung des Art. 27 B.-V. ſind nach Zeit und Umſtänden
ſchwankend und ſich widerſprechend geweſen;[2]) ſie entbehren

---

[1]) Ueber die ſtaatliche Leitung des ſt. galliſchen Erziehungsweſens ſiehe
Amtsblatt von 1886 S. 673 ff.
[2]) So lautete eine Entſcheidung des Bundesrates in dem Rekursfalle von
katholiſch Dietikon vom 18. Juli 1879: Die gemiſchte Schule entſpreche dem
Art. 27 B.-V. eher als die konfeſſionell getrennte. Salis a. a. O. IV. S. 395.

der autoritativen Kraft und eine Bestätigung der Bundesversammlung ist nur insofern erfolgt, als die Entscheidung der
ausdrücklich gestellten Frage, über die Zulässigkeit des Fort-
bestandes konfessioneller Schulen mit Wissen und Absicht seitens der Bundesversammlung abgelehnt worden und Sinn
und Tragweite der verschiedenen in Art. 27 B.-V. an die
Primarschulen gestellten Anforderungen im Schoße der Bundesbehörden selbst jetzt noch als eine offene angesehen wird. Eine
so weitgehende Auslegung des Art. 27 B.-V., welche auf die
völlige Vernichtung der konfessionellen Schulverbände abzielt,
um deren Eigentum der neuen Staatsschule zuzuwenden, ist
unzulässig. Aus diesen Darlegungen und der Erwägung, daß
es bei Beratung der B.-V. übersehen wurde, in Art. 27 oder
den Uebergangsbestimmungen die zur Durchführung so ein-
greifender Bestimmungen unerläßlichen Mittel, Wege¹) und
Fristen vorzusehen, ist es außer Frage gestellt, ob schon am
29. Mai 1874 die konfessionellen Schuleinrichtungen der Kantone
deswegen außer Kraft und Gültigkeit getreten sind.

„Wie die Stimmung des Volkes in dieser Hinsicht lautet,
hat dasselbe am 26. November 1882 (Schulsekretär²) bewiesen:
auf dem Wege von Rekursentscheidungen aber kann kein neues,
kein andauerndes Recht³) geschaffen werden.

„Art. 7, K.-V. ist daher durch Art. 27 B.-V. nicht obsolet
geworden, insofern eine Zwangsverschmelzung von konfessionell
verschiedenen Schulgemeinden (um die es sich im gegebenen
Falle handelte) nicht gestattet werden kann. Der Rekurs ist
daher für begründet zu erklären.“

Der Große Rat gab in seinem Entscheid vom 24. November 1886 keine prinzipielle Erörterung über die Gültigkeit des
Art. 7, K.-V. neben Art. 27 B.-V., sondern wies nur den Re-

---

¹) Siehe hierüber das zu Art. 27 B.-V. ausgearbeitete Programm des
eidgenössischen Departements des Innern pro 1882—1884. Abgedruckt bei
Salis a. a. O. IV. S. 349.

²) Ueber die Agitation im Kanton St. Gallen gegen diese Gesetzesvorlage
siehe Henne a. a. O. II. S. 99. Abstimmungsresultat: 12,029 Ja, 30,310 Nein.

³) Salis a. a. O. IV. S. 348. „Es ist eine absolute Unmöglichkeit, den
Art. 27 nur auf dem Wege von Rekursentscheidungen auszuführen. Der Erlaß
eines Gesetzes ist die notwendige Folge der Verfassungsbestimmung.“

furs der katholischen Schulgemeinde Lichtensteig, welche diesen gegen den Beschluß[1]) der politischen Gemeinde Lichtensteig er hoben und gegen die Verschmelzung der Primarschulen oder gegen Umwandlung derselben in Kommunalschulen protestiert hatte, mit 99 gegen 66 Stimmen in dem Sinne ab, daß nicht die politische Gemeinde das Primarschulwesen übernehme, sondern die aus den Bürgern der evangelischen und katholischen Schulgemeinde zu konstituierende bürgerliche Schulgemeinde, welche einen eigenen Schulrat zu wählen habe.

Durch diesen Beschluß war die in Art. 7, K.-V. ausgesprochene Gewährleistung der konfessionellen Schulen insofern durchbrochen, als der politischen Gemeinde im Prinzip das Recht garantiert wurde, durch Mehrheitsbeschluß ihre getrennten Primarschulen zu vereinigen und als Trägerin des paritätischen Primarschulwesens die vereinigte bürgerliche Schulgemeinde aufzustellen.

Der katholische Schulrat von Lichtensteig rekurrierte gegen diesen Entscheid des Großen Rates am 12. Juli 1887 an den Bundesrat, welcher am 10. Januar 1888, in Erwägung, daß der Reg.-Rat und Große Rat nur der Seite 370 erwähnten bundesrätlichen Einladung gemäß gehandelt haben und in Voraussetzung, daß bei Bildung der Schulgemeinde konfessionelle Rücksichten nicht maßgebend sein dürften, die Beschwerde als unbegründet abwies.[2])

Am 5. April 1889 erklärte auch die Bundesversammlung, den an sie ergriffenen Rekurs als unbegründet. Während die Mehrheit der ständerätlichen Kommission die Beschwerde als unzulässig und den Art. 7, durch Art. 2 der Uebergangsbestimmungen zusammen mit Art. 27 B.-V. als aufgehoben erklärte, beantragte die Minderheit derselben, den Rekurs als begründet anzusehen und bemerkte dabei, daß Art. 7 K.-V. und die darauf bezüglichen Bestimmungen in den Ausführungsgesetzen über

---

[1]) Dieser Beschluß lautete: „Die politische Gemeinde beschließt die Uebernahme des gesamten Primarschulwesens und die Gründung einer einheitlichen, paritätischen Gemeindeschule."

[2]) Salis a. a. O. IV. S. 102.

das st. gallische Erziehungswesen mit Art. 27 B. V. nicht im Widerspruch stehen.[1])

Aus dieser Darstellung geht hervor, daß Art. 7, K.-V. mit der durch Großratsbeschluß vom 24. November 1886 statuierten Einschränkung bestehen, somit die konfessionellen Schulen trotz Art. 27 B. V. im allgemeinen gewährleistet blieben. Ferner, daß die Bundesversammlung niemals eine authentische Interpretation des Art. 27 B.-V. gegeben hat in dem Sinne, daß der Fortbestand der konfessionellen Schulen, wie er sich im Kanton St. Gallen erhalten hatte, verfassungswidrig sei und unter „ausschließlich staatlicher Leitung" schlechtweg die konfessionslose Schule verstanden werden müsse. Daß sich letztere Ansicht[2]) in jüngster Zeit immer weniger geltend machte, beweist die Tatsache, daß der Bund gegen diejenigen Kantone, welche (ähnlich wie St. Gallen) die konfessionellen Schulen beibehielten, nicht die „nötigen Verfügungen" (Art. 27, B. V.) getroffen hat, wozu er nach der B.-V. staatsrechtlich verpflichtet gewesen wäre, und daß er die st. gallische K.-V. von 1890 genehmigte, die auf dem Gebiete des Schulwesens in mancher Hinsicht konfessionelle Grundzüge beibehalten hat.

Die kantonalen Schuleinrichtungen erfuhren bis zur K.-V. von 1890 in ihrem Rechtsbestande keine bedeutsamen Veränderungen. Nur gegenüber den Fortbildungsschulen sah sich der Staat veranlaßt, besondere Maßnahmen zu nehmen, indem durch einen Beschluß des Reg. Rates vom 18. Juli 1883[3]) diejenigen Fortbildungsschulen, welche bloß Schülern einer bestimmten Konfession offen standen oder in Bezug auf ihre Leitung ein besonderes konfessionelles Gepräge trugen, vom Staate nicht unterstützt werden sollten. In paritätischen Gemeinden wurde jeweilen eine gemeinsame, aus dem Zusammenwirken der eventuell vorhandenen konfessionellen Schulräte auf

---

[1]) Schweiz. BB. von 1889 I. S. 608.

[2]) Salis a. a. O. IV. S. 377: „Aus dem Wortlaut des Art. 27 B.-V. ergibt sich, daß die Beibehaltung von konfessionellen, öffentlichen Schulen verfassungsmäßig zur Unmöglichkeit geworden ist."

[3]) G. S. N. F. S. 117. Nachher übergegangen in das Regulativ über die Verwendung der Staatsbeiträge für das Volksschulwesen vom 14 Januar 1885. (G. S. N. F. S. 231 IV.

dem Fuße voller Gleichberechtigung hervorgegangene Fortbildungsschule unterstützt. Weigerten sich die Schulräte zu diesem
Zweck und in solcher Weise zusammenzuwirken, so trat eine
Staatsunterstützung nicht ein: weigerte sich nur der eine der
Schulräte, so wurde die Staatsunterstützung demjenigen zuteil,
welcher sich zu diesem Zusammenwirken bereit erklärt hatte,
immerhin nur unter der Bedingung, daß seine Fortbildungsschule den Schülern beider Konfessionen offen stand.[1] — Schließlich suchte ein Regulativ[2] des Erziehungsrates vom 8. Januar
1885 dem Aufkommen und Bestand allzu kleiner Schulverbände (worunter auch die konfessionellen fallen mußten) Einhalt zu tun, indem es bestimmte: daß Schulgemeinden, welche
den vorschriftsmäßigen Forderungen im Rechnungswesen und
in der Schulpflege nicht Folge leisteten, oder überhaupt ihr
Schulwesen im höhern Grade vernachlässigten, für das betreffende Schuljahr ganz oder teilweise vom Staatsbeitrag
ausgeschlossen werden konnten. Ein gleiches gelte für kleine
Schulkorporationen, welche wegen ihres geringen Steuerkapitals
und unzureichender Schuldotation eine eigene Schule nur mittelst fortwährender Staatsinvention zu halten vermöchten und
der Einladung zum Anschluß an eine benachbarte, ihren Verhältnissen entsprechende Schulgenossenschaft, behufs ihrer ökonomischen Erleichterung und der Verbesserung ihres Schulwesens beharrlichen, ungerechtfertigten Widerstand entgegen-
setzten. Der Bezirksschulrat war berechtigt, bezügliche Anträge
zu stellen.

4. Weitere Verfügungen im Sinne der B.-V. von 1874.

Im Jahre 1884 ging man in der Scheidung der staatlichen und kirchlichen Interesse im Sinne der neuen B.-V.
einen Schritt weiter, indem der Große Rat am 20. Mai 1884
den Kirchenruf als amtliches Publikationsmittel abschaffte.[3]

[1] Zu den im allgemeinen gleichlautenden Regulativen von 1890 und 1895 über diesen Gegenstand fielen die Worte „eventuell" und „konfessionellen" aus dem Satze „der eventuell vorhandenen konfessionellen Schulräte" weg.
[2] Regulativ vom 8. Januar 1885. Vom Reg.-Rat genehmigt am 14. Januar 1885. G. S. N. F. S. 231. IV.
[3] Gesetz betreffend die Veröffentlichung amtlicher Bekanntmachungen vom 20. Mai 1884, in Kraft am 1. Juli 1884.

In bisheriger Uebung sollte indessen verbleiben: Auskündung
und Verlesung in der Kirche für amtliche Bekanntmachungen,
Ansprachen und Aufrufe ohne rechtsverbindlichen Charakter,
welche von kantonalen, von Bezirks- und Gemeindebehörden
bei besondern Anlässen an die Bevölkerung gerichtet wurden
(z. B. Bettagsmandat, Aufruf zur Liebessteuer). Ebenso blieb
es den Kirchgenossen anheim gegeben, neben dem öffentlichen
Anschlag für amtliche Bekanntmachungen ihrer Kirchenbehörden
auch den Kirchenruf in Anwendung bringen zu lassen. — Im
Jahre 1891 wurde dieser Schritt noch vervollständigt. In
Folge eines Beschlusses des katholischen Kollegiums vom 1. Juli
1890, stellte der Administrationsrat das Begehren an die Regierung, es möchte inskünftig bei der Publikation und Verlesung des regierungsrätlichen Bettagsmandates von der Mitwirkung kirchlicher Organe Umgang genommen werden. — Auf
Anfrage des Reg. Rates, sprach sich der evangelische Kirchenrat
für die kirchlicherseits vorzunehmende Proklamation des Mandates aus, „umsomehr als das Verlesen von keinem rechtsverbindlichen Charakter, daher jeder Zwang ausgeschlossen sei."
Hierauf beschloß die Regierung die Verlesung in diesem Jahre
noch in gleicher Weise beizubehalten. Am 4. September
1891 erließ sie dann aber eine Bekanntmachung betreffend die
Publikation des Bettagsmandates, worin sie, angesichts der
B. V. zu dem Schluß gelangte, daß die Geistlichkeit nicht zur
Verlesung des Mandates gezwungen werden könne und deshalb von der Mitwirkung kirchlicher Organe bei dessen Bekanntmachung Umgang zu nehmen sei.

Eine zweite gesetzliche Abgrenzung der staatlichen und kirchlichen Sphäre bildete das Gesetz[1] betreffend die polizeiliche
Handhabung der Sonntagsruhe vom 25. November 1885,
in Kraft getreten am 4. Januar 1886. Darin sind zwei Prin-
zipien zu beachten: Einmal anerkannte der Staat besondere,
von ihm gewährleistete, gemeinsame öffentliche Ruhetage (die
Sonntage, Weihnacht, Neujahr, Ostern, Auffahrt, Pfingsten
und den eidgenössischen Bettag). An diesen Tagen waren alle

---

[1] G. S. N. F. V. S. 91. Das Gesetz hob die widersprechenden Bestimmungen des St.-G.-B. von 1868 und der Verordnung vom 10. Mai 1867 auf.

(außer einigen statuierten Ausnahmen) Beschäftigungen, welche in industriellem, gewerblichem und landwirtschaftlichem Betriebe ausgeübt wurden, sowie solche, welche Lärm oder Störung verursachten, untersagt und speziell zur Aufrechthaltung der Ruhe des Gottesdienstes besondere Verbote[1]) fixiert. Neben diesen öffentlichen Ruhetagen setzte der Staat auch die Heilighaltung einer bestimmten Zeit des Jahres fest, indem er in der Char-woche Theater- oder andere Schaustellungen, Kegelschieben und dergl. untersagte. Zur Heilighaltung der Sonn- und Festtage beschränkte er auch die Tanzbelustigungen auf bestimmte Tage und knüpfte sie an besondere Bedingungen.

Wiewohl nun der Staat nominell die genannten Sonn- und Festtage allein als Ruhetage gewährleistete, so stellte er doch andererseits der Kirche seinen weltlichen Schutz zur Ver-fügung für Feiertage, die keine direkte gesetzliche Anerkennung gefunden hatten, indem Art. 12 bestimmt: Der Gemeinderat hat für gehörige Ordnung an den öffentlichen Ruhetagen und an den Feiertagen zu sorgen. Insbesondere hat er über die Aufrechterhaltung der Ruhe in der Nähe von Kirchen während der Zeit des Gottesdienstes, sowie über die Vermeidung jeglicher Störung einer kirchlichen Feier zu wachen. Und Art. 13: Uebertretungen der Vorschriften des Gesetzes werden mit einer Geldbuße von 5 — 100 Fr. durch den Gemeinderat bestraft. Somit sind auch diejenigen Festtage, welche mit den staatlich anerkannten Ruhetagen nicht zusammenfallen, indirekt garantiert. Dabei sind aber die katholische und evangelische Konfession (denn nur diese Korporationen kommen hier in Betracht) verpflichtet, eine bestimmte Anzahl von Feiertagen nicht zu überschreiten, insofern sie auf diesen staatlichen Rechts-schutz wirklich Anspruch machen. Der Staat schützt dabei nicht nur die den beiden Konfessionen gemeinsamen Feiertage, sondern diejenigen jeder Religionsgenossenschaft, für die er sich indirekt verpflichtet hat. Für die katholische Kirche sind die in der

---

[1]) Durch die angedrohten Strafverfügungen will der Staat nicht nur bloße Polizeimaßregeln in sozialpolitischem Interesse aufstellen, sondern er sucht dadurch auch das sittlich-religiöse Gefühl des Volkes zu schützen. Vergl. Zeerleder a. a. O. Seite 18.

bischöflichen Zuschrift vom 31. Juli 1869 (S. 281 Anm. 4) ge=
machten Angaben und für die evangelische Kirche die Art. 37 [1]
der Kirchenordnung vom 17. Februar 1882 statuierten Festtage
bindend. Soweit die Konfessionen diese Feiertagsordnungen
überschreiten, ist der Staat nur zur Gewährung desjenigen
Schutzes obligiert, den er überhaupt seinen rezipierten Kirchen
angedeihen läßt. Die Bestimmungen der Kirchen ihrerseits,
welche sich auf die Heilighaltung der Feiertage erstrecken, konnten
nach Art. 49 B.=V. und Art. 6 K. V. für die bürgerliche Sphäre
keine verbindliche Rechtskraft erlangen.

§ 3.

Konfessionelle Gesetzgebung.

Die konfessionellen Artikel der B.=V. von 1874 traten viel
fach mit den Organisationsbestimmungen der katholischen und
evangelischen Korporation im Kanton St. Gallen in Wider
spruch, wurden daher, soweit sie Abweichungen statuierten, von
der B. V. und den einschlägigen Bundes= und Kantonsgesetzen
derogiert. Während die katholischen Institutionen formell bis
zum Erlaß der neuen katholischen Organisation im Jahre 1893
aufrecht erhalten blieben, suchte die evangelische Kirche durch
eine Kirchenordnung vom Jahre 1881 [2] ihre derogierten Be=
stimmungen mit den staatlichen Normen in Einklang zu setzen,
da eine Revision der Organisation der evangelischen Kirche
erst im Jahre 1892 vorgenommen wurde. So beruft sich denn

[1] K.=O. Art. 37: Als kirchliche Feiertage sind zu beobachten: der Weih=
nachtstag, Stephanstag, Neujahrstag, Karfreitag, Ostersonntag, Ostermontag,
Himmelfahrtstag, Pfingstsonntag, Pfingstmontag und der eidgenössische Bettag.
Sofern der Stephanstag auf einen Samstag oder Dienstag fällt, so ist die Feier
desselben auf den nächststehenden Sonntag zu verlegen.
Es bleibt den Gemeinden unbenommen, neben diesen allgemein gültigen
Sonn= und Festtagsgottesdiensten auch anderweitige Gottesdienste anzuordnen,
oder auch an die Stelle der Nachmittagspredigt Gesangsgottesdienst oder Jugend=
feier treten zu lassen.
[2] Evangelische Kirchenordnung für den Kanton St. Gallen. Von der
evangelischen Synode erlassen am 26. Oktober 1881. Vom Reg.=Rat genehmigt
am 17. Februar 1882. Neue Auflage 1891. Die Bestimmungen der Kirchen=
ordnung von 1864 sind, soweit es sich mit den staatlichen Normen vereinbarlich
fand, vielfach unverändert in die K.=O. von 1882 übergegangen. Wir zitieren
nur die für uns wichtigen Modifikationen.

die Kirchenordnung in einem Anhange ausdrücklich auf die Art. 49—54 B.-V., auf das Bundesgesetz über Zivilstand und Ehe und die kantonalen Verfassungs- und Gesetzesbestimmungen, um die Uebereinstimmung mit diesen Verfügungen herbeizuführen.

Die allgemeine Organisation der Kirche und die Befugnisse der einzelnen kirchlichen Organe blieben in der Hauptsache die nämlichen, wie 1862 und haben sich auch in der neuen Organisation von 1892 auf den gleichen Grundlagen erhalten. Das Ehe- und Zivilstandswesen wurde von der Kirchenordnung nur noch insofern betroffen, als sie den Pfarrämtern gebot, ein Tauf-, Konfirmanden-, Eheeinsegnungs- und ein kirchliches Beerdigungsregister zu führen, wobei im Eheeinsegnungsregister das Datum der Ziviltrauung einzutragen war. In der Kirchgemeinde mußte auch ein Familienregister unterhalten werden und die Kirchenvorsteherschaft wurde angewiesen, nötigenfalls durch Entschädigung dafür zu sorgen, daß dem Pfarramte von den Zivilstandsbeamten jeweilen die Veränderungen im Familienstatus der Gemeindebewohner zur Kenntnis gebracht wurden. Ueber die Eheeinsegnung bestimmte Art. 51 Kirchenordnung: Die Eheeinsegnung darf nur auf den erfolgten Vorweis eines Trauscheins vom Zivilstandsbeamten durch den Pfarrer vollzogen werden. Dieser Schein ist im Pfarrarchiv aufzubewahren. Damit war die obligatorische Zivilehe evangelischerseits anerkannt und der Kirchendiener auf Beachtung der staatlichen Vorschriften ausdrücklich angewiesen. Dasselbe galt für das Beerdigungswesen, indem Art. 53 Kirchenordnung nur festsetzte, daß die Beerdigungsfeier kirchlicherseits nach Anleitung der Liturgie stattfinde; bezüglich der Leichenreden sollten die örtlichen Uebungen gelten. Ueber die Taufe bestand die Vorschrift, daß Kinder, deren Eltern verschiedenen Konfessionen angehören, in der Kirche derjenigen Konfession zu taufen waren, für welche sich der Vater, oder an dessen Stelle diejenige Person oder Behörde entschied, die sich im Besitz der väterlichen Gewalt befand.

Im Gebiete der Schule fand der Religionsunterricht nähere Regelung. So normierte Art. 61 Kirchenordnung, daß für den Besuch des von der Kirche festgesetzten Religionsunterrichtes

die Eltern, Pflegeeltern oder diejenigen, deren Obsorge die
Kinder übergeben seien, verantwortlich gemacht und falls bei
Vernachlässigung wiederholte Mahnung des Pfarramtes frucht
los bliebe, diese zu weiterer Behandlung vor die Kirchenvor
steherschaft beschieden würden. Von dem pfarramtlichen Reli
gionsunterricht konnte, ohne Ausweis über gänzliche Unfähigkeit
oder genügenden anderweitigen Religionsunterricht, kein der
Alltagsschule entlassenes Kind enthoben werden, dessen Eltern
der evangelischen Landeskirche angehörten (Art. 56 Kirchenord
nung). Saumseliger Besuch des Konfirmanden-Unterrichtes,
Unfleiß oder Unsittlichkeit während desselben, konnte dessen
Rückweisung nach sich ziehen und ein unterrichtspflichtiges Kind
durfte nicht der sonntäglichen Kinderlehre enthoben werden.
Zur Handhabung der Feiertagsordnung rief die Kirchenordnung
den staatlichen Schutz an, indem Art. 87 bestimmte: Die Kirchen
vorsteherschaft sorgt durch angemessene Vorkehrungen für die
innere Ruhe und Stille beim Gottesdienst und nimmt gegen
äußere Störungen desselben, sowie für eine würdige Feier der
Sonn und Festtage den Schutz der Ortspolizei in Anspruch.[1]
Unter Wahrung ihrer gottesdienstlicher Bestimmung mußte die
Kirche für Abhaltung der gesetzlichen Bürgerversammlungen
geöffnet werden.

In Bezug auf das Steuerwesen riefen Art. 49 und 50 B. V.
weitgehende Verfügungen hervor: in Verbindung damit fanden
der Austritt von Mitgliedern aus der Kirche bezw. die Neu
bildung von Kirchgemeinden nähere Regelung. Art. 5 Kirchen
ordnung: Verbindet sich infolge abweichender, religiöser Richtung
eine Minderheit der Gemeinde zu eigener kirchlicher Gemein
schaft mit gesondertem Gottesdienst, Seelsorge und Religions
unterricht, ohne deshalb aus der Landeskirche ausscheiden zu
wollen, so sollen die Angehörigen dieses Verbandes so lange
als Mitglieder der betreffenden Kirchgemeinde und der evan
gelischen Kantonalkirche anerkannt werden, als sie ihre ander
weitigen Verpflichtungen gegenüber der Kirchgemeinde erfüllen
(Entrichtung der Steuern und Teilnahme an den Gemeinde

---

[1] Siehe das Gesetz über die Sonntagsruhe Seite 378.

verſammlungen), als im fernern ihr Separatverband ſich in
Hinſicht auf die kirchlichen Funktionen an den Beſtimmungen
der kantonalen Kirchenordnung hält, für den funktionierenden
Geiſtlichen die Admiſſion des Kirchenrates einholt und erhält
und ſich den kirchenrätlichen Viſitationen unterzieht.   Aus
tretende Mitglieder waren durch ihre Erklärung (vor dem Präſi
denten der Kirchenvorſteherſchaft), die jedoch nur für ihre Per
ſon und allfällig auch für die Kinder bis zum erfüllten 16.
Altersjahre gültig war, aller weitern Verpflichtungen gegen
die Kirchgemeinden enthoben mit Ausnahme allfälliger Steuer
rückſtände, ſowie der Steuern des laufenden Rechnungsjahres
bis zum Tage des Austritts. Sie verloren zugleich alle Rechte
der Kirchgenoſſen und wurden in den Regiſtern der Gemeinde
geſtrichen (Kirchenordnung Art. 6). Kirchenordnung Art. 7   11
ſtellte die Vorſchriften über neu zu gründende Kirchgemeinden
auf und geſtattete den Kirchenvereinen mit Pfarrvikaren mit
Ausnahme der geſetzlichen Steuerpflicht und der allgemeinen
Stimmfähigkeit in alle Pflichten und Rechte von Kirchgemeinden
einzutreten. Diejenigen Mitglieder, welche regelmäßige Jahres
beiträge zahlten, waren ſtimmfähig. Nachdem vom Reg. Rat
die Erhebung von geſetzlichen Kirchenſteuern erlaubt worden,
konnte ſich der Kirchenverein ſelbſtändig als Kirchgemeinde kon
ſtituieren, falls ein genügender Kirchenfond vorhanden war.
(Art. 11 Kirchenordnung).

Durch dieſe Beſtimmungen ſetzte ſich die evangeliſche Kirche
in vollkommene Uebereinſtimmung mit den ſtaatlichen Normen
des Kantons und des Bundes und ſuchte ihrem Kirchenrecht
auf dem Wege innerkirchlicher Rechtsbildung nur ſo weit Geltung
zu verſchaffen, als der Staat nicht aus ſeiner Machtvollkommen
heit die kirchlichen Verhältniſſe[1]) geregelt hatte.

---

[1]) Vergl. Zorn e. a. O. S. 122

Zweites Kapitel.

Die christkatholische Bewegung in St. Gallen.

§ 1.

Die Bestrebungen der Christkatholiken bis zum Entscheid des Bundesgerichtes vom 14. November 1879.

Am 29. Januar 1873 konstituierte sich in der Stadt St. Gallen der Verein liberaler Katholiken. In seinen Statuten vom 29. Januar 1873 bekundete er sich als Sektion des schweizerischen Vereins freisinniger Katholiken und ließ die Mitglieder durch ihren Eintritt erklären, daß sie das Dogma der Unfehlbarkeit des Papstes, sowie den Syllabus mit den daraus gefolgerten Konsequenzen als mit der Vernunft und der Grundprinzipien des republikanischen Staates im Widerspruch stehend, nicht anerkennen würden. Als Aufgabe des Vereins wurde bezeichnet:

a) Auf dem Wege geselliger Besprechung wie durch Anordnung größerer Versammlungen dahin zu wirken, über kirchenpolitische Fragen Aufklärung zu suchen und solche zu verbreiten.

b) Durch geeignete Schritte darauf zu dringen, daß die Unfehlbarkeitslehre im Unterricht der Jugend ausgeschlossen bleibe.[1]

c) Diese Bestrebungen im Kanton und in der übrigen Schweiz zu fördern, wie dahin zu zielen, eine infallibilistische Geistlichkeit fern zu halten von dem Seelsorgamte.

d) Ueberhaupt den seitens der römischen Curie immer mehr drohenden Uebergriffen in das bürgerliche Leben entgegenzutreten, in der katholischen Kirche das Laientum zu wahren

---

[1] In der Kirchgemeinde zu Wallenstadt war am 2. Februar 1873 der Mehrheitsbeschluß gefaßt worden, die Unfehlbarkeitslehre und den Syllabus in Kirche und Schule zu verbieten.
In Flawil wurden für die Schule ähnliche Beschlüsse gefaßt.

und den konfessionellen Frieden mit andern Glaubensgenossen
zu fördern und zu schützen.

Auf Grund dieser Statuten erklären sich die weitern Bewegungen des Vereins. Aus diesen Ereignissen heben wir nur
die für das öffentliche Staatsleben wirklich bedeutsamen hervor.

Der erste Einfluß der Bestrebungen machte sich im Gebiete
der Schule geltend, indem die katholische Schulgenossenversamm-
lung in St. Gallen am 30. März 1873 den Beschluß faßte, es
sei die Einführung der Lehre der Unfehlbarkeit des Papstes
nebst dem Syllabus und deren Konsequenzen im Schul und
Religionsunterricht in der katholischen Primarschule untersagt.
Als der Schulrat am 28. April 1873 zwei infallibilistischen
Geistlichen die weitere Erteilung des Religionsunterrichtes in
der Schule untersagte, wurde der Reg.-Rat von katholischer
Seite um Aufhebung des Schulgemeindebeschlusses und vor-
läufiger Sistierung desselben angegangen, worauf der katholische Schulrat dem Reg.-Rate in eingehender Weise sein Vorgehen begründete. Am 30. April 1873 trat der Reg.-Rat auf
die Beschwerde ein. Er erklärte, in Betracht, daß nach der
Schulordnung (vom 29. Dezember 1865) die Schulgemeinde befugt sei, über die in das Primarschulwesen einschlagenden Anträge des Schulrates Beratungen zu pflegen und Beschlüsse
zu fassen:

daß die Erteilung des Religionsunterrichtes einer der
wichtigsten Faktoren des Schul- und Erziehungswesens betreffe
und nach Art. 6,2 K.-V. keine Einführung eines neuen Reli-
gionsdogma geduldet werden müsse;

daß die Regierung eben jetzt die, bei Proklamierung der
Unfehlbarkeit vorbehaltenen Rechte des Staates geltend mache
und gefährdeten Bürgern und Gemeinden den christlichen Schutz
angedeihen lassen müsse:

die Rekursbeschwerde sei abgewiesen.

Die Beschlüsse[1]) des katholischen Schulrates, welche auf
diesen Entscheid folgten, waren sehr eingreifend. Die geist-

---

[1]) Die gegen diese Maibeschlüsse von 1873 und den Beschluß vom
28. April 1873 (siehe oben) erhobenen Beschwerden wurden vom Reg.-Rat am
29. Oktober 1873 als unbegründet abgewiesen.

lichen Religionslehrer wurden, da sie sich dem Lehrverbote nicht fügten, von der Erteilung des Unterrichtes ausgeschlossen und dieselbe den Lehrern übertragen. Kinder, die diesen Laien unterricht nicht genießen wollten, hatten sich über den Besuch eines andern Religionsunterrichtes auszuweisen, wozu jedoch nicht die öffentlichen Schullokale zur Verfügung gestellt werden durften. Die Antwort der Geistlichen war eine offizielle Er klärung vom 27. Oktober 1873, daß der katholische Religions unterricht, welcher bisher durch die Geistlichen erteilt worden, der verfassungsmäßige und gesetzliche sei, und daß nur die jenigen Kinder, welche diesen genössen, zum Empfang der hl. Sakramente vorbereitet und zugelassen würden. Damit war die Hierarchie mit dem wirksamsten Mittel ihres forum internum aufgetreten und hatte bis zum Jahre 1875 wenigstens erreicht, daß der Fastenunterricht von allen Kindern bei den katholischen Geistlichen besucht wurde. Den offenbaren Widerspruch, der in diesen abnormen Verhältnissen lag, sah der katholische Schul rat ein und beschloß daher am 26. Januar 1875, daß der Fastenunterricht als Teil des Religionsunterrichtes auch von den Lehrern in der Schule (fakultativ) erteilt werde. Für den Fall, daß von der st. gallischen Geistlichkeit solchen (bei den Lehrern unterrichteten) Kindern der Zutritt zur Beichte oder Kommunion verweigert würde, werde der Schulrat zur Vor nahme dieser Funktionen einen christkatholischen Geistlichen be rufen. Damit war die Stellung der st gallischen Altkatholiken eine andere geworden, indem sie von diesem Momente an klar legten, daß sie sich auch auf dem rein kirchlichen Gebiete von römisch katholischem Einfluß zu befreien suchten und einen von der Kirche anathematisierten Priesterstand anerkannten. Es mußte nun sehr inkonsequent erscheinen, daß die sogen. konfessionelle Kommission des katholischen Schulrates am 21. Februar 1875 an den Administrationsrat das Gesuch stellte, er möge die Pfarrgeistlichkeit der Kathedralkirche veranlassen, den Kindern, welche den Religionsunterricht bei den Lehrern genießen, den Zutritt zur Beichte und Kommunion zu gestatten. Sollte diese Zulassung unbedingt oder bedingt verweigert, so sollte die Pfarr kirche geöffnet und eingeräumt werden zu einem mit Kommunion

verbundenen christkatholischen Kindergottesdienst auf die Oster
zeit. — Das bischöfliche Residentialkapitel und der Administrationsrat[1]) lehnten beide Forderungen ab, worauf der Schul
rat am 16. März 1875 folgende feierliche Protestation einlegte:
„Gegen den uns erteilten Bescheid in beiden Beziehungen legen
wir nun hiemit feierliche Protestation ein und verwahren hie
mit bestens alle Rechte der betroffenen Schulkinder und der
Katholiken der Stadt St. Gallen im allgemeinen, als Glieder
der katholischen Kirche, deren Rechte angesichts der Staatsverfassung und der Aussprüche der Staatsregierung wegen Nichtanerkennung des vatikanischen Dogma von der päpstlichen Un
fehlbarkeit und des Syllabus nicht alteriert werden können.
Und wir legen Protestation und Verwahrung ein namens der
betroffenen Schulkinder und Eltern, insbesondere auch als Ge
nossen der Pfarrei und Pfarrkirche St. Gallen Tablat für ihre
Rechte und Ansprüche, welche seiner Zeit daraus fließen wer
den. Die Ableitung jedes nachteiligen Präjudiz wird verwahrt.“

Zur Begehung der Osterfeier wurde hierauf von der evan
gelischen Kirchenvorsteherschaft die St. Laurenzenkirche geöffnet,
in der ein Feldaltar aus dem Zeughause aufgeschlagen war,
sodaß am 11. April 1875 der erste christkatholische Gottesdienst
(zugleich Kommunion von über 100 Kindern) unter der Leitung
des christkatholischen Pfarrers Herzog vorgenommen werden
konnte.

Dieses Vorgehen des katholischen Schulrates, das einer
Mehrzahl von altkatholischen Vertretern in dieser Behörde zu
verdanken war, sollte aber auf die Dauer doch nicht genügen:
es galt den Kampf von der Schule auf die kirchlichen Ein
richtungen selbst zu übertragen. Diese Beeinflußung mußte sich
aber um so schwieriger gestalten, als für die Einwohner der
Stadt St. Gallen keine Kirchgemeinde nach dem Muster der
andern st. gallischen Kirchgemeinden bestand, sodaß ein direkter
Einfluß der Kirchgemeindeversammlung unmöglich gemacht war.[2])
Für die Vornahme der Wahlen in das katholische Kollegium

---

[1]) Schreiben des Administrationsrates an den katholischen Schulrat vom
26. Februar 1875.

[2]) Siehe die Ausführungen Seite 295.

bildete nun die der Kathedralkirche einverleibte Pfarrei St. Gallen-Tablat zwei Wahlkreise, St. Gallen und Tablat. Von dieser, am 21. Mai 1876 einberufenen Wahlversammlung, hoffte man eine Förderung der altkatholischen Sache zu erzielen und wirklich beschloß[1] die Versammlung am Wahltage:

1. Daß es der Wille der heute hier zu einer Gemeinde versammelten Katholiken der Stadt St. Gallen sei, eine selbständige katholische Kirchgemeinde St. Gallen zu bilden.

2. Zu diesem Behufe sei eine Kommission von fünf Mitgliedern zu wählen, mit dem Auftrage, alle gesetzlichen Mittel für Bildung einer solchen katholischen Kirchgemeinde St. Gallen in Anwendung zu bringen. —

Schon am 13. Juni 1876 stellte die ernannte „Kommission der katholischen Pfarrei St. Gallen-Tablat, Abteilung St. Gallen" das Gesuch an den Administrationsrat um Anerkennung der katholischen Pfarreiabteilung St. Gallen als selbständige Kirchgemeinde mit dem Namen katholische Kirchgemeinde St. Gallen.[2] Der Administrationsrat erwiderte jedoch am 26. Juli 1876, daß dem Gesuche um Anerkennung der bestehenden Pfarrabteilung St. Gallen als selbständige Kirchgemeinde nicht entsprochen werden könne; wollte man aber neben dem urkundlich und rechtlich gesicherten Fortbestand der Dompfarrei die Gründung und Erstellung einer eigenen Pfarrei anstreben, so seien die erforderlichen Ausweise zu Handen der zuständigen kirchlichen, konfessionellen und staatlichen Oberbehörden zu erbringen. — Auf diese Antwort der konfessionellen Behörde rekurrierte[3] die katholische Kommission an den Reg.-Rat und stellte das Gesuch: Der Reg.-Rat wolle die katholische Pfarrei St. Gallen-Tablat, Abteilung St. Gallen, als eine selbständige Kirchgemeinde mit dem Namen katholische Kirchgemeinde St. Gallen anerkennen. — Ohne

---

[1] Ueber die Legitimation dieser Wahlversammlung zur Vornahme eines derartigen Beschlusses siehe den Entscheid des Reg.-Rates vom 30. Januar 1878 und die Vernehmlassung des Administrationsrates an das Bundesgericht vom 12. Mai 1879.

[2] Die Kommission betonte ausdrücklich, daß sie nicht die Neubildung, Konstituierung einer selbständigen Kirchgemeinde begehre.

[3] Rekurs an den Reg.-Rat vom 22. August 1876.

auf den ganzen Inhalt der darauf folgenden Vernehmlassungen,[1]
Repliken und Dupliken einzutreten, heben wir einzelne bedeutsame Punkte hervor. Hier ist wieder einmal ein Anlaß gegeben,
einen Kompetenzkonflikt zwischen dem Reg.-Rat und dem Administrationsrat zu beobachten, den der Reg.-Rat am 30. Januar 1878
zu seinen Gunsten entschied. Der Administrationsrat behauptete,
daß nach Art. 65[2] der katholischen Organisation von 1862 der
staatlichen Behörde nur das Recht zustehe, die Genehmigung
auszusprechen gegenüber denjenigen Beschlüssen der katholischen
Oberbehörden, durch welche der Bestand und Umfang von katholischen Kirchgemeinden abgeändert würde: die Staatsbehörde
sei daher nicht befugt, einen Beschluß, kraft welchen die Neubildung einer Kirchgemeinde abgelehnt werde, als Rekursinstanz
zu reformieren und die Neubildung selbst zu beschließen. Dagegen sprach sich der Reg.-Rat so aus, daß nach Art. 6₅ K. V.
die Aufsicht über die Verwaltung der konfessionellen Behörden
eine positive, nicht bloß eine negative Einwirkung in sich schließe.
Auch habe der Reg.-Rat nach Art. 13 konfessionelles Gesetz von
1859 nicht nur die Pflicht negativ einzuschreiten, sondern je
nach Umständen auch von sich aus nach Vorschrift der Gesetze
in Sachen zu verfügen, in concreto also die Bürger in ihren
verfassungsmäßigen Rechten zu schützen. In Bezug auf das
eventuelle Hauptgesuch der Rekurrentin handle es sich lediglich
nur um die staatliche Anerkennung der katholischen Pfarrabt-
teilung St. Gallen als selbständige Kirchgemeinde mit den, einer
solchen zukommenden Rechten; dagegen werde jede weitere Sorge
für alle einer katholischen Pfarrgemeinde notwendigen Einrichtungen und Fonds, bezw. Geldmittel, Sache der neuge-
bildeten Kirchgemeinde sein. Nach diesen Erwägungen und in
Betracht der Art. 61 und Art. 33 K. V. neben Art. 64 der katholischen Organisation, sowie in Betracht, daß die verfassungsmäßigen und gesetzlichen Rechte den Kirchgenossen der Kirchgemeinde St. Gallen-Tablat, Abteilung St. Gallen, wie sie
im Organisationsgesetz von 1867 und in den konfessionellen

---

[1] Siehe die urkundliche Darstellung bei Hauser. Geschichte der altkatholischen Bewegung in St. Gallen im Lichte der Tatsachen. 1880. (S. 100 - 149).
[2] Art. 65 siehe Seite 293.

Verordnungen enthalten seien, von dem Augenblicke an nicht mehr vorenthalten werden könnten, als sie dieselben vindizierten und das ausdrückliche Verlangen stellten, in den Besitz und Genuß dieser kirchlichpolitischen Rechte eingesetzt zu werden, gelangte der Reg.-Rat zu dem Beschlusse,[1] es sei die Anerkennung der katholischen Pfarreiabteilung St. Gallen als selbständige Kirchgemeinde, mit dem Namen katholische Kirchgemeinde St. Gallen, ausgesprochen.[2]

Diese regierungsrätliche Resolution stieß auf den heftigsten Widerspruch. Ungefähr 500 stimmfähige und 300 bloß steuerpflichtige Katholiken St. Gallens erklärten dem Administrationsrate zu Handen des Großen Rates, zu dieser katholischen Kirchgemeinde St. Gallen nicht gehören zu wollen und verwahrten sich, gestützt auf Art. 49 B.-V., gegen Eintragung ihrer Namen in das Stimm- und Steuerregister der neuen Kirchgemeinde. Der Bischof Greith reichte dem Reg.-Rate eine Protestation gegen dessen Beschluß vom 30. Januar 1878 ein und der Administrationsrat richtete ein ausführliches Rekursschreiben vom 29. April 1878 an den Großen Rat um Kassation der regierungsrätlichen Schlußnahmen.

Nach Anhören eines Kommissionalberichtes trat der Große Rat am 22. November 1878 auf die Angelegenheit ein. In diesen Verhandlungen beobachten wir vornehmlich zwei Gesichtspunkte: 1. Wenn die Gleichstellung der Kirchgemeinde St. Gallen mit den übrigen Kirchgemeinden des Kantons und die aus dieser Gleichstellung fließenden Rechte (Wahl der Geistlichen an der Pfarrkirche (Kathedrale), Aufstellung eines eigenen Verwaltungsrates, Erhebung von Kirchensteuern ze.) dem Bistums

---

[1] Beschluß des Reg.-Rates vom 30. Januar 1878.

[2] Die damals ausgesprochene Behauptung, daß die angestrebte Bildung der eigenen Kirchgemeinde mit dem Altkatholizismus nicht in Berührung stehe (Tagblatt der Stadt St. Gallen von 1878 Nr. 56), wird am besten widerlegt durch eine Stelle aus der Rekursschrift der katholischen Kommission an den Reg.-Rat vom 22. August 1876: „Wir haben oben angegeben, welche Stellung die Mehrheit der Katholiken der Stadt St. Gallen seit dem 30. März 1873 zu dem Dogma der päpstlichen Unfehlbarkeit und zum Syllabus einnimmt. Nun ist den inkorporierten Katholiken der Stadt St. Gallen (ohne Bestand einer eigenen katholischen Kirchgemeinde daselbst) nicht möglich, ihre diesfallsige Rechtsstellung zur Geltung zu bringen."

konkordate von 1845 nebst den Vollzugsbestimmungen von 1847, dem Organisationsgesetz des katholischen Konfessionsteils von 1862 und dem Kollaturgesetz von 1848 entgegenstanden (was von der Mehrzahl zugegeben war), sollten dann diese Gesetzes- bestimmungen, die augenscheinlich eine Schlechterstellung der stadt st. gallischen Katholiken statuierten, dem bundes und kan- tonalverfassungsmäßigen Postulate, daß alle Bürger vor dem Gesetze gleich seien, bedingungslos weichen? Sind diese ein- schränkenden Gesetzbestimmungen nicht deshalb ipso jure hin- fällig, weil der Staat denselben die Sanktion nur unter dem Vorbehalt der verfassungsmäßigen Rechte der Bürger erteilt hat? Diese Frage erhielt ihre Lösung durch den Antrag, daß die Forderung der katholischen Kommission, in den Besitz und Genuß der verfassungs- und gesetzmäßigen Rechte in kirchge- meindlichen Angelegenheiten, um zur Gründung einer eigenen Kirchgemeinde zu gelangen, vollkommen begründet sei, dem Begehren aber die (genannten) vom Staate sanktionierten und in Kraft stehenden Normen entgegenständen und deshalb dem Beschluß des Reg.-Rates vom 30. Januar 1878 keine weitern Folgen zu geben seien.

2. Der zweite Hauptpunkt war der Kompetenzkonflikt zwischen dem Administrationsrat und dem Reg.-Rat: Ist der Reg. Rat berechtigt, die Kreirung einer Kirchgemeinde selbständig zu beschließen, nachdem der Administrationsrat die Anstellung einer solchen verweigert hat? Inhäriert es dem Aufsichtsrecht des Staates (nach Art. 6 K. V.) neben einer bloßen Einsprache und Genehmigungsbefugnis positiv ergänzend oder abändernd einzuschreiten? Diejenigen, welche die Frage verneinten (Kom missionalbericht) fanden die Begründung darin, daß dem Art. 6 K. V. die Idee der „freien Kirche im freien Staate" zu Grunde liege und daraus die möglichst autonome Stellung der Kon fessionen in Bezug auf die Besorgung der konfessionellen An gelegenheiten und der Fondsverwaltung folge. In diesem Sinne sei den Konfessionen ein gutes Stück „staatsrechtlicher Befugnis", nämlich das Gesetzgebungsrecht über die Besorgung der kon fessionellen Angelegenheiten und die Fondsverwaltung abge treten und dem Staate lediglich ein allgemeines Aufsichtsrecht

im Sinne der ökonomischen Verwaltung und das Besteuerungs
recht vorbehalten; nämlich in Bezug auf die Art und Weise.
wie die Fonde verwaltet und die Besorgung der sog. gemischten
Angelegenheiten organisiert würden, und in Bezug auf die
eigentlich konfessionellen Angelegenheiten das Recht der Sank
tionierung der konfessionellen Organisationen. Im gegebenen
Falle gehe aber den Schlußnahmen des Reg. Rates die ver
fassungsmäßige Grundlage umsomehr ab, als nach Art. 6., K. V.
die religiösen und rein kirchlichen Angelegenheiten von den
kirchlichen Behörden ohne Einmischung des Staates besorgt
würden; da aber bei der Konstituierung einer Kirchgemeinde die
Parochialeinrichtung, die Seelsorge und der Kultus das Wesent
liche, dieses aber wiederum kirchlicher Natur sei, müsse dem
Staate jedes wirksame Einspruchsrecht abgesprochen werden.
Aus dem Nichtbesitz eines korporativen Stimm-, Wahl- und
Verwaltungsrechtes könne nicht die Konstituierung einer selbständigen Korporation gefolgert werden, sondern das Stimm-,
Wahl- und Verwaltungsrecht gehe vielmehr aus der bereits vor
sich gegangenen Konstituierung hervor.

Die andere Ansicht schloß sich teils den Ausführungen
des Reg.-Rates an, teils machte sie geltend, daß die Gründung
einer Kirchgemeinde nicht eine Sache rein kirchlicher Natur und
daher der Reg. Rat auch befugt sei, bei Gründung einer solchen
insofern mitzuwirken, als er die vom Administrationsrate gefaßten Beschlüsse genehmigen oder verwerfen könne. Der
Große Rat gelangte am 22. November zu dem Beschlusse, es
sei der Rekurs des Administrationsrates vom 29. April als
begründet erklärt und die Resolution des Reg. Rates vom 30.
Januar 1878, als der verfassungsmäßigen Grundlage entbehrend,
aufgehoben (123 gegen 27 Stimmen).[1]

---

[1] Für die Beurteilung des st. gallischen Staatskirchenrechtes sind diese
Verhandlungen und Schlußnahmen insofern bedeutsam, als man in der höchsten
Behörde des Kantons durchaus verschiedene Ansichten über die Rechtsbefugnisse
der konfessionellen Behörden, bezw. die Ausdehnung der konfessionellen Autonomie äußerte und den Art. 6 K.-V. teilweise noch so interpretierte, daß dem
Staate in gemischten Angelegenheiten jede wirksame Kognition fehle und ihm
nur ein rein formelles Sanktions- oder Nichtgenehmigungsrecht zustehe.

Die katholische Kommission glaubte sich aber durch diese großrätliche Verfügung in ihren verfassungsmäßigen Rechten verletzt und ergriff den Rekurs an das Bundesgericht. Dieses kam am 14. November 1879 u. a. in Erwägung:

Daß nach K. V., Gesetzen und vorliegenden Akten zur Zeit keine katholische Pfarrei St. Gallen, sondern nur die katholische Pfarrei St. Gallen Tablat bestehe, daher im Großratsbeschluß keine Verfassungsverletzung liege, weil er die Katholiken der Stadt St. Gallen als selbständige Kirchgemeinde anzuerkennen sich weigere und den Beschluß des Reg. Rates vom 30. Januar 1878 aufgehoben habe; daß einzig in Frage stehen könne, ob die katholischen Einwohner der St. Gallen ein verfassungsmäßiges Recht auf Neubildung, Konstituierung einer selbständigen Kirch gemeinde besitzen. Da aber ein solches Gesuch nicht vorliege, und bis jetzt keineswegs mit maßgebendem Resultate in Ver handlung gezogen worden sei, könne es nicht Gegenstand eines bundesgerichtlichen Entscheides sein. Die katholischen Einwohner St. Gallens müßten vielmehr, wenn sie die Gründung einer eigenen Kirchgemeinde erlangen wollten, vorerst mit den zu ständigen Behörden die hiefür erforderlichen Unterhandlungen eröffnen und ein hierauf gerichtetes Begehren stellen. Sollten dann der Verwirklichung eines diesfälligen Gesuches solche Schwierigkeiten und Hindernisse in den Weg gesetzt, bezw. die Gewährung desselben von solchen Bedingungen abhängig ge macht werden, welche ihrer Ansicht nach eine Verletzung des verfassungsmäßigen Grundsatzes der Gleichheit vor dem Gesetze oder anderer verfassungsmäßiger Rechte enthalten, so würde ihnen unbenommen bleiben, mit einem neuen Rekurs an das Bundesgericht zu gelangen und es solle ihnen hiemit dieses Recht ausdrücklich gewahrt werden —

zu dem Entscheide:

1. Die Beschwerde sei im Sinne der Erwägungen abgewiesen.

2. Dieser Entscheid sei der Rekurrentin und der Regierung von St. Gallen für sich und zu Handen des katholischen Admini strationsrates schriftlich mitzuteilen. [1]

---

[1] Vergl. den Entscheid des Bundesgerichtes vom 19. Oktober 1875 in Sachen des Kirchenrates Thurgau. Bundesgerichtliche Entscheidungen I. S. 356.

Damit war der Versuch der katholischen Kommission, St. Gallen zu einer selbständigen Kirchgemeinde umzubilden, miß=glückt. Die Politik der Altkatholiken hatte aber im bundes=gerichtlichen Entscheid eine bedeutsame Weisung erhalten, in welcher Weise sie künftig wirksam vorzugehen habe.

Die äußere Stellung der Christkatholiken hatte sich in=zwischen so verändert (bis 1879), als bereits im Jahre 1878 in St. Gallen eine christkatholische Genossenschaft bezw. Pfarrei gegründet worden, deren Rechtscharakter derjenige einer rein privatrechtlichen Vereinigung¹) war, und weder staatliche An=erkennung noch eine hoheitlich sanktionierte Organisation besaß. Die Genossenschaft schloß sich dem vom Bundesrate am 28. April 1876 genehmigten Bistum der christkatholischen Kirche der Schweiz an und blieb bis 1893 in dieser Situation. Ihre Anhänger hielten ihre Qualität als Mitglieder der katholischen Kirche des Kantons St. Gallen durchaus aufrecht, betrachteten sich als Bestandteil der staatlich garantierten Landeskirche, nahmen an den Wahlversammlungen der Gemeinde St. Gallen Tablat teil, blieben in den Stimmregistern eingetragen und wurden als Vertreter dieser Gemeinde in das katholische Kolle=gium abgeordnet.

§ 2.

Die christkatholischen Rekurse an das Bundesgericht bis zu dessen Entscheid vom 10. November 1893.

Der Kanton St. Gallen hatte am 16. November 1890 eine neue K. V. erhalten (Beilage 2), die am 18. Dezember 1890 von der

---

¹) Daher trat der Reg.=Rat von St. Gallen auf die vom Synodalrat der schweizerischen, christkatholischen Kirche am 16. September 1876 verlangte Ge=nehmigung der Verfassung der christkatholischen Kirche und die Plazetierung ihres Bischofs nicht ein und leistete der Aufforderung keine Folge, der Konsekration des Bischofs durch eine Abordnung beizuwohnen.

Das Gesuch wurde mit der Rückäußerung erledigt, daß sich im Kanton St. Gallen bis jetzt noch keine christkatholische Kirchgemeinde förmlich konstituiert und an die christkatholische Kirche der Schweiz angeschlossen habe, die hierortige Regierung sich demnach nicht veranlaßt finden könne, bezüglich der Genehmigung der Verfassung der genannten Kirche und der Plazetierung ihres bischöflichen Vorstandes aus der reservierten Stellung herauszutreten, welche ihr die hierorts waltenden faktischen Verhältnisse zur Zeit auferlegten. Protokoll des Reg.=Rates vom 16. September 1876.

Bundesversammlung sanktioniert wurde. Gemäß Art. 24 K. V.
war vom katholischen Konfessionsteil eine katholische Organisation aufgestellt worden, die am 18. Januar 1894 die Genehmi
gung des Großen Rates erhalten hatte. Der Art. 1 dieser
Organisation, welcher bestimmte: die katholische Kirche im Kanton
St. Gallen ist ein Glied der römisch katholischen Kirche, gab den
ersten Anlaß zu den nachfolgenden Schritten der christkatholischen
Genossenschaft.

Die Genossenschaft hatte dem Großen Rate eine Petition
gegen eine solche Fassung des Art. 1 Organisation eingereicht,
sah sich demnach, als die oberste Landesbehörde die katholische
Organisation mit diesem Art. 1 sanktionierte, in ihren verfassungsmäßigen Rechten verletzt und rekurrierte am 24. März
1894 an das Bundesgericht mit dem Rechtsgesuch: es sei in
teilweiser Aufhebung des Beschlusses des katholischen Kollegiums
und Großen Rates Art. 1 der katholischen Organisation auf
zuheben und der Große Rat zu veranlassen, im Einklang mit
der K. V. und B.-V. festzustellen:

a) Daß die katholische Kirche im Kanton St. Gallen aus
den Angehörigen der römisch-katholischen und der christkatholischen
Kirche bestehe, in dem Sinne, daß jede Abteilung sich eine
eigene Organisation zu geben habe: b) daß somit neben den
römischen Katholiken auch die Christkatholiken vollberechtigte
Mitglieder der katholischen Landeskirche des Kantons St. Gallen
seien.

Die Begründung wurde u. a. darin gesucht, daß Art. 23,
K. V. nur eine „katholische Kirche" gewährleiste, zu welcher
auch die Christkatholiken gehörten. Mit Art. 1 der katholischen
Organisation sei aber ausgedrückt, daß Art. 23, K.-V. nur e i n e
katholische, nämlich die römisch katholische Kirche kenne und
die christkatholische Kirche von der Zugehörigkeit zu der katho
lischen Kirche damit ausschließe. Die katholische Organisation
müsse ausdrücklich anerkennen, daß die katholische Kirche neben
der römisch katholischen auch die christkatholische Kirche als
Glied der staatlich garantierten Kirche betrachte und daß jeder
Teil sich eine eigene, vom Großen Rate zu genehmigende Or
ganisation gebe. Art. 49₂ B.-V. sei in casu verletzt, indem der

Ausschluß bisher vollberechtigter Mitglieder aus der Landeskirche, die Bezeichnung solcher Mitglieder als Sekte und der
Entzug der Anrechte auf das Kirchengut eine Strafe statuieren.
Die Mitgliedschaft der Landeskirche könne als wohlerworbenes
Recht nicht durch Mehrheitsbeschluß entzogen werden. Verletzt
seien Art. 23₁ und Art. 24 K. V. sowie Art. 49₂ und ₄ und Art. 50₂
und ₃ V. V. — Die einleuchtende Vernehmlassung[1] des Admini-
rates betonte vornehmlich, daß jeder Religionsgenossenschaft
das Recht zustehe, festzusetzen, wer zu ihr gehöre und wer nicht,
und die Bedingungen für diese Zugehörigkeit aufzustellen.
Dieses Recht kirchlicher Selbständigkeit und Selbstverwaltung
der Konfessionen, von dem die Organisation Gebrauch gemacht
habe, anerkenne auch die K. V. Die Beschwerde könne vom
Bundesgericht nicht geschützt werden, da dasselbe nur zu entscheiden habe, ob die angefochtenen, kantonalen Verfügungen
Verfassungsrecht verletzen. Selbst der Große Rat könne auf
Grund der bestehenden K.-V. nicht die christkatholische Kirche
als dritte Landeskirche neben den bestehenden zwei Landeskirchen anerkennen. Die K. V. sei nicht verletzt, so wenig wie
Art. 50₃ V. V. welcher nur von den Rechten getrennter, aus-
geschiedener Konfessionen spreche. Eine solche Trennung liege
nach eigener Angabe der Rekurrentin nicht vor.

Das Bundesgericht entschied am 3. April 1895, daß Art. 49₂
und ₄ und Art. 50₃ und ₃ V.-V. nicht verletzt seien. Jede
Landeskirche habe das Recht, sich in gutfindender Weise zu
konstituieren, innerhalb der Schranken der K.-V. und V. V., so
stehe ihr auch das Recht zu, ihren Kultus und ihr Glaubensbekenntnis genauer zu bestimmen. Die K.-V. lasse im ungewissen,
ob nur eine der bestehenden katholischen Kirchen und welche
von beiden gewährleistet sein solle, oder ob die Garantie
beiden zukomme. Die Lösung dieser Frage stehe daher dem
Organisationsgesetze zu und die katholische Organisation habe
nur von einem verfassungsmäßigen Rechte Gebrauch gemacht,
wenn sie festsetze, daß die katholische Kirche von St. Gallen ein
Glied der römischkatholischen Kirche sei. Wenn die Christ-

---

[1] Der Reg.-Rat schloß sich im Allgemeinen den Ausführungen des Administrationsrates an.

katholiken, die nicht zugleich Mitglieder der christ katholischen Nationalkirche und der römisch katholischen Diözesankirche sein und sich daher gegen ihren Ausschluß aus der letztern nicht beschweren könnten, Rechte aus Art. 50₃ B.-V. herleiten zu können glaubten, so müßten sie sich als ganz besondere Korporation konstituieren; es seien ihnen für diesen Fall hinsichtlich privatrechtlicher Anstände, zu denen die Trennung Anlaß geben sollte, alle Rechte ausdrücklich vorbehalten.[1] Aus diesen Gründen wurde die Rekursbeschwerde abgewiesen. —

Weit schwieriger gestaltete sich die Frage, ob, nachdem durch Art. 1 der katholischen Organisation die Christkatholiken von der staatlich anerkannten katholischen Kirche ausgeschlossen waren, die bisher als privatrechtliche Vereinigung fungierende christ katholische Genossenschaft Anspruch auf Anerkennung als staatlich gewährleistete, öffentlich rechtliche Korporation, unter eventueller völliger Gleichstellung mit den bisher anerkannten st. gallischen Landeskirchen, haben solle. Aus dem reichhaltigen Aktenmaterial entnehmen wir nur das Bedeutsamste, vornehmlich dasjenige, das zu einer Klärung des Verhältnisses von Staat und Kirche im Kanton St. Gallen überhaupt weitere Anhaltspunkte bietet. Hinsichtlich der bundesstaatsrechtlichen Kontroversen, die sich bezüglich dieses Falles ergeben haben, (über Art. 50) verweisen wir auf die Darstellungen im Bundesstaatsrecht[2] und die Gutachten von Professor von Salis:

a) Der Anspruch einer Religionsgenossenschaft auf öffentlich rechtliche Korporationseigenschaft. St. Gallen 1898.

b) Rechtsgutachten an das Departement des Innern des Kantons St. Gallen. Bern 1898

und dasjenige von Professor Gustav Vogt: Rechtsgutachten betreffend den Rekurs der christkatholischen Genossenschaft in St. Gallen. Zürich 1898.

A. Historisches. Schon vor der Entscheidung des Bundesgerichtes vom 3. April 1895 hatte die christ katholische Genossenschaft auf Grund eines eingesandten Organisationsstatutes, um

---

[1] Bundesgerichtliche Entscheidungen 1895. XXI. B. der amtlichen Sammlung Seite 336.

[2] Vergleiche speziell Morel, Gutachten über den Art. 50, B.-V. März 1884

Anerkennung als gesetzliche Kirchgemeinde und als ein organisches Glied des, nach der st. gallischen K. V. als Einheit zu behandelnden, katholischen Konfessionsteils gebeten. (7. März 1894.) Nachdem durch Urteil des eidgenössischen Gerichtshofes der unten erwähnte Rekurs abgewiesen worden war, zog die Kommission der christkatholischen Genossenschaft ihr Gesuch in dem Sinne zurück, daß, in Folge der durch das bundesgerichtliche Urteil geschaffenen, nun veränderten Sachlage, eine andere Eingabe eingereicht werde. Als die Genossenschaft hierauf am 2. Februar 1896 dem Reg.-Rate zu Handen des Großen Rates das Gesuch übermittelte, die bisherige privatrechtliche Genossenschaft als eine gesetzliche Kirchgemeinde anzuerkennen, welcher, als einer öffentlich rechtlichen Korporation alle Attribute einer solchen, als das Recht zur Erhebung von Steuern bei den Kirchgenossen, gesetzlicher Stimmpflichtigkeit und das Gesetzgebungsrecht im Rahmen verfassungsmäßiger Bestimmungen, eingeräumt werden sollten und das Begehren stellte, dem Organisationsstatut die hoheitliche Anerkennung zu erteilen, wies der Reg. Rat am 15. Mai 1896 das Rechtsgesuch mit der Begründung zurück, erst nach rechtlicher Motivierung der Postulate, in dasselbe eintreten zu können.[1]

In einer Eingabe vom 14. September 1896 sprachen sich die Petenten einläßlich über ihre Forderungen aus, und suchten die Begründung derselben aus Art. 50₃ B.-V. und Art. 23 und 24 K.-V. abzuleiten. Mittelst einer Botschaft des Reg.-Rates vom 12. November 1896, welche den Beschlußesantrag enthielt, es sei das Gesuch abzuweisen, gelangte dasselbe vor die oberste kantonale Landesbehörde. Die vom Großen Rate eingesetzte Kommission schied sich in eine Mehr- und Minderheit, von welchen erstere den Antrag stellte: es sei das Begehren um Anerkennung als gesetzliche, öffentlich rechtliche Korporation und Kirchgemeinde im Sinne und Umfang dieses Gesuches grundsätzlich gutgeheißen und die Angelegenheit in dem Sinne an den Reg. Rat zurückzuweisen, daß sie derselbe nach Einreichung eines neuen Statutes, welches den staatlichen Hoheits- und

---

[1] Botschaft des Reg.-Rates vom 12. November 1896

Aufsichtsrechten Rechnung trage, mit Bericht und Antrag dem
Großen Rate wiederum vorlege.[1]

Das Minderheitsgutachten beantragte: es sei das Gesuch
abzulehnen; für den Fall der Annahme des Antrages der
Kommissionsmehrheit, werde der Reg.-Rat eingeladen, dem
Großen Rat Bericht und Antrag vorzulegen über die Revision
des konfessionellen Gesetzes von 1859.[2]

Am 18. November 1897 beschloß der Große Rat: es sei
das Gesuch der christ katholischen Genossenschaft St. Gallen vom
2. Februar und 14. September 1896, um Anerkennung als gesetz
liche Kirchgemeinde abzulehnen (mit 81 gegen 72 Stimmen).
In ihrer Generalversammlung vom 8. Januar 1898 erklärte
sich die christ katholische Genossenschaft einstimmig für Rekurie
rung gegen den großrätlichen Entscheid an das Bundesgericht.
Sie reichte am 10. Januar 1898 dem eidgenössischen Gerichtshof
folgendes Rechtsgesuch ein: es sei der Beschluß des Großen
Rates vom 18. November 1897 als verfassungswidrig aufgehoben und die christ-katholische Genossenschaft St. Gallen grundsätzlich berechtigt erklärt, die Anerkennung als eine gesetzliche,
öffentlich rechtliche Korporation und Kirchgemeinde im Sinne
und Umfange ihres Begehrens vom 2. Februar 1896 zu bean
spruchen, wobei es den kantonalen Behörden vorbehalten bleiben
möge, bezüglich Abänderung des eingereichten Organisationsstatutes im Sinne des Antrags der großrätlichen Kommissions
mehrheit vom 4. November 1897 das Erforderliche vorzukehren.[3]
Auf die Vernehmlassung des Reg.-Rates von St. Gallen beim
Bundesgericht vom 15. März 1898 und das unterdessen von
Professor von Salis ausgearbeitete Gutachten vom 20. Februar
1898,[4] machte die christ-katholische Genossenschaft am 13. Juni
1898 eine zweite Eingabe als Replik (mit dem Vogt'schen Gutachten als integrierender Bestandteil), worin sie ihr Rechtsbe
gehren aufrecht hielt. (Die Duplik mit dem zweiten Gutachten

---

[1] Bericht der Mehrheit der großrätlichen Kommission vom 4. November
1897. Das Gutachten kam zu dieser Entscheidung auf Grund des Art. 50, B.-V.,
nicht im Hinblick auf Art 23 oder 24 K.-V.

[2] Bericht der Minderheit der großrätlichen Kommission vom 13. Nov. 1897.

[3] Rekursschrift vom 10. Januar 1898.

[4] Beide Eingaben gingen auf Abweisung des Rekurses.

von Professor von Salis stützte sich in der Hauptsache auf die nämlichen rechtlichen Gesichtspunkte.)

Das Bundesgericht erkannte am 10. November 1898:

1. Der Rekurs wird für begründet und demgemäß der Kanton St. Gallen, unter Aufhebung des großrätlichen Beschlusses vom 18. November 1897 als pflichtig erklärt, der bestehenden christ katholischen Genossenschaft in der Stadt St. Gallen die Eigenschaft einer öffentlich rechtlichen kirchlichen Korporation zu verleihen.

2. Der Entscheid ist der Rekurrentin, sowie dem Reg.-Rat des Kantons St. Gallen zu Handen des Großen Rates schriftlich mitzuteilen.

B. Rechtliches.

In Betracht fallen folgende Artikel:

1. Art. 4, 49 und 50 B.-V.

2. Art. 23 und 24 K. V. von 1890.

3. Art. 6 K.-V. von 1861.

4. Art. 1 der katholischen Organisation von 1893.

5. Art. 1 der evangelischen Organisation von 1892.

6. Art. 144 des Organisationsgesetzes von 1867.[1]

Wir scheiden den Rechtsstreit in drei Fragen:

1. Kann (bezw. muß) die christ-katholische Genossenschaft nach K. V. als Landeskirche,[2] auf gleicher Stufe mit der durch Art. 23, und 24 K.-V. gewährleisteten katholischen und evangelischen Kirche anerkannt werden?

2. Wenn die christkatholische Genossenschaft nicht als Landeskirche (nach Art. 23, und 24 K. V.) anerkannt werden kann (bezw. muß), kann (bezw. muß) sie neben den gewährleisteten Kirche den Charakter einer öffentlich rechtlichen Korporation (innerhalb Art. 23, K. V.) erhalten?

---

[1] Art. 144: Die Festsetzung der Organisation der Kirchgemeinden, deren Bestand und Umfang, sowie die Bestimmung über Verwaltung und Besorgung der Fonds und Stiftungsgüter derselben, ist unter der Aufsicht und Sanktion des Staates. Sache der betreffenden Konfessionsteile und ihrer Oberbehörden. (Art. 6 K. V.)

[2] Wir gebrauchen im folgenden den Ausdruck Landeskirche im Gegensatz zu einer öffentlich rechtlichen Korporation, welcher im übrigen die Stellung und die Rechte der, durch die K. V. gewährleisteten Kirchen nicht zukommen.

3. Wenn die christ katholische Genossenschaft nach st. gallischem Verfassungsrecht (Art. 23 und 24 K.-V.) nicht als Landeskirche bezw. öffentlich rechtliche Korporation anerkannt werden kann (bezw. muß), geben ihr dann Art. 4 und Art. 50₃ B.-V. die Befugnis, nach Bundesrecht die Anerkennung als öffentlich rechtliche Korporation zu verlangen?

1. (Behauptung).

Art. 23₁ K.-V. gewährleistet einfach die „katholische Kirche", folglich ist der Artikel neutral. Dies geht auch aus den Verfassungsberatungen von 1890 hervor, in welchen die christ katholische Kirche mit keinem Worte ausgeschlossen wurde, [1] wiewohl die kirchliche Spaltung schon lange eingetreten war. Es bestehen daher keine Anhaltspunkte, die christ katholische Kirche nicht in alle Rechte der andern Kirchen eintreten zu lassen. Jede Religionsgenossenschaft hat die Befugnis, ihren Glauben zu ändern und der Staat ist nicht berechtigt, zu entscheiden, welcher Glaube der richtige sei. Demnach geht die Forderung der Christkatholiken nicht auf Schaffung eines neuen, sondern Erhaltung des bisherigen Rechtszustandes. Der Art. 24 K.-V., welcher durch Art. 1 der katholischen Organisation von 1893 näher interpretiert wurde, indem er als katholische Kirche im Kanton St. Gallen die römisch katholische Kirche anerkennt, kann die christ katholische Kirche nicht ausschließen, da

a) der Große Rat, welcher die katholische Organisation sanktionierte, nicht allein befugt ist, die K. V. zu interpretieren, sondern in erster Linie das Volk. Die großrätliche Interpretation kann somit unrichtig sein und muß nicht anerkannt werden.

b) eine Mehrheit nicht befugt ist, eine Minderheit von ihren Rechten auszuschließen und die Priorität einer Organisation nicht entscheidend wirken kann.

c) neben dem katholischen Konfessionsteil der christ katholische mit einer verfassungsmäßigen Organisation bestehen kann, umsomehr, als die K.-V. nicht von zwei gewährleisteten „Landeskirchen" spricht.

---

[1] Siehe die Verhandlungen Seite 412 ff.

Daher kann und muß die christ katholische Genossenschaft in die durch Art. 23₁ und 24 K.-V. für die katholische und evangelische Kirche gewährleistete Stellung einzutreten befugt sein.

1. (Widerlegung.[1])

Die K.-V. kennt nur die katholische und evangelische Korporation (Kirche). Wie die evangelische Kirche berechtigt ist, sich als Glied der evangelisch-reformierten Kirche der Schweiz zu betrachten,[2] so hat auch die katholische Kirche das Recht, ihr Bekenntnis näher festzustellen. Dies ist geschehen durch Art. 1 der katholischen Organisation von 1893; nicht nur der Große Rat hat durch Sanktionierung der katholischen Organisation Art. 23 beziehungsweise Art. 24 K.-V. näher interpretiert, sondern das katholische Volk selbst durch Annahme der Organisation. Da aber nach st. gallischem Kirchenstaatsrecht die Konfessionen befugt sind, die Bedingungen der Zugehörigkeit zu ihrer Kirche selbständig festzustellen, so haben sie nur von einem verfassungsmäßigen Rechte Gebrauch gemacht, wenn sie sich als römische Katholiken erklärt haben. Somit steht aber fest, daß neben dieser katholischen Kirche für eine andere katholische Kirche nach Art. 23₁ und 24 K.-V. kein Raum mehr vorhanden ist und der Staat kann nicht gezwungen werden, die verschiedenen Richtungen einer Kirche zu gewährleisten. Hätte man 1890 die christ katholische Kirche gleich der katholischen und evangelischen als Landeskirche anerkennen wollen, so wäre eine solche Bestimmung nominell in die K.-V. aufgenommen worden. Folgerung: Die christ katholische Genossenschaft kann und darf nicht als gleichberechtigt in die durch K.-V. Art. 23₁ und 24 für die katholische und evangelische Kirche gewährleistete Stellung eintreten.

2. (Behauptung.)

Wenn Art. 23₁ und 24 K.-V. die christ katholische Genossenschaft ausschließen und sie somit auf den Charakter Landes-

[1] Wir schließen uns den Ausführungen an, die wir unter „Widerlegung" gemacht haben und halten die darin hervorgehobenen Gesichtspunkte für hinlänglich überzeugend.

[2] Art. 1 der evangelischen Organisation von 1892: Die evangelische Kirche des Kantons St. Gallen betrachtet sich als ein Glied der evangelisch-reformierten Kirche des schweizerischen Vaterlandes.

kirche keinen Anspruch erheben kann, so steht dies ihrer Aner
kennung als öffentlich-rechtliche Korporation innerhalb Art. 23₂
K. V. nicht entgegen. Die Bedingungen, auf deren Vorhanden
sein nach Art. 50₃ B.-V. geschlossen werden kann (Fundation,
Mitgliederzahl ꝛc.), sind erfüllt.[1]) Art. 23₂ K.-V. läßt nach
seinem Wortlaute offen, ob die K.-V. noch andere öffentlich
rechtliche Korporationen anerkennen will. Da aber nach kantonalem Rechte eine Norm, nach welcher eine Genossenschaft
öffentlich-rechtlichen Charakter erhalten kann, in dieser Hinsicht
nicht aufgestellt ist und von kompetenter[2]) Seite schon vielfach
geäußert wurde, daß einer öffentlichen Konstituierung nichts
entgegenstehe, müssen die Artikel der B.-V. materiell-rechtliche
Anwendung finden: Gleichberechtigung aller Konfessionen vor
dem Bunde; allgemeine Kultusfreiheit, Erhaltung des religiösen Friedens ꝛc. Vornehmlich betont Art. 50₃, daß neben der
Landeskirche sich auch öffentlich-rechtliche Korporationen bilden
können. Soweit daher das Organisationsgesetz von 1867
(Art. 144) dem Bundesrecht widerspricht, ist es obsolet geworden.
Der Art. 23₂ K.-V. kann und muß daher die öffentlich-rechtliche
Konstituierung grundsätzlich gewähren.

2. (Widerlegung.)

Schon die K.-V. von 1861 kannte neben den zwei Landes
kirchen nur Korporationen mit privatrechtlichem Charakter, die
fakultativ vom Staate anerkannt werden konnten. Die K.-V.
von 1890 hat daran nichts geändert, als daß einer privat
rechtlichen Genossenschaft die Konstituierung nicht versagt werden
kann. Da also neben der Landeskirche keine Korporationen mit
öffentlich-rechtlichem Charakter bestehen können, indem ihnen
Art. 23₂ K.-V. hiefür keinen Raum einräumt, so muß mit der
Möglichkeit der Konstituierung als Landeskirche auch die Mög-

---

[1]) Die Angaben in dem Gesuch der christkatholischen Genossenschaft vom
2. Februar 1896 lauten: Zahl der vom christ-katholischen Geistlichen pastorierten
Personen = 1300. Teilnahme von 180 Kindern am christkatholischen Unterricht.
Kultusfond gedeckt durch Subscriptionen 1896—1890 Fr. 6583 pro Jahr. Pfarr-
pfrundfond mit einer Summe von Fr. 45658. 39 (bis. per 31. Dezember 1895.
Besitz einer eigenen Kirche.

[2]) Siehe Minderheitsgutachten über Sanktionierung des Art. 1 der katholischen Organisation von 1894.

lichkeit der Konstituierung als öffentlich-rechtliche Korporation dahinfallen. Die K. V. bezieht nur die in Art. 23₁ K.-V. genannten Konfessionen in ihren staatlichen Organismus ein; da aber die öffentlich-rechtliche Kirchgemeinde eben nur ein Glied im Organismus der gewährleisteten Kirche sein kann, so steht Art. 23₂ K.-V. der Gründung einer Gemeinde mit öffentlich-rechtlichem Charakter entgegen. Einer solchen Anerkennung steht auch Art. 144 des Organisationsgesetzes von 1867 im Wege und es liegt nicht in der Kompetenz des Großen Rates, diese Norm einseitig abzuändern. Die Behauptung, daß allein durch Verleihung öffentlicher Korporationsrechte privatrechtliche Ansprüche geltend gemacht werden können, darf für die Erledigung des Falles nicht präjudizierend wirken. Der Art. 23₂ K.-V. gibt daher keine Möglichkeit zur öffentlich-rechtlichen Konstituierung der christ-katholischen Genossenschaft.

3. (Behauptung.)

Wenn die Konstituierung nach st. gallischem Verfassungsrecht versagt wird, so kann sie nach Art. 50₃ B.-V. erzwungen werden. Dieser Artikel gibt einer, aus einer öffentlichen Korporation ausscheidenden Gemeinde, das Recht der öffentlichen Konstituierung, vorausgesetzt daß die materiellen Grundlagen gegeben sind. Art. 50₃ enthält nicht nur formelles, sondern auch materielles Recht. Es fehlt zwar von Bundeswegen eine materielle Rechtsnorm zur Beurteilung; in Art. 50₃ ist daher „Billigkeitsgerichtsbarkeit" statuiert, worauf schon der Ausdruck „Anstände" hinweist. Die Souveränität der Kantone ist beschränkt, wo sie die notwendigen Voraussetzungen für Geltendmachung materieller Rechtsansprüche, wie sie Art. 50₃ vorsieht, verweigert. Daher kann nach Art. 50₃ die öffentlich-rechtliche Konstituierung durchgesetzt werden, selbst wenn die kantonalen Normen eine solche Anerkennung nicht zulassen würden. Bundesrecht bricht kantonales Recht.[1]

3. (Widerlegung.)

Wenn nach kantonalem Recht die öffentlich-rechtliche Konstituierung der christ-katholischen Genossenschaft versagt wird,

---

[1] Die ausführliche Begründung der materiell-rechtlichen Seite des Art. 50₃ B.-V., siehe im zitierten Gutachten von Vogt.

so kann dieselbe nach Art. 50₃ B.=B. nicht gefordert und aus diesem Titel kein Anspruch auf Kirchengut erhoben werden. Es ist nach der B. B. der kantonalen Gesetzgebung vorbehalten, den Inhalt des kantonalen Rechtes über Spaltungen von Religionsgenossenschaften festzusetzen. Daher gibt Art. 50₃ nur formelles Recht und gestattet nur eine Ueberprüfung der Frage, ob der Kanton innerhalb der verfassungs= und gesetzmäßigen Schranken gehandelt habe: dem Bund fehlt eine materielle Rechtsnorm für Art. 50₃. Dieser Artikel hebt demnach eine verfassungs= und gesetzmäßig zustande gekommene Ablehnung der öffentlichen Konstituierung nicht auf.¹)

Dazu Einzelheiten aus den Erwägungen des Bundesgerichtes zu seinem Beschluß vom 10. November 1898:

„Wenn daher der Große Rat den Standpunkt einnahm, daß nur die römisch=katholische Kirche die durch K.=B. gewährleistete katholische Kirche sei, und der christ=katholischen Genossenschaft, die, gestützt auf Art. 23 und 24 K.=B., nachgesuchte Anerkennung als öffentlich=rechtliche Korporation verweigerte, so ist er damit doch nicht über die Schranken der ihm nach K.=B. zustehenden Befugnisse hinausgegangen, beziehungsweise es liegt darin eine Auslegung kantonalen Verfassungsrechtes, die sich nicht als unhaltbar darstellt und von der abzuweichen für das Bundesgericht, das jeweilen in solchen Fragen die Auffassung der obersten kantonalen Instanz berücksichtigt und davon nicht ohne Not abweicht, nicht hinreichende Gründe vorliegen. So weit sich daher die Rekurrentin auf Art. 23 und 24 K.=B. stützt, kann ihr Begehren nicht geschützt werden."

Ferner: „Um aus der Trennung sich ergebende materielle Ansprüche geltend machen zu können, hat darnach die christ=katholische Genossenschaft von St. Gallen als eine infolge Glaubensspaltung aus einer früher einheitlichen öffentlich=rechtlichen Genossenschaft hervorgegangene, die übrigen Erfordernisse eines selbstständigen, korporativen Verbandes erfüllende Religionsgenossenschaft dem Staate gegenüber das Recht, zu verlangen, daß ihr

---

¹) Die ausführliche Begründung der nur formellrechtlichen Seite des Art. 50₃ B.=B. siehe in den zitierten Gutachten von Salis.

die hiezu unentbehrliche Rechtsstellung, die Eigenschaft einer öffentlich-rechtlichen Korporation, verliehen werde. Selbstverständlich bleibt damit die Frage unpräjudiziert, wie es sich in dem Falle verhalten würde, wo nach dem einschlägigen kantonalen Recht auch eine bloß privatrechtliche Genossenschaft als formell berechtigt angesehen werden könnte, materielle Ansprüche im Sinne des Art. 50₃ B.-V. geltend zu machen. Das Begehren der Rekurrentin, vom Großen Rate des Kantons St. Gallen als öffentlich-rechtliche Korporation anerkannt zu werden, erweist sich somit nach Art. 50₃ B.-V. als begründet. Wie sich aus den vorhergehenden Ausführungen ergibt, ist damit nicht gesagt, daß der christ-katholischen Kirche auch im übrigen die Stellung und die Rechte einer gewährleisteten Kirche im Sinne der st. galler Verfassung zukommen."

Schließlich: „Diese Lösung entspricht auch dem Grundsatze des Art. 4 B. V., auf die Umstände des vorliegenden Falles angewendet. Einmal hatte die katholische Kirche des Kantons St. Gallen, als sie noch die beiden, jetzt getrennten Richtungen in sich schloß, nach K.-V. öffentlich-rechtlichen Charakter. Ferner ist seit der Spaltung dem einen Teile, der römisch-katholischen Kirche, dieser Charakter verliehen worden. Es entspricht nun gewiß den Anforderungen der Gleichheit vor dem Gesetze, daß bei dieser Sachlage auch dem andern Teile, der gegen seinen Willen, mit Hülfe des Staates aus der Gemeinschaft ausgeschlossen worden ist, und der die übrigen hiezu erforderlichen Eigenschaften aufweist, auf sein Ersuchen diese öffentliche Rechtsstellung eingeräumt werde, womit schließlich auch das Interesse an der Aufrechterhaltung des religiösen Friedens am besten gewahrt sein dürfte."

Aus dem bundesgerichtlichen Urteil gehen vornehmlich zwei bedeutsame Folgerungen hervor:

Einmal, daß der Kanton gezwungen ist, der christ-katholischen Genossenschaft den Charakter einer öffentlich-rechtlichen Korporation einzuräumen und ihr als solcher das Recht zu sprechen muß, die materiellen Ansprüche im Sinne des Art. 50₃ B.-V., speziell die Rechte am gemeinsamen öffentlichen Kirchen gut, geltend machen zu können.

Und zweitens: daß es mit der im Vorhergehenden ge
machten Einschränkung dem Kanton überlassen bleibt, der christkatholischen Korporation ihre Stellung im kirchenstaatlichen
Verfassungsorganismus anzuweisen, d. h. daß es von Bundes
wegen nicht beanstandet werden kann, wenn die christ-katholische Korporation im übrigen nicht in die rechtliche Lage ver-
setzt wird, in der sich die durch Art. 23₁ und 24 K. V. gewährleisteten Kirche befinden. Wenn sich der Staat dieser letztern Ansicht
zuneigt, so kann die Frage der Einreihung der christkatholischen
Korporation in das st. gallische Staatskirchenrecht dahin gelöst
werden, daß der Staat jeder einzelnen, im Kanton bestehenden
und später entstehenden christ-katholischen Kirchgemeinde öffentlich rechtlichen Charakter verleiht und ihr die aus dieser Rechtsstellung abzuleitenden Befugnisse einräumt, sich im besondern
aber zur Korporation in kein staatskirchliches Verhältnis setzt.
Diese unparitätische Behandlung der Religionsgenossenschaft
scheint deshalb gerechtfertigt, weil ihre kurze historische Ver
gangenheit und geringe Mitgliederzahl (die voraussichtlich stets
abnehmen wird) sie nicht geeignet erscheinen läßt, dem Staate
eine Macht gegenüber zu setzen, wie sie die evangelische, vornehmlich aber die römisch-katholische Kirche zu betätigen im Falle ist-

Anmerkung. Der Große Rat hat durch Beschluß vom 17. Mai 1899 die Frage folgendermaßen gelöst:

Art. 1. Die christkatholische Genossenschaft in St. Gallen wird als eine öffentlich-rechtliche
kirchliche Korporation mit den einer solchen zustehenden Rechten und Pflichten anerkannt.

Art. 2. In diesem Sinne wird der von der genannten Genossenschaft unterm 12. Februar
1899 angenommenen Organisation, unter Vorbehalt der verfassungsmäßigen und gesetzlichen Rechte
des Staates, die Sanktion erteilt.

Art. 3. Der christkatholischen Genossenschaft, beziehungsweise dem Verwaltungsrate derselben liegen folgende Pflichten ob:

a) Die Protokolle über die Wahl des Verwaltungsrates, des Präsidenten desselben und der
Rechnungskommission dem Departement des Innern mitzuteilen;

b) Für allfällige Spezialreglemente, welche das Verwaltungswesen betreffen, die Genehmigung
des Regierungsrates einzuholen;

c) Den Ankauf, Austausch und Verkauf von Liegenschaften, sowie die Verwendung von Fonds-
geldern dem Regierungsrate rechtzeitig zur Genehmigung zu unterbreiten;

d) Die sämtlichen Jahresrechnungen, nachdem dieselben von der Genossenschaft genehmigt sein
werden, dem Departement des Innern in beglaubigter Abschrift zuzustellen unter Anschluß
eines Vermögensausweises;

e) Für die Erhebung außerordentlicher Steuern die Einwilligung des Regierungsrates nachzusuchen;

f) Für die Kontrahierung von Anleihen, welche nicht durch die laufende Rechnung getilgt werden
können, unter Vorlage eines Amortisationsplanes die Bewilligung des Reg.-Rates einzuholen;

g) Ueberhaupt für die ungeschmälerte Erhaltung des Genossenschaftsvermögensbestandes im allgemeinen, sowie für die sichere Anlage der Kapitalien im besondern unter eigener Verantwortlichkeit besorgt zu sein.

Art. 4. Der Bezirksammann von St. Gallen beehlt die Mitglieder des Verwaltungsrates
und hat jeweils während einer Amtsdauer über das Verwaltungs- und Rechnungswesen der Genossenschaft und ihrer Verwaltungsbehörde eine einläßliche Prüfung (Kommunaluntersuchung) vorzunehmen.

Siebter Abschnitt.

Das geltende Recht.

Erstes Kapitel.

Staatliche und konfessionelle Gesetzgebung.

§ 1.

Die Kantonsverfassung von 1890.[1])

Das Jahr 1889 begann unter dem Zeichen der Revision.[2]) Die Verfassung von 1861 war in manchen Beziehungen gegenüber den Forderungen der B.-V. von 1874 unhaltbar geworden und was man nur auf dem Wege stillschweigender Beseitigung hatte erreichen können, suchte man jetzt durch veränderte gesetzliche Normierung zu ausdrücklicher Anerkennung zu bringen und die vollständige Uebereinstimmung mit der B.-V. und andern bundesrechtlichen Bestimmungen herbeizuführen.

Am 7. Juli 1889 stimmten 20684 gegen 9985 Bürger für eine Revision der K.-V., 19612 für Vornahme derselben durch einen Verfassungsrat, 5343 durch den Großen Rat. Schon bei den Wahlen in den Verfassungsrat trat eine Kompromißpolitik in den Vordergrund, indem sich Demokraten und Konservative teilweise alliierten, um gegenseitig ihre Forderungen gegenüber den Liberalen zu unterstützen. Der am 7. Oktober 1889 zusammengetretene Verfassungsrat bestellte zur Ausarbeitung eines Verfassungsentwurfes eine engere Kommission, die ihre Arbeit sofort

---

[1]) Beilage 2.
[2]) Henne a. a. O. II S. 125.

aufnahm. Außer den Reformen auf konfessionellem Gebiete, die für uns allein in Betracht fallen, waren es vornehmlich volkswirtschaftliche Wünsche, verbunden mit demokratischen Bestrebungen, die sich geltend machten und zum Teil Aufnahme in das neue st. gallische Grundgesetz gefunden haben.

Im ersten Abschnitt des Verfassungsentwurfes,[1]) wie er von der großen Verfassungskommission nach der zweiten Beratung dem allgemeinen Verfassungsrate vorgelegt wurde, war dasjenige Gebiet geregelt, das in konfessionell gemischter Hinsicht zu den bedeutendsten Meinungsverschiedenheiten geführt hatte: das Schulwesen.

a) Das Schulwesen.

Aus den Verhandlungen, im Vergleich mit der nachfolgenden Finalredaktion, ist ersichtlich, daß der Kanton St. Gallen weit entfernt war, seinem Schulwesen jeden konfessionellen Charakter zu entreißen, und daß es als eine mühsam erworbene Errungenschaft angesehen werden muß, daß die K. V. den Fortbestand der konfessionellen Schulabteilungen nicht völlig gewährleistete und die Vereinigung konfessionell getrennter Schulen nicht allzu sehr erschwerte. Die Art. 2—10 K. V., wie sie vor uns liegen, (Beilage 2) sind von zwei Gesichtspunkten getragen. Einmal von der Tendenz der vollständigen Verstaatlichung[2]) des Schulwesens mit Unterdrückung jedes konfessionellen Ueberrestes, so daß das Glaubensbekenntnis nur insofern noch in einer Beziehung zum Schulorganismus steht, als Art. 3 Abs. 3[3]) bestimmt: Der Religionsunterricht wird durch die von den betreffenden Konfessionen zu bestellenden Organe erteilt. Es sind für denselben die öffentlichen Schullokale zur Verfügung zu stellen und ist im Schulplane die hiefür geeignete Zeit offen zu lassen. Andererseits zeigt die K. V. das Bestreben, die Säkularisation des Schulwesens nur so weit durchzuführen, als dies durch den

---

[1]) Entwurf vom 23. Mai 1890. Protokoll des Verfassungsrates. Staatsarchiv.

[2]) Zu Art. 3, war der Antrag gestellt worden, die Worte, „welcher ausschließlich unter staatlicher Leitung stehen soll," zu streichen

[3]) Zu diesem Artikel war der Antrag gestellt worden, den Artikel so zu fassen: Der Religionsunterricht ist ausschließlich Sache der Oberbehörden der betreffenden Konfession.

Art. 27 B.-V. (ausschließlich staatliche Leitung¹) gefordert wird, im übrigen aber die konfessionelle Grundlage der einzelnen Schulgemeinden unter gewissen Bedingungen bestehen zu lassen. (Konfessionell getrennte Schulgenossengemeinden, konfessionell getrennte Gemeindeschulräte und konfessionell getrenntes Schul-gut und Einrichtungen.)

Die K.-V. gewährleistet den Bestand den konfessionellen Schulen im Kanton, so lange nicht die Mehrheit der politischen Gemeinde oder die betreffenden konfessionell getrennten Schul-gemeinden die Schulvereinigung beschließen (Art. 5 a). Ebenso kann eine (eventuell zwangsweise) Vereinigung konfessionell ge-rennter Schulen aus Art. 5 Schlußsatz abgeleitet werden, indem dem Großen Rate das Recht zugesprochen ist, allzu kleine Schul-gemeinden, die in ökonomischer und pädagogischer Beziehung un-fähig sind, als Träger des Schulwesens zu funktionieren, unter an-gemessener Unterstützung durch den Staat mit benachbarten Schul-gemeinden zu vereinigen. Aus diesem Schlußsatz kann indirekt für den Großen Rat die Befugnis gefolgert werden, das Auf-kommen allzu kleiner Schulverbände, die von Anfang an die Befürchtungen dieses Schlußsatzes rechtfertigen, zu verunmög-lichen, was für das Entstehen kleiner, konfessionell gesönderter Schulgemeinden von großer Bedeutung werden kann.

Weitere konfessionelle Eigentümlichkeiten zeigen sich im st. gallischen Schulwesen nicht, und die Stellung des Geistlichen zur Schule ist in keiner Weise privilegiert²)

---

¹) Wie weit das Postulat „ausschließlich staatliche Leitung" für diese Schulen erfüllt ist, geht aus den Besprechungen über den Lichtensteiger Schul-refurs hervor. Daß sich Art. 27 B.-V. mit dieser Schulorganisation verträgt, beweist die unbeanstandete Genehmigung der K.-V. durch die Bundesversammlung.

²) Siehe z. B. die Statuten der Unterstützungskasse für die Volksschullehrer des Kantons St. Gallen vom 25. Februar 1896. Als Anteilhaber an der staat-lichen Unterstützungskasse wurden darin erklärt:

a) Die an öffentlichen, von Schulgemeinden gehaltenen Primarschulen des Kantons gesetzlich angestellten Lehrer und nicht verehelichten Lehrerinnen welt-lichen Standes.

b) die an öffentlichen Sekundarschulen des Kantons gesetzlich angestellten Hauptlehrer weltlichen Standes. Dabei war in Art. 5 ausdrücklich bemerkt: Besetzungen von Lehrstellen mit geistlichen Lehrerinnen sind als provisorische zu betrachten.

Die Verhandlungen zeigen folgende Gesichtspunkte. Während der Mehrheitsentwurf ungefähr die Bestimmungen enthielt, welche in Artikel 2—10 K.-V. wirklich übergegangen sind, außer daß für Vereinigung konfessionell getrennter Schulen kein (eventueller) Zwangsbeschluß normiert war, bestimmte der Minderheitsantrag: Jede politische Gemeinde bildet eine bürgerliche Primarschulgemeinde und hat für die gesamte Pflege des Primarschulwesens ihre eigene Behörde, den Primarschulrat, so daß die Primarschulen nach Anzahl, Namen und Begrenzung mit den politischen Gemeinden des Kantons übereinstimmen sollen. Die Organisation der Schulgemeinden soll durch die Gesetzgebung näher bestimmt werden. Damit wäre das st. gallische Schulwesen, unter Vernichtung der konfessionellen Schulverbände, in jeder Beziehung unter rein staatlichen Einfluß gestellt worden. Weitere Anträge:

1. Die Organisation der Schulgemeinden ist Sache der Gesetzgebung. Dieselbe soll eine Kräftigung der Schulverbände durch Vereinigung von allzu kleinen Schulgemeinden ermöglichen. Inzwischen, abgesehen von der gesetzlichen Vereinigung, ist es den bestehenden Schulgemeinden gestattet, von sich aus in gegenseitig übereinstimmender Beschlußfassung die Vereinigung zu beschließen. (Verworfen mit 96 gegen 92 Stimmen).

2. Wo konfessionelle Schulen bestehen, hat jeder neu in eine politische Gemeinde eintretende Bürger innert drei Monaten das Recht, sich der Schulgemeinde einer andern Konfession anzuschließen, als er angehört.

3. Den Schulgemeinden, sowie den Genossenschaften und Anteilhabern an den Realschulen werden die Schulfonds, die Verwaltung und Verwendung der Erträgnisse derselben gewährleistet. Nach Maßgabe eines zu erlassenden Gesetzes können jedoch allzu kleine Schulgemeinden, die in ökonomischer und pädagogischer Hinsicht unfähig sind, als Träger des Schulwesens zu funktionieren, mit benachbarten Schulgemeinden vereinigt werden. Ebenso können einzelne Höfe, Weiler und Ortschaften bei erheblichen Mißständen einer günstiger gelegenen Schule zugeteilt werden. Die Vereinigung bestehender Schulgemeinden ist nur zulässig, sofern jede der beteiligten Gemeinden

in übereinstimmender Beschlußfassung diese Vereinigung mit Stimmenmehrheit beschließt. (Verworfen mit 96 gegen 82 Stimmen.)

B. Konfessionelle Organisation.

Aus den Entwürfen der Verfassungskommission geht hervor, daß man hinsichtlich des Kirchenwesens und der Organisation der Konfessionen im allgemeinen auf dem Standpunkte von 1861 stehen geblieben war, d. h. man versuchte die bei Revision der K.-V. im Jahre 1875 angestrebten Forderungen, bezüglich der Wiedergewinnung der vollen staatlichen Hoheitsrechte auf gemischtem Gebiete, nicht mehr zu verwirklichen und verzichtete damit von Anfang an, eine klare Scheidung der kirchlichen und staatlichen Verhältnisse zu erzielen. Die Kommissionsgutachten vom 9. und 23. Mai 1890 enthielten in Art. 22 die Schlußfassung: Die religiösen und rein kirchlichen Angelegenheiten besorgen die kirchlichen Behörden. Der katholische und der evangelische Konfessionsteil geben sich ihre Organisationen selbst unter Sanktion des Großen Rates. (Alinea 2) Die von jeder Konfession aufzustellenden Behörden besorgen die konfessionellen Angelegenheiten gemischter Natur, sowie die Verwaltung der Fonde und Stiftungsgüter der Konfessionen unter Aufsicht und Sanktion des Staates. Dazu Minderheitsantrag:

Der katholische und der evangelische Konfessionsteil geben sich ihre konfessionellen Organisationen selbst unter Sanktion des Großen Rates und zwar:

a) Der katholische Konfessionsteil für Besorgung der katholischen, konfessionellen und klösterlichen Angelegenheiten, welche nicht rein kirchlicher Natur sind, sowie für Verwaltung der Fonde und Stiftungsgüter der katholischen Konfession.

b) Der evangelische Konfessionsteil für Besorgung der rein kirchlichen, sowie der übrigen evangelischen konfessionellen Angelegenheiten und für Verwaltung der Fonde und Stiftungsgüter der evangelischen Konfession.

Der Antrag, letztere Schlußfassung, statt der oben als alinea 2 erwähnten Redaktion, in die K.-V. aufzunehmen, wurde in der ersten Beratung vom 20. August mit 87 gegen 68 Stimmen abgelehnt und dieser Artikel ging erst durch Beschluß vom 30. August als Art. 24 in die K.-V. über.

Auch bei Beratung der übrigen konfessionellen Artikel machten sich wenig neue Gesichtspunkte geltend, gegenüber 1861 Die in Art. 20 des Entwurfs als unverletzlich garantierte Glaubens- und Gewissensfreiheit, wurde beantragt, zu streichen erhielt aber am 20. August mit alinea 2 und 3 des jetzigen Art. 22 Aufnahme in die K.-V.

Bezüglich der Gewährleistung von Religionsgenossenschaften überhaupt durch die K.-V., machten sich drei Ansichten geltend:

1. Im ersten und zweiten Entwurf ging der Mehrheitsantrag dahin: Art. 21. Die katholische und evangelische Kirche werden als Landeskirche anerkannt. Die freie Ausübung gottesdienstlicher Handlungen innert den Schranken der Sittlichkeit und der öffentlichen Ordnung ist auch allen andern Konfessionen und Religionsgenossenschaften gewährleistet.[1] (Angenommen am 20. August.)

2. Die katholische und evangelische Kirche, sowie die freie und uneingeschränkte Ausübung des katholischen und evangelischen Glaubensbekenntnisses und Gottesdienstes sind gewährleistet. Die freie Ausübung . . . (gleich wie unter 1). Dieser Antrag 2, der den Ausdruck „Landeskirche" zu vermeiden suchte, wurde in Abänderung des vorhergehenden am 30. August angenommen als Art. 23 K.-V.

3. Ein Minderheitsantrag im Entwurf vom 23. Mai suchte das Prinzip der Trennung von Staat und Kirche im Sinne der B. V. durchzuführen, indem er bestimmte:

Die freie Ausübung gottesdienstlicher Handlungen innert den Schranken der Sittlichkeit und der öffentlichen Ordnung ist allen Religionsgenossenschaften gewährleistet. Dieselben ordnen ihre religiösen und ökonomischen Angelegenheiten frei, innert den Vorschriften der Bundesgesetzgebung. Der Art. 22 (S. 412) soll gestrichen werden. Der Antrag wurde aber am 20. August zurückgezogen.

---

[1] Für Konstituierung einer privaten Religionsgenossenschaft im Sinne dieses Artikels gilt einfach das in Art. 28 K.-V. gewährleistete Vereinsrecht.

Somit sind die Grundzüge des st. gallischen Staatskirchenrechtes mit den durch die B.-V. von 1874 verlangten Modifikationen[1]) die nämlichen wie 1861 und zeigen als charakte-
ristisches (seit 1814 eingeführtes) Merkmal wiederum eine
Autonomie der Konfessionen auf gemischtem Gebiete und die,
durch diese Ordnungsgewalt gegebene Notwendigkeit der Aufstellung einer zwischen Staat und Kirche stehenden, konfessionellen
Behörde (wenigstens für den katholischen Konfessionsteil). Im
Gegensatz zu 1861 setzte die K.-V. keine Bestimmung fest, von
welcher Behörde oder Kommission die konfessionellen Organisationen auszugehen hatten. Was die detailliertere Gliederung
der konfessionellen Artikel der neuen K.-V. und die Gründe
zur Beibehaltung der konfessionellen Autonomie betrifft, verweisen wir auf die Seite 275—278 gemachten Ausführungen.

C. Weitere für uns in Betracht fallende Bestimmungen.

Die in Art. 13₂ K.-V. ausgesprochene Garantie wollten
die Maientwürfe nur dem Sonntag, als öffentlichen Ruhetag,
zukommen lassen. Wiewohl nur der Sonntag und die gemeinsamen Feiertage als öffentliche Ruhetage gewährleistet sind, so
ist damit den andern kirchlichen Festtagen, gemäß des Sonntags-
heiligungsgesetzes von 1886, der staatliche Schutz nicht entzogen.

Die K.-V. erklärt in Art. 14 das öffentliche Armenwesen
als Sache der Gemeinden nach Maßgabe bestehender gesetzlicher
Bestimmungen, wonach vielfach den konfessionellen Abteilungen
der Ortsgemeinden (also konfessionell abgeschlossenen Verbänden)
die Leitung und Besorgung des Armenwesens obliegt. (Siehe
die Ausführungen Seite 153.)

Im Klosterwesen sind keine Verfügungen getroffen;
eventuell kann Art. 33 K.-V. in Betracht fallen. Durch Art. 24

---

[1]) Es war dies die vom Staate übernommene Verpflichtung, jeder Konfession und Religionsgenossenschaft die freie Ausübung gottesdienstlicher Handlungen innert den Schranken der Sittlichkeit und der öffentlichen Ordnung zu
gewährleisten (vergl. Art. 6, K.-V. von 1861, Seite 273). Zweitens war es
das Fallenlassen jedes nominellen Einflusses der Konfessionen auf das Ehewesen.
(Vergl. Art. 6, K.-V. von 1861, Seite 350). Ein Antrag, es sei ein Ehegericht für den ganzen Kanton durch den Großen Rat oder eventuell durch das
Kantonsgericht zu bestellen, wurde am 28. Februar 1890 in der engern Verfassungskommission mit 6 gegen 2 Stimmen abgelehnt.

K.-V. wurde dieses Gebiet der Autonomie der katholischen Konfession überlassen.

Die Einteilung des Kantons in Bezirke und politische Gemeinden, die wieder aus Ortsgemeinden zusammengesetzt sein konnten, blieb bestehen.

Die Stimm- und Wahlfähigkeit in den Schulgemeinden richtet sich nach Art. 40, diejenige in den Kirchgemeinden nach Art. 41 K.-V. Betreff dieses Artikels war vom evangelischen Kirchenrat des Kantons St. Gallen an den Verfassungsrat folgende Eingabe[1] gemacht worden: „Die Aufstellung von Vorschriften über die Zugehörigkeit zur protestantischen Kirche, bezw. über den Besitz und den Verlust des Stimmrechtes und der Wahlfähigkeit in den Kirchgemeinden, ist der durch die Synode aufgestellten evangelischen Kirchenordnung zu überlassen und Art. 33 K.-V. von 1861 ist mit Bezug auf die kirchlichen Angelegenheiten zu streichen; eventuell ist Art. 33 K.-V. von 1861 im Sinne der Begründung des Postulates zu ergänzen und zu ermöglichen, daß einerseits auch auswärts verbürgerten Angehörigen der protestantischen Kirche das Stimmrecht und die Wahlfähigkeit eingeräumt und andererseits solchen renitenten Gemeindegliedern, welche sich faktisch ihrer Rechte und Pflichten selbst begeben, das Stimmrecht entzogen werden kann und dieselben überhaupt als Glieder der protestantischen Kirche ausgeschlossen werden können." Ueber die Organisation der Kirchgemeinden finden sich noch Vorschriften in Art. 76 über Aufstellung eines Verwaltungsrates, dessen Wahlart in Art. 90₁ näher bezeichnet ist. Die Ausführung der Bestimmung ist insofern dem Gutdünken der Konfession überlassen, als die Kirchgemeinde die Funktion des Verwaltungsrates einer andern Behörde der Kirchgemeinde unter Beachtung des Art. 90₁ übertragen kann. Dies ist von Seite der evangelischen Konfession geschehen, indem in ihrer, am 12. November 1892 sanktionierten Organisation, die ökonomischen Angelegenheiten der Kirchgemeinde, die Verwaltung der Fonde, Einziehung der Steuern mit jährlicher Rechnungsablage an die Kirchgemeindeversammlung der evangelischen Kirchenvorsteherschaft übergeben wurden.

---

[1] Protokoll des Verfassungsrates vom 10. Februar 1890.

Das örtliche Kirchengut und das konfessionelle Korporations-gut ist in Art. 32₁ in seinem Bestande gewährleistet:[1]) ebenso öffentliche (konfessionelle) Stiftungsgüter (Art. 32₃). Weitere Organisationsbestimmungen über die st. gallischen Kirch-gemeinden finden sich in der K.-V. nicht, so daß das detailliertere Einrichtungsrecht nach Art. 24 K.-V. der Autonomie der Kon-fessionen überlassen ist. Soweit das Organisationsgesetz von 1867 noch in Kraft besteht, gilt dessen Art. 144.

Für die Schul- und Ortsgemeinden des Kantons St. Gallen, die vielfach noch konfessionellen Charakter tragen, gelten die Art. 5, 32, 39, 40, 74, 75 und 90 K. V. Ueber das Ortsbürger-recht siehe Art. 34—37 K. V.

Die Vorschriften über Parität im Reg.-Rat und andern staatlichen Behörden waren gemäß B.-V. fallen gelassen, dagegen in Art. 102 K.-V. festgestellt, daß der Bezirksammann nicht Mitglied einer konfessionellen Behörde in seinem Bezirke sein darf. Um dem Art. 49 B.-V. nachzukommen, bestimmt Art. 107, daß alle Behörden und Beamten statt des für genaue Hand-habung von K.-V. und Gesetzen zu schwörenden Pflichteides, ein Handgelübde zu leisten befugt seien.

Das Niederlassungsrecht ordnet sich nach den Vorschriften des Bundes; für dasselbe bestehen keine konfessionellen Ein-schränkungen.

In den Uebergangsbestimmungen der K.-V. sind alle ihr widersprechenden Verfügungen aufgehoben.

Der Verfassungsentwurf vom 30. August 1890 gelangte am 16. November 1890 vor die Volksabstimmung, wurde mit 28083 gegen 6440 Stimmen angenommen und erhielt am 18. Dezember 1890 die Sanktion der Bundesversammlung.

Die K. V. von 1890 befindet sich im allgemeinen mit den Vorschriften der B. V. und der Bundesgesetzgebung im Ein-klang, wenn es ihr auch nicht vollständig gelungen war, sich in gewissen, rein staatlichen Angelegenheiten von konfessionellen Einflusse zu emanzipieren. Wie erwähnt, zeigt sie auf konfessio

---

[1]) Aus der Gewährleistung dieser Güter fließt für den Staat das Recht und die Pflicht über deren stiftungsgemäße Verwaltung und Verwendung das Oberaufsichtsrecht zu führen.

nellem Gebiete geringe Abweichungen von der K. V. von 1861 und ist deshalb mit dem gleichen staatsrechtlichen Fehler be haftet, daß sie eine Autonomie der Konfessionen in gemischten Angelegenheiten statuiert und den konfessionellen Behörden staatliche Hoheitsrechte einräumt, deren Ausübung allein dem souveränen Staate zustehen kann.

§ 2.
Die Organisation des katholischen Konfessionstells.

In Ausführung des Art. 24 K.-V. stellte das katholische Kollegium eine neue Organisation für den katholischen Kon fessionsteil des Kantons St. Gallen auf,[1] welche gemäß Art. 84 Organisation von 1862 am 22. Oktober 1892 dem katho lischen Volk zur Annahme vorgelegt und mit 11 504 gegen 5637 Stimmen gutgeheißen wurde. Gemäß Art. 24 K.-V. ge langte die Organisation am 18. Januar 1894 zur Sanktions erteilung vor den Großen Rat, wurde aber in Anwendung von Art. 24 K.-V. und Art. 3 ff. konfessionelles Gesetz von 1859 auf die Organisationsartikel 2 und 44 zu neuer Beratung an die katholische Konfession zurückgewiesen, erhielt jedoch im übrigen unter Vorbehalt der verfassungsmäßigen und gesetz lichen Rechte des Staates die hoheitliche Genehmigung. Als hierauf in einer dem Großen Rate genehmen Weise die Art. 2 und 44 Organisation abgeändert worden waren, sanktionierte die oberste Landesbehörde vom 20. November 1894 in Anwen dung von Art. 24 K.-V. und Art. 3 ff. des konfessionellen Ge setzes von 1859 die Organisation unter Vorbehalt der ver fassungsmäßigen und gesetzlichen Rechte des Staates. Durch die neue Organisation wurde diejenige von 1862 und alle ihr widersprechenden Verfügungen aufgehoben. Sie erhielt das Datum vom 19. September 1893.

Da wir die katholische Organisation von 1862 einer syste matischen Gliederung unterzogen haben (S. 283—298) und die neue Organisation von 1893 durchaus auf den Grundlagen ihrer Vorgängerin aufgebaut ist, so erübrigt uns nur noch die

---

[1] Der Ausgangspunkt der Organisation war also ein anderer als im Jahre 1862. (Seite 283).

wichtigsten Modifikationen der neuen Organisation näher zu
beleuchten.

Art. 1 lautet: „Die katholische Kirche im Kanton St. Gallen
ist ein Glied der römisch-katholischen Kirche." Diese Fassung
des Art. 1 fand schon in den Beratungen des Großen Rates
über Sanktionserteilung der Organisation die heftigsten Angriffe, da er die Mitglieder der christkatholischen Genossenschaft
von den Rechten und Pflichten der Organisation ausschloß und
eine klare Scheidung der römisch- und christkatholischen Inte
ressen herbeizuführen bezweckte. Wie sich die st. gallischen Christ
katholiken zu diesem Art. 1 stellten und welche Konsequenzen
sich aus dieser Redaktion ergaben, haben wir Seite 395 ff. ausführlich gezeigt. Die neue Organisation tritt demnach nur in
Beziehung zu denjenigen Katholiken des Kantons St. Gallen,
welche dem römisch-katholischen Glaubensbekenntnis angehören
und die in Art. 23 und 24 K.-V. gewährleistete katholische Kirche,
ist die römisch katholische Kirche.

Bei Charakterisierung der folgenden Artikel gehen wir von
der Beobachtung aus, daß die Organisation (besonders der erste
Entwurf) die Tendenz zeigt, gegenüber der Organisation von 1862:

1. Die Laienrechte zurückzudrängen

a) durch die konfessionellen Behörden (Administrationsrat):

b) durch das kirchliche Element (Ortspfarrer und kirchliche
Behörden).

2. Die ausdrückliche Erwähnung, der im gegebenen Fall
vorbehaltenen, staatlichen Hoheitsrechte, wegzulassen.

3. Den Einfluß der konfessionellen gegenüber den kirchlichen Oberbehörden einzuschränken.

Unter 1 a fallen:

α) Art. 44 Absatz 1 (Organisation von 1862, Art. 45
Seite 292):

„Der Administrationsrat erläßt im Einverständnis mit
dem bischöflichen Ordinariate kirchenpolizeiliche¹) Verordnungen
über Heilighaltung und zweckentsprechende Verwendung von

¹) Die Kirchenpolizeiverordnung des Administrationsrates von 1866 besteht
formell noch in Kraft. Der Erlaß von Kirchenpolizeiverordnungen sollte ein aus-
schließliches Recht der Staatsgewalt sein.

Gotteshäusern und Kultusgegenständen innert dem Rahmen des Art. 32 K.-V., ferner über Handhabung von Ruhe und Ordnung bei den gottesdienstlichen Verrichtungen im allgemeinen und insbesondere über die Beaufsichtigung der Schulkinder in der Kirche, sowie über den pflichtigen Besuch der Christenlehre von Seite der erwachsenen Jugend bis zum angetretenen 20. Altersjahre. Er setzt Bußen fest, womit diesfällige Uebertretungen und Widersetzlichkeiten geahndet werden sollen. Gegen solche Bußenerkenntnisse bleibt der Weiterzug an den bürgerlichen Richter vorbehalten."

In dem ersten Entwurfe der Organisation, welcher dem Großen Rate am 18. Januar 1894 vorgelegt wurde, waren die Worte „innert dem Rahmen des Art. 32 K.-V." [1]) weggelassen, somit in dieser Hinsicht keine verfassungsmäßige Schranke aufgestellt worden. In der neuen Befugnis des Administrationsrates, im Einverständnis mit dem bischöflichen Ordinariate, Verordnungen über Heilighaltung und zweckentsprechende Verwendung von Gotteshäusern und Kultusgegenständen zu erlassen, sah man eine Verletzung „alter historischer Laienrechte",[2]) da es vielerorts im Kanton St. Gallen eine auf Gewohnheitsrecht ruhende Befugnis der Gemeinde ist, politische Versammlungen in den Kultusgebäuden abzuhalten, vornehmlich an Orten, wo ein für solche Zwecke geeignetes Gebäude mangelt.

Ferner befürchtete man, daß in paritätischen Gemeinden die Mitbenutzung der, im Eigentum der katholischen Kirchgemeinde stehenden Kirche den Protestanten verunmöglicht werden könnte. Da nun im Kanton St. Gallen bezüglich der Eigentumsrechte am Kirchgebäude nicht kanonisches Recht gilt, sondern die Kirche im Eigentum der Kirchgemeinde steht, so glaubte man, daß durch die neue Verordnung das freie Verfügungsrecht der Kirchgemeinde in dieser Hinsicht beeinträchtigt werden könnte und hielt deshalb den ausdrücklichen Hinweis auf Art. 32 K.-V. für geboten. Da die Organisation erst die Sanktion des Staates erhielt, nachdem Art. 44 die

---

[1]) Siehe K.-V. als Beilage 2
[2]) Siehe die Broschüre: Neuester Kulturkampfversuch und sein Fiasko im Kanton St. Gallen S. 32. Staatsarchiv.

oben bezeichnete Faſſung bekommen hatte,[1] ſind die Kirchgemeinden in der ſtiftungsgemäßen Verfügung über ihre Gotteshäuſer und Kultusgegenſtände geſchützt.

β) Art. 70, Abſatz 2 (Ergänzung des Seite 295 Anmerkung
1 zitierten Art. 72 Organiſation von 1862).

Die Wahl dieſer Kirchendiener wurde nicht mehr, wie 1862,
dem Verwaltungsrat frei gegeben, indem in Abf. 2 die Be-
ſchränkung aufgenommen iſt: das Nähere über die Wahlfähigkeit der genannten Angeſtellten[2] ſetzt eine Verordnung des
Adminiſtrationsrates im Einverſtändniſſe mit dem biſchöflichen
Ordinariate feſt, eine Beſtimmung, die das freie Wahlrecht ſehr
beeinträchtigen kann.

γ) Art. 63: (Organiſation von 1862 Art. 65, Seite 293).

„Die Aenderung am Beſtand und Umfang dieſer (der
Kirchgemeinden, Filial- und Kapellgenoſſenſchaften) Genoſſenſchaften, ſowie die Neubildung von ſolchen, können vom katholiſchen Adminiſtrationsrate im Einverſtändnis mit dem biſchöflichen Ordinariate und unter Genehmigung des Reg.-Rates je
nach Bedürfnis vorgenommen werden. Gütliche oder rechtliche
Ausmittlung gegenſeitiger Anſprachen bleibt immerhin vorbehalten.“ In der Organiſation von 1862 waren die Worte
„ſowie die Neubildung von ſolchen“ nicht vorhanden. Wir
haben im Streitfalle um Anerkennung der ſelbſtändigen Pfarreiabteilung St. Gallen nachgewieſen, daß ſich damals Kompetenzkonflikte zwiſchen dem Adminiſtrationsrat und dem Reg.-Rat
ergeben hatten betreffend die Neubildung von Kirchgemeinden,
ob dem Reg.-Rate ein poſitives Mitwirkungsrecht zuſtehe, wie
wohl der damalige Art. 65 Organiſation die Neubildung nicht
ausdrücklich vorgeſehen hatte. Da die K.-V. von 1861, welche
diesfalls eine Beſtimmung zu Gunſten des Staates enthielt
(Siehe Seite 280), nicht mehr beſteht und ſich keine widerſpre-
chenden Normen vorfinden, ſo iſt die Organiſation und Neu-

---

[1] Art. 14 war am 18. Januar 1894 zu veränderter Faſſung an die katholiſche Konfeſſion zurückgewieſen worden, inſofern „dadurch das Verfügungsrecht
der Gemeinden über Gotteshäuſer und Kultusgegenſtände gänzlich ausgeſchloſſen
war.“

[2] Dies galt auch für den Meßner, ſoweit dem Verwaltungsrat deſſen Wahl
übertragen war.

bildung von Kirchgemeinden der konfessionellen Behörde im
Einverständnis mit dem bischöflichen Ordinariate überlassen,
und dem Reg.-Rate steht ein Einspruchsrecht nur insoweit zu,
als staatliche Gesetze verletzt, oder staatliche Interessen gefährdet
sind.

Unter 1 b fallen:

α) Art. 37 d (Organisation von 1862, Art. 37 d, S. 288).
Das in Art. 37 d der alten Organisation normierte Verbot wurde wörtlich in Art. 37 d aufgenommen mit dem Zusatz:
es darf auch nicht das Pfrundeinkommen ohne Bewilligung
der kirchlichen und konfessionellen Oberbehörden in irgendwelcher
Form geschmälert werden. Durch diese Beifügung wird erstens
verboten, die einmal fixierten Pfrundeinkünfte des Geistlichen
zu verringern und ferner soll dadurch die gegen renitente Geistliche angewendete Temporaliensperre unmöglich gemacht werden.
Soweit wir das Vorgehen des Staates gegenüber der katholischen Geistlichkeit verfolgt haben, ist im Kanton St. Gallen
dieses Zwangsmittel nicht zur Anwendung gelangt, sondern
der Staat betrachtet den Entzug des Pfrundeinkommens nur
als ein dem Deplazetierungsrecht inhärierendes Akzidentale.
Die Temporaliensperre als selbständige Maßregel ist demnach
durch Art. 37 d ausgeschlossen, nicht aber der Verlust des Pfrundeinkommens als eine dem Deplazetierungsrecht innewohnende
Wirkung, welche nach st. gallischem Kirchenstaatsrecht (Großratsbeschluß vom 3. Juni 1874) dem Reg.-Rate zusteht. In
dieser Hinsicht kann das Verbot keine rechtliche Gültigkeit erlangen, da die Organisation nur unter Vorbehalt der verfassungsmäßigen und gesetzlichen Rechte des Staates sanktioniert ist.

β) Art. 38. Schlußsatz:
Mit Verweigerung der bischöflichen Admission fällt die
Wahl (des Geistlichen) dahin. Dieser Artikel, der 1862 fehlt,
statuiert die für die Kirchgemeinde bestehende, rechtliche Unmöglichkeit, die Pfründe einer dem Bischof nicht genehmen Person
zu übertragen.[1]

---

[1] Es ist charakteristisch, daß diese, immer in Gültigkeit gewesene Bestimmung
nun ausdrücklich in die Organisation aufgenommen wurde.

γ) Das Fehlen des 1. Satzes des Art. 40 der Organisation von 1862 (Seite 288 Anm. 3).

Nach diesem hatte jede Kirchgemeinde das Recht, vom Bischof, im Falle der eingetretenen Vakanz der Pfründe, eine gehörige Aushülfe während derselben zu verlangen, indem der Eingang des Art. 40 festsetzte: es ist Sache des bischöflichen Ordinariates dafür zu sorgen, daß unbesetzte Pfründen während ihrer Vakaturzeit gehörig versehen werden. Nach der neuen Organisation fehlt eine solche ausdrückliche Verpflichtung für den Bischof, so daß gegenüber dem Staate und der Kirchgemeinde das Unbesetztlassen der Pfründe (auch vikariatsweise) als ein wirksames Kampfmittel angewendet werden kann.[1]

δ) Art. 65 d Schlußsatz:

„Wo die fixen Einkünfte des Pfarrers (Stolgebüren und Jahrzeitbucherträgnisse nicht eingerechnet) Fr. 2000 und diejenigen eines Kaplans Fr. 1600 nicht erreichen, sind die bei eingetretenen Pfründvakaturen sich ergebenden Einkommens- überschüsse — abzüglich der Mutationskosten — den bezüglichen Fonden einzuverleiben und ist jede andere Verwendung unzuläßig.“ Mit dieser Bestimmung, die in der Organisation von 1862 fehlt, ist der Kirchgemeinde die Verfügung über solche Ueberschüsse entzogen zu Gunsten des Geistlichen und die Kirchgemeinden sind damit indirekt gezwungen, allzu kärgliche Temporalien in entsprechender Weise zu erhöhen.

ε) Art. 66 Abs. 2, Art. 68 und 69.

Durch die in diesen 3 Artikeln enthaltenen Verfügungen wird dem Ortspfarrer eine weitgehende Kognition über die ökonomischen Verwaltungsangelegenheiten der Kirchgemeinden geschaffen. Art. 66 Abs. 2: Insofern der Ortspfarrer, respektive der bepfründete Geistliche, oder deren Verweser nicht Mitglied des Verwaltungsrates ist, so ist derselbe zu den Sitzungen des letztern einzuladen und hat er beratende Stimme und das Recht der Antragstellung. Die Organisation von 1862 kannte eine

---

[1] Ueber die vikariatsweise Besetzung von Pfründen bestimmt Art. 39 Organisation einzig: Die vom bischöflichen Ordinariate bestellten Vikare sollen aus den bezüglichen Pfründeinkünften, nach einem zwischen dem bischöflichen Ordinariate und dem Administrationsrate zu vereinbarenden Regulativ entschädigt werden.

solche Befugnis nicht und schränkte die Kompetenzen des Verwaltungsrates, als Vertreter der Kirchgemeinde, nicht in dieser
Weise ein. Da der Geistliche nicht ex officio Mitglied des
Verwaltungsrates ist, sucht man auf diesem indirekten Wege
seinen Einfluß zu sichern. Auch die Kognition des Geistlichen
über die jährliche Rechnungsablage erstreckt sich weiter als 1862.
Gegenüber dem alten Art. 71 (Seite 295) bestimmt Art. 69 der
neuen Organisation: Der Verwaltungsrat hat die Rechnungen
alljährlich zu gehöriger Zeit abzuschließen, sodann dem Pfarrer
respektive dem bepfründeten Geistlichen samt Protokollen, Belegen und Tagebüchern ɩc. während 8 Tagen zur Einsicht zuzustellen, nachher der Rechnungskommission zu übergeben und
schließlich der Gemeinde zur Genehmigung vorzulegen. Nach
der Genehmigung ist eine Abschrift sämtlicher Rechnungen in
das Pfarrarchiv abzugeben. – Wie der Pfarrer beim Vorliegen
gesetzwidriger Verwaltung vorzugehen hat, ist durch die Organisation nicht näher bestimmt. Schließlich wurde dem Ortspfarrer eine weit freiere Stellung eingeräumt in Bezug auf
die Kirchenmusik, den Kirchengesang und die Anschaffung gottesdienstlicher Gegenstände. 1862 waren diese Angelegenheiten
einer gemeinsamen Verständigung zwischen Verwaltungsrat und
Ortsgeistlichen vorbehalten worden, während die neue Organisation ausdrücklich das Gutachten des Pfarramtes fordert und
bei Meinungsverschiedenheiten den Entscheid der kirchlichen und
konfessionellen Oberbehörden anruft (Art. 68 Organisation).
Diese, dem kanonischen System konformere Vorschrift, bietet
keine Garantie, daß die Interessen der Kirchgemeinde stets gewahrt werden. Die einschlägigen Art. 68 und Art. 72 lauten:
„Bei Neubauten und Reparaturen von Kirchen und Kapellen,
bei Anschaffungen von gottesdienstlichen Gegenständen (Altäre,
Taufsteine, Kanzeln und dergleichen, Art. 65 lit. k), sowie von
kirchlichen Gerätschaften (Ornamente und Paramente, Kirchen-
gesangbüchern und Kirchenmusikalien, ist das Gutachten des
Pfarramtes respektive der betreffenden bepfründeten Geistlichen
einzuholen und dem Kirchenverwaltungsrate vorzulegen. Kommt
eine Verständigung zwischen dem Pfarramte und der Verwaltung nicht zustande, so entscheiden die konfessionellen und kirch-

lichen Oberbehörden (Art. 68). Die Festsetzung des Gottesdienstes (inbegriffen Kirchenmusik und Gesang) steht unter der
Oberaufsicht des bischöflichen Ordinariates dem Pfarramt zu
(Art. 72₁)." Diese letztern Gegenstände sind somit einer wirksamen Kognition der Kirchgemeinde überhaupt entzogen (Ver
gleiche den Art. 70 der Organisation von 1862, Seite 294).

Unter 2. fallen:

α) Art. 41₁ (Organisation von 1862 Art. 42 S. 289).

Im Gegensatz zu dem alten Art. 42 bestimmt Art. 41
Abs. 1 der neuen Organisation: Beim Administrationsrat gegen
bepfründete Geistliche angebrachte Klagen leitet derselbe, insofern
eventuelle Vermittlungsversuche erfolglos bleiben, an die zuständige Behörde. Daraus geht hervor, gegenüber 1862: Die
neue Organisation anerkennt nominell keine Klagen mehr auf
Absetzung oder Entfernung von Bepfründeten. Ferner wird
die zuständige Staatsbehörde (Reg. Rat) nicht mehr ausdrücklich
als Rekursinstanz erwähnt, sondern es bleibt formell dem Administrationsrat überlassen, für den Einzelfall die kirchliche oder
staatliche Behörde als kompetent zur Entscheidung zu erklären.
Wenn diese Bestimmung dem Art. 14 des konfessionellen Gesetzes
von 1859 nicht derogieren kann, so zeigt diese Formulierung
des Artikels doch die Tendenz, den gewährleisteten staatlichen
Rekursweg stillschweigend zu übergehen.

β) Das Fehlen des frühern Art. 63 (S. 289).

Die in α ausgesprochene Behauptung[1]) wird durch die
Weglassung dieses Rekursrechtes in der neuen Organisation
noch ersichtlicher. Dem Art. 14 konfessionelles Gesetz von 1859
ist damit nicht derogiert.

γ) Art. 2 Abs. 2.

Im ersten Entwurf der neuen Organisation hatte Art. 2
Abs. 2 gelautet: Für Besorgung der konfessionellen und klöster-

---

[1]) Vergleiche auch Art. 38₁ der Organisation von 1863 (Seite 288) mit
Art. 38₁ der Organisation von 1893. Letzterer bestimmt: Der Administrationsrat hat zu untersuchen, ob die Wahl reglementarisch stattgefunden habe oder aber
nicht; im erstern Falle wird er hievon sofort den zuständigen Amtsstellen
Anzeige geben. Wenn hernach innert zehn Tagen keine Beanstandung der Wahl
erfolgt, so wird dieselbe als anerkannt betrachtet.

lichen Angelegenheiten, welche nicht rein kirchlicher Natur sind, sowie für Verwaltung seiner Fonds und Stiftungsgüter giebt sich der katholische Konfessionsteil seine Organisation selbst nach Maßgabe der Gesetze der katholischen Kirche und der K.-V. Diese Fassung des Artikels war am 18. Januar 1894 an die katholische Konfession zurückgewiesen worden, weil der Vorbehalt der verfassungsmäßig vorgeschriebenen Sanktion der Organisation durch den Großen Rat nicht ausdrücklich aufgenommen war.[1] In den Verhandlungen des Großen Rates machte sich außerdem die Ansicht geltend, daß es nicht angehe, die Beobachtung der Gesetze der katholichen Kirche vor die Beobachtung der K.-V. zu setzen. Diese letztere Behauptung drang jedoch nicht durch und als dem Artikel, wie er oben gefaßt ist, der Schlußsatz beigefügt wurde, „unter Sanktion des Großen Rates", erhielt er am 20. November 1894 die hoheitliche Genehmigung.

δ) Art. 16 Abs. 1 und Art. 17 Abs. 2 und das Fehlen des frühern Art. 30.

Während Art. 16 Abs. 1 der Organisation von 1862 (S. 285) festsetzte: Das katholische Kollegium erläßt unter Sanktion des Großen Rates allgemeine Verordnungen für den katholischen Konfessionsteil, bestimmt Art. 16, der neuen Organisation: das katholische Kollegium erläßt allgemeine Verordnungen für den katholischen Konfessionsteil. Die Weglassung des staatlichen Sanktionsrechtes ist wiederum für die staatliche Gesetzgebung durchaus unverbindlich, da der Art. 8 des konfessionellen Gesetzes von 1859 für solche Verordnungen ausdrücklich die Genehmigung des Staates vorsieht. Daß dadurch dem konfessionellen Gesetz nicht derogiert sein soll, ist auch die Ansicht der Vertreter der katholischen Korporation, welche betonten: Die katholische Organisation spreche sich nicht etwa dahin aus, daß die konfessionelle Gesetzgebung vom Jahre 1859 nach ihrer Meinung nicht mehr bestehe und daher nicht mehr verbindlich sei, sondern es werde hier lediglich nichts gesagt, weil eine Rezitation in

---

[1] Da die Organisation ausdrücklich auf K.-V. (Art. 24) verwies, so erscheint eine Zurückweisung der Organisation aus diesem Motive rechtlich unhaltbar.

dieser konfessionellen Organisation, da sie überhaupt zu Recht bestehe, überflüssig sei.[1]

Von diesen Gesichtspunkten müssen die veränderte Redaktion des Art. 17₂ Organisation und das Fehlen der Art. 30 der Organisation von 1862 betrachtet werden. Art. 17₂ Organisation, welcher für allfällige Abänderungen an den bistümlichen Einrichtungen, die in Vereinbarung mit dem bischöflichen Ordinariate und dem hl. Stuhle vom Kollegium getroffen werden, nicht wie 1862 die ausdrückliche Sanktion des Großen Rates, sondern allgemein die Beachtung der bestehenden Staatsgesetze verlangt.[2] Gegenüber dem Staate wurde Art. 30 der Organisation von 1862 (S. 286) dahin abgeschwächt, daß die neue Organisation in Art. 30 festsetzte: „Der Administrationsrat ist die Behörde, welche den Verkehr des katholischen Konfessionsteils nach außen besorgt" und in Art. 31: „Der Administrationsrat hat alle in Kraft getretenen Verordnungen und Beschlüsse des Kollegiums, sowie dessen besondern Aufträge zu vollziehen."

Die ostentative Weglassung des staatlichen Rekurs- und Sanktionsrechtes kann an den Rechtsbefugnissen des Staates, wie sie in K. V. und Gesetzen enthalten sind, nichts ändern, da die Organisation nur unter dem Vorbehalt der verfassungsmäßigen und gesetzlichen Rechte des Staates in den kantonalen Rechtsorganismus übergegangen ist. Selbst wenn daher durch die Organisation formelle Abweichungen von gesetzlichen Normen ausdrücklich statuiert sind (wie z. B. in Art. 38, S. 424, Anm. 1), so sind dieselben nichtig und es kann vom Staate jederzeit die volle Durchführung der gesetzlichen Verfügungen verlangt werden.

Unter 3. fallen:

a) Art. 33 Abs. 1 (Organisation von 1862 Art. 33 Abs. 1 Seite 286).

---

[1] Siehe Votum des Landammann Scherrer-Füllemann in der Großratssitzung vom 13. Januar 1894: „Daß es sich in der neuen katholischen Organisation nicht um Mißachtung der Staatsgesetze handelt, beweist auch der in Art. 65 lit. k. Organisation ausdrücklich neue aufgenommene Vorbehalt der staatlichen Gesetzgebung, insofern es sich um Anlage und Erweiterung von Friedhöfen handelt, somit um die ausdrückliche Anerkennung des im Jahre 1873 erlassenen Zivilbestattungsgesetzes."

[2] Die Geltung des Art. 11 konfessionelles Gesetz von 1859 ist dadurch indirekt anerkannt.

Der Art. 33 Abs. 1 der frühern Organisation lautet: dem neuen Art. 33 insofern gleich, als jetzt nur die Worte „vermöge ihrer zuständigen Kompetenzen")[1] fallen gelassen worden waren, so daß die Wirksamkeit der kirchlichen Oberbehörden in dieser Hinsicht nominell nicht mehr beschränkt ist. Dem Staat gegenüber hat diese veränderte Bestimmung keine Bedeutung, dagegen kann sie zu Kompetenzkonflikten zwischen dem Administrationsrat und dem Episkopat Anlaß geben.

β) Art. 35 (Organisation von 1862 Art. 35, S. 286).

Die weitgehenden Rechte des Administrationsrates in Bezug auf das Priesterseminar und das Ausstellen von Wahlfähigkeitsakten (Art. 35.), sind durch den Art. 35 der neuen Organisation beinahe völlig beseitigt. Er lautet: „Der Administrationsrat nimmt vom bischöflichen Ordinariate die Kenntnisgabe derjenigen Priesteramtskandidaten entgegen, welche es in das Priesterseminar aufnimmt, sowie jener Priester, welche es für Pfründen im Kanton als wahlfähig erklärt." Gegenüber dem Priesterseminar ist der Administrationsrat eine äußere Verwaltungsbehörde (Art. 34 Org.) mit der Pflicht, ärmere Alumnen durch Stipendien aus dem Seminarfond zu unterstützen. Jedes wirksame Einspruchsrecht auf die innern Einrichtungen und die Zulassung von Zöglingen in das Institut ist ihm versagt. Die in der Bistumsbulle aufgestellte Forderung der ausschließlich episkopalen Leitung des Seminars ist erfüllt. Bei Pfründenbesetzungen besteht die Hauptaufgabe des Administrationsrates nur noch darin, die Durchführung der bei den Pfrundwahlen und den damit zusammenhängenden Angelegenheiten vorgeschriebenen gesetzlichen Formalitäten zu kontrollieren. Die Beurteilung der Prüfungszeugnisse der Wahlkandidaten ist zu einer bloßen Formalität geworden.

γ) Art. 51 (Organisation von 1862 Art. 52 S. 291).

Hinsichtlich des alten Art. 52, der das Verhältnis der konfessionellen Behörden zu den st. gallischen Frauenklöstern regelte, zeigt der neue Art. 51 eine weitgehende Zurückdrängung

---

[1] Als ihr nicht zuständige Kompetenzen mußte nach der ratio legis alles aufgefaßt werden, was sich gegen die konfessionellen Verordnungen und die staatliche Gesetzgebung verstieß.

der Kompetenzen des Administrationsrates und des Kollegiums. Er bestimmt:

„Der Administrationsrat beaufsichtigt und leitet die Angelegenheiten der im Kanton bestehenden Frauenklöster, insoweit jene nicht rein kirchlicher Natur sind. Hierin hat er sich an folgende nähere Vorschriften zu halten.

a) Als kirchlich geistliche Korporationen stehen die Frauenklöster unter der kirchlichen Obhut und der zuständigen geistlichen Leitung.

b) die Anzahl der Frauen in jedem Kloster, sowie die zu leistende Aussteuer richtet sich nach dem Vermögen und dem Erwerb desselben, sowie nach dem besondern Verhältnis seines Personalbestandes zur Erfüllung der dem betreffenden Kloster obliegenden Pflichten.

c) Der Administrationsrat wacht über ungeschmälerte Erhaltung des Vermögens sämtlicher Frauenklöster, welche ihm den jährlichen Vermögensausweis einzusenden haben.

d) Derselbe läßt den Frauenklöstern seinen Schutz angedeihen, insbesondere in betreff gehöriger Verbeiständung in Rechtsgeschäften.

Fallengelassen sind somit folgende Befugnisse der konfessionellen Behörden:

1. Die Normalzahl der Frauen in jedem Kloster durch Beschluß festzusetzen.

2. Aufstellung eines gesetzlichen Alters zur Ablegung des Ordensgelübdes.

3. Festsetzung einer bestimmten Aussteuer.

4. Abnahme einer ausdrücklichen Erklärung der freien Entschließung zum Eintritt ins Kloster.

5. Festsetzung eines eventuellen Beitrags des Klosters an den Fond des katholischen Erziehungswesens.

Diese Befugnisse sind (außer Nr. 5) der Machtsphäre der kirchlichen Oberbehörden einverleibt worden, unter den geringen, in Art. 51 Organisation statuierten Beschränkungen. In dieser Beziehung haben die konfessionellen Behörden ein gutes Stück ihrer Ordnungsgewalt an die Hierarchie preisgegeben. Dem Staate sind auf diesem Gebiete nominell keine Rechte eingeräumt. Ueber die st. gallischen Mannsklöster bestehen keine Vorschriften, da sie sich unmittelbar in der Jurisdiktion ihres Provinzials befinden.

Damit sind alle wichtigen Abänderungen der Organisation von 1893 gegenüber derjenigen von 1862 hervorgehoben. Bedeutsame Modifikationen in der Stellung der katholischen Konfession zum Staate zeigt die neue Organisation nicht und konnte sie nicht zeigen, da die staatliche Gesetzgebung auf konfessionellem Gebiete im wesentlichen die gleiche geblieben war (konfessionelles Gesetz von 1859, R.-B. von 1890) und nur in ihren Schranken der katholischen Organisation Rechtskraft verliehen werden konnte. Ebenso ist es für den Staat gleichgültig, daß sich die Kirchengewalt in mancher Beziehung über die Rechtsbefugnisse der konfessionellen Behörden ausgedehnt hat. (Priesterseminar, Pfrundwesen, Klosterwesen.) Denn wenn die konfessionellen Behörden auch im Vollbesitz aller frühern Befugnisse geblieben wären, so würden sie dem Staate doch keine Garantie bieten, daß sie diese Rechte gegenüber den kirchlichen Oberbehörden auch wirklich betätigen. Will sich der Staat Gewißheit verschaffen, daß die Angelegenheiten, an deren Regelung er ein direktes Interesse hat, in seinem Sinne erledigt werden, so kann er nicht eine konfessionelle Behörde, wie sie im Administrationsrat und Kollegium existiert, damit beauftragen oder ihr eine selbständige Ordnungsgewalt auf diesem Gebiete einräumen, sondern er muß den allein richtigen Weg der einseitig staatlichen Gesetzgebung einschlagen. Beim Bestehen des Art. 24 K.-V. ist dies dem Staate nur in beschränktem Maße möglich, da er einen Teil der staatlichen Hoheitsrechte an die Konfession veräußert hat. Wie weit diesem unheilvollen Dualismus entgegengetreten werden kann, zeigen die Ausführungen des Anhangs.

§ 3.

Die Organisation des evangelischen Konfessionsteils.

Die neue „Organisation der evangelischen Kirche des Kantons St. Gallen" war im Juni 1892 von der Synode beraten[1])

---

[1]) Der Ausgangspunkt der Organisation war also ein anderer als im Jahre 1862. (Seite 299.)

und am 30. Oktober 1892 von sämtlichen evangelischen Kirchgemeinden angenommen worden. Am 29. November 1892 erhielt sie gemäß Art. 24 K.-V. vorbehaltlos die Sanktion des
Großen Rates. Die Abänderungen der neuen Organisation
gegenüber derjenigen von 1862 beschränken sich auf wenige
Nebenbestimmungen, von denen wir die wichtigsten zitieren.

1. Der in der alten Organisation vorgesehene Kirchenverwaltungsrat (Seite 300), der neben der Kirchenvorsteherschaft
fakultativ aufgestellt werden konnte, fiel in der neuen Organisation gänzlich weg, indem seine Befugnisse der Kirchenvorsteherschaft übertragen wurden. Damit war der Organismus
der Kirchgemeinde um ein überflüssiges Glied vereinfacht. Somit lautet Art. 15 Organisation: „Die Kirchenvorsteherschaft
hat die ökonomischen Angelegenheiten der Kirchgemeinde zu
besorgen, die Fonds zu verwalten, die Steuern[1] einzuziehen
und der Kirchgemeindeversammlung jährlich Rechnung abzulegen.“ Die zur Prüfung der Rechnung und Amtsverwaltung
niederzusetzende Kommission, blieb in gleicher Weise, wie 1862,
bestehen (Seite 304). Dem geistlichen Element ist durch die
neuen Bestimmungen insofern ein größerer Einfluß auf die
Kirchenverwaltung eingeräumt, als nach der neuen Organisation
sämtliche angestellte Pfarrer von Amtswegen Mitglieder der
Kirchenvorsteherschaft sein müssen (Art. 10). Dagegen ist für die
Mitgliederzahl der Kirchenvorsteherschaften kein Maximum mehr,
sondern nur noch ein Minimum von sieben festgestellt.[2]

2. Die in der Organisation von 1862 vorgesehenen Matrimonialgerichte (Seite 308) fielen in der neuen Organisation
weg. Dieselben hatten ihre rechtliche Grundlage mit dem Erlaß der B. V. von 1874 verloren und ihr Prozeßverfahren war
durch die provisorische Regulierung des Verfahrens in Ehestreitsachen (Großratsbeschluß vom 3. Dezember 1874, S. 362)
auch formell hinfällig geworden. Schon die Kirchenordnung
von 1881 hatte in dieser Hinsicht Remedur geschaffen.

---

[1] Neben den lokalen Steuern wird zur Deckung der allgemeinen Bedürfnisse von Zeit zu Zeit, durchschnittlich alle 7 bis 8 Jahre, eine evangelische
Zentralsteuer erhoben. Vergl. Müller, Steuerlast und Steuerkraft S. 13.
[2] 1862 waren es 7—11 Mitglieder.

3. Der Synode, deren Mitglieder nach etwas veränderten Bevölkerungsziffern gewählt wurden, stand nach der neuen Organisation (Org. Art. 24) das Recht zu, einen Abgeordneten an die Konkordatsprüfungsbehörde und dessen Stellvertreter zu wählen. Diese Befugnis ist aus der Kirchenordnung von 1864, deren Art. 163 bereits ein solches Recht normiert hatte, in die Organisation von 1892 selbst übergegangen.

4. Schon die Kirchenordnung von 1864 hatte bestimmt, daß im allgemeinen die Prüfung der anzustellenden Geistlichen vor der konkordatsmäßigen Examinationsbehörde stattfinden und nur für besondere Fälle ein kantonales Prüfungskollegium zusammentreten solle. Daher läßt die neue Organisation ein feststehendes Examinationskollegium fallen und bestimmt in Art. 34: „Für Geistliche, welche ein kantonales Examen oder ein Kolloquium zu bestehen haben, bildet der Kirchenrat mit Zuzug des Abgeordneten an die Konkordatsprüfungsbehörde und seines Stellvertreters, sowie allfällig weiter beizuziehender Fachexperten das kantonale Examinationskollegium."

5. Schließlich ist noch zu betonen, daß auch die neue Organisation die Rechte der staatlichen Behörden, die sie im Einzelfalle zu betätigen befugt sind (Sanktionsrecht, Rekursrecht 2c.), nicht ausdrücklich hervorhebt. Gegen diese Weglassung rechtliche Bedenken zu erheben, scheint deshalb überflüssig, weil der Kirchenrat in Art. 39 Organisation nominell beauftragt ist, „alle Publikationen, Verordnungen und Wahlen, welche nach K. O. und Gesetzen der Einsichtnahme oder Genehmigung der Staatsbehörden bedürfen, dem Reg.-Rate zu gehöriger Zeit zur Kenntnis zu bringen." Dieses bedeutet eine rücksichtslose Anerkennung der staatlichen Hoheitsrechte.[1]

6. Für die allgemeinen Organisationsbestimmungen fällt bis 1899 noch eine Abänderung in der Kirchenordnung von 1881 in Betracht. Die Synode erließ am 24. Juni 1895 eine,

---

[1] Z. B. bezüglich der Erhebung von Steuern unter staatlicher Genehmigung bestimmt die K.-O. in Art. 102 noch besonders: Reichen die Einkünfte des Kirchen- und Pfrundvermögens zur Bestreitung der kirchlichen Bedürfnisse nicht hin, so hat die Kirchenvorsteherschaft die nötigen Steuern nach den jeweiligen gesetzlichen Bestimmungen entweder von sich aus zu erheben, oder bei der Kirchgemeindeversammlung zu beantragen.

am 29. Juni 1895 vom Reg.-Rat genehmigte Verordnung, be
treffend die Abänderung des Art. 18 der Kirchenordnung. Diese
lautet: „Art. 18. Zur Teilnahme an den Kirchgemeindever
sammlungen sind gemäß Art. 3 Organisation der evangelischen
Kirche berechtigt: Alle evangelischen Orts- und niedergelassenen
Kantons- und Schweizerbürger, welche gemäß K.-B. die Stimm-
und Wahlfähigkeit besitzen, die Kantons- und Schweizerbürger
jedoch erst nach Ablauf von 14 Tagen, von dem Tage der ge
setzlich erhaltenen Niederlassungsbewilligung an gerechnet. Die
stimmfähigen Glieder der Kirchgemeinde sind zum Besuch der
Versammlungen nach Maßgabe derjenigen gesetzlichen Vorschriften
verpflichtet, welche für den Besuch von Bürgerversammlungen
der politischen und Ortsgemeinden bestehen.[1] Die erhobenen
Bußen für den Nichtbesuch der Kirchgemeindeversammlungen
ohne gesetzlichen Entschuldigungsgrund, fallen in die Kasse der
betreffenden Kirchgemeinde."

Da wir eine systematische Gliederung der evangelischen
Organisation Seite 298 bis 300 aufgestellt haben, und die
neue Organisation von 1892 mit den geringen erwähnten Ab
weichungen in diesen Rahmen hineinpaßt, so geben die Ein
richtungen der evangelischen Kirche im Kanton St. Gallen zu
keinen weitern staatskirchenrechtlichen Erörterungen Anlaß.

Zweites Kapitel.

Systematische Gliederung.

§ 1.

Die allgemeine Glaubens- und Kultusfreiheit.

Für die allgemeine Glaubens- und Kultusfreiheit gelten
im Kanton St. Gallen die Vorschriften der B.-V. von 1874,
von denen Art. 49₁,₄ und Art. 27₃ wörtliche Aufnahme in die

---

[1] Art. 18 K.-O. von 1881 hatte die Verpflichtung zum Besuch der Ver
sammlungen nach „den allgemeinen gesetzlichen Bestimmungen" vorgesehen. Da
keine solchen „allgemeine gesetzliche Bestimmungen" bestanden, war der Artikel
illusorisch.

K. V. gefunden haben. Daneben finden sich die verfassungsmäßigen Bestimmungen, daß niemand wegen seiner religiösen
Ueberzeugung in seinen verfassungsmäßigen Rechten beeinträchtigt werden dürfe (Art. 22), daß die freie Ausübung gottesdienstlicher Handlungen innert den Schranken der Sittlichkeit
und der öffentlichen Ordnung auch allen andern (als der katholischen und evangelischen) Konfessionen und Religionsgenossenschaften gewährleistet sei (Art. 23) und niemand seinem verfassungsmäßigen Gerichtsstand entzogen und keine Ausnahmegerichte eingeführt werden dürfen (Art. 29). Die Rechte aller
Religionsgenossenschaften auf Ausübung gottesdienstlicher Handlungen innert den Schranken der Sittlichkeit und der öffentlichen Ordnung finden ihren besondern strafrechtlichen Schutz
im Polizeistrafgesetzbuch vom 10. Dezember 1808, der Polizei-
verordnung vom 10. März 1892 (Sonntagspolizei) und dem
St. G. B.[1]) über Verbrechen und Vergehen vom 4. Januar 1886,
dessen Art. 174 lautet:

„Der Verletzung der Glaubensfreiheit, der Störung des
konfessionellen Friedens und der Beschimpfung der vom Staate
anerkannten Religionsgesellschaften macht sich schuldig, wer vorsätzlich:

a) Handlungen begeht, welche geeignet sind, den Frieden
unter dem vom Staate anerkannten[2]) Religionsgesellschaften
zu stören oder Glaubenshaß oder Verfolgung wegen religiöser
Ansichten und Bekenntnisse zu stiften oder durch welche jemand
wegen seines Glaubens beschimpft wird;

[1]) G. S. N. F. V. S 59.
[2]) Es ist bemerkenswert, daß das st. gallische Kantonsgericht zu den vom
Staate anerkannten Religionsgesellschaften im Sinne des St.-G.-B. nicht nur
die katholische und evangelische Korporation, sondern die Religionsgenossenschaften
im Allgemeinen rechnet, wie dies durch Urteil vom 15. Februar 1893 entschieden
wurde. Durch diesen Entscheid wurde (im Falle einer widerrechtlichen Störung
des Gottesdienstes der israelitischen Religionsgenossenschaft) dargetan, „daß durch
Art. 171 und 175 St.-G.-B. die Religionsgenossenschaften im Allgemeinen in
derselben Weise vor Störung und Beeinträchtigung geschützt werden sollten und
damit die Israeliten auch dieses Schutzes genießen würden. Die Artikel schützen
den interkonfessionellen Frieden." Der Beklagte wurde auf Grund Art 174 c
St.-G.-B. verurteilt. Das Bezirksgericht hatte ihn freigesprochen (Urteil vom
30. Dezember 1892).

28

b) in einer öffentliches Aergernis erregenden Weise die Gegenstände der Verehrung einer solchen Religionsgesellschaft lästert oder anshöhnt; oder

c) die öffentlichen oder gottesdienstlichen Versammlungen einer vom Staate anerkannten Religionsgesellschaft widerrechtlich verhindert oder stört.

In solchen Fällen ist Geldstrafe bis auf 500 Fr., oder Gefängnis bis auf sechs Monate auszusprechen. Die Strafen können auch verbunden werden."[1]

Die K. V. gewährleistet in Art. 28 allgemein das Vereinsrecht und gibt der Gesetzgebung die Befugnis, die erforderlichen Bestimmungen gegen Mißbrauch dieses Rechtes zu treffen. Unter diesen Artikel allein fällt die Bildung von Religionsgesellschaften, die sich als Privatvereine konstituiren und dem nach in keinem Verhältnis[2] zum Staatsorganismus stehen. Sie sind befugt, zur Erlangung der juristischen Persönlichkeit (nach Art. 716 C. R.) sich ins Handelsregister eintragen zu lassen, was bis 1899 nur bei der christkatholischen Genossenschaft praktisch geworden ist. Außer der erwähnten Garantie des strafrechtlichen Schutzes kann den Religionsgesellschaften im allgemeinen vom Staate in einer Hinsicht eine privilegierte, öffentliche Stellung eingeräumt werden. Art. 2 des Gesetzes über das bürgerliche Begräbniswesen vom 10. Juni 1873 bestimmt, „daß die Beerdigung aller in der politischen Gemeinde Verstorbenen und der daselbst aufgefundenen Leichen in der Regel auf einem in derselben befindlichen öffentlichen Begräbnisplatze stattzufinden habe. Ausnahmen können eintreten, wenn für Ausdehnung eines bestehenden oder für Anlegung eines neuen Friedhofes im Bereiche der politischen Gemeinde selbst kein geeigneter Platz gefunden werden kann." Auf Grund dieses Artikels besitzt die israelitische Genossenschaft St. Gallens einen ausschließlich ihrer Konfession dienenden Begräbnisplatz, der somit als öffentlicher Friedhof unter der Oberaufsicht des Staates

---

[1] Damit sind die Bestimmungen des St.-G.-V. von 1857 aufgehoben.

[2] Ueber die eigenartige Stellung, welche die christkatholische Korporation im st. gallischen Staatskirchenrecht einnimmt, siehe die Ausführungen Seite 107.

steht. — Ferner setzt Art. 6 des Begräbnisgesetzes fest, daß die Gemeinderäte in den Begräbnisordnungen vorzusehen haben, daß die Beisetzung und Gedächtnisfeier Verstorbener nach den kirchlichen Gebräuchen der betreffenden Konfession geübt werden können. Die Religionsgenossenschaften haben also das Recht, die Beerdigungsfeierlichkeiten innert den Schranken der Sittlichkeit und der öffentlichen Ordnung zu betätigen.

Eine Beschränkung der Glaubensfreiheit kann darin nicht gesehen werden, daß der Staat neben den Sonntagen eine Anzahl der, den anerkannten Konfessionen (der katholischen und evangelischen) gemeinsamen Feiertagen als öffentliche Ruhetage erklärt und dafür besondere Arbeits und Verkehrsverbote aufstellt: denn der Staat hat dabei neben religiösen auch sozialpolitische Momente im Auge, statuiert demnach die Aufrechthaltung dieser Ruhetage als bürgerliche Pflicht, von deren Erfüllung Glaubensansichten nicht entbinden (Art. 49₆ B.-V.). Das im Erziehungsgesetz vom 19. März 1862 vorgesehene Obligatorium des Religionsunterrichtes ist mit der B.-V. da hingefallen. Nur die katholische und evangelische Konfession ist berechtigt, nach Art. 3 K.-V. zur Erteilung des Religionsunterrichtes die Verfügung über öffentliche Schullokale zu verlangen. Für Kultussteuern kann niemand gesetzlich herangezogen werden, der nicht zu einer in Art. 23 und 24 K. V. gewährleisteten Kirche gehört.

Der in Art. 107 K.-V. geforderte Pflichteid der Behörden und Beamten kann durch Ablegung eines Handgelübdes ersetzt werden[1] (Art. 49₂ B. V.).

Nach der B. V. und der schweizerischen Militärorganisation entbehren die Geistlichen der privaten Religionsgenossenschaften des Privilegs im allgemeinen von der Wehrpflicht enthoben zu sein. Sie haben dieselbe wie jeder Schweizerbürger zu leisten.[2]

---

[1] Nach Art. 81, St.-G.-V. von 1886 unterliegt der Bruch des Handgelübdes den nämlichen Strafbestimmungen wie Meineid, oder unbesonnene Eidesleistung.

[2] Bezüglich das Tragen von Waffen siehe Zeerleder a. a. O S. 13 ff. Ein Schreiben des eidgenössischen Militärdepartements vom 9. Februar 1897 gibt genaue Anhaltspunkte, unter welchen Voraussetzungen eine Person als Geistlicher im Sinne von Art. 2 lit. d der Militärorganisation behandelt werden kann. Die Stelle lautet: „Als Geistliche im Sinne von Art 2 lit. d der

Die Glaubens- und Kultusfreiheit ist also im Kanton St.
Gallen in richtiger Weise durchgeführt und den Bestimmungen
der B.-V. und den Anschauungen eines modernen Kulturstaates
vollkommen angepaßt.

§ 2.
Die privilegierte Stellung der katholischen und evangelischen Kirche im Kanton St. Gallen.

1. Die Autonomie innerhalb der staatlichen Grenzen.
A. Die Besorgung der rein kirchlichen Angelegenheiten.

Der Kanton St. Gallen hat seinen beiden in Art. 23 und
24 K.-V. gewährleisteten Kirchen als Anstalten des öffentlichen
Rechtes ein Gebiet freigelassen, innerhalb welchem die Kirchen
befugt sind, eine unkontrollierte, obrigkeitliche Gewalt frei
auszuüben. Die innerhalb dieser Grenzen festgesetzte Ordnung
anerkennt der Staat als selbständiges, objektives, nicht auf
staatlicher Basis ruhendes Recht.[1] Diese, der Kirche eingeräumte Befugnis, ihr Kirchenrecht selbständig, autonomisch,
innerhalb der staatlichen Grenzen sich entwickeln zu lassen und
dasselbe mit kirchlicher Disziplinargewalt zur Durchführung
zu bringen, ist es vornehmlich, welche sie von den andern
Religionsgenossenschaften unterscheidet und ihnen den Charakter
der Oeffentlichkeit und die für den Staat beachtenswerte Stellung
einräumt.

Zu Art. 24,₁ K.-V. ist die Besorgung der religiösen und rein
kirchlichen Angelegenheiten den kirchlichen Behörden der katho-

Militärorganisation zu betrachten und daher von der Wehrpflicht zu
entheben, sind diejenigen, denen gestützt auf ihren durch Fachstudien gekenn-
zeichneten Bildungsgang und ihre persönliche Eignung von dem kompetenten
Organ einer festorganisierten Religionsgenossenschaft das Amt verliehen ist, die Befriedigung der religiösen Bedürfnisse der Angehörigen der Genossenschaft zu vermitteln, und welchen die Verleihung in Verbindung mit der
tatsächlichen Ausübung des Amtes einen persönlichen Charakter verschafft, der sie
im Gegensatz zu den übrigen Religionsgenossen — den Laien — als die Vertreter eines besondern — des geistlichen — Standes erscheinen läßt." Die Angehörigen der st. gallischen Kapuzinerklöster sind befugt, ihre Befreiung von der
Militärpflicht nachzusuchen.
[1] Vergleiche Hinschius a. a. O. S. 261

lischen und evangelischen Konfession anheimgegeben: für die
katholische Kirche nach einer bereits vorausgesetzten, geltenden
Rechtsordnung, für die evangelische dagegen nach einer durch den
Konfessionsteil aufzustellenden Organisation, die der Sanktion
des Großen Rates zu unterstellen ist und keine Schmälerung der
staatlichen Rechte enthalten darf (Art. 3 konfessionelles Gesetz).
Somit hat der Staat die Besorgung der rein kirchlichen Angelegenheiten der katholischen Kirche nach dem kanonischen Recht
und den damit verbundenen Normen in der ihr vom Staate
überlassenen Machtsphäre anerkannt und es steht ihm, wenn er
die katholische Kirche überhaupt gewährleisten will, kein Ueberprüfungsrecht dieser Normen zu. Gegenüber der evangelischen
Kirche, welche keine dogmatisch gegebene Verfassung besitzt, ist
es ein aus der Landesherrlichkeit des Staates fließendes Recht,
die Organisation, welche auch die rein kirchlichen Dinge be-
schlägt, der Genehmigung des Großen Rates zu unterstellen.
Innerhalb dieser sanktionierten Organisation und der staatlichen Grenzen überhaupt, ist die Besorgung der rein kirchlichen
Angelegenheiten der evangelischen Konfession ebenfalls vollkommen frei überlassen.

Diese den Kirchen eingeräumte autonomische Gewalt findet
nun in doppelter Hinsicht eine Beschränkung:

1. Wenn der Staat seine Souveränität behaupten will,
so kann er es nicht der Kirche überlassen, zu bestimmen, wie
weit sie ihre Autonomie ausdehnen will. Er hat ihr deshalb
ein bestimmtes Gebiet angewiesen, innerhalb welchem sich ihre
freie Betätigung halten muß. Werden diese Grenzen über-
schritten, so ist der Staat nicht genötigt, die Zurücknahme dieser
Eingriffe von den kirchlichen Behörden zu verlangen, sondern
er hat den Grundsatz aufgestellt, daß alle in das bürgerliche
Gebiet reichenden, beeinträchtigenden, kirchlichen Maßnahmen
nichtig sind. Sofern sich dabei bürgerliche Nachteile zeigen
kann nach Art. 14[1]) konfessionelles Gesetz der Recursus ab
abusu an den Reg.-Rat bezw. den Großen Rat ergriffen werden.

---

[1]) Der in Art. 14 konfessionelles Gesetz festgesetzte Ausdruck „Konfessionsbehörden", muß hier weiter gefaßt werden als gewöhnlich, indem darunter neben
den konfessionellen auch die kirchlichen Behörden verstanden werden müssen.
Beilage 1.

2. Trotzdem der Staat die Einwirkung der kirchlichen Gewalt auf das bürgerliche Gebiet für nichtig erklärt hat, läßt er dennoch der Kirche in ihrer kirchlichen Sphäre nicht voll kommen freien Spielraum, d. h. er läßt die aus dem Kirchenrecht gefolgerten Konsequenzen nicht unbeschränkt zu. In Art. 10 konfessionelles Gesetz hat sich der Staat darüber eine Kontrolle vorbehalten, indem er gewisse kirchliche Anordnungen seiner Prüfung unterstellt und die Genehmigung zu deren Veröffentlichung erst dann erteilt, wenn diese nicht mit den staatlichen Rechten im Widerspruch stehen oder anderweitig geeignet sind, staatliche Interessen zu verletzen. Nur in dieser Hinsicht steht ihm eine Ueberprüfung dieser Erlasse zu, denn in Dogmenfragen hat er sich im allgemeinen nicht zu mischen. Die Anwendung einer solchen Präventivmaßregel ist aus der Anschauung hervorgegangen, daß es für die Ruhe und Ordnung des Staates und die Achtung der Kirche weit zweckmäßiger sei, die Verordnungen vor deren Publikation zu prüfen, als nachträglich eventuell zurückzuziehen und ihre Wirkungen für nichtig erklären zu müssen.

Für die katholische Kirche finden sich auf dem rein kirchlichen Gebiete keine weitern Einschränkungen, dagegen für die evangelische. Wie schon erwähnt, sieht Art. 24 K. V. vor, daß in die, von der evangelischen Konfession anzustellende Organisation auch die Regelung der rein kirchlichen Angelegenheiten aufzunehmen sei. Dies ist geschehen durch die Organisation von 1892. Da aber das konfessionelle Gesetz nicht nur die großrätliche Sanktion für die Aufstellung der Organisation verlangt, sondern in Art. 4 jede Abänderung derselben der hoheitlichen Genehmigung unterwirft, so sind darin auch Modifikationen auf rein kirchlichem Gebiet inbegriffen. Aus diesem Grunde kann auch die Bestimmung des Art. 8 konfessionelles Gesetz, eventuell Anwendung auf die rein kirchliche Sphäre erhalten. — Schließlich sind alle Vorschriften, welche vom Staate über die Rechte und Amtsbefugnisse der konfessionellen Behörden erlassen sind, evangelischerseits auch für die kirchlichen Behörden bindend, da in dieser Religionsgesellschaft kirchliche und konfessionelle Behörden zusammenfallen. Soweit sich hierin Beschränkungen finden (Art. 12, 13, 14 konfessionelles Gesetz), gelten diese auch für den Fall, daß es sich um Verhältnisse kirchlicher Behörden, d. h. kirchlicher Gegenstände handelt.

Daraus ist ersichtlich, daß die Autonomie auf kirchlichem Gebiete für die evangelische Konfession weit mehr beschränkt ist, als für die katholische. Diese imparitätische Behandlung der beiden Kirchen rechtfertigt sich einerseits aus dem Verhältnis der evangelischen Kirche zum Staate (landesherrliches Regiment), anderseits aus den Grundlagen ihrer Kirchenverfassung selbst (Laienpriestertum) und den dazu geeigneten Mitteln, dieselbe durchführen zu können.

B. Die Besorgung der gemischten Angelegenheiten.

In Art. 24 K. V. sind die von jeder Konfession aufzustellenden Behörden befugt, die konfessionellen Angelegenheiten gemischter Natur unter Aufsicht und Sanktion des Staates zu besorgen. Diese Besorgung erfolgt aber nicht durch Erlaß einzelner administrativer Verfügungen dieser Behörden, sondern auf dem Wege der Aufstellung einer Organisation, die mit Gesetzeskraft ausgestattet wird und deren Grenzen durch K.-V. und Gesetze näher bezeichnet sind. Beide Konfessionsteile geben sich ihre Organisation für Besorgung der konfessionellen Angelegenheiten, welche nicht rein kirchlicher Natur sind, also für die res mixtae. Für die katholische Konfession ist die Besorgung der konfessionellen und klösterlichen (gemischten) und für die evangelische die Regelung der konfessionellen und rein (Siehe unter A) kirchlichen Angelegenheiten mit inbegriffen. Damit ist keine Autonomie der Kirche (Hierarchie) und ihrer kirchlichen Organe ausgesprochen, sondern eine Gesetzgebungsgewalt der katholischen und evangelischen Korporation, d. h. der vom katholischen beziehungsweise evangelischen Volk zum Kollegium beziehungsweise zur Synode zusammenberufenen Vertreter. Wie bereits ausgeführt, fällt der Unterschied der konfessionellen und kirchlichen Behörden für die evangelische Korporation dahin, da ihre kirchlichen Behörden in dieser Hinsicht auch „konfessionellen Charakter" tragen. Mit juristischer Konstruktion läßt sich eine Scheidung zwischen kirchlichen und konfessionellen Behörden auf evangelischer Seite insofern aufstellen, als man die evangelischen kirchlichen Behörden jeweils in der Eigenschaft als konfessionelle Behörden sich betätigen sieht, so oft es sich um Besorgung von Angelegenheiten gemischter Natur handelt. Doch ist diese Konstruktion unnatürlich und praktisch bedeutungslos.

Diese Ordnungsgewalt der Konfessionen ist nun

a) durch keine genau festgesetzten Schranken abgegrenzt,

b) von der Beobachtung bestimmter, vom Staate festge setzter Voraussetzungen abhängig.

a) Es gibt keine bleibend fixierte Grenze zwischen Staat und Kirche; daher gibt es keine erschöpfende Feststellung aller Angelegenheiten, welche sich auf das gemischte Gebiet beziehen: d. h. es kann nicht durch bleibende, alle Fälle erschöpfende Nor men festgestellt werden, wie weit der Staat berechtigt, beziehungs weise verpflichtet ist, Verfügungen der Kirche, welche das bür gerliche Gebiet berühren, anzuerkennen oder zurückzuweisen. Diese Befugnis übt nun aber im Kanton St. Gallen nicht der Staat durch jeweilige Vereinbarungen mit der Kirche oder ein seitig staatliche Gesetzgebung aus, sondern er hat dieses Recht größtenteils auf die Konfessionen und ihre Behörden übertragen und es vornehmlich ihrer Ordnungsgewalt überlassen, zu be stimmen, wie weit die Autonomie der Kirche sich auszudehnen befugt ist und in welchem Maße die konfessionelle Behörde berechtigt beziehungsweise verpflichtet ist, die ihr übertragene Wahrung der staatlichen Interessen durch gesetzliche Normen näher zu bestimmen. Da es nun nicht möglich ist, die ein zelnen Machtsphären genau zu scheiden, so sind die in den Or ganisationen gezogenen Grenzen veränderlich und haben auch im Laufe der Entwicklung stets Modifikationen erfahren.[1] Ab gesehen davon, daß der Staat damit einen Teil seiner Hoheits rechte den Konfessionen anheimgegeben hat, ist durch die wan delbare Umgrenzung der gegenseitigen Befugnisse, auch wenn sie formell in der Organisation statuiert sind, ein fortwährender Kompetenzkonflikt gegeben.

Neben der Besorgung dieser Angelegenheiten ist den Kon fessionen die Verwaltung (und Verfügung) über ihre Fonde

---

[1] Vergleiche die Organisationen von 1816, 1862 und 1892 bezw. 1893.

und Stiftungsgüter innerhalb der staatlichen Schranken und unter Aufsicht und Sanktion des Staates übergeben (Art. 24 K. V.) und in diesem Rahmen haben die konfessionellen Organisationen die erforderlichen Bestimmungen zu treffen. Diesen Verwaltungsorganismus bestimmten Grenzen einzufügen, ist weit einfacher, da schon die durch das Vermögen selbst gezogenen Schranken gegeben sind.

b) Die Autonomie der Konfessionen in der Aufstellung einer Organisation ist staatlicherseits beschränkt:

1. Durch Art. 24, K. V. (Sanktion des Großen Rates) und Art. 1 konfessionelles Gesetz.

2. Art. 3 konfessionelles Gesetz (Keine Schmälerung staatlicher Rechte).

3. Art. 5, 6 und 7 konfessionelles Gesetz und Art. 102 K. V.

In diesen Artikeln hat der Staat Vorschriften aufgestellt, welche bei Organisierung der konfessionellen Behörden durch die Organisation zu beobachten sind.

4. Art. 12 konfessionelles Gesetz.

Das darin normierte staatliche Verbot kann in der Organisation nicht negiert werden.

5. Art. 13₁ und 15₁ konfessionelles Gesetz und Art. 2 des Beschlusses vom 3. Juni 1874.[1)]

In diesen Artikeln sind den Konfessionen Verpflichtungen auferlegt, denen sie faktisch nachzukommen haben und gegenüber denen sie keine widersprechenden Bestimmungen in die Organisation aufzunehmen befugt sind. Finden sich dennoch solche (wie dies hinsichtlich Art. 15₁ der Fall ist), so haben sie keine materiellrechtliche Gültigkeit.

6. Art. 13₂ und 14 konfessionelles Gesetz und Art. 1 des Beschlusses vom 3. Juni 1874 (Seite 344).

Dadurch sind das staatliche Oberaufsichtsrecht über das Rechnungs und Steuerwesen der Konfessionen, der Recursus

---

[1)] Art. 2 dieses Beschlusses lautet: Die Wahl von Geistlichen auf Pfründen, welche nur vikariatsweise besetzt werden, sofern das Vikariat länger als acht Wochen dauert, unterliegt ebenfalls dem Plazet, sowie den Bestimmungen des Art. 1 (Seite 344).

ab abusu und das Deplazetierungsrecht für Geistliche gewahrt, so daß die konfessionellen Organisationen diesen staatlichen Befugnisse nicht derogieren können.

Außer diesen allgemeinen Beschränkungen in der konfessionellen Autonomie finden sich in den einzelnen Gebieten noch folgende Bestimmungen über Gegenstände gemischter Natur, die der Staat nicht der Ordnungsgewalt der Konfessionen überlassen hat.

1. In der Organisation der Kirchgemeinden.

In Art. 41 K. V. ist die Wahl und Stimmfähigkeit geordnet. In Art. 76 K. V. und 90₂ K.-V. sind Vorschriften über die Verwaltungsbehörden der Kirchgemeinden gegeben und in Art. 32 K. V. ist ihnen ihr Eigentum und dessen Verwaltung gewährleistet.[1] Im übrigen gilt Art. 144 des Organisationsgesetzes von 1867: Die Festsetzung der Organisation der Kirchgemeinden, deren Bestand und Umfang, sowie die Bestimmung über Verwaltung und Besorgung der Fonds und Stiftungsgüter derselben, ist unter der Aufsicht und Sanktion des Staates Sache der betreffenden Konfessionsteile und ihrer Oberbehörden.

2. Im Kollaturwesen.

Hierin haben sich die Konfessionen an das Kollaturgesetz von 1848 (Seite 156) zu halten, von dem 1899 nur noch die Bestimmungen über Anstellung und Entlassung der Geistlichen praktische Gültigkeit haben. Daneben gelten die einschlägigen Artikel des Bistumskonkordates, welche seit 1847 Gesetzkraft erlangten.

3. Im Gebiete des Vermögensrechtes.

Hier gilt wiederum Art. 32 K.-V., der neben dem Vermögen der Kirchgemeinden auch die konfessionellen Zentralgüter und ihre Stiftungen gewährleistet und die stiftungsgemäße Verwendung ihres Ertrages garantiert. Dazu treten die Bestimmungen des Gesetzes über das Steuerwesen in den Gemeinden vom 17. November 1858, durch welche die Kirchge-

---

[1] Aus dieser Gewährleistung und dem staatlichen Oberaufsichtsrecht überhaupt, fließt die in Art. 13 konfessionelles Gesetz enthaltene Befugnis des Reg.-Rates, die Vermögensausweise der einzelnen kirchlichen Genossenschaften und den darin enthaltenen Gang des Rechnungs- und Steuerwesens zu kontrollieren.

nossenschaften zur Erhebung von Steuern berechtigt werden,
wenn, Ausnahmen vorbehalten, die abgeschlossene und genehmigte
Jahresrechnung nachgewiesen hat, daß die ihnen zustehenden
Einnahmen nicht hingereicht haben, die pflichtigen Ausgaben
zu bestreiten. Die Steuern für das öffentliche Kirchen- und
Pfrundwesen sind nach Maßgabe des Staatssteuerregisters auf
die Genossen und Niedergelassenen, welche im Umfang der betreffenden Kirchgenossenschaften wohnen, zu verlegen. Dabei
dürfen von den Niedergelassenen Steuern nur dann und zwar
nach gleichem Maßstabe erhoben werden, wenn solche auch die
Genossen zu leisten haben. Wenn in einer katholischen oder
evangelischen Gemeinde Angehörige der andern Konfession sich
befinden, welche in Bezug auf Pastoration einer benachbarten
Kirchgenossenschaft des Kantons zugeteilt sind, so haben die
Betreffenden allfällige Kirchensteuern dahin zu entrichten, wohin
sie von kompetenter Behörde eingeteilt worden sind. Bei Dekretierung außerordentlicher Ausgaben ist die ausdrückliche Zustimmung des Reg.-Rates erforderlich, welche durch die konfessionellen
Oberbehörden eingeholt wird, nachdem diese vorangehend zuge-
stimmt haben. Schuldentilgungspläne müssen nach erteilter Genehmigung des Reg.-Rates den konfessionellen Oberbehörden
zur Kenntnis gebracht werden.

Das Vermögen der Kirchen und geistlichen Pfründen ist
von der Besteuerung ausgenommen. Wenn sich bei Abkurung
von öffentlichem Kirchen- und Pfrundgut mit dem Genossengut
einer Ortsgemeinde Anstände ergeben, so steht der endgültige
Entscheid beim Reg.-Rat, dieser hat aber die Vernehmlassung
der konfessionellen Oberbehörden einzuholen. Alles steuerbare
Vermögen der Ortsgemeinden, Korporationen, Klöster, Familien
und milden Stiftungen, sowie das Grundeigentum von außer
dem Kanton befindlichen Korporationen und Privaten ist (nach
dem Staatssteuerregister) steuerpflichtig an die Kirch- und Schulgenossenschaften ihrer Konfession, an letztere jedoch nur insoweit,
als das Primarschulwesen dadurch beschlagen ist. [1]

---

[1] Dieser Artikel (19) ist für die Schulen durch das Gesetz, das Steuer-
recht der Schulgemeinden betreffend, vom 26. November 1887 modifiziert. (G. S.
N. F. V S. 256.)

Diese eingreifenden Bestimmungen im Steuerwesen lassen der konfessionellen Autonomie wenig Spielraum.

4. Im Begräbniswesen.

Hier gelten die Normen des Begräbnisgesetzes von 1873 und des darauf basierenden Vollziehungsbeschlusses. (Seite 346). Wie weit sich die konfessionelle Autonomie auf diesem Gebiet geltend machen kann, geht aus unsern Ausführungen Seite 348 deutlich hervor.

5. In der Feiertagsordnung.

Siehe die Erörterungen Seit 378 ff.

6. Im Ehe- und Zivilstandswesen.

Dieses Gebiet ist gänzlich säkularisiert und der konfessionellen Autonomie vollständig entzogen.

7. Im Schulwesen.

Wie weit hierin noch konfessionelle Schranken bestehen, haben wir Seite 409 ff. gezeigt. (Art. 2—10. K.-V.) Ueber die von der katholischen Korporation unterhaltene katholische Knaben- und Mädchenrealschule in St. Gallen, stehen dem Staate keine Befugnisse zu. Die Institute liegen ausschließlich in den Händen der konfessionellen Behörden.

8. Im Armenwesen.

Siehe die Erörterungen Seite 153 f.

Folgende staatliche Normen bilden Beschränkungen, welche allein von der katholischen Konfession bei Aufstellung ihrer Organisation beachtet werden müssen.

1. Im Bistumswesen.

Gleich einem staatlichen Gesetze sind das Konkordat vom 7. November 1845 und der damit verbundene Vollziehungsbeschluß vom 11. März 1847 zu beachten und es können keine diesen Normen widersprechende Bestimmungen in die katholische Organisation aufgenommen werden. Auch das Regulativ des Großrats Kollegiums vom 18. Februar 1846 ist durch seine nominelle Aufführung in Art. 1 der Vollzugsbestimmungen rechtsverbindlich geworden. Daß den Bestimmungen der Bistumsbulle nichts Widersprechendes in die Organisation aufgenommen werde, unterliegt der Kognition des Staates insofern, als dieselbe Rechtsgültigkeit erlangt haben, was insoweit der

Fall ist, als sie sich mit dem Konkordat und dem Vollziehungsbeschluß decken und die Rechte des Staates anderweitig nicht
verletzen.

Das Exhortationsbreve von 1858 fällt hier außer Betracht,
dagegen bildet der Art. 11 konfessionelles Gesetz eine staatliche
Schranke.

2. Die Vorbildung der Geistlichen.

Auf diesem Gebiet hat sich der Staat jedes wirksamen
Rechtes begeben. In Kraft ist noch der Beschluß des Reg.-Rates
vom 5. Juli 1873 (Seite 341), welcher dem katholischen Geistlichen indirekt einen bestimmten Lehrgang vorschreibt, und der
diesen Beschluß abschwächende Zusatzartikel zu dessen Art. 3, vom
31. Dezember 1883, welcher lautet: „Kann ein solcher Geistlicher den tatsächlichen Nachweis durch seine seitherige Wirksam-
samkeit erbringen, daß er sich K.-V. und Gesetzen unterordnet
und bemüht ist, den konfessionellen und politischen Frieden zu
achten, so wird der Reg.-Rat die Frage der Plazetierung nicht
ohne weiteres verneinen, sondern sie nach Maßgabe der für
alle andern Wahlen von Geistlichen geltenden Grundsätze entscheiden."

3. Im Klosterwesen.

Im Klosterwesen findet die konfessionelle Autonomie keine
nominelle staatliche Schranke. Das in Art. 33 K.-V. aufgestellte Verbot muß berücksichtigt werden. Ueber die Steuerver-
verpflichtung siehe oben Seite 443.

Dieses sind die im Kanton St. Gallen geltenden staatlichen
Normen auf gemischtem Gebiete, welche bei Aufstellung der
konfessionellen Organisationen Beachtung finden müssen und
durch dieselben nicht derogiert werden können. Damit haben wir
das Gebiet umschrieben, innerhalb welchem sich die konfessionelle
Autonomie betätigen kann: einerseits bilden die Grenze die Kan-
tonal- und Bundesgesetzgebung überhaupt, andererseits die speziellen Bestimmungen auf gemischtem Gebiete und die daraus sich
ergebenden notwendigen Folgerungen. In diesen Grenzen (wozu
katholischerseits die Schranken der Kirchenverfassung hinzutreten)
besitzen die Konfessionen im Kanton St. Gallen eine selbständige
Autonomie, ein der Staatsgewalt ähnliches Gesetzgebungsrecht,

deſſen Normen für den Staat, die katholiſche und evangeliſche
Korporation als ſolche und die Kirche (katholiſcherſeits die
Hierarchie) Geſetzeskraft haben. Damit ſind wir auf die Merk
male geſtoßen, welche das ſt. galliſche Staatskirchenrecht vor den
meiſten andern auszeichnen: Die durch ſtaatliche Grenzen limitierte
Autonomie der Konfeſſionen auf gemiſchtem Gebiete, die daraus
ſich ergebende Notwendigkeit der Aufſtellung konfeſſioneller,
zwiſchen Staat und Kirche ſtehender Behörden und die durch
dieſe Behörden zu betätigende Handhabung eines Teiles der
ſtaatlichen Hoheitsrechte. Es kann demnach nicht von einer
Delegation des Staates an die konfeſſionellen Behörden be
treffend die Wahrung der ſtaatlichen Hoheitsrechte geſprochen
werden, ſondern es inhäriert vielmehr beim Beſtehen des Art. 24
K. V. der Ordnungsgewalt der Konfeſſionen, ihre Behörden
mit Ausübung aller derjenigen Rechte auf gemiſchtem Gebiete
zu betrauen, welche ſich der Staat nicht ausdrücklich vorbehalten
hat. Dies geht auch daraus hervor, daß der Staat nach Art. 3
konfeſſionelles Geſetz gezwungen iſt, den Organiſationen der
Konfeſſionen die Genehmigung zu erteilen, d. h. ſie mit Ge
ſetzeskraft auszuſtatten, wenn darin keine Schmälerung ſtaat
licher Rechte konſtatiert werden kann; eine ſolche Schmälerung
kann aber nur dann feſtgeſtellt werden, wenn über dieſes Ver
hältnis eine nominelle ſtaatliche Norm beſteht. Seit Einräumung
dieſes in Art. 24 K.-V. ſtatuierten Generalprivilegiums haben
wir im ſt. galliſchen Staatskirchenrecht mit drei Gewalten zu
rechnen: dem Staat, als oberſter Aufſichtsgewalt, mit Aus
übung derjenigen Hoheitsrechte, die er ſich ausdrücklich vorbe
halten hat, der katholiſchen und evangeliſchen Korporation mit
dem Geſetzgebungsrecht auf gemiſchtem Gebiete und Betätigung
der in ihren Organiſationen enthaltenen Befugniſſe, und ſchließ
lich der katholiſchen und evangeliſchen Kirche, für welch' letztere
jedoch konfeſſionelle und kirchliche Angelegenheiten, konfeſſionelle
und kirchliche Behörden im allgemeinen zuſammenfallen.

Der frei normierende, geſetzgebende Körper über die res
mixtæ iſt alſo nicht eine ſtaatliche, ſondern eine aus den Wahlen
der Konfeſſionsgenoſſen hervorgegangene, ſynodale Repräſentanz,
deren Verfügungen durch ſtaatliche Grenzen eingeengt ſind.

Diese Grenzen sind nun aber, wie wir bereits erwähnt haben, nicht für alle Verhältnisse genau zu bestimmen und es ist fort während der Fall vorauszusehen, daß die Ordnungsgewalt der Konfessionen in die Autonomie des Staates übergreift. Wenn sich daher Kompetenzkonflikte ergeben, so muß eine Gewalt als die stärkere auftreten und das ist diejenige des Staates; denn wenn er auch einen Teil seiner Hoheitsrechte an die Konfessionen verschleudert (durch Art. 24 K.-V.), so hat er deshalb doch seine Souveränität nicht preisgegeben. Die Souveränität inhäriert dem Staate stets voll und ganz, wenn auch in dem durch Art. 24 K.-V. umgrenzten Gebiet nur stillschweigend. Dieses äußert sich einmal darin, daß der Staat befugt ist, abgesehen von allen ausdrücklichen Bestimmungen, dann selbständig ord nend und verfügend aufzutreten, wenn seine Interessen ge fährdet erscheinen oder bereits gefährdet sind und ferner darin, daß er das Recht besitzt, durch Revision der K.-V. die kon fessionelle Autonomie soweit einzuschränken, daß er die Aus übung aller staatlichen Hoheitsrechte wiederum in eigene Hand nehmen kann.

Mit Aufstellung der Organisationen ist das Gesetzgebungs recht der Konfessionen nicht konsumiert. In Art. 81 Organi sation von 1893 hat sich die katholische, in Art. 27 Organisation von 1892 hat sich die evangelische Korporation das Recht ge wahrt, die Organisationen einer teilweisen oder gänzlichen Ab änderung zu unterziehen, für welche die Sanktion des Staates einzuholen ist. Die staatliche Genehmigungserklärung muß nach Art. 4 konfessionelles Gesetz erfolgen.

In den Organisationen ist den konfessionellen Behörden ferner die Befugnis eingeräumt worden, allgemeine Verord nungen zu Handen ihres Konfessionsteils zu erlassen. (Katho lische Organisation von 1893, Art. 16; evangelische Organisation von 1892, Art. 26). Diese Ordnungsgewalt ist staatlicherseits beschränkt durch die Art. 8 und 9 konfessionelles Gesetz.

Somit hat sich der Staat auch hierin ein ausgedehntes Kognitionsrecht vorbehalten, und konnte dasselbe nicht fallen lassen, wenn er nicht jede wirksame Kontrollierung überhaupt aufgeben wollte.

2. Die präventiven und repressiven Massregeln des Staates gegenüber der Kirche.

Wie wir bei Besprechung der kirchlichen und konfessionellen Autonomie angedeutet haben, hat sich der Staat zur Wahrung seiner Interessen ein ausgedehntes Aufsichtsrecht vorbehalten, das sich präventiv und repressiv äußert und sich teils direkt gegenüber der Kirche, teils gegenüber der konfessionellen Behörden geltend macht.

A. Gegenüber der Kirche.

a) Das Recht der Plazetierung.

Das Plazetierungsrecht findet im Kanton St. Gallen eine doppelte Anwendung. Es ist aus der Anschauung hervorgegangen, daß es für Staat und Kirche vorteilhafter ist, einen staatlichen Interessen widersprechenden Zustand nicht aufkommen zu lassen, als den bereits bestehenden wieder zu beseitigen.

α) Gegenüber den kirchlichen Erlassen.

In Art. 10 konfessionelles Gesetz ist das Verbot ausgesprochen, einen kirchlichen Erlaß (Bullen, Breven, Fastenmandate, Instruktionen 2c.) vor erfolgter regierungsrätlicher Bewilligung zu veröffentlichen. Es bleibt daher der Staatsgewalt vorerst überlassen, sich zu überzeugen, ob der Erlaß keine Bestimmungen enthalte, welche staatliche Gesetze verletzen oder anderweitig geeignet erscheinen, staatliche Interessen zu beeinträchtigen und in diesem Falle die Publikation ganz oder teilweise zu versagen. Eine der Plazetierung vorgängige Publikation ist nichtig und daher für das staatliche und kirchliche Gebiet ohne verbindliche Kraft. Ein materielles Ueberprüfungsrecht steht dem Staate aber nur insoweit zu, als die Verordnung Bestimmungen enthält, welche die bürgerliche Sphäre direkt berühren oder deren Konsequenzen voraussichtlich in das staatliche Gebiet hineinreichen. Da eine Strafe für gesetzwidrige Veröffentlichung nicht vorgesehen, so ist das konfessionelle Gesetz in dieser Hinsicht eine lex imperfecta. Eventuell müssen die allgemeinen Bestimmungen des St. G. B. von 1886 Anwendung finden; für qualifizierte Fälle der Art. 175 St. G. B.

β) Gegenüber der Wahl von Kirchendienern auf geistliche Amtsstellen.

Nach Art. 1 der Vollzugsbestimmungen zum Konkordat vom 11. März 1847 unterliegt die Bischofswahl,[1] nach Art. 9 derselben diejenige der Residentialkanoniker und Vikare dem hoheitlichen Plazet. Damit hat sich der Staat ein Genehmigungsrecht für die Wahlen der einflußreichsten Amtsstellen der kirchlichen Oberbehörden vorbehalten, was für ihn um so eher von Wichtigkeit erscheint, als die Exklusive bei der Bischofswahl vom katholischen Kollegium, die Wahl auf gewisse Kanonikate vom Administrationsrate ausgeübt wird. Es steht dem Staate also zu, eine vom Domkapitel, nach vorgängiger Exklusive des Kollegiums, getroffene Bischofswahl für nichtig zu erklären und einer solchen, dem Staat nicht genehmen Person jegliche, aus seinen Amtsbefugnissen fließenden Handlungen zu untersagen. Auch hier finden sich keine Strafbestimmungen für den Fall, daß der gewählte, vom Staate nicht plazetierte Bischof, sein Amt dennoch antritt und ein bedenklicher Konflikt müßte entstehen, wenn das katholische Kollegium die vorgesehenen bischöflichen Dotationen dennoch aushändigte.

In Art. 15 konfessionelles Gesetzes hat sich der Staat ein Plazetierungsrecht für sämtliche Wahlen von Geistlichen auf st. gallische Pfründen und in Art. 2 des Beschlusses vom 3. Juni 1874 für sämtliche Wahlen von Geistlichen auf Pfründen, welche nur vikariatsweise besetzt werden, sofern das Vikariat länger als 8 Wochen dauert, ausdrücklich gewahrt. In diesen Fällen sind gewisse gesetzliche Bestimmungen fixiert, an welche sich der Staat bei der Plazetierung oder Verweigerung der hoheitlichen Anerkennung zu halten hat. Für die Bischofswahl-Genehmigung müssen die Requisite des Art. 9 Konkordat und Art. 1 Ausführungsbeschluß, für die Kanonikatswahl Genehmigung diejenigen von Art. 14 Konkordat erfüllt sein. Für die Pfrundwahl-Genehmigung gelten die in den Erwägungen zum Beschlusse vom 5. Juli 1873[2] aufgestellten Gesichtspunkte, wonach der Geistliche in Bezug auf seinen Wandel und sein Vorleben die notwendige Gewähr bieten muß für Erfüllung

---

[1] Ueber die Plazetierung der Bischofswahl siehe die Ausführungen S. 314.
[2] G. S. N. F. S. 59 II.

der wichtigen Pflichten seines Amtes und nicht die Annahme
begründet sein darf, daß der Gewählte den Grundsätzen und
Vorschriften der Bundes- und K.-V. und den Landesgesetzen
entgegenwirke, zu Haß und Verfolgung Andersgesinnter auf
stachle und durch Mißbrauch seiner Stellung und seines Amtes
den konfessionellen und politischen Frieden störe. Damit sind
dem Staate Anhaltspunkte gegeben, nach welchen er sich bei
Erteilung der Wahlanerkennung zu richten hat, und er kann
die Plazetierung nicht verweigern, wenn keine der normierten
Tatsachen oder gerechtfertigten Befürchtungen vorliegen. Im
Falle der Nichtplazetierung kann das Amt nicht angetreten
werden; der Geistliche erlangt nicht die Stellung eines öffentlichen Beamten: er besitzt kein Klagerecht auf Aushändigung
der Temporalien und anderer Einkünfte, und seine Amtshandlungen sind für Kirche und Staat nichtig. Besondere Strafbestimmungen für Zuwiderhandelnde sind nicht statuiert: weder
für den Geistlichen, der gesetzwidrig das Amt handhabt, oder
für den Bischof der seine Admission erteilt, noch für den Kirchenverwaltungsrat, der das Amtseinkommen aushändigt. Es
müssen daher wieder die allgemeinen Bestimmungen des St. G.-B.
von 1886 eventuelle Anwendung finden.[1]

b) Das Recht der Deplazetierung.

Das Deplazetierungsrecht des Staates ist enthalten in
Art. 1 des Beschlusses vom 3. Juni 1874 (S. 344), über dessen
verfassungsmäßige Gültigkeit wir uns (S. 345) ausgesprochen
haben. Es ist keine gesetzliche Bestimmung vorhanden, welche
diese Befugnis des Staates näher umschreibt in dem Sinne,
ob der Staat darin wirklich den Entzug des Amtes (das
er ja nicht verliehen hat), eine dauernde Suspension von dem

---

[1] So Art. 162 St.-G.-B.: „Wer sich ein Amt anmaßt, oder öffentliche
Verrichtungen ausübt, welche ihm nicht zustehen, unterliegt einer Geldbuße bis
auf 500 Fr., womit die Einstellung im Aktivbürgerrecht verbunden werden kann.“
Und Art. 171 St.-G.-B.: „Den Beamten und öffentlichen Bediensteten sind gleich
zu halten und unterliegen den gleichen Strafbestimmungen (Art. 165—170, Verbrechen und Vergehen von Beamten und Angestellten. Vertrauensmißbrauch.)
1. Geistliche . . . . hinsichtlich aller ihrer Verrichtungen, welche ihnen kraft
staatlicher Gesetze oder Verordnungen obliegen, oder welche sonst bürgerlicher
Natur sind.

selben oder eine bloße Nichtigkeitserklärung aller aus den Amtsbefugnissen sich ergebenden Handlungen, nebst dem Entzug aller durch das Amt gebotenen Vorteile sieht. Unzweifelhaft ergeben sich aus der Deplazetierung dieselben Nachteile für den Kirchendiener, welche wir S. 450 hervorgehoben haben für den Fall, daß einem Geistlichen die hoheitliche Anerkennung seiner Wahl versagt wird; jedoch kann durch die Entziehung der „missio civilis" durch den Staat, das durch die Admission verliehene jus in re rechtlich nicht aberkannt und die Gültigkeit des kirchenrechtlich reglementarisch erworbenen Amtes nicht einseitg vom Staate aufgehoben werden. Ueber die kirchlich-dogmatische Stellung des Geistlichen ist damit nichts entschieden. Gegen den gesetzwidrig weiter amtierenden Geistlichen finden die allgemeinen Bestimmungen des St.-G.-B. Anwendung.

Das Deplazetierungsrecht kann nach der Theorie gegen alle diejenigen Personen wirksam gemacht werden, gegenüber welchen dem Staate das Plazetierungsrecht zusteht. Denn wenn der Staat befugt ist, dem Kirchendiener seine hoheitliche Anerkennung unter gewissen Voraussetzungen zu versagen, so muß ihm auch das Recht zugesprochen werden, das Plazet allen Personen zu entziehen, welche diese Voraussetzungen nach Antritt ihres Amtes erfüllen. Das Kriterium kann nicht in dem frühern oder spätern Eintritt der gegebenen Voraussetzungen für die Unfähigkeitserklärung zur Amtsführung gesucht werden. Aus diesem Grunde muß durch extensive Interpretation des Art. 1 des Beschlusses vom 3. Juni 1874 das staatliche Deplazetierungsrecht auch auf das Amt des Bischofs, der Residentialen und Vikare ausgedehnt werden.

Das vielerorts aus dem Deplazierungsrecht gefolgerte „Notbesetzungsrecht" des Staates kennt der Kanton St. Gallen nicht. Nach dem Art. 38 katholischer Organisation von 1893 wäre der Staat auch nicht befugt, durch die Kirchgemeinde gegen den Willen der kirchlichen Oberbehörden eine Wahl vornehmen zu lassen. Dieselbe wäre nichtig, da nach diesem Art. 38 die Wahl eines Geistlichen mit Verweigerung der bischöflischen Admission dahinfällt. — Das Deplazetierungsrecht, als Ausfluß der staatlichen Hoheitsrechte, wird durch den Reg.-Rat gehand habt, wobei der Rekurs an den Großen Rat vorbehalten ist. Ein besonderer Gerichtshof für kirchliche Angelegenheiten fehlt: so weit das St.-G.-B. gehandhabt werden muß, treten die ordentlichen Gerichte ein.

c) Der Recursus ab abusu.

Der Art. 14 konfessionelles Gesetz kennt nur einen Rekurs gegen die Verfügungen der „Konfessionsbehörden", unter welchen katholischerseits die kirchlichen Behörden und Beamten im allgemeinen nicht inbegriffen sind.

Dieser Artikel muß insofern extensiv interpretiert werden, als damit auch ein Rekurs gegen die Maßnahmen der kirchlichen Behörden und Beamten statuiert ist. Dies erhellt aus der im Kanton geübten Praxis (z. B. Streitfall von Alois Fuchs), aus dem Deplazierungsrecht des Staates, das der Reg.-Rat aus eigener Kognition oder auf Antrag der vom Amtsmißbrauch Betroffenen handhaben kann, und aus den Bestimmungen des St. G.-B., die auf dem Wege der Klageerhebung beim Reg.-Rat zur Anwendung gebracht werden können. Dagegen sind keine Anhaltspunkte gegeben, daß der Rekurs in doppelter Weise gehandhabt werden kann, wie der appel comme d'abus in Frankreich, nach welchem eine Beschwerde auch zulässig ist, wegen Verletzungen der besondern Gestaltung der kirchlichen Verfassung und der kirchlichen Einrichtungen des Landes durch die Curie und die geistlichen Behörden.[1]

Es giebt im Kanton keine erschöpfende Aufzählung der Fälle, in welchen der Rekurs an den Staat ergriffen werden kann, und keine Fixierung der Strafen, welche bei begründetem Amtsmißbrauch eintreten. In Art. 14 konfessionelles Gesetz ist allgemein die Klageerhebung gestattet:

1. Bei stiftungs- und zweckwidriger Verwendung und gesetzwidriger Verwaltung der Fonds der Kirchen- und Pfrundgüter.

2. Bei Mißbrauch und Ueberschreitung der Amtsgewalt überhaupt.

Für letzteres hat der Staat in den Seite 344 erwähnten Fällen gegenüber Geistlichen die Strafe der Deplazierung

---

[1] Siehe Hinschius a. a. O. S. 321.

aufgestellt und Kriminalstrafe nach Art. 174 und 175 St.-G.-B. in folgenden Fällen:

Der Geistliche kann mit Geldstrafe bis 1000 Fr. oder Gefängnis bis zu einem Jahr (unvorgegriffen der Ausübung der staatlichen Hoheitsrechte) bestraft werden:

Bei Verletzung der Glaubensfreiheit, der Störung des konfessionellen Friedens und der Beschimpfung der vom Staate anerkannten Religionsgesellschaften, dadurch, daß er vorsätzlich:

a) Handlungen begeht, welche geeignet sind, den Frieden unter den vom Staate anerkannten Religionsgesellschaften zu stören oder Glaubenshaß oder Verfolgung wegen religiöser Ansichten und Bekenntnisse zu stiften, oder durch welche Jemand wegen seines Glaubens beschimpft wird;

b) in einer, öffentliches Aergernis erregenden Weise die Gegenstände der Verehrung einer solchen Religionsgesellschaft lästert oder aushöhnt: oder

c) die öffentlichen und gottesdienstlichen Versammlungen einer vom Staate anerkannten Religionsgesellschaft, wider rechtlich verhindert oder stört.   Unter dieselben Strafbestimmungen fallen Geistliche, welche in Ausübung ihrer amtlichen und seelsorgerischen Verrichtungen ihre öffentliche Stellung zur Lästerung von K.-V., Gesetzen, obrigkeitlichen Erlassen und gesetzlichen Einrichtungen mißbrauchen.

Nach Art. 171 St.-G.-B. ist der Geistliche rücksichtlich aller seiner Verrichtungen, welche ihm kraft staatlicher Gesetze oder Verordnungen obliegen oder welche sonst bürgerlicher Natur sind, den Beamten und öffentlichen Bediensteten gleich zu halten und unterliegt den gleichen Strafbestimmungen (Art. 165—170 St.-G.-B.), so daß auch hier die Kirchendiener zur Klage passiv legitimiert erscheinen.

In allen Fällen, wo der Rekurs an den Reg.-Rat geleitet wird, hat derselbe nur dann zu entscheiden und zu verfügen, wenn dies auf Grund der staatlichen Hoheitsrechte erfolgt, während er die Angelegenheiten, die ihre Erledigung nach dem St.-G.-B. finden sollen, an den zuständigen Richter zu überweisen hat.   Dabei ist ihm in Art. 14 konfessionelles Gesetz im allgemeinen überlassen, den Fall je nach Ergebnis seiner

Untersuchung an die richterlichen Behörden zu leiten, selbst eine Entscheidung zu treffen oder dem Großen Rate darüber Bericht zu erstatten. Gegen die Verfügungen des Reg.-Rates bleibt der Rekurs an den Großen Rat offen.

Abgesehen von den gesetzlich fixierten Fällen kann der Rekurs an den Reg.-Rat immer dann ergriffen werden, wenn es sich um Verletzung der öffentlichen Rechtsordnung handelt und der Staat ist befugt mit repressiven Mitteln dieselbe wieder herzustellen.

Das Mittel der Temporaliensperre, Ausweisung aus einem bestimmten Gebiet, Anweisung eines bestimmten Aufenthalts-ortes ꝛc. kennen die st. gallischen Gesetze nicht als Folgen des begründeten Rekurses.

d) Der Geistlichen-Eid.

Der aus Art. 15₂ konfessionelles Gesetz abgeleitete Re-gierungsbeschluß vom 24. September 1866 lautet in Art. 1: „Jeder im Kanton St. Gallen anzustellende Geistliche, der nicht Kantons- oder Schweizerbürger ist, soll für Beobachtung der Landesgesetze nach folgender Eidesformel beeidigt werden:

„Ihr sollet angeloben und schwören, der verfassungsmäßigen Ordnung und Obrigkeit des Kantons St. Gallen Treue und Gehorsam zu leisten, Euch den Gesetzen des Kantons zu unter-ziehen und deren Vollziehung weder unmittelbar noch mittelbar Hindernisse in den Weg zu legen, sowie überhaupt den Nutzen des Kantons zu fördern und seinen Schaden zu wenden." Dazu Art. 2₂ des Beschlusses: Vor der Eidesleistung darf der Geist-liche seine amtlichen Verrichtungen nicht antreten.

Neben diesen Kirchendienern hat der Bischof nach Art. 3 des Ausführungsbeschlusses von 1847 gemäß Art. 10 Konkordat in die Hände der Abgeordneten des Reg.-Rates des Kantons den Eid der Treue zu leisten. (Die Formel siehe S. 220.)

Damit hat sich der Staat eine Garantie geben lassen wollen, daß der geistliche Amtsdiener die K.-V. und gesetzliche Ordnung gewissenhaft befolgt. Die Ausübung jeder Amts-handlung vor Ablegung des Eides ist nichtig. Strafbestimm-ungen für gesetzwidriges Amtieren in dieser Hinsicht sind keine aufgestellt. Im allgemeinen Geistlichen-Eid ist keine Klausel

vorhanden, durch welche die Rechte der Kirche gegenüber den
Staatsgesetzen für den Schwörenden gewährleistet sind; auch
findet sich darin keine Erklärung, daß vom Schwörenden nichts
gefordert werde, was mit den Gesetzen der Kirche unvereinbar
sei, wie dies im Bischofseid der Fall ist durch den Schlußsatz:
. . . plenam mihi libertatem stabilitam intelligam ad omnia
mea erga Deum et Ecclesiam officia fideliter implenda. Durch
diesen innern Widerspruch des Eides selbst, daß der Staat die
Beobachtung von K. W. und staatlichen Gesetzen nur insoweit
fordert, als dies mit Erfüllung aller Pflichten gegen Gott und
die Kirche möglich ist, fällt jede Bedeutung des Bischofseides
für den Staat dahin, abgesehen davon, daß jeder vom Staat
geforderte Eid, insofern er kirchlichen Gesetzen widerspricht, von
der Kirche als nichtig erklärt werden kann. Um den nämlichen
Erfolg zu erzielen, d. h., das Gewissen des Priesters zum Gehorsam gegen die Gesetze heranzuziehen, hat der Staat für
Ablegung des kirchlichen Eides des Bischofs eine Präventivmaßregel [1]) aufgestellt, indem dem Reg.-Rat jeweils bei Ablegung des kanonischen Bischofseides durch Mitteilung des bei
der Konsekration abzufassenden Verbalprozesses, befriedigender
Ausweis geleistet werden muß, daß die Stelle: hæreticos,
chismaticos et rebelles eidem domino nostro vel successoribus prædictis pro posse persequar et impugnabo, wegbleibe.
Das staatliche Verbot der Ablegung dieses Gelübdes ist zu
Gunsten der nichtkatholischen Bevölkerung des Kantons St. Gallen
aufgestellt.

B. Gegenüber den konfessionellen Behörden.

a) Das Recht der Plazetierung.[2])

In Art. 24 K. W. ist dem Staate das Recht gegeben, die
vom katholischen und evangelischen Konfessionsteil aufgestellten
Organisationen durch den Großen Rat sanktionieren zu lassen.
Der, die nämliche Befugnis enthaltende Art. 1 konfessionelles
Gesetz fügt hinzu, daß diese organischen Verordnungen nach
der hoheitlichen Genehmigung gesetzliche Kraft haben. Die Prä-

---

[1]) In Art. 4 Ausführungsbeschluß.

[2]) Wir gebrauchen hier den Ausdruck Plazet auch gegenüber den Verordnungen der konfessionellen Behörden.

ventivmaßregel kann nach Art. 3 konfessionelles Gesetz in dem
Sinne geltend gemacht werden, als der Staat unter gewissen
Bedingungen (bei Schmälerung staatlicher Rechte) das Recht
hat, die gesamte Organisation oder einzelne Artikel derselben
mit Angabe der Gründe zu neuer Beratung an die betreffende
Konfession zurückzuweisen. Die Organisationen besitzen also erst
nach erfolgter Genehmigung gesetzliche Kraft und alle vorher
auf Grund der Organisation vorgenommenen Amtshandlungen
sind für das konfessionelle und staatliche Gebiet nichtig. Für
gesetzwidrig amtierende Personen gelten die Bestimmungen des
allgemeinen St. G. B., ebenso ahndet der Staat Uebertretungen
der sanktionierten Organisationen wie diejenigen eines staat
lichen Gesetzes.

Der Anhaltspunkt für den Staat bei der Sanktionierung
der Organisationen liegt in Art. 3 konfessionelles Gesetz, wonach sie keine Schmälerung staatlicher Rechte enthalten dürfen.
Dazu haben wir betont, daß es ein aus der Souveränität des
Staates fließendes Recht ist, in den Organisationen keinen
Zustand dulden zu müssen, welcher, abgesehen von der direkten
Verletzung staatlicher Rechte, überhaupt geeignet erscheint, die
staatlichen Interessen zu gefährden. Bei Plazetierung der kon
fessionellen Erlasse die unter Art. 4 und 8 konfessionelles Gesetz
fallen, gelten die nämlichen Gesichtspunkte. Nach Art. 9 kon
fessionelles Gesetz muß die staatliche Genehmigung zugleich mit
der gutgeheißenen Verordnung bekannt gemacht werden. In
Art. 11 konfessionelles Gesetz ist dem Staate die Befugnis eingeräumt, die Verständigung des katholischen Kollegiums mit
der kirchlichen Oberbehörde über Aenderungen im Bistum der
Genehmigung des Großen Rates zu unterstellen; ebenso bestimmt Art. 23 Konkordat: Quodsi in posterum alii quoque
Pagi cum incolis suis catholicis ad Diœcesim Sangallensem
accedere velint, dispositiones ad hoc requisitæ ulteriori conventioni reservantur, wobei das rechtmäßige Zustandekommen
einer spätern Uebereinkunft unter Mitwirkung der Staatsgewalt erfolgen muß.

Wie weit dem Staat in den speziellen Fällen, z. B. bei
Dekretierung von Steuern, Neubildung von Kirchgemeinden 2c.,

das Recht zusteht, den Verfügungen der konfessionellen Behörden die hoheitliche Genehmigung zu erteilen, haben wir bei Besprechung der einzelnen Gebiete, die sich auf die gemischten Angelegenheiten beziehen, jeweils hervorgehoben.

b) Das Recht der Deplazetierung.

Wie der Staat gegenüber den Wahlen in die konfessionellen Behörden kein Genehmigungsrecht besitzt, so steht ihm auch in keiner Weise zu, ein Mitglied einer konfessionellen Behörde als unfähig zur weitern Bekleidung seiner Stelle zu erklären.

c) Der Recursus ab abusu.

Das Rekursrecht gegen die Verfügungen der konfessionellen Behörden ist in Art. 14 konfessionelles Gesetz gewährleistet. Im Gegensatz zum Rekursrecht gegen die kirchlichen Behörden erklärt hier der Staat den Rekurs nicht nur dann als begründet, wenn ein Uebergriff in die Rechtsordnung des Staates vorliegt, sondern auch dann, wenn Klage erhoben wird über Verletzung der von den Konfessionen aufgestellten Organisationen. Denn dadurch, daß die Organisationen die Angelegenheiten gemischter Natur regeln und sie der Staat durch die Sanktionserteilung mit Gesetzeskraft ausgestattet hat, liegt es in seinen Interessen, eine gesetzmäßige Durchführung derselben zu verlangen. Daher gewährt er dem, durch eine Ungesetzlichkeit Benachteiligten seinen staatlichen Schutz und weist die Eingriffe in das kirchliche und staatliche Gebiet zurück. Besondere Strafbestimmungen für Ueberschreitung der konfessionellen Amtsgewalt oder anderweitig für begründet erklärte Rekurse bestehen nicht: es gelten daher die allgemeinen Bestimmungen des St. G.-B., da die konfessionellen Behörden im übrigen keine Sonderstellung im Staate einnehmen. Außer in den in Art. 14 konfessionelles Gesetz vorgesehenen Fällen ist der Rekurs unter speziellen Voraussetzungen für begründet zu erklären. Diese Voraussetzungen haben wir jeweilen bei Besprechung der einzelnen Gebiete angegeben (z. B. im Steuerwesen, Begräbniswesen ꝛc.). Die Bedingungen unter welchen die staatliche Verwaltungsbehörde oder die ordentlichen Gerichte zu entscheiden haben, sind die nämlichen, wie im Rekurse gegen die Kirche.

d) Der Eid.

Die konfessionellen Behörden des Kantons St. Gallen leisten dem Staate keinen Eid für getreue Erfüllung der Amtspflichten oder Beobachtung der Staatsgesetze.

3. Der staatliche Rechtsschutz der Kirche.

Mit der Gewährleistung der katholischen und evangelischen Kirche durch Art. 23₁ und 24 K.-V. als Anstalten des öffentlichen Rechtes, mit der Uebertragung einer autonomischen Gesetzgebungsgewalt auf die Konfessionen, hat der Staat nicht nur ein Interesse gewonnen, die katholische und evangelische Korporation durch präventive und repressive Maßregeln innerhalb der von ihm gesetzten Grenzen zu halten, sondern auch die ihnen anheimgegebenen Rechte zu schützen, insoweit dieselben die äußere Rechtsordnung und die mit Gesetzeskraft ausgestatteten Normen berühren. Der Staat erfüllt damit ein Postulat, das er mit der Rezeption dieser Religionsgenossenschaften in den öffentlich-rechtlichen Organismus übernommen hat und eine ethische Pflicht, die er nicht negieren kann, so lange er die katholische und evangelische Kirche gewährleistet.

A. Die einzelnen Gegenstände des Staatsschutzes.

Der Staat hat in Art. 24 K.-V. die Kirchenverfassung der katholischen Kirche indirekt anerkannt und diejenige der evangelischen Kirche durch Sanktionierung der „Organisation der evangelischen Kirche" vom 29. November 1892. Der Durchführung dieser rein kirchlichen Ordnungen (soweit solche auch in der evangelischen Organisation enthalten sind) auf kirchlichem Gebiet leiht der Staat im allgemeinen seinen Schutz nicht: denn wo er denselben gewährleistet, muß er sich überzeugen können, daß derselbe rechtmäßig gewährleistet ist. Dies wäre beim staatlichen Schutz der Kirchenverfassungen im allgemeinen nicht der Fall: denn es steht dem Staate nicht an zu entscheiden, ob dieselben gesetzmäßige Anwendung gefunden haben, ob der Bischof das kanonische Recht verletzt habe oder nicht. Der Staat schützt daher die kirchliche Gesetzgebung nur insoweit, als ihre Durchführung auf bürgerlichem Gebiete nach B.-V. und K. V. gestattet und für den Staat und die Kirche von Interesse ist.

Dagegen leiht der Staat seinen vollen Rechtsschutz den-jenigen Normen, welche aus Vereinbarungen zwischen Staat und Kirche, oder konfessionellen Behörden und Kirche unter staatlicher Genehmigung, oder aus der Ordnungsgewalt der Konfessionen allein unter Sanktion des Staates hervorgegangen sind. Alle diese Verfügungen und die sich daraus ergebenden gesetzmäßigen Konsequenzen schützt der Staat wie einen ein-seitig staatlichen Erlaß und ahndet die Uebertretung derselben wie diejenige eines Staatsgesetzes. Er sucht damit der Kirche volle Garantie zu bieten, daß die durch die konfessionellen Or-ganisationen und anderweitigen Verfügungen statuierten Grenzen inne gehalten und die Kirche in der ihr eingeräumten Sphäre nicht beeinträchtigt werde. Umgekehrt sind dadurch die Einrich-tungen der Konfessionen geschützt gegen die Eingriffe der kirch-lichen Gewalt. Schließlich ist damit auch dafür gesorgt, daß die durch den Staat selbst gezogenen oder von ihm anerkannten Grenzen durch seine staatlichen Organe nicht verletzt und wider-rechtliche Beschränkungen zurückgewiesen werden.

So schützt der Staat teils die ideellen Güter der Konfes-sionen, wie den konfessionellen Frieden, die ihnen vom Staate zuerkannte Achtung, die Verehrung der religiösen Gegenstände (Art. 174 St. G. B.) 2c., teils ihre äußern Kultuseinrichtungen, ihre öffentlichen und gottesdienstlichen Versammlungen 2c. (Art. 174 St. G. B.). Er anerkennt die Geistlichen als öffent-liche Beamte (Art. 171 St. G. B.) und gewährt ihnen und ihrer Wirksamkeit den nämlichen staatlichen Schutz. Er nimmt eine Anzahl der gemeinsamen Festtage als öffentliche Ruhetage in das Staatsleben auf und läßt ihnen seinen besondern polizei-lichen Schutz angedeihen; daneben garantiert er Ruhe und Ord-nung an weitern, den Konfessionen nicht gemeinsamen Feiertagen. Er schützt die Fonde der Kirchen- und Pfrundgüter der einzelnen Kirchgemeinden und der gesamten Korporation und leiht seinen Arm zur Beitreibung gesetzlich erhobener Steuern und Bußen.

Durch diesen Rechtsschutz macht der Staat die Kirche ge-eignet, ihren religiösen Aufgaben innert den staatlichen Grenzen ungehemmt nachzukommen und sichert sie im Genuß der ihr vom Staate garantierten Rechtsbefugnisse.

B. Die Mittel des staatlichen Rechtsschutzes.

Der Staat übt das Schutzrecht, das er seinen beiden in Art. 23, und 24 St.-B. gewährleisteten Kirchen angedeihen läßt, in doppelter Weise. Einmal auf Grund der staatlichen Hoheitsrechte, indem er den kirchlichen und konfessionellen Behörden das Recht offen hält, Klagen über gesetzwidrige Verwaltung und Mißbrauch und Ueberschreitung der Amtsgewalt beim Reg.-Rate anzubringen (Art. 14 konfessionelles Gesetz). Dabei ist der Reg.-Rat genötigt, durch Geltendmachung der staatlichen Hoheitsrechte jede Schmälerung und rechtswidrige Einwirkung der gesetzlich anerkannten kirchlichen und konfessionellen Gewalt zurückzuweisen oder die Angelegenheit zu weiterer Behandlung in diesem Sinne dem Großen Rate zu übergeben. Die jeweils vom Staate anzuwendenden Schutzmittel sind von ihm kasuell zu bezeichnen.

Zweitens hat der Staat einen besondern Rechtsschutz für die Kirche festgestellt in Art. 174 St. G. B. von 1886, bei dessen Anwendung die zuständige richterliche Behörde in Funktion tritt. In diesen Bestimmungen des St. G. B. sind außer der allgemeinen Glaubensfreiheit die vom Staate anerkannten Religionsgenossenschaften besonders geschützt gegen Beschimpfung, Störung ihres Friedens, Lästerung oder Aushöhnung in einer öffentliches Aergernis erregenden Weise der Gegenstände ihrer Verehrung und widerrechtliche Verhinderung und Störung der öffentlichen oder gottesdienstlichen Versammlungen. Die Strafe kann bis auf 500 Fr. oder Gefängnis bis auf 6 Monate ausgesprochen werden; auch kann Kumulation der Strafen eintreten.

Die Behörde, welche um Gewährung des Rechtsschutzes angegangen werden muß, ist der Reg.-Rat, dem es seinerseits zusteht, die Sache an die staatliche Verwaltungsbehörde (Reg.-Rat beziehungsweise Großer Rat) oder an die ordentlichen Gerichte zu überweisen.

Der Staat macht daher sein jus advocatiæ in breitestem Rahmen geltend und Kirche und Konfession sind gegen jeden rechtswidrigen Eingriff gesichert.

Anhang.

De lege ferenda.

Es ist nicht die Aufgabe der Schlußbetrachtung, die vielen auf dem Gebiete des st. gallischen Staatskirchenrechtes hervorgehobenen Mängel in K.-V., Gesetzen und Organisationen zusammenzustellen und eine den Gesetzen der Wissenschaft konformere Normierung derselben zu beantragen.

Das st. gallische Staatskirchenrecht ist durchaus ungeeignet, einem wissenschaftlichen System, einer doktrinären Schablone eingefügt zu werden, denn die 1814 geschaffenen Grundlagen und althergebrachten Anschauungen über Staat und Kirche, machen schon den Versuch zur Annäherung an eine Revision in diesem Sinne außerordentlich schwierig.

Die folgenden Vorschläge sollen daher nur für solche Punkte angebracht sein, für welche eine Aenderung auf Grundlage des modernen, allgemeinen Staatskirchenrechtes durchaus geboten erscheint, ohne die historischen Ueberlieferungen zu sehr beeinträchtigen zu müssen.

1. Art. 24. K.-V. (Beilage 2).

Durch die ganze Arbeit zieht sich die Tendenz, den seit dem Jahre 1814 bestehenden Zustand des Verhältnisses von Staat und Kirche als einen staatsrechtlich unrichtigen, für den Staat unvorteilhaften, darzustellen. Zur Begründung einer Revision des Art. 24 K.-V. mögen daher hauptsächlich die Erwägungen, welche in der historischen Entwicklung fortwährend wiederkehren, maßgebend und hier nur noch folgende kurze Ausführung angebracht sein.

Es ist staatsrechtlich falsch und für den Staat inopportun, zwischen Staat und Kirche eine dritte Gewalt einzuschieben und derselben ein autonomisches Gesetzgebungsrecht zur Regelung der Angelegenheiten gemischter Natur einzuräumen, durch sie konfessionelle, zwischen Staat und Kirche stehende Behörden aufstellen zu lassen und denselben die Wahrung aller derjenigen staatlichen Hoheitsrechte gegenüber der Kirche zu extradieren, welche sich der Staat nicht ausdrücklich vorbehalten hat.

Wir haben oft darauf hingewiesen, daß durch die prinzipiellen Gegensätze, in welchen Staat und katholische Kirche stehen, eine konfessionelle Behörde, wie sie im Kanton St. Gallen existiert, weder dem Staate noch der Kirche Garantie bietet, daß die staatlichen und kirchlichen Interessen gehörig gewahrt werden; daß es bei der Unmöglichkeit, eine feststehende Grenze zwischen Staat und Kirche zu ziehen zu fortwährenden Kompetenzkonflikten zwischen staatlichen und konfessionellen Behörden kommen muß; daß eine konfessionelle Behörde in erster Linie die Interessen ihrer Konfession zu vertreten sucht und im Zweifel der Geltendmachung eines Rechtes, in den meisten Fällen zu deren Gunsten entscheiden wird; daß der Staat in vielen Fällen zu einer bloß kontrollierenden Stellung herabgesunken ist und ihm ein positives Mitwirkungsrecht vielfach mangelt; daß aber einzig eine staatliche Behörde befugt sein kann, die Autonomie auf gemischtem Gebiete zu betätigen, d. h. die Rechte des Staates gegenüber der Kirche abzugrenzen, sei es auf dem Wege der Vereinbarung zwischen Staat und Kirche oder auf dem Wege der einseitig staatlichen Gesetzgebung: daß es der staatsrechtlich allein richtige Standpunkt ist, wenn der Staat die volle Ausübung seiner Hoheitsrechte gegenüber der Kirchengewalt in eigener Hand behält und so allein ein klares Verhältnis zwischen Staat und Kirche erzielt werden kann.

Der neue Art. 24 K.-B. muß demnach die konfessionelle Autonomie auf gemischtem Gebiete und die darauf basierenden, zwischen Staat und Kirche stehenden, konfessionellen Behörden beseitigen. Zur Verwaltung der konfessionellen Zentralgüter, die, an sich zu ziehen und zu administrieren für den Staat beim Mangel eines besondern Rechtstitels durchaus aussichtslos erscheint, tritt eine von den Konfessionsgenossen gewählte, ökonomische Verwaltungsbehörde. Auf kirchlichem Gebiete sind beide Konfessionen selbständig.

Art. 24 K.-V. (revidiert).

Der katholische und der evangelische Konfessionsteil ordnet seine religiösen und kirchlichen Angelegenheiten selbständig unter Aufsicht des Staates.

Die konfessionellen Fonde und Stiftungsgüter sind gewährleistet.

Die Verwaltung der konfessionellen Zentralfonde wird von den durch die Angehörigen der betreffenden Religionsgenossenschaften hiefür aufgestellten Behörden unter Aufsicht des Staates besorgt.

Zur Regelung der Angelegenheiten gemischter Natur trifft der Staat die erforderlichen Verfügungen. Ein Gesetz wird das Nähere festsetzen.

2. Das konfessionelle Gesetz von 1859. (Beilage 1).

Die natürliche Folge der Abänderung des Art. 24 K.-V. ist eine Revision des konfessionellen Gesetzes; aber auch wenn Art. 24 K.-V. in gleicher Weise bestehen bleibt, so müssen einige Bestimmungen des konfessionellen Gesetzes, als mit dem modernen Staatskirchenrecht unvereinbarlich, einer Revision unterzogen werden.

a) Art. 10 konfessionelles Gesetz.

Das in diesem Artikel statuierte hoheitliche Plazet für kirchliche Erlasse scheint aus folgenden Gründen entbehrlich:

α) Weil das Plazet dem Staate keine Garantie bietet, daß nur solche Erlasse, welche nicht geeignet sind, staatliche Interessen zu beeinträchtigen zur Publikation gelangen. Einmal, weil für Erlangung der Rechtsgültigkeit auf kirchlichem Gebiete für gewisse Verordnungen die Publikation in Rom oder in einem andern, außerhalb des Kantons St. Gallen gelegenen Gebiete genügt. Ferner, weil der Bischof von St. Gallen befugt ist, Erlasse, von denen anzunehmen wäre, daß deren Veröffentlichung vom Staate untersagt würde, in privaten Mitteilungen seiner Diözesangeistlichkeit zur Kenntnis zu bringen, welche ihrerseits dafür sorgt, daß das Volk davon unterrichtet wird. (Der Bischof von Chur unterhält zum Zwecke intimer Mitteilungen an seine Geistlichkeit ein besonderes Organ.)

ϑ) Weil der Staat der Kirche jede Einwirkung auf seine
äußere Rechtsordnung entzogen und jeden kirchlichen Uebergriff
in das staatliche Gebiet für nichtig erklärt hat.

γ) Weil Staaten, welche das Plazet kennen und diejenigen,
die es beseitigt haben, ganz dieselben Maßregeln ergreifen
müssen, wenn eine staatsfeindliche Verordnung publiziert wird.[1]

δ) Weil eine derartige präventive Einwirkung, wie sie das
Plazet statuiert, den Anschauungen des modernen Staates widerspricht, der die kirchliche Freiheit nur soweit beschränken soll,
wie dies für die Staatswohlfahrt absolut notwendig erscheint.

Dem Staat soll aber eine (eventuell repressiv wirkende)
Kontrolle zustehen, wie das von ihm der Kirche zu selbständiger
Autonomie überlassene Gebiet verwaltet wird, d. h. ob sich diese
Autonomie innerhalb der vom Staate gezogenen Grenzen hält.
Daher soll eine mit der Publikation der kirchlichen Verordnung
gleichzeitige Mitteilung an die Staatsbehörde erfolgen.

Art. 10 konfessionelles Gesetz (revidiert).

Die kirchlichen Behörden beider Konfessionen sind befugt,
allgemeine Verordnungen und Kundmachungen in Angelegen-
heiten der betreffenden Religionsgenossenschaft zu Handen der
Angehörigen derselben zu erlassen; sie sind jedoch pflichtig, solche
Erlasse gleichzeitig mit der Veröffentlichung dem Reg.-Rate zur
Kenntnis zu bringen.

b) Art. 15, konfessionelles Gesetz.

Während Art. 15 konfessionelles Gesetz für Pfründebe-
setzungen eine nominelle „hoheitliche Anerkennung" des Reg.-
Rates festsetzt, befindet sich die katholische Organisation von
1893 (Art. 38) auf dem Standpunkt, den wir für den staatsrechtlich korrekten halten, indem sie eine ausdrückliche Plazetierung des Gewählten nicht kennt, sondern die reglementarisch
vorgenommene Wahl eines Geistlichen als anerkannt ansieht,
wenn nach erfolgter Anzeige an den Reg.-Rat innerhalb zehn
Tagen keine Beanstandung der Wahl erfolgt ist. Es ist eine
irrige Auffassung des modernen Verhältnisses von Staat und
Kirche, wenn der Staat die Kirche hindert, eine rechtlich voll-

---

[1] Vergl. Hinschius a. a. O. S. 282.

gültige Besetzung einer Pfründe vornehmen zu können, indem er dieselbe von einer formellen hoheitlichen Anerkennung abhängig macht: durch eine solche Mitwirkung beim Wahlakt selbst, ist die Kirche in ihrer freien Tätigkeit zu sehr eingeschränkt.

Andererseits muß es aber im Interesse des Staates liegen, daß er die Anstellung solcher Geistlicher rechtzeitig verhindern kann, welche die Annahme rechtfertigen, daß sie ihr Amt in einer dem Staat Nachteil bringenden Weise betätigen. Statt des Plazet muß dem Staate daher ein Beanstandungsrecht (Exclusive) eingeräumt werden, welches der Staat vor der vollgültigen Anstellung des Geistlichen auszuüben im stande sein muß. Eine gleichzeitig mit der kirchlichen Einsetzung (mit dem Erwerb des jus in re) erfolgte Mitteilung an die Staatsbehörde (ähnlich wie bei der vorgeschlagenen Publikation der kirchlichen Erlasse) reicht nicht aus, da es für den Staat weit schwieriger, die Ruhe des Volkes und die Achtung der Kirche weit beeinträchtigender ist, den bereits angestellten und eingesetzten Priester wieder zu entfernen, als dessen rechtsgültige Anstellung zu hindern. Ein unbeschränktes Exklusivrecht muß der Kirche aber nachteilig werden und der Staat hat daher durch umfassende Formulierung die Fälle zu fixieren,[1] in welchen er befugt ist, die Anstellung des Geistlichen zu verhindern. Dabei sollen die Gründe zur Verweigerung stets auf Tatsachen, nicht auf bloßen Mutmaßungen basieren. Da man im Kanton St. Gallen die Kirchgemeindeversammlung ihre Pfrundgeistlichen wählt, so muß die Exklusive in der Zeit zwischen der von ihr getroffenen Wahl und der Erteilung der kirchlichen Admission ausgeübt werden (evangelischerseits der Gültigkeitserklärung der Wahl durch den Kirchenrat: Kirchenordnung Art. 25). Eine positive Erklärung des Staates, daß er kein Einspruchsrecht geltend mache, ist dabei unnötig; nach Ablauf der Exklusivfrist ist die Wahl ipso jure rechtsverbindlich geworden. Der Geistliche hat dann stillschweigend die missio civilis[2] des Staates erhalten, welche ihn befähigt,

---

[1] Vergl. das preußische Gesetz vom 11. Mai 1873 § 16.
[2] Vergl. Friedberg a. a. O. III. S. 790.

die ihm vom Staate eingeräumte öffentliche Stellung einzunehmen, sein Pfrundvermögen vor Gericht zu vertreten und den
ihm vom Staate zugesicherten Schutz zu genießen.

In analoger Weise fällt das Plazet für die Vikariate dahin.
Art. 15₁ konfessionelles Gesetz (revidiert).

Die reglementarisch erfolgte Wahl eines Geistlichen auf
eine Pfründe wird durch die kirchliche Oberbehörde¹) dem Reg.-
Rat zur Kenntnis gebracht gebracht. Eine Beanstandung der
Wahl muß innerhalb 10 Tagen erfolgen in Hinweis der gesetzlichen Ausschließungsgründe. Dasselbe gilt für Vikariate, die
länger als acht Wochen dauern.

Dazu Art. 1₂ und Art. 9 der Vollziehungsbestimmungen
(Seite 205 und 223) zum Konkordat vom 11. März 1847.

Wenn die vorgeschlagene neue Redaktion des Art. 24 K.-V.
erfolgt, so müssen dem Staate alle Hoheitsrechte übertragen
werden, welche das katholische Kollegium und der Administrationsrat auf Grund des Konkordates und des Ausführungsbeschlusses auszuüben befugt sind.

Durch die Uebertragung des Exklusivrechtes, welches dem
katholischen Kollegium nach Art. 7 Konkordat und Ausführungsgesetz Art. 1₁ für die Bischofswahl eingeräumt ist auf eine
Staatsbehörde, fällt das in Art. 1₂ Ausführungsgesetz enthaltene staatliche Plazetierungsrecht als überflüssig dahin, insofern der Staat sein Einspruchsrecht nicht nur auf drei, sondern
auf alle vom Domkapitel vorgeschlagenen Kandidaten ausdehnt.

Bleibt aber die Exklusive gegen drei Vorgeschlagene bestehen, oder kommt die Revision des Art. 24 K.-V. überhaupt
nicht zu stande und verbleibt somit die Exklusive beim katholischen Kollegium, so ist es nach den vorhergehenden Ausführungen dennoch angebracht, das förmliche Plazetierungsrecht
für die Bischofswahl fallen zu lassen. Denn wenn der Staat
für die Besetzungen der Pfründen keine hoheitliche Anerkennung
ausdrücklich fordert, so ist er dazu auch nicht gegenüber dem
Bischofsamt berechtigt. Es erscheint für ihn aber dennoch von

¹) Nach der vorgeschlagenen Revision des Art. 24 K.-V. fällt der Administrationsrat außer Betracht.

Wichtigkeit, an der obersten kirchlichen Amtsstelle im Bistum einen Mann zu sehen, von dem nicht von Anfang an zu er erwarten ist, daß er den staatlichen Interessen feindlich gegen überstehe: daß aber im Exklusivrecht der konfessionellen Behörde für den Staat keine Garantie liegt, daß eine solche Person nicht gewählt wird, ist mehrfach hervorgehoben worden.

Es ist daher für den Staat angezeigt, sich ein Beanstan dungsrecht vorzubehalten, welches in der Zeit erfolgen muß, zwischen der vom Domkapitel getroffenen Wahl und der päpstlichen Konfirmation; denn wenn das jetzige Verhältnis zwischen Staat und Kirche bestehen bleibt, so ist es für den Staat nicht möglich, das Exklusivrecht vor der erfolgten Wahl durch das Domkapitel geltend zu machen, indem dadurch ein der katholischen Kon fession garantiertes Recht genommen würde oder aber die Be tätigung einer doppelten Exklusive eingeführt werden müßte, die zu dulden von der Kirche nicht verlangt werden könnte. Für die Bischofswahl müssen im allgemeinen dieselben Aus schließungsgründe gesetzlich fixiert werden, welche der Staat gegen über den Wahlen der Pfrundgeistlichen geltend zu machen befugt ist.

Art. 1₂ der Vollzugsbestimmungen vom 11. März 1847 (revidiert):

Jeweilige Bischofswahl ist, bevor für sie die päpstliche Konfirmation eingeholt wird, gemäß Art. 15 konfessionelles Gesetz (der vorgeschlagene Artikel), dem Reg.-Rat zur Kenntnis zu bringen. Die Beanstandung der Wahl muß innerhalb 10 Tagen erfolgen in Hinweis der gesetzlichen Ausschließungsgründe. —

Mit den nämlichen Begründungen muß das Plazet für die Residentialkanoniker und Vikare (Art. 9 Ausführungsbeschluß) fallen gelassen werden. Wenn die in Art. 12 Konkordat dem Administrationsrat zustehenden Wahlrechte, nach dem revidirten Art. 24, dem Reg.-Rate übertragen werden, so ist für die Wahl dieser Amtspersonen ein Beanstandungsrecht überflüssig. Das dem Bischof überlassene freie Wahlrecht auf zwei Kanonikate kann von ihm dann ohne jede Beschränkung geübt werden, da dem Staat durch Uebertragung des Wahlrechtes von 3 Kanonikern hinreichende Garantie zur Wahrung seiner Interessen geboten ist. Bleibt aber das Wahlrecht beim Administrationsrat, so wird

das Beanstandungsrecht in gleicher Weise, wie für die Bischofswahl geltend gemacht.

Art. 9 der Ausführungsbestimmungen vom 11. März 1847
(revidiert).

Die Wahl sämtlicher Residentialkanoniker und Vikare ist,
ihrer kanonischen Einsetzung vorgängig, dem Reg.-Rate zur
Kenntnis zu bringen. Die Beanstandung der Wahl muß
innerhalb 10 Tagen erfolgen in Hinweis der gesetzlichen Ausschließungsgründe.

———————

c) Art. 15, konfessionelles Gesetz bezw. Regierungsbeschluß
vom 24. September 1866. (Beilage 1).

Der Eid der Geistlichen, welche weder Kantons- noch
Schweizerbürger sind, soll fallen gelassen werden. Denn:

α) Der Staat hat keine Ursache, die Nicht-Kantons- und
Schweizerbürger in dieser Hinsicht schlechter zu stellen. Dies könnte
nur dann gerechtfertigt erscheinen, wenn die Geistlichen, welche
Kantons- und Schweizerbürger sind, in schweizerischen, vom
Staate kontrollierten Anstalten ihre Ausbildung finden und
daher mehr Garantie bieten würden, daß sie die staatlichen
Gesetze respektieren.

β) Der Eid bietet dem Staate überhaupt keine Garantie,
daß der Schwörende die staatlichen Gesetze achte und befolge;
zudem ist der Geistliche befugt, bei der Kirche die Richtigkeit
des Eides nachzusuchen, so daß sein Gewissen damit entlastet
ist. (Dies gilt für die katholischen Geistlichen).

γ) Durch das Fallenlassen des Eides wird die stets ob-
waltende Möglichkeit, daß sich in dieser Hinsicht Anstände zwischen
Staat und Kirche ergeben können, beseitigt.

δ) Dem Staate stehen außerhalb des Eides hinreichende
Mittel zu Gebote, den sich gegen ihn vergehenden Geistlichen
zu bestrafen.

Dazu

Art. 3 der Ausführungsbestimmungen vom 11. März 1847.

Die im Vorhergehenden unter β, γ, δ gemachten Ausführungen fallen auch bei Begründung für das Aufgeben des
Bischofseides in Betracht. Dazu kommt die Redaktion des

Eides selbst, wie er in Art. 3 Ausführungsbeschluß enthalten (Siehe die Formel S. 220). Durch die Schlußklausel ist nämlich ausgesprochen, daß der Bischof der staatlichen Ordnung nachzukommen nur insoweit eidlich gebunden sei, als er seine Pflichten gegen Gott und die Kirche gewissenhaft erfüllen könne. (fideliter implere.) Damit ist ausgedrückt, daß bei Kollision staatlicher und kirchlicher Rechte der Bischof nicht verpflichtet ist, die staatlichen Normen zu befolgen und sich bei jedem Eingriff in die staatliche Sphäre auf seine Pflichten gegen die Kirche berufen kann. Eine, für den Staat Garantie bietende Gewissensbeschwerung des Bischofs besteht demnach nicht zu Recht und ein staatliches Gericht kann nie in den Fall kommen, eine Klage auf Eidesbruch erfolgreich durchzuführen, da die eingeführte Klausel stets zu einer peremptorischen Exzeptio führen muß.

Noch deutlicher wird die Unhaltbarkeit des bischöflichen Amtseides im Vergleich mit dem kirchlichen Eid, den der Bischof vor seiner Konsekration zu leisten hat und in welchem er rückhaltlos beschwört, daß er die „Satzungen der hl. Väter, die Dekrete, Verordnungen und Weisungen des apostolischen Stuhles mit allen Kräften selber beobachten und auch sorgen wolle, daß sie von Anderen beobachtet werden." Bei den prinzipiellen Gegensätzen, in welchen Staat und katholische Kirche stehen, ist es für den Bischof eine Unmöglichkeit, vorbehaltlos einen Eid auf Treue und Gehorsam der K. V. und der Gesetze zu leisten. Entweder muß die Ablegung des Amtseides unter einer Mentalreservation geschehen oder es muß sich im Eide selbst eine entlastende Klausel vorfinden. Das letztere ist im Kanton St. Gallen der Fall und damit schwindet jede Bedeutung des bischöflichen Amtseides für den Staat.

d) Beschluß vom 3. Juni 1874 (S. 344).

Mit dem beantragten Fallenlassen des landesherrlichen Plazet muß auch das aus dem Beschluß vom 3. Juni 1874 gefolgerte Deplazetierungsrecht des Staates aufgegeben werden. Wie der Staat keine Befugnis besitzt bei der Verleihung des kirchlichen Amtes selbständig mitzuwirken, so muß ihm auch das Recht abgesprochen werden, einen Geistlichen seines Amtes einseitig zu entsetzen und die betreffende Pfründe als vakant zu erklären.

Der Staat soll deshalb aber nicht ohnmächtig zusehen müssen, wie der Geistliche in einer dem Staate vielleicht Gefahr bringenden Weise sein Amt verwaltet und trotzdem Anspruch erhebt auf die ihm vom Staate eingeräumte öffentliche Stellung und die aus derselben sich ergebenden Vorteile. Diesem zu begegnen bleibt dem Staate das Mittel des Entzuges seiner missio civilis.[1]) Nach dem Verstreichen der vorgeschlagenen zehntägigen Einspruchsfrist des Staates gegen die Wahl eines Geistlichen auf eine kirchliche Amtsstelle hat der Staat indirekt ausgesprochen, daß er dem Gewählten die mit seinem Amte verbundene öffentliche Stellung zukommen und ihn in alle dem Kirchendiener vom Staate zugesicherten Rechte eintreten lasse. Daher muß der Staat befugt sein, diese Vorteile wieder zu entziehen, wenn die entsprechenden Voraussetzungen gegeben sind. Mit dem Entzug dieser Befugnisse verliert der Geistliche den Charakter eines öffentlichen Beamten, die Legitimation, sein Pfründeinkommen und alle mit der Pfründe verbundenen Einkünfte gerichtlich zu vertreten und das Recht zur Ausübung aller Befugnisse, welche ihm auf Grund der vom Staate sanktionierten konfessionellen Organisation zustehen. Die Amtshandlungen des Geistlichen sind für das staatliche und kirchliche Gebiet nichtig. Diese Entziehung der missio civilis trägt daher nicht den Charakter einer Entsetzung vom Amte, sondern es ist eine vom Staate abgegebene Unfähigkeitserklärung für die Weiterverwaltung seines Amtes, welche sich praktisch in der Zurückziehung aller oben erwähnten Vorteile äußert. Positiv wirkend macht sich die Unfähigkeitserklärung daher nur dann geltend, so oft der Geistliche die mit seiner Amtsstelle, aber nicht mehr mit seiner Person verbundenen Befugnisse auszuüben und deren Vorteile zu genießen sucht.

Zur wirksamen Durchführung der Unfähigkeitserklärung kann der Staat die Temporaliensperre verhängen, welche aus dem Rechtstitel erfolgt, daß der Staat die Ausbezahlung der Einkünfte an einen renitenten Geistlichen als stiftungswidrige

---

[1]) Vergl. Friedberg a. a. O. III. S. 812.

Verwendung des gewährleisteten, kirchlichen Vermögens bezeichnet und nicht zugeben kann, daß die kirchliche respektive die kon fessionelle Behörde ihre ökonomische Macht dazu benutzt, um den Widerstand gegen die staatlichen Interessen aufrecht halten zu können. Daher ist der Staat befugt, diese stiftungswidrige Verwendung zu untersagen und zur faktischen Durchführung des Verbotes die betreffenden Vermögensteile unter seine Verwaltung zu stellen.

Die Fälle, in welchen der Staat mit diesen eingreifenden Maßnahmen vorzugehen berechtigt ist, sind im Gesetze zu fixieren: die Grundlage dafür soll die Bestimmung bilden, daß der Staat in der angegebenen Weise gegen einen kirchlichen Beamten einschreitet, wenn der Kirchendiener die auf sein Amt oder seine geistlichen Amtsverrichtungen bezüglichen Vorschriften der Staats gesetze oder die in dieser Hinsicht von der Obrigkeit innerhalb ihrer gesetzlichen Zuständigkeit getroffenen Anordnungen so schwer verletzt hat, daß sein Verbleiben im Amte mit der öffentlichen Ordnung unverträglich erscheint.[1]

In diesem Sinne ist der Beschluß vom 3. Juni 1874 zu modifizieren und dem konfessionellen Gesetze einzuverleiben.

Art. 35 und Art. 51 der katholischen Organisation von 1893.

Der Art. 35 Organisation (Seite 427) ist in der Weise zu revidieren, daß der Staat, beziehungsweise die konfessionellen Behörden gewisse Bedingungen für die Wahlfähigkeit auf st. gallische Pfründen festzusetzen befugt sind, welche im allgemeinen die Gewißheit verschaffen, daß der anzustellende Geistliche diejenige nationale und wissenschaftliche Bildung besitzt, die ihn allein zur Ausübung seines hohen Amtes befähigt.

Der abgeänderte Art. 51 Organisation (Seite 427) soll die Rechte des Staates, beziehungsweise der konfessionellen Behörden gegenüber den st. gallischen Frauenklöstern im Sinne des Art. 52 der katholischen Organisation von 1862 (Seite 291) erweitern, so daß diesen Behörden wiederum ein wirksames Kognitionsrecht auf diesem Gebiete eingeräumt ist.

---

[1] Vergl. Preußisches Kirchengesetz vom 12. Mai 1873. § 24.

·Gesetz
über die
Besorgung der besondern Angelegenheiten beider Konfessionen.[1]

Erlassen am 15. Juni 1859.
In Kraft getreten am 18. August 1859.

Der Große Rat des Kantons St. Gallen,

In Ausführung des Art. 22 der Verfassung[2]
verordnet als Gesetz:

Art. 1. Zur Besorgung jener Gegenstände, welche den beiden Konfessionsteilen durch den Art. 22 der Verfassung[3] zugeschieden sind, entwirft jeder derselben seine eigene Organisation. Diese organischen Verordnungen bedürfen der Genehmigung des Großen Rates und haben nach solcher gesetzliche Kraft.[4]

Art. 2. Die Mitglieder des Großen Rates jeder Konfession bilden die Behörde, von welcher die Organisation ausgehen soll. Diese Behörden übergeben die Abfassung der Entwürfe an Kommissionen, die in oder außer ihrer Mitte gewählt werden mögen. Die beiden Organisationsverordnungen gelangen an den Kleinen Rat zum Druck und zur Versendung an die Mitglieder des Großen Rates[4]

[1] Das „Gesetz über die Besorgung der besondern Angelegenheiten beider Konfessionen" vom 18. August 1859 wird hiemit — infolge des Beschlusses des Großen Rates vom 11. Juni 1873, wonach der Regierungsrat, in Betracht, daß die Artikel 10 und 15 des eben bezeichneten Gesetzes zur Zeit noch in ihrem vollen Umfange gesetzlich in Kraft bleiben, eingeladen worden, sowohl gegenüber allgemeinen Verordnungen und Kundmachungen kirchlicher Behörden wie bezüglich von Pfrundbesetzungen beider Konfessionen die hoheitlichen Rechte des Staates durch Ausübung des Plazetrechtes zu wahren — der Gesetzessammlung in teilweise veränderter Fassung gegenüber derjenigen in Band I Seite 352—355 der Gesetzessammlung vom Jahre 1863/68, aufs neue eingefügt und zwar laut Beschluß des Regierungsrates vom 5. Juli 1873.

[2] Siehe Verfassung des Kantons St. Gallen vom 1. März 1831, Gesetzessammlung vom Jahre 1863/39 Seite 20.

[3] Vergleiche Art. 6 Ziffer 5 und Schlußartikel der Verfassung des Kantons St. Gallen vom 17. November 1861 in Band I Seite 37—65 der Gesetzessammlung vom Jahre 1863/68.

[4] Art. 2 gilt nicht mehr. Vergleiche Schlußartikel drittes Alinea der Kantonsverfassung vom 17. November 1861 in Band I Seite 36—65 der Gesetzessammlung vom Jahre 1863/68.

Art. 3. Diese Organisationsverordnungen sollen ihrem durch den Artikel 22 der Verfassung[1]) bezeichneten Zweck entsprechen und dürfen keine Schmälerung der Rechte des Staates enthalten. Der Große Rat genehmigt oder verwirft die organischen Vorschläge, und hat sowohl das Recht, die ihm zugehende Organisation der einzelnen Konfessionsteile, als auch einzelne Artikel derselben, mit Angabe der Gründe zu neuer Beratung an die betreffende Konfession zurückzuweisen, wenn vorstehende Vorschriften darin außer Acht gesetzt würden.

Art. 4. Bei jeder Abänderung der vom Großen Rate genehmigten Organisation eines Konfessionsteils sind abermals die Vorschriften des Art. 3 zu beobachten.

Art. 5. Die Konfessionskollegien werden von dem ältesten Mitgliede jeder Konfession eröffnet. Die weitern Wahlbestimmungen sind den organischen Verfügungen der Konfessionskollegien überlassen.

Art. 6. Das Kollegium jeder Konfession bestellt nach Maßgabe der Organisation die Behörden, welche es zu Besorgung ihrer Angelegenheiten notwendig erachtet.

Art. 7. Die Behörden jeder Konfession sind dem Kollegium derselben untergeordnet und für ihre Verrichtungen ihm verantwortlich.

Art. 8. Gleich wie die Organisation, so sind auch alle übrigen allgemeinen Verordnungen jedes Konfessionsteils über sämtliche, ihm durch die Verfassung zur Besorgung zugeschiedenen Gegenstände der ausdrücklichen Genehmigung des Staates bedürftig.

Art. 9. Die Genehmigung des Staates wird ausgesprochen durch einen förmlichen Beschluß der obersten Kantonsbehörde (des Großen Rates), welcher gleichzeitig mit der gutgeheißenen Verordnung bekannt gemacht werden soll.

Art. 10. Die kirchlichen Behörden beider Konfessionen sind befugt, allgemeine Verordnungen und Kundmachungen in Angelegenheiten der betreffenden Religionsgenossenschaft zu Handen der Angehörigen derselben zu erlassen; sind jedoch pflichtig, solche

[1]) Siehe Verfassung des Kantons St. Gallen vom 1. März 1831, Gesetzessammlung vom Jahre 1863 39 Seite 20.

Erlasse vor deren Veröffentlichung dem Regierungsrate zur Kenntnis zu bringen und dürfen dieselben nur nach dessen erfolgter Bewilligung bekannt machen.

Art. 11. Das katholische Kollegium ist verpflichtet, für Verständigungen mit der kirchlichen Oberbehörde über Aenderungen im Bistum die Genehmigung des Großen Rates nach Art. 8 und 9 einzuholen.

Art. 12. Den infolge dieses Gesetzes aufzustellenden Behörden ist jede unmittelbare Verbindung mit auswärtigen Behörden untersagt, ausgenommen für ökonomische Gegenstände, die sie auch mit auswärtigen, und für kirchliche Angelegenheiten, die sie mit jeden geistlichen Behörden unmittelbar behandeln dürfen.

Art. 13. Den Behörden jedes Konfessionsteils liegt die Pflicht ob, zu sorgen, daß die ihm zugehörigen Fonds, sowie überhaupt Kirchen, Pfrund und Schulgüter den Stiftungen oder ihrem Zwecke gemäß verwendet und nach den bestehenden Gesetzen verwaltet werden. Ueber den Gang des Rechnungs- und des Steuerwesens hat der Regierungsrat die Oberaufsicht zu führen, und es werden ihm zu diesem Zwecke von den konfessionellen Oberbehörden die Vermögensausweise der bezüglichen Genossenschaften zugestellt.[1]

Art. 14. Klagen gegen Konfessionsbehörden über stiftungs- und zweckwidrige Verwendungen oder gesetzwidrige Verwaltung der den Konfessionen zugehörigen Fonds und der Kirchen-, Pfrund- und Schulgüter überhaupt, wie auch über Mißbrauch oder Ueberschreitung der Amtsgewalt, sind bei dem Regierungsrate anzubringen, der den erforderlichen Untersuch pflegen und nach Vorschrift der Gesetze verfügen, oder aber, nach Beschaffenheit der Sache, dem Großen Rat darüber zum Entscheid Bericht erstatten soll.[2]

Art. 15. Bei Pfründen Besetzungen beider Konfessionen haben die konfessionellen Oberbehörden zu untersuchen, ob die

---

[1] Vergleiche Art. 61 der Verfassung vom 17. November 1861, Band I Seite 37; ebenso Art. 4 des Gesetzes über das Steuerwesen der Gemeinden in Band III Seite 399 der Gesetzessammlung vom Jahre 1867/68.

[2] Siehe obige Note.

Wahl reglementarisch stattgefunden habe, und im letztern Falle solche zur hoheitlichen Anerkennung an den Regierungsrat zu leiten.

Sämtliche im Kanton St. Gallen wohnende Geistliche beider Konfessionen sind, gleich den übrigen Kantonsbewohnern, den Landesgesetzen unterworfen. Dieselben sollen, wenn sie den allgemeinen Bürgereid noch nicht geleistet haben, für Beobachtung der Verfassung und Gesetze beeidigt werden.[1]

Art. 16. Gerichtliches in Ehesachen haben die beiden Konfessionen so zu ordnen, daß dadurch in die Kompetenz des Zivilrichters, der über ökonomische Ansprachen allein zu entscheiden befugt ist, nicht eingegriffen wird.

Art. 17. Für Leitung und Besorgung des Erziehungswesens bestellt jede Konfession eine Behörde, und erläßt gleichfalls die für diesen Gegenstand erforderlichen Verordnungen, alles jedoch mit Beobachtung des Art. 8.

Jedem Konfessionsteil wird zur Unterstützung des Erziehungswesens jährlich ein Beitrag von Fr. 10000 aus der Staatskasse geleistet. Die Erziehungsbehörden sind pflichtig, dem Kleinen Rat über dessen Verwendung jährlich Ausweis zu geben.[2]

Art. 18. Dem Regierungsrate steht das Recht zu, von den Konfessionsbehörden über ihre Verrichtungen Bericht einzuziehen, und in dieselben Einsicht zu nehmen. Ueber Gang und Stand des Erziehungswesens soll ihm jedoch auch unangefordert jährlich von jeder Konfession Bericht und Ausweis gegeben werden.[3]

Art. 19. Das Gesetz vom 16. August 1855 über Besorgung der besondern Angelegenheiten beider Konfessionen, sowie alle dem gegenwärtigen Gesetze widersprechenden Verordnungen und Bestimmungen sind anmit aufgehoben.

---

[1] Der „allgemeine Bürgereid" besteht nicht mehr.

Es werden blos noch diejenigen Geistlichen beeidigt, welche weder Kantons- noch Schweizerbürger sind. Siehe Regierungsbeschluß über Beeidigung von fremden Geistlichen vom 24. September 1866 (Band I Seite 335 der Gesetzessammlung vom Jahre 1863/68). Der Eid geht auf Treue und Gehorsam der verfassungsmäßigen Ordnung und Obrigkeit des Kantons. Vergl. S. 578.

[2] Art. 17 gilt nicht mehr. Siehe Art. 7 der Verfassung vom 17. November 1861, wonach die Aufsicht, Leitung und Hebung des Erziehungswesens Sache des Staates ist. (Band I Seite 37 der Gesetzessammlung von 1863/68).

[3] Der zweite Satz vom Art. 18 gilt nicht mehr. Siehe übrigens Note zu Art. 13 dieses Gesetzes.

Die in Betracht fallenden Artikel

der

Verfassung des Kantons St. Gallen.

Vom 16. November 1890.
Von der Bundesversammlung gewährleistet am 18. Dezember 1890.

Art. 2. Die Aufsicht, Leitung und Hebung des öffentlichen Unterrichts ist Sache des Staates.

Art. 3. Der Kanton sorgt für genügenden Primarunterricht, welcher ausschließlich unter staatlicher Leitung stehen soll. Derselbe ist obligatorisch und in den öffentlichen Schulen unentgeltlich.

Die öffentlichen Schulen sollen von den Angehörigen aller Bekenntnisse ohne Beeinträchtigung ihrer Glaubens- und Gewissensfreiheit besucht werden können. (Art. 27 B. V.)

Der Religionsunterricht wird durch die von den betreffenden Konfessionen zu bestellenden Organe erteilt. Es sind für denselben die öffentlichen Schullokale zur Verfügung zu stellen und ist im Schulplane die hiefür geeignete Zeit offen zu lassen.

Die Freiheit des Privatunterrichtes ist unter Vorbehalt gesetzlicher Bestimmungen gewährleistet.

Art. 4. Die oberste Leitung des Erziehungswesens steht beim Regierungsrate; demselben ist ein Erziehungsrat von 11 Mitgliedern untergeordnet, dessen Wahlart durch das Gesetz bestimmt wird.

Art. 5. Die Organisation der Schulgemeinden soll durch die Gesetzgebung näher bestimmt werden. Dieselbe soll, wo immer die örtlichen Verhältnisse es gestatten (soweit erforderlich unter Beiziehung der ökonomischen Mithülfe des Staates), eine Kräftigung der Schulverbände durch Vereinigung kleinerer Schulgemeinden ermöglichen und zum Zwecke der Vereinigung konfessionell organisierter Schulgemeinden die nötigen Bestimmungen treffen.

Inzwischen gelten bezüglich der Vereinigung von Schulge=
meinden folgende Bestimmungen:

a) Wenn im Gebiete einer politischen Gemeinde konfessionell
organisierte Schulgemeinden bestehen und die Mehrheit der
politischen Gemeinde oder die betreffenden Schulgemeinden
selbst die Schulvereinigung beschließen, so ist dieselbe sofort
durchzuführen.

b) Die zu einer Gemeindeversammlung einzuberufenden Schul=
genossen konstituieren sich als bürgerliche Schulgemeinde
und wählen den Schulrat gemäß Art. 75.

c) Der Schulrat verwaltet das Schulgut; die Schulgemeinde
und die von ihr ernannten Behörden treten in alle durch
das bestehende Erziehungsgesetz und die Schulordnung den
Schulgemeinden und dem Schulrate zugewiesenen Verrich=
tungen ein.

Dem Großen Rate steht das Recht zu, allzu kleine
Schulgemeinden, die in ökonomischer und pädagogischer
Beziehung unfähig sind, als Träger des Schulwesens zu
funktionieren, unter angemessener Unterstützung durch den
Staat, mit benachbarten Schulgemeinden zu vereinigen.
Ueber alle Anstände, die sich aus einer solchen Vereinigung
ergeben könnten, entscheidet der Große Rat.

Art. 6. Der Staat leistet Beiträge an das Primarschul=
wesen.

Er liefert unentgeltlich die obligatorischen gedruckten Lehr=
mittel.

Art. 7. Der Staat unterstützt das Fortbildungsschulwesen,
dessen Organisation das Gesetz näher bestimmt.

Bis zum Erlaß dieses Gesetzes kann der Besuch der Fort=
bildungsschulen von den politischen Gemeinden, eventuell auch
von den Schulgemeinden, obligatorisch erklärt werden.

Art. 9. Der Fortbestand der Kantonsschule und des Lehrer=
seminars ist gewährleistet: sie werden ausschließlich aus Staats=
mitteln unterhalten.

Art. 13. Der Sonntag, sowie die gemeinsamen Feiertage
sind als öffentliche Ruhetage gewährleistet.

Art. 14. Das öffentliche Armenwesen ist Sache der Ge=
meinden nach Maßgabe bestehender gesetzlicher Bestimmungen.

Es kann hiefür die finanzielle Beihülfe des Staates in Anspruch genommen werden, insbesondere zu möglichst zweckmäßiger Versorgung von Waisen, Geisteskranken, Unheilbaren und Altersschwachen.

Art. 22. Die Glaubens- und Gewissensfreiheit ist unverletzlich.

Die Ausübung bürgerlicher oder politischer Rechte darf durch keinerlei Vorschriften oder Bedingungen kirchlicher oder religiöser Natur beschränkt werden.

Niemand darf wegen seiner religiösen Ueberzeugung in seinen verfassungsmäßigen Rechten beeinträchtigt werden.

Art. 23. Die katholische und die evangelische Kirche, sowie die freie und uneingeschränkte Ausübung des katholischen und evangelischen Glaubensbekenntnisses und Gottesdienstes sind gewährleistet.

Die freie Ausübung gottesdienstlicher Handlungen innert den Schranken der Sittlichkeit und der öffentlichen Ordnung ist auch allen andern Konfessionen und Religionsgenossenschaften gewährleistet.

Art. 24. Die religiösen und rein kirchlichen Angelegenheiten besorgen die kirchlichen Behörden.

Der katholische und der evangelische Konfessionsteil geben sich ihre konfessionellen Organisationen selbst unter Sanktion des Großen Rates und zwar:

a) der katholische Konfessionsteil für Besorgung der katholischen, konfessionellen und klösterlichen Angelegenheiten, welche nicht rein kirchlicher Natur sind, sowie für Verwaltung der Fonde und Stiftungsgüter der katholischen Konfession;

b) der evangelische Konfessionsteil für Besorgung der rein kirchlichen, sowie der übrigen evangelischen konfessionellen Angelegenheiten und für Verwaltung der Fonde und Stiftungsgüter der evangelischen Konfession.

Die von jeder Konfession aufzustellenden Behörden besorgen die konfessionellen Angelegenheiten gemischter Natur, sowie die Verwaltung der Fonde und Stiftungsgüter der Konfessionen, unter Aufsicht und Sanktion des Staates.

Art. 28. Die Verfassung gewährleistet das Vereinsrecht. Erforderliche Bestimmungen gegen Mißbrauch dieses Rechts trifft die Gesetzgebung.

Art. 29. Niemand darf seinem verfassungsmäßigen Gerichts= stande entzogen und es dürfen keine Ausnahmegerichte einge= führt werden.

Art. 32. Den Gemeinden und allen öffentlichen Genossen= schaften und Korporationen ist ihr Eigentum, die gesetzliche Verwaltung desselben und die rechtmäßige beziehungsweise stiftungsgemäße Verfügung über dessen Ertrag gewährleistet.

Ihr Vermögen darf nie als Privateigentum unter die Anteilhaber verteilt werden.

Gleich dem Gute der Gemeinden und der öffentlichen Ge= nossenschaften und Korporationen sind Stiftungsgüter zu halten, deren Verwaltung unter amtliche Aufsicht gestellt ist.

Art. 33. Keine Liegenschaft kann unveräußerlich erklärt werden oder darf mit einer Leistung beschwert sein, die nicht nach den näheren Bestimmungen des Gesetzes ablösbar wäre.

Art. 40. Stimm= und wahlfähig in den Schulgemeinden sind alle Schulgenossen (Orts= und niedergelassene Kantons= und Schweizerbürger), welche auch in den politischen Gemeinden die Stimm= und Wahlfähigkeit besitzen.

Art. 41. Stimm= und wahlfähig in den Kirchgemeinden sind alle Kirchgenossen (Orts= und niedergelassene Kantons= und Schweizerbürger), welche auch in den politischen Gemeinden die Stimm= und Wahlfähigkeit besitzen.

Art. 51. Die oberste Behörde des Kantons ist der Große Rat. Jede politische Gemeinde ist befugt, wenigstens 1 Mit= glied in den Großen Rat zu wählen.

Art. 58. Ein Regierungsrat von sieben Mitgliedern übt die vollziehende Gewalt aus.

Art. 59. Er wird in den politischen Gemeinden frei aus der Zahl der Stimmberechtigten des Kantons gewählt.

Art. 60. Der Regierungsrat besorgt mit Verantwortlichkeit gegen den Großen Rat die gesamte Landesverwaltung und ist demnach die oberste Verwaltungs=, Erziehungs=, Polizei= und Vormundschaftsbehörde.

Art. 74. Jede Ortsgemeinde oder öffentliche Genossenschaft wählt zur Besorgung ihrer Angelegenheiten einen Verwaltungsrat von wenigstens drei Mitgliedern. Die Ortsgemeinden können statt dessen die Verrichtungen des Verwaltungsrates dem Gemeinderate übertragen.

Art. 75. Die Schulgemeinden bestellen zur Leitung des Gemeindeschulwesens und zur Verwaltung des Schulfondes einen Schulrat von mindestens drei Mitgliedern.

Dem entsprechend wählen auch die Sekundarschulgemeinden ihre Schulräte oder übertragen deren Funktionen dem Primarschulrate.

Art. 76. Die Kirchgemeinden wählen zur Besorgung ihrer ökonomischen Angelegenheiten einen Kirchenverwaltungsrat von mindestens drei Mitgliedern.

Art. 90. Die Gemeinderäte und aus ihnen der Gemeindammann, der Vermittler und dessen Stellvertreter werden von den stimmfähigen Bürgern jeder politischen Gemeinde gewählt.

Die Ortsverwaltungsräte und aus ihnen deren Präsidenten werden durch die stimmfähigen Ortsbürger, die Kirchenverwaltungsräte und Schulräte und aus ihnen deren Präsidenten durch die stimmfähigen Bürger der Kirch- und Schulgemeinden gewählt.

Art. 102. Der Bezirksammann darf weder Mitglied einer administrativen oder konfessionellen Behörde in seinem Bezirke, noch Mitglied einer richterlichen Behörde sein.

Art. 107. Sämtliche Behörden und Beamte haben für genaue Handhabung von Verfassung und Gesetz den Pflichteid zu schwören, oder wenn die Ablegung desselben verweigert wird, das Handgelübde zu leisten.

Art. 110. Der Kanton ist in 15 Bezirke eingeteilt. ...

Art. 111. Jeder Bezirk wird in politische Gemeinden eingeteilt.

Art. 112. Eine politische Gemeinde kann aus mehreren Ortsgemeinden bestehen. Die Ortsgemeinden bezeichnet das Gesetz.